동양미학개념사전

임태승 지음

일러두기

1. 이 사전은 동양미학에 관련된 개념어와 명제를 설명한 책이다. 이 책에 나오는 성어(成語)는 오랜 세월 동안 관용적으로 개념어의 역할을 해온 것들이기에, 편의상 미학명제라 칭하도록 한다.
2. 미학개념 및 미학명제를 표제어로 하고, 바로 아래 그 개념어나 명제에 대해 해설한 다음 다시 그 아래에 해당 개념어나 명제가 출현하는 원문과 그 번역을 제시하였다.
3. 개념어나 명제의 해설이 하나 이상일 경우 (1), (2), (3) 등으로 열거하였다.
4. 차례는 가나다순으로 배열하고 같은 글자가 여러 개일 경우 한자어의 획수가 적은 것부터, 그리고 획수까지 같을 경우 부수의 획수가 적은 것부터 앞에 배열하였다.
5. 한글 표기는 두음법칙을 적용하였다.
6. 한자어는 한글한자 병기로 표기하였고, 예문의 원전 내용과 인명·서명 등은 한자어로만 표기하였다.
7. 예문의 번역은 의역을 위주로 하였다.
8. 이 책에 쓰인 약호는 다음과 같다.
    - 책명: 『 』
    - 편명: 「 」
    - 해설 내의 인용 원문: [ ]
    - 해설과 번역에서 의미상 추가되는 부분: 〈 〉
    - 인용문·인용구·강조어: " "
9. 몇몇 개념어의 해설 말미에 나오는 인용표시는 필자의 기출 도서의 출판 연도와 쪽수이다. 자세한 서지사항은 참고문헌에 나와 있다.
10. 찾아보기는 차례의 내용과 동일하므로 별도로 수록하지 않았다.

머리말

개념과 명제: 예술의 코드를 읽을 수 있는 아이콘

    미학은 감성의 학이다. 그것은 철학과 예술의 연계점이자, 철학의 예술적 표현이고 예술의 철학적 함의에 해당하는 영역이다. 철학과 예술의 결합이 보여주는 여러 가지 양상을 우리는 문화라 부르는데, 미학은 또한 이 문화를 정의하는 학문이기도 하다.
    예술의 뼈대는 철학의 체계를 바탕으로 건설되었으므로, 또 예술이 보여주는 표현 양상은 궁극적으로 정신사유로부터 비롯되므로, 우리가 보고 듣고 느끼는 예술은 대개 이데올로기와 직간접으로 연결되어 있다. 특히나 이 책에서 다루는 동양이라는 공간에서는 거의 절대적이라 봐도 무방하다. 유불도(儒佛道)를 정신적 양식으로 삼아온 곳, 예컨대 동아시아 혹은 한자문화권에서는 인생과 역사를 위한 예술만이 존재했을 뿐, 예술을 위한 예술은 존재하지 않았기에 말이다.
    거칠게 말하자면 이데올로기는 도덕과 정의라는 항목에서의 옳음인데, 예술의 영역에서 그 옳음을 잘 구분하고 제대로 추구할 수 있도록 사람들은 역사적으로 줄곧 효율적인 장치를 마련해왔다. 바로 예술에서의 패턴과 원리이다. 이데올로기와 예술이 명백히 연쇄되어 있는 사회에서는 그 예술의 기능과 역할이 매우 중요하므로, 패턴과 원리의 중요성이 상당하다. 패턴과 원리는 선악의 구분을 용이하게 해주고, 지향해야 할 가치를 명확히 설정케 하며, 심지어 미추(美醜)의 판단을 결정해 주기 때문이다.

그렇다면 역으로, 예술이 함축하고 있는 패턴과 원리를 온전히 파악하는 것은 그 예술 뿐 아니라 문화와 철학을 제대로 이해하는 첩경이자 관건이 된다. 이러한 패턴과 원리가 체계적이고 과학적으로 정리된 산물이 개념과 명제이다. 예술 자체는 아주 커다란 추상이자 관념이다. 패턴과 원리는 그 커다란 몸체를 구체적으로 분류하고 인과관계와 상관관계를 밝힌 지도라 할 수 있다. 그렇다면 개념과 명제는 패턴과 원리의 세포이자 전체 예술의 코드를 읽을 수 있는 아이콘인 것이다. 따라서 예술에 대한 이해는 미학개념과 미학명제에 대한 파악으로부터 결정된다고 볼 수 있다.

가치판단이 사실판단을 압도했던 그 때, 그 곳의 예술은 스스로의 얼개와 성격을 특정한 미학적 기준으로 꾸렸었다. 이는 또한 당시대를 살아가는 우리의 집단무의식에도 여전히 살아있고 발휘되고 있다. 이 책이 나열하여 소개하는 것은 바로 그 미학적 기준의 낱낱들이다.

이 책은 중국 원전에 출현하는 이천 개가 넘는 미학개념과 미학명제를 제시하고 있다. 이들은 미학이론・시사부(詩詞賦)・소설・희곡・회화・서예・

음악·무용·원림(園林)·조경·건축 등 동양문화예술의 전 분야를 망라한다. 각각에 대해서는 표제 해설과 더불어 해당 개념 내지 명제가 나오는 고전 원문과 그 해석을 곁들여 이해를 돕도록 구성하였다. 아무쪼록 이 사전이 동양예술과 동양문화를 연구하는데 작은 지침이 되었으면 하는 바람이다.

이 사전은 성균관대학교 유가예술문화콘텐츠연구소가 기획한 동양미학총서의 하나이다. 끝으로 이 사전의 집필 작업을 물심양면으로 후원해 준 나의 친구, 이재은 사장께 충심어린 고마움을 전한다.

2020년 벽두에
지은이 임태승

◈ 차례 ◈

일러두기
머리말

ㄱ

가영언(歌永言) •43
가치(佳致)
각루문채(刻鏤文采)
각적물의(各適物宜) •44
간(艮)
간(簡)
간결(簡潔) •45
간불용발(間不容髮)
간사가계(簡斯可繼),
　　번즉난구(繁則難久)
간성(間聲) •46
간수(簡秀)
간원(簡遠)
간이문(簡而文) •47
간창(簡暢)
간화구질(刊華求質)
감물음지(感物吟志) •48
감여지미(甘餘之味)
감창(感愴)
강(剛) •49
강(強)
강개유물(慷慨遺物)

강건함아나(剛健含婀娜)
강기불로(剛氣不怒),
　　유기불섭(柔氣不懾) •50
강생어천(絳生於蒨)
강유(剛柔)
갱장(鏗鏘) •52
갱장뢰락(鏗鏘磊落)
거사존정(祛邪存正)
거인마천(巨刃摩天), 금침자수(金針刺繡)
건(健) •53
건(乾)
건발(健拔)
검불액(檢不扼) •54
겁(怯)
격(隔)·불격(不隔)
격력천종(格力天縱) •55
격률(格律) •56
격사(激射)
격수불의(激水不漪), 고목무음(槁木無陰)
격운(格韻) •57
격조쌍해(格調雙諧)
격치(格致)
격화소양(隔靴搔癢)

견(堅) •58

견경(堅勁)

견권(繾綣)

견마최난(犬馬最難), 귀매최이(鬼魅最易)

견미지명(見微知明) •59

견질(堅質)

결(決)

결(駃) •60

결(潔)

결구(結構) •61

결려사계(結慮司契)

결렬(決裂)

결자(結字) •62

결향(結響)

경(勁)

경(景) •63

경(經) •64

경(境)

경(輕) •65

경건(勁健)

경계(境界)

경골(勁骨) •66

경리(勁利)

경리취세(勁利取勢), 허화취운(虛和取韻) •67

경미(輕靡)

경생정(景生情), 정생경(情生景) •68

경섬(輕纖)

경송하풍(勁松下風)

경수(輕秀)

경수(警秀) •69

경실무취(景實無趣)

경어(景語)

경여천회(境與天會) •70

경영위치(經營位置)

경외의(景外意)

경외지경(景外之景) •71

경이병운(勁而病韻)

경이정합(景以情合), 정이경생(情以景生)

경정(勁淨) •72

경정심원(勁正心圓)

경중(輕重)

경중생정(景中生情), 정중함경(情中含景) •73

경직(勁直)

경진의지(景盡意止), 의진언식(意盡言息)

경허유미(景虛有味) •74

경험(勁險)

경험각려(勁險刻厲) •75

경화수월(鏡花水月)

계(誡)

계백당흑(計白當黑)

계사(計思) •76

계어문(繫於文)

계어의(繫於意)

고(古) •77

고(枯)

고(高) •78

고고(高古)
고고(孤高) •79
고고(枯槁)
고고기형(枯槁其形), 적멸기성(寂滅其性) •80
고고잠적(孤高岑寂)
고금불체(古今不逮)
고노위력(鼓努爲力) •81
고능회감(苦能回甘)
고담(古淡)
고담(古澹) •82
고담(枯澹)
고려(高厲)
고박(古樸) •83
고발(高拔)
고불괴시(古不乖時)
고상매출(高爽邁出) •84
고소(高素)
고아(古雅)
고아유여(古雅有餘) •85
고오(古奧)
고운생원(孤雲生遠)
고원(高遠) •86
고윤(高潤)
고의(古宜)
고인작시(古人作詩), 금인묘시(今人描詩)
고일(古逸) •87
고일(高逸)
고자절상(孤姿絶狀)
고적(枯寂) •88

고정원치(高情遠致)
고졸(古拙)
고질금연(古質今姸) •89
고창(高暢)
고치(高致)
고풍(古風) •90
고풍과속(高風跨俗)
고풍절진(高風絶塵)
고하상경(高下相傾)
고한(高閑) •91
고협(古浹)
고화막병(高華莫幷), 색상난구(色相難求)
고후(高厚) •92
곡(曲)
곡신유오(曲申幽奧)
곡약천성(曲若天成)
곡진기묘(曲盡其妙) •93
곡진신리(曲盡神理)
곡화유정(曲畵幽情)
곤오(閫奧) •94
골(骨)
골기(骨氣) •95
골력(骨力)
골법(骨法) •96
골법용필(骨法用筆) •97
골색상화(骨色相和), 신채호발(神彩互發)
골소신밀(骨疏神密), 외합중분(外合中分) •98
골취(骨趣)
공(工)

공(空) •99
공기속(貢其俗), 견기지(見其志),
　　관기변(觀其變)
공기실대(空其實對) •100
공령(空靈)
공몽(空蒙) •101
공묘(工妙)
공문해도(工文害道) •102
공사(工師)
공용불모(工用不侔)
공이불궤(工而不詭) •103
공졸(工拙)
공중지음(空中之音), 상중지색(相中之色),
　　수중지월(水中之月), 경중지상(鏡中之象)
공휴한묵(工虧翰墨) •105
과려(姱麗)
과언무다(寡言無多)
과이유절(夸而有節), 식이불무(飾而不誣)
관(寬) •106
관도(貫道)
관물이류정(觀物以類情)
관서(寬舒) •107
관수(觀水)
관아이통덕(觀我以通德)
관완(款婉) •108
관작(寬綽)
관호도(貫乎道)
광(狂)
광견(狂狷) •109

광달(曠達) •110
광담(曠澹)
광락(曠落)
광원(曠遠) •111
광이불일(曠而不溢), 사이무점(奢而無玷)
광일(曠逸)
광창(狂猖)
괴기(瓌奇) •112
괴생필단(怪生筆端)
굉(宏)
굉곽(閎廓) •113
굉대(閎大)
굉려(宏麗)
굉원(閎遠) •114
굉장(宏壯)
교(巧)
교강합초(咬姜呷醋) •115
교구형사(巧構形似)
교미(巧媚) •116
교사(巧似)
교어부근(巧於斧斤)
교졸(巧拙) •117
교환(巧幻) •118
구간(苟簡)
구고이화(具古以化)
구련(拘攣) •119
군(窘)
군어검괄(窘於檢括)
군형자(君形者) •120

9

굴강(崛強)
굴울(屈鬱)
궁리진성(窮理盡性) •121
궁미측묘(窮微測妙)
궁상(宮商)
궁정사물(窮情寫物)
권(權) •122
권문탁족(權門託足)
권변(權變) •123
권형(權衡)
궤벌진존(軌筏眞存) •124
궤철(軌轍)
귀박반진(歸樸返眞)
규구(規矩)
균(均) •126
극공이후능사의(極工而後能寫意)
극려전정(極慮專精)
극련여불련(極煉如不煉)
극불상의(極不象意) •127
근(筋)
근력(筋力)
근모실모(謹毛失貌) •128
근부원소(近附遠疏)
근이불부(近而不浮), 원이부진(遠而不盡)
근이철원(近以徹遠) •129
근취제신(近取諸身), 원취제물(遠取諸物)
금고불잡(今古不雜)
금려(衿麗) •130
금령막측(襟靈莫測)

금시벽해(金翅擘海)
급(急)
긍엄(矜嚴) •131
기(奇)
기(氣) •132
기개성장(氣概成章) •133
기거(箕踞) •134
기결(氣決)
기경어완(寄勁於婉)
기경우촉(機境偶觸) •135
기고(奇高)
기괴(奇怪)
기굴(奇崛)
기굴신수(奇崛神秀) •136
기다상질(綺多傷質)
기랑신준(器朗神儁)
기려(綺麗) •137
기미(奇味)
기미(氣味) •138
기미(綺靡)
기밀(綺密)
기발(奇拔)
기벽(奇辟) •139
기부(奇富)
기불영식(氣不盈息), 침밀신채(沉密神彩)
기불충체(氣不充體) •140
기상(氣象)
기상쟁영(氣象崢嶸), 오색현란(五色絢爛)
기수(奇秀) •141

기식(器識)

기실어허(寄實於虛)

기심어천(寄深於淺) •142

기언(寄言)

기염(綺豔)

기운(氣韻) •143

기운구민(氣韻俱泯), 물상전괴(物象全乖)

기운불가학(氣韻不可學) •144

기운생동(氣韻生動)

기위(奇偉) •145

기이사(奇而肆)

기이유질(綺而有質)

기절(奇絶) •146

기정(奇正)

기정어여(寄正於餘) •147

기정참오(奇正參伍)

기종의창(氣從意暢)

기직어곡(寄直於曲)

기질구성(氣質俱盛) •148

기초(奇峭)

기취(機趣)

기험(奇險)

기호(嗜好) •149

기회(綺繪)

기후어경(寄厚於輕)

긴(緊)

긴경(緊勁) •150

긴만(緊慢)

ㄴ

나(喇) •151

나루격률(覶縷格律)

낙(樂)

낙락(落落) •152

낙락목목(落落穆穆) •153

낙이불음(樂而不淫)

낙이불음(樂而不淫), 애이불상(哀而不傷)

낙인(樂人) •154

난이상성(難易相成)

난잡무장(亂雜無章)

낭랑(朗朗)

낭려(朗麗) •155

내공외실(內空外實)

내극재정(內極才情), 외주물리(外周物理)

내미기리(內迷其理) •156

내시반청(內視反聽)

내실외공(內實外空)

내유(內遊) •157

내화외순(內和外順)

냉(冷)

냉준(冷雋) •158

냉중지열(冷中之熱)

념(恬) •159

념담(恬淡)

념담(恬澹)

념담과욕(恬淡寡欲) •161

념적(恬適)
노(老)
노(魯) •162
노(露)
노건(老健)
노기(老氣)
노독(老禿) •163
노성(老成)
노실(老實)
녹림양풍(綠林揚風), 백수격간(白水激澗)
농(濃) •164
농(穠)
농려(穠麗)
농섬절충(濃纖折衷) •165
농이박(濃而薄), 담이후(淡而厚)
농진필고(濃盡必枯), 천자루심(淺者屢深)
뇌동상우(雷同賞遇) •166
뇌락일세(磊落逸勢)
눈(嫩)
능(能)
능경(能境) •167
능방능수(能放能收)
능품(能品)
니고불화(泥古不化) •168

ㄷ

다취상외(多取象外), 불실환중(不失圜中) •169
단성(丹誠)

단장잡류려(端莊雜流麗)
단장취의(斷章取義), 각유소용(各有所用) •170
단청(丹靑)
단허작실(摶虛作實)
달(達) •171
달례이악(達禮以樂)
달불방(達不放) •172
달성통변(達性通變)
달절(達節)
달정지묘(達情之妙) •173
달즉변(達則變), 명즉화(明則化)
담(淡)
담(澹) •174
담박(淡泊) •175
담야여소(澹冶如笑)
담어(澹語)
담온어농(淡蘊於濃) •176
담원(淡遠)
담원(澹遠)
담이불고(淡而不枯) •177
담이불염(淡而不厭)
담일(澹逸)
담즉무미(淡則無味), 직즉무정(直則無情) •178
당밀불밀(當密不密), 필지조소(必至凋疏)
당소불소(當疏不疏), 반성한걸(反成寒乞)
대(大)
대가(大家) •179
대갱불화(大羹不和)
대교약졸(大巧若拙)

대규불탁(大圭不琢) •180
대미불언(大美不言)
대상무형(大象無形) •181
대승(大乘)
대아(大雅)
대음희성(大音希聲)
대장불착(大匠不斲),
　　　대두불구(大豆不具),
　　　　　대용불투(大勇不鬪) •182
덕(德)
덕음(德音)
도가사명(道假辭明), 사가서전(辭假書傳) •183
도불자기(道不自器), 여지원방(與之圓方)
도쉬(陶淬)
도적명심(覩迹明心) •184
도진(圖眞)
도학기(道學氣)
독락기지(獨樂其志) •185
독만권서(讀萬卷書), 행만리로(行萬里路)
독서성령(獨抒性靈), 불구격투(不拘格套)
돈방(敦厖) •186
돈좌이청장(頓挫而淸壯)
동(動)
동정(動靜) •187
동무허산(動無虛散)
동문이취(同文異取), 동취이용(同取異用)
동심(童心) •188
동여신회(動與神會)
동용일상(動用逸常)

동장철벽(銅牆鐵壁) •189
득경득구(得景得句)
득수응심(得手應心)
득심응수(得心應手) •190
득어망전(得魚忘筌)
득의망언(得意忘言) •191
득자천기(得自天機), 출어령부(出於靈府)
득지심이응지수(得之心而應之手)
등당입실(登堂入室) •192

만(慢) •193
만물막비(萬物莫比)
만연구각(萬緣俱卻)
망금제기(望今制奇), 참고정법(參古定法) •194
망기고태(忘其故態)
망성이후능언(忘聲而後能言),
　　　망필이후능서(忘筆而後能書)
망소조술(亡所祖述) •195
망유소위(亡有所爲), 임운성상(任運成像)
망적지적(忘適之適)
망정(忘情) •196
망형득의(忘形得意)
멸적(滅跡)
명심현조(冥心玄照) •197
명정(明淨)
명정여장(明淨如糨)
명합천구(冥合天矩)

명회(冥會) •198
모연용빈(貌姸容矉)
목격도존(目擊道存)
목기심기(目寄心期) •199
목목황황(穆穆皇皇)
목소(穆少)
몽매(蒙昧) •200
묘(妙)
묘경(妙境) •201
묘기기미(妙機其微)
묘리의인(妙理宜人) •202
묘재능회(妙在能會), 신재능리(神在能離)
묘탈천공(妙奪天工)
묘품(妙品) •203
묘풍죽곡(描風竹哭)
묘합무은(妙合無垠)
묘합화권(妙合化權) •204
무(武)
무(茂)
무간선번(務簡先繁), 욕결거소(欲潔去소)
무간심수(無間心手) •205
무간어외(無間於外), 무식어내(無息於內)
무경(無景)
무공가견(無工可見), 무적가심(無迹可尋) •206
무금무고(無今無古)
무리여해(無利餘害)
무미(娬媚)
무밀(茂密) •207
무밀불번(茂密不繁)

무불락즉지극락(無不樂則至極樂) •208
무성지묘(無聲之妙)
무성지악(無聲之樂)
무성지음(無聲之音) •209
무심자달(無心自達)
무아지경(無我之境)
무의어문(無意於文) •210
무자인순(無藉因循)
무적가규(無跡可窺), 연후입신(然後入神)
무정질(無定質)
무형지상(無形之相) •211
묵(墨)
묵계신회(默契神會)
묵기(墨氣) •212
묵좌정사(默坐靜思)
문(文)
문귀명도(文貴明道) •214
문기리정(文奇理正) •215
문부질(文附質)・질대문(質待文)
문상전실(文尙典實), 시귀청공(詩貴淸空)
문소미문(聞所未聞), 견소미견(見所未見) •216
문약이섬(文約理贍)
문이기위주(文以氣爲主)
문이명도(文以明道) •217
문이진이의유여(文已盡而意有餘)
문인질립(文因質立), 질자문선(質資文宣)
문장여조화쟁교(文章與造化爭巧) •218
문정(文情)
문즉원(文則遠), 무문즉불원(無文卽不遠)

문질(文質)
문질병환(文質炳煥) •219
문질빈빈(文質彬彬)
문질소내(文質疏內) •220
문질질상(文質迭尙)
문채(文采)
물유미악(物有美惡), 시용유의(施用有宜) •222
물일무문(物一無文)
물일불강(物一不講)
물재령부(物在靈府), 부재이목(不在耳目)
물화(物化) •223
미(味)
미(美) •224
미(媚) •225
미(微)
미(靡) •226
미(美)/악(惡) •227
미과(靡誇)
미만(靡曼)
미미(靡靡) •228
미불상진(美不常珍),
　　악불종기[폐](惡不終棄[廢])
미색불동면(美色不同面), 개가어목(皆佳於目)
미수(美秀) •229
미수(微瘦)
미악횡생(美惡橫生)
미언불신(美言不信) •230
미외미(味外味)
미외지미(味外之味) •231

미외지지(味外之旨)
미욕기선(味欲其鮮), 취욕기진(趣欲其眞)
미이무채(美而無采) •232
미이병운(美而病韻)
미인소오(媚因韶誤), 눈위수기(嫩爲秀岐)
미일무과(味一無果)
미질(美質) •233
미추무정형(美醜無定形),
　　애증무정분(愛憎無正分)
미취(媚趣)
밀(密) •234

ㅂ

박(薄) •235
박극이약(博極而約)
박약이온윤(博約而溫潤)
박이불조(樸而不粗) •236
박자능번(博者能繁)
박졸(樸拙)
박촉(迫促) •237
박후(博厚)
반관(反觀)
반박(槃礴)
반박(盤礴) •238
반박(磻礴)
반접(盤摺) •239
반정(反情)

15

반츤(反襯)
발(拔) •240
발분(發憤)
발섬농어간고(發纖穠於簡古),
　　기지미어담박(寄至味於澹泊) •241
발우기(鉢盂氣)
발이산(發以散)
발췌(拔萃) •242
방(放)
방달불기(放達不羈)
방박(旁礴) •243
방박(磅礴)
방심물외(放心物外)
방원(方圓) •244
방윤(芳潤)
방의상물(放意相物) •245
방일(放逸)
방일생기(放逸生奇) •246
방종쾌리(放縱快利)
방필직소(放筆直掃)
백묘(白描)
백옥불탁(白玉不琢), 미주불문(美珠不文) •247
번(繁)
번감(繁減) •248
번야(繁冶)
번욕(繁縟)
번이새(繁以塞) •249
법(法)
법극무적(法極無跡)

법률(法律) •250
법무정상(法無定相)
법이불오(法而不悟)
변즉기구(變則其久), 통즉불핍(通則不乏) •251
변통(變通)
변통적회(變通適懷)
변화무방(變化無方) •252
별수일기(別樹一旗)
별시일교(別是一巧)
보(補) •253
보진(葆眞)
복오(複奧)
본령(本領)
본색(本色) •254
본자심원(本自心源), 상성형적(想成形跡)
봉(鋒)
부(浮) •255
부(賦)
부용출수(芙蓉出水)
부자능서(父子能書)
부차(俯借) •256
분대무시(粉黛無施)
분박(噴薄)
분방(芬芳) •257
분어중즉응어외(憤於中則應於外)
분이유치(紛而愈治)
분택(粉澤)
분포(分布) •258
분화치미(紛華侈靡) •259

불가화즉무기서(不可畵則無其書)
불격(不隔) ☞ 격(隔)
불견지견(不見之見), 불문지문(不聞之聞),
　　무상지상(無狀之狀)
불구상법(不拘常法) •260
불구형사구생운(不求形似求生韻)
불내변(不內變), 불외종(不外從)
불루이공(不鏤而工) •261
불륜(不倫)
불립일격(不立一格), 불류일격(不留一格)
불미이미(不味而味) •262
불번승삭이자합(不煩繩削而自合)
불복이복(不馥而馥)
불섭리로(不涉理路) 불락언전(不落言筌) •263
불식이문(不飾而文)
불이심계(不以心稽)
불착일자(不着一字), 진득풍류(盡得風流) •264
불체기적(不滯其迹)
불취역취(不取亦取), 수사물사(雖師勿師)
불평즉명(不平則鳴) •265
불학조만(不學操縵), 부득안현(不得安弦)
불환불료(不患不了), 이환어료(而患於了)
비(比) •266
비(肥)
비(飛) •267
비(悲)
비개(悲慨)
비니(肥膩)
비덕(比德) •268

비둔고세(肥遯高世)
비비익익(匪匪翼翼) •269
비산(悲酸)
비수(肥瘦)
비악(非樂) •270
비양발호(飛揚跋扈)
비음불공성(悲音不共聲),
　　개쾌어이(皆快於耳) •271
비자고현철필능서야(非自古賢哲必能書也),
　　유현자능존이(惟賢者能存爾)
비장(悲壯)
비청불신(非淸不新),
　　비신불청(非新不淸) •272
비측(悱惻)
빙정이회통(憑情以會通),
　　부기이적변(負氣以適變)
빙허구상(憑虛構象) •273

ㅅ

사(似) •274
사(事)
사(思) •275
사경이(寫景易), 언정난(言情難)
사고격일(思高格逸) •276
사기(士氣)
사달(詞達)
사달(辭達) •277
사담실미(似澹實美)

17

사문무묘(舍文無妙)
사물불사인(師物不師人)
사미환순(舍媚還淳) •278
사생(寫生)
사숭지기(邪崇之奇)
사승리(辭勝理), 문승질(文勝質) •279
사신(寫神)
사신언문(事信言文)
사여경해(思與境偕) •280
사여신합(思與神合)
사여신회(思與神會)
사원비배(辭遠鄙倍)
사의(事義) •281
사의(寫意)
사일신초(思逸神超) •282
사전(使轉)
사조(詞藻)
사치(思致)
사해동관(四海同觀), 구주일절(九州一節) •283
사해화기(師楷化機)
사현사회(乍顯乍晦)
사형자(使形者) •284
산(散)
산수불염고심(山水不厭高深)
산완(散緩)
산천탈태어여(山川脫胎於予),
　　여탈태어산천(予脫胎於山川) •285
산화(散和)
삼무(三無)

삼원(三遠) •286
삽(澁)
상(爽)
상(象) ☞ 형(形)
상덕(象德)
상랑(爽朗) •287
상랑청거(爽朗淸擧)
상리(常理) •288
상상안상(牀上安牀)
상아(喪我)
상외지상(象外之象) •289
상의(象意)
상제(相題)
상질억음(尙質抑淫)
색즉시공(色卽是空), 공즉시색(空卽是色) •290
색택(色澤)
생(生)
생동영변(生動靈變) •291
생랄(生辣)
생리(生理)
생선지기(生鮮之氣) •292
생의(生意)
서권기(書卷氣)
서서(舒徐) •293
서여기인(書如其人)
서완(徐婉)
서중유화(書中有畫) •294
서질(舒疾)
서화동체(書畫同體)

18　동양미학개념사전

서화동출(書畫同出)
석지유형(釋智遺形) •295
선게비불(禪偈非佛), 이장비유(理障非儒)
선수후식(先受後識) •296
선실후변(先實後辯)
선완인흥(先緩引興), 심일자급(心逸自急)
선이수(宣以秀) •297
선질후문(先質後文)
선창(宣暢) •298
선품(善品)
설중파초(雪中芭蕉)
섬(纖)
섬교(纖巧) •299
섬농(纖穠)
섬미(纖靡) •300
섬섬(纖纖)
섬완(纖婉)
섬이불배(贍而不俳), 화이불약(華而不弱)
섬호곡진(纖毫曲盡) •301
섭제승당(攝齊升堂)
성(成)
성(聖) •302
성경(聖境)
성령(性靈) •303
성무애락(聲無哀樂)
성문(聲文) •304
성어악(成於樂)
성의영(聲依永) •305
성일무청(聲一無聽)

성정(性情)
성중무자(聲中無字), 자중유성(字中有聲) •306
성중형외(誠中形外)
성진미민(聲塵未泯) •307
세(細)
세(勢)
세교형밀(勢巧形密) •309
세련(洗煉)
소(疏)
소가(小家) •310
소기옹애(疏其壅閼), 벽기불무(闢其茀蕪)
소랑려칙(疏朗麗則) •311
소렴대종(小斂大縱)
소무(韶嫵)
소묵부삽(少墨浮澁), 다묵분둔(多墨笨鈍) •312
소밀(疏密)
소밀적중(疏密適中) •313
소박(疎薄)
소산(蕭散) •314
소소쇄쇄(瀟瀟灑灑)
소소숙숙(蕭蕭肅肅) •315
소소자득(翛翛自得)
소소자여(瀟瀟自如)
소쇄(瀟灑) •316
소쇄불군(瀟灑不群)
소쇄심수(瀟灑深秀) •317
소수(韶秀)
소승(小乘)
소식(消息) •318

소식다방(消息多方)
소야(疏野)
소여요곽(疏如寥廓), 요약태고(窅若太古) •319
소완(疏緩)
소욕풍신(疏欲風神), 밀욕노기(密欲老氣)
소월(疏越) •320
소윤(韶潤)
소이불유(疏而不遺), 검이무궐(儉而無闕)
소장(劭長) •321
소조(蕭條)
소통(疎通)
소활고랑(疏豁高朗) •322
속(束)
속(俗)
속미지습(俗靡之習) •324
속제청지(俗除淸至)
속중지아(俗中之雅)
손(損) •325
솔의초광(率意超曠), 무석시비(無惜是非)
송(松)
송실(松實) •326
쇠삽(衰颯)
수(秀)
수(受) •327
수(瘦)
수경(瘦勁) •328
수기(粹氣)
수기제의(隨機制宜) •329
수도거성(水到渠成)

수류부채(隨類賦彩)
수미상응(首尾相應) •330
수발(秀拔)
수불칭정(手不稱情) •331
수색유타(秀色婑媠)
수생외숙(須生外熟)
수숙후생(須熟後生)
수시반청(收視反聽) •332
수시반청(收視返聽)
수어(秀語) •333
수음지발(殊音之發), 계물사실(契物斯失)
수이심(秀以深)
수일(秀逸) •334
수저거성(水底渠成)
수중현아(秀中現雅)
수지어원(受之於遠), 득지최근(得之最近) •335
숙(熟)
숙목표연(肅穆飄然)
숙숙옹옹(肅肅雍雍) •336
순골무미(純骨無媚), 순육무력(純肉無力)
순맹박야(醇甿朴野)
순사(醇肆)
순이사(順而肆) •337
순이질(淳而質)
습기(習氣)
승당입실(升堂入室) •338
시계혁명(詩界革命)
시무일격(詩無一格) •339
시어무형(視於無形), 득기소견(得其所見)

시언지(詩言志)
시이도정(詩以道情) •340
시이인견(詩以人見), 인이시견(人以詩見)
시재골불재격(詩在骨不在格)
시주성정(詩主性情) •341
시주풍신(詩主風神), 문선리도(文先理道)
시중유화(詩中有畵)
시중유화(詩中有畵), 화중유시(畵中有詩) •342
시품출어인품(詩品出於人品)
시허문실(詩虛文實)
시화일률(詩畵一律)
식(式) •343
식(識)
식외상내(飾外傷內)
식생어심(識生於心), 재출어기(才出於氣)
식지어근(識之於近), 역지어원(役之於遠) •344
신(神)
신(新) •345
신가천조(神假天造) •346
신경(神境)
신골(神骨)
신공(神功) •347
신공귀부(神工鬼斧)
신기(神氣)
신기(新奇) •348
신리(神理)
신매식고(神邁識高) •349
신모이연(神貌怡然)
신묘(神妙)

신묘망방(神妙亡方)
신본망단(神本亡端), 서형감류(栖形感類) •350
신봉태준(神鋒太儁)
신사(神思)
신언불미(信言不美), 미언불신(美言不信) •351
신여경합(神與境合)
신여물유(神與物遊)
신여죽화(身與竹化) •352
신오(神悟)
신왕(神王)
신우(神遇)
신원(神遠) •353
신유기화(神遊氣化)
신융필창(神融筆暢)
신응사철(神應思徹) •354
신이근첨(新易近尖)
신이무한(神怡務閑)
신이불첨(新而不尖)
신일(神逸) •355
신자(神姿)
신재필선(神在筆先)
신전(神全) •356
신존부귀(神存富貴), 시경황금(始輕黃金)
신준(神俊)
신준(神駿) •357
신채(神采)
신초리득(神超理得) •358
신출고이(神出古異)
신품(神品)

신회(神會) •359
실(實)
실경(實境)
실사구시(實事求是) •360
실이불박(實而不朴), 문이불화(文而不華)
심계(心契)
심동수균(心動手均) •361
심득(心得)
심망어필(心忘於筆), 수망어서(手忘於書)
심수(深邃) •362
심수수변(心手隨變)
심수쌍창(心手雙暢)
심수유정(心手遺情), 서필상망(書筆相忘)
심수회귀(心手會歸) •363
심오수종(心悟手從)
심원(心源) •364
심원(深遠)
심이무(深而蕪) •365
심인(心印)
심일이정화(審一以定和),
　　　비물이식절(比物以飾節)
심자동(心自動) •366
심장(心匠)
심재(心齋)
심화(心畵) •367

ㅇ

아(我) •368

아(雅)
아나(婀娜) •369
아려(雅麗) •370
아소(雅素)
아신(我神)
아위물역(我爲物役) •371
아윤(雅潤)
아이불염(雅而不艶)
아정(雅正) •372
아정(雅鄭)
악(惡) ☞ 미(美)
악관기심(樂觀其深)
악승즉류(樂勝則流), 예승즉리(禮勝則離) •373
악자위동(樂者爲同), 예자위이(禮者爲異)
안이락(安以樂)
안한자여(安閑自如) •374
안화(按和)
암담(黯淡) •375
앙차(仰借)
애연박질(愛姸薄質)
애이불수(哀而不愁), 낙이불황(樂而不荒) •376
애이사(哀以思)
야(野)
야사(野思) •378
야염(冶豔)
야일(野逸)
약(約)
약이달(約以達) •379
약행약장(若行若藏)

양(亮) •380
양강(陽剛)
양서음참(陽舒陰慘) •381
어경득경(於景得景)
어사득경(於事得景)
어정득경(於情得景) •382
어초은일(漁樵隱逸)
억양(抑揚) •383
언건(偃蹇)
언망의득(言忘意得)
언외유언(言外有言), 미외취미(味外取味) •384
언유진이의무궁(言有盡而意無窮)
언이명도(言以明道)
언지무문(言之無文), 행지불원(行之不遠) •385
언필유의(言必有意), 의필요충(意必繇衷)
엄정(嚴靜)
여(餘) •386
여(麗)
여랑시(女郎詩) •387
여랑재(女郎材)
여물유의(與物有宜)
여미(餘味) •388
여시괴봉(與時乖逢), 우물비희(遇物悲喜)
여신위도(與神爲徒) •389
여온(餘蘊)
여의(餘意)
여이아(麗而雅)
여이음(麗以淫) •390
여이칙(麗以則)

역(力)
역실기공(力實氣空) •391
역재의선(力在意先)
연(姸)
연경부진(緣景不盡) •392
연골(煉骨)
연기(煉氣)
연긴(姸緊) •393
연방(淵放)
연사득기(煉辭得奇), 연의득여(煉意得餘)
연숙환생(練熟還生) •394
연습(沿襲)
연아(淵雅)
연온(烟熅)
연정기미(緣情綺靡) •395
연질(姸質)
연치(姸蚩)
연치잡유(姸蚩雜糅) •396
연혁(沿革)
열세(閱世) •397
염(艶)
염다무골(豔多無骨) •399
염야(艶冶)
염이유골(豔而有骨) •400
염일(艶逸)
영(永)
영(靈) •401
영기(英氣)
영기(靈奇) •402

영기(靈氣)
영기현치(領其玄致), 표기통섭(標其洞涉)
영대(靈臺) •403
영롱(玲瓏)
영물무은정(詠物無隱情)
영변무상(靈變無常)
영성(靈性) •404
영숙(令淑)
영양괘각(羚羊掛角)
영자삽상(英姿颯爽) •405
영자수출(靈姿秀出)
영정(寧靜)
영형상증(影形相贈)
영화(靈和) •406
예(禮)
오박(奧博)
오불유법(悟不由法) •407
온(溫)
온(穩) •408
온(蘊)
온려(溫麗)
온방(溫厖)
온심(溫深)
온약(穩約) •409
온윤(溫潤)
온윤념화(溫潤恬和) •410
온이리(溫而理)
온자(蘊藉/醞藉)
온호내(蘊乎內), 저호외(著乎外) •411

옹용(雍容)
옹울(翁鬱) •412
와(訛)
와이신(訛而新)
완(婉)
완려(宛麗) •413
완려(婉麗) •414
완물상지(玩物喪志)
완불허즉화비시(腕不虛則畵非是),
　　　화비시즉완불령(畵非是則腕不靈)
완삽(頑澁) •415
완약(婉約)
완여리회(宛與理會)
완염(頑艷) •416
완전(宛轉)
완전굴신(宛轉屈伸)
완전유태(宛轉有態), 용야불아(容冶不雅) •417
왕양(汪洋)
외(畏) •418
외고중고(外枯中膏)
외무유물(外無遺物)
외사조화(外師造化), 중득심원(中得心源)
요(了) •419
요야(妖冶)
요약(要約)
요이부(妖而浮) •420
욕득묘어필(欲得妙於筆), 당득묘어심(當得妙於心)
욕호기(浴乎沂), 풍호무우(風乎舞雩) •421
용개(勇改) •422

용발(聳拔)

용수(聳瘦)

용언성장(用言成章), 도심중사(道心中事)

우경(寓境) •423

우곡(紆曲)

우목첩서(寓目輒書) •424

우물자초(遇物自肖), 설상자형(設象自形)

우미(優美)

우언사물(寓言寫物) •425

우여(紆餘)

우유(優柔)

우유불박(優遊不迫) •426

우유빈울(優游彬蔚)

우의(寓意)

우의어물(寓意於物) •427

우지자천(遇之自天)

우합신교(偶合神交)

우현어회(寓顯於晦)

운(韻) •428

운도(韻度) •429

운룡무표(雲龍霧豹)

운미(韻味)

운사(運思) •430

운사정심(運思精深)

운외지치(韻外之致)

운이불미(韻而不靡) •431

울(鬱)

울온아연(蔚溫雅淵) •432

울이달(鬱以達)

울중설외(鬱中泄外)

웅(雄) •433

웅매(雄邁)

웅무신종(雄武神縱)

웅미(雄媚) •434

웅섬(雄贍)

웅수(雄秀)

웅위(雄偉) •435

웅호(雄豪)

웅혼(雄渾)

원(怨) •436

원(圓)

원(遠)

원불중규(員不中規), 방불중구(方不中矩) •437

원산무준(遠山無皴), 원수무파(遠水無波), 원인무목(遠人無目) •438

원성일정(遠性逸情)

원오(遠奧)

원운(遠韻)

원유치사(遠有致思) •439

원이로(怨以怒)

원전(圓轉)

원차(遠借) •440

원창(圓暢)

원취(園趣)

원풍연미(圓豊姸美) •441

원혼(圓渾)

위(偉)

위(僞)

위곡(委曲) •442
위려(偉麗) •443
위려(瑋麗)
위문조정(爲文造情)
위미(委靡)
위엽휼광(煒曄譎誑) •444
위이불맹(威而不猛)
위중엄연(威重儼然)
위체(位體) •445
유(溜)
유(腴)
유(遊) •446
유(類)
유경(遺景)
유고상소(類固相召) •447
유광(幽曠)
유교유정(愈巧愈精)
유궁유공(愈窮愈工) •448
유나(柔懦)
유동(流動)
유동어심(有動於心), 심발어서(心發於書)
유려(流麗) •449
유묘(幽渺)
유무상생(有無相生) •450
유미(流美)
유미(流媚)
유미(幽微) •451
유미(遺味)
유사표묘(遊思縹緲)

유섬유밀(愈纖愈密) •452
유속(流俗)
유수(幽秀)
유수(幽邃)
유신운가미(有神韻可味),
　　무적상가심(無迹象可尋) •453
유심무제(幽深無際) •454
유아지경(有我之境)
유염(幽豔)
유완(柔婉)
유원(幽遠) •455
유의(有意)
유의어물(留意於物)
유이불식(流而不息), 합동이화(合同而化) •456
유익이귀(有益而貴)
유인복천(由人復天)
유적득신(遺跡得神) •457
유정리(有定理), 무정취(無定趣)
유조(流調)
유준(幽俊) •458
유탕망귀(流宕忘歸)
유활(柔滑)
유휘자득(流徽自得)
육(肉) •459
윤(潤)
윤색(潤色) •461
율화성(律和聲)
융(融)
융랑(融朗)

융야(融冶) •462
은(隱)
은괄호아속지제(檃括乎雅俗之際) •463
은수(隱秀)
은약(隱約)
은적립형(隱跡立形) •464
음(淫)
음성상화(音聲相和) •465
음양(陰陽)/강유(剛柔)
음영정성(吟詠情性) •466
음위참담(陰威慘淡) •467
음유(陰柔)
음참(陰慘)
응목회심(應目會心) •468
응물상형(應物象形)
응상형물(凝想形物)
응신(凝神) •469
응회감신(應會感神)
응회무방(應會無方)
의(意) •470
의거필선(意居筆先)
의겸진속(意兼眞俗)
의경(意境)
의금상경(衣錦尙絅) •471
의니(旖旎)
의리(義理) •472
의명현화(意冥玄化) •473
의발상전(衣鉢相傳)
의법상성(意法相成)

의법상해(意法相害) •474
의복상외(意伏象外)
의불체사(意不逮辭)
의불칭물(意不稱物), 문불체의(文不逮意)
의상(意象) •475
의선필후(意先筆後)
의소자완(意疏字緩) •476
의심사천(意深詞淺)
의외묘(意外妙)
의일호필(意逸乎筆) •477
의장(意匠)
의재필선(意在筆先)
의전필후-(意前筆後) •478
의존필선(意存筆先)
의출진외(意出塵外)
의취신색(意趣神色)
의치유연(意致悠然) •479
의태(意態)
의태종횡(意態縱橫)
의형불극(儀形不極) •480
의흥(意興)
이(理)
이간류속(易簡流速) •481
이곡동공(異曲同工)
이기(理氣) •482
이기(離奇)
이기초탈(離奇超脫)
이내락외(以內樂外)
이대관소(以大觀小) •483

이동사정(以動寫靜)
이둔잡진(利鈍雜陳), 거세함축(巨細咸畜) •484
이등취영(以燈取影)
이류상소(以類相召)
이류응지(以類應之) •485
이목유용(耳目有用), 수미무용(須眉無用)
이무불입(理無不入), 태무불진(態無不盡)
이묵환묵(以墨還墨) •486
이문운사(以文運事)
이문작문(以文作文) •487
이문해용(以文害用)
이물관물(以物觀物)
이방둔원(離方遁圓) •488
이사위공(以辭爲工)
이사위공(以似爲工)
이색모색(以色貌色)
이성엽영(以聲葉永) •489
이속위아(以俗爲雅)
이승어정(理勝於情) •490
이신역물(以身役物)
이신정질(移神定質)
이실용실(以實用實)
이아관물(以我觀物) •491
이야(易野)
이어상즉괴(異於常則怪) •492
이언기의(以言起意)
이언선지(以言宣志)
이영창언(以永暢言)
이외락내(以外樂內) •493

이욕활화(以欲滑和)
이원위근(以遠爲近), 이리위합(以離爲合)
이율절성(以律節聲) •494
이의구언(以意求言)
이의역지(以意逆志)
이입영적(理入影跡) •495
이조명춘(以鳥鳴春), 이뢰명하(以雷鳴夏),
　　이충명추(以蟲鳴秋),
　　　　이풍명동(以風鳴冬)
이천합천(以天合天) •496
이추위미(以醜爲美)
이취(理趣) •497
이치겸수(理致兼收)
이타평타(以它平它)
이풍역속(移風易俗) •498
이필환필(以筆還筆)
이허용실(以虛用實) •499
이형득사(離形得似)
이형미도(以形媚道) •500
이형사신(以形寫神)
이형사형(以形寫形) •501
이형사화(以形寫畫),
　　정재형외(情在形外)
익음(溺音) •502
인(因)
인공점거(人工漸去), 천교자정(天巧自呈)
인뢰(人籟) •503
인문생사(因文生事)
인물련류(引物連類)

인물부형(因物賦形) •504
인물유지(因物喩志)
인서구로(人書俱老)
인시기지(因時起志), 인물우언(因物寓言) •505
인온(氤氳)
인온상성(絪縕相成) •506
인정성몽(因情成夢), 인몽성희(因夢成戲)
인정조문(因情造文) •507
인즉시시(人卽是詩), 시즉시인(詩卽是人)
인차(因借)
인차(鄰借) •508
인한관시(因閑觀時), 인정조물(因靜照物)
인혁(因革)
일(逸)
일기(一氣) •511
일기(逸氣)
일기가성(一氣呵成) •512
일기여화(一氣如話)
일기종횡(逸氣縱橫)
일락(逸樂) •513
일리재구(一理才具), 중리부지(衆理附之)
일미지기(一味之嗜), 오미부동(五味不同) •514
일사심장(一師心匠)
일월(逸越)
일이(逸易)
일지(逸志) •515
일치(逸致)
일탕(逸蕩)
일품(逸品)

일필서(一筆書) •516
일필화(一筆畵)
일화(一畵)
임리(淋漓) •517
임리감창(淋漓酣暢) •518
임리수윤(淋漓秀潤)
임리통쾌(淋漓痛快)
임문주경(臨文主敬) •519
임정자성(任情恣性)
임지(臨池)
임하풍운(林下風韻) •520
입능(入能)
입목지술(入木之術)
입묘(入妙) •521
입신(入神)

ㅈ

자(刺) •522
자(雌) •523
자득지취(自得之趣)
자락(自樂)
자미(滋味) •524
자신(自神)
자심부수(自心付手), 곡진현미(曲盡玄微)
자연(自然)
자연묘유(自然妙有) •526

29

자외지기(字外之奇), 문소불서(文所不書)
자운욕절(姿韻欲絶) •527
자유아재(自有我在)
자자고유(字字古有), 언언고무(言言古無)
자적기궁(自適其窮) •528
자적기적(自適其適)
자출기저(自出機杼)
자출신의(自出新意), 불천고인(不踐古人) •529
자회자불구지(自會者不求知),
　　자득자불용력(自得者不用力)
작문해도(作文害道)
작자요숙(作字要熟) •530
잠거예악(簪裾禮樂)
잠인기간(潛刃其間)
장(壯) •531
장(章)
장단상교(長短相較)
장려(壯麗)
장려생색(壯麗生色)
장미(壯美) •532
장법(章法)
장부기(丈夫氣) •533
장심(匠心) •534
장아(壯雅)
장어(壯語)
장욕피지(將欲避之), 필선범지(必先犯之)
장인유물(將人喩物) •535
장장(鏘鏘) •536
장점(妝點)

장정어경(藏情於景)
장졸(藏拙)
장활(壯闊) •537
재(才)
재불체의(才不逮意) •538
재장성장(在章成章), 재구성구(在句成句)
재조(才藻) •539
재협즉호(在頰則好), 재상즉추(在顙則醜)
재횡필호(才橫筆豪)
저아(著我) •540
적(適)
적간의담(迹簡意澹) •542
적여심합(跡與心合)
전(典) •543
전(轉)
전공소열(專工小劣)
전광(顚狂)
전려(典麗) •544
전면처창(纏綿悽愴)
전모이사(傳模移寫) •545
전석(典碩)
전성(專成)
전신(傳神)
전신사조(傳神寫照) •547
전신자필이형(傳神者必以形) •548
전아(典雅)
전예(專詣) •549
전이모사(傳移模寫)
전칙(典則)

전후상수(前後相隨)
절(節) •550
절려응신(絶慮凝神)
절예입신(絶藝入神)
점로점숙(漸老漸熟)
점철성금(點鐵成金) •551
점철영미(點綴映媚)
정(正)
정(貞) •552
정(情)
정(精) •553
정(整) •554
정(靜)
정격(定格)
정겸아원(情兼雅怨) •555
정경상촉(情景相觸)
정공(精工)
정관(靜觀) •556
정근(精謹)
정동형언(情動形言)
정만물지정(定萬物之情),
　　일천하지의(一天下之意) •557
정문(情文)
정문겸지(情文兼至)
정미(情味) •558
정미랑창(精微朗暢)
정사(精思)
정성(正聲)
정성(情性) •559

정수경변(情隨境變), 자축정생(字逐情生) •560
정숙(精熟)
정승어리(情勝於理)
정신(精神) •561
정심(靖深)
정심조합(情深調合)
정약(精約) •562
정어(情語)
정여경회(情與境會)
정연수출(挺然秀出)
정왕사증(情往似贈), 흥래여답(興來如答) •563
정운(情韻)
정음(正淫)
정의현감(精意玄鑒) •564
정이물천(情以物遷), 사이정발(辭以情發)
정자능간(精者能簡)
정자중생(情自中生), 경유외득(景由外得) •565
정절(情節)
정조(靜躁)
정준영오(精雋靈奧)
정중경(情中景), 경중정(景中情) •566
정중유동(靜中有動), 동중유정(動中有靜)
정지(情志)
정채(精彩) •567
정체(正體)
정축(渟蓄)
정치곡진(情致曲盡)
정치신종(情馳神縱) •568
정친(正襯)

제(提)
제제상상(濟濟翔翔) •569
제제황황(齊齊皇皇)
제호의(濟乎義)
조(藻) •570
조감(藻鑒) •571
조경(造境)
조궤(藻繢) •572
조물(造物)
조밀(稠密)
조소(彫疎) •573
조소(粗疏)
조식(藻飾)
조어자연(肇於自然) •574
조요고상(藻耀高翔)
조용(躁勇)
조이려(粗以厲) •575
조자연지성(肇自然之性),
　　성조화지공(成造化之功)
조자지교위지풍(造子之敎謂之風),
　　습이행지위지속(習而行之謂之俗)
조작(雕斵) •576
조재(粗才)
조조청편(洮洮清便)
조창(調暢) •577
조호자연(造乎自然)
조화(造化)
조화무공(造化無工) •578
조화발령(造化發靈)

조화재아(造化在我)
조회(藻繪) •579
조휴각루(雕鐫刻鏤)
존정우상(存精寓賞)
졸(拙) •580
졸규구어방원(拙規矩於方圓)
종용(從容)
종의적편(從意適便) •581
종임무방(縱任無方)
종횡(縱橫)
좌망(坐忘) •582
주(遒) •583
주건(遒健)
주경(遒勁)
주긴(遒緊) •584
주밀(遒密)
주발(遒拔) •585
주일(遒逸)
주적불편(主適不偏)
주정상물(鑄鼎象物) •586
주준(遒俊)
준(峻)
준묘(俊妙)
준발강단(儁拔剛斷) •587
준상(俊上)
준상(俊爽)
준영(雋永) •588
준원(俊遠)
준일(俊逸)

준중경리(峻中勁利) •589
준초(峻峭)
준쾌(俊快)
중(重) •590
중류(中流)
중여신회(中與神會)
중행(中行)
중화(中和) •591
즉경생정(卽景生情) •592
즉경성취(卽景成趣)
지(志) •593
지(遲)
지락무락(至樂無樂) •594
지량(知量)
지미불겸(至味不慊), 지언불문(至言不文),
　　지락불소(至樂不笑),
　　　　지음불규(至音不叫)
지미지악(知美之惡), 지악지미(知惡之美) •595
지미지현(知微之顯)
지속(遲速) •596
지숙필피(知熟必避), 지생필피(知生必避)
지식(志識) •597
지여물화(指與物化)
지원지근(知遠之近)
지이호자(有知而好者),
　　호이부지자(有好而不知者),
　　　　불호이부지자(有不好而不知者),
　　　　　　불호이능지자(有不好而能知者)
지인무법(至人無法) •598

지자동(知者動), 인자정(仁者靜)
지자요수(知者樂水), 인자요산(仁者樂山) •599
지자창물(知者創物), 능자술언(能者述焉)
지출운소(志出雲霄)
지취조창(旨趣調暢) •600
지풍지자(知風之自)
직(直)
직이렴(直以廉) •601
직이절(直而切)
진(眞)
진골릉상(眞骨凌霜) •602
진공진선(盡工盡善)
진려(臻麗) •603
진밀(縝密)
진산수(眞山水)
진선진미(盡善盡美) •604
진세(縝細)
진속(眞俗) •605
진속기(塵俗氣)
진승화거(眞勝華去)
진여불탈(眞予不奪), 강득이빈(强得易貧)
진재(眞宰) •606
진채(振采)
질(質)
질로(質露) •607
질문교가(質文交加)
질박(質朴) •608
질박(質樸)
질서(疾徐)

질소(質素) •609
질승문즉야(質勝文則野)
질연(質姸)
질연고의(質沿古意), 문변금정(文變今情)
질유취령(質有趣靈) •610
질이경(質而徑)
질이대흥(質以代興), 연인속역(姸因俗易)
질이변(質而辨) •611
질중유문(質中有文), 문중유질(文中有質)
질탕(跌宕)
질탕류통(迭蕩流通) •612
질허(質虛)
짐작기간(斟酌其間), 심득기묘(甚得其妙) •613
짐작호질문지간(斟酌乎質文之間)
집사전용(執使轉用)
징담(澄澹)
징재(澄滓) •614
징회미상(澄懷味像)

ㅊ

차(借) •615
차경(借景)
차고개금(借古開今) •616
차물견회(借物遣懷)
착공이도(鑿空而道) •617
착마(斲磨)
착수성춘(着手成春)

착종(錯綜)
참담여수(慘淡如睡) •618
참령작묘(參靈酌妙)
창(暢)
창(蒼) •619
창경(蒼勁)
창고(蒼古) •620
창고성문(蒼古成文)
창광자휴(猖狂恣睢)
창로(蒼老) •621
창무부적(暢無不適)
창성(唱聲)
창신(暢神)
창윤(蒼潤) •622
창정(唱情)
창취여적(蒼翠如滴) •623
창측(愴惻)
창황(惝恍)
채(采) •624
처완(凄婉)
처창(悽愴)
척(瘠) •625
척제현람(滌除玄覽)
천(天)
천(淺) •626
천공(天工)
천균(天鈞)
천기(天機)
천기자로(天機自露) •627

천기형고(天機逈高)

천락(天樂) •628

천뢰(天籟)

천뢰인뢰합동이화(天籟人籟合同而化) •629

천상묘득(遷想妙得)

천선옥녀(天仙玉女), 분대하시(粉黛何施) •630

천성(天成)

천연(天然)

천연(天然)·공부(工夫)

천연절일(天然絶逸) •631

천이기(淺而綺)

천이정(淺而淨)

천재(天材)

천조(天造) •632

천종(天縱)

천종우이(天縱尤異)

천착(穿鑿)

천취(天趣) •633

천풍해도(天風海濤)

천화(天和) •634

첨속(甛俗)

첨신(尖新)

청(淸) •635

청감(淸鑒) •636

청경(淸勁)

청고(淸古) •637

청고(淸苦)

청공(淸空)

청광(淸曠) •638

청귀(淸貴)

청기(淸奇) •639

청기(淸氣)

청려(淸麗)

청렬(淸冽) •640

청령(淸冷)

청류(淸流)

청미(淸微) •641

청불고(淸不枯), 여불속(麗不俗)

청생어람(靑生於藍)

청소(淸疎) •642

청수불약(淸瘦不弱)

청숙(淸肅)

청신(淸新)

청실(淸實) •643

청어무성(聽於無聲),
　　득기소문(得其所聞)

청운(淸韻)

청울간령(淸蔚簡令) •644

청웅(淸雄)

청원(淸遠)

청유(淸幽) •645

청유음지음자롱(聽有音之音者聾),
　　청무음지음자총(聽無音之音者聰)

청은(淸隱)

청이근박(淸易近薄) •646

청이불박(淸而不薄)

청이생량(淸以生亮),
　　양이생채(亮以生采)

35

청이영달(淸易令達) •647
청재(淸才)
청진(淸眞)
청창(淸暢)
청철(淸徹) •648
청통(淸通)
청한(淸閑)
청화(淸和)
청화(菁華) •649
청후취량(淸後取亮)
체(體)
체격(體格) •650
체기(體氣)
체면(體面) •651
체무상궤(體無常軌),
　　언무상종(言無常宗),
　　　　물무상용(物無常用),
　　　　　　경무상취(景無常取)
체물(體物)
체물득신(體物得神)
체물류량(體物瀏亮) •652
체세(體勢)
체재(體裁) •653
체피문질(體被文質)
초(峭)
초(草)
초관막측(初觀莫測),
　　구시미진(久視彌珍) •654
초발(峭拔)

초수불건(峭秀不蹇)
초연(超然)
초예(超詣) •655
초이쇄(噍以殺)
초일(超逸)
초일우유(超逸優游) •656
초쾌(峭快)
초탈(超脫)
촉우성형(觸遇成形)
촉우조필(觸遇造筆) •657
총천(蔥蒨)
추도극처(醜到極處), 미도극처(美到極處)
추박(醜樸)
추변적시(趨變適時) •658
추속(麤俗)
추차치유(醜觭馳趚)
추창(惆悵) •659
추화사(錐畫沙)
축(蓄) •660
춘란추국(春蘭秋菊)
출색본색(出色本色) •661
출속귀아(黜俗歸雅)
출신의어법도지중(出新意於法度之中),
　　기묘리어호방지외(奇妙理於豪放之外)
출중즉기(出衆則奇) •662
출유입무(出有入無)
충(忠)
충담(沖澹)
충소지학(沖霄之鶴), 영수지매(映水之梅) •663

충원(沖遠)
충이념(沖以恬) •664
충화(沖和)
취(趣) •665
취경(取徑)
취경(取境) •666
취경견운(取景遣韻)
취미(趣味)
취세(取勢) •667
취원지심(趣遠之心)
취재법외(趣在法外) •668
취청비백(取靑媲白)
취형용세(取形用勢), 사생췌의(寫生揣意)
측창(惻愴) •669
치(致)
치사(置辭)
치이염(侈而豔) •670
치중장로(稚中藏老)
칙(則)
침(沉)
침(浸) •671
침실(沈實)
침심(沉深)
침완(沈婉) •672
침울(沈鬱)
침웅(沈雄)
침웅(沉雄) •673
침착(沈着) •674
침착(沈著)

침착(沉著)
침착가사(沈着可思), 신상역약(神傷易弱)
침착통쾌(沈着痛快)
침착통쾌(沉著痛快) •675
칭(稱)

쾌(快) •676
쾌락(快樂)

ㅌ

타니대수(拖泥帶水) •678
타류(妥溜)
타신(他神)
탁유(托諭) •679
탁족부상(濯足扶桑)
탄수재지성재의(彈雖在指聲在意),
　　　청불이이이이심(聽不以耳而以心) •680
탄이완(嘽以緩)
탄탕(坦蕩)
탈구능음(脫口能吟) •681
탈기조화(奪其造化)
탈부견골(脫膚見骨)
탈쇄(脫灑) •682

37

탈천지지화공(奪天地之化工)
탈태(脫胎)
탑언상우(嗒焉喪偶) •683
탕(蕩)
탕일(宕逸)
탕일(蕩逸) •684
탕일무방(宕逸無方)
태박(太樸)
토고흡신(吐故吸新)
통달(洞達) •685
통변(通變)
통원(通圓) •686
통원득의(通遠得意)
통회(通會)
퇴연천방(頹然天放) •687

ㅍ

파공(破空) •688
파란(波瀾)
파유(破有)
파이유완(破而愈完) •689
판실(板實)
편(偏)
편(褊) •690
편고(偏高)
편렬중공(編列衆工)

편일(偏逸)
평(平)
평담(平淡) •691
평담(平澹) •692
평원(平遠)
평정(平正) •693
평정지기(平正之奇)
평철이한아(平徹以閑雅)
평평무이(平平無異) •694
폐교상직(廢巧尙直)
폐언상의(廢言尙意)
포격(布格) •695
포려(鋪麗)
포세(布勢)
포유어간(飽游飫看) •696
포전잉후(包前孕後)
포정해우(庖丁解牛)
포지신(布之新), 불여저(不如紵),
　　　저지폐(紵之弊), 불여포(不如布) •697
포치(布置) •698
표선(標鮮) •699
표선청령(標鮮淸令)
표양(飄揚)
표운(標韻)
표일(飄逸) •700
표치(標致)
표풍흘거(飄風忽擧), 지조사비(鷙鳥乍飛) •701
품(品)
품어천연(禀於天然), 자어공용(資於功用) •702

품조(品藻)
품조현황(品藻玄黃) •703
풍(風)
풍(豊) •705
풍(諷) •706
풍고향작(風高響作), 월동영수(月動影隨)
풍골(風骨)
풍규(風規) •707
풍기(風氣)
풍도(風度) •708
풍력(風力)
풍류(風流) •709
풍류조달(風流調達) •710
풍률외창(風律外彰), 체덕내온(體德內蘊)
풍미(風味)
풍상(風尚) •711
풍신(風神) •712
풍신(豊神) •714
풍아(風雅)
풍영(諷詠) •715
풍우언지(風雩言志)
풍운(風韻)
풍운기(風雲氣) •716
풍울(豊蔚) •717
풍유(風猷)
풍의(風義)
풍자지화(諷刺之禍), 속호풍진(速乎風塵)
풍진외물(風塵外物) •718
풍청골준(風淸骨峻)

풍화(風化)
풍화보조(風華黼藻) •719
피문상질(披文相質)
필(筆)
필간의족(筆簡意足) •720
필간형구(筆簡形具), 득지자연(得之自然)
필묵상부(筆墨相副)
필유기질(必有其質), 내위지문(乃爲之文)
필의(筆意) •721
핍진(逼眞)

하승소도(下乘小道) •723
하운다기봉(夏雲多奇峯)
하청(遐淸) •724
학(學)
학무상사(學無常師), 이진위사(以眞爲師)
한(閑) •725
한거리기(閑居理氣)
한담(閑淡)
한만(汗漫) •726
한방(閑放)
한아(閑雅)
한정(閑靖) •727
한중저색(閑中著色)
한화(閑和)

할인(割忍) •728
함도영물(含道暎物)
함영(涵泳)
함온(含韞) •729
함유(涵濡)
함장사계(含章司契) •730
함정능달(含情能達)
함축(含蓄)
함축적중(涵蓄適中) •731
함호(含糊)
합정식모(合情飾貌)
합화무적(合化無跡) •732
해미(諧靡)
해섬(該贍)
해의반박(解衣般礴) •733
핵실(核實)
행(行) •734
향배(向背)
향배(鄕背) •735
향상도하(香象渡河)
허령(虛靈) •736
허불사허(虛不似虛), 실불성실(實不成實)
허신(虛神)
허실(虛實) •737
허실상반(虛實相半) •738
허실상생(虛實相生)
허이(虛夷) •739
허탄(虛誕)
허필(虛筆)

헌거(軒擧) •740
헌지(軒輊)
헌활(軒豁)
험(險) •741
험절(險絶)
현(顯) •742
현교(炫巧)
현동(玄同) •743
현람(玄覽)
현량(現量)
현려(絢麗) •744
현문(玄門)
현미무간(顯微無間)
현부(顯附) •745
현외지음(弦外之音)
현혹(眩惑)
현화망언(玄化亡言), 신공독운(神工獨運) •746
혈맥(血脈)
형(形)
형(形)/상(象) •747
형득천의(逈得天意) •748
형로(形露)
형문(形文)
형사(形似) •749
형신(形神)
형용(形容) •750
형이실동(形異實同)
형질(形質) •751
호묘(浩渺)

호방(豪放)
호사(豪肆) •752
호이상기(好異尙奇)
호일(豪逸)
호질오식(好質惡飾)
호탕(豪宕) •753
호한(浩瀚)
혼(渾)
혼박(渾樸) •754
혼박(渾璞)
혼성(渾成)
혼쇄(渾灑)
혼연천성(渾然天成) •755
혼후(渾厚)
홍록상간(紅綠相間) •756
홍아(弘雅)
홍운탁월(烘雲托月)
홍윤통장(弘潤通長) •757
화(化)
화(和) •758
화경(化境) •760
화공(化工) •761
화공(畵工)
화공초물(化工肖物) •762
화기(化機)
화기(和氣)
화무(華茂) •763
화문무과(華文無寡)
화순적중(和順積中), 영화발외(英華發外)

화실겸미(華實兼美) •764
화실연후성조(和失然後聲調)
화여서통(畵與書通)
화염(華艶)
화염표탕(華艶飄蕩) •765
화외유정(化外有情)
화육불화골(畵肉不畵骨)
화의불화형(畵意不畵形)
화이불류(和而不流) •766
화이유(和以柔)
화정(華淨) •767
화종심장자원(畵從心障自遠)
화중유서(畵中有書)
화중유시(畵中有詩)
화중지화(畵中之畵), 화외지화(畵外之畵) •768
화출어적(和出於適)
화취형(畵取形), 서취상(書取象) •769
환불능생(患不能生)
환불능숙(患不能熟)
활(滑) •770
황한(荒寒)
회(晦)
회경생심(會景生心) •771
회고통금(會古通今)
회문포질(懷文抱質)
회미(回味) •772
회사후소(繪事後素)
회환(迴環) •773
횡일(橫逸)

후불인다(厚不因多), 박불인소(薄不因少) •774

훈(熏)

흉무성죽(胸無成竹)

흉유성죽(胸有成竹) •775

흉중구학(胸中丘壑)

흉중무물(胸中無物)

흉중성죽(胸中成竹) •776

흉중지죽(胸中之竹)

흉회담광(胸懷淡曠)

흑백상칭(黑白相稱) •777

흔창(欣暢)

흥(興)

흥상(興象) •778

흥어시(興於詩) •779

흥여경예(興與境詣)

흥취(興趣)

흥치(興致) •780

흥회표거(興會標擧)

희(希)

희법무진가(戲法無眞假),
  희문무공졸(戲文無工拙) •781

희성(希聲)

희풍서묘(希風叙妙) •782

참고문헌 •783

ㄱ

- **가영언** 歌永言

　노래는 시(詩)의 내용을 오래도록 전하는 것이다.

　㋙ 詩言志, 歌永言, 聲依永, 律和聲.(『書經』「虞書·舜典」)
　㋭ 시(詩)는 뜻을 읊는 것이며, 노래는 그 내용을 오래도록 전하는 것이고, 그 오래도록 전해지는 바는 소리에 의한 것이며, 율(律)은 그 소리를 조화롭게 하는 것이다.

- **가치** 佳致

　내면의 아름다운 정치(情致) 혹은 의취(意趣)를 말한다.

　㋙ 其於工夫不至, 雖不害爲佳致, 然不合於法者, 亦終不可語書也.(董逌,『廣川書跋』卷8「徐浩開河碑」)
　㋭ 기법이 능숙하지 않으면 비록 의취(意趣)가 있다 해도 법도에 어긋나면 이 또한 서예라 말할 수 없다.

- **각루문채** 刻鏤文采

　무늬를 조각하고 색색으로 수놓는 것을 말한다. 문식(文飾)과 수식

(修飾)을 가리킨다.

- 當是之時, 堅車良馬不知貴也, 刻鏤文采不知喜也. 何則? 其所道之然.(『墨子』「辭過」)
- 당시에는 튼튼한 수레나 좋은 말이 귀중한 것인지 알지 못했고, 무늬를 조각하고 색색으로 수놓는 것도 좋은 것인지 알지 못했다. 왜 그랬을까? 성인(聖人)이 백성을 그렇게 인도했기 때문이다.

- **각적물의** 各適物宜

  색(色)이나 성률(聲律) 등 표현미의 요소가 각기 물(物)에 적절하게 어울림을 말한다.

  - 夫五色相宣, 八音協暢, 由乎玄黃律呂, 各適物宜.(『宋書』「謝靈運傳」)
  - 대개 오색(五色)이 서로 어울리고 팔음(八音)이 조화로운 것은 색(色)과 성률(聲律)이 각기 물(物)에 적절하기 때문이다.

- **간** 艮

  머무름이라는 말이다. 그쳐야 할 바를 아는 데서 그치는 것이 머무름이다.

  - 然而古之聖人受之以觀, 必受之以艮, 艮者, 止也, 於止知其所止.(袁枚,『小倉山房文集』卷12「隨園四記」)
  - 그러나 옛 성인(聖人)은 살펴볼 때 머무름이 있었다. 머무름이란 그치는 것이니, 그쳐야 할 바를 아는 데서 그치는 것이다.

- **간간** 簡

  (1) 간결하고 소박하며 평이함을 말한다.

  - 直而溫, 寬而栗, 剛而無虐, 簡而無傲.(『書經』「虞書·舜典」)
  - 곧고 온화하며, 관대하고 위엄 있으며, 굳세되 포악하지 않으며, 간소하

되 오만하지 않다.

(2) 예의(禮儀)와 문식(文飾)이 없음을 말한다.

- 예) 孔子曰: "可也, 簡." 簡者, 易野也; 易野者, 無禮文也.(劉向, 『說苑』「修文」)
- 역) 공자(孔子)가 말하길, "괜찮다. 그러나 간(簡)하다."라고 했다. 간(簡)이라는 것은 이야(易野), 즉 쉽게 속됨에 빠짐을 말한다. 이야(易野)라는 말은 예의(禮儀)와 문식(文飾)이 없음을 뜻한다.

- **간결** 簡潔

간소하고 깔끔한 표현을 말한다.

- 예) 簡潔. 厚不因多, 薄不因少. 旨哉斯言, 朗若天曉.(黃鉞, 『二十四畫品』)
- 역) 간결(簡潔): 두터운 것은 많은 것에 기인하지 않고, 얇은 것은 적은 것에 기인하지 않는다. 진리 같은 이 말은 아름다우니, 동이 터서 날이 밝는 듯하다.

- **간불용발** 間不容髮

머리카락 한 올 들어갈 틈도 없는 빽빽한 상태를 말한다.

- 예) 密. 間不容髮曰密.(寶蒙, 『語例字格』)
- 역) 밀(密): 머리카락 한 올도 들어갈 틈이 없는 것을 일러 밀(密)이라 한다.

- **간사가계** 簡斯可繼, **번즉난구** 繁則難久

〈사물의 이치란〉 간단한 것이 더 오랜 시간 지속될 수 있고, 번잡한 것은 오래 가지 못한다.

- 예) 總其大綱, 則有二語: 宜簡不宜繁, 宜自然不宜雕斵. 凡事物之理, 簡斯可繼, 繁則難久.(李漁, 『閑情偶寄』「居室部」)

> 열 〈집을 지을 때〉 그 대강(大綱)을 말하자면 두 가지를 들 수 있다. 간결하게 하고 번잡하게 하지 말며, 자연스럽게 하고 꾸미지 말아야 한다. 사물의 이치는 간단한 것이 더 오랜 시간 지속될 수 있고, 번잡한 것은 오래 가지 못한다.

- **간성** 間聲

혼란스럽고 번거로우며 리듬이 급박한 동시에 음률과 맞지 않는 음악 소리를 말한다.

> 예 其聲間雜繁促, 不協律呂, 謂之間聲, 此鄭衛之音, 俗樂之作也.(徐上瀛,『溪山琴況』)
> 열 대체로 음악 소리가 혼란스럽고 번거로우며 리듬이 급박한 동시에 음률과 맞지 않으면 간성이라고 부른다. 이것은 바로 정(鄭)·위(衛) 지역에 속하는 민간 음악이다. 세속적인 음악이 그런 것이다.

- **간수** 簡秀

간약(簡約)하여 빼어남을 말한다.

> 예 阮思曠, 骨氣不及右軍, 簡秀不如眞長.(劉義慶,『世說新語』「品藻」)
> 열 완사광(阮思曠: 阮裕)의 골기(骨氣)는 왕우군(王右軍: 王羲之)에 미치지 못하고, 간약(簡約)하여 빼어남은 진장(眞長: 劉惔)만 못하다.

- **간원** 簡遠

간약(簡約)하면서도 심원한 것을 말한다.

> 예 予嘗論書, 以謂鍾·王之迹, 蕭散簡遠, 妙在筆畫之外.(蘇軾,『蘇東坡集』後集 卷9「書黃子思詩集後」)
> 열 내[소식(蘇軾)]가 일찍이 서예를 논하면서, 종요(鍾繇)와 왕희지(王羲之)의 글씨는 조용하고 한가로우면서 간약하고 심원하여 그 오묘함이 필획이란 형상 너머에 있다고 하였다.

- 예 作字簡遠, 如晉宋間人.(蘇軾, 『蘇東坡集』 前集 卷23 「書唐氏六家書後」)
- 역 글씨가 간약(簡約)하면서도 심원한 것이 동진(東晋)과 남조(南朝) 송(宋)의 풍격과 같다.

- **간이문** 簡而文

  간략하지만 문채가 있다.

  - 예 君子之道, 淡而不厭, 簡而文, 溫而理. 知遠之近, 知風之自, 知微之顯, 可與入德矣.(『禮記』「中庸」)
  - 역 군자의 도는 평담(平淡)하지만 물리게 하지 않고, 간략하지만 문채가 있으며, 온화하지만 조리가 있다. 먼 것이 가까운 것으로부터 비롯됨을 알며, 교화(敎化)가 어디에서부터 오는 것인지를 알고, 미약(微弱)함이 현저함으로 변할 것임을 아니, 가히 성인(聖人)의 덕성에 들어설 수 있다.

- **간창** 簡暢

  소탈하고 탁 트임을 말한다.

  - 예 謝幼輿曰: "友人王眉子淸通簡暢, 嵇延祖弘雅劭長, 董仲道卓犖有致度."(劉義慶, 『世說新語』「賞譽」)
  - 역 사유여(謝幼輿: 謝鯤)가 말했다. "친구인 왕미자(王眉子: 王玄)는 구애됨이 없이 소탈하고 탁 트였다. 혜연조(嵇延祖: 嵇紹)는 고아(高雅)하고 덕이 높다. 동중도(董仲道: 董養)는 탁월하고 법도가 있다."

- **간화구질** 刊華求質

  화려함과 공교로움을 제거하고 질박함을 추구한다는 뜻이다.

  - 예 古之爲文者, 刊華而求質, 敝精神而學之, 唯恐眞之不極也.(袁宏道, 『袁中郎全集』 卷3 「行素園存稿引」)
  - 역 예전에 글을 짓는 사람은 화려함을 덜어내고 질을 추구하였으며, 온 정

신을 쏟아 배우고서도 다만 진실함을 다하지 못할까 걱정하였다.

- **감물음지** 感物吟志

  사람의 감정이 바깥 사물과 접촉하여 일으키는 감응을 통해 자신의 내면 의지를 노래로 읊는다.

  - 예 人稟七情, 應物斯感, 感物吟志, 莫非自然.(劉勰, 『文心雕龍』「明詩」)
  - 역 사람은 희(喜)·노(怒)·애(哀)·구(懼)·애(愛)·오(惡)·욕(欲)의 일곱 가지 감정을 타고 났다. 이들 감정은 바깥 사물과 접촉함으로써 감응을 일으키며, 사람은 이러한 감응을 통해 자신의 내면 의지를 노래로 읊는다. 이 모든 것은 자연스럽게 이루어지지 않음이 없다.

- **감여지미** 甘餘之味

  "미외지미(味外之味)"와 같은 말로, 예술표현에서의 여미(餘味)를 가리킨다. "말 너머의 뜻[言外之意]"이나 "줄 너머 나오는 소리의 울림[弦外之音·絃外之響]"과 같은 뒷맛 혹은 여운을 뜻한다.

  - 예 如作近體短章, 不是半吞半吐, 超超玄箸, 斷不能得弦外之音, 甘餘之味; 滄浪之言, 如何可詆?(袁枚, 『隨園詩話』卷8)
  - 역 예컨대, 근체(近體) 단장(短章)을 짓는데 우물거리거나 혹은 아주 뛰어나거나의 정도가 아니라 아예 여운(餘韻)과 여미(餘味)를 얻을 수 없는 상황이라면 엄우(嚴羽)의 말을 어떻게 질책할 수 있겠는가?

- **감창** 感愴

  감상적인 것을 말한다.

  - 예 壯而感愴者: "錦江春色來天地, 玉壘浮雲變古今."(胡應麟, 『詩藪』「內編」卷5)
  - 역 〈두보(杜甫)의 칠언율시(七言律詩) 가운데〉 장(壯)하면서 감상적인 것

은 이렇다. "금강(錦江)의 봄빛은 천지(天地)에서 오고, 옥루(玉樓)에 뜬 구름은 고금(古今)에 변했네."

- 강 剛

  대체로 "양강(陽剛)"과 같은 의미의 범주이며 "음유(陰柔)"에 상대된다.

  - 예 直而溫, 寬而栗, 剛而無虐, 簡而無傲.(『書經』「虞書·舜典」)
  - 역 곧고 온화하며, 관대하고 위엄 있으며, 굳세되 포악하지 않으며, 간소하되 오만하지 않다.

- 강 强

  필력(筆力)이 드러나는 것을 말한다.

  - 예 强. 筋力露見曰强.(寶蒙, 『語例字格』)
  - 역 강(强): 필력(筆力)이 드러나는 것을 일러 강(强)이라 한다.

- 강개유물 慷慨遺物

  초연하여 사물에 연루되지 않음을 말한다.

  - 예 萬方百變, 消搖而無所定, 吾獨慷慨遺物, 而與道同出.(『淮南子』「原道訓」)
  - 역 세상의 모든 일은 천변만화하여 일정한 바가 없는데, 나는 홀로 초연하여 사물에 연루되지 않아 도(道)와 함께 한다.

- 강건함아나 剛健含婀娜

  강건한 격조에 아리따움을 더 한다.

  - 예 端莊雜流麗, 剛健含婀娜.(蘇軾, 『蘇東坡集』前集 卷1「和子由論書」)

㉡ 단정하고 장엄한 풍격에 유려한 필체를 입히고, 강건한 격조에 아리따움을 더 한다.

- **강기불로** 剛氣不怒, **유기불섭** 柔氣不懾

  양강(陽剛)의 기를 가득 채우면서도 조급하지 않고, 음유(陰柔)의 기를 가득 채우면서도 유약(柔弱)하지 않다.

  ㉠ 是故先王本之情性, 稽之度數, 制之禮義. 合生氣之和, 道五常之行, 使之陽而不散, 陰而不密, 剛氣不怒, 柔氣不懾, 四暢交於中而發於外, 皆安其位而不相奪也.(『樂記』「樂言」)

  ㉡ 그러므로 선왕(先王)은 음악을 만들 때 사람의 성정(性情)에 근거하여 악률(樂律)의 횟수를 헤아리고 정해진 원칙에 의거하여 제정하는 것이다. 생기(生氣)의 조화를 화합하게 하고, 금(金)·목(木)·수(水)·화(火)·토(土)의 운행이 질서 있도록 하며, 양기(陽氣)는 흩어지지 않도록 하고, 음기(陰氣)는 조밀하지 않도록 하며, 양강(陽剛)의 기는 난폭하지 않도록 하고, 음유(陰柔)의 기는 위축되지 않도록 한다. 양(陽)·음(陰)·강(剛)·유(柔)의 네 가지가 마음속에서 서로 잘 교류하여 바깥으로 드러나면, 모두 자기 자리에서 편안하여 서로 침탈하지 않는다.

- **강생어천** 絳生於蒨

  붉은색은 꼭두서니풀에서 나온다. 근본적인 것이 파생된 것보다 낫다는 말이다.

  ㉠ 夫青生於藍, 絳生於蒨, 雖逾本色, 不能復化.(劉勰, 『文心雕龍』「通變」)

  ㉡ 무릇 푸른색은 남초(藍草)에서 나오고 붉은색은 꼭두서니풀에서 나온다. 그러나 설사 푸른색과 붉은색이 그 원래 풀빛보다 진하다 해도 그것들은 다시 변화시킬 수 없다.

- **강유** 剛柔

강유(剛柔)는 양강(陽剛)과 음유(陰柔)를 가리킨다. 음유의 성격이 부드러우면서도 자신의 가치를 은밀하게 드러내는 것이라면, 양강의 성격은 단도직입적이고 단호하게 자신의 지향을 드러내는 것이라 하겠다. 앞의 것은 도가미학의 범주요, 뒤의 것은 유가미학의 범주이다. 한 쌍의 미학범주로서의 양강과 음유는 서로 반대되면서도 때로는 서로 받쳐주는 대대적 관계에 있다. 양강의 심미적 특징은 웅혼하고 강직하며 시원스럽다. 따라서 장엄하고 굳세며 호방하고 비장한 따위의 예술 형태는 양강의 범주에 속한다고 볼 수 있다. 반면 음유의 심미특징은 부드럽고 완곡하며 유유자적하다. 그렇다면, 곱고 흐드러지고 은근하며 함축적이고 우아한 예술형태는 음유범주에 속한다고 할 수 있다. 유가는 양강을 귀히 여겼고, 도가는 음유를 숭상했다. 형태를 나타내는 여러 다양한 예술미의 범주는, 유협(劉勰)에 의해 기본적으로 양강과 음유라는 두 유형으로 나뉘게 되었다. "글이란 세를 좇는 것인데, 세에는 강하고 부드러운 것이 있다."["文之任勢, 勢有剛柔."(『文心雕龍』「定勢」)] 이로부터 수당(隋唐)에 이르러 시가의 음운이나 회화 또는 서예 등의 예술이론과 창작에서는 양강과 음유의 미학범주가 광범위하게 사용되었으며, 이 두 범주로써 예술작품과 한 시대의 풍격을 평가하는 것은 중국미학사에서 중요한 전통이 되었다. 남송(南宋)에 이르러서 양강의 범주는 고고(高古)·웅혼(雄渾)·비장(悲壯) 등으로 표현되고, 음유의 범주는 표일(飄逸)·심원(深遠)·처연(凄然) 등으로 묘사되었다.(2008, p. 234 참조)

- 예 然消息多方, 性情不一, 乍剛柔以合體, 忽勞逸而分驅.(孫過庭, 『書譜』)
- 역 그러나 서예의 예술적 규율은 여러 방면에서 비롯되어 변화무상하니, 이에 그 표현방법의 감정과 성격도 달라진다. 〈이런 점이 서예에 반영되면〉 어떨 때는 언뜻 강함과 부드러움이 서로 조화로워 하나가 된 듯싶

다가도, 찰나 간에 빠름과 느림의 분별이 드러나기도 한다.

- **갱장** 鏗鏘

  음악에서 음조(音調)가 낭랑한 것을 말한다.

  - 詞采蔥蒨, 音韻鏗鏘, 使人味之, 亹亹不倦.(鍾嶸, 『詩品』)
  - 〈장협(張協)의 시는〉 문채(文彩)가 풍성하고 음조(音調)는 낭랑하니, 그의 시를 읽으면 맛이 있고 정신이 상쾌해진다.

- **갱장뢰락** 鏗鏘磊落

  〈시(詩)의〉 음조가 낭랑하고 풍격이 웅장한 것을 말한다.

  - 子美詩鏗鏘磊落, 譬如高山大川, 苦於登涉.(『尺牘新鈔』1集 徐增「又與申勖庵」)
  - 두보(杜甫)의 시는 음조가 낭랑하고 풍격이 웅장한 것이 마치 고산(高山)과 대천(大川)인 듯하여 다가가기 어렵다.

- **거사존정** 袪邪存正

  사악한 마음을 제거하여 바른 기풍을 지니는 것을 말한다.

  - 而澹固未易言也, 袪邪而存正, 黜俗而歸雅, 舍媚而還淳, 不著意於澹, 而澹之妙自臻.(徐上瀛, 『溪山琴況』)
  - 물론 담(澹)을 뚜렷하게 표현하기는 어렵지만, 거문고를 연주할 때 바르지 않은 마음을 제거하여 바른 기풍을 지닐 수 있고 용속(庸俗)을 버리고 아정(雅正)을 앞세우며 세속적인 것을 버리고 소박함과 순진함을 앞에 내세우면, 일부러 담(澹)을 추구하지 않더라도 그 묘한 부분이 자연스럽게 드러나게 될 것이다.

- **거인마천** 巨刃摩天, **금침자수** 金針刺繡

  커다란 칼로 하늘을 찌르고 금침(金針)으로 수(繡)를 놓는다. 완전하게 해내고 제대로 발휘할 수 있는 사람은 넓히면 천지(天地) 사이를 채울 수 있고, 좁히면 방촌(方寸)의 사이로 거둘 수 있다는 뜻이다.

- ㉠ 有作用人, 放之則彌六合, 收之則斂方寸, 巨刃摩天, 金針刺繡, 一以貫之者也.(袁枚,『隨園詩話』卷3)
- ㉡ 완전하게 해내고 제대로 발휘할 수 있는 사람은 넓히면 천지(天地) 사이를 채울 수 있고, 좁히면 방촌(方寸)의 사이로 거둘 수 있다. 이는 마치 커다란 칼로 하늘을 찌르고 금침(金針)으로 수(繡)를 놓는 것과 같은 이치이다.

• 건 健

강건하고 힘이 있음을 말한다.

- ㉠ 琴尙冲和大雅. 操慢音者, 得其似而未眞. 愚故提一健字, 爲導滯之砭.(徐上瀛,『溪山琴況』)
- ㉡ 거문고 소리는 깊고 고아한 풍격을 추구한다. 느린 소리로 타면 그런 풍격에 이르는 것 같지만 〈사실 아주 어색하고 딱딱하니〉 그 속의 참된 의미를 드러내지 못한다. 이러한 결점을 고치는 방편으로, 나는 건(健)자를 제안한다.

• 건 乾

필세(筆勢)가 너무 빨라 광택을 잃은 건고(乾枯)를 말한다.

- ㉠ 乾. 無復光輝曰乾.(竇蒙,『語例字格』)
- ㉡ 건(乾): 필세(筆勢)가 너무 빨라 광택을 잃은 건고(乾枯)를 일러 건(乾)이라 한다.

• 건발 健拔

굳세고 빼어난 정신 경지를 말한다.

- ㉠ 健拔. 劍拔弩張, 書家所誚. 縱筆快意, 畫亦不妙.(黃鉞,

『二十四畵品』)
- 🔵 건발(健拔): 칼집에서 칼을 뽑고 활을 당기는 것은 글씨 쓰는 사람이 꺼리는 바이다. 호방한 붓놀림이 상쾌할지라도 그 그림은 오묘하지가 않다.

- **검불액** 檢不扐

  〈문장이〉 간명(簡明)하나 간략(簡略)하지는 않음을 말한다.

  - 🔵 粹靈均者, 其文蔚溫雅淵, 疏朗麗則, 檢不扐, 達不放, 古淡而不鄙, 新奇而不怪.(白居易, 『白香山集』 卷59 「故京兆元少尹文集序」)
  - 🔵 〈만약 어떤 한 사람이〉 수기(粹氣)와 영기(靈氣)를 똑같은 양으로 갖게 되면 그 사람의 문장은, 문채(文采)가 아름다우면서 온화하고, 아치(雅致)가 있으면서 깊이가 있으며, 막힘없이 맑고, 어휘가 수려하면서도 또한 다른 사람이 본받을 만한 준칙이 되며, 간명(簡明)하나 간략(簡略)하지는 않고, 얽매임 없으면서도 방탕하지 않고, 평담(平淡)하되 비루하지 않으며, 신기(新奇)하나 괴이(怪異)하진 않다.

- **겁** 怯

  공력(功力)이나 공부(工夫)가 부족하여 운필(運筆)이 허약한 것을 말한다.

  - 🔵 怯. 下筆不猛曰怯.(竇蒙, 『語例字格』)
  - 🔵 겁(怯): 공력(功力)이나 공부(工夫)가 부족하여 운필(運筆)이 허약한 것을 일러 겁(怯)이라 한다.

- **격 隔·불격** 不隔

  "격"은 경물(景物) 사이 혹은 정(情)과 경(景)의 사이를 벌려 놓는 것을 말한다. 예술적 경지를 표현하는데 있어 진실성 혹은 사실성이 떨어지는 것을 가리킨다. 반면 "불격(不隔)"은 눈으로 확인가능하며 정(情)과 경(景)이 직접 연결되는 것을 말하므로, 진실성과 사실성이 드러나는 예술 경지이다. 왕궈웨이(王國維)가 격(隔)과 불격(不隔)을 말했는데, 그는 불격(不隔)을 더 중요하게 생각했다.

- 白石寫景之作, 如"二十四橋仍在, 波心荡·冷月無聲." "數峰淸苦, 商略黃昏雨." "高樹晚蟬, 說西風消息." 雖格韻高絶, 然如霧裡看花, 終隔一層. 梅溪·夢窓諸家寫景之病, 皆在一"隔"字.(王國維, 『人間詞話』 39)

- 강기(姜夔)가 경물(景物)을 묘사한 작품 중에 이런 것들이 있다. "스물네 곳의 다리는 여전한데, 물결은 일렁이고 차가운 달은 소리가 없다." "많은 봉우리 맑고도 쓸쓸한데, 황혼에 내리는 비는 그에 맞춰주네." "높은 나무의 저녁 매미, 가을바람의 소식을 알려 주네." 이러한 것들은 비록 격조와 운치는 빼어나지만, 안개 속에서 꽃을 보는 것처럼 못내 한 층을 사이에 두고 떨어져 있다. 사달조(史達祖)와 오문영(吳文英) 같은 사람들이 경물을 묘사할 때의 병폐 또한 모두 이 "격(隔)"자에 있다.

- 問"隔"與"不隔"之別, 曰: 陶謝之詩不隔, 延年則稍隔矣. 東坡之詩不隔, 山谷則稍隔矣. "池塘生春草"·"空梁落燕泥"等二句, 妙處唯在不隔.(王國維, 『人間詞話』 40)

- "사이를 두고 떨어짐"과 "사이를 두고 떨어지지 않음"의 차이를 묻는다면 이렇게 말할 수 있다. 도잠(陶潛)과 사령운(謝靈運)의 시는 사이를 두고 떨어짐이 없고, 안연지(顔延之)의 경우는 조금 사이를 두고 떨어졌으며, 소식(蘇軾)의 시는 떨어지지 않았고, 황정견(黃庭堅)의 경우는 조금 떨어졌다. "연못가에 봄풀이 피어나네."와 "빈 대들보에 제비집 흙이 떨어진다."의 두 구는, 다만 그 절묘한 바가 사이를 두고 떨어짐이 없는 데 있다.

- **격력천종** 格力天縱

격조와 기세가 자연스러운 것을 말한다.

예) 如杜子美詩, 格力天縱.(蘇軾,『蘇東坡集』前集 卷23「書唐氏六家書後」)

역) 마치 두보(杜甫)의 시(詩)처럼 격조와 기세가 자연스럽다.

- **격률** 格律

격조(格調)를 말한다.

예) 逸少則格律非高, 功夫又少; 雖圓豊姸美, 乃乏神氣.(『法書要錄』卷4「張懷瓘議書」)

역) 왕희지의 초서는 격조가 높지 않고 공력 또한 적다. 비록 부드럽고 아름답지만 풍신(風神)과 기운(氣韻)이 부족하다.

- **격사** 激射

부딪혀 치오르는 것을 말한다.

예) 水, 活物也. 其形欲深靜, 欲柔滑, 欲汪洋, 欲迴環, 欲肥膩, 欲噴薄, 欲激射.(郭熙,『林泉高致』「山川訓」)

역) 물은 살아 움직이는 물상이다. 그 모양은 깊고 고요해야 하며, 부드럽고 미끄러워야 하고, 넓게 넘실거려야 하며, 둥그렇게 감아 돌아야 하고, 기름지고 윤택해야 하며, 거세게 내뿜어 솟구쳐야 하고, 부딪혀 치올라야 한다.

- **격수불의** 激水不漪, **고목무음** 槁木無陰

물살이 거센 물에서는 잔잔한 물결을 기대할 수 없고, 마른 나무 아래서는 그늘을 기대할 수 없다는 말이다. 자연스러운 이치를 말한 것이다.

예) 綜意淺切者, 類乏醞藉, 斷辭辨約者, 率乖繁縟; 譬激水不漪, 槁木無陰, 自然之勢也.(劉勰,『文心雕龍』「定勢」)

역) 뜻이 쉽게 드러나는 비속한 글은 함축성이 떨어지고, 간결하고 명확한 글은 대체로 문사(文辭)가 풍부하지 못하고 문채 또한 화려하지 않다. 이는 마치 물살이 거센 물에서는 잔잔한 물결을 기대할 수 없고, 마른 나무 아래서는 그늘을 기대할 수 없는 것과 같다. 모두 자연의 이치인 것이다.

- **격운** 格韻

풍격(風格)·풍운(風韻)과 같은 말이다.

- ㉠ 江頭五詠, 物類雖同, 格韻不等.(張戒, 『歲寒堂詩話』)
- ㉡ 두보(杜甫)가 강가에서 읊은 다섯 영물시(詠物詩)는, 물상(物象)은 비록 같더라도 운(韻)이 각기 다르다.

- **격조쌍해** 格調雙諧

기격(氣格)과 성조(聲調)가 조화로움을 말한다.

- ㉠ 情文兼至, 格調雙諧, 雖有作者, 不能易此也.(『尺牘新鈔』 2集 徐芳 「與高自山」)
- ㉡ 〈시(詩)는〉 정감(情感)과 문채(文彩)가 동시에 구비되어 있고, 기격(氣格)과 성조(聲調)가 조화로워야 한다. 그러면 다른 사람이 똑 같은 제목으로 시를 짓더라도 대체할 수 없을 것이다.

- **격치** 格致

풍격을 말한다.

- ㉠ 詠物者要當高得其格致韻味, 下得其形似, 各相稱耳.(張戒, 『歲寒堂詩話』)
- ㉡ 영물(詠物)이란 것은 위로는 풍격(風格)과 운미(韻味)를 드러내고 아래로는 형상을 잘 묘사해야 서로 잘 어울린다.

- **격화소양** 隔靴搔癢

신발 위로 가려운 곳을 긁는 것을 말한다. 의미가 투철하지 못함을 뜻한다.

- 意貴透徹, 不可隔靴搔癢.(嚴羽,『滄浪詩話』「詩法」)
- 시의 뜻은 투철함을 중요하게 여기므로, 신발 위로 가려운 곳을 긁듯 해서는 안 된다.

- **견 堅**

견실(堅實)하고 힘이 있는 것을 말한다.

- 古語云: "按弦如入木." 形其堅而實也.(徐上瀛,『溪山琴況』)
- 옛말에 "〈거문고〉 현을 누를 때는 마치 나무 안으로 박히듯 눌러야 한다."라고 했다. 이 말은 왼 손이 현을 누를 때 견실(堅實)하고 힘이 있어야 한다는 뜻이다.

- **견경 堅勁**

주경(遒勁)과 같은 말로, 강건함을 말한다.

- 其堅勁則古今不逮.(『法書要錄』卷8「張懷瓘書斷中」)
- 이러한 힘 있는 필세(筆勢)는 고금(古今)의 그 누구도 미친 바가 없다.

- **견권 繾綣**

은근하고 부드러운 느낌을 말하며, 음유미(陰柔美)의 일종이다.

- 薄紹之書如龍游在霄, 繾綣可愛.(『書法鉤玄』卷4「梁武帝評書」)
- 박소지(薄紹之)의 글씨는 마치 용이 하늘 끝을 떠다니는 듯하고, 은근하고 부드러워 사랑스럽다.

- **견마최난 犬馬最難, 귀매최이 鬼魅最易**

개나 말을 그리는 것이 가장 어렵고, 귀신이나 도깨비를 그리는 것이 가장 쉽다는 말이다. 신사(神似)보다 형사(形似)를 더 높게 여긴다는 뜻이다.

- 齊王問曰:"畵孰最難者?"曰:"犬馬最難.""孰最易者?"曰:"鬼魅最易."(『韓非子』「外儲說左上」)
- 제왕(齊王)이 물었다. "그림을 그리는 데 어느 것이 가장 어려운가?" 대답하였다. "개나 말이 가장 어렵습니다." 다시 물었다. "그러면 어느 것이 가장 쉬운가?" 이에 대답하였다. "귀신이나 도깨비가 가장 쉽습니다."

- **견미지명** 見微知明

  미세한 것을 통해 명확함을 깨닫는다는 말이다. 음악의 효과와 기능을 말한 것이다.

  - 孔子學鼓琴於師襄, 而諭文王之志: 見微以知明矣.(『淮南子』「主術訓」)
  - 공자(孔子)는 사양(師襄)에게서 거문고를 배워 문왕(文王)의 뜻을 알게 되었다는데, 이는 미세한 것을 통해 명확함을 깨달은 것이다.

- **견질** 堅質

  충실하고 순박한 것을 말한다.

  - 高韻深情, 堅質浩氣, 缺一不可以爲書.(劉熙載, 『藝槪』「書槪」)
  - 고아(高雅)한 격조와 심원(深遠)한 정감, 충실하고 순박하며 바르고 강직한 기(氣). 그 어느 것 하나 빠져도 서예가 되지 않는다.

- **결** 決

  (1) 〈서예에서〉 운필(運筆)에서의 끄는 것을 말한다.

  - 鋒, 謂格也. 力, 謂體也. 輕, 謂屈也. 決, 謂牽掣也.(『法書要錄』卷2)

㊟ 〈서예에서〉 봉(鋒)은 붓끝을 말하고, 역(力)은 붓끝이 드러내는 본체를 말한다. 경(輕)은 필세의 굴절(屈折)이고, 결(決)은 운필(運筆)에서의 끄는 것이다.

(2) 과단성을 보이는 글씨의 흐름을 말한다.

㉠ 求法者當在體用備處, 一法不亡, 濃纖健決, 各當其意; 然後結字不失, 疏密合度, 可以論書矣.(董逌,『廣川書跋』卷7「薛稷雜碑」)

㊟ 법도를 추구하는 사람은 마땅히 서예의 본질과 응용으로부터 시작하여 서법 하나하나를 빠뜨리지 않아야 한다. 필획의 진함·섬세함·강함·과단성이 모두 적절하게 들어맞아야 한다. 그런 다음에야 써낸 글자가 실수가 없고 소밀(疏密)이 적합하게 되니, 비로소 서법이라 칭할 수 있다.

• **결** 駃

내달리듯 빠른 필세(筆勢), 혹은 고인(古人)의 법도를 간약(簡約)하여 마음대로 하는 것을 말한다.

㉠ 駃. 波瀾驚絶曰駃.(寶蒙,『語例字格』)

㊟ 결(駃): 내달리듯 빠른 필세(筆勢), 혹은 고인(古人)의 법도를 간약(簡約)하여 마음대로 하는 것을 일러 결(駃)이라 한다.

• **결** 潔

순수하고 맑으며 질박한 것을 말한다.

㉠ 欲修妙音者, 本於指. 欲修指者, 必先本於潔也.(徐上瀛,『溪山琴況』)

㊟ 〈거문고에서〉 오묘한 음악을 연주하려면 반드시 지법(指法) 연습을 근본으로 삼고, 지법을 연습하려면 반드시 먼저 지법을 청결하게 만들어야 한다.

- **결구** 結構

  예술창작에서 구조, 분포, 배치 등을 조성하는 것을 말한다. 포국(布局), 포치(布置), 장법(章法) 등과 같은 맥락의 개념이다.

  - 又有六種用筆: 結構圓備如篆法, 飄颺灑落如章草, 凶險可畏如八分, 窈窕出入如飛白, 耿介特立如鶴頭, 鬱拔縱橫如古隸.(衛夫人,「筆陣圖」)
  - 또한 용필법(用筆法)에는 여섯 가지가 있다. 글자의 점획 안배와 형세의 포치(布置)가 원만한 것이 있는데, 예컨대 전서(篆書)이다. 필세(筆勢)가 자유분방하고 말쑥한 것이 있는데, 예컨대 장초(章草)이다. 필세가 날카로워 마치 쇠뿔이나 상아를 베어 논 듯 험한 것이 있는데, 예컨대 팔분서(八分書)이다. 필선(筆線)이 가지런하여 아리따운 것이 있는데, 예컨대 비백체(飛白體)이다. 필획이 높이 돌출하여 곧추선 것이 있는데, 예컨대 학두서(鶴頭書)이다. 거칠면서 박실하고 응축되어 힘이 있는 것이 있는데, 예컨대 고예(古隸)이다.

- **결려사계** 結慮司契

  생각들을 모아 글의 구상을 세우는 것을 말한다.

  - 結慮司契, 垂帷制勝.(劉勰,『文心雕龍』「神思」)
  - 생각들을 모아 글의 구상을 세우는 것은, 마치 〈한고조(漢高祖)의 참모였던 장량(張良)이〉 후방의 막사에 앉아 먼 곳의 전승(戰勝)을 계획하는 것과 같다.

- **결렬** 決裂

  충돌의 미(美)를 말한다. 양강미(陽剛美)와 음유미(陰柔美)의 어느 하나에 속하지 않는 또 하나의 심미형태이다.

  - 是故善畫者觀猛士劍舞, 善書者觀擔夫爭道, 善琴者聽淋雨崩山. 彼其意誠欲憤積決裂, 拿戾關接, 盡其意勢之所必極, 以開發於一時. 耳目不可及而怪也.(湯顯祖,『玉茗堂文之五』「序丘

毛伯稿」)
- 🅗 그래서 회화에 빠진 사람이 검무(劍舞)를 보거나, 서예에 빠진 사람이 공주와 짐꾼의 길 다투는 장면을 보거나, 거문고에 빠진 사람이 큰 비로 산이 무너지는 소리를 들을 때, 모두 깨닫는 바가 있는 것이다. 그들의 의념은 집중되어 곧 폭발하려 하는데, 이 때 외물(外物)과 접촉하면 대개 자기의 의념으로 사물을 대한다. 그래서 어떨 때 곧 느끼는 바가 있어 깨닫는 것이다. 이것은 일반인들이 오직 눈으로만 봐선 감수할 수 없는 것이다. 그들은 대개 기괴한 것이라 생각한다.

- **결자** 結字

  글자의 점획의 안배와 배치를 말한다.

  - 🅔 求法者當在體用備處, 一法不亡, 濃纖健決, 各當其意; 然後結字不失, 疏密合度, 可以論書矣.(董逌,『廣川書跋』卷7「薛稷雜碑」)
  - 🅗 법도를 추구하는 사람은 마땅히 서예의 본질과 응용으로부터 시작하여 서법 하나하나를 빠뜨리지 않아야 한다. 필획의 진함·섬세함·강함·과단성이 모두 적절하게 들어맞아야 한다. 그런 다음에야 써낸 글자가 실수가 없고 소밀(疏密)이 적합하게 되니, 비로소 서법이라 칭할 수 있다.

- **결향** 結響

  〈시를 지을 때〉 음향의 역할을 말한다.

  - 🅔 結響. …… 詩本樂章, 按節當歌, 將斷必續, 如往復過.(袁枚,『小倉山房詩集』卷20)
  - 🅗 음향의 역할: …… 시는 원래 악장(樂章)이니, 마땅히 리듬에 따라 노래할 수 있다. 그 리듬이 끊어진 듯 이어진 듯하고 또 가는 듯 오는 듯하니, 능히 사람의 상상력을 일으킬 수가 있다.

- **경** 勁

흔히 경건(勁健)이나 주경(遒勁) 등으로 표현되는데, 유약(柔弱)·연약(軟弱)·미약(微弱)과 상대되는 범주로서 웅건하고 힘 있는 심미풍격을 말한다. 구체적인 예술형식으로 보자면 단순히 개별 하나하나가 힘 있는 것이 아니라 전체가 기세로 충만하여 막힘이 없는 것을 일컫는다. 경건(勁健)과 주경(遒勁)은 양강(陽剛)의 미(美)에 속한다. 위진 남북조 시기에 풍골(風骨)을 높이 받드는 풍조가 일어나면서 경(勁)이란 미학범주가 출현하였으며, 당송(唐宋) 이래로는 서화에서의 용필을 말하는데 많이 쓰였다. 굴하지 않는 강직함을 표현한다.(2008, p. 169 참조)

- 예) 然後凜之以風神, 溫之以妍潤, 鼓之以枯勁, 和之以閑雅.(孫過庭, 『書譜』)
- 역) 이러한 것들을 다 이룬 후에 여기에 다시 기운(氣韻)을 드러내고, 아름다운 내면의 품덕(稟德)을 담으며, 견실한 기교로써 강인한 정신을 북돋고, 또한 우아한 풍모를 조화시킨다.

- **경景**

  (1) 제도와 계절의 오묘한 이치를 탐구하여 그 진실을 창작하는 것을 말한다.

  - 예) 思者, 刪拔大要, 凝想形物. 景者, 制度時因, 搜妙創眞.(荊浩, 『筆法記』)
  - 역) 사(思)는 대요(大要)를 간추리고 생각을 집중하여 물상의 형태를 파악하는 것이다. 경(景)은 제도와 계절의 오묘한 이치를 탐구하여 그 진실을 창작하는 것이다.

  (2) 자연과 인생의 사실을 말한다.

  - 예) 文學中有二原質焉: 曰景, 曰情. 前者以描寫自然及人生之事實爲主, 後者則吾人對此種事實之精神的態度也.(王國維, 『靜庵文集續編』「文學小言」)

㊋ 문학에는 두 가지 요소가 있다. 바로 경(景)과 정(情)이 그것이다. 전자는 자연과 인생의 사실을 묘사하는데 중점을 둔 것이고, 후자는 이런 사실에 대한 사람들의 정신적인 태도를 말한다.

- 경 經

절대 변할 수 없는 근본으로서의 규범과 원칙을 의미한다. 이러한 절대 원칙은 시간과 장소의 구분 없이, 그리고 어떠한 상황 아래에서도 반드시 적용되어야 하는 보편성이다. 예술에서는 항상 적용할 수 있는 법칙과 법식을 의미한다.

㊀ 凡事有經必有權, 有法必有化. 一知其經, 卽變其權.(石濤, 『畵語錄』「變化章 第3」)

㊋ 무릇 일에는 항상성과 보편성을 지닌 상규(常規)가 있으면, 거기엔 필시 특수한 변통이 있게 마련이다. 또 일정한 법이 있으면 반드시 법규의 변화가 있으며, 일단 상규를 알게 되면 곧 그 상규의 변통을 생각하게 된다.

- 경 境

경(境)은 상(象)을 기초로 하지만 상을 초월하는 것으로, 상 및 상 주위의 허공까지 포괄하는 영역이다. 보통 경계(境界) 및 의경(意境) 등 개념의 약칭으로서의 경(境)의 의미는 원래 경계나 구역을 가리키는 단순한 의미에서부터 조예(造詣), 즉 예술가의 예술수양이 도달한 정도나 수준 및 문예작품에서의 상황이나 범위 등을 뜻한다.

㊀ 境者, 心造也. 一切物境皆虛幻, 惟心所造之境爲眞實.(梁啓超, 『飮冰室專集』卷2「自由書·唯心」)

㊋ 경(境)이라는 것은 마음이 만드는 것이다. 모든 물경(物境)은 다 허구요, 오직 내가 만든 경(境)만이 진실이다.

- 경 輕

    (1) 필세(筆勢)가 거침없고 수월한 것을 말한다.

    예) 輕. 筆道流便曰輕.(竇蒙,『語例字格』)
    역) 경(輕): 필세(筆勢)가 거침없고 수월한 것을 일러 경(輕)이라 한다.

    (2) 〈서예에서〉 필세의 굴절(屈折)을 말한다.

    예) 鋒, 謂格也. 力, 謂體也. 輕, 謂屈也. 決, 謂牽掣也.(『法書要錄』卷2)
    역) 〈서예에서〉 봉(鋒)은 붓끝을 말하고, 역(力)은 붓끝이 드러내는 본체를 말한다. 경(輕)은 필세의 굴절(屈折)이고, 결(決)은 운필(運筆)에서의 끄는 것이다.

- 경건 勁健

    양강지미(陽剛之美)에 속하는 미학범주이다. 강건(剛健)·웅위(雄偉)·고대(高大)·호장(豪壯) 등의 미감을 불러일으킨다.

    예) 畵衣紋有重大而調暢者, 有縝細而勁健者.(郭若虛,『圖畵見聞志』「叙論」)
    역) 옷 주름을 그린 것엔 아래로 고르게 펼쳐진 것도 있고, 촘촘하고 뻣센 것이 있다.
    예) 勁健. 行神如空, 行氣如虹, 巫峽千尋, 走雲連風.(司空圖,『詩品二十四則』)
    역) 경건(勁健): 심신(心神)은 까마득한 하늘 위에서 운행하고, 기세는 무지개라도 꿰뚫을 듯 드높다. 무협(巫峽)은 지극히 높고, 뜬 구름은 먼 곳의 바람을 끌고 간다.

- 경계 境界

    의경(意境) 혹은 경(境)과 같은 의미이다. 경(境)은 상(象)을 기초로 하지만 상을 초월하는 것으로, 상 및 상 주위의 허공까지 포괄하는 영역이다. 원래 경계나 구역을 가리키는 단순한 의미에서부터 조예(造詣), 즉 예술가의 예술수양이 도달한 정도나 수준 및 문예작품에서의 상황이나 범위 등을 뜻한다.

> ㉠ 美術家雕畫一種事物, 總要在未動工以前, 先把那件事物的整個實在完全攝取, 一攫攫住他的生命, 霎時間和我的生命並合爲一. 這種境界, 很含有神秘性, 雖然可以說是在理性範圍以外, 然而非用銳入的觀察法一直透入深處, 也斷斷不能得這種境界.(梁啓超, 『飮冰室文集』 卷38 「美術與科學」)
>
> ㉡ 미술가가 한 사물을 새기고 조각하는 것은 결국 그 작업을 하기 이전에 먼저 그 사물의 전체를 완전히 파악해야 한다. 그것의 생명을 확 움켜쥐어야 하고, 순식간에 나의 생명과 그것을 하나로 합해야 한다. 이러한 경지가 다분히 신비적이긴 하지만, 비록 이성의 범위 밖이라 할지라도 이와 같은 예리한 관찰법으로 단숨에 그 핵심에 들어서지 않는다면 결코 이러한 경지에 도달할 수 없다.

> ㉠ 詞以境界爲最上. 有境界則自成高格, 自有名句.(王國維, 『人間詞話』 1)
>
> ㉡ 사(詞)는 경계(境界)를 최고로 삼는다. 경계가 있으면 저절로 높은 품격을 이루고, 저절로 뛰어난 구절이 있게 된다.

- **경골** 勁骨

강건함·웅건함을 말한다.

> ㉠ 若章則勁骨天縱, 草則變化無方, 則伯英第一.(『法書要錄』 卷9 「張懷瓘書斷下」)
>
> ㉡ 장초(章草)의 웅건함과 천연 및 초서의 무궁한 변화로는, 장지(張芝)가 제일이다.

- **경리** 勁利

필치가 웅건하면서도 유려함을 말한다.

- 예) 陸公參靈酌妙, 動與神會, 筆迹勁利, 如錐刀焉.(張彦遠, 『歷代名畫記』)
- 역) 육탐미(陸探微)는 신령(神靈)과 통하여 미묘함을 얻어냈고, 수시로 마음을 집중하여 신묘함을 터득했다. 필치는 웅건하면서도 유려하니, 마치 송곳과 같았다.

• **경리취세** 勁利取勢, **허화취운** 虛和取韻

거침없는 웅건함으로 세(勢)를 취하고, 부드러운 화평함으로 운(韻)을 취한다.

- 예) 須有用筆如太阿剸截之意, 蓋以勁利取勢, 以虛和取韻.(董其昌, 『畫禪室隨筆』卷1「評法書」)
- 역) 용필(用筆)에는 반드시 날카로운 보검(寶劍)으로 잘라내는 듯한 뜻이 있어야 한다. 거침없는 웅건함으로 세(勢)를 취하고, 부드러운 화평함으로 운(韻)을 취한다.

• **경미** 輕靡

(1) 문장은 화려하나 힘이 부족하여 세속적인 것에 쉽게 부합하는 창작 풍격이다.

- 예) 輕靡者, 浮文弱植, 縹緲附俗者也.(劉勰, 『文心雕龍』「體性」)
- 역) 세속적인 가벼움은, 문장은 화려하나 힘이 부족하여 세속적인 것에 쉽게 부합하는 것이다.

(2) 천박해짐을 말한다.

- 예) 凡蒼而涉於老禿, 雄而失於粗疏, 秀而入於輕靡者, 不深故也.(劉熙載, 『藝槪』「書槪」)
- 역) 대개 무성하다가도 모지라지거나, 웅대하다가도 건성이 되거나, 빼어나다가도 천박해지는 것은 모두 깊지 않은 까닭이다.

- **경생정 景生情, 정생경 情生景**

  경(景)은 정(情)을 낳고 정은 경을 낳는다.

  - 例) 情景雖有在心在物之分, 而景生情, 情生景, 哀樂之觸, 榮悴之迎, 互藏其宅.(王夫之,『薑齋詩話』卷1)
  - 역) 정(情)은 마음에 있고 경(景)은 외물(外物)에 있다는 구분은 있지만, 경은 정을 낳고 정은 경을 낳으니, 슬픔과 기쁨을 촉발하고 영고성쇠를 맞이하는 것이 서로 그 안에 담겨 있다.

- **경섬 輕纖**

  가볍고 자잘한 것을 말한다.

  - 例) 矯六朝騈驪飣餖之習者, 以流麗勝; 飣餖者, 固流麗之因也. 然其過在輕纖.(袁宏道,『袁中郎全集』卷3「雪濤閣集序」)
  - 역) 육조(六朝)시대 변려문(騈儷文)의 형식을 따라 의미 없는 말을 늘어놓는 습속을 교정하려는 사람은, 육조시대의 문체(文體)가 지나치게 유려(流麗)하다고 생각했다. 그런데 그렇게 무의미하게 늘어놓은 말들이 사실 유려함이 있게 된 원인이었다. 그러나 그 허물은 경박하고 섬약한 데 있었다.

- **경송하풍 勁松下風**

  기개가 굳센 소나무 아래 부는 바람 같다.

  - 例) 世目李元禮, 謖謖如勁松下風.(劉義慶,『世說新語』「賞譽」)
  - 역) 세상 사람들은 이원례(李元禮: 李膺)를 평하여, 그 기개가 굳센 소나무 아래 부는 바람 같다고 하였다.

- **경수 輕秀**

  가벼우면서도 수일(秀逸)한 것을 말한다.

  - 例) 又翎毛形骨貴輕秀而天水通色.(郭若虛,『圖畵見聞志』「叙論」)

㉭ 또한 조수(鳥獸)는 가벼우면서도 수일(秀逸)한 형상으로 그렸고, 하늘과 물을 같은 색으로 처리하였다.

- **경수** 警秀

  수려하고 새로워 빼어난 것을 말한다.

  ㉠ 其間屢變而爲鮑照之逸俊, 謝靈運之警秀, 陶潛之澹遠; 又如顔延之之藻績, 謝朓之高華, 江淹之韶嫵, 庾信之淸新.(葉燮, 『原詩』內篇)
  ㉭ 그 후 시는 포조(鮑照)의 준일(俊逸), 사영운(謝靈運)의 경수(警秀), 도잠(陶潛)의 담원(淡遠), 안연지(顔延之)의 조식(藻飾), 사조(謝朓)의 고화(高華), 강엄(江淹)의 무려(嫵麗), 유신(庾信)의 청신(淸新)으로 여러 번 변했다.

- **경실무취** 景實無趣

  외재 경물을 묘사하기가 너무 사실적이라 맛이 없다.

  ㉠ 貫休曰: "庭花濛濛水泠泠, 小兒啼索樹上鶯." 景實而無趣.(謝榛, 『四溟詩話』卷1)
  ㉭ 관휴(貫休)가 이렇게 썼다. "봄비가 지나간 후, 정원의 꽃은 몽롱하고 시냇물은 맑게 흐르네. 어린 아이 울음소리가 나뭇가지 위 꾀꼬리 노래를 부르게 하누나." 경(景)을 묘사하는 것이 너무 사실적이라 맛이 없다.

- **경어** 景語

  경물(景物)을 묘사한 언어를 말한다.

  ㉠ 昔人論詩詞, 有景語·情語之別. 不知一切景語, 皆情語也.(王國維, 『人間詞話刪稿』10)
  ㉭ 옛 사람은 시(詩)와 사(詞)를 논하면서 경물(景物)을 묘사한 언어와 감정을 묘사한 언어를 구별하였다. 그러나 경물을 묘사한 언어가 모두 감

정을 묘사한 언어인 것은 몰랐다.

- **경여천회** 境與天會

  예술의 경지가 천지자연과 합하게 됨을 말한다.

  - ㉠ 篇法之妙, 有不見句法者, 句法之妙, 有不見字法者, 此是法極無跡, 人能之至, 境與天會, 未易求也.(王世貞,『弇州山人四部稿』卷144『藝苑卮言』1)
  - ㉡ 한 편의 문장이 좋다 해도 꼭 구법(句法)을 다듬은 흔적을 볼 수 있는 것은 아니다. 하나의 구(句)가 좋다 해도 반드시 자법(字法)을 다듬은 흔적을 볼 수 있는 것은 아니다. 법도가 극치에 이르면 흔적이 없어지게 된다. 기량이 극치에 이르면 천지자연과 합하게 되니, 찾아내기가 쉽지 않다.

- **경영위치** 經營位置

  장법(章法)을 말하는 것으로, 구성과 배치에 있어서의 요령이다.

  - ㉠ 五經營位置是也, 六傳移模寫是也.(謝赫,『古畵品錄』)
  - ㉡ 다섯째, 경영위치(經營位置)이다. 적절하게 배치하는 화면의 운용이다. 여섯째, 전이모사(傳移模寫)이다. 대상을 있는 그대로 재현해 내는 것을 말한다.

- **경외의** 景外意

  실제 산수경색(山水景色)을 묘사한 예술적 표현이 너무 생생하여 마치 그 실경(實景) 속에 있는 듯한 느낌이 일어나는 예술 감수(感受)를 말한다.

  - ㉠ 春山烟雲綿聯人欣欣, 夏山嘉木繁陰人坦坦, 秋山明淨搖落人肅肅, 冬山昏霾翳塞人寂寂. 看此畵令人生此意, 如眞在此山中, 此畵之景外意也.(郭熙,『林泉高致』「山川訓」)
  - ㉡ 봄산의 모습은 안개와 구름이 계속 이어져 사람을 기쁘게 하고, 여름

산의 모습은 아름다운 나무가 우거지고 그늘이 져 사람을 편안하게 하며, 가을산의 모습은 밝고 맑으면서 시들어 떨어져 사람을 숙연하게 하고, 겨울산의 모습은 어둡고 흐리며 가려지고 막혀서 사람을 쓸쓸하게 한다. 이런 그림들을 보면 사람으로 하여금 그런 느낌이 들게 하기가 마치 진짜 그런 산속에 있을 때처럼 한다. 이것이 바로 그림의 경외지의 (景外之意)이다.

- **경외지경 景外之景**

  풍경 밖의 풍경을 말한다. "유(有)" 가운데 "무(無)"를 드러내는 것으로, 몽롱(朦朧)과 황홀(恍惚)의 미(美)를 보여준다.

  - 예) 象外之象, 景外之景, 豈容易可談哉?(司空圖, 『司空表聖文集』 卷3「與極浦書」)
  - 역) 형상 너머의 형상과 풍경 밖의 풍경이 어찌 쉽게 말할 수 있는 것이겠는가?

- **경이병운 勁而病韻**

  강건하나 운치가 부족하다.

  - 예) 蓋美而病韻者王著, 勁而病韻者周越.(黃庭堅, 『豫章黃先生文集』 卷29「跋周子發帖」)
  - 역) 대체로 왕저(王著)의 서예는 어여쁘나 운치가 적고, 주월(周越)의 서예는 강건하나 운치가 부족하다.

- **경이정합 景以情合, 정이경생 情以景生**

  경치와 정감은 서로 호응하고, 정감은 경치 안에서 생겨난다. 정경(情景)은 분리할 수 없다는 뜻이다.

  - 예) 夫景以情合, 情以景生, 初不相離, 唯意所適.(王夫之, 『薑齋詩話』 卷2)
  - 역) 경치와 정감은 서로 호응하고, 정감은 경치 안에서 생겨난다. 본래 둘

을 나눌 수 없으나, 시의(詩意)에 따라 맞추어 창작해야 한다.

- **경정** 勁淨

  힘이 있으면서도 깔끔하고 단정함을 말한다.

  - ㉠ 如"佳"之四橫, "川"之三直, "魚"之四點, "畫"之九畫, 必須下筆勁淨, 疏密停勻爲佳.(『佩文齋書畫譜』卷7『續書譜』「疏密」)
  - ㉡ 예컨대, "佳"자(字)의 사횡(四橫)·"川"자의 삼직(三直)·"魚"자의 사점(四點)·"畫"자의 구획(九劃)은 용필(用筆)에 힘이 있으면서도 깔끔하고 단정하고, 소밀(疏密)의 안배가 적합해야 좋다

- **경정심원** 勁正心圓

  용필이 강직, 단정하면서도 그 내면은 아주 부드러운 것을 말한다.

  - ㉠ 季海長處, 正是用筆勁正而心圓.(黃庭堅, 『豫章黃先生文集』卷28「書徐浩題經後」)
  - ㉡ 서호(徐浩: 자는 季海)의 서예는 용필이 강직, 단정하면서도 그 내면이 아주 부드러운 것이 장점이다.

- **경중** 輕重

  힘의 운용과 관련된 한 쌍의 미학범주이다. 두 종류의 서로 다른 심미풍격이기도 하다. 대자연의 물상을 묘사하는 데 이러한 힘의 경중이 대비된다. 예컨대 큰 강의 제방이 무너지는 것은 중(重)이요, 물빛이 반짝이는 모양은 경(輕)이다. 혹은 산이 장엄하게 우뚝한 것은 중(重)이요, 제비가 미끈하게 날아오르는 것은 경(輕)이다. 서화에서도 그 아득한 묵취(墨趣)는 보통 경과 중의 운필로써 만들어진다. 심미풍격 면에서 보자면, 경은 보통 부(浮)·염(艶)·천(淺) 등과 함께 연계되고, 중은 후(厚)·졸(拙)·강(强) 등과 함께 연계된다. 동아시아미학 전통

에서는 대체로 중을 높이 받들고 경을 억누르는 경향이 보편적이었다.(2008, p. 133 참조)

- 예) 楚子問鼎之大小輕重焉.(『左傳』宣公三年)
- 역) 초(楚)의 군주가 왕손(王孫) 만(滿)에게 천자를 상징하는 구정(九鼎)의 크기와 무게를 물었다.
- 예) 或重若崩雲, 或輕如蟬翼.(孫過庭, 『書譜』)
- 역) 어떤 것은 흩어져 있는 구름처럼 중후하고, 어떤 것은 매미의 날개처럼 가볍다.

- **경중생정 景中生情, 정중함경 情中含景**

  경물(景物)로부터 정감(情感)이 생겨나고, 정감 중에 경물이 내포되어 있다.

  - 예) 景中生情, 情中含景, 故曰, 景者情之景, 情者景之情也.(王夫之, 『唐詩評選』卷4 岑參「首春渭西郊行呈藍田張二主薄」)
  - 역) 경물(景物)로부터 정감(情感)이 생겨나고, 정감 중에 경물이 내포되어 있다. 그래서 경물은 정감을 포함한 경물이고, 정감은 경물 중에 함축되어 있는 정감이다.

- **경직 勁直**

  양강미(陽剛美)의 하나로, 굳세고 힘이 쭉 뻗음을 말한다.

  - 예) 文之雄偉而勁直者, 必貴於溫深而徐婉.(姚鼐, 『惜抱軒文集』卷4 「海愚詩鈔序」)
  - 역) 웅장하고 위대하며 힘이 쭉 뻗은 글은 종종 온유하고 깊고 완곡한 문장보다 훨씬 중요시 된다.

- **경진의지 景盡意止, 의진언식 意盡言息**

  경치를 다 보면 뜻이 멈추고, 뜻이 멈추면 말이 끝난다. 억지로 경물을 끌어안고 탐색하지 말라는 뜻이다.

- ㉠ 景盡意止, 意盡言息, 必不強括狂搜, 舍有而尋無.(王夫之,『唐詩評選』卷3 張子容「泛永嘉江日暮回舟」)
- ㉡ 경치를 다 보면 뜻이 멈추고, 뜻이 멈추면 말이 끝난다. 억지로 경물을 끌어안고 생각을 탐색하여, 눈 안에 있는 것과 마음속에 있는 것을 버리고 허무한 것을 추구하지 말 것이다.

- **경허유미** 景虛有味

외재 경물을 묘사하기가 매우 허허롭지만 그래도 맛이 있음을 말한다.

- ㉠ 太白曰:"燕山雪花大如席, 片片吹落軒轅臺." 景虛而有味.(謝榛,『四溟詩話』卷1)
- ㉡ 이백(李白)은 이렇게 썼다. "북쪽 연산(燕山)의 눈꽃이 마치 돗자리처럼 크게 헌원대(軒轅臺) 위로 불어 내려오누나." 경을 묘사하기가 매우 허허롭지만 그래도 맛이 있다.

- **경험** 勁險

〈필력이〉 굳세고 단단하면서도 험준함을 말한다.

- ㉠ 八體盡能, 筆力勁險, 篆體尤精.(『法書要錄』卷8「張懷瓘書斷中」)
- ㉡ 여덟 가지 서체를 모두 잘 했고, 필력이 굳세고 험준했으며, 전체(篆體)가 특히 정묘(精妙)했다.
- ㉠ 其勁險之狀, 明淨媚好. 自茲乃悟如錐畫沙.(顏眞卿,「述張長史筆法十二意」)
- ㉡ 그 글씨 획의 단단하면서도 험준한 형상은 날카로움과 아름다움이 함께 좋은 조화를 이루고 있었다. 이로부터 드디어 송곳으로 모래에 획을 긋는 용법을 깨닫게 되었다.

- **경험각려** 勁險刻厲

  〈글씨가〉 굳세고 험하며 가파름이 심한 것을 말한다.

  - 예 今觀其書, 勁險刻厲, 正稱其貌爾.(蘇軾,『蘇東坡集』前集 卷 23「書唐氏六家書後」)
  - 역 지금 그의 글씨를 보면 굳세고 험하며 가파름이 심하니, 바로 그의 얼굴 모습과 비슷하다.

- **경화수월** 鏡花水月

  거울에 비친 꽃과 물에 비친 달이란 말이다. 반드시 물이 맑고 거울이 깨끗해야만 꽃과 달이 완연하게 드러난다는 표현이다.

  - 예 譬則鏡花水月, 體格聲調, 水與鏡也; 興象風神, 月與花也. 必水澄鏡朗, 然後花月宛然.(胡應麟,『詩藪』「內編」卷5)
  - 역 〈격식(格式)·음률(音律)과 흥상(興象)·풍신(風神)은〉 비유하자면 거울에 비친 꽃과 물에 비친 달과 같다. 격식(格式)과 음률(音律)은 물과 거울이요, 흥상(興象)과 풍신(風神)은 달과 꽃인 것이다. 반드시 물이 맑고 거울이 깨끗해야만 꽃과 달이 완연하게 된다.

- **계** 誡

  단속하여 여유롭지 못하게 하는 것을 말한다.

  - 예 誡. 檢束防閑曰誡.(皎然,『詩式』)
  - 역 계(誡): 단속하여 여유롭지 못하게 하는 것을 계(誡)라 한다.

- **계백당흑** 計白當黑

  서예에서의 이른바 여백으로 묵선(墨線)을 삼는다는 말로, 글자 부분과 여백 부분이 서로 잘 어울림을 말한다. 서예를 할 때는 먼저 흰 부분을 요량한 다음 묵의 필획을 새겨 넣는데, 이렇게 하면 흰 부분으로부터 볼 때도 아름답고, 다른 한편 까만 부분으로부터 볼 때도 아름답다.

- 예 向來寫字的人, 最主要的有一句話, "計白當黑".(梁啓超, 『飮冰室專集』卷102「書法指導」)
- 역 여태까지 서예를 하는 사람들에게 가장 중요한 말은 "여백으로 묵선(墨線)을 삼는다."는 것이다.

- **계사** 計思

    운사(運思)와 같은 말로, 구상을 말한다.

    - 예 取語甚直, 計思匪深, 忽逢幽人, 如見道心.(司空圖, 『詩品二十四則』)
    - 역 용어(用語)가 솔직하고 구상이 깊지 않다. 마치 홀연히 유인(幽人)을 만난 듯하고, 한 눈에 도심(道心)을 본 듯하다.

- **계어문** 繫於文

    문체(文體)의 격식에 따라 창작함을 말한다.

    - 예 篇無定句, 句無定字, 繫於意, 不繫於文.(白居易, 『白香山集』卷3「新樂府序」)
    - 역 각각의 편에는 고정된 구수(句數)가 없고, 각각의 구 또한 고정된 자수(字數)가 없다. 모두 나 자신의 뜻에 따라 쓴 것으로 고정된 문체(文體) 격식에 얽매이지 않았다.

- **계어의** 繫於意

    자신의 뜻에 따라 창작함을 말한다.

    - 예 篇無定句, 句無定字, 繫於意, 不繫於文.(白居易, 『白香山集』卷3「新樂府序」)
    - 역 각각의 편에는 고정된 구수(句數)가 없고, 각각의 구 또한 고정된 자수

(字數)가 없다. 모두 나 자신의 뜻에 따라 쓴 것으로 고정된 문체(文體) 격식에 얽매이지 않았다.

• 고古

(1) 단순한 시간상의 과거가 아니다. 본질, 즉 현상과 형식 안에 깊이 간직되어 있는 근원으로서의 항상성을 의미한다. 그렇다면, 이 고(古)는 곧 보편성으로서의 "경(經)"이다. 따라서 "예스러움"이란 곧 "영원한 현재"인 것이다.

예 貴能古不乖時, 今不同弊, 所謂"文質彬彬, 然後君子".(孫過庭, 『書譜』)

역 가장 이상적인 것은, 옛사람을 배우고 계승하면서도 시대의 기풍에 어긋나지 않고 또 당대(當代)의 사조에 순응하면서도 현세(現世)의 병폐에 동화되지 않는 것이다. 이것이 바로 『논어』에서 말하는바, "문채(文彩)와 실질(實質)이 조화롭게 어울려야 비로소 군자(君子)의 풍도(風度)라 할 수 있다."라는 것이다.

(2) 일반적인 범속(凡俗)과 다른 것을 말한다.

예 古. 除去常情曰古.(竇蒙, 『語例字格』)

역 고(古): 일반적인 범속(凡俗)과 다른 것을 일러 고(古)라 한다.

(3) 고원(古遠) 혹은 오래 됨이란 말이다.

예 帝高陽之苗裔兮 — 古也.(方回, 『桐江續集』卷30「離騷胡澹庵一說」)

역 나는 고대 제왕인 전욱(顓頊)의 후예이다. — 고(古)이다.

• 고枯

원래 그 자체로 고목(枯木)을 가리키는 말인데 말뜻이 넓혀져 바짝 마른 초췌함을 가리키게 되었다. 서화(書畫)에서 먹색이 풍부하고 윤택하지 못한 메마름을 말한다. 이로부터 파생된 고담(枯淡)이란 범주는 소박하다 못해 초라하고 파리한 형상을 통해 깊고 그윽한 의미를 나타내려는 예술풍격이다.

- 예 墨色不滋潤謂之枯, 枯則無生意.(郭熙, 『林泉高致』「山川訓」)
- 역 먹색이 풍부하고 윤택하지 못한 것을 메말랐다고 하는데, 메마르면 생의(生意)가 드러나지 않는다.
- 예 墨受於天, 濃淡枯潤隨之.(石濤, 『畫語錄』「了法章 第2」)
- 역 묵(墨)은 자연의 산물로서, 무작위의 변화로부터 진하고 엷으며 마르고 촉촉한 여러 효과가 나온다.

- **고 高**

  (1) 일반을 뛰어넘는 것을 말한다.

  - 예 高. 超然出衆曰高.(寶蒙, 『語例字格』)
  - 역 고(高): 일반을 뛰어넘는 것을 일러 고(高)라 한다.

  (2) 풍운(風韻)이 낭랑하고 통창(通暢)한 것을 말한다.

  - 예 高. 風韻朗暢曰高.(皎然, 『詩式』)
  - 역 고(高): 풍운(風韻)이 낭랑하고 통창(通暢)한 것을 고(高)라 한다.

- **고고 高古**

  고상하고 질박하며 전아(典雅)한 것을 말한다. 원래 도가의 출세(出世) 사상에서 비롯된 미학범주이다. 대개 인물형상은 도가의 신선고사(神仙故事)에서 취하고, 표현방법은 상상과 허구 및 과장이 많다. 송대(宋代) 이후로 유가미학이 도가적 자양분을 섭취하면서부터 군자(君子)의 고매한 인격미를 나타내는데도 쓰였다.

  - 예 高古. 畸人乘眞, 手把芙蓉, 泛彼浩劫, 窅然空蹤.(司空圖, 『詩品二十四則』)

- 역 고고(高古): 〈도가(道家)에서의 이른바 진인(眞人) 혹은 지인(至人)으로서의〉 기인(畸人)은 자연지도(自然之道)로서의 진기(眞氣)를 몰며, 손으로는 연꽃을 들고 하늘로 오른다. 그는 인간의 고난으로부터 멀리 벗어나 종적이 묘연하다.
- 예 高古. 卽之不得, 思之不至. 寓目得心, 旋取旋棄.(黃鉞,『二十四畵品』)
- 역 고고(高古): 가까이 다가가도 잡을 수 없고, 생각해 봐도 도달할 수 없다. 눈여겨보고 마음속으로 터득했다가도 잡힐 듯 말 듯 하다.
- 예 世徒見子美詩多麤俗, 不知麤俗語在詩句中最難, 非麤俗, 乃高古之極也.(張戒,『歲寒堂詩話』)
- 역 세상 사람들은 단지 두보(杜甫)의 시가 거칠고 저속한 곳이 많다고만 생각하지, 거칠고 저속한 말을 시구에 쓰는 것이 가장 어려운 것임을 알지 못한다. 그러한 시구는 거칠고 저속한 것이 아니라 지극한 청고(淸高)하고 질박(質朴)한 것이다.

- **고고 孤高**

더러운 무리에 섞이지 않는 홀로 꼿꼿함을 말한다.

- 예 蓋竹之體, 瘦勁孤高, 枝枝傲雪, 節節幹霄, 有似乎士君子豪氣淩雲, 不爲俗屈.(『鄭板橋集』「補遺」)
- 역 대나무의 체세(體勢)는 마르고 꼿꼿하며, 가지들은 눈서리에도 아랑곳 하지 않을 듯 의연하다. 위로 뻗은 마디마다 바른 것이 마치 군자의 인격 같고, 기상은 구름을 뚫을 듯하니 세속의 인정(人情)에 거리끼지 않는다.

- **고고 枯槁**

(1) 행필(行筆)의 필세(筆勢)가 말라붙어 기맥이 통하지 않음을 말한다.

- 예 枯槁. 欲北還南, 氣脈斷絶.(竇蒙,『語例字格』)

ⓔ 고고(枯槁): 북쪽으로 가고자 하나 남쪽으로 돌아왔다. 고로 기맥(氣脈)이 단절됐다.

(2) 고리타분하여 맛이 나지 않는다는 뜻이다.

ⓔ 此言潤澤枯槁・變易陳腐之事.(李漁, 『閑情偶寄』 「演習部・變舊成新」)

ⓔ 이제 고리타분하여 맛이 없는 언어를 윤색하고, 진부한 곳을 새롭게 바꾸는 것에 대해 말해 보겠다.

- **고고기형** 枯槁其形, **적멸기성** 寂滅其性

  겉은 초췌해도 고요히 생사를 초탈한다. 선종미학의 특징을 나타내는 말로, 초일(超逸) 혹은 고일(古逸)의 성격을 보여준다. 일격(逸格)의 표현양상인 추(醜)의 내재의미이기도 하다.

  ⓔ 釋氏雖枯槁其形, 寂滅其性, 活潑潑處, 一口吸盡四大海水可也.(方回, 『桐江集』 卷2 「景疏庵記」)

  ⓔ 불교도들은 비록 겉은 초췌해도 고요히 생사를 초탈한다. 그러나 생동할 때는 한숨에 능히 사해(四海)의 물을 들이마신다.

- **고고잠적** 孤高岑寂

  홀로 고요히 유유자적하는 것을 말한다.

  ⓔ 琴之爲音, 孤高岑寂, 不雜絲竹伴內.(徐上瀛, 『溪山琴況』)

  ⓔ 오직 거문고라는 악기만은 홀로 즐기거나 감상하지 다른 악기와 섞여서 연주하지 않는다.

- **고금불체** 古今不逮

  〈예술적 경지가〉 고금(古今)의 그 누구도 도달한 바가 없다.

  ⓔ 其堅勁則古今不逮.(『法書要錄』 卷8 「張懷瓘書斷中」)

📝 이러한 힘 있는 필세(筆勢)는 고금(古今)의 그 누구도 미친 바가 없다.

- **고노위력** 鼓努爲力

  기본 바탕도 없으면서 억지로 해내려 한다.

  - 子敬以下, 莫不鼓努爲力, 標置成體, 豈獨工用不侔, 亦乃神情懸隔者也.(孫過庭,『書譜』)
  - 왕헌지 이후의 서예는 대개 본령(本領)도 없으면서 그저 표면적인 노력만 기울여 스스로 일가를 이루려고 애를 쓴 것이 대부분이다. 이들은 공력(工力)과 표현이 제대로 상응하지 못할 뿐 아니라 정신수양 면에서도 크게 뒤떨어졌다.

- **고능회감** 苦能回甘

  쓴 맛을 보는 가운데 조금씩 단 맛을 느낄 수 있다. 쓴 맛은 먹기 어렵지만 살짝 쓴 것은 오히려 맛볼수록 맛이 난다는 뜻으로, 그렇게 해야만 싫증을 내지 않게 할 수 있다는 말이다.

  - 要知甘而能鮮, 則不俗矣; 苦能回甘, 則不厭矣.(袁枚,『隨園詩話』卷7)
  - 단 맛 위에 신선하기까지 하면 속되지 않고, 쓴 맛을 보는 가운데 조금씩 단 맛을 느낄 수 있다면 사람들로 하여금 싫증을 내지 않게 할 수 있음을 알아야 한다.

- **고담** 古淡

  질박하고 소박하며 담박한 형상 속에 깊고 그윽한 의미가 서려있음을 말한다. "고담(古澹)"과 통한다.

  - 粹靈均者, 其文蔚溫雅淵, 疏朗麗則, 檢不扼, 達不放, 古淡而不鄙, 新奇而不怪.(白居易,『白香山集』卷59「故京兆元少尹文集序」)

🅢 〈만약 어떤 한 사람이〉 수기(粹氣)와 영기(靈氣)를 똑같은 양으로 갖게 되면 그 사람의 문장은, 문채(文采)가 아름다우면서 온화하고, 아치(雅致)가 있으면서 깊이가 있으며, 막힘없이 맑고, 어휘가 수려하면서도 또한 다른 사람이 본받을 만한 준칙이 되며, 간명(簡明)하나 간략(簡略)하지는 않고, 얽매임 없으면서도 방탕하지 않고, 평담(平淡)하되 비루하지 않으며, 신기(新奇)하나 괴이(怪異)하진 않다.

- **고담** 古澹

  고아(古雅)하면서 담박(澹泊)함을 말한다. "고담(古淡)"과 통한다.

  🅔 麗者, 美也. 於淸靜中發爲美音. 麗從古澹出, 非從妖冶出也.(徐上瀛, 『溪山琴況』)

  🅢 〈거문고에서〉 여(麗)는 바로 미(美)인데, 청정함 속에 고운 소리를 연주해 낸다는 뜻이다. 여(麗)는 고아(古雅)함과 담박함으로부터 드러나지, 요염하고 화려한 것으로부터 나타나는 것은 아니다.

- **고담** 枯澹

  고고(枯古)하고 담박(澹泊)함을 말한다.

  🅔 所貴乎枯澹者, 謂其外枯而中膏, 似澹而實美.(蘇軾, 『東坡題跋』上卷 「評韓柳詩」)

  🅢 메마르고 담박(澹泊)함을 중요하게 여기는 이유는, 겉은 메마르지만 안은 기름지고, 담박한 듯싶지만 실은 아름답기 때문이다.

- **고려** 高厲

  고고(孤高)하면서도 맹렬한 것을 말한다.

  🅔 澤望之爲詩文, 高厲遒淸, 其在於山, 則鐵壁鬼谷也.(黃宗羲, 『南雷文約』卷4 「縮齋文集序」)

  🅢 황종회(黃宗會: 자는 澤望)의 시문(詩文)은 고고(孤高)하면서 맹렬하고 고원(高遠)하면서 청아(淸雅)하다. 산으로 비유하자면 마치 철처럼

까맣고 단단한 절벽이나 이상야릇한 골짜기 같다.

- **고박** 古樸

  혹은 고박(古朴)으로, 시류를 따르지 않는 아정(雅正)한 소박함, 질박함을 말한다.

  - 예 魏武沉深古樸, 骨力難侔.(胡應麟,『詩藪』「內編」卷2)
  - 역 위무제(魏武帝)의 시문(詩文)은 깊고 질박하니, 그 골력(骨力)을 모방하기 어렵다.
  - 예 然粗率疑於古樸, 疏慵疑於沖澹, 似超於時, 而實病於古.(徐上瀛,『溪山琴況』)
  - 역 그러나 거친 음악인 조율(粗率)은 소박해 보이고 느린 음악인 소용(疏慵)은 담담해 보이지만, 혹은 이 두 가지 음악이 시조(時調)보다 더 고명(高明)한 것 같지만, 사실 둘은 모두 고조(古調)를 습득하지 못한 과정 중에 나타난 문제점이다.

- **고발** 高拔

  고결함을 말한다.

  - 예 壯而高拔者: "藍水遠從千澗落, 玉山高幷兩峰寒."(胡應麟,『詩藪』「內編」卷5)
  - 역 〈두보(杜甫)의 칠언율시(七言律詩) 가운데〉 장(壯)하면서 고결한 것은 이렇다. "남수(藍水)는 저 멀리 골짜기에서 떨어지고, 옥산(玉山)은 두 봉우리와 함께 차갑네."

- **고불괴시** 古不乖時

  옛 박실함을 존중하면서도 시대와 어긋나지 않는다.

  - 예 貴能古不乖時, 今不同弊, 所謂"文質彬彬, 然後君子".(孫過庭,『書譜』)

ⓔ 가장 이상적인 것은, 옛사람을 배우고 계승하면서도 시대의 기풍에 어긋나지 않고 또 당대(當代)의 사조에 순응하면서도 현세(現世)의 병폐에 동화되지 않는 것이다. 이것이 바로 『논어』에서 말하는바, "문채(文彩)와 실질(實質)이 조화롭게 어울려야 비로소 군자(君子)의 풍도(風度)라 할 수 있다."라는 것이다.

- **고상매출** 高爽邁出

사람됨이 시원스럽고 고매하다.

ⓔ "王仲祖何如?" 曰: "溫潤恬和." "桓溫何如?" 曰: "高爽邁出."(劉義慶, 『世說新語』「品藻」)
ⓔ "왕중조(王仲祖: 王濛)는 어떻소?" 답하였다. "온화하고 차분합니다." "환온(桓溫)은 어떻소?" 대답하였다. "시원스럽고 고매합니다."

- **고소** 高素

고상(高尚)하다는 말이다.

ⓔ 濤子簡, 疎通高素; 咸子瞻, 虛夷有遠志.(劉義慶, 『世說新語』「賞譽」)
ⓔ 산도(山濤)의 아들 산간(山簡)은 소탈하며 고상했고, 완함(阮咸)의 아들 완첨(阮瞻)은 욕심이 없고 원대한 뜻이 있었다.

- **고아** 古雅

자연에 고유한 어떤 형식이나 스스로 창출해 낸 새로운 형식을 통해 표현하는 또 하나의 형식으로서의 예술의 운치를 말한다. 우미(優美)와 장미(壯美)는 천재만이 나타낼 수 있는 반면, 고아(古雅)는 후천적인 노력으로도 나타낼 수 있다.

ⓔ 然天下之物, 有決非眞正之美術品而又決非利用品者, 又其制作之人決非必爲天才, 而吾人之視之也若與天才所制作之美術無

異者. 無以名之, 名之曰古雅.(王國維,『靜庵文集續編』)
- 📖 하지만 천하의 물(物) 중에 진정한 미술작품도 아니고 이용품도 아니며 또한 이것을 만든 사람이 꼭 천재는 아니지만, 우리가 볼 때 천재의 미술 작품과 별반 차이나지 않는 것이 있다. 이를 적당한 말로 표현할 수 없는데, 굳이 말하자면 이는 고아(古雅)이다.

• **고아유여 古雅有餘**

고아(古雅)하고 질박한 여운이 감도는 경지를 말한다.

- 📖 點畫之間, 多有異趣, 可謂幽深無際, 古雅有餘.(『法書要錄』 卷 8「張懷瓘書斷中」)
- 📖 점획의 사이에 기이한 의취(意趣)가 가득하니, 가히 그윽하고 깊은 경지가 끝이 없으며 여기에 고아하고 질박한 여운이 감돈다고 할 수 있다.

• **고오 古奧**

시공을 초월한 심오함을 말한다.

- 📖 或曰: 吾子論文, 常曰生辣・曰古奧・曰離奇・曰淡遠, 何忽作此秀媚語?(『鄭板橋集』「家書・儀眞縣江村茶社寄舍弟」)
- 📖 어떤 사람이 나〈정섭(鄭燮)〉에게 이렇게 말했다. "그대는 문장을 신랄하고 심오하며 색다르고 고원(高遠)하게 써야 한다고 하지 않았던가? 어찌 〈자신의 동생에게는〉 아름답고 예쁘게 쓰라 하는가?"

• **고운생원 孤雲生遠**

구름 한 조각 멀리서 일어나는 듯 유한(悠閑)한 경지를 말한다.

- 📖 閑. 孤雲生遠曰閑.(竇蒙,『語例字格』)
- 📖 한(閑): 구름 한 조각 멀리서 일어나는 듯 유한(悠閑)한 의상(意象)을 일러 한(閑)이라 한다.

- **고원** 高遠

    곽희(郭熙)가 말한 산의 삼원(三遠) 가운데 하나로, 산 아래에서 산꼭대기를 올려다보는 것을 말한다.

    - 예 無深遠則淺, 無平遠則近, 無高遠則下.(郭熙,『林泉高致』「山川訓」)
    - 역 〈산을 그리는데〉 심원(深遠)이 없으면 얕게 되고 평원(平遠)이 없으면 가깝게 되고 고원(高遠)이 없으면 낮게 된다.

- **고윤** 高潤

    고일(高逸)하면서도 동시에 원숙하고 매끄러운 것을 말한다.

    - 예 高潤. 高者不易潤, 矜高耳, 高元不礙潤也.(王夫之,『明詩評選』卷5 徐繗「春日結草庵」)
    - 역 〈이 시는〉 고일(高逸)함과 동시에 원숙하고 매끄럽다. 일반적으로 고일하게 지으면 원숙하고 매끄럽기 어렵다. 고일은 왕왕 지나치게 건방지고 고담(枯淡)한 모습으로 보인다. 하지만 고일은 원숙하고 매끄러움에 방해가 되지 않는다.

- **고의** 古宜

    고풍스러운 질박함을 말한다.

    - 예 然述小王, 尤尙古宜, 有豊厚淳朴, 稍乏妍華.(『法書要錄』卷8「張懷瓘書斷中」)
    - 역 하지만 왕헌지(王獻之)를 따르고 고박함을 숭상하니 당연 순박한 풍격이 다분하다 하겠으나, 다만 아리따운 맛이나 화려함이 부족하다 하겠다.

- **고인작시** 古人作詩, **금인묘시** 今人描詩

    옛사람은 시를 지었지만 오늘날의 사람들은 시를 묘사한다. 오늘날의

사람들이 옛사람의 것을 모방하여 위선적인 시를 쓰고 있다는 점을
비판한 말이다.

- 예 高靑丘笑古人作詩, 今人描詩. 描詩者, 像生花之類, 所謂優孟
  衣冠, 詩中之鄕願也.(袁枚, 『隨園詩話』 卷7)
- 역 고청구(高靑丘)는, 옛사람은 시를 지었지만 오늘날의 사람들은 시를
  묘사한다고 비웃는다. 시를 묘사한다는 것은 손으로 가짜 꽃을 만드는
  것과 같으니, 곧 옛사람을 모방하는 것으로 시 가운데 위선적인 것이
  다.

- **고일 古逸**

  고박(古朴)과 방일(放逸)을 말한다.

  - 예 若章草古逸, 極致高深, 則伯度第一.(『法書要錄』 卷9 「張懷瓘
    書斷下」)
  - 역 장초(章草)의 고박(古朴)과 방일(放逸)은 정취(情趣)의 지극함이 높고
    도 깊은 것인데, 두도(杜度)가 제일이다.

- **고일 高逸**

  고고(高古)하게 범속을 초월하는 것을 말한다.

  - 예 雖尙高逸, 而離迂遠.(皎然, 『詩式』)
  - 역 고일(高逸)을 숭상하더라도 너무 아득해지는 것은 멀리 해야 한다.

- **고자절상 孤姿絶狀**

  독특한 모습과 절묘한 형상을 말한다.

  - 예 故得於心, 應於手, 孤姿絶狀, 觸毫而出, 氣交沖漠, 與神爲
    徒.(符載, 「觀張員外畫松石序」)
  - 역 때문에 마음먹은 대로 손쉽게 되고, 독특한 모습과 절묘한 형상이 붓
    을 대면 나타나 기질이 이와 고요하게 통하니, 입신(入神)의 경지에 이

르렀다.

- **고적 枯寂**

    (1) 깊고 그윽한 적막을 말한다.

    ◉ 淸者, 超凡絶俗之謂, 非專於枯寂閑澹之謂也.(胡應麟,『詩藪』「外編」卷4)
    ◉ 청(淸)이라 함은 세속을 초월하는 것을 이르는데, 전적으로 고적(枯寂)·한담(閒澹)만을 하는 것이 아니다.

    (2) 밋밋하고 고담(枯淡)하여 맛이 없음을 말한다.

    ◉ 無事可用, 失之枯寂.(王驥德,『曲律』「論用事」)
    ◉ 〈희곡에서〉 전고(典故)를 사용하지 않으면 고담(枯淡)하고 맛이 없게 된다.

- **고정원치 高情遠致**

    고상한 정취를 말한다.

    ◉ 支道林問孫興公: "君何如許掾?" 孫曰: "高情遠致, 弟子蚤已服膺; 一吟一詠, 許將北面."(劉義慶,『世說新語』「品藻」)
    ◉ 지도림(支道林: 支遁)이 손흥공(孫興公: 孫綽)에게 물었다. "당신은 허연(許掾: 許詢)과 비교하면 어떻습니까?" 손흥공이 대답하였다. "고상한 정취는 내가 그보다 못하겠지만, 시를 읊고 노래를 부르는 풍취(風趣)에서는 허연이 내게 머리를 숙일 것입니다."

- **고졸 古拙**

    요염하고 화려함과 상대되는 의미이다. 고졸(古拙)이란 "졸이현고(拙而見古)"를 말하는데, 이는 바로 "졸박함 가운데 예스러움을 보여주기"이다. 고(古)라는 것은 단순한 시간상의 되돌림이 아니며 본질, 즉 현상과 형식 안에 깊이 간직되어 있는 근원으로서의 항상성을 의미한다. 그렇다면 이 "고(古)"라는 "예스러움"은 곧 시공을 초월한 진리 혹은 진실인 것이다.(2006, p. 58 참조)

- 예) 加以頃來容服, 一月三改, 首尾未周, 俄成古拙, 欲臻其妙, 不亦難乎?(姚最,『續畵品』)
- 역) 근래 용모와 복장을 한 달에 세 번이나 바꾸도록 머리부터 발끝까지 주도면밀하게 표현하지도 못하면서, 잠깐 사이에 고졸함을 이루어 그림의 오묘한 경지에 도달하려고 하니 또한 어렵지 아니한가?

• **고질금연** 古質今姸

옛것은 질박하고 지금 것은 아름답다.

- 예) 古質而今姸, 數之常; 愛姸而薄質, 人之情.(『法書要錄』卷9「張懷瓘書斷下」)
- 역) 대개 옛것이 질박하고 지금 것은 아름답다 하는데, 이는 필연적인 이치이다. 예쁜 것을 좋아하고 박실한 것을 싫어함은 또한 인지상정이다.

• **고창** 高暢

신운(神韻)이 고상(高尙)하여 막힘이 없음을 말한다.

- 예) 太白以氣爲主, 以自然爲宗, 以俊逸高暢爲貴.(王世貞,『弇州山人四部稿』卷147『藝苑卮言』4)
- 역) 이백(李白)은 내면의 기세(氣勢)를 위주로 하고 자연스런 초일(超逸)을 종지(宗旨)로 삼아서 풍격이 뛰어나고 막힘이 없다.

• **고치** 高致

고상한 운치를 말한다.

- 예) 入乎其內, 故能寫之. 出乎其外, 故能觀之. 入乎其內, 故有生氣. 出乎其外, 故有高致.(王國維,『人間詞話』60)

- 역 〈시인(詩人)은〉 우주와 인생의 안으로 들어가야 그것을 묘사할 수 있고, 우주와 인생의 밖으로 나와야 그것을 관찰할 수 있다. 그 안으로 들어갔기에 생기가 있고, 그 밖으로 나왔기에 고상한 운치가 있다.

- **고풍** 古風

  소박하고 우아한 정취(情趣)와 운미(韻味)를 말한다.

  - 예 誰憐大第多奇景, 自愛貧家有古風.(『二程全書』『文集』卷3 明道文三「和王安之五首·野軒」)
  - 역 호화로운 대저택 안이라야 기묘한 경치가 있다고 누가 말했던가, 초라한 집이라도 또한 소박한 운치가 있는 것이다.

- **고풍과속** 高風跨俗

  고결한 풍격이 범속을 초월하고 있음을 말한다.

  - 예 仗氣愛奇, 動多振絶. 眞骨凌霜, 高風跨俗.(鍾嶸,『詩品』)
  - 역 〈유정(劉楨)의 시는〉 무사적 기질과 비범한 시구로 세상을 놀라게 했으며, 진지한 정신의 품격은 세상의 혼탁에 맞서 싸웠고, 고결한 시풍(詩風)은 범속을 초월하였다.

- **고풍절진** 高風絶塵

  세속을 초탈한 고상한 기풍을 말한다.

  - 예 然魏晉以來高風絶塵亦少衰矣.(蘇軾,『蘇東坡集』後集 卷9「書黃子思詩集後」)
  - 역 하지만 위진(魏晉) 이래의 세속을 초탈한 고상한 기풍 역시 쇠미해졌다.

- **고하상경** 高下相傾

  높고 낮음이 서로에게 기댄다.

@ 有無相生, 難易相成, 長短相較, 高下相傾, 音聲相和, 前後相隨.(『老子』「二章」)
@ 유(有)와 무(無)는 서로를 낳고, 어려움과 쉬움이 서로를 이루어주며, 길고 짧음은 서로를 비교해주고, 높고 낮음이 서로에게 기대며, 음(音)과 성(聲)은 서로를 어울리게 해주고, 앞과 뒤가 서로를 따른다.

• **고한** 高閑

고일(高逸)과 같은 말이다. 고아(高雅)한 초월을 말한다.

@ 有以高閑・曠逸・淸遠・玄妙爲宗者, 六朝則陶, 唐則王・孟・儲・韋・柳.(胡應麟,『詩藪』「內編」卷2)
@ 고일(高逸)・광일(曠逸)・청원(淸遠)・현묘(玄妙)를 근본으로 하는 이로는 육조(六朝)의 도잠(陶潛)과 당대(唐代)의 왕유(王維)・맹호연(孟浩然)・상건(常建)・저광희(儲光羲)・위응물(韋應物)・유종원(柳宗元) 등이다.

• **고협** 古浹

순박하고 부드러우며 상냥함을 말한다.

@ 且孔明雖未得一遇, 而見孔明之居, 則極其幽秀, 見孔明之童, 則極其古浹.(毛宗崗,『第一才子書』第37回 首評)
@ 이 회에서 유비(劉備)는 비록 제갈량(諸葛亮)을 만나지 못했으나, 그가 거처하는 곳을 보니 주위가 아름답고 그윽하였다. 제갈량의 사동(使童)을 만나보니 사람됨이 수수하고 상냥하였다.

• **고화막병** 高華莫幷, **색상난구** 色相難求

뛰어난 문채가 비할 바 없이 홀로 우뚝하다.

@ 李惟超出一代, 故高華莫幷, 色相難求; 杜惟兼總一代, 故利鈍雜陳, 巨細咸畜.(胡應麟,『詩藪』「內編」卷4)
@ 이백(李白)만이 한 시대를 초월하였기 때문에 그의 뛰어난 문채는 홀로

우뚝하고, 두보(杜甫)만이 한 시대를 총결하였기 때문에 날카로움과 무딤을 모두 구사하고 거대함과 세밀함을 모두 함축하고 있다.

- **고후** 高厚

"후(厚)"의 파생범주로, 크고 높고 험준하여 끝이 없는 것을 말한다. "박후(博厚)"와 상대적인 개념이다.

- 예) 太華千仞, 嶊岉無垠, 呼吸天門, 環抱日月, 若是者高厚也.(賀貽孫,『水田居詩文集』卷5「與友人論文書四」)
- 역) 화산(華山)의 높이는 천인(千仞)에 달하며, 산세가 크고 높고 험준하여 끝이 없다. 능히 천문(天門)까지 올라가고 해와 달을 에워쌀 수 있다. 이것이 고후(高厚)이다.

- **곡** 曲

완곡(婉曲), 즉 은근한 부드러움을 말한다.

- 예) 凡作人貴直, 而作詩文貴曲.(袁枚,『隨園詩話』卷4)
- 역) 사람됨의 요처(要處)는 정직에 있고, 시작(詩作)의 요처는 완곡(婉曲)에 있다.

- **곡신유오** 曲申幽奧

심오한 뜻을 잘 풀어 서술하는 것을 말한다.

- 예) 故別結語立言, 曲申幽奧, 一字一句, 數義旁通.(竇蒙,『語例字格』)
- 역) 그리하여 여기에 별도의 문사(文辭)를 엮어 의견을 제시하고, 또 그 글 가운데의 심오한 뜻을 잘 풀어 서술하니, 한 자(字) 한 구(句)의 뜻이 두루 통하였다.

- **곡약천성** 曲若天成

운필(運筆)의 자유로움을 말한다.

- 書能入流, 含於和氣, 宛與理會, 曲若天成, 刻角耀鋒, 無利餘害.(『書法鉤玄』卷2「張懷瓘評書」)
- 서예가 어느 정도의 경지에 들어설 수 있으려면, 음양의 두 기(氣)가 조화를 이루어야 하며, 용필과 법도가 회통(會通)해야 하고, 운필은 자유로워야 하며, 모서리는 붓끝이 선연해야 하고, 드러나지 않게 예리함을 살려야 한다.

- **곡진기묘** 曲盡其妙

  물상의 미묘(美妙)함을 충분히 그려냄을 말한다.

  - 山以墨斡, 水以手擦, 曲盡其妙, 宛然如眞.(朱景玄, 『唐朝名畫錄』)
  - 산을 그릴 때는 굽은 묵선으로 표현하였고, 물을 그릴 때는 손으로 종이 위를 비벼 나타냈다. 물상의 미묘(美妙)함을 충분히 그려냈으니 진짜 실경(實景)과 다를 바가 없었다.

- **곡진신리** 曲盡神理

  정신과 이치를 온전히 표현하는 것, 혹은 묘사하는 대상의 형상 자체는 무시하고 정신과 이치의 표현만 중시하는 것을 말한다.

  - 譬如畵者, 固以筆鋒墨氣曲盡神理, 乃有筆墨而無物體, 則更無物矣.(王夫之,『唐詩評選』卷3 杜甫「廢畦」)
  - 예컨대 회화에서 필묵(筆墨)으로 정신과 이치를 표현하는 것만 중시하고 묘사하는 사물 자체를 무시한다면 궁극적으로 사물을 표현해낼 수 없는데 어찌 정신과 이치를 표현할 수 있겠는가?

- **곡화유정** 曲畵幽情

  깊고 넓은 정상(情狀)의 세계를 굽이굽이 그려놓았다는 말이다.

- 예 是故聖皇原化以極變, 象物以應怪, 鑒無滯賾, 曲盡幽情, 神焉廋哉!(郭璞,「山海經序」)
- 역 이 때문에 성황(聖皇)이 조화(造化)의 근원을 살펴 온갖 변화를 다 이루었다. 물상(物象)의 마땅함을 기준으로 하여 괴이한 것을 이해하고, 이로써 비추어 보니 심오한 이치가 막힘이 없으며, 나아가 그 깊고 넓은 정상(情狀)의 세계를 굽이굽이 그려놓았다. 귀신이라도 이를 어찌 다 헤아리겠는가!

- **곤오** 閫奧

  심오(深奧)·오묘(奧妙)와 같은 말이다.

  - 예 詩境最寬, 有學士大夫讀破萬卷, 窮老盡氣, 而不能得其閫奧者.(袁枚,『隨園詩話』卷3)
  - 역 시(詩)의 경계가 가장 넓다. 어떤 사람이 학사(學士)나 대부(大夫)라 해서 만 권의 책을 독파하기를 일생 동안 한다 해도, 그 속의 오묘함을 완전히 이해할 수는 없을 것이다.

- **골** 骨

  (1) 강건한 필력 혹은 필세를 말한다.

  - 예 生死剛正謂之骨, 跡畫不敗謂之氣.(荊浩,『筆法記』)
  - 역 삶과 죽음이 강건하고 단정한 듯한 필세를 골(骨)이라 한다. 필세에 생기가 넘치는 것을 기(氣)라 한다.
  - 예 北書以骨勝, 南書以韻勝. 然北自有北之韻, 南自有南之骨也.(劉熙載,『藝槪』「書槪」)
  - 역 북파(北派)의 서예는 강건한 필력에서 뛰어나고, 남파(南派)의 서예는 신운(神韻)에서 뛰어나다. 그러나 북파도 그들 나름의 신운이 있고, 남파도 그들 나름의 강건함이 있다.

  (2) 활력이 있고 생동하는 기질을 말한다.

  - 예 象人之美, 張得其肉, 陸得其骨, 顧得其神.(張彦遠,『歷代名畫

記』)

  예 사람의 아름다움을 그리는데 있어, 장승요(張僧繇)는 풍만한 정취를 드러냈고, 육탐미(陸探微)는 생동하는 기질을 나타냈으며, 고개지(顧愷之)는 영묘한 정신을 표현하였다.

- **골기** 骨氣

  (1) 구조와 필법으로부터 만들어지는 내적 힘의 감각, 혹은 웅건하고 힘 있는 심미풍격을 나타내는 말이다. 골력(骨力)·골법(骨法)·풍골(風骨) 등과 통하는 개념이다.

  예 書之要, 統於"骨氣"二字. 骨氣而曰洞達者, 中透爲洞, 邊透爲達.(劉熙載, 『藝槪』「書槪」)
  역 서예의 요점은 "골기(骨氣)" 두 글자로 통괄할 수 있다. 골기를 통달(洞達)이라 말하는데, 가운데가 통하는 것을 통(洞)이라 하고 주변이 통하는 것을 달(達)이라 한다.

  (2) 풍골(風骨)과 기세(氣勢) 혹은 기운(氣韻)을 말한다.

  예 古之畵或遺其形似而尙其骨氣, 以形似之外求其畵.(張彦遠, 『歷代名畵記』)
  역 옛날의 그림들은 형상만 같게 그리는 것을 버리고, 그 풍골(風骨)과 기운(氣韻)을 중요하게 여겨 형사(形似) 너머에서 그림의 본질을 구하고자 하였다.

- **골력** 骨力

  문자나 예술작품 속에 드러난, 창작자의 지기(志氣)로부터 만들어진 웅건한 풍모의 미(美)를 가리킨다. 풍골(風骨)과 같은 개념이다. 골(骨)이란 미학용어는 원래 인체의 골격에서 그 의미를 딴 것이다. 이 골에는 볼 수 있는 부분이 있고 볼 수 없는 부분이 있다. 볼 수 있는 것은 형(形)의 기본구조와 이 기본구조를 표현하는 필법이다. 한편 볼 수 없는 골은 구조와 필법으로부터 만들어지는 내적 힘의 감각인데, 이것이 골력이다.(2007, p. 225 참조)

- 예 如其骨力偏多, 遒麗蓋少, 則若枯槎架險.(孫過庭,『書譜』)
- 역 혹여 어느 작품에 골력(骨力)이 너무 지나치면 수려함이 상대적으로 부족해지니, 이는 마치 바짝 마른 나뭇가지가 횡으로 걸려 위태한 것 같은 경우이다.
- 예 郗超草書, 亞於二王. 緊媚過於父, 骨力不及也.(『法書要錄』卷1 「南齊王僧虔論書」)
- 역 치초(郗超)의 초서는 왕희지(王羲之)·왕헌지(王獻之) 다음이다. 긴밀하고 아리따운 것은 그의 부친인 치음(郗愔)보다 나으나, 골력(骨力)은 미치지 못한다.

• **골법** 骨法

(1) 예술형상에 드러난, 마치 인체의 골격과 같은 강건한 구조와 정신 기개를 가리킨다. 진한(秦漢) 이래로 상술(相術: 觀相法)이 발달하였다. 상술은 골격의 생김새와 골육(骨肉)의 관계를 보는 것으로 흔히 골법(骨法)이라 불렀다. 골법이란 말은 사람의 골상(骨相) 생김새의 특징을 가리키는 말이다. 이러한 골법은 위진(魏晉) 시대에 유행하였던 인물평가에 큰 영향을 주었는데, 이때는 인물의 강건한 정신과 품격을 가리킨다.(2008, p. 245 참조)

- 예 「周本記」: 重迭彌綸有骨法, 然人形式不如「小烈女」也.(顧愷之, 「魏晉勝流畵贊」;『歷代名畵記』卷5 所收)
- 역 「주본기(周本記)」: 필묵(筆墨)이 여러 층으로 겹쳐 있는데, 구도가 완전하고 필력(筆力)과 법도(法度)가 있다. 하지만 인물의 형상은 「소열녀(小烈女)」만 못하다.

(2) 정신적 영역과 상대적인 것의 의미이다. 허(虛)와 상대적인 실(實)의 영역이라 볼 수 있다.

⑩ 風範氣候, 極妙參神, 但取精靈, 遺其骨法.(謝赫,『古畫品錄』)
　㊟ 풍격(風格)과 기운(氣韻)이 지극히 미묘하니, 가히 신품(神品)의 반열에 올랐다 할 수 있다. 다만 정신적인 영기(靈氣)만을 취하고 골법(骨法)을 놓친 부분이 있다.

- **골법용필** 骨法用筆

  인물을 평가하여 등급을 매길 때 그 기준으로 삼았던 골법은 그림과 글씨의 품격[畵品과 書品]을 나타내는 골법, 즉 서화(書畵)의 필력(筆力)과 필법(筆法)을 가리키는 개념으로 바뀌었다. 그리하여 궁극적으로 골법은 예술작품의 맑고 굳세며 강인한 미학적 품격을 가리키게 된 것이다. 골(骨)은 인체의 골격에서 그 의미를 딴 것이다. 이 골에는 볼 수 있는 부분이 있고 볼 수 없는 부분이 있다. 볼 수 있는 것은 형(形)의 기본구조와 이 기본구조를 표현하는 필법이다. 볼 수 없는 골은 구조와 필법으로부터 만들어지는 내적 힘의 감각, 즉 골력(骨力)이다. 형체구조와 내재골력의 필법을 능히 표현해 낼 수 있는 것이 바로 "골법용필(骨法用筆)"인 것이다.(2007, p. 225 참조)

　⑩ 六法者何? 一氣韻生動是也, 二骨法用筆是也.(謝赫,『古畫品錄』)
　㊟ 여섯 가지 요법이란 무엇인가? 첫째, 기운생동(氣韻生動)이다. 내면의 기(氣)를 생동감 있게 표현하는 것이다. 둘째, 골법용필(骨法用筆)이다. 필선(筆線)에 골력(骨力)을 드러내는 것이다.

- **골색상화** 骨色相和, **신채호발** 神彩互發

  골력(骨力)과 용색(容色)을 동시에 갖추고 있으며, 내재적인 신운(神韻)과 외재적인 풍채(風采)가 서로 호응한다.

　⑩ 惟此山骨色相和, 神彩互發, 淸不枯, 麗不俗.(袁中道,『珂雪齋文集』卷7 「遊太和記」)

- 🔁 내재적인 신운(神韻)과 외재적인 풍채(風采)가 서로 호응하여, 맑더라도 시들어 마르지 않고 아름다워도 용속(庸俗)하지 않다.

- **골소신밀** 骨疏神密, **외합중분** 外合中分

  골격은 엉성하나 정신은 치밀하여 겉과 속이 어울린다.

  - 🔸 骨疏神密, 外合中分. 自饒韻致, 非關煙雲.(黃鉞, 『二十四畫品』)
  - 🔁 골격은 엉성하나 정신은 치밀하여 겉과 속이 어울린다. 스스로 운치가 넉넉하니, 안개와 구름을 상관할 바가 아니다.

- **골취** 骨趣

  골법(骨法)과 운치(韻致)를 말한다.

  - 🔸 「孫武」: 大苟首也, 骨趣甚奇. 二婕以憐美之體, 有驚劇之則.(顧愷之,「魏晉勝流畫贊」;『歷代名畫記』卷5 所收)
  - 🔁 「손무(孫武)」: 순욱(荀勖)의 작품이다. 골법(骨法)과 운치(韻致)가 아주 특이하다. 오왕(吳王)의 두 총희(寵姬)는 교태어린 몸매를 보여줌과 동시에 놀란 표정을 하고 있다.

- **공** 工

  (1) 공(工)은 외면적인 훌륭함을 말하는데, 이는 인위적인 노력에 의한 숙련된 기교로부터 나오는 것이다. 공(工)은 숙련된 기교와 그로부터 보이는 아름다운 형식을 나타내는 개념이다. 나중에 이는 숙련(熟練)·공부(工夫), 공력(工力)·공교(工巧)·정묘(精妙), 인위(人爲)·인공(人工) 등을 의미하는 미학범주가 되었다.

  - 🔸 且元常專工於隸書, 伯英尤精於草體; 彼之二美, 而逸少兼之.(孫過庭,『書譜』)
  - 🔁 종요(鍾繇)는 해서(楷書)로 출중하고 장지(張芝)는 초서(草書)로 특출

했으되, 이 둘의 뛰어난 점을 왕희지(王羲之)는 모두 갖추었다.

- 예) 言雖工, 於我何與, 豈非以假人言假言, 而事假事文假文乎?(李贄,『焚書』卷3「雜述」)
- 역) 말이 비록 아름다워도 나에게는 의미가 없는데, 이것이 어찌 거짓말쟁이가 거짓말을 하고, 거짓으로 일을 하며, 거짓으로 문장을 지어낸 때문이 아니겠는가?

(2) 〈문장이〉 공들여 짜임새가 있게 지어진 것을 말한다.

- 예) 今之工文, 或先於奇怪者. 顧其文工與否耳.(皇甫湜,『皇甫持正集』卷4「答李生第一書」)
- 역) 지금 사람들이 문장을 쓸 때 평범하지 않은 풍격을 좇는다 하는데, 먼저 그러한 글이 반듯하고 짜임새가 있는지 살펴봐야 할 것이다.

(3) 세밀하게 잘 묘사된 것을 뜻한다.

- 예) 世有論理者, 當知鬼神不異於人, 而犬馬之狀, 雖得形似而不盡其理者, 亦未可謂工也.(董逌,『廣川畫跋』卷2「書犬戱圖」)
- 역) 세상에 본성을 논하는 사람은 귀신이 사실 사람과 별로 다른 것이 없어서 사람에 견주어 표현해낼 수 있지만, 개나 말은 설령 아주 비슷하게 그린다 해도 그 천성을 표현해내지 못하면 잘 그린 그림이라 할 수 없다는 것을 잘 안다.

• **공空**

변화무쌍하여 포착하기 힘든 그윽한 경지를 말한다.

- 예) 書要力實而氣空, 然求空必於其實.(劉熙載,『藝槪』「書槪」)
- 역) 서예를 하려면 필력이 충실하고 기운은 그윽해야 한다. 하지만 그윽함은 반드시 그 충실함에서 구해야 한다.

• **공기속 貢其俗, 견기지 見其志, 관기변 觀其變**

〈일반 백성이〉 노래하는 시 속에 사회의 풍속을 드러내고, 〈군자는〉

자신의 성정을 나타내며, 〈성인(聖人)은〉 시를 통해 민풍(民風)의 변화를 볼 수 있다. 형식적 수사(修辭)보다 "시언지(詩言志)"의 성격이 더 중요함을 강조한 말이다.

- 예 故小人歌之以貢其俗, 君子賦之以見其志, 聖人采之以觀其變.(王通, 『文中子』 「天地」)
- 역 이렇게 하면, 일반 백성이 시를 노래할 때 사회의 풍속을 드러낼 수 있고, 군자(君子)가 시를 읊을 때 자기의 성정을 나타낼 수 있으며, 성인(聖人)이 시를 채록할 때엔 민풍(民風)의 변화를 읽을 수 있다

- **공기실대** 空其實對

그림 그리는 대상이 실제 바라보는 상대가 없는 듯이 그리는 것을 가리킨다. 이형사신(以形寫神) 혹은 전신(傳神)의 실패 요인을 말한 것이다.

- 예 空其實對則大失, 對而不正則小失, 不可不察也. 一象之明昧, 不若悟對之通神也.(顧愷之; 『歷代名畫記』 卷5 所收)
- 역 그림 그리는 대상이 실제 바라보는 상대가 없는 듯이 그리는 것은 큰 실수요, 대면하는 느낌이 있되 정확하지 않은 것은 작은 실수이다. 이는 명확히 살피지 않으면 안 된다. 하나의 형상을 명확하게 그리느냐 아니면 모호하게 그리느냐보다, 구체적인 상황 속에서 그리려는 대상의 내면세계를 표현해내는 것이 더 중요하다.

- **공령** 空靈

(1) 맑고 참신한 영감을 말한다.

- 예 說話不迂腐, 十句之中定有一二句超脫, 行文不板實, 一篇之內但有一二段空靈, 此卽可以塡詞之人也.(李漁, 『閑情偶寄』 「詞曲部·重機趣」)
- 역 말하는 것이 낡고 진부하지 않으며 열 마디 말 중엔 반드시 한 두 마디는 초탈적이고, 또 문장에는 교조(敎條)적인 부분이 없으며 한 편의 글

에는 반드시 초월적인 부분이 있다면, 그 사람은 희곡을 쓸 수 있는 사람이다.

(2) 몽환적이고 변화막측하여 포착하기 어려운 것을 말한다. "결실(結實)"과 상대되는 개념이다.

- 詩以空靈才爲妙詩, 可以入畫之詩, 尙在眼中金銀屑也.(張岱, 『琅嬛文集』「與包嚴介」)
- 시는 몽환적이고 변화막측해야 묘시(妙詩)라는 말을 듣는다. 이처럼 그림으로 그릴 수 있는 시는 모두 시의 말류(末流)이다.
- 精爽交中路, 想像空靈, 固有實際.(王夫之, 『古詩評選』卷4 潘嶽「內顧詩」)
- "〈몸은 비록 떨어져 있지만 두 사람의〉 정신이 길에서 만난다."라는 시 구절에 나타난 상상(想像)이 비록 변화무쌍하다 해도, 정감은 아주 확실하다.

• **공몽 空蒙**

안개가 자욱하고 희부옇게 깔린 것처럼, 몽롱하고 희미한 것을 말한다.

- 殆以田夫野老爲草稿, 而先王爲淸稿, 一派空蒙之氣, 遇於無形, 而斯以爲詩也已矣.(『尺牘新鈔』1集 唐時「與友人論詩」)
- 백성들의 가요는 마치 초고(草稿)와 같은데, 성인(聖人)들이 수정한 후에 깔끔하고 정확한 판본이 되었다. 수정된 시는 무형(無形) 중에 원작 위로 한 층의 몽롱하고 희미한 분위기를 덮은 것인데, 그것들이 바로 『시경(詩經)』이다.

• **공묘 工妙**

정묘(精妙)함을 말한다.

- 惟其言之工妙, 所以能使人感發而興起; 倘直率庸腐之言, 能興

者其誰耶?(袁枚,『隨園詩話』補遺 卷1)
- 역 시(詩)의 언어가 정묘하기 때문에 사람이 감촉하면 흥취가 생기는 것이다. 만약 평범하고 직설적인 언어라면, 그 누구의 흥취를 불러일으키겠는가?

- **공문해도 工文害道**

  문장의 수사(修辭)를 너무 공교히 하면 도(道)를 해친다.

  - 예 曾子教人"辭遠鄙倍", 而宋儒則曰"工文則害道". 夫宋儒之言, 豈非末流良藥石哉!(章學誠,『文史通義』內篇2「原道下」)
  - 역 증자(曾子)는 "문장의 수사(修辭)를 멀리 하면 아주 촌스럽게 된다."고 가르쳤다. 그러나 송대(宋代) 신유가(新儒家)는 거꾸로 "문장의 수사를 너무 공교히 하면 도(道)를 해친다."고 했다. 송대 신유가의 말이 어찌 말단(末端)만을 따지는 이들에 대해 좋은 약을 처방한 것이 아니겠는가?

- **공사 工師**

  좋은 장인(匠人)을 말한다.

  - 예 辭, 猶品物也; 志識, 其工師也.(章學誠,『文史通義』內篇4「說林」)
  - 역 문장의 수사(修辭)는 물건과 같은데, 지향과 식견은 그 물건을 만드는 좋은 장인(匠人)이다.

- **공용불모 工用不侔**

  공용(工用)은 기예(技藝)와 사용(使用)을 말한다. 모(侔)는 같음 혹은 엇비슷함을 나타내는 말이다. 공용불모(工用不侔)는 기예와 사용이 서로 엇비슷하지 못하면 좋은 효과를 낼 수 없음을 말하는 것이다.

  - 예 子敬以下, 莫不鼓努爲力, 標置成體, 豈獨工用不侔, 亦乃神情

懸隔者也.(孫過庭, 『書譜』)
- 역 왕헌지 이후의 서예는 대개 본령(本領)도 없으면서 그저 표면적인 노력만 기울여 스스로 일가를 이루려고 애를 쓴 것이 대부분이다. 이들은 공력(工力)과 표현이 제대로 상응하지 못할 뿐 아니라 정신수양 면에서도 크게 뒤떨어졌다.

• 공이불궤 工而不詭

정교하되 기괴하지 않음을 말한다.

- 예 韻而不靡, 樸而不粗, 淡而不枯, 工而不詭.(『尺牘新鈔』2集 徐芳 「與高自山」)
- 역 〈시(詩)는 마땅히〉 그 성운(聲韻)이 우아하고 아름다워야 하지만 호화스럽지 않고, 질박하지만 거칠지 않으며, 담박하지만 창백하지 않고, 정교하지만 기이하지 않게 써야 된다.

• 공졸 工拙

공(工)은 공교(工巧)를 뜻하고, 졸(拙)은 졸렬함을 말한다. 기교의 훌륭함과 그렇지 못함을 가리키는 말이다.

- 예 末代去朴歸華, 舒牋點翰, 爭相誇尙, 競其工拙.(『書法鉤玄』卷4 「唐太宗書王右軍傳授」)
- 역 나중에 서예가들은 소박함을 버리고 화려함을 숭상하였는데, 종이를 펴고 붓을 잡을 때마다 서로 과시하며 누구의 글씨가 좋은지 경쟁하였다.
- 예 熹聞詩者志之所之, 在心爲志, 發言爲詩, 然則詩者, 豈復有工拙哉?(朱熹, 『朱文公集』卷39 「答楊宋卿」)
- 역 나〈주희(朱熹)〉는 시라는 것이 생각과 감정의 표현이며, 또 마음속의 생각과 감정이 언어를 통해 표현된 것이 바로 시라고 들었다. 그렇다면 시에 어찌 정교함과 졸렬함의 나눔이 있겠는가?
- 예 窓欞以明透爲先, 欄杆以玲瓏爲主. 然此皆屬第二義. 具首重者 止在一字之堅, 堅而後論工拙.(李漁, 『閑情偶寄』「居室部」)

㉭ 〈집을 지을 때〉 창살은 밝고 통하는 것을 위주로 하고, 난간은 정교하고 섬세한 것을 위주로 한다. 그러나 이런 것은 모두 부차적인 것이고, 가장 중요한 것은 반드시 견고해야 한다는 것이다. 견고해야 비로소 잘 만들었는지 못 만들었는지 말할 수 있다.

㉠ 造物鬼神之技, 亦有工拙雅俗之分, 以主人之去取爲去取. 主人雅而取工, 則工且雅者至矣, 主人俗而容拙, 則拙而俗者來矣.(李漁, 『閑情偶寄』「居室部」)

㉭ 조물주의 신기한 기술에도 교졸(巧拙)과 아속(雅俗)의 구별이 있다. 이러한 구별은 주인(主人)의 기호를 기준으로 한다. 주인의 취미가 고아(高雅)하고 정교함을 추구하면 그 지어낸 산석(山石)도 고아하고 정교하며, 주인의 취미가 저속하고 우둔하면 그 지어진 산석도 결국 저속하고 우둔하게 된다.

※ 공졸(工拙)은 교졸(巧拙)과 같은 뜻이다. 교(巧)는 교묘함·정교함 등 외형의 인위적이고 기교적인 측면을 가리키고, 졸(拙)은 질박함·자연스러움 등 내면의 본질적인 측면을 말한다.

- **공중지음** 空中之音, **상중지색** 相中之色, **수중지월** 水中之月, **경중지상** 鏡中之象

공중의 소리와 같고, 형상 속의 색깔과 같으며, 물속의 달과 같고, 거울 속의 모습과 같다. 형상은 있지만 실질 혹은 의미가 없음을 말한다.

㉠ 盛唐諸人惟在興趣, 羚羊掛角, 無跡可求. 故其妙處透徹玲瓏, 不可湊泊, 如空中之音, 相中之色, 水中之月, 鏡中之象, 言有盡而意無窮.(嚴羽, 『滄浪詩話』「詩辨」)

㉭ 성당(盛唐)의 여러 시인들은 오로지 흥취에만 힘썼는데, 그들의 시는 영양(羚羊)이 뿔을 나무에 걸어놓은 것처럼 흔적을 찾을 길이 없다. 그래서 그들의 시는 절묘하기가 투철하고 영롱하지만, 가까이 다가설 수가 없다. 마치 공중의 소리와 같고, 형상 속의 색깔과 같으며, 물속의 달과 같고, 거울 속의 모습과도 같아서, 언어는 다했지만 그 의미는 다 드러내지 못했다.

- **공휴한묵** 工虧翰墨

  서예에서의 공력(功力)이 부족하다는 말이다.

  - 巧涉丹靑, 工虧翰墨, 異夫楷式, 非所詳焉.(孫過庭,『書譜』)
  - 이것들에 나타난 마치 그림에서나 볼 수 있는 기교는 서예의 공력이 너무 부족하여 서법(書法)과는 전혀 상관없는 것이니, 상세히 논할 필요가 없다.

- **과려** 姱麗

  형상이 곱고 아름다움을 말한다.

  - 今之畫者, 但貴其姱麗之容, 是取悅於衆目, 不達畫之理趣也.(郭若虛,『圖畵見聞志』「叙論」)
  - 그런데 오늘날의 화가는 그 고운 모습만 중요하게 여겨 여러 사람들의 눈을 기쁘게 하는 것만 취할 뿐, 그림의 이치와 정취를 표현해 내지 못한다.

- **과언무다** 寡言無多

  수식이 적은 말은 많아도 나쁠 것이 없다.

  - 蓋寡言無多, 而華文無寡. 爲世用者, 百篇無害, 不爲用者, 一章無補.(王充,『論衡』「自紀」)
  - 대개 수식이 적은 말은 많아도 나쁠 것이 없고, 화려한 문장은 적어도 나쁠 것이 없다. 세상에 쓸모가 있다면 백 편(篇)이라도 해롭지 않으며, 세상에 쓸모가 없다면 한 장(章)이래도 도움이 되지 않는다.

- **과이유절** 夸而有節, **식이불무** 飾而不誣

  과장하되 절도 있게 하고, 수식하되 허위에 빠지지 않는다.

  - 若能酌『詩』、『書』之曠旨, 剪揚馬之甚泰, 使夸而有節, 飾而不誣, 亦可謂之懿也.(劉勰,『文心雕龍』「夸飾」)

㉭ 만약 『시경(詩經)』과 『서경(書經)』에서 구사한 과장의 수법을 잘 참작하고 양웅과 사마상여의 지나침을 바로잡아, 과장하되 절도 있게 하고 수식하되 허위에 빠지지 않는다면, 이는 더없이 훌륭한 표현이 될 것이다.

• 관 寬

흐트러져 있으면서 검속함이 없는 필력을 말한다.

㉠ 寬. 疎散無檢曰寬.(簪蒙, 『語例字格』)
㉭ 관(寬): 흐트러져 있으면서 검속함이 없는 필력을 일러 관(寬)이라 한다.

• 관도 貫道

재도(載道)와 같은 뜻이다. 〈문장은〉 도를 담는다, 내포한다는 뜻이다.

㉠ 陳曰: "文者貫道之器, 且如六經是文, 其中所道皆是這道理, 如何有病?"(朱熹, 『朱子語類』 卷139)
㉭ 진재경(陳才卿)이 말했다. "문장은 도(道)를 담는 그릇이다. 예컨대 육경(六經)의 글이 말하는 것이 모두 이 이치인데 무슨 문제가 있다는 것인가?"

• 관물류정 觀物類情

물성(物性)을 파악함으로써 만물의 정상(情狀)을 분류·구별한다.

㉠ 學書者有二觀, 曰觀物, 曰觀我. 觀物以類情, 觀我以通德.(劉熙載, 『藝槪』 「書槪」)
㉭ 서예를 배우는 데는 이관(二觀)이 있다. 하나는 관물(觀物)이고 다른 하나는 관아(觀我)이다. 물성(物性)을 파악함으로써 만물의 정상(情狀)을 분류·구별하고, 자신의 성정(性情)을 잘 도모하여 천지만물의 신묘한 천성(天性)과 회통(會通)해야 한다.

- **관서 寬舒**

  너그럽고 편안한 것을 말한다.

  > 子厚謹嚴, 才謹嚴便有迫切氣象, 無寬舒之氣.(『二程全書』『遺書』卷18 伊川語四)
  >
  > 역 장재는 사람됨이 근엄한데, 이 때문에 문장의 어조에 다그치는 바가 있으며 너그럽고 편안한 느낌은 없다.

- **관수 觀水**

  관수(觀水)라는 미학적 행위의 근원은 공자의 다음 말에 있다. "지혜로운 자는 물을 좋아하고 어진 자는 산을 좋아하는데, 지혜로운 자는 동적(動的)이고 어진 자는 정적(靜的)이기 때문이다.[知者樂水, 仁者樂山. 知者動, 仁者靜, 『論語』「雍也」]자연에 대한 감상은 정신 속에 내재된 도덕과의 감응에 의해 이루어짐을 말한다. 사람의 정신적 품격이 다른 만큼 자연산수에 대한 애호도 다르다. 지혜로운 자는 사태파악과 일 처리에 능하니 그 자신이 동적(動的)이다. 물은 낮은 데로, 좀 더 낮은 데로 기민하게 움직인다. 지자(知者: 智者)가 물을 좋아하는 것은, 물이 좀 더 낮은 데로 쉼 없이 영민하게 흐르는 동(動)의 특징을 지녔기 때문이다.(2006, p. 180 참조)

  > 觀水有術, 必觀其瀾.(『孟子』「盡心章句上」)
  >
  > 역 물을 보는 데에는 방법이 있는데, 반드시 〈그 근원을 알 수 있는〉 급한 여울을 봐야 한다.

- **관아통덕 觀我通德**

  자신의 성정(性情)을 잘 도모하여 천지만물의 신묘한 천성(天性)과 회통(會通)한다.

  > 學書者有二觀, 曰觀物, 曰觀我. 觀物以類情, 觀我以通德.(劉熙

載,『藝槪』「書槪」)
- 역 서예를 배우는 데는 이관(二觀)이 있다. 하나는 관물(觀物)이고 다른 하나는 관아(觀我)이다. 물성(物性)을 파악함으로써 만물의 정상(情狀)을 분류·구별하고, 자신의 성정(性情)을 잘 도모하여 천지만물의 신묘한 천성(天性)과 회통(會通)해야 한다.

• **관완** 款婉

완만하고 부드러움을 말한다.

- 예 以峭激蘊紆餘, 以倔强寓款婉, 斯征品量.(劉熙載,『藝槪』「書槪」)
- 역 가파르고 거센 것으로 감돌고 완곡한 맛을 함축하고, 강경하고 강직한 것으로 완만하고 부드러운 맛을 기탁함으로써 품평을 구한다.

• **관작** 寬綽

너그러워 여유가 있는 것을 말한다.

- 예 大字難於結密而無間, 小字難於寬綽而有餘.(蘇軾,『東坡題跋』下卷「跋晉柳所藏蓮華經」)
- 역 대자(大字)는 빽빽하여 사이가 없게 하기가 어렵고, 소자(小字)는 너그러워 여유가 있기 어렵다.

• **관호도** 貫乎道

함축 되어 있는 도(道) 혹은 이치를 꿰뚫어봐야 한다.

- 예 學者博誦云乎哉, 必也貫乎道.(王通,『文中子』「天地」)
- 역 배움이라는 것이 어찌 많은 내용을 외워 터득함만을 말하겠는가? 반드시 그 안의 도(道)를 꿰뚫어봐야 한다.

• **광** 狂

정태(靜態)와 동태(動態) 외에 광태(狂態)라는 광분의 정감상태가 있다. 이러한 광태(狂態)는 분(憤)·전(顚)·광(狂)의 세 요소의 총합이라 할 수 있다. 전광(顚狂)이라는 것은 격정이 극도로 팽배해서 절제할 수 없는 정감의 상태이다. 전광(顚狂)은 그 감정이 극에 달해서 토해내는 것이니, 무의식의 상태에 있는 것이며 이성의 간여가 일체 없는 것이다. 분기(憤氣)는, 공명정대하고 충직한 신념을 가진 작가가 추악하고 잔혹한 사회와 정치현실의 압박을 마주했을 때 격앙되어 나오는 내면의 의기(毅氣)이다. 미학적 광분(狂憤)은 단순한 기괴(奇怪)와는 다르다. 그것은 철학이 있는 외침이자 자기파괴이다. 다시 말해서 역설적 혼돈이다.(2007, pp. 202-208 참조)

- 例 馳騁畋獵, 令人心發狂; 難得之貨, 令人行妨.(『老子』「十二章」)
- 역 이리저리 말달리며 사냥하는 것은 마음을 흐트러지게 만들며, 얻기 어려운 재화는 사람의 행동을 잘못되게 만든다.

- **광견 狂狷**

  생각과 감정을 직접적으로 토로하는 자유분방함을 말한다. 애초 공자(孔子)가 『논어(論語)』("子曰, 不得中行而與之, 必也狂狷乎! 狂者進取, 狷者有所不爲也", 「子路」)에서 말한 "광견(狂狷)"은 거침없이 자신의 뜻을 밀어붙이는 진취성과 적극성[狂] 및 융통성 없이 고집스럽게 자신을 지키는 강직성[狷]을 의미한다. 문학에서는 상규(常規)에서 벗어나 자신만의 생각을 자유롭게 토로하는 것을 말한다.

  - 例 不爲中行, 則爲狂狷, 效顰學步, 是爲鄉愿耳.(袁中道, 『珂雪齋文集』卷2 「淡成集序」)
  - 역 〈시를 지을 때〉 중용(中庸)의 도(道)에 맞게 할 수 없으면 정상적인 감정과 뜻의 틀을 벗어나 토로하게 된다. 남이 하는 대로 배우는 것은 마치 시골의 견식 없는 사람 같다.

- **광달** 曠達

    흉금(胸襟)이 넓고 견식(見識)이 통달함을 말하는 미학범주이다. 보통 인정(人情)과 세상의 이치를 간파함을 표현하는데 쓰인다.

    - ㉠ 曠達. 何如尊酒, 日往煙蘿, 花覆茅檐, 疏雨相過.(司空圖, 『詩品二十四則』)
    - ㉡ 광달(曠達): 술통 하나 손에 들고 연무(煙霧) 자욱한 저 그윽하고 곳으로 나아가는 것이 어떤가? 꽃은 초가집 처마를 뒤덮고, 가랑비는 아스라이 지나간다.
    - ㉠ 曠達者自然浩蕩, 雄邁者自然壯烈.(李贄, 『焚書』卷3「雜述·讀律膚說」)
    - ㉡ 성정(性情)이 드넓은 사람은 자연스레 호탕한 소리를 내고, 기상이 웅대한 사람은 자연스레 소리가 장렬하다.

- **광담** 曠澹

    넓고 그윽하며 담박하게 안존하는 도량을 말한다.

    - ㉠ 庾公問丞相: "藍田何似?" 王曰: "眞獨簡貴, 不減父祖; 然曠澹處, 故當不如爾."(劉義慶, 『世說新語』「品藻」)
    - ㉡ 유공(庾公: 庾亮)이 왕승상(王丞相: 王導)에게 물었다. "왕남전(王藍田: 王述)은 어떤 사람입니까?" 왕승상이 답하였다. "진실 되게 홀로 지키며 간소하고 빼어나기로는 그 부친인 왕승(王承)과 조부인 왕담(王湛)에 뒤지지 않습니다. 그러나 넓고 그윽한 도량에 있어서는 그들만 못합니다."

- **광락** 曠落

    넓게 트여 낙락(落落)한 것을 말한다.

    - ㉠ 故水得山而媚, 得亭榭而明快, 得漁釣而曠落. 此山水之布置也.(郭熙, 『林泉高致』「山川訓」)
    - ㉡ 그러므로 물은 산으로 인해 아름다워지고, 정자로 인해 밝고 시원해지

며, 고기잡이와 낚시하는 경치로 인해 넓게 트여 낙락(落落)해진다. 이
것이 산수를 배치하는 법이다.

- **광원** 曠遠

  광활하고 원대한 것을 말한다.

  - 然曠遠之音, 落落難聽, 遂流爲江湖習派.(徐上瀛,『溪山琴況』)
  - 하지만 〈거문고에서〉 이러한 원대하고 광활한 소리는 종종 매우 듣기 거북하다. 그래서 다들 이러한 묘당(廟堂) 느낌의 음악을 좋아하지 않으니, 점차 통속적인 세속 풍조가 발전하게 되는 것이다.

- **광이불일** 曠而不溢, **사이무점** 奢而無玷

  넓히되 넘치지 말고, 화사하되 흠집이 없도록 한다.

  - 言必鵬運, 氣靡鴻漸. 倒海探珠, 傾崑取琰. 曠而不溢, 奢而無玷.(劉勰,『文心雕龍』「夸飾」)
  - 말은 반드시 대붕(大鵬)의 기세를 가져야 하므로, 기러기 걸음처럼 헤매서는 안 된다. 바다를 거꾸로 뒤집어 진주를 찾고, 곤륜산을 넘어뜨려 아름다운 옥을 구하라. 넓히되 넘치지 말고, 화사하되 흠집이 없도록 하라.

- **광일** 曠逸

  도량이 넓고 얽매임이 없는 것을 말한다.

  - 見孔明之弟, 則極其曠逸, 見孔明之丈人, 則極其淸韻, 見孔明之題詠, 則極其俊妙.(毛宗崗,『第一才子書』第37回 首評)
  - 제갈량의 동생을 만나보니 도량이 넓고 고상하였다. 제갈량의 장인을 만나보니 청렴하고 운치가 있었다. 제갈량이 쓴 시(詩)를 보니 재능이 뛰어나고 정묘(精妙)하였다.

- **광창** 狂猖

오만한 듯 강직하고 솔직한 것을 말한다.

- ㉠ 士有志於千秋, 寧爲狂狷, 毋爲鄕愿.(湯顯祖, 『玉茗堂文之五』 「合奇序」)
- ㉡ 만약 어떤 사람이 자기의 문장을 후세에 전하고자 하는 뜻이 있다면, 차라리 긍지를 가지고 굳세게 나가야지 노학자처럼 비루하고 고리타분해선 안 된다.

- **괴기** 瓌奇

진기하고 기이하여 아주 아름답다.

- ㉠ 寫樂毅則情多怫鬱; 書畵讚則意涉瓌奇.(孫過庭, 『書譜』)
- ㉡ 아마 「악의론(樂毅論)」을 쓸 때엔 마음이 꽤 울적했을 것이다. 「동방삭화찬(東方朔畵讚)」을 쓸 때엔 심경이 아주 기묘하고 몽환적인 경지에 있었을 것이다.

- **괴생필단** 怪生筆端

기묘한 풍격을 그려냄을 말한다.

- ㉠ 王維 …… 「輞川圖」, 山谷鬱鬱盤盤, 雲水飛動; 意出塵外, 怪生筆端.(朱景玄, 『唐朝名畵錄』)
- ㉡ 왕유(王維)의 …… 「망천도(輞川圖)」에는 산골짜기가 굽이굽이 우거지고 구름과 물은 휘날리듯 움직인다. 그 구상은 인간세상의 번잡함을 초월하였고, 붓끝에는 기묘한 맛이 걸려있다.

- **굉** 宏

(1) 체재(體裁)와 법식(法式)이 지극히 웅장한 것을 말한다.

- ㉠ 宏. 截制絶壯曰宏.(竇蒙, 『語例字格』)
- ㉡ 굉(宏): 체재(體裁)와 법식(法式)이 지극히 웅장한 것을 일러 굉(宏)이라 한다.

(2) 커다란 흉금에서 나오는 엄숙하고 경건하며 정중한 것을 말한다.
- 예) 調無大度, 則不得古, 故宏音先之.(徐上瀛,『溪山琴況』)
- 역) 음악에 굉대(宏大)한 기개(氣槪)가 없으면 고아(古雅)한 격조가 생길 수 없다. 그래서 거문고를 연주할 때 우선 금음(琴音)의 굉대함을 추구해야 된다.

- **굉곽** 閎廓

  드넓고 광활함을 말한다.
  - 예) 浩瀚·汪洋·錯綜·變幻·渾雄·豪宕·閎廓·沈深, 大家所長, 名家之所短也.(胡應麟,『詩藪』「外編」卷4)
  - 역) 광대함·웅장함·뒤섞음·변환(變幻)·웅혼(雄渾)·호탕(豪宕)·광활함·침심(沈深) 등은 대가는 잘하지만, 명가는 해내지 못하는 것이다.

- **굉대** 閎大

  광대함을 말한다.
  - 예) 杜七言句壯而閎大者: "二儀淸濁遷高下, 三伏炎蒸定有無."(胡應麟,『詩藪』「內編」卷5)
  - 역) 두보(杜甫)의 칠언율시(七言律詩) 가운데 장(壯)하면서 광대(廣大)한 것은 이렇다. "천지(天地)의 청탁(淸濁)에도 고하(高下)가 있고, 삼복(三伏)의 더위도 필시 차이가 있다."

- **굉려** 宏麗

  웅장하고 미려함을 말한다.
  - 예) 詩惟初盛之唐, 其音響宏麗圓轉, 稱大雅之聲.(王驥德,『曲律』「論聲調」)
  - 역) 시 중에도 유독 초성당(初盛唐) 시기 시의 성조가 웅장하고 미려하며 부드럽고 매끄럽다. 이것은 아정(雅正)한 소리다.

- **굉원** 閎遠

    아득함을 말한다.

    - 漢祖大風雅麗閎遠, 黃鵠惻愴悲哀.(胡應麟,『詩藪』「內編」卷2)
    - 한고조(漢高祖)의 「대풍(大風)」은 아름답고 아득하며, 「홍곡(鴻鵠)」은 슬프고 애통하다.

- **굉장** 宏壯

    장엄하다는 말로, 여기서는 장미(壯美)를 말한다.

    - 無我之境, 人惟於靜中得之. 有我之境, 於由動之靜時得之. 故一優美, 一宏壯也.(王國維,『人間詞話』4)
    - 무아지경은 사람이 다만 고요함 속에서 그것을 얻는다. 유아지경은 움직임에서 고요함으로 넘어갈 때 그것을 얻는다. 그러므로 무아지경은 우미(優美)이고, 유아지경은 장엄(莊嚴)이다.

- **교** 巧

    (1) 완곡(婉曲)의 의미를 갖는 교묘함을 말한다.

    - 孔子曰:"情欲信, 詞欲巧." 孟子曰:"智譬則巧, 聖譬則力." 巧, 卽曲之謂也.(袁枚,『隨園詩話』卷4)
    - 공자(孔子)는 말했다. "감정을 드러내는 것은 진실해야 하고, 사를 짓는 것은 교묘해야 한다." 맹자(孟子)가 말했다. "지혜가 많으면 교묘함이 생기고, 성리(聖理)가 가득하면 힘이 있게 된다." 교(巧)라고 하는 것은 완곡의 뜻이다.

    (2) 간사하고 교활한 교묘함을 말한다.

    - 伾傀倚於彌楹 — 巧也.(方回,『桐江續集』卷30「離騷胡澹庵一說」)
    - 비휴(伾傀)는 추녀(醜女)지만 임금의 처소에서 시중을 든다. — 교(巧)이다.

(3) 〈서예에서〉 장법(章法)에서의 포국(布局)을 말한다.

- 補, 謂不足也. 損, 謂有餘也. 巧, 謂佈置也. 稱, 謂大小也.(『法書要錄』卷2)
- 〈서예에서〉 보(補)는 부족한 필획을 보충하는 것이고, 손(損)은 남는 필획을 생략하는 것이다. 교(巧)는 장법(章法)에서의 포국(布局)을 말하고, 칭(稱)은 전체의 크기가 조화로운 것을 말한다.

(4) 장식미를 잘 살려 대도(大道)에 합치하는 듯 억지로 외관의 미를 묘사한 것을 말한다.

- 奇者, 蕩跡不測, 與眞景或乖異, 致其理偏, 得此者亦爲有筆無思. 巧者, 雕綴小媚, 假合大經, 强寫文章, 增邈氣象.(荊浩, 『筆法記』)
- 기(奇)란, 자유분방한 필적으로 나온 예측할 수 없는 변형이 때론 실제 물경(物景)과 서로 어긋나는 바가 있어 그 화리(畫理)가 한쪽으로 치우치는 일면이 있는 것을 이른다. 달리 표현하면, 이러한 경지는 붓만 있지 구상이 없는 것이다. 교(巧)란 장식미를 잘 살려 대도(大道)에 합치하는 듯 억지로 외관의 미를 묘사한 것이니 기상(氣象)을 잃은 것이다.

- **교강합초** 咬姜呷醋

생강을 씹고 식초를 마시는 짓이란 뜻으로, 정미한 뜻을 함축하거나 고상한 문체로 수식된 문장을 힐난하여 이르는 말이다.

- 如必不經思惟者而後爲自然之文, 則夫子所云草創·討論·修飾·潤色, 費爾許斟酌, 亦"咬姜呷醋"邪?(王夫之, 『薑齋詩話』卷2)
- 만약 생각을 거치지 않은 문장이 자연스러운 문장이라면, 공자(孔子)가 말한 이른바 초창(草創)·토론·수식·윤색은 모두 헛된 짓이니, 이 또한 "생강을 씹고 식초를 마시는 짓"인가?

- **교구형사** 巧構形似

경물(景物)을 정확히 묘사하는데 기교가 뛰어나다.

- 예 文體華淨, 少病累, 又巧構形似之言.(鍾嶸, 『詩品』)
- 역 〈장협(張協)의 시는〉 문체(文體)는 화려하고 깔끔하나, 다소 규율을 벗어난 시구가 있다. 또한 경물(景物)을 정확히 묘사하는데 뛰어난 기교를 지녔다.

• **교미** 巧媚

아주 공교한 형상미를 나타낸다.

- 예 然於放逸不失眞元氣象, 元大創巧媚.(荊浩, 『筆法記』)
- 역 그러나 자유분방하여 본원(本原)의 기상을 잃지는 않아 아주 공교한 형상미를 창조해 냈다.

• **교사** 巧似

탁월한 공교로움으로 형사(形似)를 하는 것을 말한다.

- 예 尙巧似, 而逸蕩過之, 頗以繁富爲累.(鍾嶸, 『詩品』)
- 역 〈사령운(謝靈運)의 시는〉 경물을 묘사하는데 교사(巧似)를 숭상하지만 초일(超逸)의 경지는 〈장협(張協)을〉 넘어섰다. 지나치게 화려한 문채(文采)는 그의 시의 결점이다.

• **교어부근** 巧於斧斤

〈시어(詩語)의〉 조탁(彫琢)에 능한 것을 말한다.

- 예 至於淵明, 則所謂不煩繩削而自合者. 雖然, 巧於斧斤者多疑其拙, 窘於檢括者輒病其放.(黃庭堅, 『豫章黃先生文集』 卷26 「題意可詩後」)
- 역 도잠(陶潛: 자는 淵明)으로 말하면, 그는 비록 수식과 조탁을 하지 않았지만 시는 오히려 아주 자연스럽고 정묘(精妙)하다. 그렇다 해도 조탁을 잘하는 사람들은 되레 도잠의 시가 너무 질박하다고 여기며, 규

범에 사로잡힌 사람들은 또한 도잠의 시가 지나치게 거리낌이 없다고 생각한다.

- **교졸** 巧拙

    (1) 교(巧)는 인공의 수식이 가해진 아름다움이라고 할 수 있다. 그 상대적인 범주인 졸(拙)은 천연의 소박한 아름다움을 가리킨다. 교(巧)는 달콤하고도 요염하며, 졸(拙)은 질박하고도 거칠다. 교(巧)는 속되나 졸(拙)은 우아하다. 교(巧)는 뚫어져라 쳐다보는 것이다. 졸(拙)은 물끄러미 바라보는 것이다. 교(巧)의 특색은 화려하거나 매끄럽거나 혹은 아리따움이다. 졸(拙)의 특색은 망설임[澀]·시들함[枯]·서투름[生]·간솔함[直], 그리고 투박함[茂]이다.(2006, p. 57 참조)

    예 大巧若拙, 大辯若訥.(『老子』「四十五章」)
    역 진정한 기교는 졸렬한 것 같고, 진정한 웅변은 어눌한 것 같다.

    (2) 기교상의 우열(優劣)을 말한다.

    예 學問有利鈍, 文章有巧拙. 鈍學累功, 不妨精熟; 拙文研思, 終歸蚩鄙.(顔之推, 『顔氏家訓』「文章」)
    역 학문하는 데는 예리한 사람과 둔한 사람이 있고, 문장을 짓는 데도 기교 있는 사람과 졸렬한 사람이 있다. 학문적 자질이 둔한 사람은 노력을 통해 정통하고 원숙해질 수 있지만, 문학적 재능이 졸렬한 사람은 노력해도 결국은 비루함으로 귀결되고 만다.

    예 然跡有巧拙, 藝無古今.(謝赫, 『古畫品錄』)
    역 그러나 회화 작품에는 기교상의 차이가 있고, 또한 예술적 성취의 높고 낮음에는 고금(古今)이 따로 없다.

    (3) 상태의 좋고 나쁨을 말한다.

    예 及其成功也, 不特便於己快於意, 而吾度材之功苦, 構思之巧拙

皆於是徵焉.(袁枚,『小倉山房文集』卷12「隨園後記」)
- 역 일이 다 되면 스스로도 만족스러워 유쾌할 뿐 아니라 지을 때 자재의 질이나 설계의 좋고 나쁨이 모두 마음속으로 검증될 수 있다.

(4) 표현양상의 가치나 효과를 말한다.

- 예 畵聞與畵見, 巧拙不同科.(方回,『桐江續集』卷24「次韻受益題荊浩太行山洪谷圖五言」)
- 역 그림을 그릴 때 들은 것을 그린 것과 직접 본 것을 그린 것은 그 효과가 아주 다르다.

• **교환 巧幻**

교묘하고 몽환적이란 말이다.

- 예 左降而得南崖, 皺煙駁霞, 以巧幻勝.(袁中道,『珂雪齋文集』卷7「遊太和記」)
- 역 왼쪽으로 보면 남애(南崖)가 있는데, 구름과 연기가 겹겹으로 줄지어 있으며 다채로운 노을이 아름답다. 여기의 경치는 변화무쌍하기 때문에 가장 기이하고 교묘하며 몽환적이다.

• **구간 苟簡**

대충 간략하게 함을 말한다.

- 예 夫繪事後素, 旣謂之文, 豈苟簡而已哉?(皇甫湜,『皇甫持正集』卷4「答李生第二書」)
- 역 "먼저 바탕을 하얗게 한 다음 그림을 그린다."라는 말이 있다. 〈먼저 바탕을 바르게 한 후 쓴 글을 글이라 할 수 있으니〉 마음 가는대로만 쉽게 쓴 글은 어찌 글이라 할 수 있겠는가?

• **구고이화 具古以化**

옛 법식을 두루 갖춘 기반 위에 새로운 변통을 창출한다는 뜻이다.

"차고개금(借古開今)"과 같은 맥락의 의미이다.

- 예 具古以化, 未見夫人也. 嘗憾其泥古不化者, 是識拘之也.(石濤, 『畵語錄』「變化章 第3」)
- 역 옛 법칙을 갖추었으면서도 변통(變通)을 할 수 있는 그런 사람을 아직까지 보지 못했다. 나는 늘 옛 법칙에 얽매어 변통을 창출해내지 못하는 사람을 안타깝게 여긴다. 이는 고정된 법식(法式)이 그들을 속박하는 것이다.

- **구련 拘攣**

억지로 구속하고 속박하는 것을 말한다.

- 예 妙在執筆, 令其圓暢, 勿使拘攣.(顔眞卿,「述張長史筆法十二意」)
- 역 요령은 바로 붓을 잡는 데 있다. 붓을 잡는 것이 원만하고 편안해야 하며, 억지로 구속하고 속박해선 안 된다.

- **군 窘**

민망하고 난처하고 궁색함을 말한다.

- 예 執棠溪以刜蓬兮 ― 窘也.(方回,『桐江續集』卷30「離騷胡澹庵一說」)
- 역 날카로운 검을 들어 풀을 벤다. ― 군(窘)이다.

- **군어검괄 窘於檢括**

규범에 사로잡혀 격식에 얽매이는 것을 말한다.

- 예 至於淵明, 則所謂不煩繩削而自合者. 雖然, 巧於斧斤者多疑其拙, 窘於檢括者輒病其放.(黃庭堅,『豫章黃先生文集』卷26「題意可詩後」)
- 역 도잠(陶潛: 자는 淵明)으로 말하면, 그는 비록 수식과 조탁을 하진 않았지만 시는 오히려 아주 자연스럽고 정묘(精妙)하다. 그렇다 해도 조탁을 잘하는 사람들은 되레 도잠의 시가 너무 질박하다고 여기며, 규

범에 사로잡힌 사람들은 또한 도잠의 시가 지나치게 거리낌이 없다고 생각한다.

- **군형자** 君形者

    형상과 형체를 주재하고 이끄는 내면의 본질, 즉 정신 혹은 신(神)을 말한다. 사형자(使形者)와 같은 개념이다.

    - 예) 畫西施之面, 美而不可說; 規孟賁之目, 大而不可畏: 君形者亡焉.(『淮南子』「說山訓」)
    - 역) 만고절색(萬古絶色)이라는 서시(西施)의 얼굴을 그렸다 하나, 예쁘기는 해도 마음까지 홀리지는 않는다. 또 천하 용장(勇將) 맹분(孟賁)의 눈을 나타냄에, 크게는 그렸어도 두려움까지 자아내지는 못한다. 〈모두가 껍데기만 그렸을 뿐〉 그 형체를 이끄는 내면의 본질을 드러내지 못했기 때문이다.

- **굴강** 崛强

    우직하고 굳셈을 말한다.

    - 예) 唐太宗曰: "人言魏徵崛强, 朕視之更覺斌媚耳."(張岱, 『琅嬛文集』「跋徐青藤小品畫」)
    - 역) 당태종(唐太宗)이 말했다. "사람들은 위징(魏徵)이 우직하고 굳세다고 말하지만, 내가 느끼기엔 오히려 곱고 부드러울 뿐이다."

- **굴울** 屈鬱

    얽힌 것을 말한다.

    - 예) 書要兼備陰陽二氣. 大凡沈着屈鬱, 陰也; 奇拔豪達, 陽也.(劉熙載, 『藝槪』「書槪」)
    - 역) 서예는 음양(陰陽) 이기(二氣)를 동시에 갖춰야 한다. 대개 침착하면서 얽힌 것은 음기(陰氣)이고, 호방하고 장엄한 것은 양기(陽氣)이다.

- **궁리진성** 窮理盡性

    천리(天理)와 본성(本性)을 철저히 궁구한다는 뜻이다. 원래 철학용어이다.

    - ㉠ 窮理盡性, 事絶言象. 包前孕後, 古今獨立.(謝赫,『古畵品錄』)
    - ㉡ 대상(對象)의 정리(情理)와 특성을 속속들이 잘 파악하였으며, 그림을 그리는 것이 언어나 표상으로 드러내는 것보다 더 뛰어났다. 앞사람을 계승하고 뒷사람을 길러내었으니, 고금에 오직 홀로 우뚝 섰다.

- **궁미측묘** 窮微測妙

    미세함과 오묘함을 궁구하다.

    - ㉠ 好異尙奇之士, 翫體勢之多方; 窮微測妙之夫, 得推移之奧賾.(孫過庭,『書譜』)
    - ㉡ 호기심 많은 사람만이 서체(書體)와 자체(字體) 구조의 다양한 형식 변화를 음미할 수 있으며, 세밀함과 오묘함을 깊이 탐구하는 사람만이 운필 변화의 심오한 의미를 깨달을 수 있다.

- **궁상** 宮商

    〈문학작품에서의〉 운율을 말한다.

    - ㉠ 將閱文情, 先標六觀: 一觀位體, 二觀置辭, 三觀通變, 四觀奇正, 五觀事義, 六觀宮商.(劉勰,『文心雕龍』「知音」)
    - ㉡ 문장의 사상이나 정감을 고찰하기 위해서는 다음 여섯 가지 관점을 고려해야 한다. 첫째, 작품의 체재. 둘째, 언어의 구사. 셋째, 전통의 계승과 새로운 변화. 넷째, 표현 수법의 전아(典雅)함과 기이함. 다섯째, 내용과 주장. 여섯째, 운율이다.

- **궁정사물** 窮情寫物

    〈시(詩)가〉 감정을 드러내고 사물을 묘사하는 것을 말한다.

- ㉠ 豈不以指事造形, 窮情寫物, 最爲詳切者耶!(鍾嶸,「詩品序」)
- ㉡ 이것이 어찌 오언시(五言詩)가 일을 서술하고 형상을 만들며 감정을 드러내고 사물을 묘사하는 데 있어 모두 세밀하고 극진하기 때문이 아니겠는가?

• 권 權

권(權)은 통상 경(經)과 대비된다. 경(經)은 절대 변할 수 없는 근본으로서의 유가의 도덕규범과 원칙을 의미한다. 이러한 도덕적 원칙은 시간과 장소의 구분 없이, 그리고 어떠한 상황 아래에서도 반드시 적용되어야 하는 보편성이다. 한편 권(權)은 어떤 특수한 상황 아래서는 경(經)에 얽매이지 않는 임기응변을 발휘하는 것을 의미한다. 바로 시간과 장소, 그리고 상황에 따라 적절하게 적용되어야 하는 특수성이다. 상황은 수시로 변하므로, 일정한 도덕규범과 원칙이 모든 사물과 현상에 언제나 적용될 수는 없다는 전제가 깔려 있다. 권(權)은 권변(權變)으로도 쓰인다. 예술에서는 고(古)와 상대적인 금(今)으로서의 창신(創新)과 변통(變通)을 의미한다.(2008, p. 228 참조)

- ㉠ 逸少秉眞行之要, 子敬執行草之權.(『法書要錄』卷4「張懷瓘議書」)
- ㉡ 왕희지(王羲之)는 진행(眞行)의 요강(要綱)을 파악했고, 왕헌지(王獻之)는 행초(行草)의 권도(權道)를 터득했다.
- ㉠ 凡事有經必有權, 有法必有化. 一知其經, 卽變其權.(石濤,『畫語錄』「變化章 第3」)
- ㉡ 무릇 일에는 항상성과 보편성을 지닌 상규(常規)가 있으면, 거기엔 필시 특수한 변통이 있게 마련이다. 또 일정한 법이 있으면 반드시 법규의 변화가 있으며, 일단 상규를 알게 되면 곧 그 상규의 변통을 생각하게 된다.

• 권문탁족 權門託足

권세에 의지한다는 말로, 남의 명성을 이용하는 것을 뜻한다.
- 抱韓・杜以凌人, 而粗脚笨手者, 謂之權門託足.(袁枚, 『隨園詩話』 卷5)
- 한유(韓愈)와 두보(杜甫)의 명성을 이용하여 다른 사람을 능가하고자 하나 스스로는 서툴고 형편없는 것을 일러 권세에 의지한다고 한다.

- **권변** 權變

권(權)은 어떤 특수한 상황 아래서는 경(經)에 얽매이지 않는 임기응변을 발휘하는 것을 의미한다. 바로 시간과 장소, 그리고 상황에 따라 적절하게 적용되어야 하는 특수성이다. 한편 변(變)은 대개 통(通)과 함께 거론된다. 통변(通變)은 고(古)와 금(今) 및 계승과 혁신의 관계를 나타내는 개념이다. 통은 고로써 금에 통함을 말하니 계승을 나타낸다. 변은 금으로써 고를 변화시킨 것이니 혁신을 나타낸다.
- 故以達夷險之情, 體權變之道.(孫過庭, 『書譜』)
- 그런 고로 〈사람은 연륜이 쌓이면서 비로소〉 평정(平正)에서 험절(險絶)로 넘어가고 또 험절에서 다시 평정으로 되돌아가는 평상(平常)과 변화의 정상(情狀)을 알게 되며, 더불어 그 가운데 임기응변의 진정한 도(道)를 깊이 깨닫는 것이다.

- **권형** 權衡

기준이나 표준이 되는 권위・권능과 역량을 가리키는 것으로, 궁극적으로는 법도를 뜻한다.
- 非天地之權衡, 不能變化山川之不測.(石濤, 『畵語錄』 「山川章 第8」)
- 만약 천지자연의 권능과 역량이 아니라면 그 어떤 것도 산천을 변화막측하게 할 수 없을 것이다.

- **궤벌진존** 軌筏眞存

    법도를 세우는 것을 것을 말한다.

    - 예 兼裒總挈, 集厥大成; 詣絶窮微, 超乎彼岸; 軌筏眞存, 在人而已.(胡應麟,『詩藪』「內編」卷1)
    - 역 널리 끌어다 모아 집대성을 이루며 은미함을 궁구하고 궁극에 도달하고자 하여 피안의 세계로 들어가고자 하는데, 그 법도를 세우는 것은 다만 사람에게 달렸을 다름이다.

- **궤철** 軌轍

    법칙이란 말이다.

    - 예 古詩軌轍殊多, 大要不過二格.(胡應麟,『詩藪』「內編」卷2)
    - 역 고시(古詩)의 법칙은 아주 많으나 그 요점은 다만 두 가지 격(格)에 다름 아니다.

- **귀박반진** 歸樸返眞

    참다움은 소박함 속에 있다.

    - 예 樸拙. 大巧若拙, 歸樸返眞.(黃鉞,『二十四畫品』)
    - 역 박졸(樸拙): 진정한 교묘함은 졸렬함과 같으며, 참다움은 소박함 속에 있다.

- **규구** 規矩

    규구는 방원(方圓)이라는 미학범주와 연관된다. 방은 모난 도형을 그리는 구(矩)라는 도구가 만들어내는 형상이고, 원은 둥근 도형을 그리는 규(規)라는 도구가 만들어내는 형상이다. 이로부터 방원이라는 말은 더 나아가 규구법칙의 의미까지 갖게 된 것이다. 규구가 없이 방원이 만들어지지 않듯이 구체적인 예술규율 없이는 기본적인 예술기교가 있을 수 없으니, 규구에 대한 훈련은 예도(藝道)에 들어설 수 있는 기본적인 관문이 된다.

(1) 규(規)와 구(矩)는 원래 각각 원형(圓形)과 방형(方形)을 그리는 도구이다.

- 예) 毁絶鉤繩而棄規矩, 攦工倕之指, 而天下始人有其巧矣. 故曰 "大巧若拙".(『莊子』「胠篋」)
- 역) 갈고리와 먹줄을 부숴버리고, 그림쇠와 굽은 자를 내버린 다음 공수(工倕) 같은 사람의 손가락을 비틀어 버려야 세상 사람들은 비로소 재주가 좋아질 것이다. 그러므로 "진정 위대한 기교는 졸렬한 듯 보인다."고 했던 것이다.

(2) 원형(圓形)과 방형(方形)을 그리는 도구에서 뜻이 확대되어 법칙이나 법도를 가리키는 말이 되었다.

- 예) 規矩者, 方圓之極則也.(石濤, 『畵語錄』「了法章 第2」)
- 역) 규(規)와 구(矩)는 원형(圓形)과 방형(方形)을 재는 법도이다.
- 예) 或乃就分布於纍年, 向規矩而猶遠, 圖眞不悟, 習草將迷.(孫過庭, 『書譜』)
- 역) 어떤 이는 해와 달을 거듭해 서예의 포백(佈白)을 연구하지만 사실 서예의 법도에서 아주 멀리 떨어져 있다. 해서(楷書)의 서사(書寫) 규칙에 대해서 전혀 이해하는 바도 없이 초서(草書)를 써 나아가니 곤혹감만 더 크게 느끼게 된다.

(3) 〈예술 표현이〉 법도에 들어맞음을 말한다.

- 예) 孔琳之書, 天然絶逸, 極有筆力規矩.(『法書要錄』 卷1「南齊王僧虔論書」)
- 역) 공림(孔琳)의 글씨는 천부적인 재능이 절묘(絶妙)하고 초일(超逸)하다. 필력(筆力)의 기세가 법도에 아주 들어맞는다.

- **균 均**

    〈서예에서〉 필획의 구조를 말한다.

    - 例 平, 謂橫也. 直, 謂縱也. 均, 謂間也. 密, 謂際也.(『法書要錄』 卷2)
    - 역 〈서예에서〉 평(平)은 횡획(橫劃)이고 직(直)은 종획(縱劃)이다. 균(均)은 필획의 구조를 말하고, 밀(密)은 글자의 구조를 말한다.

- **극공이후능사의 極工而後能寫意**

    반드시 먼저 공교(工巧)를 잘 한 다음에 비로소 사의(寫意)를 할 수 있다.

    - 例 必極工而後能寫意, 非不工而遂能寫意也.(『鄭板橋集』「題畫」)
    - 역 반드시 먼저 공교(工巧)를 잘 한 다음에 비로소 사의를 할 수 있다. 공교를 잘 할 수 없으면서도 사의를 잘 할 수 있는 것은 아니다.

- **극려전정 極慮專精**

    극려(極慮)는 있는 힘을 다해 생각하는 것, 전정(專精)은 마음을 오로지 한 곳에 모으는 것 즉 정신 집중을 말한다.

    - 例 味鍾張之餘烈, 挹羲獻之前規, 極慮專精, 時逾二紀.(孫過庭, 『書譜』)
    - 역 종요(鍾繇)와 장지(張芝)가 남긴 걸작들을 음미하고 왕희지(王羲之)·왕헌지(王獻之) 부자의 규범을 받아들여, 있는 힘을 다해 마음을 오로지 이 서예 하나에 모으기가 어언 20여 년이다.

- **극련여불련 極煉如不煉**

    가장 세밀하고 정제된 언어는 마치 조탁이 없는 것과 같다.

    - 例 詞得此意, 則極煉如不煉, 出色而本色.(劉熙載, 『藝概』「詞曲概」)

㉭ 사(詞)를 쓸 때 만약 이 점을 깨달으면, 가장 세밀하고 정제된 언어가 마치 조탁이 없는 것과 같이 된다. 가장 훌륭한 언어는 본래 가장 자연스러운 언어이다.

- **극불상의** 極不象意

글을 쓸 때, 나중에 생겨난 영감이 아주 풍부하여 처음 가졌던 생각을 뒤엎는 것을 말한다.

㉤ 兄近日作文象意否? 象意是好事, 極不象意, 亦是好事.(『尺牘新鈔』1集 徐日久「與譚友夏」)
㉭ 요즘 그대가 쓰는 문장은 처음 생각한 창작의 맥락과 맞는 건가? 만약 그렇다면 당연히 좋은 일이다. 그런데 만약 자기가 원래 생각했던 바와 많이 다르다면, 그것도 좋은 일이다.

- **근** 筋

필(筆)의 자취는 끊어져도 필세(筆勢)가 끊어지지 않는 것을 말한다.

㉤ 筆絶而不斷謂之筋, 起伏成實謂之肉.(荊浩, 『筆法記』)
㉭ 필(筆)의 자취는 끊어져도 필세(筆勢)가 끊어지지 않는 것을 근(筋)이라 한다. 필의 자취가 들쑥날쑥 실상(實像)을 이루는 것을 육(肉)이라 한다.

- **근력** 筋力

기세(氣勢)와 필력(筆力)을 말한다.

㉤ 雖有奇尙, 手不稱情, 乏於筋力.(『法書要錄』卷9「張懷瓘書斷下」)
㉭ 비록 신기(新奇)한 취향이 있었지만 아쉽게도 손이 마음을 따르지 못하여 기세(氣勢)와 필력(筆力)이 부족하다.

- **근모실모** 謹毛失貌

  그림을 그리는 자가 터럭 하나하나에 신경 쓰다 보면 전체 용모의 묘사를 그르칠 수 있다는 말이다.

  - 예) 甚霧之朝, 可以細書, 而不可以遠望尋常之外. 畵者謹毛而失貌, 射者儀小而遺大.(『淮南子』「說林訓」)
  - 역) 짙은 안개가 끼어있는 아침에는 가는 글씨를 쓸 수 있지만 8척에서 16척의 거리를 벗어나는 곳을 볼 수는 없다. 그림을 그리는 자가 터럭 하나하나에 신경 쓰다 보면 전체 용모의 묘사를 그르칠 수 있다. 활을 쏘는 자는 작은 것을 겨냥하고 큰 것은 버린다.

- **근부원소** 近附遠疏

  가까운 시대의 것을 더 좋아하고 먼 시대의 것은 피한다.

  - 예) 今才穎之士, 刻意學文, 多略漢篇, 師範宋集, 雖古今備閱, 然近附而遠疏矣.(劉勰,『文心雕龍』「通變」)
  - 역) 오늘날 재능이 있는 사람들이 문학을 공부할 때, 대개 한(漢)나라의 작품은 도외시하고 송(宋)나라의 작품을 법식으로 삼고 있다. 그들이 설령 고금(古今)의 작품을 모두 읽는다고 해도, 가까운 시대의 것을 더 좋아하고 먼 시대의 것은 피하는 것 같다.

- **근이불부** 近而不浮, **원이부진** 遠而不盡

  묘사가 사실적이면서도 천박한 데로 흐르지 않고, 의경(意境)이 요원하면서도 함축이 농후함을 말한다.

  - 예) 近而不浮, 遠而不盡, 然後可以言韻外之致耳.(司空圖,『司空表聖文集』「與李生論詩書」)
  - 역) 묘사가 사실적이면서도 천박한 데로 흐르지 않고, 의경(意境)이 요원하면서도 함축이 농후한 다음에야 비로소 문자 밖의 여운(餘韻)을 얘기할 수 있지 않겠는가?

- **근이철원** 近以徹遠

  눈앞의 근경(近景)을 마주하고서도 오히려 원경(遠景)을 연상한다.

  - 예 譬若倚太行而詠峨嵋, 見衡漳而賦滄海, 即近以徹遠, 猶夫兵法之出奇也.(謝榛,『四溟詩話』卷4)
  - 역 예컨대, 태항산(太行山)에서 아미산(峨嵋山)을 노래하고, 형장수(衡漳水)를 보면서 창해(滄海)를 읊기도 한다. 이는 모두 눈앞의 근경(近景)을 마주하고서도 오히려 원경(遠景)을 연상하는 것이니, 마치 병법(兵法)에서 말하는 기습공격과 같다.

- **근취제신** 近取諸身, **원취제물** 遠取諸物

  가까이는 내면의 덕을 살피고 멀게는 천지만물의 정상(情狀)을 파악한다. 근취제신(近取諸身)이란 말은 나중에 철학적인 개념으로 발전하였는데, 이 경우는 자연의 이법(理法)을 스스로 체험으로부터 터득한다는 뜻이다.

  - 예 古者包犧氏之王天下也, 仰則觀象於天, 俯則觀法於地, 觀鳥獸之文與地之宜, 近取諸身, 遠取諸物, 於是始作八卦, 以通神明之德, 以類萬物之情.(『易經』「繫辭下」)
  - 역 옛날에 포희씨(包犧氏)가 천하에 왕 노릇할 때, 우러러서는 하늘의 상(象)을 관찰하고, 아래로는 땅의 법(法)을 관찰하며, 새와 짐승의 문채(文彩)와 땅의 마땅한 바를 관찰하여 가까이는 내면의 덕을 살피고 멀게는 천지만물의 정상(情狀)을 파악하였다. 이에 비로소 팔괘(八卦)를 만들어 신명(神明)의 덕(德)과 회통(會通)하며 만물의 정상(情狀)을 분류하고 구분하였다.

- **금고불잡** 今古不雜

  옛날과 지금의 사법(師法)이 섞이지 않음을 말하며, 하나의 법도만 따르는 것을 뜻한다.

예 專成. 直師一家, 今古不雜.(寶蒙,『語例字格』)
　　역 전성(專成): 줄곧 하나의 사법(師法)만 따르니 고금(古今)의 다른 서예가 섞이지 않는다.

- **금려** 衿麗

　자중하면서 단정한 것을 말한다.

　　예 蕩者溺其繁冶, 戒者蹵其衿麗, 樂者以其軒爽明秀, 而悲者以其荒寒曠遠也.(『尺牘新鈔』1集 徐世溥「答楊維節博士論著述書」)
　　역 방탕한 사람은 〈남경성(南京城)의〉 번화함과 화려함에 빠졌으며, 근신하는 사람은 〈남경성의〉 자중함과 단정함을 탄식했다. 기쁜 사람은 그 명랑하고 수려한 경치 때문에 기쁘고, 슬픈 사람은 황량하고 까마득한 기운 때문에 슬프다.

- **금령막측** 襟靈莫測

　흉금의 깊이를 가늠할 길이 없다.

　　예 顧公運思精微, 襟靈莫測.(張彦遠,『歷代名畫記』)
　　역 고개지(顧愷之)의 구상은 정미(精微)하고, 흉금의 깊이는 가늠할 길이 없다.

- **금시벽해** 金翅擘海

　금시조(金翅鳥)가 바다를 가르며 나는 듯하다는 말로, 기상이 드높음을 뜻한다.

　　예 李杜數公, 如金翅擘海, 香象渡河.(嚴羽,『滄浪詩話』「詩評」)
　　역 이백(李白)과 두보(杜甫) 같은 몇몇 시인들은 금시조(金翅鳥)가 바다를 가르며 나는 듯하고, 푸른 코끼리가 강을 건너는 듯하다.

- **급** 急

초조함과 조급함을 말한다.

- 예 孰契契而委棟 — 急也.(方回,『桐江續集』卷30「離騷胡澹庵一說」)
- 역 누가 능히 나라와 임금을 걱정하고 국가대사를 맡을 수 있겠는가. — 급(急)이다.

• **긍엄** 矜嚴

〈시를 지을 때〉 정미(精美)함의 추구를 말한다.

- 예 矜嚴. …… 若徒梟獠, 非浮丘翁.(袁枚,『小倉山房詩集』卷20)
- 역 정미(精美)함의 추구. …… 단지 많고 난잡함을 뽐내고 농염함만 자랑하면 속될 것이고, 세속에서 벗어난 풍격과 기운이 없을 것이다.

• **기奇**

(1) 다른 사람이나 혹은 상법(常法)과 다른 걸출함 내지 독창성을 말한다.

- 예 夫射以矢中效巧, 論以文墨驗奇. 奇巧俱發於心, 其實一也.(王充,『論衡』「超奇」)
- 역 무릇 활쏘기는 화살이 적중하였느냐로 그 기교가 증명되고, 논리는 글로써 그 독창성이 증명된다. 독창과 기교는 모두 마음에서 나오는 것이니, 그 실질은 같다.

(2) 〈시(詩)에서〉 언어가 신기하고 법도를 따르지 않는 것을 말한다.

- 예 發言雋偉而不拘乎繩墨, 法之奇也.(謝榛,『四溟詩話』卷2)
- 역 언어가 신기하고 법도를 따르지 않는 것은 기(奇)라 부를 수 있다.

(3) 평상, 범속, 평범과 다르고 이것들을 뛰어넘는, 비상(非常)과 출상(出常)의 예술형식 특징을 말한다.

- 예 夫謂之奇, 則非正矣, 然亦無傷於正也.(皇甫湜,『皇甫持正集』

卷4「答李生第二書」)
- 역 "기(奇)"라는 것이 "정(正)"은 아니지만 그렇다고 "정(正)"을 해치는 것은 아니다.

(4) 자유분방한 필적으로 나온 예측할 수 없는 변형이 때론 실제 물경(物景)과 서로 어긋나는 바가 있어 그 화리(畵理)가 한쪽으로 치우치는 일면이 있는 것을 말한다.
- 예 奇者, 蕩跡不測, 與眞景或乖異, 致其理偏, 得此者亦爲有筆無思. 巧者, 雕綴小媚, 假合大經, 强寫文章, 增遬氣象.(荊浩, 『筆法記』)
- 역 기(奇)란, 자유분방한 필적으로 나온 예측할 수 없는 변형이 때론 실제 물경(物景)과 서로 어긋나는 바가 있어 그 화리(畵理)가 한쪽으로 치우치는 일면이 있는 것을 이른다. 달리 표현하면, 이러한 경지는 붓만 있지 구상이 없는 것이다. 교(巧)란 장식미를 잘 살려 대도(大道)에 합치하는 듯 억지로 외관의 미를 묘사한 것이니 기상(氣象)을 잃은 것이다.

• 기氣

(1) 정신적 활력 내지는 이와 상관된 기질, 개성, 지향(志向), 정조(情操) 등을 의미한다. 기(氣)의 개념은 선진(先秦)·양한(兩漢) 시대의 철학범주로부터 한위육조(漢魏六朝) 시대에 미학사상 및 예술이론으로 발전되었다. 기(氣)는 작품의 형식과 내용의 양 방면에서 모두 표현된다. 형식으로 말하자면, 그것은 기세(氣勢)라는 말로 요약할 수 있다. 내용으로 말하자면, 그것은 회화작품의 생명으로서의 예술정신 혹은 예술혼이다. 궁극적으로 기(氣)[혹은 원기(元氣)]는 이러한 신기(神氣), 생기(生氣), 골기(骨氣), 기운(氣韻), 기력(氣力), 기세(氣勢) 등의 영역과 내용을 모두 포괄한다.(2004a, pp. 161-162 참조)

㉠ 口內味而耳內聲, 聲味生氣.(『國語』「周語下」)
㉭ 입으로는 다섯 가지 맛을 받아들이고 귀로는 다섯 가지 소리를 받아들이니 맛과 소리에 생기(生氣)가 있다.

㉠ 生死剛正謂之骨, 跡畫不敗謂之氣.(荊浩,『筆法記』)
㉭ 삶과 죽음이 강건하고 단정한 듯한 필세를 골(骨)이라 한다. 필세에 생기가 넘치는 것을 기(氣)라 한다.

(2) 작가의 독특한 풍격을 띤 정사(情思)나 기세(氣勢) 등을 말한다.

㉠ 文者氣之用, 氣不昌則更無文.(王夫之,『古詩評選』卷5 蕭子良「登山望雷居士精舍同沈右衛過劉先生墓下作」)
㉭ 문(文)은 내재적인 기운과 풍격의 구현이다. 만약에 내재적인 기운이 충만하지 않으면 좋은 문장을 써낼 수 없다.

(3) 풍정(風情)이 바르고 곧은 것을 말한다.

㉠ 氣. 風情耿介曰氣.(皎然,『詩式』)
㉭ 기(氣): 풍정(風情)이 바르고 곧은 것을 기(氣)라 한다.

(4) 마음을 따라 붓을 움직여 형상을 취함에 미혹됨이 없도록 하는 것을 말한다.

㉠ 氣者, 心隨筆運, 取象不惑. 韻者, 隱跡立形, 備儀不俗.(荊浩,『筆法記』)
㉭ 기(氣)는 마음을 따라 붓을 움직여 형상을 취함에 미혹됨이 없도록 하는 것이다. 운(韻)은 기법의 자취를 드러내지 않으면서 형상을 만들어 내는데, 격식을 갖추되 속되지 않도록 하는 것이다.

- **기개성장** 氣槪成章

예술작품의 표현은 개개인의 성정(性情)과 지향에 의해 이루어진다.

㉠ 有沒天沒地當頭劈面點, 有千岩萬壑明淨無一點. 噫! 法無定相, 氣槪成章耳.(「石濤題畫」)

㈜ 하나는 온 천지를 뒤덮을 듯 기세가 맹렬한 점이고, 다른 하나는 수많은 계곡과 산골짜기를 그렸더라도 점 하나도 안 찍은 듯 화면을 깔끔하게 한 점이다. 화법(畵法)엔 고정된 패턴이 없으며, 개개인의 기개에 따라 이루어지는 것이다.

- **기거** 箕踞

잔뜩 웅크린 것을 말한다.

㉠ 山, 大物也. 其形欲聳拔, 欲偃蹇, 欲軒豁, 欲箕踞, 欲磅礴, 欲渾厚, 欲雄豪.(郭熙,『林泉高致』「山川訓」)
㈜ 산은 큰 물상이다. 그 모양은 높이 치솟아야 하며, 굽이굽이 뻗어나가야 하고, 사방이 확 트여야 하며, 잔뜩 웅크린 듯해야 하고, 두 다리를 쭉 벌린 채 편안히 앉은 듯해야 하며, 크고 두터워야 하고, 호방해야 한다.

- **기결** 氣決

기(氣)의 흐름을 나타내는 말로, 기세(氣勢)의 의미이다.

㉠ 至於駿發陵厲, 自取氣決, 則縱釋法度, 隨機制宜, 不守一定.(董逌,『廣川書跋』卷8「唐經」)
㈜ 글씨를 빼어나고 탁월하게 쓰는 것은 순전히 서예가의 기세(氣勢)에 달려있으니, 이 때 서예가는 법도에 구속되어서는 안 되며 상황에 따라 적절한 기미(機微)를 살펴야 하고 변화를 두려워해선 안 된다.

- **기경어완** 寄勁於婉

약하고 부드러운 것에 강하고 굳센 것을 기탁하여 표현하는 것을 말한다.

㉠ 寄勁於婉, 寄直於曲.(劉熙載,『藝槪』「詞曲槪」)
㈜ 지을 때〉 약하고 부드러운 것에 강하고 굳센 것을 기탁하기도 하고, 완곡한 것에 직접적인 것을 기탁하기도 한다.

- **기경우촉** 機境偶觸

  심기(心機)와 상황이 우연히 상합(相合)하는 경지를 말한다.

  - ㉠ 一變而去辭, 再變而去理, 三變而吾爲文之意忽盡, 如水之極於澹, 而芭蕉之極於空, 機境偶觸, 文忽生焉.(袁宏道, 『袁中郎全集』卷3「行素園存稿引」)
  - ㉡ 한 번 변하여 글을 제거하고, 두 번 변하여 이치를 제거하며, 세 번 변하여 내가 글 짓는 뜻을 홀연히 다하자, 마치 물이 극도로 담박해지고 파초가 하늘로 찌를 듯하니, 심기(心機)와 상황이 우연히 상합(相合)하여 마침내 문장이 홀연히 생겨났다.

- **기고** 奇高

  기상(氣象)이나 품격이 신기·기묘하면서도 고매함을 말한다.

  - ㉠ 骨氣奇高, 詞采華茂.(鍾嶸, 『詩品』)
  - ㉡ 〈조식(曹植)의 시는〉 문의(文意)와 문사(文詞)는 신기하면서도 고매하며, 어휘는 화려하고 풍부하다.

- **기괴** 奇怪

  평범하고 일반적인 풍격과 다른, 평범하지 않고 특이하며 변화가 심한 풍격을 말한다.

  - ㉠ 今之工文, 或先於奇怪者. 顧其文工與否耳.(皇甫湜, 『皇甫持正集』卷4「答李生第一書」)
  - ㉡ 지금 사람들이 문장을 쓸 때 평범하지 않은 풍격을 좇는다 하는데, 먼저 그러한 글이 반듯하고 짜임새가 있는지 살펴봐야 할 것이다.

- **기굴** 奇崛

  매우 기이하고 독특하다.

  - ㉠ 今見靑藤諸畵, 離奇超脫, 蒼勁中姿媚躍出, 與其書法奇崛略

同.(張岱, 『琅嬛文集』 「跋徐靑藤小品畵」)
- 역 지금 서위(徐渭: 호는 靑藤道人)의 그림을 보면, 기이함이 출중하고 굳셈 속에 곱고 부드러운 자태가 드러나는데, 이는 그의 서예와 마찬가지로 아주 독특하다.

- **기굴신수** 奇崛神秀

물상(物象)이 기이하고 드높으며 신령스럽고 빼어나다.

- 예 奇崛神秀, 莫可窮其要妙.(郭熙, 『林泉高致』 「山川訓」)
- 역 기이하고 드높으며 신령스럽고 빼어나서 그 오묘함을 이루 다 궁구하여 알아낼 수 없다.

- **기다상질** 綺多傷質

아름다움이 많으면 질박해지기 어렵다.

- 예 余嘗合而衍之曰: 綺多傷質, 豔多無骨, 淸易近薄, 新易近尖.(楊愼, 『總纂升庵合集』 卷144 「庾信詩」)
- 역 나〈양신(楊愼)〉는 일찍이 이 평가들을 합쳐 말하길, 아름다움이 많으면 질박해지기 어렵고 고움이 많으면 기골이 있기 어려우며 맑음이 많으면 천박해지기 쉽고 새로움이 많으면 날카로워지기 쉽다고 했다.

- **기랑신준** 器朗神儁

사람됨이 쾌활하고 정신이 바로섰음을 말한다.

- 예 王右軍道謝萬石, 在林澤中爲自遒上. 歎林公器朗神儁.(劉義慶, 『世說新語』 「賞譽」)
- 역 왕우군(王右軍: 王羲之)이 사만석(謝萬石: 謝萬)을 두고 말하길, 임택(林澤)에 묻혀 있으면서 절로 고매하다고 하였다. 임공(林公: 支遁)에 대해 찬탄하며 말하길, 사람됨이 쾌활하고 정신이 바로섰다고 하였다.

- **기려 綺麗**

  화려하게 아름다운 것을 말한다. 언어표현의 아리따움과 우미(優美)를 말하는 미학범주이다. 섬농(纖穠)이 염려(艶麗)·농염(濃艶)을 말한다면 기려(綺麗)는 아려(雅麗)·청려(淸麗)를 말한다.

  - 綺麗. 露餘山靑, 紅杏在林, 月明華屋, 畫橋碧陰.(司空圖, 『詩品二十四則』)
  - 기려(綺麗): 푸르른 산은 아직 이슬을 머금고, 온 숲엔 붉은 살구나무 꽃이 가득하다. 밝은 달은 화사한 집을 비추고, 그늘 아래 다리는 짙푸르다.
  - 兩間之固有者, 自然之華, 因流動生變而成其綺麗.(王夫之, 『古詩評選』卷5 謝莊「北宅秘園」)
  - 천지간에 고유한 것은 자연의 풍채(風采)가 흐르고 변동함으로서 형성된 화려하고 아름다운 운치다.
  - 唱曲欲其無字. 卽作曲者用綺麗字面, 亦須下得恰好.(王驥德, 『曲律』「雜論」)
  - 희곡을 상연할 땐 글자가 곡조에 융합되어 들어가야 된다. 희곡작가들은 화려하고 요염한 문자를 운용할 때 적당하게 써야 한다.

- **기미 奇味**

  문예의 체재와 취미 및 풍격 면에서 미감(美感)을 살린 기이한 묘미를 말한다.

  - 韓子之爲也, 亦將弛焉而不爲虐歟! 息焉游焉而有所縱歟! 盡六藝之奇味以足其口歟!(『柳宗元集』卷21「讀韓愈所著毛穎傳後題」)
  - 한유(韓愈)가 그런 글을 쓴 것도 마찬가지로 풀어준 것이지 도를 넘은 게 아니다. 쉬면서 노니는 것으로써 억압을 푼 것이다. 육경(六經)의 기이한 묘미를 다하여 그 입을 즐겁게 한 것이다.

- **기미** 氣味

  취향(趣向)을 말한다.

  - 意趣氣味皆有之. 品詞者辨此, 亦可因詞以得其人矣.(劉熙載, 『藝槪』「詞曲槪」)
  - 의취(意趣)와 취향(趣向) 또한 그렇다. 사(詞)를 감상하는 사람이 만약 남성성과 여성성을 변별할 수 있다면, 사(詞)를 읽어 이해할 수 있고, 사(詞)를 지은 작가를 알 수 있다.

- **기미** 綺靡

  화사한 아름다움을 말한다.

  - 「騷經」·「九章」, 朗麗以哀志; 「九歌」·「九辯」, 綺靡以傷情.(劉勰, 『文心雕龍』「辨騷」)
  - 「이소」와 「구장(九章)」은 명랑하고 화려함 속에 비애의 마음을 담아냈고, 「구가(九歌)」와 「구변(九辯)」은 아름다움 속에 상심의 감정을 나타냈다.

- **기밀** 綺密

  아름다운 문채가 번다하게 수식된 것을 말한다.

  - 尙巧似. 體裁綺密, 情喩淵深.(鍾嶸, 『詩品』)
  - 〈안연지(顔延之)의 시는〉 경물을 교묘하게 묘사하기를 좋아했다. 시체(詩體)는 화려하고 번다하며, 정치(情致)를 비유하는 것은 심원하다.

- **기발** 奇拔

  (1) 기이하고 독특함이 출중함을 말한다.

  - 子美以意爲主, 以獨造爲宗, 以奇拔沈雄爲貴.(王世貞, 『弇州山人四部稿』卷147 『藝苑卮言』4)
  - 두보(杜甫)는 내면의 의미를 위주로 하고 일반과 다른 창작 효과를 종

지로 삼아서 풍격이 기이하고 웅장하다.

(2) 호방함을 말한다.

- 書要兼備陰陽二氣. 大凡沈着屈鬱, 陰也; 奇拔豪達, 陽也.(劉熙載,『藝槪』「書槪」)
- 서예는 음양(陰陽) 이기(二氣)를 동시에 갖춰야 한다. 대개 침착하면서 얽힌 것은 음기(陰氣)이고, 호방하고 장엄한 것은 양기(陽氣)이다.

• **기벽 奇辟**

기이하고 새로운 창의(創意)를 말한다.

- 奇辟. 造境無難, 驅毫維艱. 猶之理徑, 繁蕪用刪.(黃鉞,『二十四畵品』)
- 기벽(奇辟): 구상은 쉽지만, 그것을 붓으로 나타내는 것은 어렵다. 풀밭을 헤쳐 지름길을 내어 새로운 경지를 개척한다.

• **기부 奇富**

변화가 풍부한 것을 말한다.

- 而山水以淸雄奇富・變態無窮爲難.(蘇軾,『東坡題跋』下卷「跋蒲傳正燕公山水」)
- 산수의 맑은 기상과 풍부한 변화의 무궁무진함을 그려내는 것은 아주 어렵다.

• **기불영식 氣不盈息, 침밀신채 沉密神彩**

심기를 고르게 하고 정신을 집중하는 것을 말한다.

- 夫書先黙坐靜思, 隨意所適, 言不出口, 氣不盈息, 沉密神彩, 如對至尊, 則無不善矣.(蔡邕,「筆論」)
- 글씨를 쓰려면 먼저 조용히 앉아 생각을 맑게 해야 한다. 편안하게 마음을 가다듬고 말을 하지 말며 심기를 고르게 하고, 또한 정신을 집중

하기를 마치 황제(皇帝)를 대하듯 하면 곧 가장 좋게 준비가 이루어진 것이다.

- **기불충체** 氣不充體

  작가의 기(氣)가 작품의 체재(體裁)에 충만하지 못하다.

  - 意不逮辭, 氣不充體, 於事理情志, 全無干涉.(王夫之, 『薑齋詩話』 卷2)
  - 〈제(齊)·양(梁) 이래 사람들은〉 작가의 뜻이 작품의 언어에 미치지 못했고, 작가의 기(氣)가 작품의 체재(體裁)에 충만하지 못했으며, 사리(事理)나 정지(情志)와는 아무런 관계가 없었다.

- **기상** 氣象

  (1) 시(詩)에서 내재적으로 표현되어 나오는 기세(氣勢)와 경계(境界)를 말한다.

  - 大凡詩自有氣象·體面·血脈·韻度.(姜夔, 『白石道人詩說』)
  - 시(詩)에는 일정한 기상(氣象)과 체면(體面)과 혈맥(血脈)과 운도(韻度)가 있다.

  (2) 문장의 정신적 풍모를 말한다.

  - 文之要, 本領氣象而已. 本領欲其大而深, 氣象欲其純而懿.(劉熙載, 『藝概』 「文概」)
  - 문장의 요점은 본령과 기상(氣象)을 갖추는 데 있다. 본령은 크고 깊어야 하고, 기상은 순수하고 아름다워야 한다.

- **기상쟁영** 氣象崢嶸, **오색현란** 五色絢爛

  기세를 치세우고 문채를 다듬는 것을 말한다.

  - 大凡爲文當使氣象崢嶸, 五色絢爛.(何文煥, 『歷代詩畫』 「竹坡詩

畵」)
- 역 문장은 마땅히 기세를 치세우고 문채를 다듬어야 한다.

• 기수 奇秀

물상(物象)이 비범하고 기이하면서 빼어난 것을 말한다.

- 예 東南之山多奇秀, 天地非爲東南私也.(郭熙, 『林泉高致』「山川訓」)
- 역 동남(東南)지방의 산은 기이하고 빼어난 곳이 많은데, 이는 천지(天地)가 동남지방에 사사로운 뜻이 있어서가 아니다.
- 예 太白詩以『莊』、『騷』爲大源, 而於嗣宗之淵放, 景純之俊上, 明遠之驅邁, 玄暉之奇秀, 亦各有所取, 無遺美焉.(劉熙載, 『藝概』「詩槪」)
- 역 이백(李白)의 시는 『장자(莊子)』와 「이소(離騷)」가 주요한 원천이다. 또한 완적(阮籍: 자는 嗣宗)의 깊으면서 거리낌이 없는 것, 곽박(郭璞: 자는 景純)의 굳세고 뛰어난 것, 포조(鮑照: 자는 明遠)의 옛 전고(典故)와 옛 시문(詩文)의 시구를 떨쳐낸 것, 사조(謝朓: 자는 玄暉)의 빼어나고 비범한 것 등에 대해 모두 학습하여 빠뜨림이 없다.

• 기식 器識

사람의 도량과 견식을 말한다.

- 예 庶欲弘旣往之風規, 導將來之器識, 除繁去濫, 覩迹明心者焉.(孫過庭, 『書譜』)
- 역 앞선 이들의 풍격과 법도를 드높이고 후학들의 도량과 식견을 북돋아 일깨움으로써, 쓸데없이 번잡할 뿐인 공담(空談)을 깨끗이 청산하여 배우는 자들로 하여금 학습을 통해 이해하고 터득하는 바가 있도록 할 것이다.

• 기실어허 寄實於虛

허구적인 것에 진실한 것을 기탁하여 표현한다. 추상적인 것에 구체적인 것을 기탁하여 표현하는 것을 말하기도 한다.

- 예 寄實於虛, 寄正於餘.(劉熙載, 『藝槪』「詞曲槪」)
- 역 〈사(詞)를 지을 때〉 허구적인 것에 진실한 것을 기탁하기도 하고, 단편적인 것에 주제를 기탁하기도 한다.

• **기심어천** 寄深於淺

평범한 것에 심오한 것을 기탁하여 표현한다.

- 예 如寄深於淺, 寄厚於輕.(劉熙載, 『藝槪』「詞曲槪」)
- 역 〈사(詞)를 지을 때〉 평범한 것에 심오한 것을 기탁하기도 하고, 가볍고 얕은 것에 중후한 것을 기탁하기도 한다.

• **기언** 寄言

기탁의 방식으로 나타내는 것을 말한다.

- 예 詞之妙莫妙於以不言言之, 非不言也, 寄言也.(劉熙載, 『藝槪』「詞曲槪」)
- 역 사(詞)가 오묘한 점은 하나의 관점을 나타내고자 할 때 그것을 말하지 못한다는 것이다. 아니, 나타내지 못하는 것이 아니라 기탁의 방식으로 나타내는 것이다.

• **기염** 綺豔

아름다우면서 곱다.

- 예 史評其詩曰綺豔, 杜子美稱之曰淸新, 又曰老成.(楊愼, 『總纂升庵合集』卷144「庾信詩」)
- 역 사서(史書)는 그 〈유신(庾信)〉의 시가 아름답고 곱다고 했으며, 두보(杜甫)는 맑고 새롭다고 했고 나아가 노숙(老熟)하다고도 평했다.

- **기운** 氣韻

    운율 있게 약동하는 생기(生氣)를 말한다. 신운(神韻), 신기(神氣), 신채(神采), 풍신(風神), 풍운(風韻) 등과 같은 개념이다. 기(氣)는 정신적 활력 내지는 이와 상관된 기질, 개성, 지향(志向), 정조(情操) 등을 의미한다. 이 기(氣)는 작품의 형식과 내용의 양 방면에서 모두 표현된다. 형식으로 말하면 기세(氣勢)이고, 내용으로 말하면 회화작품의 생명으로서의 예술정신 혹은 예술혼이다. 운(韻)은 필선의 운율·율동이면서도 동시에 그 형상성에 덧붙여진 정신경지라 할 수 있다. 따라서 이 운(韻)은 정신경지이면서도 형상성으로서의 율동성 역시 지니는 것이다.(2007, pp. 226-228 참조)

    예) 至於氣韻精靈, 未窮生動之致, 筆路纖弱, 不副壯雅之懷.(姚最, 『續畫品』)

    역) 기운(氣韻)을 표현하는 것이 생동(生動)하는 운치를 다하지 못하였다. 그래서 필법이 섬약하여, 장엄하고 전아한 의태(意態)를 드러내지 못했다.

    예) 人物以形模爲先, 氣韻超乎其表; 山水以氣韻爲主, 形模寓乎其中, 乃爲合作.(王世貞, 『弇州山人四部稿』 卷155 『藝苑巵言』 附錄4)

    역) 인물화(人物畵)는 형상을 우선으로 하지만 기운(氣韻)이 겉에 드러나야 하고, 산수화(山水畵)는 기운을 위주로 하는 것이지만 형상이 그 가운데 드러나야만 비로소 적합한 그림이 된다.

- **기운구민** 氣韻俱泯, **물상전괴** 物象全乖

    기운(氣韻)이 전혀 드러나지 않아 사물과 그 형상이 전혀 맞지 않는 것을 말한다.

    예) 無形之病, 氣韻俱泯, 物象全乖, 筆墨雖行, 類同死物, 以斯格拙, 不可刪修.(荊浩, 『筆法記』)

㉡ 무형의 병은 기운(氣韻)이 전혀 드러나지 않아 사물과 그 형상이 전혀 맞지 않는 것이다. 필묵으로 나타내도 이미 죽은 사물과 같으니, 이처럼 졸렬한 품격은 또한 수정할 수 없다.

- **기운불가학** 氣韻不可學

기운(氣韻)은 배워서 나타낼 수 없다. 천부적으로 타고 난다는 뜻이다.

㉠ 畫家六法, 一氣韻生動. 氣韻不可學, 此生而知之, 自有天授.(董其昌, 『畫禪室隨筆』卷2 「畫訣」)
㉡ 화가에겐 여섯 가지 화법(畫法)이 있다. 그 하나가 기운생동(氣韻生動)이다. 기운(氣韻)은 배워서 나타낼 수 없다. 이것은 배워서 아는 것이 아니라 천부적으로 타고나는 것이다.

- **기운생동** 氣韻生動

기(氣)는 "내면에 함축[蘊乎內]"된 것이고 운(韻)은 "바깥으로 드러남[著乎外]"이다. 그러한 "기(氣)"를 "운(韻)"하는 과정은 생동감이 있어야 함을 말한다. 회화가 어디까지나 조형예술인 만큼 그 "의(意)"[정신경지]는 역시 그 "상(象)"[필선]에 의해서만 표현될 수 있다. 이런 면에서 보면 운(韻)이란 결국 필선의 운율·율동이면서도 동시에 그 형상성에 덧붙여진 정신경지라 할 수 있다. 따라서 이 운(韻)은 정신경지이면서도 형상성으로서의 율동성 역시 지니는 것으로 이해해야 한다. 그렇다면 기운생동에서의 기(氣)는 그 조형성의 주체이고 "생동(生動)"은 다만 그 조형성을 형용하는 말이 된다. 이로부터 기운생동의 정의를 내려 보면, "관계하는 양자의 호응 속에 형세(形勢)로 보여주는 인상(印象)"이라 할 수 있다. 여기 형세에는 두 종류가 있다. 하나는 정세(靜勢)이고, 다른 하나는 동세(動勢)이다. 이 두 종류의 형세는 기운생동의 가장 기본적인 조건이다. 그런데 기운생동의 진정한 창출은 형세만으론 이루어지지 않는다. 형세라는 기본적인 조건 위에 또 하나의 중요한 장치가 필요하다. 그것은 바로 "관계하는 양자의 호응"이다. 이 호응이 곧 생동이며, "인상"은 이러한 형세와 호응하는 데서 창출되는 것이다.(2007, pp. 226-230 참조)

- 예) 六法者何? 一氣韻生動是也, 二骨法用筆是也.(謝赫, 『古畫品錄』)
- 역) 여섯 가지 요법이란 무엇인가? 첫째, 기운생동(氣韻生動)이다. 내면의 기(氣)를 생동감 있게 표현하는 것이다. 둘째, 골법용필(骨法用筆)이다. 필선(筆線)에 골력(骨力)을 드러내는 것이다.

• **기위** 奇偉

아주 특이한 것을 말한다.

- 예) 詩雖奇偉, 而不能揉磨入細, 未免粗才.(袁枚, 『隨園詩話』 卷3)
- 역) 어떤 사람의 시가 비록 아주 특이하다 해도 정세(精細)한 데까지 이르지 못하면, 그 사람은 그저 엉성한 재주만 가졌을 뿐이다.

• **기이사** 奇而肆

기이하면서도 거리낌이 없는 것을 말한다.

- 예) 每誦古詩, 或奇而肆, 或秀以深, 或鬱以達.(賀貽孫, 『水田居詩文集』 卷3 「水田居詩自序」)
- 역) 옛날의 시를 읽을 때 어떤 시는 기이하고 방자하며, 어떤 시는 아름답고 그윽하며, 또 어떤 것은 느리지만 원활하게 통한다.

• **기이유질** 綺而有質

아름다우면서도 질박함을 말한다.

- 예) 子山之詩, 綺而有質, 豔而有骨, 淸而不薄, 新而不尖, 所以爲老成也.(楊愼, 『總纂升庵合集』 卷144 「庾信詩」)
- 역) 유신(庾信)의 시는 아름다우면서도 질박하고, 고우면서도 기골이 있으며, 맑으면서도 천박하지 않고, 새로우면서도 날카롭지 않다. 그래서 그의 시가 노숙하다고 하는 것이다.

• **기절 奇絶**

기이하고 독특하여 빼어남을 말한다.

- 예) 芳潤如露蕙春蘭, 奇絶如鯨波蜃氣.(謝榛, 『四溟詩話』 卷3)
- 역) 어떤 시는 아주 촉촉하고 향기로운 것이 마치 이슬을 머금은 혜초(蕙草)와 봄날의 난초 같고, 어떤 시는 아주 기묘한 것이 마치 바다 위의 성난 파도와 신기루 같다.

• **기정 奇正**

문학작품에서의 표현 수법의 기이함과 전아(典雅)함, 신기(新奇)와 정통(正統), 혹은 창의(創意)와 전범(典範)을 말한다.

- 예) 將閱文情, 先標六觀: 一觀位體, 二觀置辭, 三觀通變, 四觀奇正, 五觀事義, 六觀宮商.(劉勰, 『文心雕龍』 「知音」)
- 역) 문장의 사상이나 정감을 고찰하기 위해서는 다음 여섯 가지 관점을 고려해야 한다. 첫째, 작품의 체재. 둘째, 언어의 구사. 셋째, 전통의 계승과 새로운 변화. 넷째, 표현 수법의 기이함과 전아(典雅)함. 다섯째, 내용과 주장. 여섯째, 운율이다.
- 예) 然淵乎文者, 並總群勢; 奇正雖反, 必兼解以俱通, 剛柔雖殊, 必隨時而適用.(劉勰, 『文心雕龍』 「定勢」)
- 역) 그러나 창작에 통달한 사람은 여러 체세를 총괄하는데 능숙하다. 신기(新奇)와 정통(正統)이 비록 상반되는 것이나 그들은 그 둘을 모두 파악하여 체득하고, 강함과 부드러움 또한 다른 것이지만 그 둘을 때에 맞춰 적절하게 사용한다.

- **기정어여** 寄正於餘

  부수적인 것에 본질적인 것을 기탁하여 표현한다.

  ㉠ 寄實於虛, 寄正於餘.(劉熙載,『藝槪』「詞曲槪」)
  ㉡ 〈사(詞)를 지을 때〉 허구적인 것에 진실한 것을 기탁하기도 하고, 단편적인 것에 주제를 기탁하기도 한다.

- **기정참오** 奇正參伍

  언어가 평이하면서도 법도에 구애받지 않고 또 언어가 신선하면서도 지나치지 않는 다. 즉 기(奇)와 정(正)을 모두 아우르는 경지를 말한다.

  ㉠ 平易而不執泥, 雋偉而不險怪, 此奇正參伍之法也.(謝榛,『四溟詩話』卷2)
  ㉡ 언어가 평이하면서도 법도에 구애받지 않고 또 언어가 신선하면서도 지나치지 않으면, 이는 기(奇)와 정(正)을 동시에 갖추는 것이다.

- **기종의창** 氣從意暢

  문기(文氣)가 순조롭고 문의(文意)는 창달(暢達)함을 말한다.

  ㉠ 氣從意暢, 神與境合, 分途策馭, 默受指揮.(王世貞,『弇州山人四部稿』卷144『藝苑卮言』1)
  ㉡ 문기(文氣)는 순조롭고 문의(文意)는 창달(暢達)하니, 신사(神思)와 외물(外物)이 서로 결합한다. 이 둘은 각기 내달리나 암묵적인 구성을 통해 이끈다.

- **기직어곡** 寄直於曲

  완곡한 것에 직접적인 것을 기탁하여 표현한다.

  ㉠ 寄勁於婉, 寄直於曲.(劉熙載,『藝槪』「詞曲槪」)
  ㉡ 〈사(詞)를 지을 때〉 약하고 부드러운 것에 강하고 굳센 것을 기탁하기도 하고, 완곡한 것에 직접적인 것을 기탁하기도 한다.

- **기질구성** 氣質俱盛

  기(氣)와 질(質)을 아울러 잘 표현해냄을 말한다.

  - 似者得其形遺其氣, 眞者氣質俱盛.(荊浩, 『筆法記』)
  - 유사한 그림은 물상의 형태만을 취하고 그 기(氣)는 잃어버린 것이며, 참됨을 얻은 그림이란 기(氣)와 질(質)을 아울러 잘 표현해낸 것이다.

- **기초** 奇峭

  두드러지게 기이한 것을 말한다.

  - 誠齋時出奇峭, 放翁善爲悲壯, 然無一語不天成.(方回, 『桐江集』 卷3 「跋遂初尤先生尙書詩」)
  - 양만리(楊萬里: 호는 誠齋)의 시는 어떨 때는 아주 기이하고, 육유(陸游: 호는 放翁)는 비장한 시를 잘 썼다. 그러나 그들의 시는 모두 자연스럽게 나온 것이다.

- **기취** 機趣

  기(機)는 희곡의 정신으로, 전체 희극(戱劇)의 앞뒤 흐름이 통하는 것을 말한다. 취(趣)는 희곡의 풍격을 말한다.

  - 機趣二字, 塡詞家必不可少. 機者, 傳奇之精神; 趣者, 傳奇之風致.(李漁, 『閑情偶寄』 「詞曲部·重機趣」)
  - "기취(機趣)" 두 글자는 희곡작가에게 없어서는 안 될 요소이다. "기(機)"는 희곡의 정신이요, "취(趣)"는 희곡의 풍격이다.

- **기험** 奇險

  남다르게 개성이 뚜렷한 것을 말한다.

  - 退之豪放奇險則過之, 而溫麗靖深不及.(蘇軾, 『東坡題跋』 上卷 「評韓柳詩」)
  - 한유(韓愈)의 시는 호방하고 개성이 뚜렷한 점에서 〈유종원(柳宗元)보

다〉 낫지만 온화하고 고요한 점에서는 그에 미치지 못한다.

- **기호** 嗜好

  일상생활에서 파생되는 정신적 고통을 해결하기 위한 행위나 활동을 말한다.

  - 예 人欲醫此苦痛, 於是用種種之方法, 在西人名之曰To kill time, 而在我中國則名之曰消遣. 其用語之確當, 均無以易. 一切嗜好 由此起也.(王國維,『靜庵文集續編』「人間嗜好之研究」)
  - 역 사람들은 마음의 고통을 치유하기 위해 여러 가지 방법을 사용하는데, 서양 사람들은 이를 "시간을 죽인다."고 하고 중국에서는 소일거리라고 한다. 여기에 사용된 단어는 적절하니, 바꿀 필요가 없다. 모든 기호(嗜好)는 이로 인해 생겨났다.

- **기회** 綺繪

  윤택이 흐르는 것을 말한다.

  - 예 唐文綺繪精工, 風神獨暢.(胡應麟,『詩藪』「內編」卷2)
  - 역 당태종(唐太宗)의 시문(詩文)은 윤택이 흐르고 정미(精微)하니, 풍신(風神)이 홀로 통창(通暢)하다.

- **기후어경** 寄厚於輕

  가볍고 얕은 것에 중후한 것을 기탁하여 표현하는 것을 말한다.

  - 예 如寄深於淺, 寄厚於輕.(劉熙載,『藝槪』「詞曲槪」)
  - 역 〈사(詞)를 지을 때〉 평범한 것에 심오한 것을 기탁하기도 하고, 가볍고 얕은 것에 중후한 것을 기탁하기도 한다.

- **긴** 緊

  모우고 다잡는 것을 말한다.

⑩ 緊. 團合密緻曰緊.(寶蒙, 『語例字格』)
㈜ 긴(緊): 모우고 다잡는 것을 일러 긴(緊)이라 한다.

- **긴경 緊勁**

    굳셈을 나타내는 말이다.

    ⑩ 顧愷之之迹, 緊勁聯綿, 循環超忽, 調格逸易, 風趨電疾.(張彦遠, 『歷代名畵記』)
    ㈜ 고개지(顧愷之)의 필적은 군세면서도 면면히 이어져 쉬지 않고 변화하니, 격조가 초일(超逸)의 경지에 이르러 마치 바람이 몰아치고 번개가 치는 듯하다.

- **긴만 緊慢**

    조이고 늘임을 말한다.

    ⑩ 不爽則失瀟灑法, 不圓則失體裁法, 不齊則失緊慢法.(郭熙, 『林泉高致』「山川訓」)
    ㈜ 상쾌하지 않으면 소쇄법(瀟灑法)을 잃게 되고, 원만하지 않으면 체재법(體裁法)을 잃게 되고, 가지런하지 않으면 긴만법(緊慢法)을 잃게 된다.

ㄴ

- **나 喇**

  걸출한 재능과 출중한 기예를 말한다.

  예) 喇. 超能越妙曰喇.(竇蒙,『語例字格』)
  역) 나(喇): 걸출한 재능과 출중한 기예를 일러 나(喇)라 한다.

- **나루격률 覼縷格律**

  격조와 운율이 구성지고 감미로운 것을 말한다.

  예) 杜詩最多, 可傳者千餘首. 至於貫穿古今, 覼縷格律, 盡工盡善, 又過於李.(白居易,『白香山集』卷28「與元九書」)
  역) 두보(杜甫)의 시가 가장 많으나, 지금 전하는 것은 천여 수 정도이다. 고금(古今)을 꿰뚫고 격조와 운율이 구성지고 감미로우며 진선진미(盡善盡美)하니, 또한 이백(李白)을 뛰어넘는다.

- **낙 樂**

  심미적 유열을 가리키는 미학범주이다. 유가미학과 도가미학에서의 낙(樂)은 각각의 인격적, 사회적 이상과 밀접하게 연계되어 있다. 유가에서는 낙이 사회윤리도덕규범으로서의 예(禮)와 인(仁)에 결부되어 있다. 즉 예와 인이 낙의 대상이자 목적이라는 것이다. 예술 특히 악(樂: 음악)의 목적은 사람의 윤리적 인격을 형성하는 것과 도덕규범의 준수를 자각케 하는 데 있었다. 유가에서는 이에 한 걸음 더 나아가 심미적 유쾌함이 "낙이불음(樂而不淫: 즐겁되 지나쳐선 안 됨)"의 중용원칙에 들어맞아야 한다고 여긴다. 창작과 감상의 양 방면에서 중용의 적합함을 넘거나 그에 미치지 못하는 것은 모두 배척하였다. 반면 도가, 특히 장자는 인의예지와 같은 도덕적 교조가 오히려 사람의 천성을 왜곡한다고 생각하였다. 그리하여 인의예지의 굴레로부터 벗어나 천락(天樂)·지락(至樂)의 경지, 즉 최초의 근원적인 즐거움을 지향해야 한다고 주장하였다. 도가에서는 이렇게 시비(是非)와 선악(善惡)과 미추(美醜) 등 세속적 기준이 없는 진정한 쾌락에 들어서는 것을 인생의 가장 큰 목적으로 설정하였다.(2008, p. 142 참조)

- 예) 上得民心, 以殖義方, 是以作無不濟, 求無不獲, 然則能樂.(『國語』「周語下」)
- 역) 임금이 민심을 얻어서 의로운 방도를 세우니, 하는 일마다 이루어지지 않음이 없으며 구하는 것마다 얻지 못함이 없다. 따라서 능히 즐길 수 있다.

• **낙락** 落落

구애됨이 없이 탁 트임을 말한다.

- 예) 纖纖乎似初月之出天崖, 落落乎猶衆星之列河漢.(孫過庭, 『書譜』)
- 역) 필획의 매끄럽기가 마치 하늘가로 초승달이 살포시 나타나는 것 같고, 그 막힘없이 탁 트인 것은 흡사 뭇 별들이 은하수에 드리워진 듯싶다.

- **낙락목목** 落落穆穆

    모나지 않은 원만함을 말한다.

    - ㉔ 王平子目太尉: "阿兄形似道而神鋒太儁." 太尉答曰: "誠不如卿落落穆穆."(劉義慶, 『世說新語』 「賞譽」)
    - ㉭ 왕평자(王平子: 王澄)가 형인 태위(太尉: 王衍을 가리킴)에게 말했다. "형님은 마치 도(道)를 터득한 듯하니, 정신적 경지가 아주 높습니다." 그러자 태위가 대답하였다. "그러나 실로 자네의 그 모나지 않는 원만함만 하겠는가."

- **낙이불음** 樂而不淫

    열락(悅樂)의 정감을 표현하지만 적절함을 잃지 않는다. 희노애락이 모두 조화의 법도에 맞는다는 유가적 미학범주이다.

    - ㉔ 爲之歌「豳」, 曰: "美哉! 蕩乎! 樂而不淫, 其周公之東乎?"(『左傳』 襄公二十九年)
    - ㉭ 〈노(魯)나라 군주가 오(吳)나라 공자(公子)인〉 찰(札)에게 빈(豳)나라의 노래를 들려주었다. 이에 그가 말했다. "아름답습니다. 즐거워하면서도 지나침이 없습니다. 주공(周公)이 동부 지역을 평정했을 때의 노래일 겁니다."

- **낙이불음** 樂而不淫, **애이불상** 哀而不傷

    즐거우면서도 지나치지 않고 슬프면서도 마음을 상하게 하지 않는다. 『좌전(左傳)』에 나오는 "애이불수(哀而不愁), 낙이불황(樂而不荒)"과 같은 말이다.

    - ㉔ 子曰: "「關雎」樂而不淫, 哀而不傷."(『論語』 「八佾」)
    - ㉭ 공자(孔子)가 말하였다. "『시경(詩經)』의 「관저(關雎)」는 그 소리가 중화(中和)를 얻어서 즐거우면서도 지나치지 않고 슬프면서도 마음을 상하게 하지 않는다."

- **낙인** 樂人

    남을 즐겁게 하는 것을 말한다. 음악의 감화(感化)작용을 뜻한다.

    - 孔子 …… 聞「韶」, 三月不知肉味; 故樂非獨以自樂也, 又以樂人; 非獨以自正也, 又以正人矣哉.(劉向,『說苑』「修文」)
    - 공자(孔子)는 …… 「소(韶)」악(樂)을 듣고 삼 개월간 고기 맛을 잊을 정도로 감동을 받았다. 그러므로 음악이란 단지 자기 혼자만 즐겁게 하는 것이 아니라 또한 남도 즐겁게 하는 것이다. 자기 자신만을 바르게 하는 것이 아니라 또한 남도 바르게 하는 것이다.

- **난이상성** 難易相成

    어려움과 쉬움이 서로를 이루어준다.

    - 有無相生, 難易相成, 長短相較, 高下相傾, 音聲相和, 前後相隨.(『老子』「二章」)
    - 유(有)와 무(無)는 서로를 낳고, 어려움과 쉬움이 서로를 이루어주며, 길고 짧음은 서로를 비교해주고, 높고 낮음이 서로에게 기대며, 음(音)과 성(聲)은 서로를 어울리게 해주고, 앞과 뒤가 서로를 따른다.

- **난잡무장** 亂雜無章

    말하고자 하는 것이 난잡하여 법도가 없다.

    - 就其善者, 其聲淸以浮, 其節數以急, 其辭淫以哀, 其志弛以肆, 其爲言也亂雜而無章.(韓愈,『韓昌黎集』卷4「送孟東野序」)
    - 그 가운데 뛰어난 자를 꼽아보고자 해도 그 소리는 천박하고, 절주(節奏)는 급하며, 가사(歌辭)는 지나치게 애절하고, 그 뜻은 방자하니, 그 말하고자 하는 것이 난잡하여 법도가 없다.

- **낭랑** 朗朗

    유쾌하고 활달함을 말한다.

- 卞令目叔向, 朗朗如百間屋.(劉義慶,『世說新語』「賞譽」)
- 변령(卞令: 卞壼)이 숙향(叔向: 羊舌肸)을 평하여 말하길, 유쾌하고 활달하기가 마치 백 칸이나 되는 집과 같다고 하였다.

• **낭려** 朗麗

명랑하고 화려함을 말한다.

- 「騷經」、「九章」, 朗麗以哀志; 「九歌」、「九辯」, 綺靡以傷情.(劉勰,『文心雕龍』「辨騷」)
- 「이소」와 「구장(九章)」은 명랑하고 화려함 속에 비애의 마음을 담아냈고, 「구가(九歌)」와 「구변(九辯)」은 아름다움 속에 상심의 감정을 나타냈다.

• **내공외실** 內空外實

안으로 마음이 공허하고 오직 숙련된 기법에만 충실한다. 이렇게 되면 고유의 기법만 운용하고 생각 없이 그림을 그리기 때문에, 비록 사물의 외재 형태를 그려냈다 하더라도 그 사물의 내재정신은 표현하지 못한다는 것이다.

- 亦有內空而外實者, 因法之化, 不假思索, 外形已具而內不載也.(石濤,『畵語錄』「皴法章 第9」)
- 반면 안으로 마음이 공허하고 오직 숙련된 기법에만 충실한 사람은 고유의 기법만 운용하고 생각 없이 그림을 그리기 때문에, 이러한 그림은 비록 사물의 외재 형태를 그려냈다 하더라도 그 사물의 내재정신은 표현하지 못한다.

• **내극재정** 內極才情, **외주물리** 外周物理

안으로 재정(才情)을 지극히 하고, 밖으로 물리(物理)를 두루 살핀다.

- 李・杜則內極才情, 外周物理, 言必有意, 意必歸衷.(王夫之,『薑齋

詩話』卷2)

㉑ 이백(李白)과 두보(杜甫)는 안으로 재정(才情)을 지극히 하고 밖으로 물리(物理)를 두루 살펴, 언어에는 필시 뜻이 있고 뜻은 반드시 가슴 속에서 나왔다.

- **내미기리** 內迷其理

깊은 이치를 이해하지 못한다.

㉠ 至於諸家勢評, 多涉浮華, 莫不外狀其形, 內迷其理.(孫過庭, 『書譜』)
㉑ 적지 않은 이들의 서예에 관한 평론의 글들은 대부분 겉만 화려하지 내실이 없다. 겨우 표면적으로만 그 형상을 묘사했을 뿐, 내재하여 있는 이치를 명확히 밝히지 못했다.

- **내시반청** 內視反聽

안을 들여다보고 그 들은 바를 되돌이킨다. 내적 성찰과 반추(反推)를 말한다.

㉠ 無非己先起之, 而物以類應之而動者也. 故聰明聖神, 內視反聽, 言爲明聖, 內視反聽, 故獨明聖者, 知其本心皆在此耳.(董仲舒, 『春秋繁露』「同類相動」)
㉑ 하늘이 먼저 드러내면 만물이 그 같은 종류에 따라 그것에 호응하여 움직인다. 그러므로 총기가 밝고 성스러운 신명은 안을 들여다보고 그 들은 바를 되돌이킨다. 명성(明聖)이란 바로 이러한 내적 성찰과 반추(反推)를 말하는 것이다. 그러므로 오직 밝은 신명만이 그 본심이 모두 이러한 호응에 의해 움직이고 있음을 알 수 있다.

- **내실외공** 內實外空

내면이 충실하고, 바깥으로 운필할 때는 고정된 법식(法式)의 속박을 받지 않는 허정(虛靜)한 상태에 있음을 말한다. 이렇게 되면 마음속

일획의 원리로 모든 정황을 응대하기 때문에, 그림엔 상리(常理)에 어긋나는 곳이 나타나지 않는다는 것이다.

- 예) 善操運者, 內實而外空, 因受一畵之理而應諸萬方, 所以毫無悖謬.(石濤,『畵語錄』「皴法章 第9」)
- 역) 필묵을 잘 조절하는 사람은 내면이 충실하며 바깥으로 운필할 때 고정된 법식(法式)의 속박을 받지 않는 허정(虛靜)한 상태에 있고, 이에 마음속 일획의 원리로 모든 정황을 응대하기 때문에, 그림엔 상리(常理)에 어긋나는 곳이 나타나지 않는다.

- **내유 內遊**

외계(外界)를 유력(遊歷)하는 것이 아니라 내면 깊숙한 정신적 유력을 말한다. 그리하면 우주의 비밀과 천지의 변화를 터득할 수 있다.

- 예) 欲學遷之遊, 而求助於外者, 曷亦內遊乎?(郝經,『郝文忠公陵川文集』卷20)
- 역) 사마천(司馬遷)의 유력(遊歷)을 배우려는 사람들은 외재사물로부터 도움을 얻으려 하기보다는 차라리 내면 깊숙이 유력을 하는 것이 낫다.

- **내화외순 內和外順**

악(樂)이 마음을 화락하게 하고 예(禮)가 그 몸을 순응하게 한다.

- 예) 樂極和, 禮極順, 內和而外順, 則民瞻其顔色而勿與爭也, 望其容貌而民不生易慢焉.(『樂記』「樂化」)
- 역) 악(樂)은 그 마음을 화락하게 하고 예(禮)는 그 몸을 순응하게 한다. 안이 화락하고 밖이 순응하면, 곧 백성이 그의 얼굴만 보아도 그와 다투지 않고, 그의 용모만 보아도 그를 업신여기지 않게 된다.

- **냉 冷**

(1) 표연(飄然), 즉 초탈과 초연을 말한다.

- 예 故凡漢唐以後, 壯士之言多怒, 清士之言多適, 逸士之言多冷.(賀貽孫,『水田居詩文集』卷3「陶邵陳三先生詩選序」)
- 역 한(漢)과 당(唐) 이후 장사(壯士)의 시에는 분노의 글이 많았고, 청아(淸雅)한 사람들의 시에는 자적(自適)하는 글이 많았으며, 고일(高逸)한 사람들의 시에는 초연의 글이 많았다.

(2) 〈사람됨이〉 맑고 서늘한 것을 말한다.

- 예 淡泊寧靜之語, 是孔明一生本項. 淡泊則其人之冷可知, 寧靜則其人之閑可知.(毛宗崗,『第一才子書』第37回 首評)
- 역 담박함과 평온함이 제갈량의 본성이다. 담박함을 통하여 그의 사람됨이 맑고 서늘함을 알 수 있으며, 평온함을 통하여 그의 사람됨이 여유로움을 알 수 있다.

• **냉준** 冷雋

의미심장함을 말한다.

- 예 近日作手, 要如阮圓海之靈奇, 李笠翁之冷雋, 蓋不可多得者矣.(張岱,『琅嬛文集』「答袁籜庵」)
- 역 근래 이러한 전기(傳奇) 작가 가운데, 예컨대 완대성(阮大鋮: 호는 圓海)의 변화무쌍한 기이함이나 이어(李漁: 호는 笠翁)의 의미심장함은 쉽게 볼 수 있는 것이 아니다.

• **냉중지열** 冷中之熱

차가움 속에 뜨거움을 말하며, "열중지냉(熱中之冷)"보다 우위의 미학적 가치를 갖는다. "정중지동(靜中之動)"·"속중지아(俗中之雅)"와 같은 맥락의 미학명제이다.

- 예 豈非冷中之熱, 勝於熱中之冷; 俗中之雅, 遜於雅中之俗乎哉?(李漁,『閑情偶寄』「演習部·劑冷熱」)

⑨ 차가움 속의 뜨거움이 뜨거움 속의 차가움보다 더 낫지 아니한가? 또한 세속(世俗) 중의 전아(典雅)가 전아 속의 세속보다 손색이 없지 아니한가?

- **념 恬**

담박함이 만들어내는 맛으로, 고요한 편안함 혹은 편안한 고요함을 말한다. 미학범주로는 념담(恬澹)의 의미로 쓰인다.

⑩ 諸聲澹, 則無味. 琴聲澹, 則益有味. 味者何? 恬是已.(徐上瀛, 『溪山琴況』)
⑨ 다른 악기는 담박하면 맛도 없을 것이나 거문고의 소리는 담박하면 오히려 더욱 맛이 난다. 이러한 맛이 바로 념(恬)이다.
⑩ 今君人者, 急逐樂而緩治國, 豈不過甚矣哉. 譬之是由好聲色而恬無耳目也, 豈不哀哉!(『荀子』「王霸」)
⑨ 지금 임금들은 즐거움을 추구하기에 급급해서 나라를 다스리는 일에는 분발하지 않고 있다. 어찌 잘못이 심하지 않다고 할 수 있겠는가? 이는 마치 소리와 색깔을 좋아하면서도 귀와 눈을 기울이지 않고 조용히 지내는 것과 같다. 어찌 슬픈 일이 아니겠는가?

- **념담 恬淡**

념담(恬澹)과 같은 말이며, 담박(淡泊)이나 평담(平淡)과 같은 개념의 미학범주이다. 편안하고 담담한 상태를 말한다.

⑩ 清泠由木性, 恬淡隨人心.(白居易, 『白香山集』 卷5 「清夜琴興」)
⑨ 맑고 고요한 가락은 거문고의 나무 재질 때문인가, 평안하고 담담한 소리는 내 심경 탓인가.

- **념담 恬澹**

념담(恬淡)과 같은 말이다. 담박(淡泊)이나 평담(平淡)과 같은 개념의 미학범주이다. 이들 미학범주의 뿌리는 사실 간고(簡古)이다. 간고는 간결하고 소박하며 평이한 것이다. 간략하거나 혹은 졸렬한 형상을 통해 순수하고 진지한 "깊음"의 뜻을 표현해야 함을 나타낸다. 한편, 평담의 난점은, 그것이 자칫하면 무미건조하고 단순한 용속(庸俗)으로 흐르기 쉽다는 것이다. 그래서 왕기(王沂)는 이점을 다음과 같이 경계한 바 있다. "시에 평담(平淡)의 경지를 입히려면 오히려 지극한 세련함에 먼저 통달하지 않고선 될 수 없다."["詩造平淡, 非工之至不能也."(『鮑仲華詩序』)] 소식(蘇軾) 역시 이점에 대해 거론한 바 있다. "붓의 기세를 치세우고 문채 다듬기에 오래도록 정진하여 어느 순간 절정에 이르면, 외려 밋밋하고 풋풋해 보인다. 그러나 사실 그 평담(平淡)이란 단순함을 넘어선 현란함의 극점이다."["筆勢崢嶸, 文采絢爛, 漸老漸熟, 乃造平淡, 實非平淡, 絢爛之極也."(『東坡集』)] 여기 노(老)와 숙(熟)의 두 글자는 평담(平淡)이란 예술풍격이 어떠한 것인지 잘 설명해 준다. 애초 평담(平淡)을 중요하게 여기는 관념은 선진도가(先秦道家)의 주요 화두였다. "편안하고 담담함으로 으뜸을 삼는다."["恬淡爲上"(『老子』「三十一章」)] "소박하고 수수한 세계에서 마음이 노닌다."["游心於淡"(『莊子』「應帝王」)] 노자나 장자가 지극히 중시하고 강조했던 것은 바로 "무(無)"와 "자연(自然)"으로 돌아가는 것, 즉 "담(淡)"으로의 회귀였다. 그런데 노장(老莊)이 애지중지했던 이 담(淡)이 특히 송대(宋代) 이후로부터 유가적 지향을 추구하는 문인들에게 가장 중요한 예술적 추구가 되었다. 문인계층의 사의(寫意)예술이 지향하는 바는 두말할 것 없이 유가의 세계이지만, 뜻밖에도 그 수단으로서의 표현방법은 도가적 양식을 통해서이다. 도가의 무심(無心)·무상(無常)·무위(無爲)를 표현하기 위한 수단으로서의 담(淡)은 그 자체로 양식화되어, 유가의 고아(高雅)·청렴(淸廉)·충실

(忠實)을 표현하기 위한 수단으로 사용된 것이다.(2008, pp. 234-235 참조)

- 예 或恬澹雍容, 內涵筋骨.(孫過庭,『書譜』)
- 역 어떤 것은 밖으로 평담(平淡)을 보이지만 안으로 강건함을 품고 있다.

• **념담과욕** 恬淡寡欲

담담(淡淡)하고 청정(淸淨)하여 욕심이 없다.

- 예 偉長獨懷文抱質, 恬淡寡欲, 有箕山之志, 可謂彬彬君子者矣.(曹丕,「與吳質書」)
- 역 유독 위장(偉長: 徐幹의 字)만은 문재(文才)와 품덕(品德)이 모두 뛰어나고, 청정무욕(淸淨無慾)하며, 〈요(堯)가 천하를 선양(禪讓)하려 하자 기산(箕山)으로 숨어버린 허유(許由)처럼〉 맑고 높은 뜻을 지녔으니, 가히 문질(文質)을 겸비한 군자라 할 것이다.

• **념적** 恬適

편안하고 고요하며 얽매이거나 구속됨이 없는 자유로운 상태를 말한다.

- 예 邵子洞先天之秘, 觀化於時, 一切柴棘, 如爐點雪, 如火銷冰, 故能與造物者爲友, 而遊於溫和恬適之鄕.(袁中道,『珂雪齋文集』卷1「贈東粤李封公序」)
- 역 소옹(邵雍)은 천지의 심오한 이치를 통찰하여 세상만물의 변화를 관찰하고, 마음속의 모든 불만을 마치 화로(火爐)에 녹는 흰 눈이나 혹은 불에 녹는 얼음처럼 사라지게 했다. 그러므로 소옹은 조화(造化)와 부드럽게 상대할 수 있으며, 온화하고 편안한 경지에 처할 수 있었다.

• **노** 老

의식함이 없이 저절로 도달한 것을 말한다.

예 老. 無心自達曰老.(寶蒙,『語例字格』)
역 노(老): 의식함이 없이 저절로 도달한 것을 일러 노(老)라 한다.

• 노魯

본지(本旨)가 담박한 정취를 말한다.

예 魯. 本宗淡泊曰魯.(寶蒙,『語例字格』)
역 노(魯): 본지(本旨)가 담박한 정취를 일러 노(魯)라 한다.

• 노露

직설적으로 드러내는 것을 말한다. 현(顯)의 의미와 가까우며, 은(隱)·장(藏)과 반대 개념이다.

예 力勁而不露, 露則傷於斤斧.(皎然,『詩式』)
역 힘이 세도 드러내선 안 된다. 드러내면 도끼에 다치기 때문이다.

• 노건 老健

강건함을 말한다.

예 古雅如瑤瑟朱弦, 老健如朔漠橫雕.(謝榛,『四溟詩話』卷3)
역 어떤 시는 아주 고아(古雅)하여 마치 옥으로 장식된 붉은 줄의 거문고 같으며, 어떤 시는 아주 강건한 것이 마치 큰 사막을 가로지르며 나는 독수리 같다.

• 노기 老氣

노련한 데서 나오는 돈후박실(敦厚朴實)함을 말한다.

예 書以疏欲風神, 密欲老氣.(『佩文齋書畫譜』卷7『續書譜』「疏密」)
역 글씨를 쓸 때 필획을 탁 트이게 하면 풍신(風神)을 잘 드러낼 수 있고,

빽빽하게 쓰면 노련한 돈후함을 나타낼 수 있다.

• **노독** 老禿

모지라짐을 말한다.

- 예) 凡蒼而涉於老禿, 雄而失於粗疏, 秀而入於輕靡者, 不深故也.(劉熙載,『藝槪』「書槪」)
- 역) 대개 무성하다가도 모지라지거나, 웅대하다가도 건성이 되거나, 빼어나다가도 천박해지는 것은 모두 깊지 않은 까닭이다.

• **노성** 老成

아름다우면서도 질박하고, 고우면서도 기골이 있으며, 맑으면서도 천박하지 않고, 새로우면서도 날카롭지 않는 노숙함을 말한다.

- 예) 史評其詩曰綺豔, 杜子美稱之曰淸新, 又曰老成.(楊愼,『總纂升庵合集』卷144「庾信詩」)
- 역) 사서(史書)는 그〈유신(庾信)〉의 시가 아름답고 곱다고 했으며, 두보(杜甫)는 맑고 새롭다고 했고 나아가 노숙(老熟)하다고도 평했다.

• **노실** 老實

고리타분하고 밋밋하다.

- 예) 傳奇之爲道也, 愈纖愈密, 愈巧愈精. 詞人忌在"老實".(李漁,『閑情偶寄』「詞曲部·意取尖新」)
- 역) 희곡의 창작은 섬세하면 할수록 치밀하고, 교묘하면 할수록 정치(精緻)하다. 희곡작가가 금기하는 것은 오히려 고리타분하고 밋밋한 것이다.

• **녹림양풍** 綠林揚風, **백수격간** 白水激澗

푸른 숲은 바람을 일으키고 맑은 물은 계곡을 씻어 내린다. 자연의 신령함이 단순한 운필에 의해서가 아니라 신명을 얻어 그림 속에 표현됨을 말한다.

- 披圖按牒, 效異山海. 綠林揚風, 白水激澗. 嗚呼! 豈獨運諸指掌, 亦以神明降之. 此畵之情也.(王微, 「敍畵」)
- 그림을 펼쳐보고 서적을 살펴보는 것의 효과는 『산해경(山海經)』〈지도책〉을 읽는 것과 전혀 다르다. 푸른 숲은 바람을 일으키고 맑은 물은 계곡을 씻어 내린다. 아! 이것이 어찌 다만 손끝에서 나온 결과일 뿐이겠는가? 또한 신명(神明)이 내린 것이리라. 이것이 그림의 정리(情理)이다.

• 농濃

농밀(濃密)·농후(濃厚) 등을 말하는데, 평담(平淡)·청담(淸淡)·소담(疏淡) 등을 가리키는 담(淡)과 상대적인 개념이다. 농과 담의 두 미학범주는 선명하게 다른 두 유형의 예술풍격을 보여준다. 대체로 묘사가 촘촘하거나 빼곡하며 색채가 화려한 것은 농(濃)이라 하고, 간략한 묘사로 별 수식이 없어 소박하고 자연스러운 것은 담(淡)이 된다.

- 帶燥方潤, 將濃遂枯.(孫過庭, 『書譜』)
- 마른 붓질 속에 윤택함을 담고 농묵(濃墨) 속에 갈필(渴筆)이 있어야 한다.

• 농穠

형상으로 드러내는 표현의 풍만함을 말한다.

- 穠. 五味皆足曰穠.(寶蒙, 『語例字格』)
- 농(穠): 형상으로 드러내는 표현의 풍만함을 일러 농(穠)이라 한다.

• 농려 穠麗

농염함을 말한다.

- 예) 壯而穠麗者: "香飄合殿春風轉, 花覆千官淑景移."(胡應麟,『詩藪』「內編」卷5)
- 역) 〈두보(杜甫)의 칠언율시(七言律詩) 가운데〉 장(壯)하면서 농염한 것은 이렇다. "향기가 전각(殿閣)에 감도니 봄바람이 일렁이고, 꽃들은 두루 관가(官家)를 덮어 말쑥한 경치로 바꿔네."

- **농섬절충** 濃纖折衷

화려함과 섬세함이 절묘하게 조화를 이루고 있다.

- 예) 然割析張公之草, 而濃纖折衷, 乃愧其精熟.(『法書要錄』卷8「張懷瓘書斷中」)
- 역) 그러나 장지(張芝)의 초서를 살펴보면 그 화려함과 섬세함이 절묘하게 조화를 이루고 있으니, 다만 장지의 정미한 숙련만이 왕희지(王羲之)를 부끄럽게 할 뿐이다.

- **농이박** 濃而薄, **담이후** 淡而厚

〈시(詩)가〉 외면은 담박하면서도 내재적으론 속이 농후하다.

- 예) 陶元亮詩淡而不厭. 何以不厭? 厚爲之也. 詩固有濃而薄·淡而厚者矣.(賀貽孫,『詩筏』)
- 역) 도잠(陶潛)의 시는 담박하지만 사람을 지루하게 하지 않는다. 왜 그런가? 그의 시가 매우 중후하기 때문이다. 참으로 외면은 담박하면서도 내재적으론 속이 농후한 시다.

- **농진필고** 濃盡必枯, **천자루심** 淺者屢深

너무 농염(濃艶)하면 반드시 무미(無味)하고, 청담(淸淡)한 것이 오히려 항상 의미심장하다.

- 예) 神存富貴, 始輕黃金, 濃盡必枯, 淺者屢深.(司空圖,『詩品二十四則』)
- 역) 마음속에 부귀(富貴)가 있어야 황금을 보아도 가볍게 여기게 된다. 너

무 농염(濃艶)하면 반드시 무미(無味)하고 청담(淸淡)한 것이 오히려 항상 의미심장하다.

- **뇌동상우** 雷同賞遇

  습관적으로 똑같은 칭송과 예우로 평가한다.

  - 예) 混其體法, 雷同賞遇.(『書法鉤玄』卷2「張懷瓘評書」)
  - 역) 구조와 법식(法式)에 얽매여 있어 습관적으로 똑같은 칭송과 예우를 한다.

- **뇌락일세** 磊落逸勢

  탁 트인 초일(超逸)의 기세가 충만하다.

  - 예) 景玄每觀吳生畫, 不以裝背爲妙, 但施筆絶縱, 皆磊落逸勢.(朱景玄,『唐朝名畫錄』)
  - 역) 내[주경현(朱景玄)]가 매번 오도현의 그림을 볼 때마다 느끼는데, 표구하지 않은 것이 더 오묘하다. 그냥 붓을 움직이기만 하면 절묘한 그림이 되니, 그림 마다 모두 탁 트인 초일(超逸)의 기세가 충만하다.

- **눈** 嫩

  마음이 하고자 하는 바를 역량이 따라가지 못하는 것을 말한다.

  - 예) 嫩. 力不副心曰嫩.(竇蒙,『語例字格』)
  - 역) 눈(嫩): 마음이 하고자 하는 바를 역량이 따라가지 못하는 것을 일러 눈(嫩)이라 한다.

- **능** 能

  천변만화하는 풍치(風致)와 자태(姿態)를 말한다.

  - 예) 能. 千種風流曰能.(竇蒙,『語例字格』)
  - 역) 능(能): 천변만화하는 풍치(風致)와 자태(姿態)를 일러 능(能)이라 한다.

- **능경** 能境

  능품(能品)의 반열을 말한다.

  - 謝靜・謝敷, 並善寫經, 亦入能境.(『法書要錄』卷1「南齊王僧虔論書」)
  - 사정(謝靜)과 사부(謝敷)는 모두 사경(寫經)을 잘 해서 능품(能品)의 반열에 올랐다.

- **능방능수** 能放能收

  놓을 수도 있고 거둘 수도 있다. 심미소재를 다루는 구상이 자유자재로움을 뜻한다.

  - 總在相題行事, 能放能收, 方稱作手.(袁枚, 『隨園詩話』卷8)
  - 요컨대, 시제(詩題)를 가지고 쓰려면 놓을 수도 있어야 하고 거둘 수도 있어야 한다. 그래야만 시를 짓는 고수(高手)라 할 만 하다.

- **능품** 能品

  고대에 서화를 품평하는 한 등급으로 흔히 능품(能品) 또는 능격(能格)으로 일컬어진다. 일(逸)・신(神)・묘(妙)・능(能)의 사품격(四品格) 가운데 최하위이다. 대상의 외형에 대한 정확한 재현이 이루어졌을 때 능품에 해당하였다.

  - 能品. 謝朓, 字玄暉, 陳留人, 官至吏部郎中. 風華黼藻, 當時獨步. 草書甚有聲. 草殊流美, 薄暮川上, 餘霞照人; 春晚林中, 飛花滿目.(『法書要錄』卷9「張懷瓘書斷下」)
  - 능품(能品): 사조(謝朓)의 자(字)는 현휘(玄暉)이다. 진류(陳留) 사람이며, 벼슬은 이부랑중(吏部郎中)에 이르렀다. 아름다운 시가(詩歌)의 문자는 당시에 독보적이었고, 초서 또한 명성이 대단했다. 초서는 특히 물 흐르는 듯한 아름다움이 있었는데, 마치 해질녘 강가의 노을이 사람을 비추는 듯하고, 또는 늦봄의 숲 속 흩날리는 꽃잎이 온 눈에 가

득 차는 듯하다.

- **니고불화** 泥古不化

  옛 법칙에 얽매어 오늘날에 맞는 새로운 변통을 창출해내지 못한다. 이에 대한 극복이 "구고이화(具古以化)"이다.

  ⓔ 具古以化, 未見夫人也. 嘗憾其泥古不化者, 是識拘之也.(石濤, 『畵語錄』「變化章 第3」)
  ⓨ 옛 법칙을 갖추었으면서도 변통(變通)을 할 수 있는 그런 사람을 아직까지 보지 못했다. 나는 늘 옛 법칙에 얽매어 변통을 창출해내지 못하는 사람을 안타깝게 여긴다. 이는 고정된 법식(法式)이 그들을 속박하는 것이다.

ㄷ

- **다취상외** 多取象外, **불실환중** 不失圜中

  〈시(詩)의 묘사에서〉 비록 취지가 형상밖에 숨어있지만 엉뚱하게 빗나가지 않는다.

  - 亦理亦情亦趣, 逶迤而下, 多取象外, 不失圜中.(王夫之,『古詩評選』卷5 謝靈運「田南樹園激流植援」)
  - 이 시는 이치도 있고 정감도 있다. 또한 재미도 있고 형태가 다양하다. 비록 취지가 형상밖에 숨어있지만 빗나가지 않는다.

- **단성** 丹誠

  거짓이 없는 참된 마음을 말한다.

  - 詩畵善狀物, 長於運丹誠.(邵雍,『伊川擊壤集』卷18「詩畵吟」)
  - 시를 곁들인 그림도 사물 묘사를 잘 하는데, 거짓이 없는 참된 마음을 드러내는데 뛰어나다.

- **단장잡류려** 端莊雜流麗

단정하고 장엄한 풍격에 유려한 필체를 입힌다.

- 例 端莊雜流麗, 剛健含婀娜.(蘇軾,『蘇東坡集』前集 卷1「和子由論書」)
- 역 단정하고 장엄한 풍격에 유려한 필체를 입히고, 강건한 격조에 아리따움을 더 한다.

• **단장취의 斷章取義, 각유소용 各有所用**

〈옛 책에서〉 부분 부분 의미를 뽑아내면 각기 쓰이는 데가 있다.

- 例 古書斷章取義, 各有所用; 拘儒不達, 介介而爭.(章學誠,『文史通義』內篇4「說林」)
- 역 옛 책의 부분 부분에서 의미를 뽑아내면 각기 쓰이는 데가 있다. 하지만 그 부분에 얽매인 유학자들은 통달하지 못하여 조그만 것을 가지고도 다툰다.

• **단청 丹靑**

안료(顏料)를 만드는 단사(丹砂)와 청사(靑砂)이다. 나중에 뜻이 넓혀져서 회화(繪畫)를 가리키는 말이 되었다.

- 例 巧涉丹靑, 工虧翰墨, 異夫楷式, 非所詳焉.(孫過庭,『書譜』)
- 역 이것들에 나타난 마치 그림에서나 볼 수 있는 기교는 서예의 공력이 너무 부족하여 서법(書法)과는 전혀 상관없는 것이니, 상세히 논할 필요가 없다.

• **단허작실 摶虛作實**

허(虛)를 묘사할 때 실(實)로써 표현한다. 실질적인 주변 사물〈즉 실(實)〉을 묘사하지만 이는 모두 주제〈즉 허(虛)〉를 둘러싼 표현임을 뜻한다.

- 例 右丞妙手, 能使在遠者近, 摶虛作實, 則心自旁靈, 形自當位.(王

夫之, 『唐詩評選』卷3 王維 「觀獵」)
- 역 왕유(王維)의 시는 원(遠)을 묘사할 때 근(近)으로 표현하고, 허(虛)를 묘사할 때 실(實)로써 표현한다. 마음은 대상이 있는 주변 환경 중에서 영감과 계시를 얻을 수 있지만 끝까지 주제를 벗어나지 않는다.

- 달 達

    (1) 〈시(詩)를 통하여〉 백성의 성정(性情)을 드러냄을 말한다.

    - 예 子謂續詩, 可以諷, 可以達, 可以蕩, 可以獨處.(王通, 『文中子』 「天地」)
    - 역 문중자(文中子)가 생각하기에 『속시(續詩)』는, 당시의 정치 상황을 풍자할 수 있고, 백성의 성정(性情)을 드러낼 수 있으며, 마음속의 번민을 지울 수 있고, 홀로 있을 때라도 사악한 생각을 갖지 않을 수 있다.

    (2) 문사(文辭)가 분명하여 마음속의 생각을 완전히 드러내는 것을 말한다.

    - 예 其論文曰"快"·曰"達"·曰"了", 正爲非此不足以發微闡妙也.(劉熙載, 『藝槪』「文槪」)
    - 역 〈소식(蘇軾)은〉 "쾌(快)"·"달(達)"·"료(了)"를 가지고 문장의 창작을 논하는데, 만약 이 세 가지에 이르지 못하면 문장의 미묘한 바를 드러낼 방법이 없기 때문이다.

    (3) 마음의 종적이 드넓은 것을 말한다.

    - 예 達. 心跡曠誕曰達.(皎然, 『詩式』)
    - 역 달(達): 마음의 종적이 드넓은 것을 달(達)이라 한다.

- 달례이악 達禮以樂

    〈너무 예의(禮儀)에 갇혀 내심(內心)이 자유롭지 못한 것을〉 음악이 도와 예(禮)를 이룰 수 있게 한다.

- 예 其君子或困於禮之中, 則達禮以樂.(王夫之,『尙書引義』卷1「舜典三」)
- 역 때로 군자도 예의에 갇혀 있어, 설령 행위는 예의에 맞으나 내심이 자유롭지 못하기도 한다. 그래서 음악으로 예의를 도와주는 것이다.

- **달불방** 達不放

  〈문장이〉 얽매임 없으면서도 방탕하지 않다.

  - 예 粹靈均者, 其文蔚溫雅淵, 疏朗麗則, 檢不扼, 達不放, 古淡而不鄙, 新奇而不怪.(白居易,『白香山集』卷59「故京兆元少尹文集序」)
  - 역 〈만약 어떤 한 사람이〉 수기(粹氣)와 영기(靈氣)를 똑같은 양으로 갖게 되면 그 사람의 문장은, 문채(文采)가 아름다우면서 온화하고, 아치(雅致)가 있으면서 깊이가 있으며, 막힘없이 맑고, 어휘가 수려하면서도 또한 다른 사람이 본받을 만한 준칙이 되며, 간명(簡明)하나 간략(簡略)하지는 않고, 얽매임 없으면서도 방탕하지 않고, 평담(平淡)하되 비루하지 않으며, 신기(新奇)하나 괴이(怪異)하진 않다.

- **달성통변** 達性通變

  사람의 성정(性情)과 자연변화의 규율을 표현한다.

  - 예 稟陰陽而動靜, 體萬物以成形, 達性通變, 其常不主.(虞世南,『筆髓論』)
  - 역 대자연에 나타나는 음양이기(陰陽二氣)의 운행법칙을 따르고 만물을 관찰하여 글자의 모양을 이루며 서예를 통해 사람의 성정(性情)과 자연변화의 규율을 표현하는 데에, 고정불변의 법식이란 없는 것이다.

- **달절** 達節

  상규(常規)에 맞지는 않으나 또한 절도에 들어맞는 경지를 말한다.

  - 예 至於蛟龍駭獸奔騰拏攫之勢, 心手隨變, 窈冥而不知其所. 如是

謂達節也已.(『法書要錄』卷8「張懷瓘書斷中」)
- 역 기세는 마치 맹수가 놀라 날뛰고 낚아채는 듯하니, 마음과 손이 서로 따라 일으키는 변화는 아득하여 가는 바를 알지 못한다. 이것이 바로 상규(常規)에 맞지는 않으나 또한 절도에 들어맞는 경지이다.

- **달정지묘** 達情之妙

  정(情)을 온전히 다 드러낸 오묘함을 말한다.

  - 예 與"昔我往矣, 楊柳依依; 今我來思, 雨雪霏霏"同一達情之妙.(王夫之,『薑齋詩話』卷2)
  - 역 이는 "예전에 내가 갈 때는 수양버들 하늘거렸는데, 지금 돌아올 때는 눈보라가 몰아치네."의 대목과 정을 드러낸 오묘함에 있어서는 같다.

- **달즉변** 達則變, **명즉화** 明則化

  이치에 통달하면 맞지 않는 것을 바꿀 수 있고, 사물을 명확하게 식별할 수 있으면 새롭고 마땅한 것을 창조해낼 수 있다.

  - 예 至人不能不達, 不能不明. 達則變, 明則化.(石濤,『畫語錄』「脫俗章 第16」)
  - 역 학식이 있는 자는 능히 사물의 이치를 통달하며, 사물을 명확하게 식별할 수 있다. 그리하여 시대에 맞지 않는 규정을 타파하고, 당시의 상황에 따라 새롭고 마땅한 규칙을 만들 수 있을 것이다.

- **담** 淡

  (1) 담(澹)과 같은 말이다. 담박(淡泊) 혹은 담박(澹泊)을 가리킨다.

  - 예 簡文道王懷祖, 才旣不長於榮利, 又不淡, 直以眞率少許, 便足對人多多許.(劉義慶,『世說新語』「賞譽」)
  - 역 간문제(簡文帝: 司馬昱)가 왕회조(王懷祖: 王述)에 대해 말했다. "재능이 이로움을 따지는 데도 밝지 못하고 또한 담박하지도 못하다. 진솔한 면이 있기에 조금 나아갔고, 사람들을 만족시켜서 크게 나아갔다."

- 예) 蘇子瞻酷嗜陶令詩, 貴其淡而適也.(袁宏道,『袁中郎全集』卷3「敘咼氏家繩集」)
- 역) 소식(蘇軾)이 도잠(陶潛)의 시를 아주 좋아한 것은 그 담박(淡泊)하고도 적의(適宜)함을 중요하게 여겼기 때문이다.

(2) 마음속의 감정을 드러내지 않는 담담함을 말한다.
- 예) 結幽蘭而延佇 ― 淡也.(方回,『桐江續集』卷30「離騷胡澹庵一說」)
- 역) 한란(寒蘭)을 엮고 한참을 서 있다. ― 담(淡)이다.

• **담 澹**

(1) 담(淡)과 같은 말이다. 맑고 순수하며 자연스러운 담박함을 말한다. 보통 념담(恬澹)으로 많이 쓰인다. 념담(恬澹)은 념담(恬淡)과 같은 말이며, 담박(淡泊)이나 평담(平淡)과 같은 개념의 미학범주이다. 그리고 이들 미학범주의 뿌리는 간고(簡古)이다. 간고는 간결하고 소박하며 평이한 것이다. 간략하거나 혹은 졸렬한 형상을 통해 순수하고 진지한 깊음의 뜻을 표현해야 함을 나타낸다.

- 예) 古之人, 在混芒之中, 與一世而得澹漠焉.(『莊子』「繕性」)
- 역) 옛날 사람들은 혼돈(混沌)하여 어둑한 가운데 세상 사람들과 더불어 담박(淡泊)하고도 적막한 생활을 하였다.
- 예) 使聽之者, 遊思縹緲, 娛樂之心, 不知何去, 斯之謂澹.(徐上瀛,『溪山琴況』)
- 역) 〈거문고 소리를〉 듣는 사람으로 하여금 정신이 아득하고 어렴풋해져 세속으로부터 멀리 벗어나게 만듦으로써 향락을 추구하는 마음을 없어지게 만든다. 이것이 바로 담(澹)의 경지이다.

(2) 평안하고 고요한 상태 혹은 모습을 말한다.
- 예) 和調度以自娛兮 ― 澹也.(方回,『桐江續集』卷30「離騷胡澹庵

一說」)
- 🅞 심정을 조화롭게 하여 여유를 누린다. — 담(澹)이다.

- **담박** 淡泊

    념담(恬澹)과 같은 말로, 물욕(物慾)이 없고 명리(名利)를 좇지 않아 담담하고 평안하며 고요한 상태를 말한다.

    - 🅔 蕭條淡泊, 此難畫之意. 畫者得之, 覽者未必識也.(歐陽修, 『歐陽文忠公文集』卷130, 「鑒畫」)
    - 🅞 쓸쓸한 적막감과 평안한 고요함은 그려내기 어려운 의경(意境)이다. 화가가 설령 그려냈다 할지라도 감상하는 사람이 반드시 느낄 수 있는 것은 아니다.
    - 🅔 頗怪浮屠人, 視身如丘井, 頹然寄淡泊, 誰與發豪猛?(蘇軾, 『蘇東坡集』前集 卷10 「送參寥師」)
    - 🅞 〈고한(高閑)스님이 말한 대로〉 만약 불문의 제자들이 모두 자신의 몸을 말라버린 우물로 여겨 그만 적멸(寂滅)의 지경에 이른다면 어떻게 호방하고 웅장한 시정(詩情)을 펼칠 수 있겠는가?

- **담야여소** 澹冶如笑

    담박하고 온화하여 웃는 듯하다.

    - 🅔 眞山水之烟嵐, 四時不同; 春山澹冶而如笑, 夏山蒼翠而如滴, 秋山明淨而如粧, 冬山慘淡而如睡.(郭熙, 『林泉高致』「山川訓」)
    - 🅞 실경(實景) 산수의 안개와 이내도 계절마다 같지 않다. 봄산에서는 담박하고 온화하여 웃는 듯하고, 여름산에서는 싱싱하고 푸르러 물에 젖은 듯하고, 가을산에서는 밝고 깨끗하여 단장한 듯하고, 겨울산에서는 처량하고 스산하여 자고 있는 듯하다.

- **담어** 澹語

    평담(平淡)의 언어를 말한다.

- 예 詞澹語要有味, 壯語要有韻, 秀語要有骨.(劉熙載,『藝槪』「詞曲槪」)
- 역 사(詞)는 평담(平淡)의 언어로 맛깔나게 써야 하고, 호방하고 장대한 언어로 운치 있게 써야 하며, 뛰어나고 아름다운 언어로 골기(骨氣)가 있게 써야 한다.

- **담온어농** 淡蘊於濃

  단아함을 농염함에 함축시켜야 한다.

  - 예 寸鐵殺人, 寧非英雄. 博極而約, 淡蘊於濃.(袁枚,『小倉山房詩集』卷20)
  - 역 쇠 조각 하나로도 적을 싸워 이길 수 있는 사람이라면 바로 영웅 아닌가? 〈시를 짓는 것도 마찬가지다.〉광범하고 번잡함으로부터 마땅히 간결하고 세련됨으로 향해 가야하고, 단아함을 농염함에 함축시켜야 한다.

- **담원** 淡遠

  담원(澹遠)과 같은 말이다. 담박하고 아득한 것을 말한다. 번잡함과 복잡함으로부터 멀리 떨어진 고일(高逸)한 경지를 말한다.

  - 예 或曰: 吾子論文, 常曰生辣・曰古奧・曰離奇・曰淡遠, 何忽作此秀媚語?(『鄭板橋集』「家書・儀眞縣江村茶社寄舍弟」)
  - 역 어떤 사람이 나〈정섭(鄭燮)〉에게 이렇게 말했다. "그대는 문장을 신랄하고 심오하며 색다르고 고원(高遠)하게 써야 한다고 하지 않았던가? 어찌 〈자신의 동생에게는〉 아름답고 예쁘게 쓰라 하는가?"

- **담원** 澹遠

  담원(淡遠)과 같은 말이다.

  - 예 人皆奔走西湖, 而鑒湖之澹遠, 自不及西湖之冶豔矣.(張岱,『西湖夢尋』「西湖總記・明聖二湖」)

🔵 사람들이 모두 서호(西湖)로 가 유람하니, 감호(鑑湖)의 담원(澹遠)은 자연스레 서호의 농염(濃艶)에 비할 바가 못 되었다.

- **담이불고** 淡而不枯

  담박하되 창백하지 않다.

  🔵 韻而不靡, 樸而不粗, 淡而不枯, 工而不詭.(『尺牘新鈔』2集 徐芳「與高自山」)
  🔵 〈시(詩)는 마땅히〉 그 성운(聲韻)이 우아하고 아름다워야 하지만 호화스럽지 않고, 질박하지만 거칠지 않으며, 담박하지만 창백하지 않고, 정교하지만 기이하지 않게 써야 된다.

- **담이불염** 淡而不厭

  평담(平淡)하지만 물리게 하지 않는다.

  🔵 君子之道, 淡而不厭, 簡而文, 溫而理. 知遠之近, 知風之自, 知微之顯, 可與入德矣.(『禮記』「中庸」)
  🔵 군자의 도는 평담(平淡)하지만 물리게 하지 않고, 간략하지만 문채가 있으며, 온화하지만 조리가 있다. 먼 것이 가까운 것으로부터 비롯됨을 알며, 교화(敎化)가 어디에서부터 오는 것인지를 알고, 미약(微弱)함이 현저함으로 변할 것임을 아니, 가히 성인(聖人)의 덕성에 들어설 수 있다.

- **담일** 澹逸

  담박하고 심원함을 말한다.

  🔵 澹逸. 白雲在空, 好風不收. 瑤琴罷揮, 寒漪細流.(黃鉞,『二十四畫品』)
  🔵 담일(澹逸): 흰 구름은 하늘에 떠 있고, 향기로운 바람은 자유롭다. 거문고 선율은 오락가락하고, 고요히 흐르는 시냇물은 시원하다.

- **담즉무미** 淡則無味, **직즉무정** 直則無情

    평담하면 맛이 없고, 너무 직설적으로 드러내면 정감이 없다.

    - 예 淡則無味, 直則無情. 宛轉有態, 則容冶而不雅; 沈着可思, 則神傷而易弱.(李贄, 『焚書』 卷3 「雜述·讀律膚說」)
    - 역 평담하면 맛이 없고, 너무 직설적으로 드러내면 정감이 없다. 지나치게 변화만 추구하면 화려하기만 할 뿐 아취(雅趣)는 없다. 너무 깊이 생각에 골몰하면 정신이 힘들어져 쉬이 유약해진다.

- **당밀불밀** 當密不密, **필지조소** 必至凋疏

    〈서예에서〉 빽빽해야 할 부분을 성기게 하면 필시 시들어 보이게 된다.

    - 예 當疏不疏, 反成寒乞; 當密不密, 必至凋疏.(『佩文齋書畫譜』 卷7 『續書譜』 「疏密」)
    - 역 만약 트이게 해야 할 부분을 빽빽하게 하면 궁색하게 되고, 빽빽해야 할 부분을 성기게 하면 필시 시들어 보이게 된다.

- **당소불소** 當疏不疏, **반성한걸** 反成寒乞

    〈서예에서〉 트이게 해야 할 부분을 빽빽하게 하면 궁색하게 된다.

    - 예 當疏不疏, 反成寒乞; 當密不密, 必至凋疏.(『佩文齋書畫譜』 卷7 『續書譜』 「疏密」)
    - 역 만약 트이게 해야 할 부분을 빽빽하게 하면 궁색하게 되고, 빽빽해야 할 부분을 성기게 하면 필시 시들어 보이게 된다.

- **대** 大

    성실함과 선함이 가득 채워져 있어 바깥으로 빛이 나는 위대함을 가리킨다.

    - 예 可欲之謂善, 有諸己之謂信, 充實之謂美, 充實而有光輝之謂大,

大而化之之謂聖, 聖而不可知之之謂神.(『孟子』「盡心章句下」)
- ㊉ 사람들이 모두 그렇게 되고 싶어 하는 것을 선하다 하고, 자신의 몸에 선을 지니는 것을 성실하다고 한다. 그 선함이 제 몸에 충만하게 채워져 있는 것을 아름답다 하고, 가득 채워져 있어 바깥으로 빛이 나는 것을 위대하다고 한다. 위대하여 천하를 감화시키는 것을 성스럽다 하고, 성스러우면서도 그 작용을 알 수 없는 것을 신령스럽다고 한다.

- **대가** 大家

작품이 크디크고 정교하고 아름다우며, 아울러 확 트여 막힘이 없는 이를 말한다.

- ㊊ 唯意所適, 而神氣隨御以行; 如未央·建章, 千門萬戶, 玲瓏軒豁, 無所窒礙: 此謂大家.(王夫之,『薑齋詩話』卷2)
- ㊉ 〈시(詩)가〉 오직 뜻이 가는 곳에 신기(神氣)가 따르니, 마치 미앙궁(未央宮)과 건장궁(建章宮)의 크디크고 정교하고 아름다우며 아울러 확 트여 막힘이 없는 것과 같다. 이를 일러 대가(大家)라고 한다.

- **대갱불화** 大羹不和

〈질박함을 귀히 여기기에〉 대갱(大羹)에 조미(調味)를 하지 않는다.

- ㊊ 大羹不和, 貴其質也; 大圭不琢, 美其質也.(『禮記』「郊特牲」)
- ㊉ 대갱(大羹)에 조미(調味)를 하지 않는 것은 그 질박함을 귀하게 여기기 때문이다. 대규(大圭)를 다듬지 않는 것은 그 질박함을 아름답다고 여기기 때문이다.

- **대교약졸** 大巧若拙

진정한 교묘함은 졸박함과 통한다. 교(巧)로써 교(巧)에 들어가고자 하면 마침내 교(巧)에 들어갈 수 없으니 졸(拙)로써 교(巧)를 구해야만 결국 대교(大巧)를 얻을 수 있다는 것이다. 졸(拙)이 바로 인공적인 기교의 조작이 낳는 폐단을 바로잡을 수 있음을 말해준다.

- 예 大巧若拙, 大辯若訥.(『老子』「四十五章」)
- 역 진정한 기교는 졸렬한 것 같고, 진정한 웅변은 어눌한 것 같다.
- 예 樸拙. 大巧若拙, 歸樸返眞.(黃鉞, 『二十四畫品』)
- 역 박졸(樸拙): 진정한 교묘함은 졸렬함과 같으며, 참다움은 소박함 속에 있다.

대규불탁 大圭不琢

〈질박함을 아름답다 여기기에〉 대규(大圭)는 다듬지 않는다.

- 예 大羹不和, 貴其質也; 大圭不琢, 美其質也.(『禮記』「郊特牲」)
- 역 대갱(大羹)에 조미(調味)를 하지 않는 것은 그 질박함을 귀하게 여기기 때문이다. 대규(大圭)를 다듬지 않는 것은 그 질박함을 아름답다고 여기기 때문이다.

대미불언 大美不言

대미(大美)의 특징에 대해 두 가지 단서를 찾을 수 있다. 하나는 대(大)이고, 다른 하나는 불언(不言)이다. 대(大)는 미(美)의 무한성(無限性)을 가리킨다. 가장 크고 진실한 미(美)는 전체 우주를 포괄하기에 너무 광대하여 비할 바가 없다. 대미(大美)는 곧 무한의 미가 인간들이 형용하는 유한한 사물의 미를 훨씬 넘어선다는 점을 말해준다. 아름다워 지려고 의도하지 않아도 스스로 그저 아름답다. 그래서 이 천연의 아름다움은 무불위(無不爲)이다. 드러내지 않는다는 불언(不言)은 다름 아닌 무위(無爲)를 말한다.(2006, pp. 195-196 참조)

- 예 天地有大美而不言, 四時有明法而不議, 萬物有成理而不說.(『莊子』「知北遊」)
- 역 하늘과 땅은 위대한 아름다움을 지니고 있으면서도 말하지 않고, 사철은 밝은 법도를 지니고 있으면서도 논의하지 않고, 만물은 생성의 원리

를 지니고 있으면서도 설명하지 않는다.

- **대상무형** 大象無形

    진정한 상징은 형체가 없다.

    - ㉠ 大音希聲, 大象無形.(『老子』「四十一章」)
    - ㉡ 진정한 음(音)은 소리가 적고, 진정한 상징은 형체가 없다.

- **대승** 大乘

    문장을 짓는 풍격의 하나로, 큰 틀에서 국가의 명운이나 영웅의 풍모나 천지만물의 정리(情理) 등을 다루기에 이치가 명확하고 문사가 매끄러운 특징이 있다.

    - ㉠ 文章有大乘法, 有小乘法. 大乘法易而有功, 小乘法勞而無謂.(『鄭板橋集』「補遺·與江賓穀·江禹九書」)
    - ㉡ 문장에는 대승법(大乘法)과 소승법(小乘法)이 있다. 대승법은 아주 쉽고 또 세상 사람에게도 이로움이 있다. 소승법은 비교적 힘이 들며, 타인에 대해 아무 도움이 되지 않는다.

- **대아** 大雅

    고아(高雅), 우아(優雅), 전아(典雅)와 같은 말이다.

    - ㉠ 蓋居室之制, 貴精不貴麗, 貴新奇大雅, 不貴纖巧爛漫.(李漁, 『閑情偶寄』「居室部」)
    - ㉡ 집이라는 것의 중요함은 정치(精緻)함에 있지 화려함에 있지 않으며, 새롭고 고아(高雅)함에 있지 섬세하고 찬란한 데 있지 않다.

- **대음희성** 大音希聲

    진정한 음(音)은 소리가 적다는 말이다. 악기(樂器)의 가짓수가 많거나 웅장한 소리로 만들어야만 음이 아름다운 것이 아님을 말한다.

- 예 大音希聲, 大象無形.(『老子』「四十一章」)
- 역 진정한 음(音)은 소리가 적고, 진정한 상징은 형체가 없다.

• **대장불착** 大匠不斲, **대두불구** 大豆不具, **대용불투** 大勇不鬪

위대한 장인(匠人)은 깎지 않고, 최고의 제물(祭物)은 부족함이 있으며, 진정한 용사(勇士)는 다투지 않는다. 본령은 형상에 기탁되어 드러나는 것이 아니라는 말이다.

- 예 視於無形, 則得其所見矣. 聽於無聲, 則得其所聞矣. 至味不慊, 至言不文, 至樂不笑, 至音不叫, 大匠不斲, 大豆不具, 大勇不鬪.(『淮南子』「說林訓」)
- 역 무형(無形)인 것을 봐야 그 보고자 한 바가 보이고, 무성(無聲)인 것을 들어야 그 듣고자 한 바가 들린다. 지극한 맛은 흡족하지 않고, 지극한 말은 어눌하며, 지극한 즐거움은 웃음을 내지 않고, 지극한 소리는 크게 울리지 않으며, 위대한 장인(匠人)은 깎지 않고, 최고의 제물(祭物)은 부족함이 있으며, 진정한 용사(勇士)는 다투지 않는다.

• **덕** 德

시어(詩語)가 온아(溫雅)하고 바른 것을 말한다.

- 예 德. 詞溫而正曰德.(皎然, 『詩式』)
- 역 덕(德): 시어(詩語)가 온아(溫雅)하고 바른 것을 덕(德)이라 한다.

• **덕음** 德音

천하가 태평해진 후 성인(聖人)이 육률(六律)을 바르게 하고 오성(五聲)을 조화시켜 만든 음악을 말한다. 소위 아악(雅樂)을 가리킨다.

- 예 夫古者天地順而四時當, 民有德而五穀昌, 疾疢不作而無妖祥, 此之謂大當. 然後聖人作爲父子君臣, 以爲紀綱. 紀綱旣正, 天

下大定, 天下大定, 然後正六律, 和五聲, 弦歌詩頌, 此之謂德音, 德音之謂樂.(『樂記』「魏文侯」)
- 옛날에는 천지의 조화가 순조로워 사계절의 운행이 적당하였고, 백성은 이에 덕이 있어 오곡이 풍성했으며, 재난도 없고 질병도 없어 모든 것이 크게 만족스러웠다. 그런 다음 성인(聖人)이 부자(父子)와 군신(君臣)의 구분을 만들어 기강을 세웠다. 기강이 올바로 서자 천하가 태평해졌다. 천하가 태평해지자 성인은 다시 육률(六律)을 바르게 하고 오성(五聲)을 조화시켜 노래를 만들고 시(詩)로써 찬송하였다. 이를 일러 덕음(德音)이라 하며, 덕음을 일러 악(樂)이라 하는 것이다.

• **도가사명** 道假辭明, **사가서전** 辭假書傳

도(道)는 문사(文辭)로 드러나고 문사는 글을 통해 전해진다.

- 辭之傳於世者, 必由於書. 道假辭而明, 辭假書而傳.(『柳宗元集』卷34「報崔黯秀才論爲文書」)
- 문사가 세상에 전해지는 것은 글을 통해서이다. 도는 문사로 드러나고 문사는 글을 통해 전해진다.

• **도불자기** 道不自器, **여지원방** 與之圓方

어느 하나의 형상에 얽매이지 않으니, 혹은 각진 듯 혹은 둥근 듯 고정된 격식(格式)이 없다.

- 水理漩洑, 鵬風翱翔, 道不自器, 與之圓方.(司空圖, 『詩品二十四則』)
- 물이 요리조리 돌며 흐르는 듯싶고, 대붕(大鵬)이 회오리바람을 타고 위로 오르는 듯하다. 어느 하나의 형상에 얽매이지 않으니, 혹은 각진 듯 혹은 둥근 듯 고정된 격식(格式)이 없다.

• **도쉬** 陶淬

도염(陶染) 혹은 도야(陶冶)와 같은 뜻이다. 감화를 받아 점차 물들게 되거나 영향을 주고 모범이 됨을 말한다.

- 예 東晉士人, 互相陶淬. 至於王謝之族, 郗庾之倫, 縱不盡其神奇, 咸亦挹其風味.(孫過庭,『書譜』)
- 역 동진(東晉) 시기의 사대부들은 서로 감화와 영향을 주고받았다. 왕(王)·사(謝)·치(郗)·유(庾) 등 네 가문의 이름난 서예가들은 설령 신기(神奇)의 경지에 까진 이르지 못했다 할지라도 각각은 모두 훌륭한 풍격을 지니고 있다.

- **도적명심** 覩迹明心

문장을 보면 곧 마음속으로 이해하여 깨우치는 바가 있다. 도(覩)는 도(睹)와 같으며, 이해한다는 말이다.

- 예 庶欲弘旣往之風規, 導將來之器識, 除繁去濫, 覩迹明心者焉.(孫過庭,『書譜』)
- 역 앞선 이들의 풍격과 법도를 드높이고 후학들의 도량과 식견을 북돋아 일깨움으로써, 쓸데없이 번잡할 뿐인 공담(空談)을 깨끗이 청산하여 배우는 자들로 하여금 학습을 통해 이해하고 터득하는 바가 있도록 할 것이다.

- **도진** 圖眞

물상(物象)을 그리는 것을 말한다.

- 예 復有龍蛇雲露之流, 龜鶴花英之類, 乍圖眞於率爾, 或寫瑞於當年.(孫過庭,『書譜』)
- 역 그밖에 용[龍]·뱀[蛇]·구름[雲]·이슬[露]이나 거북이[龜]·두루미[鶴]·영지[靈芝][花英] 등의 형상을 따서 편의대로 만든 글씨가 있다. 그 가운데 어떤 것은 당시의 상서로움을 드러내려는 것이다.

- **도학기** 道學氣

고루한 도학자(道學者)의 기풍을 말한다.

- 예 所謂無道學氣者, 非但風流跌宕之曲・花前月下之情當以板腐爲戒, 卽談忠孝節義與說悲苦哀怨之情, 亦當抑聖爲狂, 寓哭於笑.(李漁,『閑情偶寄』「詞曲部・重機趣」)
- 역 이른바 고루한 도학기(道學氣)가 있어선 안 된다는 것은, 고상하고 멋이 있는 일을 묘사하는 데는 반드시 활기 없고 낡아빠진 모습을 제거해야 함을 말할 뿐 아니라, 설령 충효(忠孝)・절의(節義)나 슬프고 원망스런 일을 말한다 할지라도 또한 반드시 성현(聖賢)의 도(道)는 거리낌 없는 호방(豪放)을 통해 드러내고 슬픔은 웃음 속에 감추어 나타내야 함을 말하는 것이다.

- **독락기지** 獨樂其志

홀로 자신의 고고한 뜻을 즐거워한다는 뜻으로 장자(莊子)가 말한 "자적기적(自適其適)"과 상통하는 바가 있다.

- 예 獨樂其志, 不厭其道, 備擧其道, 不私其欲.(『樂記』「樂象」)
- 역 홀로 그 뜻을 즐거워하고, 그 도(道)를 싫어하지 않아 갖추어 거행하며, 개인적 욕망을 사사로이 하지 않는다.

- **독만권서** 讀萬卷書, **행만리로** 行萬里路

만 권의 책을 읽고 만 리의 길을 다닌다. 예술적 재능을 천부적으로 타고나지는 못했을지라도 이러한 직・간접적인 경험과 수련을 통해 그것을 터득할 수 있다는 뜻이다.

- 예 讀萬卷書, 行萬里路, 胸中脫去塵濁, 自然丘壑內營, 主成鄄鄂, 隨手寫出, 皆爲山水傳神矣.(董其昌,『畵禪室隨筆』卷2「畵訣」)
- 역 만 권의 책을 읽고 만 리의 길을 다니면, 가슴속에 범속(凡俗)함이 제거되고 심원한 의경(意境)이 자연스럽게 마음에 차오른다. 병풍을 세우고 손으로 그려내면, 모두가 산수(山水)의 전신(傳神)이다.

- **독서성령** 獨抒性靈, **불구격투** 不拘格套

자기의 성정(性情)과 영기(靈機)에 의해 자유롭게 창조하지, 세간(世間)의 규범과 격식에 얽매이지 않는다는 말이다.

- 예 弟小修詩, …… 大都獨抒性靈, 不拘格套, 非從自己胸臆流出, 不肯下筆.(袁宏道,『袁中郎集』卷3「叙小修詩」)
- 역 아우 원중도(袁中道)의 시는 …… 대부분 자신만의 성령(性靈)을 드러내어 상투적인 격식에 얽매이지 않았으며, 자신의 흉중에서 나온 것이 아니면 붓으로 쓰려하지 않았다.

- **돈방** 敦厖

돈후하고 광활한 것을 말한다.

- 예 輕浮之子, 必不能爲敦厖大雅之響.(葉燮,『原詩』外篇)
- 역 경박하고 방탕한 사람은, 절대로 돈후하고 광활하며 우아한 시를 써낼 수 없다.

- **돈좌청장** 頓挫淸壯

득실(得失)을 날카롭게 비판하기 위해 문리(文理)를 명확하고 장중하게 한다는 말이다. 잠(箴)의 창작 원칙을 말하고 있다.

- 예 誄纏綿而悽愴. 銘博約而溫潤. 箴頓挫而淸壯.(陸機,「文賦」)
- 역 뇌(誄)는 염원이 있으므로 반드시 구슬퍼야 한다. 명(銘)은 뜻이 깊으면서도 글은 간략하고 부드럽게 한다. 잠(箴)은 득실(得失)을 날카롭게 비판하는 것이므로 문리(文理)를 명확하고 장중하게 한다.

- **동** 動

물상을 형상화한 것이 생동감 있게 내달리고자 하는 것을 말한다.

- 예 動. 如欲奔飛曰動.(寶蒙,『語例字格』)
- 역 동(動): 물상을 형상화한 것이 생동감 있게 내달리고자 하는 것을 일러 동(動)이라 한다.

• **동정** 動靜

동(動)과 정(靜)은 동아시아 예술의 역사에서 빼놓을 수 없는 한 쌍의 미학범주이다. 동(動)과 정(靜)은 예술창작과 심미활동에 있어 가장 기본적인 정감(情感)형태이다. 동(動)이라 함은 희노애락(喜怒哀樂)이 마음속에서 북돋아 있는 정감상태이고, 정(靜)이란 곧 희노애락이 아직 마음 깊숙이에서 자라나지 않은 정감상태이다. 간단히 말하자면 동(動)은 유정(有情)이요 정(靜)은 무정(無情)이라 하겠다. 동적인 정감상태는 유가철학에 뿌리를 둔 것이고, 정적인 정감상태는 도가철학에 바탕을 둔 것이다. 유가의 영향을 받은 동적인 정감은 절제를 근거로 한다. 반면 도가는 우주자연이라는 큰 틀에서 속세를 초탈할 것을 강조한다.(2006, p. 175 참조)

- 人生而靜, 天之性也. 感於物而動, 性之欲也.(『樂記』「樂本」)
- 사람이 태어나서 고요한 것은 하늘로부터 받은 본성이요, 외재 사물에 감응하여 마음이 움직이는 것은 타고난 욕구이다.

• **동무허산** 動無虛散

글의 흐름에 산만한 병폐가 없음을 말한다.

- 動無虛散, 一句一字, 皆致意焉.(鍾嶸, 『詩品』)
- 〈안연지(顔延之)의 시는〉 글의 흐름에 산만한 병폐는 없다. 일자일구(一字一句)가 모두 구체적인 내용이다.

• **동문이취** 同文異取, **동취이용** 同取異用

〈훌륭한 작가는〉 같은 글에서도 차이점을 뽑아내고 또 같은 글을 다르게 쓸 수 있다.

- 知此義者, 可以同文異取, 同取異用而不滯其迹者矣.(章學誠, 『文史通義』內篇4「說林」)

⑲ 이 의미를 아는 이는 같은 글에서도 차이점을 뽑아내고 또 같은 글을 다르게 쓸 수 있으니, 그 글의 흔적에 얽매이지 않는다.

• 동심 童心

천진무구한 어린아이의 마음을 말한다. 이지(李贄)는 천하의 가장 아름다운 문예작품은 동심(童心)에서 나온다고 생각하였다.

⑩ 夫童心者, 眞心也. 若以童心爲不可, 是以眞心爲不可也. 夫童心者, 絶假純眞, 最初一念之本心也. 若失却童心, 便失却眞心; 失却眞心, 便失却眞人. 人而非眞, 全不復有初矣.(李贄,『焚書』卷 3「雜述」)

⑲ 대개 동심이란 것은 진실한 마음이다. 만약 동심을 가질 수 없다면, 이는 진실한 마음을 가질 수 없다는 말이 된다. 무릇 동심이란 것은 거짓을 끊어버린 순진함으로, 사람이 가장 처음 갖게 되는 본심이다. 만약 동심을 잃게 되면 곧 진심을 잃게 되고, 진심을 잃게 되면 진실한 인간성도 잃어버리게 된다. 사람으로서 진실하지 않으면 최초의 본마음을 절대 회복할 수 없을 것이다.

• 동여신회 動與神會

수시로 마음을 집중하여 신묘함을 터득한다.

⑩ 陸公參靈酌妙, 動與神會, 筆迹勁利, 如錐刀焉.(張彦遠,『歷代名畫記』)

⑲ 육탐미(陸探微)는 신령(神靈)과 통하여 미묘함을 얻어냈고, 수시로 마음을 집중하여 신묘함을 터득했다. 필치는 웅건하면서도 유려하니, 마치 송곳과 같았다.

• 동용일상 動用逸常

붓의 움직임이 상궤(常軌)를 벗어난다.

⑩ 麴庭與白雲尊師氣象幽妙, 俱得其元, 動用逸常, 深不可測.(荊

浩,『筆法記』)
- 역 국정(麴庭)과 백운존사(白雲尊師)는 모두 기상이 그윽하고 오묘한 동시에 그림의 근본 이치를 터득하고 있어, 붓의 움직임이 상궤(常軌)를 벗어나니 그 깊이를 헤아릴 수 없다.

- **동장철벽** 銅牆鐵壁

  틈이 없는 철옹성을 가리키는 말로, 매우 충실함을 뜻한다.

  - 예 詩質要如銅牆鐵壁, 氣要如天風海濤.(劉熙載,『藝槪』「詩槪」)
  - 역 시의 내면은 매우 충실하여 틈이 없는 철옹성과 같아야 한다. 시의 기운(氣韻)은 매우 웅장하고 막힘이 없어 마치 하늘의 바람이 바다 물결을 일으키는 것과 같아야 한다.

- **득경득구** 得景得句

  눈에 보이는 대로 경물(景物)을 시로 쓴다.

  - 예 只於心目相取處得景得句, 乃爲朝氣, 乃爲神筆.(王夫之,『唐詩評選』卷3 張子容「泛永嘉江日暮回舟」)
  - 역 마음속에 느끼는 대로, 눈으로 보이는 대로 경물(景物)을 시로 쓰면 생기(生氣)도 많고 매우 신묘하다.

- **득수응심** 得手應心

  (1) 〈자연의 도(道)가〉 손을 통해 마음과 만난다.

  - 예 蔡邕聞弦而知殺心, 鐘子聽弦而知流水, 師曠聽弦而識南風之不兢, 蓋自然之道, 得手應心. 其妙固若此也.(李贄,『焚書』卷5「讀史·琴賦」)
  - 역 채옹(蔡邕)은 거문고 소리를 듣자 연주자에게서 살기를 느꼈고, 종자기(鍾子期)는 거문고 소리를 듣고 거침없이 흐르는 물을 느꼈으며, 사광(師曠)은 거문고 소리를 듣고 남풍(南風) 덕분에 싸움이 일어나지 않을 것임을 알 수 있었다. 대개 자연의 도(道)가 손을 통해 마음과 만

나면 그 오묘한 경지가 본디 이와 같은 것이다.

(2) 고도의 숙련된 기교로 인하여 마음과 손이 하나가 된다.

- 古人彈琴, 吟揉掉注, 得手應心.(張岱, 『瑯嬛文集』「與何紫翔」)
- 고인(古人)이 거문고를 탈 때는 음(吟)·유(揉)·도(掉)·注(주) 등의 수법을 마음과 손이 하나가 되도록 연습했다.

• **득심응수** 得心應手

마음으로 터득한 바를 손으로 그려냄을 말한다.

- 此乃得心應手, 意到便成, 故造理入神, 迥得天意.(沈括, 『夢溪筆談』卷17「書畫」)
- 이 그림은 마음으로 터득한 바를 그려낸 것으로, 의취(意趣)가 있어 완성시킨 터라 입신(入神)의 경지에 이르고 천리(天理)를 터득한 작품이다.

• **득어망전** 得魚忘筌

원래의 목적인 물고기를 잡았으면, 그 목적을 이루기 위한 방법으로서의 통발은 잊어버리라는 말이다. 통발이니 올가미니 말[言語]이니 하는 것은, 물고기나 토끼나 의사표현을 위한 하나의 방법이다. 장자(莊子)의 주문은 형식에 얽매이지 말고 방법에 구애받지 말고 수단에 집착하지 말고, 본질이니 근본이니 하는 데에 사유의 끈을 놓치지 말라는 것이다. 자득하는 사람은 외부의 물상(物象)이나 형식에 관여하지 않는다.(2006, p. 91 참조)

- 筌者所以在魚, 得魚而忘筌; 蹄者所以在兔, 得兔而忘蹄; 言者所以在意, 得意而忘言.(『莊子』「外物」)
- 통발이란 것은 물고기를 잡는 도구이지만, 물고기를 잡고 나면 통발을 잊게 된다. 올가미란 것은 토끼를 잡는 기구이지만, 토끼를 잡고 나면

올가미를 잊게 된다. 말[言]이란 것은 뜻을 표현하는 수단이지만, 뜻을 드러내고 나면 말을 잊게 된다.

- **득의망언** 得意忘言

  본질인 의미를 알았으면 그 의미를 담고 있는 형식으로서의 언어에 얽매어선 안 된다는 말이다. 『장자(莊子)』「외물(外物)」에 나온다. 득의망언은 장자(莊子)의 중요한 철학명제이자 미학명제이다. 형식에 얽매이지 말고 방법에 구애받지 말고 수단에 집착하지 말고, 본질이니 근본이니 하는 데에 사유의 끈을 놓치지 말라는 장자(莊子)의 주문이다. 장자는 "말에서 정작 중요한 것은 뜻이다.["語之所貴者, 意也."(『莊子』「天道」)]라고 하였듯이 뜻이 언어보다 중요하다고 생각하였다.(2006, p. 91 참조)

  예 當仁者得意忘言, 罕陳其要.(孫過庭, 『書譜』)
  역 이러한 오묘한 이치를 터득한 이는 글씨를 다 쓴 다음엔 그 글씨의 형식을 잊게 되나니, 그래서 서법의 요령을 말하는 경우가 거의 없다.

- **득자천기** 得自天機, **출어령부** 出於靈府

  스스로 천지조화의 비밀을 터득하여 타고난 마음에서 우러나오는 것을 말한다.

  예 故楊氏不能授其師, 輪扁不能傳其子, 繫乎得自天機, 出於靈府也.(郭若虛, 『圖畫見聞志』「敘論」)
  역 그 때문에 양씨(揚氏)가 그 스승에게 배울 수 없었고, 윤편(輪扁)이 그 자식에게 전할 수 없었던 것이다. 그림은 스스로 천지조화의 비밀을 터득하여 타고난 마음에서 우러나오는 것이다.

- **득지심응지수** 得之心應之手

마음속의 경지가 편안하고 한가로우며 말쑥하고 수려해지면, 이러한 자연스러운 정취가 자연스럽게 연주하는 손으로 드러난다.

- 例 臨緩則將舒緩而多韻, 處急則猶運急而不乖, 有一種安閑自如之景象, 盡是瀟灑不群之天趣. 所爲得之心, 而應之手.(徐上瀛, 『溪山琴況』)
- 역 느리게 연주해야 할 데서 서서히 하면 온화하고 우아한 맛이 날 것이고, 빠르게 연주해야 할 데서 서두르면 급하더라도 난잡하지는 않을 것이다. 그 안에 저절로 편안하며 한가롭고 태연자약한 기세와 말쑥하고 수려하며 자연스러운 정취가 드러날 것이다. 이것이 바로 마음속에 갖고 있는 경지가 자연스럽게 연주하는 손으로 드러난다는 것이다.

• **등당입실 登堂入室**

"승당입실(升堂入室)"과 같은 말이다. 고대 궁실(宮室)의 앞을 당(堂)이라 하고 뒤를 실(室)이라 한다. 따라서 먼저 당에 이르고 다음으로 실에 들어가는 것이다. 이로써 학문이나 기예의 깊이를 비유하는 말이 되었다. 입실(入室)은 가장 상등(上等)이고 등당(登堂)은 그 아래 차등(次等)을 의미한다. 이 말의 출전은 『논어(論語)』「선진(先進)」("由也升堂矣, 未入於室也.")이다.

- 例 如孔氏之門用賦也, 則賈誼登堂, 相如入室矣, 如其不用何!"(班固, 『漢書』「藝文志」)
- 역 만약 공자(孔子)의 문인제자(文人弟子)가 부를 지었다면 가의(賈誼)는 차등(次等)이고 사마상여는 상등(上等)일 것이나, 어찌하랴 그들이 부(賦)를 짓지 않은 것을!

ㅁ

- **만 慢**

  사고가 면밀한 것을 말한다.

  예) 慢. 擧思閑詳曰慢.(竇蒙,『語例字格』)
  역) 만(慢): 사고가 면밀한 것을 일러 만(慢)이라 한다.

- **만물막비 萬物莫比**

  〈각양각색이라〉 만물은 서로 비교할 수 없다.

  예) 夫古今人民, 狀貌各異, 此皆自然妙有, 萬物莫比.(『法書要錄』 卷7「張懷瓘書斷上」)
  역) 고금(古今)의 사람은 생김새가 각양각색인데 이는 자연의 오묘한 이치이며, 만물은 서로 비교할 수 없는 것이다.

- **만연구각 萬緣俱卻**

  모든 세속적인 번잡한 생각을 없앤다.

  예) 及暝而息焉, 收吾視, 返吾聽, 萬緣俱卻, 嗒焉喪偶, 而後泉之變

態百出.(袁中道,『珂雪齋文集』卷6「爽籟亭記」)
- 역 그 후 날이 저물어가면서 마음이 점차 평정해졌는데, 나는 시선을 다른 곳으로부터 되돌리고 청각을 집중하여 모든 세속적인 번잡한 생각을 없애고 형태나 관념에서 벗어나는 경지에 들어갔다. 그 다음에 샘물의 흐름을 들어보니 비로소 그 소리의 다양한 모습이 나타나게 되었다.

- **망금제기** 望今制奇, **참고정법** 參古定法

현재를 바라보면서 새로운 것을 창조하고, 옛 전범을 참작하면서 방법을 정립한다.

- 예 變則其久, 通則不乏. 趨時必果, 乘機無怯, 望今制奇, 參古定法.(劉勰,『文心雕龍』「通變」)
- 역 변혁이 있어야 오래도록 이어질 수 있고, 전통과 회통하여야만 모자람이 없게 된다. 시대를 따르는 데에는 반드시 과단성이 있어야 하며, 기회를 탈 때에 두려워해선 안 된다. 현재를 바라보면서 새로운 것을 창조하고, 옛 전범을 참작하면서 방법을 정립한다.

- **망기고태** 忘其故態

예전의 구습(舊習)이나 이제까지의 기예(技藝)를 모두 잊는다.

- 예 段師敎康崑崙琵琶, 且遣不近樂器十餘年, 忘其故態.(張戒,『歲寒堂詩話』)
- 역 당대(唐代)의 저명한 악사(樂師) 단선본(段善本)은 강곤륜(康崑崙)에게 비파(琵琶)를 가르칠 때, 먼저 십 몇 년 동안 악기(樂器)에 접근하지 못하도록 하여 이제까지의 기예를 모두 잊도록 했다.

- **망성이후능언** 忘聲而後能言, **망필이후능서** 忘筆而後能書

입에서 반드시 소리를 잊는 지경에 이르러야 말할 수 있고, 손에서는 붓을 잊는 경지에 다다라야 글씨를 쓸 수 있다. 입에서 소리를 잊을 수 없으면 언어로 문장을 엮기 어렵고, 손에서 붓을 잊을 수 없으면 자유자재로 글자의 획을 나타내기 어려움을 뜻한다.

- 예 嬰兒生而導之言, 稍長而敎之書, 口必至於忘聲而後能言, 手必至於忘筆而後能書.(蘇軾,『蘇東坡集』續集 卷12「虔州崇慶禪院新經藏記」)
- 역 어린아이가 태어나면 말을 가르치고 조금 자라면 글씨를 가르친다. 입에서 반드시 소리를 잊는 지경에 이르러야 말할 수 있고, 손에서는 붓을 잊는 경지에 다다라야 글씨를 쓸 수 있다.

- **망소조술** 亡所祖述

누구에게 배운 바가 없을 정도로 천성을 타고났다.

- 예 董與展皆天王縱任, 亡所祖述.(李嗣眞,『續畵品錄』)
- 역 동백인(董伯仁)과 전자건(展子虔)은 모두 천성이 자유로운 성품을 타고나서 누구에게 배운 바가 없었다.

- **망유소위** 亡有所爲, **임운성상** 任運成像

고의로 작위(作爲)함이 없이 붓의 움직임에 맡겨 저절로 형상을 이루어낸다.

- 예 神者, 亡有所爲, 任運成像.(荊浩,『筆法記』)
- 역 신(神)이란, 고의로 작위(作爲)함이 없이 붓의 움직임에 맡겨 저절로 형상을 이루어내는 것을 말한다.

- **망적지적** 忘適之適

넉넉하고 편안하다는 느낌조차 자각지 못하는 경지의 쾌적함["忘適之適], 혹은 넉넉하고 편안함이 쾌적함인지도 느끼지 못할 정도의 홀가분한 경지[忘"適之適"]를 말한다.

- 예 知忘是非, 心之適也; 不內變, 不外從, 事會之適也. 始乎適而未嘗不適者, 忘適之適也.(『莊子』「達生」)

㊜ 사람의 지혜가 시비의 판단을 잊게 된다면, 그것은 마음이 대상과 하나로 융화되어 있기 때문이리라. 안에 있는 마음이 바뀌지 않고 외부의 사물에도 영향을 받지 않게 되니, 만사만물과의 응대에 엇나감이 있으랴. 이렇듯 내면의 심성이 또한 가지런하고 홀가분한 쾌적함을 이미 누리고 있으니, 그 어떤 불쾌에 연루될 수 있겠는가. 내가 누리고 있는 이 쾌적함이 쾌적인지 뭔지도 느끼지 못할 따름이다.

- **망정 忘情**

  희노애락(喜怒哀樂)의 정(情)이 없기에 연루되거나 구애받음이 없는 자유로운 상태를 말한다.

  ㊖ 忘情. 鵬鶚向風, 自成騫翥.(寶蒙, 『語例字格』)
  ㊜ 망정(忘情): 붕새와 물수리가 바람을 타고 자연스럽게 날아오른다.

- **망형득의 忘形得意**

  형상은 잊고 뜻을 터득해야 한다. 그림 창작과 감상의 요체로, 신운(神韻)을 느끼고 형상은 무시함을 말한다.

  ㊖ 古畵畵意不畵形, 梅詩詠物無隱情, 忘形得意知者寡, 不若見詩如見畵.(歐陽修, 『歐陽文忠公文集』 卷6, 「盤車圖」)
  ㊜ 옛 그림은 신운(神韻)을 드러내려고 했지 형사(形似)를 추구하지 않았다. 매요신(梅堯臣)의 시는 이 그림〈양포(楊褒)의 「반차도(盤車圖)」〉을 잘 묘사하였는데, 화가의 운치(韻致)를 온전히 드러냈다. 그림 감상의 요체는 신운을 느끼고 형상은 무시하는 데 있는데, 이를 이해할 수 있는 이가 아주 적다. 〈사람들이 이 그림을 이해하는 것이 모두 매요신만 못한데〉 매요신의 시를 읽으면 마치 시를 보는 것이 아니라 그림을 보는 듯하다.

- **멸적 滅跡**

  〈시를 지을 때〉 고친 흔적을 없애는 것을 말한다.

- 예) 滅跡. …… 白傅改詩, 不留一字.(袁枚,『小倉山房詩集』卷20)
- 역) 고친 흔적을 없앰. …… 백거이(白居易)는 시를 고치는 데 부지런하여, 심지어 원래 시를 한 글자도 남아있지 않게 고쳐버렸다.

• **명심현조 冥心玄照**

마음을 집중하여 그윽하게 바라본다.

- 예) 自非冥心玄照, 閉目深視, 則識不盡矣.(『法書要錄』卷4「唐張懷瓘文字論」)
- 역) 마음을 집중하여 그윽하게 바라보지 않으면 결국 알 수 없는 것이다.

• **명정 明淨**

밝고 맑은 경지를 말한다.

- 예) 明淨. 虛亭枕流, 荷花當秋. 紫葩的的, 碧潭悠悠.(黃鉞,『二十四畵品』)
- 역) 명정(明淨): 물 흐르는 시냇가의 빈 정자에 앉아 쉬면서 가을의 연꽃을 본다. 자줏빛 꽃은 찬란하고, 푸른 연못은 잔잔하다.

• **명정여장 明淨如糚**

밝고 깨끗하여 단장한 듯하다.

- 예) 眞山水之烟嵐, 四時不同; 春山澹冶而如笑, 夏山蒼翠而如滴, 秋山明淨而如糚, 冬山慘淡而如睡.(郭熙,『林泉高致』「山川訓」)
- 역) 실경(實景) 산수의 안개와 이내도 계절마다 같지 않다. 봄산에서는 담박하고 온화하여 웃는 듯하고, 여름산에서는 싱싱하고 푸르러 물에 젖은 듯하고, 가을산에서는 밝고 깨끗하여 단장한 듯하고, 겨울산에서는 처량하고 스산하여 자고 있는 듯하다.

• **명합천구 冥合天矩**

우주자연의 자연스럽고 오묘한 법도와 은연중에 합치된다.

- 率爾私心, 冥合天矩, 觀其逸志, 莫之與京.(『法書要錄』 卷8 「張懷瓘書斷中」)
- 솔직한 개성이 천연의 법도와 은연중에 합치되었으며, 세속을 초월한 그의 뜻을 보면 세상에 그와 견줄만한 이가 없었다.

- **명회 冥會**

작품이나 논설의 정수(精髓)를 깊이 터득함을 말한다.

- 至論其等, 則又必以無心而冥會者爲貴.(朱熹, 『朱文公集』 卷76 「楚詞後語目錄序」)
- 〈후세에 「초사(楚辭)」를 모방한〉 작품의 수준으로 말하면, 무심(無心)으로 모방하여 〈「초사」의〉 정수를 터득한 작품이 가장 훌륭하다.

- **모연용빈 貌姸容矉**

얼굴이 예쁘면 찡그려도 용납된다. 여기서는 본질을 파악하면 법도가 중요한 것은 아니라는 뜻이다.

- 貌姸容有矉, 璧美何妨橢.(蘇軾, 『蘇東坡集』 前集 卷1 「和子由論書」)
- 얼굴이 예쁘면 찡그려도 용납될 것이며, 옥이 아름답다면 가늘고 긴 모양인들 거리낄 것이 있겠는가?

- **목격도존 目擊道存**

한 번 보기만 하여도 도(道)를 지니고 있음을 알 수 있으니, 그것을 알고자 굳이 언어의 설명이 필요 없다는 것이다. 깨달음의 훌륭함을 형용한 말이다. 심미 역시 순간적인 감촉으로부터 얻어지는 것이니, 직관을 통해 사물의 심미적 본질은 체득된다. 『장자(莊子)』 「전자방(田子方)」에 제기된 심미명제이다.

⑩ 雖其目擊道存, 尚或心迷義舛.(孫過庭,『書譜』)
㉭ 비록 오성(悟性)이 뛰어나 한 번 보면 바로 도리를 깨닫는 정도라 해도 혹여 마음속에 미혹이 있으면 언사(言辭)에 그릇됨이 있게 된다.

목기심기 目寄心期

바깥의 경물(景物)이 눈으로 들어와서 마음에 닿는다. 심흉(心胸)의 도야(陶冶)나 기상(氣象)을 기르는 데 자연경물을 대하는 것이 중요함을 말한다.

⑩ 然物情所逗, 目寄心期, 似意在筆先. 庶幾描寫之盡哉!(計成,『園冶』卷3)
㉭ 그런데 경물(景物)은 눈으로 들어와서 마음에 닿는 것이니, 이는 마치 마음이 붓보다 먼저인 것과 같다. 그러니 어찌 완전히 묘사할 수 있겠는가?

목목황황 穆穆皇皇

온화하고 장중한 것을 말한다.

⑩ 言語之美, 穆穆皇皇; 朝廷之美, 濟濟翔翔; 祭祀之美, 齊齊皇皇.(『禮記』「少儀」)
㉭ 언어의 아름다움은 온화하고 장중한 것이요, 조정(朝廷)의 아름다움은 위의(威儀)가 있고 공경하는 것이고, 제사의 아름다움은 공손하고 삼가는 것이다.

목소 穆少

삼가고 겸양함을 말한다.

⑩ 世目杜弘治標鮮, 季野穆少.(劉義慶,『世說新語』「賞譽」)
㉭ 세상 사람들이 두홍치(杜弘治: 杜乂)를 평해서는 아주 깨끗하다고 하고, 계야(季野: 褚裒)를 평해서는 삼가고 겸양한다고 했다.

- **몽매 蒙昧**

  몽롱(朦朧)·미몽(迷濛)과 같은 뜻으로, 인식·식별·분별·구분 등이 있기 전의 혼돈과 황홀의 경지를 말한다.

  ㉠ 測山川之形勢, 度地土之廣遠, 審峰嶂之疏密, 識雲煙之蒙昧.(石濤,『畵語錄』「山川章 第8」)
  ㉡ 산천의 형세를 살피고, 토지의 드넓음을 헤아리며, 늘어선 봉우리의 소밀을 자세히 둘러보고, 운무(雲霧)의 몽롱함을 식별한다.

- **묘 妙**

  (1) 미(美)와 비교했을 때 좀 더 내재적이고 함축적인 의미가 있다. 그렇기에 묘는 미보다 더 높은 경지의 미학범주라 할 수 있다. 묘는 『노자(老子)』·『역전(易傳)』·『장자(莊子)』 등에서 아주 중요한 철학적 개념으로 쓰이다가, 한대(漢代)에 이르러 작가와 작품에 대한 심미평가의 항목으로 쓰이면서 미학범주가 되었다. 묘는 유한한 물상을 초월하는 것["妙在象外"]이자 언어로 파악할 수 없는 것["妙不可言"]이다. 묘는 보기 좋고 화려하며 기이하다는 등의 의미를 훨씬 뛰어넘으며, 도(道)·무(無)·자연 등과 밀접하게 연관되는 것이다.(2008, p. 135 참조)

  ㉠ 同自然之妙有, 非力運之能成.(孫過庭,『書譜』)
  ㉡ 〈이러한 신기한 오묘함은〉 대자연의 천변만화와 다를 바 없으니, 아무래도 사람의 힘으로 이룰 수 있는 것이 아닌가 보다.

  (2) 자미(滋味)가 무궁무진한 것을 말한다.

  ㉠ 妙. 百般滋味曰妙.(竇蒙,『語例字格』)
  ㉡ 묘(妙): 자미(滋味)가 무궁무진한 것을 일러 묘(妙)라 한다.

  (3) 적의(適宜)의 오묘함을 말한다.

㉠ 今人論詩, 動言貴厚而賤薄, 此亦耳食之言. 不知宜厚宜薄, 惟以妙爲主.(袁枚,『隨園詩話』卷4)
㉡ 오늘날의 사람들은 시가(詩歌)를 평론할 때 걸핏하면 말하길, 중후(重厚)한 것은 좋고 경박(輕薄)한 것은 안 좋다고 한다. 그러나 이는 정통한 말이 아니다. 어떤 것이 중후이고 어떤 것이 경박이니 하는 따위의 말을 쉽게 해서는 안 된다. 다만 묘(妙)를 위주로 시를 논해야 한다.

(4) 천지만물의 성정(性情)을 잘 살펴 외면의 문채와 내면의 이치를 법도에 맞추어 온갖 형태를 이루어내는 것을 말한다.

㉠ 神者, 亡有所爲, 任運成像. 妙者, 思經天地, 萬類性情, 文理合儀, 品物流筆.(荊浩,『筆法記』)
㉡ 신(神)이란, 고의로 작위(作爲)함이 없이 붓의 움직임에 맡겨 저절로 형상을 이루어내는 것을 말한다. 묘(妙)란, 천지만물의 성정(性情)을 잘 살펴 외면의 문채와 내면의 이치를 법도에 맞추어 온갖 형태를 이루어내는 것을 말한다.

- **묘경 妙境**

묘격(妙格) 혹은 묘품(妙品)을 가리키는 말이다. 자신만의 개성을 드러내는 경지이다.

㉠ 盡得師法, 律度備全, 猶是奴書, 然須自此入. 過此一路, 乃涉妙境, 無跡可窺, 然後入神.(『補筆談』卷2「藝文」)
㉡ 스승의 서법(書法)을 완전히 터득하고 법도와 규율을 완전히 갖추었으나 자기만의 것이 없다면 모방만 한 글씨와 같다. 하지만 시작은 반드시 법도로부터 들어서야 한다. 이 과정을 거치면 곧 자신만의 개성을 드러내는 묘격(妙格)에 이르게 되고, 마침내 스승의 흔적을 볼 수 없게 되면 비로소 신격(神格)의 경지에 들어서게 된다.

- **묘기기미 妙機其微**

마음으로 은은하게 천기(天機)와 묘합(妙合)한다.

- 예 素處以默, 妙機其微, 飮之太和, 獨鶴與飛.(司空圖,『詩品二十四則』)
- 역 담박한 곳에 조용히 처하여 마음으로 은은하게 천기(天機)와 묘합(妙合)한다. 음양(陰陽)이 회합(會合)한 태화(太和)의 원기(元氣)를 마시며, 한 마리 학을 타고 하늘 밖으로 날아다닌다.

• **묘리의인** 妙理宜人

묘리(妙理)가 인심(人心)과 합한다.

- 예 妙理宜人入肺肝.(王若虛,『滹南遺老集』卷45「論詩詩」)
- 역 묘리(妙理)가 인심(人心)과 합하니 뜻이 폐부(肺腑)로 들어간다.

• **묘재능회** 妙在能會, **신재능리** 神在能離

묘격(妙格)은 터득하는 데 있고 신격(神格)은 벗어나는 데 있다. 만약 옛사람들의 기법을 완전히 터득하면 작품이 아주 정묘해지며 옛사람의 영향에서 완전히 벗어날 수 있으면 스스로의 풍격이 있게 되어 그의 작품은 신품(神品)이 된다는 말이다.

- 예 蓋書家妙在能會, 神在能離. 所欲離者, 非歐·虞·褚·薛諸名家伎倆, 直欲脫去右軍老子習氣, 所以難耳.(董其昌,『畵禪室隨筆』卷1「評法書」)
- 역 서예가가 만약 옛사람들의 기법을 완전히 터득하면 작품이 아주 정묘해진다. 또 옛사람의 영향에서 완전히 벗어날 수 있으면 스스로의 풍격이 있게 되어 그의 작품은 신품(神品)이 된다. 여기서 버려야 할 것은 구양순(歐陽詢)·우세남(虞世南)·저수량(褚遂良)·설직(薛稷) 등의 기법상 모범이 아니라 왕희지(王羲之) 등의 정신적 영향〈대가에 대한 추앙〉이다. 그래서 아주 어려운 것이다.

• **묘탈천공** 妙奪天工

교탈천공(巧奪天工)과 같은 말로, 기예가 궁극의 경지에 이르렀음을 뜻한다.

- 例 一用史法, 則相感不在永言和聲之中, 詩道廢矣. 此"上山采蘼蕪"一詩所以妙奪天工也.(王夫之, 『古詩評選』 卷4 「古詩」)
- 역 만약 역사책을 창작하는 기법으로 시를 지으면, 완곡하고 의미가 심장하여 일창삼탄(一唱三歎)의 감동적인 효과가 없게 되어 시도(詩道)도 사라지게 될 것이다. 이것이 바로 "산에 올라가서 미무(蘼蕪)를 따다."라는 시를 교탈천공(巧奪天工)으로 평가하는 이유이다.

- **묘품** 妙品

기교가 더해지다. 초일(超逸)에 다다른 경지를 말한다.

- 例 悅性弄情, 工而入逸, 斯爲妙品.(徐渭, 『徐文長集』 卷17)
- 역 넉넉한 기쁨이 차올라 기교를 더 하다 마침내 초일(超逸)의 경지까지 이르게 되면, 이는 묘품(妙品)에 해당한다.

- **묘풍죽곡** 描風竹哭

대나무 우는 소리를 그린다는 뜻으로, 겉으로 보이는 형상만이 아니라 그 물상(物象)의 기상(氣象)과 신령(神靈)을 그려내야 함, 즉, 형사(形似)가 아닌 신사(神似)가 중요함을 말한다.

- 例 若個能描風竹哭, 古云畫虎難畫骨.(徐渭, 『徐文長集』 卷5 「附畫風竹於箑送子甘題此」)
- 역 세상에 몇 사람이나 대나무 우는 소리를 그릴 수 있겠는가? 그래서 옛사람이 호랑이를 그리는 것은 쉽지만 그 기개를 그리는 것은 어렵다고 했겠지.

- **묘합무은** 妙合無垠

오묘함과 결합하여 경계가 없어진다.

- 例 神於詩者, 妙合無垠. 巧者則有情中景, 景中情.(王夫之, 『薑齋詩

話』卷2)
- 🔖 시(詩)가 신기(神奇)한 것은 오묘함과 결합하여 경계가 없어진 것이요, 교묘한 것은 정(情) 안에 경(景)이 있고 경 안에 정이 있어 그런 것이다.

- **묘합화권** 妙合化權

  자연의 조화(造化)와 오묘하게 합치된다.

  - 🔖 大凡畫藝, 應物象形, 其天機迥高, 思與神合. 創意立體, 妙合化權.(黃休復, 『益州名畫錄』)
  - 🔖 대체로 그림의 기예(技藝)는 사물에 따라 그 모습을 본뜨는 것이다. 타고난 재기(才氣)가 월등하게 높아 구상이 정신과 합치된다. 창의적으로 새로운 화체(畫體)를 세우면, 자연의 조화와 묘하게 합치될 것이다.

- **무** 武

  필세(筆勢)의 표현이 보여주는 기세(氣勢)를 말한다.

  - 🔖 武. 回戈挽弩, 拉虎挐豹.(竇蒙, 『語例字格』)
  - 🔖 무(武): 창을 휘두르고 활을 당겨 호랑이와 표범을 잡는 듯하다.

- **무** 茂

  서적(書跡) 바깥으로 정취가 무궁한 것을 말한다.

  - 🔖 茂. 字外精多曰茂.(竇蒙, 『語例字格』)
  - 🔖 무(茂): 서적(書跡) 바깥으로 정취가 무궁한 것을 일러 무(茂)라 한다.

- **무간선번** 務簡先繁, **욕결거소** 欲潔去小

  간단한 것을 이루기 위해서는 복잡한 것부터 시작하고, 순수한 것을 원하면 작은 것을 버리라는 말이다.

  - 🔖 務簡先繁, 欲潔去小. 人方辭費, 我一筆了.(黃鉞, 『二十四畫品』)

🕮 간단한 것을 이루기 위해서는 복잡한 것부터 시작하고, 순수한 것을 원하면 작은 것을 버려라. 다른 사람들은 말만 하지 실행하지 않으나, 나는 다만 한 획에 집중한다.

• **무간심수** 無間心手

마음과 손 사이에 간격이 없어 손과 마음이 하나가 된다. 심수쌍창(心手雙暢)·심수회귀(心手會歸)·심오수종(心悟手從) 등과 같은 표현이다.

📖 無間心手, 忘懷楷則.(孫過庭,『書譜』)
🕮 사색과 연습을 꾸준히 하여 마음과 손이 하나가 되고 기존의 서예 법칙을 모두 잊어 그 어디에도 구속되지 않는다.

• **무간어외** 無間於外, **무식어내** 無息於內

사물에 대한 감수(感受)는 외계(外界)와 단절이 있어서도 안 되며, 또한 내면에서 끊임없이 솟아나야 한다.

📖 畫者必尊而守之, 强而用之, 無間於外, 無息於內.(石濤,『畫語錄』「尊受章 第4」)
🕮 〈이러한 감수(感受)는〉 그림을 그리는 사람이라면 반드시 존중하고 견지해야 할 뿐 아니라, 그것을 강화하고 운용해야 한다. 〈이 감수는〉 외계(外界)와 단절이 있어서도 안 되며, 또한 내면에서 끊임없이 솟아나야 한다.

• **무경** 無景

경치를 묘사했으되 그 경치에 아무런 묘미가 없음을 말한다.

📖 情景一合, 自得妙語. 撐開說景者, 必無景也. (王夫之,『明詩評選』卷5 沈明臣「渡峽江」)
🕮 정감과 경치가 서로 융합할 때 아름답고 묘한 시 구절이 나타난다. 만

약 경치만 묘사한다면 그 묘사도 맛이 없을 것이다.

- **무공가견** 無工可見, **무적가심** 無迹可尋

  인공(人工)의 흔적을 찾아볼 수 없다.

  - 盛唐絶句, 興象玲瓏, 句意深婉, 無工可見, 無迹可尋.(胡應麟, 『詩藪』「內編」卷6)
  - 성당(盛唐)의 절구(絶句)는 흥상(興象)이 영롱하고, 구(句)의 뜻은 매우 온유하여 인공(人工)의 흔적을 찾아볼 수 없다.

- **무금무고** 無今無古

  고인(古人)을 법 삼은 것도 아니고 금인(今人)을 법 삼은 것도 아니다. "무고무금(無古無今)"도 같은 내용이며, 기본적으로는 전무후무(前無後無)라는 뜻이다.

  - 畵到天機流露處, 無今無古寸心知.(『鄭板橋集』「補遺」)
  - 내가 자연의 의기(意氣)를 그려내는 데는 고인(古人)을 법 삼은 것도 아니고 금인(今人)을 법 삼은 것도 아니다. 이는 오직 나만이 안다.

- **무리여해** 無利餘害

  드러나지 않게 예리함을 살려야 한다.

  - 書能入流, 含於和氣, 宛與理會, 曲若天成, 刻角耀鋒, 無利餘害.(『書法鉤玄』卷2「張懷瓘評書」)
  - 서예가 어느 정도의 경지에 들어설 수 있으려면, 음양의 두 기(氣)가 조화를 이루어야 하며, 용필과 법도가 회통(會通)해야 하고, 운필은 자유로워야 하며, 모서리는 붓끝이 선연해야 하고, 드러나지 않게 예리함을 살려야 한다.

- **무미** 斌媚

곱고 부드러우며 아름다운 것을 말한다.

- 예 唐太宗曰:"人言魏徵崛強, 朕視之更覺嫵媚耳."(張岱, 『琅嬛文集』「跋徐青藤小品畫」)
- 역 당태종(唐太宗)이 말했다. "사람들은 위징(魏徵)이 우직하고 굳세다고 말하지만, 내가 느끼기엔 오히려 곱고 부드러울 뿐이다."

- **무밀 茂密**

    (1) 무성하고 빽빽함을 말한다.

    - 예 蔡邕洞達, 鍾繇茂密. 余謂兩家之書同道, 洞達正不容針, 茂密正能走馬.(劉熙載, 『藝概』「書概」)
    - 역 채옹(蔡邕)은 유창하고 종요(鍾繇)는 빽빽하다. 나는 이 둘의 서예가 한 가지라고 생각한다. 유창함도 바늘 끝만큼의 틈을 허용하지 않으며, 빽빽함에도 또한 말이 달릴 수 있다.

    (2) 포백(佈白) 혹은 장법(章法)의 엄밀함을 말한다.

    - 예 豈非大字促令小, 小字展令大, 兼令茂密乎?(顔眞卿, 「述張長史筆法十二意」)
    - 역 큰 글자는 단속하여 조금 작게 쓰고 작은 글자는 펼쳐서 크게 하여 두 가지가 잘 어울리게 함을 말하는 것 아닌가?
    - 예 鍾繇書如雲鵠游天, 群鴻戱海, 行間茂密, 實亦難過.(『書法鉤玄』卷4「梁武帝評書」)
    - 역 종요(鍾繇)의 글씨는 마치 학이 하늘 위로 나는 듯하고 기러기가 바다 위로 떼 짓는 듯하다. 분행포백(分行佈白)이 엄밀하니, 실로 넘어설 수 없다.

- **무밀불번 茂密不繁**

    우거지고 빽빽하나 아무렇게나 뒤섞이지 않는다.

    - 예 樹豈有不入畫者, 特當收之生絹中, 茂密而不繁, 峭秀而不蹇,

即是一家眷屬耳.(董其昌, 『畫禪室隨筆』卷2「畫訣」)

🈎 나무에 어디 그림에 적합하지 않은 것이 있던가? 다만 화가가 비단에 그려낼 때 우거지고 빽빽하나 아무렇게나 뒤섞이지 않고 산뜻하나 차갑지 않으니, 나무와 그림은 같은 꼴인 것이다.

- **무불락즉지극락** 無不樂則至極樂

사물에 연루된 즐거움을 즐거움으로 여기지 않는 경지에 이르러야 진정한 즐거움이 있다. 이러한 즐거움이야말로 지극한 즐거움이다.

🈎 能至於無樂者, 則無不樂, 無不樂則至極樂矣.(『淮南子』「原道訓」)

🈎 사물에 연루된 즐거움을 즐거움으로 여기지 않는 경지에 이르러야 진정한 즐거움이 있는 것이다. 이러한 즐거움이야말로 지극한 즐거움이다.

- **무성지묘** 無聲之妙

소리가 멈춘 후에 여운이 끊임없이 이어지는 것으로, 소리 너머의 울림이란 오묘한 경지를 말한다.

🈎 至於弦聲斷而意不斷, 此政無聲之妙, 亮又不足以盡之.(徐上瀛, 『溪山琴況』)

🈎 〈거문고에서〉 소리가 멈춘 후에 여운이 끊임없이 이어지는 것은 무성(無聲)의 묘처인데, 이는 이미 양(亮)의 경지를 넘어선 것이다.

- **무성지악** 無聲之樂

소리 없는 음악이란 말로, 밤낮으로 애써 천명(天命)을 받들어 세상을 너그럽고 편안하게 하는 음악을 뜻한다.

🈎 子夏曰: "五至旣得而聞之矣, 敢問何謂三無?" 孔子曰: "無聲之樂, 無體之禮, 無服之喪, 此之謂三無."(『禮記』「仲尼閒居」)

㉭ 자하(子夏)가 물었다. "오지(五至)에 대해선 이미 들어 알겠습니다. 감히 묻건대, 그렇다면 무엇을 삼무(三無)라 하는 것입니까?" 공자(孔子)가 답하였다. "소리 없는 음악과 형체 없는 예(禮)와 복(服)이 없는 상(喪)이 삼무(三無)이다."

- **무성지음** 無聲之音

    무성(無聲)의 대음(大音)을 말한다. 노자(老子)가 말한 "대음희성(大音希聲: 진정한 음은 소리가 적다.)"의 경지를 뜻한다.

    ㉭ 非有獨聞之聽, 獨見之明, 不可議無聲之音, 無形之相.(『法書要錄』 卷4 「張懷瓘議書」)
    ㉭ 독특한 견문과 독창적인 견해가 없으면, 무성(無聲)의 대음(大音)과 무형(無形)의 대상(大象)을 의론할 수 없다.

- **무심자달** 無心自達

    의식하거나 의도함이 없이 저절로 도달한 경지를 말한다.

    ㉭ 老. 無心自達曰老.(竇蒙, 『語例字格』)
    ㉭ 노(老): 의식함이 없이 저절로 도달한 것을 일러 노(老)라 한다.

- **무아지경** 無我之境

    심미주체의 정신세계가 그저 어렴풋이 맴돌 뿐이니 자신의 감정이 투명하리만큼 엷은 색채로 묻어나는 정도의 경지이다. 이는 물(物) 자체의 본성으로 사물을 마주하는 것이므로 어떤 것이 나이고 무엇이 물(物)인지 모르는 경지이다.

    ㉭ 無我之境, 以物觀物, 故不知何者爲我, 何者爲物.(王國維, 『人間詞話』 3)
    ㉭ 무아지경(無我之境)은 사물의 입장에서 사물을 바라보므로 어느 것이 자아이고, 어느 것이 사물인지 모른다.

- **무의어문** 無意於文

    일부러, 억지로, 의도적으로 수식과 조탁을 가해 문장을 꾸미지 않는다.

    - 子美詩妙處, 乃在無意於文. 夫無意而意已至.(黃庭堅,『豫章黃先生文集』卷17「大雅堂記」)
    - 두보(杜甫) 시의 특징을 간단히 논하자면, 억지로 수식을 가해 문장을 꾸미지 않았다는 것이다. 그런데 설령 그가 고심해서 하지는 않았더라도 마음속의 뜻은 시에 충분히 드러났다.

- **무자인순** 無藉因循

    옛 법도에 의지하지 않는다.

    - 無藉因循, 寧拘制則.(『法書要錄』卷4「張懷瓘議書」)
    - 옛 법에 의지하지 않는데 법도에 구애받음이 있겠는가.

- **무적가규** 無跡可窺, **연후입신** 然後入神

    〈시작은 반드시 스승의 법도로부터 들어서야 하나〉 마침내 스승의 흔적을 볼 수 없게 될 때, 비로소 신격(神格)의 경지에 들어설 수 있다.

    - 盡得師法, 律度備全, 猶是奴書, 然須自此入. 過此一路, 乃涉妙境, 無跡可窺, 然後入神.(『補筆談』卷2「藝文」)
    - 스승의 서법(書法)을 완전히 터득하고 법도와 규율을 완전히 갖추었으나 자기만의 것이 없다면 모방만 한 글씨와 같다. 하지만 시작은 반드시 법도로부터 들어서야 한다. 이 과정을 거치면 곧 자신만의 개성을 드러내는 묘격(妙格)에 이르게 되고, 마침내 스승의 흔적을 볼 수 없게 되면 비로소 신격(神格)의 경지에 들어서게 된다.

- **무정질** 無定質

    고정된 형상은 없다는 것을 말한다.

- 예 蓋奇峯有定質, 不若夏雲之奇峯無定質也.(劉熙載,『藝槪』「書槪」)
- 역 일반적인 기봉(奇峯)은 정해진 형상(形狀)이 있으나 하운(夏雲)의 기봉은 고정된 형상이 없다.

• 무형지상 無形之相

무형(無形)의 대상(大象)을 말한다. 노자(老子)가 말한 "대상무형(大象無形: 진정한 상징은 형체가 없다.)"의 경지를 뜻한다.

- 예 非有獨聞之聽, 獨見之明, 不可議無聲之音, 無形之相.(『法書要錄』卷4「張懷瓘議書」)
- 역 독특한 견문과 독창적인 견해가 없으면, 무성(無聲)의 대음(大音)과 무형(無形)의 대상(大象)을 의론할 수 없다.

• 묵 墨

농담(濃淡)에 따라 물상을 자유자재로 표현하여 문채의 자연스럽기가 마치 붓으로 그린 것 같지 않도록 하는 것을 말한다.

- 예 筆者, 雖依法則, 運轉變通, 不質不形, 如飛如動. 墨者, 高低暈淡, 品物淺深, 文采自然, 似非因筆.(荊浩,『筆法記』)
- 역 필(筆)은 비록 법칙에 의거하지만 그 운용은 임기응변할 수 있어, 본질에 치우치지도 않고 형사(形似)에 치우치지도 않아 나는 듯 움직이는 듯한 운필을 말한다. 묵(墨)은 그 농담(濃淡)에 따라 물상을 자유자재로 표현하여 문채의 자연스럽기가 마치 붓으로 그린 것 같지 않도록 하는 것이다.

• 묵계신회 默契神會

묵묵히 정신으로 깨우쳐 어떻게 그러한지 알지 못하는 사이에 그렇게 된다.

- 例 如其氣韻, 必在生知, 固不可以巧密得, 復不可以歲月到, 默契神會, 不知然而然也.(郭若虛,『圖畫見聞志』「叙論」)
- 역 그 기운생동의 묘법만은 반드시 타고난 사람만이 할 수 있다. 이는 기교만 쌓는다고 얻을 수 있는 것이 아니며, 세월의 연마로 도달할 수 있는 것도 아니다. 묵묵히 정신으로 깨우쳐 어떻게 그러한지 알지 못하면서 그렇게 되는 것이다.

• **묵기** 墨氣

"묵(墨)"은 빛깔로 보면 검은 것이고, 사용하는 이로 보면 문인(文人)과 연관된다. 따라서 묵기(墨氣)는 현묘함과 문인의 운치, 즉 현기(玄氣)와 문기(文氣)를 함께 포괄하고 있다.

- 例 墨氣所射, 四表無窮, 無字處皆其意也.(王夫之,『薑齋詩話』卷2)
- 역 〈이 시(詩)에는〉 묵기(墨氣)가 사방에 흘러넘쳐 그 어느 글자에든 모두 의(意)가 서려있다.

• **묵좌정사** 默坐靜思

조용히 앉아 생각을 맑게 한다.

- 例 夫書先默坐靜思, 隨意所適, 言不出口, 氣不盈息, 沉密神彩, 如對至尊, 則無不善矣.(蔡邕,「筆論」)
- 역 글씨를 쓰려면 먼저 조용히 앉아 생각을 맑게 해야 한다. 편안하게 마음을 가다듬고 말을 하지 말며 심기를 고르게 하고, 또한 정신을 집중하기를 마치 황제(皇帝)를 대하듯 하면 곧 가장 좋게 준비가 이루어진 것이다.

• **문** 文

(1) 문채(文彩), 즉 무늬를 가리킨다.

- 例 夫物相雜謂之文. 布帛菽粟, 文也; 珠玉錦繡, 亦文也.(袁枚,『小

倉山房文集』卷19「答友人論文第二書」)

❹ 사물이 서로 뒤섞여 있는 것을 무늬라고 한다. 베·비단·콩·조 등도 무늬가 있고, 옥구슬과 수놓은 비단 역시 무늬를 가졌다.

(2) 몸의 외양과 외관에 나타나는 바를 말한다.

❺ 禮字卽是理字, 理之發見可見者謂之文, 文之隱微不可見者謂之理. 只是一物.(王守仁,『王文成公全書』卷1『語錄』「傳習錄上」)

❹ 예(禮)라는 글자는 곧 이(理)라는 글자이다. 이(理)가 발현하여 볼 수 있는 것을 문(文)이라 하고, 문(文)이 은미하여 보이지 않는 것을 일러 이(理)라고 하니, 이는 다만 하나의 물(物)일 뿐이다.

(3) 문식(文飾), 수식(修飾)으로 내보이는 내면적인 아름다움으로서의 문채(文采)를 말한다. 공자(孔子)가 "문질빈빈(文質彬彬)"을 말하면서 외면의 반듯함이란 뜻도 추가했다. 복장·몸가짐·말투·표정 등뿐 아니라, 더 나아가서 색의 종류 및 짙고 엷음·시간의 길고 짧음·각도의 높고 낮음·속도의 빠름과 늦음 등등 사람의 외양에 드러나고 이루어지는 일체의 것들을, 공자 혹은 유가는 "예(禮)"라는 이름으로 지극히 중시하였다. 그 이유는 손짓, 안색, 어투 등등 그 어느 하나 마음가짐과 따로 떨어진 것은 없다고 보았기 때문이다. 그러니 외양은 그 사람 내면의 반영이요, 내면의 덕을 쌓으면 그만큼 겉으로 드러나게 된다.

❺ 君子寬而不僈, 廉而不劌, 辯而不爭, 察而不激, 直立而不勝, 堅强而不暴, 柔從而不流, 恭敬謹愼而容: 夫是之謂至文.(『荀子』「不苟」)

❹ 군자는 너그럽지만 게으름 피우지 않고, 검소하지만 사람에게 해를 입히지 않으며, 말은 잘 하지만 다투지 않고, 잘 살펴 알지만 지나치지 않으며, 바르게 서지만 남을 이기려 들지 않고, 굳고 강하지만 포악하지 않으며, 부드럽고 잘 따르지만 세속에 휩쓸리지 않고, 공경하고 근신하

지만 포용력이 있다. 이러한 것을 일러 지극히 문채(文采)가 난다고 한다.

(4) "질(質)"과 상대적인 문식(文飾)을 말한다.

- 예) 逮及商周, 文勝其質, 「雅」・「頌」所被, 英華日新.(劉勰, 『文心雕龍』「原道」)
- 역) 상대(商代)와 주대(周代)에 이르러서 문식(文飾)이 앞 시대의 질박함을 넘어서게 되었고, 「아(雅)」와 「송(頌)」의 영향에 힘입어 문채의 아름다움이 날로 새로워졌다.

(5) 문장 등에 드러난 문채(文采) 혹은 수식(修飾)을 말한다.

- 예) 德林與吾言終日, 言文而不及理.(王通, 『文中子』「王道」)
- 역) 이덕림(李德林)과 내〈문중자(文中子)〉가 온종일 얘기했는데, 모두 시문(詩文)의 문채(文采) 같은 형식 문제만 들었을 뿐 문장이 함축하는 도리(道理)에 대해 담론하지 못했다.

(6) 문장을 말한다.

- 예) 人文之元, 肇自太極, 幽讚神明, 『易』象惟先.(劉勰, 『文心雕龍』「原道」)
- 역) 인간 사회의 문장(文章)은 태극(太極)에서 연원한다. 자연의 신묘한 이치를 깊이 통찰한 것은 『역경(易經)』의 괘상(卦象)이 최초이다.

- **문귀명도 文貴明道**

글을 짓는 데엔 도(道)를 밝히는 것이 중요하다.

- 예) 卽爲高論者, 以謂文貴明道, 何取聲情色采以爲愉悅!(章學誠, 『文史通義』內篇2「原道下」)
- 역) 고담준론(高談峻論)을 하는 자는 글을 짓는 데엔 도를 밝히는 것이 중요하다는 말을 하면서도, 어떻게 하면 좋은 소리와 아름다운 색깔이 마음을 즐겁게 할까를 따진다.

- **문기리정 文奇理正**

    문장이 풍격과 언사(言辭)면에서는 평상과 다르고 범속을 초월하며, 내용면에서는 이치의 아정(雅正)을 표현해야 한다.

    - 예) 使文奇而理正, 是尤難也.(皇甫湜,『皇甫持正集』卷4「答李生第二書」)
    - 역) 만약 어느 한 문장이 〈풍격과 형식면에서〉 평상과 다르고 범속을 초월했을 뿐 아니라 또한 〈내용면에서〉 이치의 순정함까지 표현하고 있다면, 이는 아주 해내기 어려운 일이다.

- **문부질 文附質, 질대문 質待文**

    문(文)은 질(質)을 따르고, 질 또한 문을 필요로 한다. 문질빈빈(文質彬彬)을 말한다.

    - 예) 夫水性虛而淪漪結, 木體實而花萼振, 文附質也, 虎豹無文, 則鞟同犬羊; 犀兕有皮, 而色資丹漆, 質待文也.(劉勰,『文心雕龍』「情采」)
    - 역) 무릇 물이 흐르기에 거기서 잔잔한 물결이 일어나고, 나무는 근간이 튼튼해야 꽃이 활짝 피어난다. 이는 곧 문(文)이 그 질(質)을 따른다는 점을 말해준다. 한편 호랑이나 표범의 가죽에 무늬가 없다면 이는 개나 양의 가죽과 다를 바가 없는 것이며, 무소의 가죽도 색을 입혀야 갖옷을 만들 수 있는 것이니, 이는 질(質) 또한 문(文)을 필요로 하는 것임을 말해준다.

- **문상전실 文尚典實, 시귀청공 詩貴淸空**

    문(文)은 사실적 전고(典故)를 중요하게 여기고, 시(詩)는 허령한 신운(神韻)을 귀하게 생각한다.

    - 예) 詩與文體迥不類. 文尚典實, 詩貴淸空; 詩主風神, 文先理道.(胡應麟,『詩藪』「外編」卷1)
    - 역) 시(詩)와 문(文)은 그 체재가 아주 다르다. 문(文)은 사실적 전고(典故)

를 중요하게 여기고, 시(詩)는 허령한 신운(神韻)을 귀하게 생각한다. 또 시(詩)는 풍신(風神)을 주로 하고, 문(文)은 이치를 우선한다.

- **문소미문** 聞所未聞, **견소미견** 見所未見

  이전에 들어보지 못한 것을 듣고 이전에 본 적이 없는 것을 본다. 연극 감상의 묘미를 형용한 말이다.

  - ㉠ 演新劇如看時文, 妙在聞所未聞, 見所未見. 演舊劇如看古董, 妙在身生後世, 眼對前朝.(李漁,『閑情偶寄』「演習部·變舊成新」)
  - ㉡ 새로운 극(劇)을 연기하는 것을 현재의 문장을 보는 것처럼 하면, 이전에 들어보지 못한 것을 듣고 이전에 본 적이 없는 것을 보는 묘미가 있다. 옛날 극을 연기하는 것을 골동품을 보는 것처럼 하면, 자신은 후세에 살지만 앞 시대를 볼 수 있는 묘미가 있다.

- **문약이섬** 文約理贍

  문장이 간결하고 이론이 풍부하다.

  - ㉠ 貴使文約理贍, 迹顯心通.(孫過庭,『書譜』)
  - ㉡ 가장 중요한 것은 문장이 간결하고 글의 뜻이 이치에 맞아야 하며, 사람들이 한 번 보면 바로 이해할 수 있어야 한다.

- **문이기위주** 文以氣爲主

  문장을 쓰는 것은 주로 문기(文氣)에 의거한다. 조비(曹丕) 이전에 맹자(孟子)가 양기(養氣)를 말했고, 장형(張衡)이 원기(元氣)를 말했지만, 문장과 연관해서 문기(文氣)를 말한 것은 조비(曹丕)가 처음이다. 문기(文氣)는 "행문지기세(行文之氣勢)"라 할 수 있다.

  - ㉠ 文以氣爲主, 氣之淸濁有體, 不可力强而致. 譬諸音樂, 曲度雖均, 節奏同檢, 至於引氣不齊, 巧拙有素.(曹丕,『典論』「論文」)
  - ㉡ 문장을 쓰는 것은 주로 문기(文氣)에 의거한다. 문기에는 청(淸)·탁

(濁)의 두 가지가 있는데, 억지로 그것을 바꿀 수는 없다. 예컨대 음악을 보더라도 곡조도 같고 절주도 같지만 운(韻)이 같지 않기 때문에 뛰어남과 졸렬함이 갈리게 된다.

- **문이명도** 文以明道

  문장으로 도(道)를 밝힌다, 혹은 문장이 도를 밝히기 위한 것이라는 뜻이다. 유가미학적 문예관의 전형이다.

  - 예) 始吾幼且少, 爲文章以辭爲工. 及長, 乃知文者以明道.(『柳宗元集』卷34「答韋中立論師道書」)
  - 역) 내가 어렸을 때는 문장을 씀에 언어의 조탁을 즐겨 하였다. 커서야 비로소 문장이란 도(道)를 밝히기 위한 것이란 점을 알게 되었다.

- **문이진이의유여** 文已盡而意有餘

  글이 이미 끝났는데도 뜻이 남은 것을 뜻하며, 흥(興)과 여운(餘韻)을 나타내는 말이다.

  - 예) 文已盡而意有餘, 興也; 因物喩志, 比也.(鍾嶸,「詩品序」)
  - 역) 글이 이미 끝났는데도 뜻이 남은 것을 흥(興)이라 한다. 다른 사물을 빌려 말하고자 한 뜻을 드러내는 것을 비(比)라 한다.

- **문인질립** 文因質立, **질자문선** 質資文宣

  문(文)은 질(質)에 의해 확립되어야 하고, 질은 문에 의해 표현되어야 한다.

  - 예) 文因質立, 質資文宣, 衰王之由, 何關於此!(王夫之,『古詩評選』卷5 蕭子良「登山望雷居士精舍同沈右衛過劉先生墓下作」)
  - 역) 문(文)은 질(質)에 의해 확립되어야 하고, 질은 문에 의해 표현되어야 한다. 시문이 쇠락해진 원인이 어찌 문채 때문이겠는가?

- **문장여조화쟁교 文章與造化爭巧**

    문장의 교묘함이 천지자연의 조화에 견줘도 손색이 없다.

    ㉠ 詩之爲巧, 猶畵工小筆爾, 以此知文章與造化爭巧可也.(歐陽修, 『歐陽文忠公文集』卷130, 「溫庭筠嚴維詩」)
    ㉡ 시라는 것의 정교함이 마치 화가가 그린 그림 속 형상에 사람이 있게 만드는 것과 같으니, 문장의 교묘함이 천지자연의 조화에 견줘도 손색이 없음을 알 수 있다.

- **문정 文情**

    문질(文質)을 가리킨다.

    ㉠ 以文滅情, 則失情; 以情滅文, 則失文; 文情理通, 則鳳麟極矣.(『淮南子』「繆稱訓」)
    ㉡ 문식(文飾)으로 내면의 정(情)을 제약하면 정을 잃게 되고, 정으로 문식을 제약하면 문식을 잃게 된다. 문(文)과 정(情)[質]이 조화롭게 소통하면 곧 봉황과 기린 같은 행운이 이를 것이다.

- **문즉원 文則遠, 무문즉불원 無文卽不遠**

    문장에 출중한 언어표현이 있게 되면 더 광범위하게 전해질 수 있고, 문장에 문채(文采)가 없으면 잘 전파될 수 없다. 『좌전(左傳)』양공(襄公)25년에 유관한 기사가 보인다. "言之無文, 行之不遠."

    ㉠ 文則遠, 無文卽不遠也.(皇甫湜, 『皇甫持正集』卷4「答李生第二書」)
    ㉡ 문장에 출중한 언어표현이 있게 되면 더 광범위하게 전해질 수 있으나, 만약 문장에 문채(文采)가 없으면 잘 전파될 수 없다.

- **문질 文質**

    여기서는 문(文)과 질(質)을 나타내는 말이 아니라, "바탕에 문식(文

飾)을 한다."는 뜻이다.

- 예 聖人, 文質者也, 車服以彰之, 藻色以明之, 聲音以揚之.(揚雄, 『揚子法言』「先知」)
- 역 성인(聖人)도 그 본바탕에 문식(文飾)을 더한 사람이다. 거마(車馬)를 타고 복식을 갖추며 문양과 색채로 수식함으로써 그의 남다름을 드러내고, 음악을 연주함으로써 그의 덕행을 발양한다.

- **문질병환 文質炳煥**

문질빈빈(文質彬彬)과 같은 용어이다. 문채와 본질, 즉 내용과 형식이 서로 조화롭게 어울리는 것을 말한다.

- 예 群才屬休明, 乘運共躍鱗, 文質相炳煥, 衆星羅秋旻.(『分類補注李太白詩』「古風」)
- 역 많은 인재들은 크게 밝은 때를 만나 시운을 타고 함께 솟아오른다. 문채와 본질이 서로 어울리고 많은 별들이 가을 하늘을 수놓는다.

- **문질빈빈 文質彬彬**

내면의 자질이 외면의 문채가 서로 적절하게 어우러지는 것을 말한다. 그래야만 군자(君子)가 될 수 있다는 것이 유가의 입장이다. 유가미학은 인위적인 수식을 배척한다. 그러나 결코 아름다움이란 형식 자체를 반대하지는 않는다.

- 예 子曰: "質勝文則野, 文勝質則史. 文質彬彬, 然後君子."(『論語』「雍也」)
- 역 공자가 말하였다. "내면의 자질이 외면의 문채보다 지나치면 촌스럽고, 외면이 내면보다 지나치면 성실함이 부족해진다. 문(文)과 질(質)이 서로 적절하게 어우러져야 비로소 군자라 할 수 있다."
- 예 貴能古不乖時, 今不同弊, 所謂"文質彬彬, 然後君子".(孫過庭, 『書譜』)
- 역 가장 이상적인 것은, 옛사람을 배우고 계승하면서도 시대의 기풍에 어

굿나지 않고 또 당대(當代)의 사조에 순응하면서도 현세(現世)의 병폐에 동화되지 않는 것이다. 이것이 바로 『논어』에서 말하는바, "문채(文彩)와 실질(實質)이 조화롭게 어울려야 비로소 군자(君子)의 풍도(風度)라 할 수 있다."라는 것이다.

- **문질소내 文質疏內**

  형식은 소략하나 내용은 충실하다.

  - 昔屈平有言, 文質疏內, 衆不知余之異采, 見異唯知音耳.(劉勰, 『文心雕龍』「知音」)
  - 옛날에 굴원(屈原)은 한탄하기를, 자신의 글이 형식은 소략하나 내용은 충실한데도 사람들은 그 탁월함을 알아보지 못한다고 했다. 뛰어난 문장을 알아볼 수 있는 사람은 오직 지음(知音)뿐이다.

- **문질질상 文質迭尙**

  문(文)과 질(質)이 시대에 따라 번갈아 숭상되었다.

  - 上下千年, 雖氣運推移, 文質迭尙, 而異曲同工, 咸臻厥美.(胡應麟, 『詩藪』「內編」 卷1)
  - 위아래로 천 년 동안 비록 명운이 바뀌어 문(文)과 질(質)이 번갈아 숭상되었지만, 시대마다 작품은 달라도 그 기교는 같아 모두 그 아름다움을 다하였다.

- **문채 文采**

  (1) 옷에 화려하게 수놓아진 것을 말한다.

  - 當今之主, 其爲衣服, 則與此異矣. 冬則輕煖, 夏則輕淸, 皆已具矣. 必厚作斂於百姓, 暴奪民衣食之財, 以爲錦繡文采靡曼之衣.(『墨子』「辭過」)
  - 지금의 왕들을 보면 의복을 만드는 것이 이런 점과 다르다. 겨울에는 가볍고 따뜻하며, 여름에는 편하고 시원한 옷을 만들 수 있도록 모든

것이 갖추어져 있다. 그런데도 기필코 백성에게서 많은 세금을 거둬들이고, 백성이 입고 먹을 재물을 함부로 빼앗으며, 무늬와 채색으로 수놓은 화려한 비단옷을 짓는다.

(2) 서로 다른 소리가 일정한 규율에 맞춰 만들어내는 조화로운 악곡을 말한다.

예) 然後立之學等, 廣其節奏, 省其文采, 以繩德厚律小大之稱, 比終始之序, 以象事行.(『樂記』「樂言」)

역) 그런 다음에 악학(樂學)의 과정을 마련하며, 널리 그 절주를 파악하고, 문채를 살펴 사람이 본래 지니고 있는 덕을 이으며, 작고 큰 음률을 알맞도록 조절하고, 시작과 끝의 차례를 배열함으로써, 일과 행실을 상징하게 한다.

(3) 문학작품에서 화려한 사조(詞藻)나 다양한 예술기법 내지 예술풍격과 같은 미적 형식의 요소를 말한다.

예) 夫鉛黛所以飾容, 而盼倩生於淑姿; 文采所以飾言, 而辯麗本於情性.(劉勰, 『文心雕龍』「情采」)

역) 분(粉)이나 눈썹 그리는 화장품 같은 것이 얼굴을 아름답게 꾸미는 데 사용되지만, 진정한 미모는 타고난 자태 자체로부터 나오는 것이다. 마찬가지로 문장에 수식을 가한다고 하나 글의 진정한 아름다움은 작가 내면의 성정에 달려 있다.

(4) 문학적 재능 내지 성취를 말한다.

예) 遭時暗亂, 不見省納, 不勝憤懣, 遂復作「九歌」以下凡二十五篇. 楚人高其行義, 瑋其文采, 以相教傳.(王逸, 「楚辭章句序」)

역) 그가 생활한 때는 임금이 우매하고 조정은 문란하였는데, 그가 간언을 올려도 받아들여지지 않았기에 울분을 억누를 길이 없었다. 그래서 다시 「구가(九歌)」 이하 25편의 글을 지었다. 초(楚)나라 사람들은 그의 충성스런 행위를 존경하였고, 그의 작품이 보여주는 문채(文采)를 진기(珍奇)하게 여겼기에 서로 전하여 후세에 남겼다.

- **물유미악** 物有美惡, **시용유의** 施用有宜

  사물에는 미추(美醜)의 구분이 있고, 그 사용에는 적절함이 있다.

  - ㉠ 物有美惡, 施用有宜; 美不常珍, 惡不終棄.(劉晝,『劉子』「適材」)
  - ㉡ 사물에는 미추(美醜)의 구분이 있고, 그 사용에는 적절함이 있다. 아름다운 것이 항상 진귀하게 여겨지는 것은 아니고, 추악한 것이라도 또한 항상 버려지는 것은 아니다.

- **물일무문** 物一無文

  사물이 하나만 있으면 문채가 이루어지지 않는다.

  - ㉠ 聲一無聽, 物一無文, 味一無果, 物一不講.(『國語』「鄭語」)
  - ㉡ 음악이 오성(五聲) 가운데 한 소리로만 되면 들을 수 없고, 사물이 하나만 있으면 문채가 이루어지지 않으며, 음식이 오미(五味) 중 한 가지 맛으로만 만들어져 있으면 맛이 없고, 물품이 같은 것들만 있으면 품평할 수 없다.

- **물일불강** 物一不講

  물품이 같은 것들만 있으면 품평할 수 없다.

  - ㉠ 聲一無聽, 物一無文, 味一無果, 物一不講.(『國語』「鄭語」)
  - ㉡ 음악이 오성(五聲) 가운데 한 소리로만 되면 들을 수 없고, 사물이 하나만 있으면 문채가 이루어지지 않으며, 음식이 오미(五味) 중 한 가지 맛으로만 만들어져 있으면 맛이 없고, 물품이 같은 것들만 있으면 품평할 수 없다.

- **물재령부** 物在靈府, **부재이목** 不在耳目

  사물은 마음속에 있지 눈이나 귀에 있지 않다.

  - ㉠ 當其有事, 已知遺去機巧, 意冥玄化, 而物在靈府, 不在耳目.(符載,「觀張員外畵松石序」)

㉭ 〈장조(張璪)는〉 그림 그릴 때, 기교를 버리면 뜻이 성정(性情)과 암암리에 조화되어 사물이 마음속에 있고 눈이나 귀에 있지 않다는 것을 이미 깨달았다.

- **물화 物化**

  대상에 대한 의식의 소멸이 곧 물화의 상태이다. 이는 대상의 존재를 부정하는 것이 아니라 대상에 대한 일체의 편견을 버리고 대상의 실상(實相)을 파악함을 의미한다.

  ㉠ 覆載天地刻雕衆形而不爲巧, 此之謂天樂. 故曰: 知天樂者, 其生也天行, 其死也物化.(『莊子』「天道」)
  ㉭ 하늘과 땅을 위아래 있게 하고, 만물의 형상을 조각하여 놓고서도 교묘하다고 하지 않는다. 이것이 천락(天樂)이다. 그러므로 "천락(天樂)을 아는 사람은 그의 삶이 천체(天體)의 운행과 같고, 그의 죽음은 물화(物化)의 상태와 같다."고 말하는 것이다.

- **미 味**

  (1) 가장 초기의 의미는 사람의 입맛이다.

  ㉠ 夫味以甘苦爲稱, 今以甲賢而心愛, 以乙愚而情憎. 則愛憎宜屬我, 而賢愚宜屬彼也. (嵇康, 「聲無哀樂論」)
  ㉭ 예컨대 입맛은 쓴맛과 단맛으로 구분이 되듯이, 이제 어떤 이는 사람됨이 현명해서 사랑해주고 싶고, 또 어떤 이는 못나서 미워하게 되는 경우가 있다. 근본적으로 사랑과 미움은 나에게 속한 것이고, 현명함과 어리석음은 상대방에게 속한 것이다.

  (2) 점차 의미가 확대되어 사람이 우주 만물을 운행케 하는 본체나 요소 또는 자신의 생존에 필요한 일체의 실물에 대하여 입이나 코 등의 감각기관을 써서 감성적으로 파악하는 활동을 가리켰다. 이로부터 체득함, 체험·관찰·시험 등을 통해 감성적으로 이해하고 음

미함, 인식주체의 마음을 전일(專一)하게 하여 체험함 등의 의미를 포괄하게 되었다.

- 예 或曰 …… 文必麗以好, 言必辯以巧. 言瞭於耳則事味於心, 文察於目則篇留於手.(王充, 『論衡』「自紀」)
- 역 "어떤 이는 말한다. …… 글은 수식이 잘 되어야 좋고, 말은 분별이 명확해야 좋다. 말이 귀에 명료하게 들리면 그 말하고자 한 바를 마음으로 음미할 수 있고, 글이 눈에 확실히 들어오면 그 글을 오래도록 붙잡아 두게 된다.

(3) 심미주체의 심미활동을 가리키는데, 완미(玩味)·품미(品味)·음미(吟味) 등이 그것이다.

- 예 味鍾張之餘烈, 挹羲獻之前規, 極慮專精, 時逾二紀.(孫過庭, 『書譜』)
- 역 종요(鍾繇)와 장지(張芝)가 남긴 걸작들을 음미하고 왕희지(王羲之)·왕헌지(王獻之) 부자의 규범을 받아들여, 있는 힘을 다해 마음을 오로지 이 서예 하나에 모으기가 어언 20여 년이다.

(4) 심미대상 자체가 지니는 심미속성을 말하는데, 풍미(風味)·묘미(妙味)·일미(逸味)·운미(韻味) 등이 그것이다.

- 예 文之難, 而詩之尤難. 古今之喩多矣. 而愚以爲辨於味, 而後可以言詩也.(司空圖, 『司空表聖文集』「與李生論詩書」)
- 역 문장을 논하는 것도 어렵지만 시(詩)를 논하는 것은 훨씬 더 어렵다. 고금에 이 문제에 대한 많은 얘기가 있으나, 나는 시의 운미(韻味)를 이해해야 비로소 시를 말할 수 있다고 생각한다.

• **미** 美

(1) 선함이 제 몸에 충만하게 채워져 있는 것을 말한다.

- 예 可欲之謂善, 有諸己之謂信, 充實之謂美, 充實而有光輝之謂大,

大而化之之謂聖, 聖而不可知之之謂神.(『孟子』「盡心章句下」)

> 역 사람들이 모두 그렇게 되고 싶어 하는 것을 선하다 하고, 자신의 몸에 선을 지니는 것을 성실하다고 한다. 그 선함이 제 몸에 충만하게 채워져 있는 것을 아름답다 하고, 가득 채워져 있어 바깥으로 빛이 나는 것을 위대하다고 한다. 위대하여 천하를 감화시키는 것을 성스럽다 하고, 성스러우면서도 그 작용을 알 수 없는 것을 신령스럽다고 한다.

(2) 찬양하고 칭송하는 것을 말한다.

> 예 凡此四者, 或美焉, 或勉焉, 或傷焉, 或惡焉, 或誡焉, 是謂五志.(王通,『文中子』「事君」)
> 역 〈『속시(續詩)』의〉 이러한 네 가지 기능은, 찬미하게 하고 권면(勸勉)하게 하며 비난하게 하고 미워하게 하며 계도(啓導)하게 하니, 이것이 다섯 가지 목적이다.

- **미 媚**

여(麗)와 상대 개념으로, 화려하고 요염한 아름다움을 말한다.

> 예 若音韻不雅, 指法不雋, 徒以繁聲促調, 觸人之耳, 而不能感人之心, 此媚也, 非麗也.(徐上瀛,『溪山琴況』)
> 역 만약에 거문고 소리의 기운과 맛이 아정(雅正)하지 않고 지법(指法)도 뛰어나지 않으면서 단지 번거롭고 난잡한 소리와 급한 음조를 통하여 사람의 귀를 즐겁게 할 뿐 마음과 영혼을 감동시킬 수 없다면, 이것은 미(媚)이지 여(麗)가 아니다.

- **미 微**

(1) "은(隱)"과 통하는 범주인데, 함축의 의미이다. 그 관건은 형상 자체가 아니라 그 너머에 있다. 정작 하고픈 말은 직설이 아닌 여운을 통해 드러내야 한다는 것이다. 이 "장이불로(藏而不露)"의 기법은 동아시아미학의 중요한 원칙이다.

<예> 『春秋』之稱, 微而顯, 志而晦, 婉而成章, 盡而不汙, 懲惡而勸善. 非聖人誰能修之?(『左傳』成公十四年)
<역> 『춘추(春秋)』에서 말하는 것은, 뜻을 감춘 것 같으면서도 명백히 드러나고, 제대로 기록한 듯 하나 본뜻이 바로 드러나지 않으며, 에둘러 말한 것 같지만 글의 조리가 있고, 자세하면서도 욕되게 하지 않았으며, 악을 징계하고 선을 권장했다. 성인(聖人)이 아니고서 그 누가 이처럼 할 수 있었겠는가?

(2) 은미(隱微)하나 오묘한 것을 말한다.

<예> 國風云: …… "瞻望弗及, 佇立以泣". 其詞婉, 其意微, 不迫不露, 此其所以可貴也.(張戒, 『歲寒堂詩話』)
<역> 「국풍(國風)」에 이런 시구가 있다. ……"저 멀리 보고 싶은 사람이 보이지 않아 그대로 서서 눈물만 흘리네." 시구는 완곡하나 의미는 오묘하다. 직접 드러내지 않았기 때문에 이 시구들이 훌륭하게 된 것이다.

(3) 미언대의(微言大義)를 가리킨다. 작은 것을 통해서 큰 것을 본다는 뜻이다.

<예> 『禮』之敬文也, 『樂』之中和也, 『詩』『書』之博也, 『春秋』之微也, 在天地之間者畢矣.(『荀子』「勸學」)
<역> 『예기(禮記)』에서 문식(文飾)을 중요하게 여기는 것과, 『악기(樂記)』에서 조화를 알맞게 하는 것과, 『시경(詩經)』과 『서경(書經)』의 광범함과, 『춘추(春秋)』의 미세함은 하늘과 땅 사이에 있는 모든 것을 포괄한다.

• **미 靡**

기미(綺靡)의 뜻이다. 무늬의 아름다움을 가리키는데서 문채의 화려함을 뜻하는 미학범주가 되었다.

<예> 雄於潘岳, 靡於太仲, 風流調達, 實曠代之高手.(鍾嶸, 『詩品』)
<역> 〈장협(張協)의 시는〉 시풍(詩風)은 반악(潘岳)에 비하면 기골(氣骨)이 강하고, 언어의 아름다움은 좌사(左思)를 넘어섰다. 풍격은 시원하고

유창하니, 실로 절세의 대가이다.

- **미美·악惡**

  "미(美)"와 "악(惡)"이 상대적인 개념으로 쓰였을 때, 이 악(惡)은 곧 추(醜)의 동의어로 사용된 것이다. 추(醜)는 통상 사람의 외모나 사물의 외관이 못나고 미천함을 가리킨다. 중국미학사에서 미(美)와 추(醜), 선(善)과 악(惡)은 서로 대칭을 이루는 한 쌍의 미학범주이다. 미와 선이 서로 연결되듯이 추(醜)와 악(惡)도 서로 통용된다.

  예 天下皆知美之爲美, 斯惡已.(『老子』「二章」)
  역 천하의 사람들은 모두 자기가 아름답다고 여기는 것을 진정 아름다운 줄로 알지만 그것은 추악한 것일 뿐이다.

- **미과 靡誇**

  번다한 수식과 치장을 말한다.

  예 鬪靡誇多費覽觀, 陸文猶恨冗於潘.(元好問, 『遺山先生文集』 卷11「論詩三十首」)
  역 시가 수식과 번다함을 많이 따지면 읽기 힘들게 된다. 육기(陸機)의 문사(文辭)는 반악(潘岳)보다 더 번잡한 것 같다.

- **미만 靡曼**

  (1) 유약(柔弱)의 뜻이다.

  예 建安諸子, 雄贍高華; 六朝俳偶, 靡曼精工.(胡應麟, 『詩藪』「內編」卷1)
  역 공융(孔融)·진림(陳琳)·왕찬(王粲)·서간(徐幹)·완우(阮瑀)·응창(應瑒)·유정(劉楨) 등 건안제자(建安諸子)의 시는 웅혼(雄渾)·화려(華麗)하며, 육조(六朝)의 대구(對句)는 유약(柔弱)·정치(精緻)하다.

(2) 화려하고 관능적인 것을 말한다. 음유미(陰柔美)의 일종이다.

⑩ 直至今日, 而西梆子腔與南昆曲, 一則悲壯, 一則靡曼, 猶截然 分南北兩流.(梁啓超, 『飮冰室文集』 卷10 「中國地理大勢論」)
⑳ 이로부터 오늘날에 이르러 서방자강(西梆子腔)과 남곤곡(南昆曲)은 한편으로는 비장(悲壯)하고 한편으로는 곱고 아름다우나, 확실히 남북의 두 풍격으로 나뉜다.

- **미미** 靡靡

퇴폐적이란 말이다.

⑩ 所以子雲有"靡靡"之誚, 法秀有綺語之訶.(王國維, 『靜庵文集』 「紅樓夢評論」)
⑳ 그래서 양웅(楊雄)은 퇴폐적이라는 비판을 들었고, 법수(法秀)는 미사려구만 잘 했다는 말로 〈황정견(黃庭堅)을〉 꾸짖었다.

- **미불상진** 美不常珍, **악불종기**〈폐〉 惡不終棄〈廢〉

아름다운 것이 항상 진귀하게 여겨지는 것은 아니고, 추악한 것이라도 또한 항상 버려지는 것은 아니다.

⑩ 物有美惡, 施用有宜; 美不常珍, 惡不終棄.(劉晝, 『劉子』 「適材」)
⑳ 사물에는 미추(美醜)의 구분이 있고, 그 사용에는 적절함이 있다. 아름다운 것이 항상 진귀하게 여겨지는 것은 아니고, 추악한 것이라도 또한 항상 버려지는 것은 아니다.

- **미색불동면** 美色不同面, **개가어목** 皆佳於目

미색(美色)이 뛰어난 사람은 다른 얼굴을 해도 아름다워 보인다. 보편적 감각을 말한 것이다.

⑩ 美色不同面, 皆佳於目; 悲音不共聲, 皆快於耳; 酒醴異氣, 飮之皆醉; 百穀殊味, 食之皆飽. 謂文當與前合, 是謂舜眉當復八采,

禹目當復重瞳.(王充, 『論衡』「自紀」)
- 🔵 미색(美色)이 뛰어난 사람은 다른 얼굴을 해도 아름다워 보이고, 슬픈 곡은 다른 사람이 불러도 감동을 준다. 보통 술과 단 술은 주정(酒精)이 다르지만 마시면 대개 취하고, 백 가지 곡식은 맛이 달라도 먹으면 모두 배가 부르다. 글이 반드시 옛글과 합치해야 한다는 것은, 순(舜)의 눈썹이 요(堯)의 눈썹처럼 여덟 가지 색을 띠어야 하고, 우(禹)의 눈동자는 순(舜)의 눈동자처럼 둘이어야 한다는 것과 같은 주장이다.

• 미수 美秀

"수(秀)"의 파생범주로, 운치가 자연스럽고 아름다워 어떠한 장식도 필요 없는 화려함을 말한다. "은수(隱秀)"와 상대적인 개념이다.

- 🔴 春蘭始香, 夏榴初笑, 天然冶麗, 不設繪絢, 若是者美秀也.(賀貽孫, 『水田居詩文集』 卷5「與友人論文書四」)
- 🔵 봄날에 난초는 향기를 뿜은 지 얼마 안 되며, 여름날에 석류는 마치 웃는 얼굴을 드러내듯 벙긋하게 벌어진다. 이 두 가지 장면은 모두 운치가 자연스럽고 아름다워 어떠한 장식도 하지 않는다. 이것은 미수(美秀)다.

• 미수 微瘦

〈필체가〉 파리함을 말한다.

- 🔴 昔杜度殺字甚安, 而筆體微瘦.(『法書要錄』 卷1「南齊王僧虔論書」)
- 🔵 옛날에 두도(杜度)의 결자(結字)는 아주 적당하였으나 필체는 다소 파리하였다.

• 미악횡생 美惡橫生

미(美)와 추(醜)가 엇섞여서 생긴다. 외물(外物)에 현혹되어 어느 것이 아름다운 것이고 어느 것이 추한 것인지가 정해진 기준 없이 마음속에서 횡행한다는 뜻이다.

- 예 如隙中之觀鬪, 又烏知勝負之所在？ 是以美惡橫生而憂樂出焉, 可不大哀乎!(蘇軾, 『蘇東坡集』前集 卷32 「超然臺記」)
- 역 이는 마치 갈라진 틈새로 사람들이 싸우는 것을 보는 것과 같으니, 누가 이기고 누가 지는지 어찌 알 수 있겠는가? 이 때문에 미(美)와 추(醜)는 엇섞여서 생기며 근심과 기쁨은 뒤섞여서 나오니, 이 얼마나 큰 슬픔인가!

• 미언불신 美言不信

언어는 화려하지만 내용이 헛된 것을 말한다.

- 예 若美言不信, 玩物喪志, 其賦亦不可已乎!(劉熙載, 『藝槪』「賦槪」)
- 역 만약 어떤 부(賦)가 언어는 화려하지만 내용이 헛되거나 혹은 물상만 묘사하고 감정을 기탁하지 않는다면, 이러한 부(賦)는 버려야 되지 않겠는가!

• 미외미 味外味

미외지미(味外之味)·감여지미(甘餘之味)·미외지지(味外之旨) 등과 같은 말이다. 언어나 형상 너머로 얻는 자유로우면서 말로 형용하기 어려운 심미적 감수를 말한다.

- 예 司空表聖自以爲得味外味, 又下於王·孟一二等. 至今之小夫, 不及王·孟·司空萬萬, 專以意外言外, 自文其陋, 可笑也!(鄭燮, 『鄭板橋集』「家書·濰縣署中與舍弟第五書」)
- 역 사공도(司空圖)는 스스로 자기의 작품에 "미외지미(味外之味)"가 있다고 하나, 사실 왕유와 맹호연에 비하면 한 두 단계는 낮다고 봐야 한다. 오늘날 아주 조심스레 근신하는 저 문인들은 왕유·맹호연·사공도에 전혀 비할 바가 못 된다. 그들은 문장을 쓸 때 오로지 의외(意外), 언외(言外)의 운미(韻味)를 중요하게 생각하여 자신의 조악함을 덮으

려하는데, 이는 정말 가소로운 일이다.

- **미외지미** 味外之味

    "감여지미(甘餘之味)"와 같은 말로, 예술표현에서의 여미(餘味)를 가리킨다. "말 너머의 뜻"[言外之意]이나 "줄 너머 나오는 소리의 울림"[弦外之音·絃外之響]과 같은 뒷맛 혹은 여운을 뜻한다.

    - 예 作史三長, 才·學·識而已. 詩則三者宜兼, 而尤貴以情韻將之, 所謂弦外之音·味外之味也.(袁枚,『小倉山房文集』卷28「錢竹初詩序」)
    - 역 역사를 쓰는 데는 재(才)·학(學)·식(識)의 세 가지 장점만 있으면 된다. 그러나 시는 이 세 가지를 겸비해야 할 뿐 아니라 나아가 정운(情韻), 즉 현외지음(弦外之音) 혹은 미외지미(味外之味)가 더해져야 한다.

- **미외지지** 味外之旨

    여운이 무궁한 의경(意境), 감각 너머의 의취(意趣) 등을 말한다.

    - 예 倘復以全美爲工, 卽知味外之旨矣.(司空圖,『司空表聖文集』「與李生論詩書」)
    - 역 만약 언어의 정미함과 운미(韻味)의 농후함 방면에 더 노력한다면 여운(餘韻)이 무궁한 의경(意境)을 알게 될 것이다.

- **미욕기선** 味欲其鮮, **취욕기진** 趣欲其眞

    맛은 필시 좋도록 해야 하고, 의취(意趣)는 반드시 자연스러운 진실이 있어야 한다.

    - 예 味欲其鮮, 趣欲其眞. 人必知此, 而后可與論詩.(袁枚,『隨園詩話』卷1)
    - 역 맛은 필시 좋도록 해야 하고, 의취(意趣)는 반드시 자연스러운 진실이

있어야 한다. 사람들이 이 점을 알면 비로소 함께 시가의 우열을 논할 수 있을 것이다.

- **미이무채** 美而無采

  아름답긴 해도 문채가 있는 것은 아니다.

  - ㉡ 予見新進麗文, 美而無采; 及見劉揚言辭, 常輒有得.(劉勰, 『文心雕龍』 「通變」)
  - ㉥ 내〈환담(桓譚)〉가 요새 작가들의 화려한 문장을 읽노라면, 아름답긴 해도 문채가 있는 것 같지 않다. 그런데 유향(劉向)과 양웅(揚雄)의 글을 읽으면 항상 얻는 것이 있다.

- **미이병운** 美而病韻

  어여쁘나 운치가 적다.

  - ㉡ 蓋美而病韻者王著, 勁而病韻者周越.(黃庭堅, 『豫章黃先生文集』 卷29 「跋周子發帖」)
  - ㉥ 대체로 왕저(王著)의 서예는 어여쁘나 운치가 적고, 주월(周越)의 서예는 강건하나 운치가 부족하다.

- **미인소오** 媚因韶誤, **눈위수기** 嫩爲秀岐

  아름다움은 매혹 때문에 잘못 되고, 어여쁨은 빼어나기 때문에 어긋난다. 아름다움만 따져 용모가 추한 것을 미워하지 말라는 얘기다.

  - ㉡ 媚因韶誤, 嫩爲秀岐. 但抱妍骨, 休憎面嫫.(黃鉞, 『二十四畫品』)
  - ㉥ 아름다움은 매혹 때문에 잘못 되고, 어여쁨은 빼어나기 때문에 어긋난다. 그러니 아름다움만 따져 용모가 추한 것을 미워하지 말라.

- **미일무과** 味一無果

음식이 오미(五味) 중 한 가지 맛으로만 만들어져 있으면 맛이 없다.

- 聲一無聽, 物一無文, 味一無果, 物一不講.(『國語』「鄭語」)
- 음악이 오성(五聲) 가운데 한 소리로만 되면 들을 수 없고, 사물이 하나만 있으면 문채가 이루어지지 않으며, 음식이 오미(五味) 중 한 가지 맛으로만 만들어져 있으면 맛이 없고, 물품이 같은 것들만 있으면 품평할 수 없다.

- **미질 美質**

아름다움을 만들어내는 혹은 이끌어내는 근본을 말한다.

- 蓋人有可知者焉: 貌色聲衆有美焉, 必有美質在其中者矣.(『大戴禮記』「四代」)
- 대개 사람에게는 알 수 있는 것이 있다. 행동과 낯빛과 소리 가운데에는 아름다움이 있는데, 거기에는 반드시 그 안에 아름다움의 근본이 있다.

- **미추무정형 美醜無定形, 애증무정분 愛憎無正分**

아름다움과 추함은 결코 고정된 형식이 아니며, 좋아하고 싫어함도 진정한 가늠이 있는 것이 아니다.

- 則倒白爲黑, 變苦成甘, 移角成羽, 佩猶當熏. 美醜無定形, 愛憎無正分也.(劉晝, 『劉子』「殊好」)
- 이 때문에 흑백이 전도되고, 쓴 것을 달게 여기며, 뿔을 깃으로 생각하고, 역겨운 냄새를 향기롭다 여기는 것이다. 이로써 볼 때, 미와 추는 결코 고정된 형식이 아니며, 좋아하고 싫어함도 진정한 가늠이 있는 것이 아니라는 것을 알 수 있다.

- **미취 媚趣**

아리따운 맛을 말한다.

- 예 眞書甚得其媚趣, 若瑤臺靑瑣, 窅映春林.(『法書要錄』卷8「張懷瓘書斷中」)
- 역 해서에 특히 아리따운 맛을 살렸는데, 마치 호화로운 누대(樓臺)의 예쁘게 조각된 창문 너머로 봄기운이 성한 숲이 비추는 것과 같다.

- **밀密**

  (1) 머리카락 한 올도 들어갈 틈이 없는 것을 말한다.

  - 예 密. 間不容髮曰密.(竇蒙,『語例字格』)
  - 역 밀(密): 머리카락 한 올도 들어갈 틈이 없는 것을 일러 밀(密)이라 한다.

  (2) 〈서예에서〉 글자의 구조를 말한다.

  - 예 平, 謂橫也. 直, 謂縱也. 均, 謂間也. 密, 謂際也.(『法書要錄』卷2)
  - 역 〈서예에서〉 평(平)은 횡획(橫劃)이고 직(直)은 종획(縱劃)이다. 균(均)은 필획의 구조를 말하고, 밀(密)은 글자의 구조를 말한다.

  (3) 문자의 내재적 이치가 조리 있고 엄밀한 것을 말한다.

  - 예 太史公文, 疏與密皆詣其極. 密者, 義法也.(劉熙載,『藝槪』「文槪」)
  - 역 사마천(司馬遷)의 문장은 성긴 것과 엄밀한 것이 모두 매우 적당하다. 엄밀한 것이란 문장에 내재된 조리의 엄정함을 가리킨다.

- 박 薄

  부족하여 완비되지 못함을 말한다.

  - 薄. 關於圓備曰薄.(寶蒙,『語例字格』)
  - 박(薄): 부족하여 완비되지 못함을 일러 박(薄)이라 한다.

- 박극이약 博極而約

  광범하고 번잡함으로부터 마땅히 간결하고 세련됨으로 향해 가야함을 말한다.

  - 寸鐵殺人, 寧非英雄. 博極而約, 淡蘊於濃.(袁枚,『小倉山房詩集』卷20)
  - 쇠 조각 하나로도 적을 싸워 이길 수 있는 사람이라면 바로 영웅 아닌가? 〈시를 짓는 것도 마찬가지다.〉 광범하고 번잡함으로부터 마땅히 간결하고 세련됨으로 향해 가야하고, 단아함을 농염함에 함축시켜야 한다.

- 박약온윤 博約溫潤

뜻이 깊으면서도 글은 간략하고 부드럽게 한다. 명(銘)의 창작 원칙을 말하고 있다.

- 예 誄纏綿而悽愴. 銘博約而溫潤. 箴頓挫而淸壯.(陸機,「文賦」)
- 역 뇌(誄)는 염원이 있으므로 반드시 구슬퍼야 한다. 명(銘)은 뜻이 깊으면서도 글은 간략하고 부드럽게 한다. 잠(箴)은 득실(得失)을 날카롭게 비판하는 것이므로 문리(文理)를 명확하고 장중하게 한다.

• **박이불조** 樸而不粗

질박하되 거칠지 않다.

- 예 韻而不靡, 樸而不粗, 淡而不枯, 工而不詭.(『尺牘新鈔』2集 徐芳「與高自山」)
- 역 〈시(詩)는 마땅히〉 그 성운(聲韻)이 우아하고 아름다워야 하지만 호화스럽지 않고, 질박하지만 거칠지 않으며, 담박하지만 창백하지 않고, 정교하지만 기이하지 않게 써야 된다.

• **박자능번** 博者能繁

박학다식한 사람은 글을 능히 번다하게 쓸 수 있다.

- 예 博者能繁, 命之曰該贍, 左氏, 相如是也.(楊愼, 『總纂升庵合集』卷124「論文」)
- 역 박학다식한 사람은 능히 번다하게 쓸 수 있기에 "완벽한 풍부함"이라고 부른다. 좌구명(左丘明)이나 사마상여(司馬相如) 같은 이들이 바로 그렇다.

• **박졸** 樸拙

질박하고 꾸밈이 없는 아름다움을 말한다.

- 예 樸拙. 大巧若拙, 歸樸返眞.(黃鉞, 『二十四畫品』)
- 역 박졸(樸拙): 진정한 교묘함은 졸렬함과 같으며, 참다움은 소박함 속에

있다.

- **박촉** 迫促

  급박하면서 촉박한 것을 말한다.

  - 예 音韻忌散緩, 亦忌迫促.(嚴羽, 『滄浪詩話』 「詩法」)
  - 역 시의 음운(音韻)은 흩어져서 느슨한 것을 꺼리고, 또한 급박하고 촉급한 것도 꺼린다.

- **박후** 博厚

  "후(厚)"의 파생범주로, 끝없이 웅장하게 펼쳐지고 변화막측한 것을 말한다. "고후(高厚)"와 상대적인 개념이다.

  - 예 屈注天池, 倒連溟渤, 蛟龍百怪, 變眩莫測, 若是者博厚也.(賀貽孫, 『水田居詩文集』 卷5 「與友人論文書四」)
  - 역 큰물은 끝없이 펼쳐지면서 바다로 들어가는데, 그 안에 교룡(蛟龍)과 여러 가지 기괴함이 숨어 있어 변화막측하다. 이것은 박후(博厚)이다.

- **반관** 反觀

  나의 입장과 기준으로 물상을 대하는 것이 아니라 물상 자체의 본성을 기준으로 물상을 대하는 것을 말한다.

  - 예 聖人之所以能一萬物之情者, 謂其聖人之能反觀也.(邵雍, 『皇極經世全書解』 「觀物篇內篇十二」)
  - 역 성인(聖人)이 만물의 정(情)을 하나로 하는 것은 성인이 반관(反觀)할 수 있기 때문이다.

- **반박** 槃礴

  『장자(莊子)』 「전자방(田子方)」에 나오는 "해의반박(解衣般礴)"과 같은 표현으로, 형식적인 구속으로부터 벗어난 자유로운 경지를 말한다. 반박(盤礴)이나 반박(礚礴)과 같은 말이다. 이는 곧 일격(逸格)과 동의어이다. 이러한 해의반박(解衣般礴)의 심태는 곧 야일(野逸)의 심태이며, 그러한 해의반박 형(型)의 화가상은 두고두고 예술가들의 마음속 이상형으로 자리 잡았다.(2007, pp. 88-90 참조)

- 예) 夫心能不牽於外物, 則其天守全, 萬物森然, 出於一鏡, 豈待含墨吮筆, 槃礴而後爲之哉? 故余謂臻欲得妙於筆, 當得妙於心.(黃庭堅, 『豫章黃先生文集』卷16「道臻師畫墨竹序」)
- 역) 마음이 외부 사물의 이끌림을 받지 않으면 천성(天性)이 완비되니, 세상 만물이 비록 복잡다단(複雜多端)하다 해도 단일한 심경(心境)으로 마주한다면 어찌 굳이 붓에 먹물을 묻히고 다리를 뻗어 편안하고 홀가분한 상태가 되어야만 창작을 한단 말인가? 그래서 나는 도진(道臻)에 대해, 그림을 그릴 때 필법(筆法)의 묘처(妙處)를 터득하고자 한다면 응당 먼저 마음의 묘처를 터득해야 한다고 말한다.

- **반박** 盤礴

『장자(莊子)』「전자방(田子方)」에 나오는 "해의반박(解衣般礴)"과 같은 표현으로, 거리낄 것 없이 자유로운 예술정신을 가리킨다. 반박(礚礴)이나 반박(槃礴)과 같은 말이다.

- 예) 意度盤礴, 由深於作用.(皎然, 『詩式』)
- 역) 뜻이 거리낌이 없는 것은 의도가 깊은 데서 나온다.

- **반박** 礚礴

『장자(莊子)』「전자방(田子方)」에 나오는 "해의반박(解衣般礴)"과 같은 표현으로, 두 다리를 쭉 벌리고 앉아있는 것처럼 자유롭고 편안한 것을 말한다. 반박(盤礴)이나 반박(槃礴)과 같은 말이다.

- 예) 山, 大物也. 其形欲聳拔, 欲偃蹇, 欲軒豁, 欲箕踞, 欲礚礴, 欲

渾厚, 欲雄豪.(郭熙, 『林泉高致』 「山川訓」)
- 역 산은 큰 물상이다. 그 모양은 높이 치솟아야 하며, 굽이굽이 뻗어나가야 하고, 사방이 확 트여야 하며, 잔뜩 웅크린 듯해야 하고, 두 다리를 쭉 벌린 채 편안히 앉은 듯해야 하며, 크고 두터워야 하고, 호방해야 한다.

- **반접** 盤摺

물의 돌고 꺾이는 것을 말한다.

- 예 水盡出, 不惟無盤摺之遠, 何異畵蚯蚓?(郭熙, 『林泉高致』 「山川訓」)
- 역 물을 전부 드러내면 돌고 꺾이면서 멀리 흐르는 형세가 없게 되니, 이는 또한 지렁이를 그린 것과 무엇이 다르겠는가?

- **반정** 反情

군자가 자기의 정(情)을 바른 곳으로 돌이키는 것을 말한다.

- 예 是故君子反情以和其志, 比類以成其行.(『樂記』 「樂象」)
- 역 그러므로 군자는 자기의 정(情)을 바른 곳으로 돌이켜 그 뜻을 온화하게 하고, 선악의 부류를 살펴 행실로 드러낸다.

- **반친** 反襯

〈글의 묘사에서〉 안 좋은 것과의 비교를 통해 더 나은 진면목을 부각시키는 방법을 말한다.

- 예 文有正襯反襯. 寫魯肅老實, 以襯孔明之乖巧, 是反襯也; 寫周瑜乖巧以襯孔明之加倍乖巧, 是正襯也.(毛宗崗, 『第一才子書』 第45回 首評)
- 역 글은 정면(正面)으로 부각시키는 방법과 반면(反面)으로 부각시키는 방법의 두 가지가 있다. 노숙(魯肅)의 고지식함을 묘사함으로써 제갈량의 예지를 부각시키는 것은 반면 부각이고, 주유(周瑜)의 예지를 묘사

함으로써 제갈량의 예지를 더 부각시키는 것은 정면 부각이다.

- **발** 拔

빨리 내달려 일반을 뛰어넘은 탁월한 특이함을 말한다.

- 拔. 輕駕超殊曰拔.(竇蒙, 『語例字格』)
- 발(拔): 빨리 내달려 일반을 뛰어넘은 탁월한 특이함을 일러 발(拔)이라 한다.

- **발분** 發憤

원래 문예창작에서의 정감(情感)상태를 가리키는 말이다. 예술창작의 동기이자 원동력으로서의 발분은, 요컨대 현실에 대한 가멸찬 비판정신을 보여주는 것이다. 굴원(屈原)·사마천(司馬遷)·한유(韓愈) 등은, 우수한 문예작품이란 모두 감정이 북받치는 격정(激情), 혹은 그것에 의해 이루어진 사상(思想)으로부터 나온다는 관점을 가졌다. 사마천(司馬遷)은 분노의 격정이 글로 드러난다는 이른바 "발분저서(發憤著書)"설을 말한 바 있다. 노기(怒氣)는, 창작주체가 추악하고 잔학하고 부조리한 일에 대해 극도의 분개를 느낄 때, 혹은 자신이 견딜 수 없을 정도의 치욕을 당했을 때 폭발하는 감정이다. 작가의 지향과 사회현실이 첨예하게 충돌했을 때 그 작가의 분노가 작품으로 배출된다는 것이 "발분저서(發憤著書)"의 의미이다.(2007, pp. 200-201 참조)

- 韓非囚秦, 『說難』·『孤憤』; 『詩』三百篇, 大抵賢聖發憤之所爲作也.(司馬遷, 『史記』「太史公自序」)
- 한비자(韓非子)는 진(秦)나라에 갇혔기에 『설난(說難)』과 『고분(孤憤)』을 세상에 내놓게 되었고, 『시(詩)』 300편도 대체로 현성(賢聖)들이 자기의 울분으로 말미암아 지은 것이다.

- **발섬농어간고** 發纖穠於簡古, **기지미어담박** 寄至味於澹泊

  간솔한 질박함에서 농익은 화려함을 끌어내고 담박함 속에 지극한 맛을 담아낸다.

  - 예) 獨韋應物·柳宗元發纖穠於簡古, 寄至味於澹泊, 非余子所及也.(蘇軾, 『蘇東坡集』後集 卷9「書黃子思詩集後」)
  - 역) 오직 위응물(韋應物)과 유종원(柳宗元)만이 간솔한 질박함에서 농익은 화려함을 끌어내고 담박함 속에 지극한 맛을 담아내었으니, 이는 우리가 미칠 수 있는 경지가 아니다.

- **발우기** 缽盂氣

  송대(宋代) 이후 시승(詩僧)의 풍격을 평가하는 말로, 소순기(蔬筍氣)·산함기(酸餡氣) 등과 같은 표현이다. 시승이 주로 적막과 곤궁을 즐겨 쓰는 풍격을 가리킨다. 대체로 화(花)·학(鶴)·송(松)·운(雲) 등의 글자에서 벗어나지 않아 변화가 적다.

  - 예) 以此數人詩無缽盂氣也. 僧家不獨忌缽盂語, 尤忌禪語.(賀貽孫, 『詩筏』)
  - 역) 그들〈무가(無可)·청색(淸塞)·제기(齊己)·관휴(貫休) 등〉의 시에는 적막한 풍격이 드러나지 않는다. 스님의 시에는 마땅히 적막한 말이 나오면 안 되며, 선리(禪理)를 담론하는 말은 더더욱 나오지 않아야 한다.

- **발이산** 發以散

  〈소리가〉 높으면서 흩어짐을 말한다.

  - 예) 其喜心感者, 其聲發以散; 其怒心感者, 其聲粗以厲.(『樂記』「樂本」)
  - 역) 마음이 기쁜 자는 그 소리가 높으면서 흩어지고, 마음이 노여운 자는 그 소리가 격렬하면서 사납다.

- **발췌** 拔萃

    〈시를 지을 때〉 문사(文辭)의 출중함을 말한다.

    - 예 拔萃. …… 同歌苕花, 獨美孟姚. 拔乎其萃, 神理超超.(袁枚, 『小倉山房詩集』卷20)
    - 역 문사(文辭)의 출중함. …… 똑같이 「초지화(苕之花)」를 부르더라도 유독 맹요(孟姚: 戰國시기 趙나라 武靈王의 王后)가 부르는 것만 가장 우아하고 듣기 좋다. 다른 누구보다 뛰어나다. 시를 지을 때도 이처럼 다른 사람을 초월하여 풍채(風采)와 신운(神韻)이 세속에서 벗어나야 된다.

- **방** 放

    (1) 얽매임과 거리낌이 없는 방일(放逸)을 말한다.

    - 예 香山之率也, 玉局之放也, 而一累於理, 一累於學, 故皆望岫焉而却. 其才非不至也, 非淡之本色也.(袁宏道, 『袁中郞全集』卷3「敍咼氏家繩集」)
    - 역 백거이(白居易)는 솔직하고 소식(蘇軾)은 방일(放逸)하였으나, 한 사람은 이(理)에 얽매이고 한 사람은 학(學)에 얽매었기 때문에 모두 산을 멀리 보고서 물러났다. 그 재능이 지극하지 않은 바는 아니나, 담박함의 본령을 지닌 것 또한 아니었기 때문이다.

    (2) 행필(行筆)의 자유자재가 무궁함을 말한다.

    - 예 放. 流浪不窮曰放.(竇蒙, 『語例字格』)
    - 역 방(放): 행필(行筆)의 자유자재가 무궁함을 일러 방(放)이라 한다.

- **방달불기** 放達不羈

    성정(性情)이 얽매이는 바가 없어 자유로운 것을 말한다.

    - 예 徐熙江南處士, 志節高邁, 放達不羈.(郭若虛, 『圖畵見聞志』「叙論」)

㉭ 서희(徐熙)는 벼슬을 하지 않은 강남(江南)의 처사(處士)였기에, 지조가 고매하고 얽매이는 바가 없어 자유로웠다.

- **방박** 旁礴

  압도하는 웅위(雄偉)를 말한다. 방박(磅礴)과 같은 말이다.

  ㉠ 書要心思微, 魄力大. 微者條理於字中, 大者旁礴乎字外.(劉熙載, 『藝槪』「書槪」)
  ㉭ 서예는 마땅히 심사(心思)는 세밀해야 하고 기세(氣勢)는 커야 한다. 미세하다 함은 글자 속에 이치가 있고, 크다 함은 글자 밖에 웅위(雄偉)가 있다.

- **방박** 磅礴

  기운이 충만하고 기개가 드높은 것을 말한다. 방박(旁礴)과 같은 말이다.

  ㉠ 陸機之纏綿鋪麗, 左思之卓犖磅礴, 各不同也.(葉燮, 『原詩』 內篇)
  ㉭ 육기(陸機)의 시는 과장되고 화려하면서 능숙하며, 좌사(左思)의 시는 출중하고 기개가 드높으니, 두 사람이 서로 다르다.

- **방심물외** 放心物外

  마음을 물상(物象) 밖에 풀어놓는다. 예컨대, 산수(山水)의 아름다움을 모두 만끽하려면 필시 넓은 들과 적막한 고을로 가야한다는 것이다.

  ㉠ 蓋彼放心於物外, 而此娛意於繁華.(歐陽修, 『歐陽文忠公文集』 卷40 「有美堂記」)
  ㉭ 대개 앞의 것은 마음을 물상(物象) 밖에 풀어놓은 것이고, 뒤의 것은 번화함 속에서 즐기는 것이다.

- **방원** 方圓

한 쌍의 미학범주로서의 방(方)과 원(圓)은 크게 두 종류로 분류할 수 있다. 하나는 심미형식에서의 방원이고, 다른 하나는 심미법칙으로서의 방원이다. 심미형식으로서의 방과 원은 서화의 용필에서 드러난다. 방원은 원래 두 가지 도구의 성능을 말한다. 방은 모난 도형을 그리는 구(矩)라는 도구가 만들어내는 형상이고, 원은 둥근 도형을 그리는 규(規)라는 도구가 만들어내는 형상이다. 이로부터 방원이라는 말은 규구(規矩)와 관련을 맺게 되며, 더 나아가 규구법칙의 의미까지 갖게 된 것이다. 규구가 없이 방원이 만들어지지 않듯이 구체적인 예술 규율 없이는 기본적인 예술기교가 있을 수 없으니, 규구에 대한 훈련은 예도(藝道)에 들어설 수 있는 기본적인 관문이 된다.(2008, pp. 256-257 참조)

- 예 歐·虞並稱, 其書方圓剛柔, 交相爲用.(劉熙載, 『藝槪』「書槪」)
- 역 구양순(歐陽詢)과 우세남(虞世南)을 병칭하는 것은, 그 서예의 방원(方圓)·강유(剛柔)가 서로 쓰임이 되기 때문이다.
- 예 規矩者, 方圓之極則也.(石濤, 『畵語錄』「了法章 第2」)
- 역 규(規)와 구(矩)는 원형(圓形)과 방형(方形)을 재는 법도이다.
- 예 泯規矩於方圓, 遁鉤繩之曲直.(孫過庭, 『書譜』)
- 역 글씨를 만들어내는 규범을 용필(用筆)의 방원(方圓) 속에 스며들게 하며, 서예의 법도를 필세(筆勢)의 곡직(曲直) 속에 담아두어야 한다.

- **방윤** 芳潤

촉촉하고 향기로운 것을 말한다.

- 예 芳潤如露蕙春蘭, 奇絶如鯨波蜃氣.(謝榛, 『四溟詩話』卷3)
- 역 어떤 시는 아주 촉촉하고 향기로운 것이 마치 이슬을 머금은 혜초(蕙草)와 봄날의 난초 같고, 어떤 시는 아주 기묘한 것이 마치 바다 위의

성난 파도와 신기루 같다.

- **방의상물** 放意相物

  뜻을 풀어놓으며 만물과 교류하는 것을 말한다.

  예 瞽師之放意相物, 寫神愈舞, 而形乎弦者, 兄不能以喩弟.(『淮南子』「齊俗訓」)

  역 눈이 먼 악사(樂師)가 뜻을 풀어놓으며 만물과 교류하면서 그것의 신수(神髓)를 표현하는데, 이를 한층 더 잘 드러내기 위해 춤의 곡으로 현(絃)에 나타내게 된다. 그런데 이런 기교는 형이라도 제 동생에게 가르칠 수 있는 것이 아니다.

- **방일** 放逸

  (1) 얽매임 없는 고일(高逸)을 말한다.

  예 青蓮多放逸, 而不切事情.(『鄭板橋集』「補遺·與江賓穀·江禹九書」)

  역 이백(李白)의 시풍은 얽매이는 바 없이 고일(高逸)하나 현실에 관심을 두지 않았다.

  (2) 정해진 기존의 법도를 넘어서고 벗어난 데서 맛보는 해방과 자유, 그리고 통쾌의 예술정신을 말한다.

  예 然於放逸不失眞元氣象, 元大創巧媚.(荊浩, 『筆法記』)

  역 그러나 자유분방하여 본원(本原)의 기상을 잃지는 않아 아주 공교한 형상미를 창조해 냈다.

  (3) 문장을 지을 때 논지보다는 수사(修辭)에 치중하는 것을 말한다.

  예 事與才爭, 事繁而才損. 放逸者流宕而忘歸, 穿鑿者補綴而不足.(顏之推, 『顏氏家訓』「文章」)

  역 소재와 글재주가 맞붙으면 줄거리는 번잡해지고 문재(文才)는 손상된다. 수사에 치중하면 문장이 멋대로 늘어지게 되니 흐름을 잃어버리고, 논지를 지나치게 따지면 문맥이 통하도록 보충해도 부족하게 된다.

- **방일생기** 放逸生奇

  얽매임 없는 호방함이 기이함을 만들어낸다.

  - 崔子玉「草書勢」云: "放逸生奇."(劉熙載, 『藝槪』「書槪」)
  - 최원(崔瑗)은 「초서세(草書勢)」에서 말했다. "얽매임 없는 호방함이 기이함을 만들어낸다."

- **방종쾌리** 放縱快利

  마음껏 내질러 유창한 필선(筆線)을 말한다.

  - 孔琳之書, 放縱快利, 筆道流便.(『法書要錄』 卷1「南齊王僧虔論書」)
  - 공림(孔琳)의 글씨는 마음껏 내지르는 것이니, 필적(筆跡)이 유창(流暢)하다.

- **방필직소** 放筆直掃

  얽매임 없이 자유자재로 그림을 그리는 것을 말한다.

  - 此道見地透脫, 直須放筆直掃.(「石濤題畫」)
  - 상규(常規)에 얽매이고 싶지 않으면 자유자재로 그림을 그려야 한다.

- **백묘** 白描

  원래 색을 입히지 않고 오직 묵선(墨線)만으로 윤곽을 그려 표현하는 회화기법을 말한다. 이러한 형식은 모호하고 함축적인 화의(畫意)를 표현하는 기법으로 발전하였다.

  - 自實體難工, 空摹易善, 於是白描山水之畫興, 而古人之意亡

矣.(顧炎武,『日知錄』卷21「畫」)
- 역 후대 사람들은 사실적 사건을 그리기는 어려우나, 허구의 장면은 오히려 표현하기가 쉬웠다. 그래서 모호하고 함축적인 담묵(淡墨) 산수화가 유행하기 시작한 것이다. 이에 옛사람이 말하는 회화의 참 의미는 사라지고 말았다.

● **백옥불탁** 白玉不琢, **미주불문** 美珠不文

백옥(白玉)은 조각하지 않고 미주(美珠)에는 무늬를 새기지 않는다. 그 본바탕 자체가 충분히 아름답기 때문이다.

- 예 巧冶不能鑄木, 巧工不能斲金者, 形性然也. 白玉不琢, 美珠不文, 質有餘也.(『淮南子』「說林訓」)
- 역 아무리 뛰어난 주금술사(鑄金術士)라도 나무를 주물(鑄物) 할 수 없고, 아무리 대단한 목수라도 쇠를 깎을 수는 없는 것은 나무와 쇠의 고유한 형질 때문이다. 백옥(白玉)은 조각하지 않고 미주(美珠)에 무늬를 새기지 않는 것은 그 본바탕 자체가 충분히 아름답기 때문이다.

● **번** 繁

원래 문장에서 비유 등에 의해 두텁게 전개되는 묘사를 가리키는 예술풍격이다. 회화에서 번(繁)은 밀도 있는 구도와 더불어 선연하면서도 묵직하게 풀어진 채색의 치장을 말한다. 그런데 마치 문장에서 의미의 중첩 없이 휘황한 수사(修辭)만 공허하게 덧칠될 경우 그저 눈만 어지럽힐 뿐인 용잡(冗雜)에 그치고 마는 것처럼, 회화에서도 의미를 담는 도구로서의 형상에 지나치게 덧대진 수식은 오히려 심미적 역효과를 자아낼 뿐이다.(2008, p. 263 참조)

- 예 樹不可繁, 要見山之秀麗.(王維,「山水論」)
- 역 나무는 번잡해선 안 되며 산의 수려함을 보여주어야 한다.
- 예 插花不可太繁, 亦不可太瘦.(袁宏道,『袁中郎全集』卷3「瓶史·

宜稱」)

㉭ 꽃을 병에 꽂을 때는 너무 많아 무성해서도 안 되고, 또한 너무 적어 파리해 보여도 안 된다.

- **번감** 繁減

번간(繁簡)과 같은 표현이며, 풍부함과 빈약함 혹은 번잡함과 간결함을 가리키는 말이다.

㉠ 畫有繁減, 乃論筆墨, 非論境界也.(『尺牘新鈔』3集 程正揆「與龔半千」)

㉭ 회화에 번(繁)과 간(簡)에 관한 논의가 있는데, 이는 필묵을 많이 사용할지 아니면 적게 사용할지에 관한 이야기이지 단지 경지의 풍부함이나 빈약함에 관한 이야기가 아니다.

- **번야** 繁冶

변화하고 잘 꾸며진 것을 말한다.

㉠ 蕩者溺其繁冶, 戒者甗其衿麗, 樂者以其軒爽明秀, 而悲者以其荒寒曠遠也.(『尺牘新鈔』1集 徐世溥「答楊維節博士論著述書」)

㉭ 방탕한 사람은 〈남경성(南京城)의〉 변화함과 화려함에 빠졌으며, 근신하는 사람은 〈남경성의〉 자중함과 단정함을 탄식했다. 기쁜 사람은 그 명랑하고 수려한 경치 때문에 기쁘고, 슬픈 사람은 황량하고 까마득한 기운 때문에 슬프다.

- **번욕** 繁縟

문사(文辭)가 풍부하고 비유가 폭넓으며, 문채(文彩)가 다양하고 화려함을 말한다.

㉠ 綜意淺切者, 類乏醞藉, 斷辭辨約者, 率乖繁縟; 譬激水不漪, 槁木無陰, 自然之勢也.(劉勰,『文心雕龍』「定勢」)

㉭ 뜻이 쉽게 드러나는 비속한 글은 함축성이 떨어지고, 간결하고 명확한 글은 대체로 문사(文辭)가 풍부하지 못하고 문채 또한 화려하지 않다. 이는 마치 물살이 거센 물에서는 잔잔한 물결을 기대할 수 없고, 마른 나무 아래서는 그늘을 기대할 수 없는 것과 같다. 모두 자연의 이치인 것이다.

㉠ 繁縟者, 博喩釀采, 煒燁枝派者也.(劉勰, 『文心雕龍』「體性」)
㉭ 번잡하고 화려함은, 비유가 폭넓고 문채가 다양한 것으로 마치 무성한 나뭇가지가 형형색색으로 물든 것과 같다.

- **번이새 繁以塞**

  〈문장 표현이〉 번잡하면서도 같은 말이 되풀이됨을 말한다.

  ㉠ 古之文也約以達, 今之文也繁以塞.(王通, 『文中子』「事君」)
  ㉭ 옛날의 문장은 간약(簡約)하면서도 관점을 명확히 드러냈는데, 오늘날의 문장은 번잡하면서도 되풀이 된다.

- **법 法**

  (1) 예술창작의 격식이나 법도를 말한다.

  ㉠ 他書法多於意, 草書意多於法. 故不善言草者, 意法相害.(劉熙載, 『藝槪』「書槪」)
  ㉭ 다른 서체(書體)는 의(意)가 많으나 초서(草書)는 법(法)이 많다. 그래서 초서를 잘 설명하지 못하면 의와 법이 서로 해를 입힌다.

  (2) 주도면밀한 완전함을 규정하는 것을 말한다.

  ㉠ 法. 宣布周徧曰法.(竇蒙, 『語例字格』)
  ㉭ 법(法): 주도면밀한 완전함을 규정하는 것을 일러 법(法)이라 한다.

- **법극무적 法極無跡**

  법도가 극치에 이르면 흔적이 보이지 않게 된다.

> 예) 篇法之妙, 有不見句法者, 句法之妙, 有不見字法者, 此是法極無跡, 人能之至, 境與天會, 未易求也.(王世貞, 『弇州山人四部稿』卷144『藝苑卮言』1)
> 역) 한 편의 문장이 좋다 해도 꼭 구법(句法)을 다듬은 흔적을 볼 수 있는 것은 아니다. 하나의 구(句)가 좋다 해도 반드시 자법(字法)을 다듬은 흔적을 볼 수 있는 것은 아니다. 법도가 극치에 이르면 흔적이 없어지게 된다. 기량이 극치에 이르면 천지자연과 합하게 되니, 찾아내기가 쉽지 않다.

- **법률** 法律

  법식(法式)의 뜻이다.

  > 예) 近體之攻, 務先法律. 絶句之構, 獨主風神.(胡應麟, 『詩藪』「內編」卷1)
  > 역) 근체시(近體詩)의 기교는 무엇보다 법식(法式)에 힘쓴 것이고, 절구(絶句)의 구도는 오직 풍신(風神)을 위주로 하였다.

- **법무정상** 法無定相

  예술의 법도엔 고정된 양식이 없다.

  > 예) 有沒天沒地當頭劈面點, 有千岩萬壑明淨無一點. 噫! 法無定相, 氣概成章耳.(「石濤題畵」)
  > 역) 하나는 온 천지를 뒤덮을 듯 기세가 맹렬한 점이고, 다른 하나는 수많은 계곡과 산골짜기를 그렸더라도 점을 하나도 안 찍은 듯 화면을 깔끔하게 한 점이다. 화법(畵法)엔 고정된 패턴이 없으며, 개개인의 기개에 따라 이루어지는 것이다.

- **법이불오** 法而不悟

  〈마치 소승(小僧)이 계율(戒律)에만 얽매어 있는 것처럼〉 작법(作法)만 있고 깨달음이 없는 것을 말한다.

- 예 法而不悟, 如小僧縛律; 悟不由法, 外道野狐耳.(胡應麟,『詩藪』「內編」卷5)
- 역 작법(作法)만 있고 깨달음이 없는 것은 마치 소승(小僧)이 계율(戒律)에만 얽매어 있는 것과 같고, 그 깨달음이 법으로부터 연유하지 않는 것은 또한 겉으로만 도를 깨우친 것처럼 자부하는 것일 따름이다.

• 변즉기구 變則其久, 통즉불핍 通則不乏

변혁이 있어야 오래도록 이어질 수 있고, 전통과 회통하여야만 모자람이 없게 된다.

- 예 變則其久, 通則不乏. 趨時必果, 乘機無怯, 望今制奇, 參古定法.(劉勰,『文心雕龍』「通變」)
- 역 변혁이 있어야 오래도록 이어질 수 있고, 전통과 회통하여야만 모자람이 없게 된다. 시대를 따르는 데에는 반드시 과단성이 있어야 하며, 기회를 탈 때에 두려워해선 안 된다. 현재를 바라보면서 새로운 것을 창조하고, 옛 전범을 참작하면서 방법을 정립한다.

• 변통 變通

개성 있는 창신(創新)과 전통의 계승을 말한다.

- 예 情理設位, 文采行乎其中. 剛柔以立本, 變通以趨時.(劉勰,『文心雕龍』「熔裁」)
- 역 작품의 구상이 이루어지면 이제 문채를 가다듬는다. 강(剛)과 유(柔)로써 그 기본 구상을 세우고, 창신(創新)과 전통의 계승의 두 기준으로 적절하게 시대의 기풍(氣風)에 부응한다.

• 변통적회 變通適懷

변화가 있으면서도 그것이 모두 뜻에 적합해야 한다.

- 예 其次變通適懷, 縱捨掣奪, 咸有規矩.(顔眞卿,「述張長史筆法十二意」)

㉠ 그 다음은 변화가 있으면서도 그것이 뜻에 맞아야 하니, 마음대로 펼치거나 구속하는 것 모두에 법도가 있어야 한다.

- **변화무방** 變化無方

  무궁무진한 변화를 가리키는 말이다. 흔히 초서(草書)에 대한 묘사에 쓰인다.

  ㉠ 若章則勁骨天縱, 草則變化無方, 則伯英第一.(『法書要錄』卷9 「張懷瓘書斷下」)
  ㉠ 장초(章草)의 웅건함과 천연 및 초서의 무궁한 변화로는, 장지(張芝)가 제일이다.

- **별수일기** 別樹一旗

  각기 일가(一家)를 이루었음을 말한다.

  ㉠ 唐義山·香山·牧之·昌黎, 同學杜者, 今其詩集, 都是別樹一旗.(袁枚, 『隨園詩話』卷7)
  ㉠ 당대(唐代)의 이상은(李商隱)·백거이(白居易)·두목(杜牧)·한유(韓愈)는 모두 두보의 시를 배웠지만, 지금 그들의 시집(詩集)은 모두 각기 일가(一家)를 이루었다.

- **별시일교** 別是一巧

  더할 수 없이 교묘한 필획을 말한다.

  ㉠ 張僧繇點曳斫拂, 依衛夫人『筆陣圖』, 一點一畫, 別是一巧, 鉤戟利劍森森然, 又知書畫用筆同矣.(張彦遠, 『歷代名畫記』)
  ㉠ 장승요(張僧繇)는 점을 찍고 붓을 끌고 펼치는 방법을 위부인(衛夫人)의 『필진도(筆陣圖)』에 근거하였는데, 한 점 한 획이 더할 수 없이 교묘하여 필획들이 칼날 같이 예리하였다. 이로부터 또한 그림과 글씨의 용필법이 같다는 것을 알 수 있다.

- 보 補

    〈서예에서〉 부족한 필획을 보충하는 것을 말한다.

    - 補, 謂不足也. 損, 謂有餘也. 巧, 謂佈置也. 稱, 謂大小也.(『法書要錄』卷2)
    - 〈서예에서〉 보(補)는 부족한 필획을 보충하는 것이고, 손(損)은 남는 필획을 생략하는 것이다. 교(巧)는 장법(章法)에서의 포국(布局)을 말하고, 칭(稱)은 전체의 크기가 조화로운 것을 말한다.

- 보진 葆眞

    〈시를 지을 때〉 진실의 함축을 말한다.

    - 葆眞. …… 揆厥所由, 君形者亡.(袁枚, 『小倉山房詩集』卷20)
    - 진실의 함축. …… 문장을 지을 때 단지 형식의 완벽함만 추구하고 진실함과 전신(傳神)을 중요시하지 않으면 생명력이 없을 것이다.

- 복오 複奧

    기이하고 독특한 작자가 쓴 글의 복잡함과 심오함을 말한다.

    - 奇者工於難, 命之曰複奧, 莊周·禦寇是也.(楊愼, 『總纂升庵合集』卷124「論文」)
    - 기이한 사람은 능히 난해하게 쓸 수 있기에 "복잡하고 심오함"이라 부른다. 장자(莊子)나 열어구(列禦寇)가 바로 그런 경우이다.

- 본령 本領

    문장을 짓는 재능을 말한다.

    - 文之要, 本領氣象而已. 本領欲其大而深, 氣象欲其純而懿.(劉熙載, 『藝槪』「文槪」)
    - 문장의 요점은 본령과 기상(氣象)을 갖추는 데 있다. 본령은 크고 깊어야 하고, 기상은 순수하고 아름다워야 한다.

- **본색** 本色

    수식이나 인위적인 조작이 없는 질박한 자연스러움을 말한다.

    - 예 其間有佳處, 亦有疵處. 佳處自不必言, 卽疵處亦多本色獨造語.(袁宏道,『袁中郞全集』卷3「叙小修詩」)
    - 역 사이사이로 훌륭한 것도 있고 하자가 있는 것도 있는데, 훌륭한 것은 말할 필요가 없거니와 하자가 있는 것 역시 본색(本色)이 있고 독창적이다.

- **본자심원** 本自心源, **상성형적** 想成形跡

    본래 마음의 근원으로부터 나온 생각이 일정한 형상을 이룬다는 것으로, 그림은 화가의 상상이 창조해내는 것임을 말한다.

    - 예 繫乎得自天機, 出於靈府也. 且如世之相押字之術, 謂之心印. 本自心源, 想成形跡, 跡與心合, 是之謂印. 矧乎書畫, 發之於情思, 契之於絹楮, 則非印而何?(郭若虛,『圖畫見聞志』「叙論」)
    - 역 그림은 스스로 천지조화의 비밀을 터득하여 타고난 마음에서 우러나오는 것이다. 이것은 또 세상에서 이름의 서명(署名)을 판독하는 기술과 같아서 심인(心印)이라고 한다. 심인은 본래 마음의 근원으로부터 나온 생각이 일정한 형상을 이룬 것인데, 형상과 마음이 합해진 것을 인(印)이라고 한다. 서화(書畫) 역시 감정과 생각을 드러내어 그것을 비단과 종이에 합하는 것이니, 그것이 인(印)이 아니면 무엇이겠는가?

- **봉** 鋒

    〈서예에서〉 붓끝을 말한다.

    - 예 鋒, 謂格也. 力, 謂體也. 輕, 謂屈也. 決, 謂牽掣也.(『法書要錄』卷2)
    - 역 〈서예에서〉 봉(鋒)은 붓끝을 말하고, 역(力)은 붓끝이 드러내는 본체를 말한다. 경(輕)은 필세의 굴절(屈折)이고, 결(決)은 운필(運筆)에서의 끄는 것이다.

- **부 浮**

  귀속하는 바가 없는 듯한 것을 말한다.

  - 예) 浮. 若無所歸曰浮.(竇蒙, 『語例字格』)
  - 역) 부(浮): 마치 귀속하는 바가 없는 듯한 것을 일러 부(浮)라 한다.

- **부 賦**

  기탁하는 말로 사물을 묘사하는 시(詩)의 작법을 말한다.

  - 예) 因物喩志, 比也; 直書其事, 寓言寫物, 賦也.(鍾嶸, 「詩品序」)
  - 역) 다른 사물을 빌려 말하고자 한 뜻을 드러내는 것을 비(比)라 한다. 직접 일을 서술함에 기탁하는 말로 사물을 묘사하는 것을 부(賦)라 한다.

- **부용출수 芙蓉出水**

  마치 부용(芙蓉)이 물 위로 떠오른 듯한 고결(高潔)함을 말한다.

  - 예) 李鎭東書如芙蓉之出水, 文采之鏤金.(『書法鉤玄』 卷4 「梁武帝評書」)
  - 역) 이진동(李鎭東)의 글씨는 마치 부용(芙蓉)이 물 위로 떠오른 듯 고결(高潔)하고, 문채(文彩)가 아주 아름답다.

- **부자능서 父子能書**

  아버지와 아들이 모두 서예에 뛰어난 것을 말한다.

  - 예) 父子能書者, 魏鍾繇鍾會, 衛瓘衛恒, 晉王羲之獻之, 唐歐陽詢歐陽通徐嶠之徐浩, 宋米芾米友仁, 明文徵明文彭文嘉七家而已, 甚矣, 濟美之難也.(楊賓, 『大瓢偶筆』 「偶筆識餘」)
  - 역) 부자(父子)가 함께 서예에 능한 경우로는 위(魏)의 종요(鍾繇)와 종회(鍾會) 및 위관(衛瓘)과 위항(衛恒), 진(晉)의 왕희지(王羲之)와 왕헌지(王獻之), 당(唐)의 구양순(歐陽詢)과 구양통(歐陽通) 및 서교지(徐

嶠之)와 서호(徐浩), 송(宋)의 미불(米芾)과 미우인(米友仁), 명(明)의 문징명(文徵明)과 문팽(文彭)·문가(文嘉) 등 칠가(七家) 뿐이니 그 묘업을 이어받기가 얼마나 어려운가!

- **부차** 俯借

 차경(借景)의 한 방법으로, 내려다 봐서 바깥의 자연 경색이 시선에 닿게끔 하는 것을 말한다.

 ㉠ 夫借景, 林園之最要者也. 如遠借·鄰借·仰借·俯借, 應時而借.(計成, 『園冶』 卷3)
 ㉡ 차경(借景)은 원림에서 가장 중요하다. 차경에는 멀리서 경색을 가져오는 것·가까이서 가져오는 것·올려 봐서 가져오는 것·내려 봐서 가져오는 것·시기에 따라 가져오는 것 등 여러 방법이 있다.

- **분대무시** 粉黛無施

 인공(人工)의 수식을 가하지 않는 것을 말한다.

 ㉠ 若眞行妍美, 粉黛無施, 則逸少第一.(『法書要錄』 卷9 「張懷瓘書斷下」)
 ㉡ 진행(眞行)의 아리따움은 인공의 수식을 가하지 않은 것인데, 왕희지(王羲之)가 제일이다.

- **분박** 噴薄

 거세게 내뿜어 솟구치는 것을 말한다.

 ㉠ 水, 活物也. 其形欲深靜, 欲柔滑, 欲汪洋, 欲迴環, 欲肥膩, 欲噴薄, 欲激射.(郭熙, 『林泉高致』 「山川訓」)
 ㉡ 물은 살아 움직이는 물상이다. 그 모양은 깊고 고요해야 하며, 부드럽고 미끄러워야 하고, 넓게 넘실거려야 하며, 둥그렇게 감아 돌아야 하고, 기름지고 윤택해야 하며, 거세게 내뿜어 솟구쳐야 하고, 부딪혀 치올라야 한다.

- **분방** 芬芳

    아름다움을 말한다.

    - 예) 人必先有芬芳悱惻之懷, 而後有沉鬱頓挫之作.(袁枚, 『隨園詩話』卷14)
    - 역) 사람은 반드시 좋은 품성과 슬픈 정감이 있어야 비로소 침울함과 좌절감을 나타내는 시를 지을 수 있다.

- **분어중즉응어외** 憤於中則應於外

    마음속에서 북받치는 것이 있으면 바깥으로 감응된다. 사마천(司馬遷)이 말한 "발분저서(發憤著書)"나 한유(韓愈)가 말한 "불평즉명(不平則鳴)"과 관련이 있는 말이다.

    - 예) 夫歌者樂之徵也, 哭者悲之效也. 憤於中則應於外, 故在所以感.(『淮南子』「修務訓」)
    - 역) 무릇 노래를 부른다는 것은 즐거움의 표징이며, 곡을 한다는 것은 슬픔의 징표이다. 마음속에서 북받치는 것이 있으면 바깥으로 감응된다. 궁극적으로 어떤 것에 감응하느냐에 달린 것이다.

- **분이유치** 紛而愈治

    어지러운 듯하면서도 엄정하다.

    - 예) 其所書『書譜』, 用筆破而愈完, 紛而愈治, 飄逸愈沈着, 婀娜愈剛健.(劉熙載, 『藝槪』「書槪」)
    - 역) 〈손과정(孫過庭)이 쓴〉『서보(書譜)』는 용필(用筆)이 빈 듯하면서도 완정(完整)하고, 어지러운 듯하면서도 엄정하다. 맑게 흩날리는 듯하면서도 침착하고, 가볍고 아리따운 듯하면서도 강건하다.

- **분택** 粉澤

    수식하고 치장하는 것을 말한다.

- ㉠ 今世因貴辭而矜書, 粉澤以爲工, 遒密以爲能, 不亦外乎?(『柳宗元集』卷34「報崔黯秀才論爲文書」)
- ㉡ 지금 세상은 문사를 중요하게 여기고 글을 자랑하여, 수식하고 가꾸는 것을 기교라고 여기고 또 강하고 주밀(綢密)한 것을 잘한다고 여기는데, 이것은 또한 외적인 것 아니겠는가?

• **분포 分布**

분간포백(分間佈白)이다. 포백(佈白)이란 한 글자 내의 점획의 안배 및 자간(字間)·행간(行間)의 위치에 대한 처리를 말한다. 점획에는 번간(繁簡: 두터움과 간략함)·방원(方圓: 각진 것과 둥근 것)·경중(輕重: 가벼움과 묵직함)이 있어야 하고, 글자는 대소(大小: 크고 작음)·소밀(疏密: 성김과 빼곡함)·사정(斜正: 기움과 바름)이 있어야 하며, 배치에는 관엄(寬嚴: 넓음과 좁음)·취산(聚散: 모임과 흩어짐)·허실(虛實: 빔과 참)의 묘를 중시한다. 상하좌우가 서로 기대듯 마주 보듯 연계되어 전체적으로 조화를 이루어야 한다. 포백은 또한 장법(章法) 및 소밀(疏密)과 밀접한 연관이 있다. 장법이란 원래 문장을 서술할 때 글의 밀도를 처리하는 기법을 말한다. 성기게 치러내는 것을 소(疏)라 하고, 빼곡히 재량하는 것은 밀(密)이라 한다. 장법은 문론(文論)에서 비롯되었지만 그 용처는 서화(書畵)로까지 확대되었다.(2008, p. 153 참조)

- ㉠ 或乃就分布於纍年, 向規矩而猶遠, 圖眞不悟, 習草將迷.(孫過庭, 『書譜』)
- ㉡ 어떤 이는 해와 달을 거듭해 서예의 포백(佈白)을 연구하지만 사실 서예의 법도에서 아주 멀리 떨어져 있다. 해서(楷書)의 서사(書寫) 규칙에 대해서 전혀 이해하는 바도 없이 초서(草書)를 써 나아가니 곤혹감만 더 크게 느끼게 된다.

- **분화치미** 紛華侈靡

  화려하고 사치스러움을 말한다.

  - 예) 隱逸俄識肥遯高世之節, 貴戚蓋尙紛華侈靡之容.(郭若虛, 『圖畫見聞志』「叙論」)
  - 역) 〈그림을 그릴 때〉 은거하는 사람은 한 눈에도 세속을 벗어난 절개를 알 수 있게 해야 한다. 귀족은 대개 화려하고 사치스러운 모습으로 많이 그린다.

- **불가화즉무기서** 不可畫則無其書

  그림으로 표현할 수 없는 것은 또한 글씨로도 나타낼 수 없다. 글씨와 그림은 모두 사물의 형태 및 그것의 표상적 의미로부터 생겨났기 때문에, 외형을 표현하든 그 외형의 상징적 의미를 표현하든 모든 사물은 글씨로든 그림으로든 모두 표현해낼 수 있음을 말한다.

  - 예) 凡象形者皆可畫也, 不可畫則無其書矣.(鄭樵, 『通志』卷31 『六書略』「象形第一」)
  - 역) 사물의 외형을 그려낼 수 있는 것은 모두 그림 속에 표현할 수 있다. 그림으로 표현할 수 없는 것은 또한 글씨로도 나타낼 수 없다.

- **불견지견** 不見之見, **불문지문** 不聞之聞, **무상지상** 無狀之狀

  보이지 않음 속에 보이는 것이 있고, 들리지 않음 속에 들리는 것이 있으며, 형체가 없는 가운데 뚜렷한 존재가 있다. 이 세 가지는 도(道)를 묘사한 것이다.

  - 예) 道也者, 視之不見, 聽之不聞, 不可爲狀. 有知不見之見·不聞之聞·無狀之狀者, 則幾於知之矣.(『呂氏春秋』「仲夏紀」)
  - 역) 도(道)라는 것은 보려 해도 보이지 않고, 들으려 해도 들리지 않으며, 그 형상을 짐작할 수도 없다. 보이지 않음 속에 보이는 것이 있고, 들리지 않음 속에 들리는 것이 있으며, 형체가 없는 가운데 뚜렷한 존재가

있는 것을 아는 사람이 있다면, 그는 거의 도(道)를 터득한 것이다.

- **불구상법** 不拘常法

  세상에 전해지는 법도와 규범에 얽매이지 않는다.

  - 以張懷瓘『畵品斷』神·妙·能三品, 定其等格, 上·中·下又分爲三, 其格外有不拘常法, 又有逸品, 以表其優劣也.(朱景玄, 『唐朝名畵錄』)
  - 장회관(張懷瓘)은 『화품단(畵品斷)』에서 신(神)·묘(妙)·능(能) 삼품으로 그림의 등급을 정하였고, 여기에 다시 각각을 상·중·하 셋으로 나누었다. 〈그런데 내가 보기에〉 이러한 품격 외에 일상적인 법규에 구애받지 않은 또 하나의 일품(逸品)이 있으니, 이것으로도 그림의 우열(優劣)을 표시하게 된다.

- **불구형사구생운** 不求形似求生韻

  그림을 그릴 때, 형사(形似)를 추구하지 않고 신운(神韻)이 생동함을 추구하는 것을 말한다.

  - 不求形似求生韻, 根撥皆吾五指栽.(徐渭, 『徐文長集』 卷5 「畵百花卷與史甥, 題曰漱老謔墨」)
  - 형사(形似)를 추구하지 않고 신운(神韻)이 생동함을 추구한다. 그림 속 화훼의 뿌리와 줄기는 내가 다섯 손가락으로 종이 위에 심은 것이다.

- **불내변** 不內變, **불외종** 不外從

  안에 있는 마음이 바뀌지 않고 외부의 사물에도 영향을 받지 않는 상태를 말한다.

  - 知忘是非, 心之適也; 不內變, 不外從, 事會之適也.(『莊子』 「達生」)
  - 사람의 지혜가 시비의 판단을 잊게 된다면, 그것은 마음이 대상과 하

나로 융화되어 있기 때문이다. 안에 있는 마음이 바뀌지 않고 외부의 사물에도 영향을 받지 않게 되니, 만사만물과의 응대에 엇나감이 있으랴.

- **불루이공** 不鏤而工

〈글을 짓는 데 선천적으로 재주가 있어〉 지나치게 꾸미지 않아도 문장에 짜임새가 있다.

- 예) 天生妙姿, 不鏤而工, 不飾而文, 如天孫織錦.(袁中道,『珂雪齋文集』卷9「妙高山法寺碑」)
- 역) 〈원굉도(袁宏道)와 도망령(陶望齡)은〉 선천적으로 글을 짓는 재주가 있다. 지나치게 꾸미지 않아도 문장에 짜임새가 있고, 글을 윤색하지 않아도 문채가 있다. 마치 천궁(天宮)에 사는 직녀(織女)가 비단을 짜는 것처럼 민첩하고 자연스럽다.

- **불륜** 不倫

앞과 뒤의 배치, 혹은 전체 맥락의 흐름이 들쑥날쑥하여 이도 저도 아닌 상태를 말한다.

- 예) 不倫. 前濃後薄, 半敗半成.(竇蒙,『語例字格』)
- 역) 불륜(不倫): 앞은 두텁고 뒤는 얇다. 이도 저도 아니다.

- **불립일격** 不立一格, **불류일격** 不留一格

그림을 그리기 전에 정해진 법규를 세우지 않고, 그린 다음에도 고정된 법규를 남기지 않는다.

- 예) 未畫以前, 不立一格, 旣畫以後, 不留一格.(『鄭板橋集』「題畫」)
- 역) 그리기 전에 법규를 세우지 않았고, 그린 다음에 법규를 남기지 않았다.

- **불미이미** 不味而味

  맛을 일부러 추구하지 않더라도 자연스럽게 맛이 나는 것을 말한다. 인위적으로 하지 않더라도 품격과 수양이 높아 정취(情趣)와 의취(意趣)가 충만하면 자연스럽게 편안하고 그윽한 경지가 드러난다는 뜻이다.

  - 예 沖然有德之養, 絶無雄競柔媚態. 不味而味, 則爲水中之乳泉; 不馥而馥, 則爲蕊中之蘭茝.(徐上瀛, 『溪山琴況』)
  - 역 〈거문고를 탈 때는〉 온화하고 담박하며, 경쟁이나 아첨하는 자태가 없어야 한다. 요컨대 맛을 추구하지 않더라도 샘물처럼 자연스럽게 맛이 나고, 향기로운 것을 추구하지 않더라도 난초처럼 자연스럽게 향기가 나는 것이다.

- **불번승삭이자합** 不煩繩削而自合

  비록 수식과 조탁을 하진 않았지만 시가 오히려 아주 자연스럽고 정묘(精妙)함을 말한다. 다듬지 않아도 저절로 적절하다.

  - 예 至於淵明, 則所謂不煩繩削而自合者. 雖然, 巧於斧斤者多疑其拙, 窘於檢括者輒病其放.(黃庭堅, 『豫章黃先生文集』 卷26 「題意可詩後」)
  - 역 도잠(陶潛: 자는 淵明)으로 말하면, 그는 비록 수식과 조탁을 하진 않았지만 시는 오히려 아주 자연스럽고 정묘(精妙)하다. 그렇다 해도 조탁을 잘하는 사람들은 되레 도잠의 시가 너무 질박하다고 여기며, 규범에 사로잡힌 사람들은 또한 도잠의 시가 지나치게 거리낌이 없다고 생각한다.

- **불복이복** 不馥而馥

  좋은 냄새를 추구하지 않더라도 자연스럽게 향기가 난다. 인위적으로 하지 않더라도 품격과 수양이 높아 정취(情趣)와 의취(意趣)가 충만하면 자연스럽게 편안하고 그윽한 경지가 드러난다는 뜻이다.

- 예) 沖然有德之養, 絶無雄競柔媚態. 不味而味, 則爲水中之乳泉; 不馥而馥, 則爲蕊中之蘭茞.(徐上瀛, 『溪山琴況』)
- 역) 〈거문고를 탈 때는〉 온화하고 담박하며, 경쟁이나 아첨하는 자태가 없어야 한다. 요컨대 맛을 추구하지 않더라도 샘물처럼 자연스럽게 맛이 나고, 향기로운 것을 추구하지 않더라도 난초처럼 자연스럽게 향기가 나는 것이다.

- **불섭리로 不涉理路 불락언전 不落言筌**

  이치에 얽매이지 않고 언어의 함정에 빠지지 않는다.

  - 예) 非多讀書, 多窮理, 則不能極其至. 所謂不涉理路・不落言筌者, 上也.(嚴羽, 『滄浪詩話』 「詩辨」)
  - 역) 책을 많이 읽지 않고 이치를 많이 탐구하지 않으면, 시의 지극한 경지에 도달할 수 없다. 이른바 이치에 얽매이지 않고 언어의 함정에 빠지지 않는 것이 최상이다.

- **불식이문 不飾而文**

  〈글을 짓는 데 선천적으로 재주가 있어〉 글을 윤색하지 않아도 문채가 있다.

  - 예) 天生妙姿, 不鏤而工, 不飾而文, 如天孫織錦.(袁中道, 『珂雪齋文集』 卷9 「妙高山法寺碑」)
  - 역) 〈원굉도(袁宏道)와 도망령(陶望齡)은〉 선천적으로 글을 짓는 재주가 있다. 지나치게 꾸미지 않아도 문장에 짜임새가 있고, 글을 윤색하지 않아도 문채가 있다. 마치 천궁(天宮)에 사는 직녀(織女)가 비단을 짜는 것처럼 민첩하고 자연스럽다.

- **불이심계 不以心稽**

  마음이 아무 것에도 얽매이지 않는 무심의 경지에 있다.

- 예) 工倕旋而蓋規矩, 指與物化而不以心稽, 故其靈臺一而不桎.(『莊子』「達生」)
- 역) 큰 목수로 유명했던 공수(工倕)는 자 없이 그냥 선을 그어도 그림쇠나 곡척 같은 자를 대고 그은 것보다 더 정확한 모양을 내었다. 그의 손가락은 그리려는 대상과 하나가 되고 마음은 무심의 경지에 있었다. 그러기에 그의 정신은 잔뜩 응집되어서 어떤 것에도 구애받음이 없었다.

- **불착일자** 不着一字, **진득풍류** 盡得風流

  글자 하나 쓰지 않더라도 지극한 풍운(風韻)을 드러낸다.

  - 예) 不着一字, 盡得風流, 語不涉難, 已不堪憂.(司空圖, 『詩品二十四則』)
  - 역) 글자 하나 쓰지 않더라도 지극한 풍운(風韻)을 드러낸다. 인생사의 고난을 단 한 마디 꺼내지 않아도 사람들로 하여금 아픔을 느끼게 한다.

- **불체기적** 不滯其迹

  흔적이나 자취에 얽매이지 않는다.

  - 예) 知此義者, 可以同文異取, 同取異用而不滯其迹者矣.(章學誠, 『文史通義』內篇4「說林」)
  - 역) 이 의미를 아는 이는 같은 글에서도 차이점을 뽑아내고 또 같은 글을 다르게 쓸 수 있으니, 그 글의 흔적에 얽매이지 않는다.

- **불취역취** 不取亦取, **수사물사** 雖師勿師

  작품이 보기에는 이전 사람을 모방하지 않은 듯하지만 사실상 모방한 것이고, 비록 이전 사람을 모범으로 삼았지만 그렇게 한 흔적을 알아보지 못하도록 한다.

  - 예) 我有神燈, 獨照獨知, 不取亦取, 雖師勿師.(袁枚, 『小倉山房詩集』卷20)

- ❸ 견식은 밝은 등불처럼 자기를 밝혀 주도록 하고 독특한 견해를 얻게 해야 된다. 작품이 보기에는 이전 사람을 모방하지 않은 듯하지만 사실상 모방한 것이고, 비록 이전 사람을 모범으로 삼았지만 그렇게 한 흔적을 알아보지 못하도록 한다.

- **불평즉명** 不平則鳴

  자연현상이나 사람의 심사가 평온하지 못하면 소리를 내게 된다.

  - ❹ 大凡物不得其平則鳴. 草木之無聲, 風撓之鳴. 水之無聲, 風蕩之鳴.(韓愈, 『韓昌黎集』 卷4 「送孟東野序」)
  - ❸ 무릇 사물은 평온하지 못하면 소리를 내게 된다. 초목은 본디 소리가 없으나 바람이 감돌면 소리를 내고, 물[水]은 본디 소리가 없으나 바람이 휘저으면 소리가 난다.

- **불학조만** 不學操縵, **부득안현** 不得安弦

  악기 줄을 늘이는 법을 배우지 않고서는 줄을 당길 수가 없다. 억제할 때와 풀어줄 때가 있다는 것을 말한다.

  - ❹ 故學者終日討說答問, 呻吟習復, 應對進退, 掬溜播灑, 則罷憊而廢亂, 故有"息焉游焉"之說, "不學操縵, 不得安弦"; 有所拘者, 有所縱也.(『柳宗元集』 卷21 「讀韓愈所著毛穎傳後題」)
  - ❸ 학자들이 평소 온종일 토론하며, 묻고 답하며, 읊고 복습하며, 응대하고 진퇴하며, 물 뿌리고 청소하느라 지치고 어지러운 까닭에 "쉬면서 노닌다."는 말이 있게 되었다. "악기 줄을 늘이는 법을 배우지 않고서는 줄을 당길 수가 없다."는 말이 있다. 억제할 때와 풀어줄 때가 있다는 말이다.

- **불환불료** 不患不了, **이환어료** 而患於了

  완전히 똑같이 묘사하지 못함을 근심하지 말고 오히려 너무 완벽하게 되는 것을 근심해야 한다. 형사(形似)에만 치중하는 것을 경계하는 말이다.

- ⓔ 夫畵物特忌形貌采章, 歷歷具足, 甚謹甚細, 而外露巧密. 所以 不患不了, 而患於了.(張彦遠, 「論畵體工用搨寫」)
- ⓨ 사물을 그리는데 특히 피해야 할 것은, 형체의 모양과 채색 및 문양을 하나하나 모두 갖추어 지나치게 섬세하게 표현함으로써 세밀한 기교를 드러내는 것이다. 그렇기 때문에 완전히 똑같이 묘사하지 못함을 근심하지 말고 오히려 너무 완벽하게 되는 것을 근심해야할 것이다.

- **비 比**

    (1) 다른 사물의 속성을 빌려 정작 말하고 싶은 뜻을 드러내는 시(詩)의 작법을 말한다.

    - ⓔ 因物喩志, 比也; 直書其事, 寓言寫物, 賦也.(鍾嶸, 「詩品序」)
    - ⓨ 다른 사물을 빌려 말하고자 한 뜻을 드러내는 것을 비(比)라 한다. 직접 일을 서술함에 기탁하는 말로 사물을 묘사하는 것을 부(賦)라 한다.

    (2) 같은 부류로써 비유를 통해 사물을 설명하거나 사물의 이치를 드러내는 기법을 말한다.

    - ⓔ 比者, 附也; 興者, 起也. 附理者切類以指事, 起情者依微以擬議.(劉勰, 『文心雕龍』「比興」)
    - ⓨ 비는 가깝게 드러내는 것이요, 흥은 일으킨다는 뜻이다. 사물의 이치를 가깝게 드러낸다는 것은, 같은 부류로써 비유를 통해 사물을 설명하는 것이다. 정감을 불러일으킨다는 것은, 아주 은미한 의미를 내포하고 있는 사물을 통해 생각을 헤아리는 것이다.

- **비 肥**

    여유가 바깥으로 드러나는 것을 말한다.

    - ⓔ 肥. 龜臨洞穴, 沒而有餘.(竇蒙, 『語例字格』)

역 비(肥): 여유가 바깥으로 드러나는 것을 말한다.

* **비** 飛

나는 듯이 달리는 필법으로 흰 바탕을 드러내는 것을 말한다.

예 飛. 若滅若沒曰飛.(竇蒙,『語例字格』)
역 비(飛): 나는 듯이 달리는 필법으로 흰 바탕을 드러내는 것을 일러 비(飛)라 한다.

* **비** 悲

심하게 상한 것을 말한다.

예 悲. 傷甚曰悲.(皎然,『詩式』)
역 비(悲): 심하게 상한 것을 비(悲)라 한다.

* **비개** 悲慨

격앙된 비분강개(悲憤慷慨)와 비장(悲壯)한 울분을 나타내는 미학범주이다. 진지하고 뜨거운 서정(抒情)으로 사람을 감동시키므로, 장미(壯美)에 속한다.

예 悲慨. 大風卷水, 林木爲摧, 意苦若死, 招憩不來.(司空圖,『詩品二十四則』)
역 비개(悲慨): 큰 바람은 거대한 파도를 일으키고, 나무는 바람에 꺾여 부러진다. 마음속은 죽을 듯 고통스럽고, 한 줌의 편안함조차 누릴 길이 없다.

* **비니** 肥膩

기름지고 윤택한 것을 말한다.

예 水, 活物也. 其形欲深靜, 欲柔滑, 欲汪洋, 欲迴環, 欲肥膩, 欲

噴薄, 欲激射.(郭熙, 『林泉高致』「山川訓」)

㉭ 물은 살아 움직이는 물상이다. 그 모양은 깊고 고요해야 하며, 부드럽고 미끄러워야 하고, 넓게 넘실거려야 하며, 둥그렇게 감아 돌아야 하고, 기름지고 윤택해야 하며, 거세게 내뿜어 솟구쳐야 하고, 부딪혀 치올라야 한다.

- **비덕 比德**

자연계에 실제 존재하는 물상(物象)을 통해 인간의 도덕적 정감을 비유적으로 표현하는 예술수법을 미학범주로는 비덕(比德)이라 한다. 비덕은 "이물비덕(以物比德)"의 준말이다. 즉 사물을 빌어 덕성을 비유함을 말한다. 따라서 비덕(比德)이란 것은 사물의 어느 고유한 속성이 인간이 지닌 어떤 덕성(德性)과 유사한 면모를 지녔다면, 그 사물을 예술소재로 삼아 그 연관관계를 "비유"라는 예술기법으로 풀어내는 것이다.(2008, pp. 244-245 참조)

㉠ 夫玉者, 君子比德焉. 溫潤而澤, 仁也; 栗而理, 知也; 堅剛而不屈, 義也; 廉而不劌, 行也; 折而不撓, 勇也; 瑕適並見, 情也; 扣之, 其聲淸揚而遠聞, 其止輟然, 辭也.(『荀子』「法行」)

㉭ 무릇 옥이란 것은 군자의 덕과 견줄 만한 것이다. 온화하고 윤택이 있는 것은 인(仁)의 덕이다. 단단하고 매끄러운 것은 지(知)의 덕이다. 굳고 강하며 굽히지 않는 것은 의(義)의 덕이다. 곧으면서도 쪼개짐이 없는 것은 행(行)의 덕이다. 꺾일지언정 굽히지 않는 것은 용(勇)의 덕이다. 옥티와 옥빛이 같이 드러나는 것은 정(情)의 덕이다. 두드리면 소리가 맑고 멀리 들리며, 두드리길 멈추면 울림이 딱 그치는 것은 언사(言辭)의 덕이다.

- **비둔고세 肥遯高世**

세속을 벗어난 것을 말한다.

㉠ 隱逸俄識肥遯高世之節, 貴戚蓋尙紛華侈靡之容.(郭若虛, 『圖

畵見聞志』「叙論」)
- ㊁ 〈그림을 그릴 때〉 은거하는 사람은 한 눈에도 세속을 벗어난 절개를 알 수 있게 해야 한다. 귀족은 대개 화려하고 사치스러운 모습으로 많이 그린다.

- **비비익익** 匪匪翼翼

문채가 있고 빠른 것을 말한다.

- ㊅ 車馬之美, 匪匪翼翼; 鸞和之美, 肅肅雍雍.(『禮記』「少儀」)
- ㊁ 거마(車馬)의 아름다움은 문채가 있고 빠른 것이고, 방울소리의 아름다움은 소리가 맑고 조화로운 것이다.

- **비산** 悲酸

슬프고 애처로움을 나타낸 말이다.

- ㊅ 沈鬱者自然悲酸, 古怪者自然奇絶.(李贄,『焚書』卷3「雜述·讀律膚說」)
- ㊁ 성정(性情)이 침울한 사람은 자연스레 그 소리가 슬프면서 애처롭고, 괴팍한 사람은 그 소리가 기묘하게 된다.

- **비수** 肥瘦

비(肥)와 수(瘦)는 상대적인 한 쌍의 미학범주이다. 비(肥)는 여유가 바깥으로 드러나는 두텁고 윤택 있는 형상미로, 장중함을 나타낸다. 한편 수(瘦)는 가늘고 날래며 긴 형상미를 말하며, 준수함을 나타낸다.

- ㊅ 分間下注, 穠纖有方; 肥瘦相和, 骨力相稱.(『法書要錄』卷2「梁武帝答陶隱居論書」)
- ㊁ 간격을 두고 필묵을 운용하면 섬농(纖穠)에 법도가 있을 것이다. 살찜과 여윔이 조화롭다면 골육(骨肉)이 서로 적합할 것이다.

- **비악** 非樂

  음악을 비난한다. 묵자(墨子)가 제기한 예술관으로, 실용적이거나 실질적이지 않기 때문에 음악의 사회적 가치를 부정하고 심미적 예술활동을 반대한다는 말이다.

  - 是故子墨子之所以非樂者, 非以大鍾·鳴鼓·琴瑟·竽笙之聲, 以爲不樂也; 非以刻鏤華文章之色, 以爲不美也; 非以犓豢煎炙之味, 以爲不甘也; 非以高臺·厚榭·邃野之居, 以爲不安也. 雖身知其安也, 口知其甘也, 目知其美也, 耳知其樂也; 然上考之, 不中聖王之事, 下度之, 不中萬民之利. 是故子墨子曰: 爲樂非也!(『墨子』「非樂」)
  - 그러므로 묵자(墨子)가 음악을 비난하는 이유는, 큰 종·북·금(琴)과 슬(瑟)·우(竽)와 생(笙) 등과 같은 악기의 소리가 즐겁지 않다고 여겨서가 아니며, 조각된 무늬와 화려한 색깔이 아름답지 않다고 여겨서가 아니고, 고기를 지지고 구운 맛이 달지 않다고 여긴 것도 아니며, 또한 높은 누대(樓臺)나 큰 별장 혹은 넓은 집에서 사는 것이 편안하지 않다고 여기는 것도 아니다. 물론 몸이 그 편안함을 알고, 입이 그 단 것을 알며, 눈이 그 아름다운 것을 알고, 귀가 그 즐거운 것을 안다. 하지만 거슬러 올라가 볼 때 성왕(聖王)들의 일과 부합되지 아니하고, 아래로 헤아려 볼 때 만백성들의 이로움과 부합되지 않는 것이다. 그러므로 묵자는 말하였다. "음악을 즐기는 것은 잘못된 일이다."

- **비양발호** 飛揚跋扈

  상규(常規)를 뛰어넘고 구속 받지 않음을 말한다. 이 말은 두보(杜甫)의 「증이백(贈李白)」에 나온다.

  - 少陵稱太白詩云"飛揚跋扈", 老泉稱退之文云"猖狂恣睢", 若以此八字評今人詩文, 必艴然而怒.(賀貽孫, 『詩筏』)
  - 두보(杜甫)는 이백(李白)의 시를 "제멋대로"라고 칭찬했고, 소순(蘇洵: 호는 老泉)도 한유(韓愈: 자는 退之)의 문장을 역시 "아무렇게나"라고 칭찬했다. 오늘날 누가 이러한 말로 남의 시를 평가한다면 그 사람은

필시 화를 낼 것이다.

- **비음불공성** 悲音不共聲, **개쾌어이** 皆快於耳

  슬픈 곡은 다른 사람이 불러도 감동을 준다. 보편적 감각을 말한 것이다.

  - 美色不同面, 皆佳於目; 悲音不共聲, 皆快於耳; 酒醴異氣, 飮之皆醉; 百穀殊味, 食之皆飽. 謂文當與前合, 是謂舜眉當復八采, 禹目當復重瞳.(王充, 『論衡』「自紀」)
  - 미색(美色)이 뛰어난 사람은 다른 얼굴을 해도 아름다워 보이고, 슬픈 곡은 다른 사람이 불러도 감동을 준다. 보통 술과 단 술은 주정(酒精)이 다르지만 마시면 대개 취하고, 백 가지 곡식은 맛이 달라도 먹으면 모두 배가 부르다. 글이 반드시 옛글과 합치해야 한다는 것은, 순(舜)의 눈썹이 요(堯)의 눈썹처럼 여덟 가지 색을 띠어야 하고, 우(禹)의 눈동자는 순(舜)의 눈동자처럼 둘이어야 한다는 것과 같은 주장이다.

- **비자고현철필능서야** 非自古賢哲必能書也, **유현자능존이** 惟賢者能存爾

  옛 성현(聖賢)들 모두가 반드시 서예를 잘 했던 것이 아니라, 성현이었기에 그들의 작품이 후대에 전해질 수 있었다.

  - 非自古賢哲必能書也, 惟賢者能存爾. 其餘泯泯, 不複見爾.(歐陽修, 『歐陽文忠公文集』卷129「世人作肥字說」)
  - 옛 성현들 모두가 반드시 서예를 잘 했던 것이 아니라 성현이었기에 그들의 작품이 후대에 전해질 수 있었던 것이니, 그 밖의 평범했던 이들의 작품은 〈설령 글씨를 잘 썼다 할지라도〉 모두 점점 사라지고 만 것이다.

- **비장** 悲壯

  비분강개(悲憤慷慨)에 의한 장엄함을 말한다. 양강미(陽剛美)의 일종이다.

- 예 直至今日, 而西梆子腔與南崑曲, 一則悲壯, 一則靡曼, 猶截然 分南北兩流.(梁啓超, 『飮冰室文集』 卷10 「中國地理大勢論」)
- 역 이로부터 오늘날에 이르러 서방자강(西梆子腔)과 남곤곡(南崑曲)은 한편으로는 비장(悲壯)하고 한편으로는 곱고 아름다우나, 확실히 남북의 두 풍격으로 나뉜다.

- **비청불신** 非淸不新, **비신불청** 非新不淸

  맑지 않으면 새로울 수 없고 새로움이 없으면 맑을 수 없다는 것으로, 이 둘은 근본적으로 하나임을 말한다.

  - 예 非淸不新, 非新不淸, 同出而異名, 此非可以體用言也.(方回, 『桐江集』 卷1 「馮伯田詩集序」)
  - 역 맑지 않으면 새로울 수 없고, 새로움이 없으면 맑을 수 없다. 이 둘은 근본적으로 하나이며, 다만 부르는 이름이 다를 뿐이다. 이 둘을 앞과 뒤로 나눠 말할 수는 없다.

- **비측** 悱惻

  슬픔을 말한다.

  - 예 人必先有芬芳悱惻之懷, 而後有沉鬱頓挫之作.(袁枚, 『隨園詩話』 卷14)
  - 역 사람은 반드시 좋은 품성과 슬픈 정감이 있어야 비로소 침울함과 좌절감을 나타내는 시를 지을 수 있다.

- **빙정이회통** 憑情以會通, **부기이적변** 負氣以適變

  내면의 성정(性情)에 의거하여 정통에 적응하고, 개성 있는 기질을 업고 변혁에 응한다.

  - 예 是以規略文統, 宜宏大體, 先博覽以精閱, 總綱紀而攝契, 然後

拓衢路, 置關鍵, 長轡遠馭, 從容按節, 憑情以會通, 負氣以適變.(劉勰, 『文心雕龍』「通變」)

㈎ 그래서 문학의 전통을 규정하는 원리를 세우기 위해서는 마땅히 작가의 식견을 넓혀야 한다. 먼저 많은 작품을 접하여 정밀하게 읽고, 그 가운데 문장의 규율을 종합하여 요점을 파악해야 한다. 그런 다음에 각자의 창작방식을 개척하고 핵심이 되는 주제를 설정한다. 이런 전제조건이 이루어져야 비로소 문학의 먼 길에 발을 내디딜 수 있으며, 침착하고 절도에 맞게 앞으로 나아갈 수 있다. 이제 내면의 성정(性情)에 의거하여 정통에 적응하고, 개성 있는 기질을 업고 변혁에 응한다.

- **빙허구상** 憑虛構象

허구의 사물을 설정하여 묘사하는 것을 말한다.

㈀ 賦以象物, 按實肖象易, 憑虛構象難.(劉熙載, 『藝槪』「賦槪」)

㈎ 부(賦)에서 사물의 모습을 묘사할 때, 실물을 묘사하는 것은 비교적 쉽고 허구의 사물을 묘사하는 것은 비교적 어렵다.

人

- **사 似**

  일반적으로 닮음을 뜻하며, 서화론에서는 앞사람의 작품을 임모(臨摹)하여 사법(師法)하는 것을 가리킨다. 흔히 형사(形似)와 신사(神似)로 구분된다. 형사는 외형을 있는 그대로 똑같이 묘사하는 것을 말하며, 신사는 내재정신을 정확하게 드러내는 것을 말한다.

  - 例 察之者尙精, 擬之者貴似.(孫過庭, 『書譜』)
  - 역 〈서예작품을〉 관찰할 때는 정밀하게 살펴야 하며, 임모(臨摹)하여 배울 때는 똑같게 하는 것이 가장 중요하다.

- **사 事**

  만사만물의 발생과 현현의 사실을 말한다.

  - 例 曰理·曰事·曰情三語, 大而乾坤以之定位, 日月以之運行, 以至一草木一飛一走, 三者缺一, 則不成物.(葉燮, 『原詩』 內篇)
  - 역 이른바 이(理)·사(事)·정(情)의 세 글자가 있는데, 크게는 천지(天地)가 그것들에 의해 위치가 정해지고, 일월(日月)이 그것에 의해 운행한다. 풀 하나 나무 하나 및 날고 걷는 모든 것에 이 셋 가운데 하나라도

빠지면 곧 사물이 될 수 없다.

- **사 思**

    (1) 마음으로 구상하는 것을 말한다.

    ㉠ 才生思, 思生調, 調生格.(王世貞,『弇州山人四部稿』卷144『藝苑卮言』1)
    ㉡ 작가의 재성(才性)은 구성은 낳고, 구성에서 성조(聲調)가 결정되며, 성조가 격식(格式)을 결정한다.

    (2) 심기(心氣)에 함축이 많은 것을 말한다.

    ㉠ 思. 氣多含蓄曰思.(皎然,『詩式』)
    ㉡ 사(思): 심기(心氣)에 함축이 많은 것을 사(思)라 한다.

    (3) 대요(大要)를 간추리고 생각을 집중하여 물상의 형태를 파악하는 것을 말한다.

    ㉠ 思者, 刪拔大要, 凝想形物. 景者, 制度時因, 搜妙創眞.(荊浩,『筆法記』)
    ㉡ 사(思)는 대요(大要)를 간추리고 생각을 집중하여 물상의 형태를 파악하는 것이다. 경(景)은 제도와 계절의 오묘한 이치를 탐구하여 그 진실을 창작하는 것이다.

- **사경이 寫景易, 언정난 言情難**

    경물을 그리는 것은 쉽지만 정(情)을 읊는 것은 어렵다. 그 이유는, 경물은 몸 밖에 있는 것이니 눈에 닿는 것을 다만 세심하게 관찰하여 그리면 되는 반면 정은 마음속으로부터 나오는 것이기 때문이다.

    ㉠ 凡作詩, 寫景易, 言情難. 何也? 景從外來, 目之所觸, 留心便得.(袁枚,『隨園詩話』卷6)
    ㉡ 시를 지음에 있어 경물을 그리는 것은 쉽지만 정(情)을 읊는 것은 어렵

다. 무슨 이유인가? 경물은 몸 밖에 있는 것이니 눈에 닿는 것을 다만 세심하게 관찰하여 그리면 된다.

- **사고격일** 思高格逸

  생각이 고매하고 격조는 초일(超逸)한 것을 말한다.

  - 韋偃, 京兆人, 寓居於蜀, 以善畵山水竹樹人物等, 思高格逸.(朱景玄, 『唐朝名畵錄』)
  - 위언(韋偃)은 경조(京兆) 사람이다. 촉(蜀: 지금의 四川)에 살았으며, 산수(山水)·죽수(竹樹)·인물(人物) 등을 잘 그렸다. 생각이 고매하고 격조는 초일(超逸)하였다.

- **사기** 士氣

  문인기(文人氣)와 같고 속기(俗氣)에 상대되는 말이다. 문인사대부의 풍격을 가리킨다.

  - 士人作畵, 當以草隸奇字之法爲之. 樹如屈鐵, 山似畵抄, 絶去甛俗蹊徑, 乃爲士氣.(董其昌, 『畵禪室隨筆』卷2「畵訣」)
  - 문인(文人)이 그림을 그릴 때는 마땅히 초예(草隸)의 고문자(古文字) 법으로 그려야 한다. 나무는 구부러진 쇠처럼, 산은 모래 위에 선을 긋듯 그려야 한다. 세속적인 방법을 버려야만 비로소 문인화의 풍격이 된다.

- **사달** 詞達

  말과 글로써 사물을 명확하게 표현할 수 있는 것을 말한다.

  - 而況能使了然於口與手乎? 是之謂詞達.(蘇軾, 『蘇東坡集』前集 卷10「答謝民師書」)
  - 하물며 말과 글로써 사물을 명확하게 표현할 수 있겠는가? 명확하게 표현하는 것을 일러 사달(詞達)이라 한다.

- **사달** 辭達

    언사(言辭)는 마땅히 뜻을 표현하는 것을 목적으로 삼아야 한다는 말이다.

    - 예 子曰: "辭達而已矣."(『論語』「衛靈公」)
    - 역 공자가 말하였다. "사명(辭命: 외교문서)은 뜻만 전달하면 된다."

- **사담실미** 似澹實美

    담박한 듯싶지만 실은 아름다운 것을 말한다.

    - 예 所貴乎枯澹者, 謂其外枯而中膏, 似澹而實美.(蘇軾, 『東坡題跋』上卷「評韓柳詩」)
    - 역 메마르고 담박(澹泊)함을 중요하게 여기는 이유는, 겉은 메마르지만 안은 기름지고, 담박한 듯싶지만 실은 아름답기 때문이다.

- **사문무묘** 舍文無妙

    글이 〈수식만 잘한다고 정묘(精妙)해지는 것은 아니지만〉 수식이 없다면 정묘해지는 것은 불가능하다.

    - 예 文以文而工, 不以文而妙. 然舍文無妙.(姜夔, 『白石道人詩說』)
    - 역 글은 수식(修飾)을 통해야 비로소 교묘(巧妙)해지나, 수식만 잘한다고 정묘(精妙)해지는 것은 아니다. 하지만 수식이 없다면 정묘해지는 것은 불가능하다.

- **사물불사인** 師物不師人

    〈그림을 잘 그리는 이는〉 사물을 스승 삼지 사람을 스승 삼지 않는다.

    - 예 故善畵者, 師物不師人, 善學者, 師心不師道, 善爲詩者, 師森羅萬象, 不師先輩.(袁宏道, 『袁中郎全集』卷3「敍竹林集」)
    - 역 예전에 그림을 잘 그린 이는 사물을 스승 삼았지 사람을 스승 삼지 않

았고, 학문을 잘 한 이는 마음을 스승 삼았지 도를 스승 삼지 않았으며, 시를 잘 짓는 이는 삼라만상(森羅萬象)을 스승 삼았지 앞 사람을 스승 삼지 않았다.

- **사미환순** 舍媚還淳

세속적인 것을 버리고 소박함과 순진함을 회복함을 말한다.

- 예 而澹固未易言也, 祛邪而存正, 黜俗而歸雅, 舍媚而還淳, 不著意於澹, 而澹之妙自臻.(徐上瀛, 『溪山琴況』)
- 역 물론 담(澹)을 뚜렷하게 표현하기는 어렵지만, 거문고를 연주할 때 바르지 않은 마음을 제거하여 바른 기풍을 지닐 수 있고 용속(庸俗)을 버리고 아정(雅正)을 앞세우며 세속적인 것을 버리고 소박함과 순진함을 앞에 내세우면, 일부러 담(澹)을 추구하지 않더라도 그 묘한 부분이 자연스럽게 드러나게 될 것이다.

- **사생** 寫生

예술작품에 심미대상의 생기(生氣)를 표현하는 것을 말한다.

- 예 故板橋畵竹, 不特爲竹寫神, 亦爲竹寫生.(『鄭板橋集』「補遺」)
- 역 나〈정섭(鄭燮)〉는 대나무를 그리면 대나무의 풍신(風神)을 그리고자 할 뿐 아니라 대나무의 생기(生氣)까지도 그리고자 한다.

- **사숭지기** 邪崇之奇

〈문장에〉 문채(文彩)를 요사스럽게 하는 기이함을 말한다.

- 예 第奇自有平正之奇, 有邪崇之奇. 今之嚴於正文體者, 正欲去邪崇之奇, 歸之平正之奇.(『尺牘新鈔』1集 葉秉敬 「寄吳賓□("目"+"犀")」)
- 역 기이함은 대체로 두 가지로 나눌 수 있다. 하나는 평정(平正)한 기(奇)이고, 다른 하나는 요사스러운 기(奇)이다. 오늘날 문풍(文風)을 바르게 하려는 사람들은 요사스런 기이함을 제거하고 평정한 기이함을 제

창하려 한다.

• **사승리** 辭勝理, **문승질** 文勝質

글자의 채색이 이치를 덮어버리고 형식의 화려함이 내용의 질박함을 넘어섰다는 말로, 주희(朱熹)가 글쓰기의 양태에 대해 지적한 비판이다.

- 예 大抵吾友誠慤之心似有未至, 而華藻之飾常過其哀, 故所爲文亦皆辭勝理, 文勝質.(朱熹,『朱文公集』卷39「答王近思」)
- 역 대체로 그대는 내면의 성실함과 순박함은 크지 않으면서 문장의 화려한 수식은 지나친 것 같다. 그래서 써 논 글은 글자의 채색이 이치를 덮어버리고 형식의 화려함이 내용의 질박함을 넘어섰다.

• **사신** 寫神

사의(寫意)와 유사한 말로, 예술작품에 심미대상의 신운(神韻)을 표현하는 것을 말한다.

- 예 故板橋畵竹, 不特爲竹寫神, 亦爲竹寫生.(『鄭板橋集』「補遺」)
- 역 나〈정섭(鄭燮)〉는 대나무를 그리면 대나무의 풍신(風神)을 그리고자 할 뿐 아니라 대나무의 생기(生氣)까지도 그리고자 한다.

• **사신언문** 事信言文

〈글에 표현된〉 사리(事理)가 진실하고 언사(言辭)가 문채(文采) 있음을 말한다. 후세에까지 오랫동안 전해질 수 있는 글의 조건이다.

- 예 君子之所學也, 言以載事, 而文以飾言, 事信言文, 乃能表見於後世.(歐陽修,『歐陽文忠公文集』卷67「代人上王樞密求先集序書」)
- 역 군자(君子)가 배우는 바는 언사(言辭)로써 사리(事理)를 표현하고 문채를 써서 언어를 수식하는 것이다. 사리가 진실하고 언사가 우아해야

후세에까지 전해질 수 있다.

- **사여경해** 思與境偕

  사(思)와 경(境)의 융합을 말하는 것으로, 사공도(司空圖)가 제시한 예술창작의 요건이다. 내 마음의 느낌과 바깥 사물세계의 상태가 결합됨을 뜻한다.

  예 思與境偕, 乃詩家之所尙.(司空圖,「與王駕評詩書」)
  역 사(思)와 경(境)의 융합은 시인(詩人)들이 중요하게 생각하는 바이다.

- **사여신합** 思與神合

  구상이 정신과 합치됨을 말한다.

  예 大凡畵藝, 應物象形, 其天機迥高, 思與神合. 創意立體, 妙合化權.(黃休復,『益州名畵錄』)
  역 대체로 그림의 기예(技藝)는 사물에 따라 그 모습을 본뜨는 것이다. 타고난 재기(才氣)가 월등하게 높아 구상이 정신과 합치된다. 창의적으로 새로운 화체(畵體)를 세우면, 자연의 조화와 묘하게 합치될 것이다.

- **사여신회** 思與神會

  심의(心意)와 원기(元氣)가 긴밀히 융화하는 경지를 말한다.

  예 思與神會, 同乎自然, 不知所以然而然矣.(『佩文齋書畵譜』卷5「唐太宗指意」)
  역 심의(心意)와 원기(元氣), 구도와 상상이 모두 긴밀히 융합하니 저절로 묘경(妙境)에 이르게 된다.

- **사원비배** 辭遠鄙倍

  문장에 수사(修辭)를 너무 하지 않으면 아주 촌스럽게 된다. 이 말은

『논어(論語)』「태백(泰伯)」에 나온다.

- 예) 曾子教人"辭遠鄙倍", 而宋儒則曰"工文則害道". 夫宋儒之言, 豈非末流良藥石哉!(章學誠,『文史通義』內篇2「原道下」)
- 역) 증자(曾子)는 "문장의 수사(修辭)를 멀리 하면 아주 촌스럽게 된다."고 가르쳤다. 그러나 송대(宋代) 신유가(新儒家)는 거꾸로 "문장의 수사를 너무 공교히 하면 도(道)를 해친다."고 했다. 송대 신유가의 말이 어찌 말단(末端)만을 따지는 이들에 대해 좋은 약을 처방한 것이 아니겠는가?

• **사의** 事義

문학작품에서의 내용과 주장을 말한다.

- 예) 將閱文情, 先標六觀: 一觀位體, 二觀置辭, 三觀通變, 四觀奇正, 五觀事義, 六觀宮商.(劉勰,『文心雕龍』「知音」)
- 역) 문장의 사상이나 정감을 고찰하기 위해서는 다음 여섯 가지 관점을 고려해야 한다. 첫째, 작품의 체재. 둘째, 언어의 구사. 셋째, 전통의 계승과 새로운 변화. 넷째, 표현 수법의 전아(典雅)함과 기이함. 다섯째, 내용과 주장. 여섯째, 운율이다.

• **사의** 寫意

예술작품에 심미대상의 신운(神韻)을 표현하는 것을 말한다. 사신(寫神)과 같은 개념이다.

- 예) 吾輩寫意, 原不拘拘於此. 殊不知"寫意"二字, 誤多少事, 欺人瞞自己, 再不求進, 皆坐此病. 必極工而後能寫意, 非不工而遂能寫意也.(『鄭板橋集』「題畫」)
- 역) 우리 같은 사람은 사의(寫意)를 함에 그러한 것에 구애받지 않는다. 사의(寫意)의 두 글자도 전혀 모르는데, 얼마나 그릇됨이 많겠는가? 남을 속이고 자기를 기만하면서, 게다가 앞으로 나아가려들지도 않으니 모두 이러한 오류를 범한 것이다. 반드시 먼저 공교(工巧)를 잘 한 다음에 비로소 사의를 할 수 있다. 공교를 잘 할 수 없으면서도 사의를 잘

할 수 있는 것은 아니다.

- **사일신초** 思逸神超

  마음이 편안하고 정신이 초연함을 말한다.

  예 曁乎蘭亭興集, 思逸神超; 私門誡誓, 情拘志慘.(孫過庭, 『書譜』)
  역 왕희지가 난정(蘭亭)에서의 아집(雅集)에 참여했을 때는 〈즉 〈난정집서(蘭亭集序)〉를 쓸 때에는〉 마음이 편안하여 초연한 정신이었을 것이고, 부모의 묘 앞에서 서약문을 쓸 때는 〈즉 〈고서문(告誓文)〉을 쓸 때에는〉 마음이 무거워 심경이 처연했을 것이다.

- **사전** 使轉

  해서에서 매 일점일획이 주의 깊게 갖춰야 할 운필의 정확한 전절(轉折)과 포백(佈白)을 말한다.

  예 眞以點畫爲形質, 使轉爲情性.(孫過庭, 『書譜』)
  역 해서는 일점일획(一點一畫)으로 형체의 본질을 삼고, 운필(運筆)의 전절(轉折)로 내재정신을 표현한다.

- **사조** 詞藻

  글의 수식을 말한다.

  예 詩之道亦然, 性情者源也, 詞藻者流也.(袁枚, 『小倉山房文集』 卷31「陶怡雲詩序」)
  역 시도(詩道) 역시 그렇다. 성정(性情)이 원천이고 글의 수식은 부수적인 것이다.

- **사치** 思致

  생각의 치밀함을 말한다.

- 예) 韶潤不如仲祖, 思致不如淵源.(劉義慶,『世說新語』「品藻」)
- 역) 〈완사광(阮思曠: 阮裕)의〉 전아(典雅)하고 온화함은 중조(仲祖: 王濛)만 못하고, 생각의 치밀함은 연원(淵源: 殷浩)만 못하다.

• **사해동관** 四海同觀, **구주일절** 九州一節

사해(四海)의 감각이 같아지고, 구주(九州)의 절도가 통일된다. 감각의 통일을 말한다. 이로써 심미거리가 고정되면 그 악(樂)이 내포하고 있는 예(禮), 즉 이데올로기적 질서에 순응하게 된다.

- 예) 男女不易其所, 君臣不犯其位; 四海同其觀, 九州一其節.(阮籍,「樂論」)
- 역) 남녀가 서로의 위치를 바꾸지 아니하고, 군신(君臣)이 서로의 지위를 범하지 아니하며, 사해(四海)의 감각이 같아지고, 구주(九州)의 절도가 통일되는 것이다.

• **사해화기** 師楷化機

천지자연의 오묘한 이치와 상징을 법 삼았다.

- 예) 蓋古之作者, 師楷化機, 取象形器, 而以寓其無言之妙.(祝允明,『枝山文集』卷1「呂紀畫花鳥記」)
- 역) 옛 화가들은 천지자연을 법 삼고 물상을 참고하여 기물을 제작함으로써 그 무언(無言)의 묘미를 드러냈다.

• **사현사회** 乍顯乍晦

보일 듯 말 듯, 붓의 지나고 멈추는 것이 명확하게 드러나지 않는다. 약행약장(若行若藏)과 같은 표현이다.

- 예) 乍顯乍晦, 若行若藏.(孫過庭,『書譜』)
- 역) 필봉(筆鋒)을 어떤 때는 명확하게 드러내고 어떨 때는 보일 듯 말 듯 감춘다.

- **사형자** 使形者

    형태를 만드는 것, 즉 본성(本性) 혹은 천성(天性)으로서의 신(神)을 뜻한다. 군형자(君形者)와 같은 개념이다.

    - 예 一百牛形, 形不重出, 非形生有異, 所以使形者異也.(董逌, 『廣川畵跋』 卷1 「書百牛圖後」)
    - 역 백 마리의 소는 그 모양이 각기 달라 서로 중복됨이 없는데, 이는 날 때부터 원래 그 모양새가 다른 것이 아니라 그 모양을 그렇게 만드는 성질이 다르기 때문이다.

- **산** 散

    흩어지기만 하고 검속(檢束)함이 없는 것을 말한다.

    - 예 散. 有初無終曰散.(寶蒙, 『語例字格』)
    - 역 산(散): 흩어지기만 하고 검속(檢束)함이 없는 것을 일러 산(散)이라 한다.

- **산수불염고심** 山水不厭高深

    산수는 높고 깊음을 따지지 않는다. 〈사람이 그것을 따진다.〉

    - 예 山水不厭高深, 而此公稍乏淸幽, 傷於淺露.(『法書要錄』 卷9 「張懷瓘書斷下」)
    - 역 산수는 높고 깊음을 따지지 않으나, 이 사람은 청유(淸幽)의 경지가 아주 부족하니 천박하고 깊이가 없다.

- **산완** 散緩

    흐트러져 느슨한 것을 말한다.

    - 예 音韻忌散緩, 亦忌迫促.(嚴羽, 『滄浪詩話』 「詩法」)
    - 역 시의 음운(音韻)은 흩어져서 느슨한 것을 꺼리고, 또한 급박하고 촉급한 것도 꺼린다.

- **산천탈태어여** 山川脫胎於予, **여탈태어산천** 予脫胎於山川

  산천의 생육과 변화가 나를 이루게 하고, 나 또한 변화·생육하여 산천을 그려낸다.

  ㉠ 山川使予代山川而言也, 山川脫胎於予也, 予脫胎於山川也.(石濤,『畵語錄』「山川章 第8」)
  ㉡ 이제 산천은 나에게 자신을 대신해 말하라고 한다. 산천의 변화는 나를 이루게 하였고, 나 또한 변화하여 산천을 그려냈다.

- **산화** 散和

  현(弦)을 짚지 않고 조율하는 것을 말한다. 〈왼손으로 현을 짚지 않고〉 오른손으로만 현을 튕겨 청각으로 음을 고르는 것을 말한다.

  ㉠ 散和者, 不按而調. 右指控弦, 迭爲賓主, 剛柔相濟, 損益相加, 是謂至和.(徐上瀛,『溪山琴況』)
  ㉡ 산화(散和)라는 것은, 현(弦)을 짚지 않고서 조율하는 것이다. 〈왼손으로 현을 짚지 않고〉 오른손으로만 현을 튕겨 청각으로 음을 고르는 것인데, 각기 현의 소리가 서로 넘나들며 강약이 호응하고 높낮이가 어울려 가장 조화로운 경지에 이르게 된다.

- **삼무** 三無

  "무성지악(無聲之樂)"·"무체지례(無體之禮)"·"무복지상(無服之喪)"의 셋을 말한다.

  ㉠ 子夏曰: "五至旣得而聞之矣, 敢問何謂三無?" 孔子曰: "無聲之樂, 無體之禮, 無服之喪, 此之謂三無."(『禮記』「仲尼閒居」)
  ㉡ 자하(子夏)가 물었다. "오지(五至)에 대해선 이미 들어 알겠습니다. 감히 묻건대, 그렇다면 무엇을 삼무(三無)라 하는 것입니까?" 공자(孔子)가 답하였다. "소리 없는 음악과 형체 없는 예(禮)와 복(服)이 없는 상(喪)이 삼무(三無)이다."

- **삼원 三遠**

    북송(北宋)시기 곽희(郭熙)가 제기한 산수화에서의 세 가지 취경(取景) 방법, 즉 고원(高遠)·심원(深遠)·평원(平遠)을 말한다.

    - 예) 山有三遠, 自山下而仰山巓謂之高遠, 自山前而窺山後謂之深遠, 自近山而望遠山謂之平遠.(郭熙,『林泉高致』「山水訓」)
    - 역) 산을 묘사하는 방법에는 세 가지가 있다. 산 아래에서 산꼭대기를 올려다보는 고원(高遠), 산 앞에서 산 뒤를 넘겨다보는 심원(深遠), 가까운 산에서 먼 산을 바라보는 평원(平遠)이 그것이다.

- **삽 澁**

    굼뜨고 서투름을 나타내는 말이다.

    - 예) 羊欣書似婢作夫人, 不堪位置, 而擧止羞澁, 終不似眞.(『書法鉤玄』卷4「梁武帝評書」)
    - 역) 양흔(羊欣)의 글씨는 마치 노비(奴婢)가 부인(夫人)이 된 것처럼 자신의 지위를 감당할 수가 없다. 모양과 신채(神采)는 모두 자연스럽지 않으니 아무래도 진짜 같지가 않다.

- **상 爽**

    장중한 필력이 밖으로 펼쳐지는 것을 말한다.

    - 예) 爽. 肅穆飄然曰爽.(寶蒙,『語例字格』)
    - 역) 상(爽): 장중한 필력이 밖으로 펼쳐지는 것을 일러 상(爽)이라 한다.

- **상덕 象德**

    〈성군(聖君)의〉 덕(德)을 본받는다는 뜻으로, 예술은 덕을 본받아 드러내는 것임을 말한다. 유가(儒家)의 전형적인 예술관이다.

    - 예) 敎者, 民之寒暑也, 敎不時則傷世. 事者, 民之風雨也, 事不節則無功. 然則先王之爲樂也, 以法治也, 善則行象德矣.(『樂記』「

樂施」)
- 역 가르침이란 것은 백성에게 추위·더위와 같으니, 가르침이 때에 맞지 않으면 세상에 해를 입히게 된다. 일이란 것은 백성에게 바람·비와 같으니 일이 절도에 맞지 않으면 공업(功業)이 이루어지지 않는다. 따라서 선왕(先王)이 악(樂)을 지은 것은 이러한 천지의 도를 본받아 다스리기 위한 것이니, 그 악(樂)을 통한 가르침이 좋으면 곧 백성의 행실이 임금의 덕을 본받게 된다.
- 예 樂者, 所以象德也; 禮者, 所以綴淫也.(『樂記』「樂施」)
- 역 악(樂)이란 것은 덕을 본받아 드러내는 것이고, 예(禮)라는 것은 도가 지나침을 막는 것이다.

- **상랑 爽朗**

  (1) 솔직·시원하며, 맑고 깨끗함을 말한다.
  - 예 進之文超逸爽朗, 言切而旨遠, 其爲一代才人無疑.(袁宏道,『袁中郞全集』卷3「雪濤閣集序」)
  - 역 강영과(江盈科: 자는 進之)의 문장은 초일(超逸)하고 청량(淸凉)하며 말이 절실하고 뜻이 원대하므로, 한 시대의 재사(才士)임이 분명하다.

  (2) 쾌활함을 말한다.
  - 예 瞻弟孚, 爽朗多所遺; 秀子純·悌, 竝令淑有淸流.(劉義慶,『世說新語』「賞譽」)
  - 역 완첨(阮瞻)의 동생 완부(阮孚)는 쾌활하고 대범하였고, 상수(向秀)의 아들인 상순(向純)과 상제(向悌)는 모두 맑고 탐욕이 없었다.

- **상랑청거 爽朗淸擧**

  시원스럽고 명쾌하다.
  - 예 嵇康身長七尺八寸, 風姿特秀. 見者歎曰:"蕭蕭肅肅, 爽朗淸擧."(劉義慶,『世說新語』「容止」)

혜강(嵇康)은 키가 7척 8촌이나 되었고 풍채가 뛰어났다. 그를 본 사람이 감탄하며 말했다. "자연스럽고 멋져 시원스럽고 명쾌하다."

- **상리** 常理

일정한 이치를 말한다.

至於山石·竹木·水波·煙雲, 雖無常形而有常理.(蘇軾, 『蘇東坡集』 前集 卷31「淨因院畵記」)

산·돌·대나무·수목·물결·안개·구름 같은 것들은 고정된 형상은 없으나 항상 일정한 이치는 있다.

- **상상안상** 牀上安牀

마루 위에 마루를 놓는다는 뜻으로, 새로울 것이 없다는 말이다.

毛稜: 惠遠之子. …… 善於布置, 略不煩草. 若比方諸父, 則牀上安牀.(姚最, 『續畵品』)

모릉(毛稜)은 모혜원(毛惠遠)의 아들이다. …… 배치를 잘하여 조금도 번잡하고 거칠게 그리지 않았다. 아버지에 비교하면 새롭지 않다.

- **상아** 喪我

의식을 모두 소멸시켜 "나"라는 존재를 잃어버리는 경지를 말한다. 이로써 자신과 세상의 본질에 대해 직관할 수 있게 된다.

顔成子游立侍乎前, 曰:"何居乎? 形固可使如槁木, 而心固可使如死灰乎? 今之隱几者, 非昔之隱几者也." 子綦曰:"偃, 不亦善乎, 而問之也! 今者吾喪我, 汝知之乎?"(『莊子』「齊物論」)

안성자유(顔成子游)가 그의 앞에서 시중들고 있다가 말하였다. "어째서 그러고 계십니까? 형체를 원래 마른 나무처럼 만들 수가 있는 것입니까? 마음을 원래 불 꺼진 재처럼 만들 수가 있는 것입니까? 오늘 안석(案席)에 기대고 계신 모습은 전날의 안석(案席)에 기대고 계셨던 모습과 다릅니다." 자기(子綦)가 말하였다. "언(偃)아, 질문 참 잘 했다. 지금 내가 나 자신을 잃고 있는 것을 너는 알았느냐?"

- **상외지상 象外之象**

  형상 너머의 형상을 말한다. "유(有)" 가운데 "무(無)"를 드러내는 것으로, 몽롱(朦朧)과 황홀(恍惚)의 미(美)를 보여준다.

  예) 象外之象, 景外之景, 豈容易可談哉?(司空圖, 『司空表聖文集』卷3「與極浦書」)

  역) 형상 너머의 형상과 풍경 밖의 풍경이 어찌 쉽게 말할 수 있는 것이겠는가?

- **상의 象意**

  원래의 생각대로 글을 써내는 것을 말한다.

  예) 兄近日作文象意否? 象意是好事, 極不象意, 亦是好事.(『尺牘新鈔』1集 徐日久「與譚友夏」)

  역) 요즘 그대가 쓰는 문장은 처음 생각한 창작의 맥락과 맞는 건가? 만약 그렇다면 당연히 좋은 일이다. 그런데 만약 자기가 원래 생각했던 바와 많이 다르다면, 그것도 좋은 일이다.

- **상제 相題**

  〈시를 지을 때〉 자기 상황을 고려한 주제 선택을 말한다.

  예) 相題. …… 專習一家, 硜硜小哉; 宜善相之, 多師爲佳.(袁枚, 『小倉山房詩集』卷20)

  역) 자기 상황을 고려한 주제 선택. …… 만약 한 분야만 배우면 너무 천박하고 협소하지 않겠는가? 마땅히 선택을 잘 해야 하니 스승이 많으면 좋을 것이다.

- **상질억음 尙質抑淫**

〈글을 쓰는데 있어〉 질박함을 숭상하고 퇴폐적인 것을 멀리 한다.

- 예 若然, 則爲文者必當尙質抑淫, 著誠去僞, 小疵小弊, 蕩然無遺矣.(白居易,『白香山集』卷48「策林六十八」)
- 역 그렇게 하여 글을 쓴 사람이 스스로 질박함을 숭상하고 퇴폐적인 것을 멀리 하며 진지함을 드러내고 허위를 제거하면, 지금 문단(文壇)에 나타나는 그러한 작은 문제들은 없어질 것이다.

색즉시공 色卽是空, 공즉시색 空卽是色

선가(禪家)에서 말하는 색(色)이 곧 공(空)이요, 공이 곧 색이라는 말이다. 허실합일(虛實合一)과 연관되는 이 내용은 화법(畵法)에서 "이허용실(以虛用實)"이라는 여백의 운용으로 구현된다.

- 예 禪家云: "色不異空, 空不異色, 色卽是空, 空卽是色." 眞道出畵中之白, 卽畵中之畵, 亦卽畵外之畵也.(華琳,『南宗抉秘』)
- 역 선종(禪宗)에서 말하기를, "색(色)은 공(空)과 같고, 공은 색과 같다. 색이 곧 공이요, 공이 곧 색이다."라고 하였다. 진정으로 그림 속의 여백을 드러낸다면 이는 곧 그림 속의 그림이자 그림 밖의 그림이다.

색택 色澤

문채의 풍부한 아름다움을 말한다.

- 예 北人工篇章, 南人工句字. 工篇章, 故以氣骨勝; 工句字, 故以色澤勝.(王驥德,『曲律』「雜論」)
- 역 북쪽 사람은 전체적으로 문장을 파악하는 것에 능숙하나, 남쪽 사람은 자구(字句)를 잘 수식하고 작은 곳으로부터 문장을 꾸미길 잘한다. 북쪽 사람은 전체적으로 문장 구상이 뛰어나므로 기개가 우세하다. 남쪽 사람은 세세한 곳으로부터 자구 수식에 뛰어나므로 문채가 우세하다.

생生

생경함이나 미숙(未熟)을 의미하는 것이 아니라 숙련을 넘어선 질박함을 말한다.

- 彈琴者, 初學入手, 患不能熟, 及至一熟, 患不能生. 夫生, 非澀勒離岐遺忘斷續之謂也.(張岱, 『琅嬛文集』「與何紫翔」)
- 거문고를 막 배우기 시작했을 때는 가장 두려운 것이 숙련되지 못함이지만, 수법이 숙련된 이후에는 가장 두려운 것이 질박〈生〉해지지 못하는 것이다. 여기서 말하는 "생(生)"은 생경함이나 미숙(未熟) 혹은 연주할 때 연결되지 못하고 끊어지는 것 등을 말하는 것이 아니다.

- **생동영변 生動靈變**

생생하고 민첩한 것을 말한다.

- 苟其體氣高妙, 神韻仙舉, 筋骨脈絡, 生動靈變, 則聲調可以意爲高下, 形貌可以意爲肥瘠也.(賀貽孫, 『水田居詩文集』卷5「與友人論文第二書」)
- 만약에 기운이 고묘(高妙)하고, 운치가 범속을 초월하고, 골격과 맥락이 생생하며 민첩하면, 음조의 높낮이와 문채의 화려함이나 고담(枯淡)함을 모두 자기가 원하는 대로 조절할 수 있다.

- **생랄 生辣**

신랄함을 말한다.

- 或曰: 吾子論文, 常曰生辣·曰古奧·曰離奇·曰淡遠, 何忽作此秀媚語?(『鄭板橋集』「家書·儀眞縣江村茶社寄舍弟」)
- 어떤 사람이 나〈정섭(鄭燮)〉에게 이렇게 말했다. "그대는 문장을 신랄하고 심오하며 색다르고 고원(高遠)하게 써야 한다고 하지 않았던가? 어찌 〈자신의 동생에게는〉 아름답고 예쁘게 쓰라 하는가?"

- **생리 生理**

활력을 뜻하며 생기(生氣)와 같은 말이다.

- 예) 趙昌花妙於設色, 比熙畫更無生理, 若女工繡屛帳者.(董逌,『廣川畫跋』卷3「書徐熙畫牡丹圖」)
- 역) 조창(趙昌)은 꽃에 색을 입히는데 재주가 있는데, 서희(徐熙)의 작품과 비교해보면 생기와 활력이 없어 마치 계집종이 수놓은 병풍가리개처럼 판에 박은 듯하다.

• **생선지기** 生鮮之氣

신선한 생기(生氣)를 말한다.

- 예) 眞有非指非弦, 非勾非剔, 一種生鮮之氣.(張岱,『琅嬛文集』「與何紫翔」)
- 역) 거문고 연주의 수법과 거문고 줄을 잊고, 또한 구(勾)·척(剔) 등의 손가락 기법도 잊는다. 그러면 신선한 생기가 흘러나온다.

• **생의** 生意

생기(生氣)와 같은 말이다.

- 예) 若葉有向背, 花有低昂, 絪縕相成, 發爲餘潤, 而花光豔逸, 曄曄灼灼, 使人目識眩耀, 以此僅若生意可也.(董逌,『廣川畫跋』卷3「書徐熙畫牡丹圖」)
- 역) 〈서희(徐熙)의 그림은〉 잎에는 향배(向背)의 구분이 있고, 꽃잎에는 높낮이를 달리한 형태가 있으며, 꽃의 빛깔과 잎의 색이 서로 어울려 마치 윤기를 뿜어내는 것 같으며, 꽃빛이 맑고 아름다우면서도 고일(高逸)하며, 찬란한 광채를 발산하여 마치 사람의 눈동자에 빛을 비추는 것만 같다. 이것이야말로 생기가 가득한 작품이라 할 수 있다.

• **서권기** 書卷氣

문사(文士)의 학식과 덕망이 드러나는 기품을 말한다. 감상자로 하여금 고아(古雅)한 맛을 느끼게 한다.

- 예) 書與畫, 技能也, 而大道存焉. …… 各立一法, 以自成家, 歸於

有筆墨神韻而具書卷氣者, 其傳必遠.(陸時化,『書畵說鈴』)
- 역 서(書)와 화(畵)가 비록 기능이라 하나, 여기엔 큰 도(道)가 있다. ……
혹 누가 자득하여 스스로 일가(一家)를 이루었다 하면, 그 필묵은 신운을 담아내었을 뿐 아니라 또 필경 고아(古雅)한 기품(氣禀)을 갖추었을 터이니, 이런 즉 그 작품은 길이 생명력을 지닐 것이다.

• 서서 舒徐

〈성정(性情)이〉 느긋함을 나타낸 말이다.

- 예 性格淸徹者音調自然宣暢, 性格舒徐者音調自然疏緩.(李贄,『焚書』卷3「雜述·讀律膚說」)
- 역 성정(性情)이 맑은 사람은 그 음조(音調)도 당연히 시원스럽고, 성정이 느긋한 사람은 그 음조도 완만하다.

• 서여기인 書如其人

서예를 보면 그 사람됨을 그대로 알 수 있다.

- 예 書, 如也, 如其學, 如其才, 如其志, 總之曰如其人而已.(劉熙載,『藝槪』「書槪」)
- 역 서예는 그대로 드러남이다. 그 학문이 드러나고, 그 재주가 드러나며, 그 지의(志意)가 드러난다. 궁극적으로 서예는 그 사람됨을 그대로 알 수 있다.

• 서완 徐婉

음유미(陰柔美)의 하나로, 평온하고 은근한 것을 말한다.

- 예 文之雄偉而勁直者, 必貴於溫深而徐婉.(姚鼐,『惜抱軒文集』卷4「海愚詩鈔序」)
- 역 웅장하고 위대하며 힘이 쭉 뻗은 글은 종종 온유하고 깊고 완곡한 문장보다 훨씬 중요시 된다.

- **서중유화** 書中有畵

    서예 속에 화의(畵意)가 있음을 말한다.

    - 故昔人謂摩詰之詩, 詩中有畵; 摩詰之畵, 畵中有詩. 余亦謂青藤之書, 書中有畵; 青藤之畵, 畵中有書.(張岱, 『琅嬛文集』「跋徐青藤小品畵」)
    - 옛사람이 일찍이 왕유(王維)의 시에 그림의 묘미가 있고 그림 안에는 시의(詩意)가 있다고 형용한 바 있다. 나는 서위(徐渭)의 서예에 화의(畵意)가 있고 그의 그림에는 서예의 필의(筆意)가 있다고 생각한다.

- **서질** 舒疾

    "지속(遲速)", "질서(疾徐)" 등과 같은 뜻이다. 빠름과 느림을 말한다.

    - 譬猶游觀於都肆, 則目濫而情放; 留察於曲度, 則思靜而容端. 此爲聲音之體, 盡於舒疾; 情之應聲, 亦止於躁靜耳.(嵇康, 「聲無哀樂論」)
    - 비유하자면, 화려한 도시를 구경할 때엔 눈이 어지럽고 정서가 산만해지지만, 섬세한 악곡을 감상하면 곧 심사가 가라앉고 용모가 단정해지는 것과 같다. 이것은 성음의 중심은 오직 빠름과 느림에만 있고, 소리에 반응하는 감정은 단지 조급함과 차분함일 뿐임을 말해준다.

- **서화동체** 書畵同體

    글씨와 그림은 그 원류가 하나라는 말이다.

    - 是時也, 書畵同體而未分, 象制肇創而猶略.(張彦遠, 『歷代名畵記』)
    - 이때까지는 글과 그림이 한 몸으로 아직 나누어지지 않았고, 형상의 기준이 비로소 창제되었으나 아직 간략했다.

- **서화동출** 書畵同出

    글씨와 그림의 본원은 같으며, 모두 사물의 형태 및 그것의 표상적 의

미로부터 생겨났다.

- 序曰: 書與畵同出. 畵取形, 書取象.(鄭樵,『通志』卷31 「六書略·象形第一」)
- 「서(序)」에서 말하였다. 글씨와 그림의 본원은 같으니, 모두 사물로부터 생겨난 것이다. 그림은 사물의 〈객관존재로서의 형태인〉 외형(外形)으로부터 제재(題材)를 취한 것이고, 글씨는 사물의 〈감각기관에 포착된 주관적 지각(知覺) 상징으로서의〉 표상(表象)으로부터 제재를 취한 것이다.

- **석지유형** 釋智遺形

〈물상 밖으로 초월하여 자연스러움을 얻기 위해서〉 지식을 버리고 형체를 잊어야 함을 말한다.

- 欲作草書, 必先釋智遺形, 以至於超鴻蒙, 混希夷, 然後下筆.(劉熙載,『藝槪』「書槪」)
- 초서를 쓰고자 하면 먼저 지식을 버리고 형체를 잊어야 한다. 그리하여 물상 밖으로 초월하여 자연스러움에 몸을 맡긴 다음 붓을 들어야 한다.

- **선게비불** 禪偈非佛, **이장비유** 理障非儒

선게(禪偈)를 낭송할 때 만약에 마음으로 참선하여 깨닫지 않으면 성불하기 어렵고, 마음속에 이치가 통하지 않고 의혹이 많으면 대유(大儒)가 될 수 없다.

- 禪偈非佛, 理障非儒, 心之孔嘉, 其言藹如.(袁枚,『小倉山房詩集』卷20)
- 선게(禪偈)를 낭송할 때 만약에 마음으로 참선하여 깨닫지 않으면 성불하기 어렵다. 마음속에 이치가 통하지 않고 의혹이 많으면 어찌 대유(大儒)가 될 수 있겠는가? 만약 마음과 영혼이 광명하고 아름다우면 하는 말도 상냥하고 친절할 것이다.

- **선수후식** 先受後識

  사물에 대해서 혹은 심미체험에 있어서는 먼저 감수[감성(感性)]가 있은 다음에 인식[이성(理性)]이 있어야 한다.

  - ㉠ 受與識, 先受而後識也. 識然後受, 非受也.(石濤, 『畵語錄』「尊受章 第4」)
  - ㉡ 사물을 감수(感受)하는 것과 사물을 인식(認識)하는 것에 대해 보면, 먼저 감수[감성(感性)]가 있은 다음에 인식[이성(理性)]이 있는 것이다. 이성적 인식이 있고 나서 이를 통해 감수하면, 그것은 진정한 감수가 아니다.

- **선실후변** 先實後辯

  〈말은 감정을 표현하는 것이기에〉 먼저 진실함을 구하고 나중에 감동을 따져야 한다.

  - ㉠ 畵以摹形, 故先質後文; 言以寫情, 故先實後辯. 無質而文, 則畵非形也.(劉晝, 『劉子』「言苑」)
  - ㉡ 그림으로 형상을 묘사할 때는 먼저 바탕을 잘 다진 다음 색을 입힌다. 말이라는 것은 감정을 표현하는 것이다. 그렇기에 먼저 진실함을 구하고 나중에 감동을 따져야 한다. 만약 실질(實質)을 구하지 않고 문식(文飾)만을 따진다면, 그 그림은 반드시 형상을 제대로 묘사하지 못할 것이다.

- **선완인흥** 先緩引興, **심일자급** 心逸自急

  서예에서 천천히 흥취를 일으키면 심정이 말쑥하고 자유롭게 되어 운필이 자연스레 빨라짐을 말한다.

  - ㉠ 先緩引興, 心逸自急也, 仍接鋒而取興, 興盡則已.(虞世南, 『筆髓論』)
  - ㉡ 천천히 흥취를 일으키면 심정이 말쑥하고 자유로우니 운필이 자연스레 빨라지고, 필봉은 기복(起伏)이 계속되면서 흥취를 따르게 되는데 흥

이 다 되어야 붓을 멈추게 된다.

- **선이수 宣以秀**

  내면의 뜻을 두드러지고 빼어나게 잘 표현함을 말한다.

  - 예) 靈勝粹者, 其文宣以秀.(白居易, 『白香山集』 卷59 「故京兆元少尹文集序」)
  - 역) 〈만약 어떤 한 사람이〉 영기(靈氣)를 수기(粹氣)보다 더 많이 가지게 되면 그 사람의 문장은 비교적 웅변적이며 빼어나다.

- **선질후문 先質後文**

  (1) 먼저 바탕을 우선하고 문식(文飾)은 나중으로 하는 것을 말한다. 공자(孔子)가 말한 문질빈빈(文質彬彬)과 다른 견해이다.

  - 예) 故食必常飽, 然後求美; 衣必常暖, 然後求麗; 居必常安, 然後求樂. 爲可長, 行可久, 先質而後文. 此聖人之務.(『墨子』「附錄·墨子佚文」)
  - 역) 그래서 음식은 일단 실컷 먹을 수 있는 단계를 넘어서야 아름다움을 추구하고, 의복은 따뜻한 것이 해결된 뒤라야 그 멋을 추구하며, 거처는 편안함이 해결된 뒤라야 즐거움을 찾아야 한다. 생각과 행위가 오래 갈 수 있는 바를 추구해야 하니, 먼저 바탕을 우선하고 문식(文飾)은 나중으로 하는 것이다. 이것이 성인(聖人)이 힘쓰는 일이다.

  (2) 〈그림을 그릴 때〉 먼저 바탕을 잘 다진 다음 색을 입힌다.

  - 예) 畫以摹形, 故先質後文; 言以寫情, 故先實後辯. 無質而文, 則畫非形也.(劉畫, 『劉子』「言苑」)
  - 역) 그림으로 형상을 묘사할 때는 먼저 바탕을 잘 다진 다음 색을 입힌다. 말이라는 것은 감정을 표현하는 것이다. 그렇기에 먼저 진실함을 구하고 나중에 감동을 따져야 한다. 만약 실질(實質)을 구하지 않고 문식(文飾)만을 따진다면, 그 그림은 반드시 형상을 제대로 묘사하지 못할 것이다.

- **선창 宣暢**

 시원스러움을 나타낸 말이다.

 > 性格淸徹者音調自然宣暢, 性格舒徐者音調自然疏緩.(李贄, 『焚書』 卷3 「雜述·讀律膚說」)
 > 성정(性情)이 맑은 사람은 그 음조(音調)도 당연히 시원스럽고, 성정이 느긋한 사람은 그 음조도 완만하다.

- **선품 善品**

 묘품(妙品)을 말한다.

 > 世之篤論, 謂山水有可行者, 有可望者, 有可游者, 有可居者. 畵凡至此, 皆入善品.(郭熙, 『林泉高致』 「山川訓」)
 > 세상 사람들은, "산수에는 가볼 만한 곳과 구경할 만한 곳과 노닐 만한 곳과 살 만한 곳이 있다."고 굳게 믿는다. 그림이 무릇 이런 곳들을 그릴 수 있다면 모두 묘품(妙品)에 해당될 수 있다.

- **설중파초 雪中芭蕉**

 눈 속에 그려진 파초(芭蕉)라는 말이다. 파초는 추울 때 살기 어려운 식물이다. 형상이나 색채 혹은 시절의 적합함을 따지지 않음으로써, 그림이란 마음으로 터득한 바를 그려내는 것이란 점을 역설적으로 보여주는 설정이다.

 > 予家所藏摩詰畵「袁安臥雪圖」, 有雪中芭蕉.(沈括, 『夢溪筆談』 卷17 「書畵」)
 > 내 집에는 왕유(王維)의 「원안와설도(袁安臥雪圖)」가 있는데, 거기에는 눈 속의 파초(芭蕉)가 그려져 있다.

- **섬 纖**

 문(文)이 질(質)보다 두드러진 세밀한 기교와 유약(柔弱)한 풍격을 말한다.

- 예 纖. 文過於質曰纖.(竇蒙,『語例字格』)
- 역 섬(纖): 문(文)이 질(質)보다 두드러진 세밀한 기교와 유약(柔弱)한 풍격을 일러 섬(纖)이라 한다.

• **섬교** 纖巧

섬세하고 교묘한 것을 말한다.

- 예 纖巧二字, 行文之大忌也, 處處皆然, 而獨不戒於傳奇一種.(李漁,『閑情偶寄』「詞曲部·意取尖新」)
- 역 "섬교(纖巧)" 두 글자는 문장을 쓸 때 아주 금기(禁忌)하는 것이다. 여러 문체(文體)가 대개 이와 같으나, 다만 희곡(戱曲)에서는 제약을 받지 않는다.

• **섬농** 纖穠

(1) 농염(濃艷)과 유사하며 우미(優美)에 속하는 미학범주이다. 섬(纖)은 무늬가 세밀한 것을 말하고, 농(穠)은 빛깔이 짙고 윤택한 것을 말한다. 섬농미(纖穠美)는 바탕이 가느다랗고 밀도가 촘촘하며 색채는 화려한 것이다.

- 예 纖穠. 采采流水, 蓬蓬遠春, 窈窕深谷, 時見美人.(司空圖,『詩品二十四則』)
- 역 섬농(纖穠): 물은 햇볕 아래 반짝이며 흐르고, 멀리 봄날의 들판에 초목이 무성하다. 아름답고 그윽한 깊은 골짜기는 때때로 미인의 풍모를 보인다.

(2) 수비(瘦肥)와 같은 말로, 마름과 풍만함을 말한다.

- 예 飛燕玉環, 纖穠縣絶, 使兩主易地, 絶不相入, 令妙於鑒者從旁睨之, 皆不妨於傾國.(徐渭,『徐文長集』卷21「書謝叟時臣淵明卷爲葛公旦」)

- 역 조비연(趙飛燕)과 양귀비(楊貴妃)는, 하나는 마르고 하나는 풍만한데 미녀를 잘 감별하는 이로 하여금 그 둘의 시대를 바꾸어서 보게 하여도 모두는 절색가인이라 할 것이다.

- **섬미** 纖靡

  섬세함을 말한다.

  - 예 婉者, 深厚雋永之謂, 非一於軟媚纖靡之謂也.(胡應麟,『詩藪』「外編」卷4)
  - 역 완(婉)이란 심후(深厚)·심오(深奧)를 말하는데, 온순·섬세함만 오롯이 하는 것을 이르는 것은 아니다.

- **섬섬** 纖纖

  단순히 섬세하다는 뜻을 넘어서 원숙한 매끄러움을 가리킨다.

  - 예 纖纖乎似初月之出天崖, 落落乎猶衆星之列河漢.(孫過庭,『書譜』)
  - 역 필획의 매끄럽기가 마치 하늘가로 초승달이 살포시 나타나는 것 같고, 그 막힘없이 탁 트인 것은 흡사 뭇 별들이 은하수에 드리워진 듯싶다.

- **섬완** 纖婉

  감미로움을 말한다.

  - 예 至於畵眉之巧, 以一口而代衆舌, 每效一種, 無不酷似, 而復纖婉過之, 誠鳥中慧物也.(李漁,『閑情偶寄』「頤養部」)
  - 역 화미조(畵眉鳥)의 교묘함을 보면, 그것의 입 하나가 수많은 새의 울음을 대신하고, 한 마리 한 마리 새소리를 흉내 내는 것은 모두 아주 닮았으며 또한 훨씬 더 감미로우니, 정말이지 가장 영리한 새라 하겠다.

- **섬이불배** 贍而不俳, **화이불약** 華而不弱

넉넉하면서도 늘어놓지 않고 화려하면서도 섬약하지는 않는다.

- 예 魏人贍而不俳, 華而不弱, 然文與質離矣.(胡應麟, 『詩藪』「內編」卷2)
- 역 위인(魏人)은 넉넉하면서도 늘어놓지 않고 화려하면서도 섬약하지는 않았으나, 문과 질이 분리되었다.

- **섬호곡진** 纖毫曲盡

구구절절이 드러내는 것을 말한다.

- 예 洗垢索癥, 可謂文人無實, 不可謂句語不工. 不爾, 即三者纖毫曲盡, 焉能有無.(胡應麟, 『詩藪』「外編」卷1)
- 역 샅샅이 잘못을 찾아내어 문인(文人)에게 사실성이 없다고 말할 수 있어도 시어(詩語)가 공교롭지 못하다고는 할 수 없을 것이다. 그렇지 않다면 어떻게 전고(典故)와 경물(景物)과 사실(事實)을 구구절절이 드러내는데 있어 실제로 있는지 없는지를 따질 수 있단 말인가?

- **섭제승당** 攝齊升堂

〈일을 진행하거나 누군가를 따를 때〉 옷자락을 쥐고 계단을 오르듯 공경하는 자세를 말한다.

- 예 歷記專精, 攝齊升堂.(『法書要錄』卷8「張懷瓘書斷中」)
- 역 왕희지(王羲之)의 서예 변화의 흐름을 전심전력으로 익혔는데, 옷자락을 쥐고 계단을 오르듯 공경하는 자세로 그의 서법을 따랐다.

- **성** 成

일가(一家)의 법도를 성취한 것을 말한다.

- 예 成. 一家體度曰成.(寶蒙, 『語例字格』)
- 역 성(成): 일가(一家)의 법도를 성취한 것을 일러 성(成)이라 한다.

- **성 聖**

    (1) 위대하여 천하를 감화시키는 성스러움을 말한다.

    - 可欲之謂善, 有諸己之謂信, 充實之謂美, 充實而有光輝之謂大, 大而化之之謂聖, 聖而不可知之之謂神.(『孟子』「盡心章句下」)
    - 사람들이 모두 그렇게 되고 싶어 하는 것을 선하다 하고, 자신의 몸에 선을 지니는 것을 성실하다고 한다. 그 선함이 제 몸에 충만하게 채워져 있는 것을 아름답다 하고, 가득 채워져 있어 바깥으로 빛이 나는 것을 위대하다고 한다. 위대하여 천하를 감화시키는 것을 성스럽다 하고, 성스러우면서도 그 작용을 알 수 없는 것을 신령스럽다고 한다.

    (2) 어느 한 예술 분야에 정통하고 조예가 깊은 경지를 말한다.

    - 聖. 理絶名言, 潛以意得.(寶蒙,『語例字格』)
    - 성(聖): 서성(書聖)의 기예는 이치나 말로 나타낼 수 없으나, 전심(專心)으로 추구하면 원하는 대로 이룰 수 있다.

- **성경 聖境**

    훌륭한 경지를 말한다. 대체로 묘경(妙境) 혹은 선경(仙境)을 나타내는 말인데, 유사한 부류의 표현으로는 신경(神境), 화경(化境) 등이 있다. 경지의 빼어남으로 보면, 화경(化境)이 가장 높고, 신경(神境)이 그 다음이며, 성경(聖境)이 다시 그 아래이다.

    - 龍湖高妙處, 只在藏情於景, 間一點入情, 但就本色上露出, 不分涯際, 眞五言之聖境也. (王夫之,『明詩評選』卷5 張治「秋郭小寺」)
    - 장치(張治: 호는 龍湖)의 시의 고묘(高妙)한 점은, 정감을 경물 중에 내재시키는 것이다. 간혹 정감을 드러내 보지만 아주 진실하고 적절하며, 정감과 경치가 갈라지는 흔적이 없으니 참으로 오언율시(五言律詩)의 높은 경지에 이르렀다.

- **성령** 性靈

    (1) 일반적인 규칙이나 예법(禮法)에 구애받지 않는 성정(性情)을 말한다.

    - 格調是空架子, 有腔口易描; 風趣專寫性靈, 非天才不辨.(袁枚, 『隨園詩話』卷1)
    - 격조는 다만 형식이니, 입이 있으면 곧 묘사할 수 있을 뿐이다. 그러나 풍취는 성령(性靈)을 묘사하는 것이니, 오직 천재만이 그것을 해낼 수 있다.

    (2) 만물을 마주하는 창의적인 정신력을 말한다.

    - 性靈. 耳目旣飫, 心手有喜. 天倪所動, 妙在能已.(黃鉞, 『二十四畫品』)
    - 성령(性靈): 귀와 눈이 받아들인 바가 풍요로워 마음과 손이 즐겁다. 하늘을 감동시킬 정도의 오묘한 경지는 지극함에서 그칠 수 있는 데서 나온다.

- **성무애락** 聲無哀樂

    소리 혹은 음악엔 애초에 슬픔이나 즐거움 같은 감정을 이끌어내는 요소가 내재되어 있지 않다.

    - 有秦客問於東野主人曰: "聞之前論曰: 治世之音安以樂, 亡國之音哀以思. 夫治亂在政, 而音聲應之. 故哀思之情, 表於金石. 安樂之象, 形於管弦也. 又仲尼聞「韶」, 識虞舜之德; 季札聽弦, 知衆國之風. 斯已然之事, 先賢所不疑也. 今子獨以爲聲無哀樂, 其理何居? 若有嘉訊, 今請聞其說."(嵇康, 「聲無哀樂論」)
    - 어떤 진객(秦客)이 동야주인(東野主人)에게 말했다. "옛 글에 이런 말이 있습니다. '잘 다스려지는 나라의 음악은 편안하여 즐거우며, 망한 나라의 음악은 구슬퍼서 비탄에 잠겨있다.' 이처럼 한 나라가 평온한지 아니면 혼란스러운지는 정치하기에 달렸으며, 노래는 그것을 반영합니다. 그래서 슬픔과 비탄의 감정은 금석(金石)의 악기에 나타나고, 편안

하고 즐거운 감정은 관현(管絃)의 악기로 드러납니다. 또한 공자(孔子)는 「소(韶)」를 듣고 우순(虞舜)의 덕성(德性)이 얼마나 훌륭한지를 알았으며, 계찰(季札)은 현(弦: 즉 음악)을 듣고 각 나라의 풍정(風情)이 어떠한지를 알았습니다. 이러한 일은 모두 아는 것이기 때문에 선현들은 이에 대해 아무런 의심도 품지 않았습니다. 그런데 지금 유독 선생께서 소리에 애락(哀樂)의 감정이 없다 하니 무슨 까닭입니까? 이 점에 대해 훌륭한 생각이 있으면 듣고 싶습니다."

- **성문** 聲文

소리로 문채를 드러내는 것을 말한다.

- 예) 立文之道, 其理有三: 一曰形文, 五色是也; 二曰聲文, 五音是也; 三曰情文, 五性是也.(劉勰,『文心雕龍』「情采」)
- 역) 문채를 드러내는 데는 세 가지 방법이 있다. 첫째, 형색(形色)으로 문채를 드러내는 것인데, 청(靑)·황(黃)·적(赤)·흑(黑)·백(白)의 다섯 가지 색깔이 그것이다. 둘째, 소리로 문채를 드러내는 것인데, 궁(宮)·상(商)·각(角)·치(徵)·우(羽)의 다섯 가지 음률이 그것이다. 셋째, 내면으로 문채를 드러내는 것인데, 인(仁)·의(義)·예(禮)·지(智)·신(信)의 다섯 가지 성정(性情)이 그것이다.

- **성어악** 成於樂

악(樂)을 통해 나의 완성을 예술적으로 발현한다.

- 예) 興於『詩』, 立於禮, 成於樂.(『論語』「泰伯」)
- 역) 시(詩)에 대한 공부를 통해 세계에 대한 서사(敍事)적 이해를 도모하고, 나아가 예(禮)를 익힘으로써 나를 사회에 적응시키며, 궁극적으로 악(樂)을 통해 나의 완성을 예술적으로 발현한다.

- **성응기구** 聲應氣求

소리가 서로 조응하고 기(氣)가 서로 짝하는 경지를 말한다. 『역전

(易傳)·문언전(文言傳)』에 나오는 "같은 소리는 서로 조응하고, 같은 기운은 서로 짝한다."["同聲相應, 同氣相求"]라는 대목에서 취한 말이다.

- 예 聲應氣求之夫, 決不在於尋行數墨之士.(李贄, 『焚書』卷3「雜述·雜說」)
- 역 소리가 서로 조응하고 기(氣)가 서로 짝하는 경지의 작품을 쓰는 작가는 절대로 형식에만 얽매이는 인간들 속에 있지 않다.

• **성의영** 聲依永

노래의 내용이 오래도록 전해지는 바는 소리에 의한 것이다.

- 예 詩言志, 歌永言, 聲依永, 律和聲.(『書經』「虞書·舜典」)
- 역 시(詩)는 뜻을 읊는 것이며, 노래는 그 내용을 오래도록 전하는 것이고, 그 오래도록 전해지는 바는 소리에 의한 것이며, 율(律)은 그 소리를 조화롭게 하는 것이다.

• **성일무청** 聲一無聽

음악이 오성(五聲) 가운데 한 소리로만 되면 들을 수 없다.

- 예 聲一無聽, 物一無文, 味一無果, 物一不講.(『國語』「鄭語」)
- 역 음악이 오성(五聲) 가운데 한 소리로만 되면 들을 수 없고, 사물이 하나만 있으면 문채가 이루어지지 않으며, 음식이 오미(五味) 중 한 가지 맛으로만 만들어져 있으면 맛이 없고, 물품이 같은 것들만 있으면 품평할 수 없다.

• **성정** 性情

물(物)에 아직 동(動)하지 않아 희노애락의 감정이 생기기 이전의 본연의 심경(心境)을 성(性)이라 하고, 물(物)에 동(動)하여 희노애락의 감정이 생겼을 때의 심경을 정(情)이라 한다. 이를 통칭하여 성정(性

情)이라 하는데, 대체로 사람의 감성심리세계를 말한다. 정성(情性)과 같은 말이다.

- 예) 純樸不殘, 孰爲犧尊! 白玉不毀, 孰爲珪璋! 道德不廢, 安取仁義! 性情不離, 安用禮樂! 五色不亂, 孰爲文采! 五聲不亂, 孰應六律!(『莊子』「馬蹄」)
- 역) 나무의 순박함을 그처럼 해치지 않고서야 누가 소머리를 조각한 술잔을 만들 수 있겠느냐? 백옥(白玉)을 깨뜨리지 않고서야 누가 옥기(玉器)를 만들 수 있겠느냐? 도(道)와 덕(德)이 무너지지 않았다면 어찌 인의(仁義)를 주장하겠느냐? 본성과 정감에서 떠나지 않았다면 어찌 예의와 음악을 쓸 필요가 있겠느냐? 다섯 가지 빛깔이 어지러워지지 않았다면 누가 무늬와 채색을 만들었겠느냐? 다섯 가지 소리가 어지러워지지 않았다면 누가 육률(六律)을 맞추었겠느냐?

• **성중무자** 聲中無字, **자중유성** 字中有聲

소리 안에는 가사가 없으나, 가사 안에는 소리가 있다는 말이다. 가사의 글자 하나하나 발음을 명확하게 해주어 이것이 소리 속으로 들어가 잘 융합하는 것을 "소리 안에 가사가 없다."고 하고, 가사를 곡조에 적합하도록 하기 위해 원래의 성조(聲調)를 바꾸어 노래하는 것을 "가사 안에 소리가 있다."고 한다.

- 예) 古之善歌者有語, 謂 "當使聲中無字, 字中有聲."(沈括, 『夢溪筆談』卷5「樂律一」)
- 역) 옛날 노래를 잘하는 사람들의 말에 "소리 안에는 가사가 없으나 가사 안에는 소리가 있도록 해야 한다."고 했다.

• **성중형외** 誠中形外

내면의 진실함을 밖으로 드러낸다.

- 예) 詩如鼓琴, 聲聲見心, 心爲人籟, 誠中形外.(袁枚, 『小倉山房詩集』卷20)

㉭ 시는 마치 거문고를 연주하는 것과 같은데, 거문고 소리는 바로 마음을 토로하는 것이다. 마음은 마치 퉁소를 부는 것과 같아 내면의 진실한 감정을 불어서 연주해낼 수 있다.

- **성진미민 聲塵未泯**

    성진(聲塵)은 명성이나 평판을 말한다. 성진미민(聲塵未泯)은 명성이나 평판이 여전히 사람들의 기억 속에 남아있음을 뜻한다.

    ㉠ 且右軍位重才高, 調淸詞雅, 聲塵未泯, 翰牘仍存.(孫過庭,『書譜』)
    ㉭ 동진 시기에 왕희지는 처했던 지위가 높고 재기(才氣)가 뛰어났으며, 문장의 격조가 맑고 글이 우아했다. 하물며 지금도 그의 명성이 여전하고, 남긴 작품도 전연 소실되지 않고 여전히 남아 있다.

- **세 細**

    (1) 보드랍고 매끄러우며 섬세한 것을 말한다.

    ㉠ 指旣縝密, 音若繭抽, 令人可會而不可卽, 此指下之細也.(徐上瀛,『溪山琴況』)
    ㉭ 〈거문고에서〉 손가락을 세밀하게 사용한다면 소리가 마치 고치에서 실을 뽑는 것처럼 끊임이 없을 것이고, 사람으로 하여금 마음으로 깨달을 수 있게 할 것이다. 이것이 바로 운지(運指)의 섬세함이다.

    (2) 운필(運筆)이 정밀하고 세심한 것을 말한다.

    ㉠ 細. 運用精深曰細.(竇蒙,『語例字格』)
    ㉭ 세(細): 운필(運筆)이 정밀하고 세심한 것을 일러 세(細)라 한다.

- **세 勢**

    (1) 모든 사물은 일정한 발전적 변화의 구조 속에서, 물체운행의 리듬

법칙에 의한 불가항력적인 운동을 한다. 이러한 운동은 정반대의 모습으로 바뀐 다음 다시 처음 모습으로 돌아오는 순환을 무한히 반복하는 움직임이다. 이러한 변화의 움직임이 바로 세(勢)이다. 이 세(勢)는 동태적인 형세(形勢)에 의거하며 발전적 변화 움직임의 법칙을 드러낸다. 사태(事態)의 구조와 운동의 추세·시기·사물의 위치·힘·위세·기세·통제 등의 범위는 모두 세(勢)라고 부를 수 있다. 전통적인 예술의 각 부문은 모두 세를 중요하게 여겼는데, 특히 서예에서 가장 중시하였다. 여러 서체(書體)의 조형을 논할 때 서세(書勢)를 말하고, 운필의 추세를 말할 때 필세(筆勢)를 말하며, 구조를 논할 때 체세(體勢)를 말한다. 서예는 단순히 물상세계를 모사하는 것도 아니고 자신의 심경을 그대로 풀어놓는 데에 그치는 것도 아니다. 서예가는 한정된 공간 속에 붓의 움직임을 매개로 하여 자신의 소양과 공력(功力), 성정(性情), 품격 및 예술적 지향을 드러내야 한다. 이 모든 것은 붓의 움직임이 보여주는 조형 효과에 의해 좌우된다. 그래서 세(勢)가 중요한 것이다.(2008, pp. 132-133 참조)

- 예) 絶岸頹峰之勢, 臨危據槁之形.(孫過庭, 『書譜』)
- 역) 깎아 세운 절벽이나 잔뜩 기울어 무너질 듯싶은 봉우리 같은 험난한 형세며, 험준한 데를 마주하거나 바짝 마른 고목에 기댄 것 같은 형상도 있다.

(2) 문장의 기세 혹은 문체(文體)의 풍격을 말한다.

- 예) 夫情致異區, 文變殊術, 莫不因情立體, 即體成勢也.(劉勰, 『文心雕龍』 「定勢」)
- 역) 사람의 정취(情趣)는 모두 다르기 때문에 문장으로 묘사되는 창작 방법 역시 다양하게 나타난다. 개인의 정취에 따라 문장의 체재가 설정되며, 이러한 문체(文體)가 곧 문장의 기세(氣勢)를 정하게 된다.

- **세교형밀 勢巧形密**

    〈서예에서〉 기세가 교묘하고 모양이 치밀함을 말한다.

    - 眞跡雖少, 可得而推: 逸少至學鍾書, 勢巧形密: 及其獨運, 意疏字緩.(『法書要錄』卷2)
    - 진적(眞迹)은 비록 적으나 얻어 보고 추단할 수 있다. 왕희지가 종요의 서예를 배울 때 기세는 교묘하고 모양은 치밀하였으나, 그가 스스로 일가를 세워 운필할 때는 의취(意趣)가 탁 트이고 자형(字形)은 온화하였다.

- **세련 洗煉**

    "세(洗)"는 청결(淸潔)을 말하고, "연(煉)"은 정수(精粹)를 가리킨다. 순결하고 명정(明淨)한 작품은 창작 과정에서 철저한 정련을 거친 다음에 표현될 수 있음을 말해주는 미학범주이다.

    - 洗煉. 猶礦出金, 如鉛出銀, 超心煉冶, 絶愛淄磷.(司空圖, 『詩品二十四則』)
    - 세련(洗煉): 금광석(金鑛石)에서 금(金)을 정련해 내듯이, 방연석(方鉛石)에서 은(銀)을 채취해 내듯이, 뜻을 잘 다듬고 흑운모석(黑雲母石) 같은 불순물은 미련 없이 내버린다.

- **소 疏**

    (1) 〈문장에서〉 기세가 막힘없어 조그만 구절에 얽매이지 않고 자유분방함을 말한다.

    - 太史公文, 疏與密皆詣其極. 密者, 義法也.(劉熙載, 『藝槪』「文槪」)
    - 사마천(司馬遷)의 문장은 성긴 것과 엄밀한 것이 모두 매우 적당하다. 엄밀한 것이란 문장에 내재된 조리의 엄정함을 가리킨다.

    (2) 붓의 자취가 잘 어우러지지 못 한 성김을 말한다.

예 筆迹不混成謂之疏, 疏則無眞意.(郭熙,『林泉高致』「山川訓」)
역 붓의 자취가 잘 어우러지지 못 한 것을 성기다고 하는데, 성기면 진의(眞意)가 드러나지 않는다.

(3) 음양의 대립하면서도 또한 서로 조응하는 대대성(待對性)을 위배한 것을 말한다.

예 疏. 違犯陰陽曰疏.(竇蒙,『語例字格』)
역 소(疏): 음양의 대립하면서도 또한 서로 조응하는 대대성(待對性)을 위배한 것을 일러 소(疏)라 한다.

• **소가 小家**

남의 것을 모방하거나 단지 틀에 맞춰 그 안에서 작품을 엮어내는 이를 말한다.

예 拙匠窶人仿造, 卽不相遠: 此謂小家.(王夫之,『薑齋詩話』卷2)
역 이는 서투른 글쟁이나 글을 파는 가난한 이가 모방하여 짓는 것과 같다. 이를 일러 소가(小家)라고 한다.

• **소기옹애 疏其壅閼, 벽기불무 闢其茀蕪**

막힌 곳은 뚫고 거친 곳은 통하게 한다.

예 道之所存, 俗之所喪, 悲夫! 余有懼焉, 故爲之創傳, 疏其壅閼, 闢其茀蕪, 領其玄致, 標其洞涉. 庶幾令逸文不墜於世, 奇言不絶於今.(郭璞,「山海經序」)
역 이치가 담긴 이 책이 세상에서 사라진다는 것은 진정 슬픈 일이다. 나는 이를 두려워하여 전수하는 작업을 하고자 한다. 막힌 곳은 뚫고 거친 곳은 통하게 함으로써 그 깊은 이치를 파악하고 요점을 드러내고자 한다. 숨어있던 글이 세상에서 없어지지 않고, 기이한 말들이 오늘날에도 끊어지지 않게 하고자 한다.

- **소랑려칙** 疏朗麗則

  〈문장이〉 막힘없이 맑고, 어휘가 수려하면서도 또한 다른 사람이 본받을 만한 준칙이 된다.

  - 粹靈均者, 其文蔚溫雅淵, 疏朗麗則, 檢不扼, 達不放, 古淡而不鄙, 新奇而不怪.(白居易, 『白香山集』 卷59 「故京兆元少尹文集序」)
  - 〈만약 어떤 한 사람이〉 수기(粹氣)와 영기(靈氣)를 똑같은 양으로 갖게 되면 그 사람의 문장은, 문채(文采)가 아름다우면서 온화하고, 아치(雅致)가 있으면서 깊이가 있으며, 막힘없이 맑고, 어휘가 수려하면서도 또한 다른 사람이 본받을 만한 준칙이 되며, 간명(簡明)하나 간략(簡略)하지는 않고, 얽매임 없으면서도 방탕하지 않고, 평담(平淡)하되 비루하지 않으며, 신기(新奇)하나 괴이(怪異)하진 않다.

- **소렴대종** 小斂大縱

  〈서예에서〉 소자(小字)는 거둔 듯이, 대자(大字)는 풀어놓은 듯이 쓰는 것을 말한다.

  - 小斂大縱出一手, 譬如寫眞妙丹靑.(方回, 『桐江集』 卷24 「爲合密府判題趙子昂大字蘭亭」)
  - 소자(小字)는 거두었고 대자(大字)는 풀어놓았는데, 마치 고상한 화가가 인물화를 그린 듯하다.

- **소무** 韶嫵

  아리땁고 어여쁜 것을 말한다.

  - 其間屢變而爲鮑照之逸俊, 謝靈運之警秀, 陶潛之澹遠; 又如顔延之之藻繢, 謝朓之高華, 江淹之韶嫵, 庾信之淸新.(葉燮, 『原詩』 內篇)
  - 그 후 시는 포조(鮑照)의 준일(俊逸), 사영운(謝靈運)의 경수(警秀), 도잠(陶潛)의 담원(淡遠), 안연지(顔延之)의 조식(藻飾), 사조(謝朓)

의 고화(高華), 강엄(江淹)의 무려(嫵麗), 유신(庾信)의 청신(淸新)으로 여러 번 변했다.

- **소묵부삽** 少墨浮澁, **다묵분둔** 多墨笨鈍

  먹이 적으면 경박하여 광택이 없고, 먹이 많으면 우둔하여 무디다.

  - ㉠ 純骨無媚, 純肉無力, 少墨浮澁, 多墨笨鈍, 此並黙然任之自然之理也.(『法書要錄』卷2「梁武帝答陶隱居論書」)
  - ㉡ 골기(骨氣)만 있으면 아리따움이 없고, 살집만 두툼하면 기력이 없다. 먹이 적으면 경박하여 광택이 없고, 먹이 많으면 우둔하여 무디다. 정의(情意)에 따라 나가는 것이 바로 자연의 이치이다.

- **소밀** 疏密

  성기게 처리하는 것을 "소(疏)"라 하고, 빼곡히 재량하는 것은 "밀(密)"이라 한다. 문장을 서술할 때 글의 밀도를 처리하는 기법인 장법(章法)과 연관이 있다. 소밀의 처리에서 정작 중요한 것은 성길 때 성기게 하고["當疏就疏" 혹은 "疏處疏"] 촘촘할 때 촘촘하게 하는["當密就密" 혹은 "密處密"] 적절함이다. 이 같은 소(疏)와 밀(密)의 적당한 운용과 더불어 또한 중요한 것은, 바로 "소로써 밀을 돋보이게 해주고 밀로써 소를 받쳐준다."["以疏襯密, 以密襯疏"]는 이른바 소(疏)와 밀(密)의 변증적 관계이다. 예술가들이 훨씬 더 관심을 기울였던 대목은 오히려 이와 같이 소와 밀이 서로를 돋우어 준다는 데 있었다.(2008, pp. 153-154 참조)

  - ㉠ 夫翰迹韻略之宏促, 屬辭比事之疏密, 源流至到之修短, 蘊藉汲引之深淺. 其懸絶也, 雖天外毫內, 不足以喩其遼邈.(葛洪,『抱朴子』「尙博」)
  - ㉡ 문장에서 운(韻)을 운용하는 것은 폭넓거나 아니면 제한하고, 단어를 써서 일을 비유하는 것은 성기거나 아니면 빽빽하며, 의리(義理)의 원

류(源流)는 길거나 아니면 짧고, 의미를 함축하는 것은 깊거나 아니면 얕다. 그러니 그것들 사이의 차이는 아주 커서, 설령 하나는 구천(九天)의 밖처럼 크고 다른 하나는 털끝 속처럼 작다고 말할지라도 그 둘의 차이가 요원함을 비유하기엔 부족하다.

- 例 多不過二種三種, 高低疏密, 如畵苑布置方妙.(袁宏道,『袁中郞全集』卷3「甁史·宜稱」)
- 譯 〈꽃을 병에 꽂을 때〉 종류는 많아도 두 셋을 넘어서는 안 되며, 높낮이와 빽빽함은 마치 그림에서의 구도상 배치처럼 해야만 비로소 오묘해진다.
- 例 一. 線的美. 這種美的要素, 歐美藝術家, 講究得極爲精細, 作張椅子, 也要者長短·疏密·粗細·彎直, 作得好就美, 作得不好就不美.(梁啓超,『飮氷室專集』卷102「書法指導」)
- 譯 첫째, 선(線)의 아름다움이다. 이러한 아름다움에 대해 서구의 예술가는 아주 정세(精細)한 것을 추구한다. 예컨대 의자를 만드는데도 장단(長短)·소밀(疏密)·조세(粗細)·곡직(曲直)을 따지는데, 그리하여 잘 만들었으면 아름답고 잘 만들지 못했으면 아름답지 않다.

• 소밀적중 疏密適中

소(疏)와 밀(密)이 적절하게 알맞은 것을 말한다. 특히 시(詩)에서 운(韻)을 맞출 때 모자라지도 과하지도 않게 적당히 하는 것을 말한다.

- 例 韻律之道, 疏密適中爲上, 不然, 則寧疏無密.(顧炎武,『日知錄』卷21「次韻」)
- 譯 시에서 운을 맞출 때는 모자라지도 과하지도 않게 적당히 하는 것을 제일로 치며, 만약 그리 할 수 없을 때는 설령 조금 모자라게 운을 맞출지언정 지나치게 많은 압운은 피하는 것이 좋다.

• 소박 疎薄

성글고 담박함을 말한다.

- 例 眞山水之雲氣, 四時不同; 春融冶, 夏蓊鬱, 秋疎薄, 冬黯淡.(郭

熙, 『林泉高致』「山川訓」)
- ㊟ 실경(實景) 산수의 운기(雲氣)는 계절에 따라 같지 않다. 봄에는 온화하고 산뜻하며, 여름에는 짙고 무성하며, 가을에는 성글고 담박하며, 겨울에는 어둡고 스산하다.

- **소산** 蕭散

    (1) 말쑥하고 얽매임이 없는 것을 말한다.
    - ㊖ 褚河南書淸遠蕭散, 微雜隷體.(蘇軾, 『蘇東坡集』前集 卷23「書唐氏六家書後」)
    - ㊟ 저수량(褚遂良)의 글씨는 맑고 심원(深遠)하며 소산(疏散)한데, 약간 예서체(隷書體)가 섞여 있다.

    (2) 조용하고 한가로운 것을 말한다.
    - ㊖ 予嘗論書, 以謂鍾·王之迹, 蕭散簡遠, 妙在筆畵之外.(蘇軾, 『蘇東坡集』後集 卷9「書黃子思詩集後」)
    - ㊟ 내[소식(蘇軾)]가 일찍이 서예를 논하면서, 종요(鍾繇)와 왕희지(王羲之)의 글씨는 조용하고 한가로우면서 간략하고 심원하여 그 오묘함이 필획이란 형상 너머에 있다고 하였다.

    (3) 표표(飄飄)하고 홀연(忽然)한 정신 경지를 말한다.
    - ㊖ 如草書尤忌橫直分明, 橫直多則字有積薪束葦之狀, 而無蕭散之氣, 時參出之, 斯爲妙矣.(『佩文齋書畵譜』卷7 『續書譜』「方圓」)
    - ㊟ 예컨대, 초서는 특히 필획을 가로세로로 분명하게 해선 안 된다. 가로세로가 많으면 글자가 장작더미나 갈대 다발처럼 배열되어 표표(飄飄)하고 홀연(忽然)한 기상(氣象)이 없게 된다. 그래서 용필은 반드시 방원이 서로 섞여야 하고, 그럼으로써 절묘(絶妙)해진다.

- **소소쇄쇄** 瀟瀟灑灑

시원스럽고 얽매임 없이 자유로움을 말한다.

- 예) 遠性逸情, 瀟瀟灑灑, 別有一種異致.(袁中道, 『珂雪齋文集』 卷9 「妙高山法寺碑」)
- 역) 〈원굉도(袁宏道)와 도망령(陶望齡)은〉 성격이 훌륭하고 심원(深遠)하며, 심경이 초탈하고 고상하다. 또 시원스럽고 자유자재로우니, 남다른 풍격을 지니고 있다.

- **소소숙숙** 蕭蕭肅肅

자연스럽고 말쑥한 모습을 말한다.

- 예) 嵇康身長七尺八寸, 風姿特秀. 見者歎曰: "蕭蕭肅肅, 爽朗淸擧."(劉義慶, 『世說新語』 「容止」)
- 역) 혜강(嵇康)은 키가 7척 8촌이나 되었고 풍채가 뛰어났다. 그를 본 사람이 감탄하며 말했다. "자연스럽고 멋져 시원스럽고 명쾌하다."

- **소소자득** 翛翛自得

유유자적(悠悠自適)과 같은 느낌의 말이다.

- 예) 淸泉白石, 皓月疏風, 翛翛自得.(徐上瀛, 『溪山琴況』)
- 역) 〈거문고는〉 오로지 맑은 샘과 깨끗한 돌, 그리고 맑고 밝은 달 및 선선한 바람과 어울리면서 유유자적(悠悠自適)하게 연주한다.

- **소소자여** 瀟瀟自如

말쑥하고 소탈하며, 어디에도 얽매이지 않는 자적(自適)함을 말한다.

- 예) 求所謂縱橫不羈·瀟瀟自如者, 百無一二, 宜其不能與才子匹敵也.(賀貽孫, 『詩筏』)
- 역) 거리낌이 없는 동시에 맑고 소쇄(瀟灑)한 정도까지 이를 수 있는 사람은 백 명 중에 한두 명도 안 된다. 그래서 그들은 재자(才子)들과 비교할 수 없다.

- **소쇄** 瀟灑

  거리끼는 바 없이 자유롭고 시원스러우며, 얽매임이 없어 자연스럽고 말쑥한 경지를 말한다.

  - 古今眞書之神妙, 無出鍾元常, 其次則王逸少, 今觀二家之書, 皆瀟灑縱橫, 何拘平正?(『佩文齋書畫譜』卷7『續書譜』「眞書」)
  - 예부터 지금까지 진서를 가장 신묘하게 쓴 이로는 종요(鍾繇)가 최고이고, 그 다음은 왕희지(王羲之)이다. 이 둘의 글씨를 볼 것 같으면, 모두가 거리낌 없이 시원스러우니 어디 방정한 법식(法式)에 얽매임이 있었는가?
  - 若運用盡於精熟, 規矩闇於胸襟, 自然容與徘徊, 意先筆後, 瀟灑流落, 翰逸神飛.(孫過庭, 『書譜』)
  - 만약 마음과 손의 상응함이 고도로 숙련된 정도에 이르게 되면 서법(書法)의 규칙이 깊이 체득되니, 이제 글씨를 써 내림에 얽매임 없이 자유로워 손끝은 다만 마음을 쫓을 따름인 경지에 이른다. 시원스런 풍격의 기품이 드러나니 필치가 표일(飄逸)하고 신운(神韻)이 드높다.
  - 不爽則失瀟灑法, 不圓則失體裁法, 不齊則失緊慢法.(郭熙, 『林泉高致』「山川訓」)
  - 상쾌하지 않으면 소쇄법(瀟灑法)을 잃게 되고, 원만하지 않으면 체재법(體裁法)을 잃게 되고, 가지런하지 않으면 긴만법(緊慢法)을 잃게 된다.

- **소쇄불군** 瀟灑不群

  말쑥하고 수려한 경지가 크게 돋보임을 말한다.

  - 臨緩則將舒緩而多韻, 處急則猶運急而不乖, 有一種安閑自如之景象, 盡是瀟灑不群之天趣. 所爲得之心, 而應之手.(徐上瀛, 『溪山琴況』)
  - 느리게 연주해야 할 데서 서서히 하면 온화하고 우아한 맛이 날 것이고, 빠르게 연주해야 할 데서 서두르면 급하더라도 난잡하지는 않을 것이다. 그 안에 저절로 편안하며 한가롭고 태연자약한 기세와 말쑥하고

수려하며 자연스러운 정취가 드러날 것이다. 이것이 바로 마음속에 갖고 있는 경지가 자연스럽게 연주하는 손으로 드러난다는 것이다.

• 소쇄심수 瀟灑深秀

멋스럽고 깊고 그윽하며, 수려하고 아름다운 것을 말한다.

- 예) 畫亦莫妙於用松, 疏疏布置, 漸次層層點染, 遂能瀟灑深秀, 使人卽之有輕快之喜.(『尺牘新鈔』1集 張鳳「與程幼洪」)
- 역) 회화의 오묘한 점도 느슨함에 있다. 우선 희소하게 화면의 전체를 배치한 다음, 층층이 색칠한다. 이렇게 하면 멋스러운 동시에 깊고 그윽하며, 수려하고 아름다운 의경(意境)을 창출할 수 있을 것이다. 또 사람들이 감상할 때 경쾌한 기쁨을 느끼게 될 것이다.

• 소수 韶秀

아름답고 매혹적인 형상을 표현한 말이다.

- 예) 韶秀. 間架是立, 韶秀始基. 如濟墨海, 此爲之涯.(黃鉞, 『二十四畫品』)
- 역) 소수(韶秀): 기초가 튼튼히 자리를 잡아야 마음을 사로잡는 매력이 나온다. 마치 먹물의 바다를 건너는 것과 같으니, 이것이 바로 그 도달점이다.

• 소승 小乘

문장을 짓는 풍격의 하나로, 대우(對偶)와 성운(聲韻)을 중시하는 등 기법(技法)이 공교롭고 문채(文采)가 아름다운 특징이 있다.

- 예) 文章有大乘法, 有小乘法. 大乘法易而有功, 小乘法勞而無謂.(『鄭板橋集』「補遺·與江賓穀·江禹九書」)
- 역) 문장에는 대승법(大乘法)과 소승법(小乘法)이 있다. 대승법은 아주 쉽고 또 세상 사람에게도 이로움이 있다. 소승법은 비교적 힘이 들며, 타인에 대해 아무 도움이 되지 않는다.

- **소식** 消息

    줄어드는 것을 소(消)라 하고, 늘어나는 것을 식(息)이라 한다. 따라서 소식(消息)은 증감(增減) 혹은 성쇠(盛衰)와 같은 말이다. 이로부터 확장되어 소식(消息)은 예술의 변화규율을 말하게 되었다.

    ㉠ 剛柔消息, 貴乎適宜, 形象無常, 不可典要, 固難平也.(『法書要錄』卷9「張懷瓘書斷下」)
    ㉡ 강유(剛柔)와 소장(消長)의 변화가 지극하고, 적절함을 중시하며, 형상에 일정함이 없어 고정불변의 기준이 있을 수 없기 때문에, 그들을 평론할 수가 없는 것이다.

- **소식다방** 消息多方

    줄어드는 것을 소(消)라 하고, 늘어나는 것을 식(息)이라 한다. 따라서 소식(消息)은 증감(增減) 혹은 성쇠(盛衰)와 같은 말이다. 여기에서 소식(消息)은 서예의 변화규율을 말하는 것이다. 따라서 소식다방(消息多方)은, 서예의 규율이란 혹은 늘어나고 혹은 줄어듦이 때에 맞춰 변화가 따르니 그 방법이 하나가 아니라는 말이다.

    ㉠ 然消息多方, 性情不一, 乍剛柔以合體, 忽勞逸而分驅.(孫過庭, 『書譜』)
    ㉡ 그러나 서예의 예술적 규율은 여러 방면에서 비롯되어 변화무상하니, 이에 그 표현방법의 감정과 성격도 달라진다. 〈이런 점이 서예에 반영되면〉 어떨 때는 언뜻 강함과 부드러움이 서로 조화로워 하나가 된 듯싶다가도, 찰나 간에 빠름과 느림의 분별이 드러나기도 한다.

- **소야** 疏野

    (1) 소략(疏略)·간이(簡易)·질박(質朴)·천연(天然)의 성격을 띠는 미학범주로, 소탈(疏脫)과 진솔(眞率)의 미감을 불러일으킨다.

    ㉠ 疏野. 惟性所宅, 眞取弗羈, 拾物自富, 與率爲期.(司空圖, 『詩品

二十四則』)

㉭ 소야(疏野): 글을 쓸 때 생각과 감정을 담아내기 위해서는 본성에 따라야지 무언가에 얽매어선 안 된다. 대자연에서의 소재는 풍부하고 다채로우니 진솔함을 따라야 한다.

(2) 탁 트이고 얽매임이 없는 풍격을 말한다.

㉠ 閑. 情性疏野曰閑.(皎然,『詩式』)
㉭ 한(閑): 정성(情性)이 트이고 얽매임이 없는 것을 한(閑)이라 한다.

- **소여요곽** 疏如寥廓, **요약태고** 窅若太古

  마치 우주와 같이 탁 트이고 태고(太古)와 같이 심원하다.

  ㉠ 未按弦時, 當先肅其氣, 澄其心, 緩其度, 遠其神, 從萬籟俱寂中, 泠然音生, 疏如寥廓, 窅若太古.(徐上瀛,『溪山琴況』)
  ㉭ 거문고를 타기 전에 먼저 자태를 장중하게 하고 심정을 순수하게 하며 숨쉬기를 완만하게 하고 정신을 원대하게 하여야 한다. 그런 다음 고요한 가운데 맑은 소리가 나는데, 이는 마치 우주와 같이 탁 트이고 태고(太古)와 같이 심원하다.

- **소완** 疏緩

  완만함을 나타낸 말이다.

  ㉠ 性格淸徹者音調自然宣暢, 性格舒徐者音調自然疏緩.(李贄,『焚書』卷3「雜述·讀律膚說」)
  ㉭ 성정(性情)이 맑은 사람은 그 음조(音調)도 당연히 시원스럽고, 성정이 느긋한 사람은 그 음조도 완만하다.

- **소욕풍신** 疏欲風神, **밀욕노기** 密欲老氣

  〈글씨를 쓸 때〉 필획을 탁 트이게 하면 풍신(風神)을 잘 드러낼 수 있고, 빽빽하게 쓰면 노련한 돈후함을 나타낼 수 있다.

- 예 書以疏欲風神, 密欲老氣.(『佩文齋書畫譜』卷7『續書譜』「疏密」)
- 역 글씨를 쓸 때 필획을 탁 트이게 하면 풍신(風神)을 잘 드러낼 수 있고, 빽빽하게 쓰면 노련한 돈후함을 나타낼 수 있다.

- **소월 疏越**

    (1) 맑고 그윽하고 은은함을 말한다.
    - 예 章句必欲分明, 聲調愈欲疏越, 皆是一度一候, 以全其終曲之雅趣.(徐上瀛, 『溪山琴況』)
    - 역 〈이렇게 하면〉 음악의 장구가 분명해지고 음조도 맑고 은은하여, 능히 절도에 따라 청아(淸雅)한 정취를 완전히 표현할 수 있다.

    (2) 세속에 얽매이지 않고 담담하게 초월하는 것을 말한다.
    - 예 至使指下寬裕純樸, 鼓蕩弦中, 縱指自如, 而音意欣暢疏越, 皆自宏大中流出.(徐上瀛, 『溪山琴況』)
    - 역 〈거문고에서〉 손가락이 현 위에서 움직일 때 긴장하거나 속박되지 않아 아주 여유롭고 자약(自若)해지면, 이때 거문고의 의경(意境)은 유창하고 담담해질 것이고 굉대한 운치를 갖추게 될 것이다.

- **소윤 韶潤**

    전아(典雅)하고 온화함을 말한다.
    - 예 韶潤不如仲祖, 思致不如淵源.(劉義慶, 『世說新語』「品藻」)
    - 역 〈완사광(阮思曠: 阮裕)의〉 전아(典雅)하고 온화함은 중조(仲祖: 王濛)만 못하고, 생각의 치밀함은 연원(淵源: 殷浩)만 못하다.

- **소이불유 疏而不遺, 검이무궐 儉而無闕**

    소략하게 서술하나 빠뜨리지 않으며, 축약하여 서술하나 놓침이 없음을 말한다.

- 예 蓋作者言雖簡略, 理皆要害, 故能疏而不遺, 儉而無闕.(劉知幾, 『史通』)
- 역 역사를 저술하는 사람의 문자는 비록 간략하더라도 그 이치는 아주 중요하다. 그래서 소략하게 서술하나 빠뜨리지 않으며 축약하여 서술하나 놓침이 없다.

• **소장** 劭長

덕이 높음을 말한다.

- 예 謝幼輿曰:"友人王眉子淸通簡暢, 嵇延祖弘雅劭長, 董仲道卓犖有致度."(劉義慶, 『世說新語』「賞譽」)
- 역 사유여(謝幼輿: 謝鯤)가 말했다. "친구인 왕미자(王眉子: 王玄)는 구애됨이 없이 소탈하고 탁 트였다. 혜연조(嵇延祖: 嵇紹)는 고아(高雅)하고 덕이 높다. 동중도(董仲道: 董養)는 탁월하고 법도가 있다."

• **소조** 蕭條

(1) 스산함을 말한다.

- 예 故蕭條者, 形之君; 而寂寞者, 音之主也.(『淮南子』「齊俗訓」)
- 역 스산함은 형체를 주관하고, 적막함은 음(音)을 주관한다.

(2) 적막하고 쓸쓸하며 생기가 없음을 말한다.

- 예 蕭條淡泊, 此難畫之意. 畫者得之, 覽者未必識也.(歐陽修, 『歐陽文忠公文集』卷130「鑒畫」)
- 역 쓸쓸한 적막감과 평안한 고요함은 그려내기 어려운 의경(意境)이다. 화가가 설령 그려냈다 할지라도 감상하는 사람이 반드시 느낄 수 있는 것은 아니다.

• **소통** 疎通

얽매임이 없이 두루 통한다.

㉠ 濤子簡, 疎通高素; 咸子瞻, 虛夷有遠志.(劉義慶, 『世說新語』「賞譽」)
㉡ 산도(山濤)의 아들 산간(山簡)은 소탈하며 고상했고, 완함(阮咸)의 아들 완첨(阮瞻)은 욕심이 없고 원대한 뜻이 있었다.

- **소활고랑** 疏豁高朗

확 트였으면서도 고결하다.

㉠ 疏豁高朗, 條理井如, 以其得於極深研幾, 故又沉著痛快, 天下之至文也.(『尺牘新鈔』3集 孫承譯「與人」)
㉡ 〈주희(朱熹)의 문장은〉 광활한 동시에 고결하고, 조리(條理)가 정연하다. 또한 주희의 도리에 대한 연구에는 지극한 깊이가 있다. 따라서 그의 문장은 필력이 힘차고 풍격이 유창한 특징을 갖고 있고, 천하에 가장 좋은 문장 중의 하나라고 말할 수 있다.

- **속束**

흥취를 터뜨리지 못하는 얽매임을 말한다.

㉠ 束. 興致不弘曰束.(竇蒙, 『語例字格』)
㉡ 속(束): 흥취를 터뜨리지 못하는 얽매임을 일러 속(束)이라 한다.

- **속俗**

(1) 풍속이나 관습을 말한다.

㉠ 故樂行而志淸, 禮修而行成, 耳目聰明, 血氣和平, 移風易俗, 天下皆寧, 美善相樂.(『荀子』「樂論」)
㉡ 그러므로 음악이 바르게 행해지면 뜻이 맑아지고, 예의가 닦여지면 행실이 이루어지며, 귀와 눈은 잘 들리고 잘 보이게 되고, 혈기는 화평해지며, 풍속이 바르게 순화되니, 온 천하가 이에 편안해지고, 아름다움과 도덕적 완선(完善)이 서로 즐겁게 된다.

㉠ 樂聽其音, 則知其俗, 見其俗, 則知其化.(『淮南子』「主術訓」)

㉭ 음악을 연주하는 소리를 들으면 풍속의 좋고 나쁨을 알고, 그 풍속을 보면 교화(敎化)의 정도를 안다.

(2) 교화(敎化)가 이루어진 상태인 풍(風)을 옮겨와 잘 익혀 행하는 것을 말한다.

㉠ 造子之敎謂之風, 習而行之謂之俗. 楚越之風好勇, 故其俗輕死.(阮籍, 「樂論」)
㉭ 교의(敎義)가 이루어진 것을 풍(風)이라 하고, 그것을 익혀 행하는 것을 속(俗)이라 한다. 초(楚)나라와 월(越)나라의 풍(風)은 용맹한 것을 좋아하였기에, 그 속(俗)은 죽음을 가볍게 여겼다.

(3) 민간에 유행하는 대중화되고 알기 쉬운 문예작품을 말한다. 고대 민간의 가요나 화본(話本) 소설 및 지방 희곡(戲曲) 같은 속문학이 이에 해당한다.

㉠ 古琴無俗韻, 奏罷無人聽, 寒松無妖花, 枝下無人行.(白居易, 『白香山集』卷1 「鄧魴張徹落第詩」)
㉭ 거문고는 세속적인 곡조(曲調)를 타지 않는다. 그러니 아무도 듣고자 하는 이가 없다. 추위를 견디는 소나무는 요염한 꽃을 피우지 않는다. 그러니 아무도 그 아래를 지나가려 하지 않는다.
㉠ 其聲間雜繁促, 不協律呂, 謂之間聲, 此鄭衛之音, 俗樂之作也.(徐上瀛, 『溪山琴況』)
㉭ 대체로 음악 소리가 혼란스럽고 번거로우며 리듬이 급박한 동시에 음률과 맞지 않으면 간성(間聲)이라고 부른다. 이것은 바로 정(鄭)·위(衛) 지역에 속하는 민간 음악이다. 세속적인 음악이 그런 것이다.

(4) 비루하고 천박하며 저급한 심미취미를 말한다.

㉠ 損窈窕之聲, 使樂而不淫. 猶大羹不和, 不極勻藥之味也. 若流俗淺近, 則聲不足悅, 又非所歡也.(嵇康, 「聲無哀樂論」)
㉭ 지나치게 세련되고 미묘한 소리를 버리면 사람으로 하여금 즐겁더라도 도를 넘어서지 않는 경지에 이르게 할 것이니, 이는 마치 제례음식에서

고깃국에 양념을 넣지 않음으로써 지나치게 맛있는 것을 추구하지 않는 것과 같다. 세속적이고 비천한 소리는 그다지 즐길 만한 게 못 되고 또한 기뻐할 만한 것도 못 된다.

- 예 或犇放以諧合, 務嘈囋而妖冶. 徒悅目而偶俗, 固高聲而曲下.(陸機,「文賦」)
- 역 만약 글을 지나치게 함부로 쓰면 문사(文辭)가 과도하게 요염해진다. 오직 감각적인 자극만 좇아 세속적인 만족만 바라면, 전아(典雅)하지 못한 표현이 난무할 것이고 그러는 가운데 필시 정기(正氣)를 잃게 될 것이다.

• 속미지습 俗靡之習

비속하고 저급한 습속을 말한다.

- 예 啓·禎諸公欲挽萬曆俗靡之習, 而競躁之心勝, 其落筆皆如椎擊, 刻畫愈極, 得理愈淺.(王夫之,『薑齋詩話』卷2)
- 역 천계(天啓)와 숭정(崇禎) 연간의 많은 이들이 만력(萬曆) 연간의 비속하고 저급한 습속을 만회해 보고자 하였으나, 조급한 마음이 앞서 그 붓을 내리는 것이 마치 망치로 두드리는 듯하였다. 이 때문에 드러내고자 하는 바는 더욱 극단적이고 이치를 터득하는 것은 더욱 천박하였다.

• 속제청지 俗除淸至

세속을 잊고 청정한 내면세계를 갖추게 된다.

- 예 尺幅管天地山川萬物, 而心淡若無者, 愚去智生, 俗除淸至也.(石濤,『畫語錄』「脫俗章 第16」)
- 역 작은 화폭 안에 천지산천의 만물을 능히 담아낼 수 있고 마음이 담담하며 편견이 없으면, 우매함으로부터 멀어지고 지혜가 생겨나 세속을 잊고 청정한 내면세계를 갖추게 된다.

• 속중지아 俗中之雅

세속(世俗) 중의 전아(典雅)를 말하며, "아중지속(雅中之俗)"보다 우위의 미학적 가치를 갖는다. "정중지동(靜中之動)"·"냉중지열(冷中之熱)"과 같은 맥락의 미학명제이다.

- 예) 豈非冷中之熱, 勝於熱中之冷; 俗中之雅, 遜於雅中之俗乎哉?(李漁, 『閑情偶寄』「演習部·劑冷熱」)
- 역) 차가움 속의 뜨거움이 뜨거움 속의 차가움보다 더 낫지 아니한가? 또한 세속(世俗) 중의 전아(典雅)가 전아 속의 세속보다 손색이 없지 아니한가?

- **손 損**

〈서예에서〉 남는 필획을 생략하는 것을 말한다.

- 예) 補, 謂不足也. 損, 謂有餘也. 巧, 謂佈置也. 稱, 謂大小也.(『法書要錄』卷2)
- 역) 〈서예에서〉 보(補)는 부족한 필획을 보충하는 것이고, 손(損)은 남는 필획을 생략하는 것이다. 교(巧)는 장법(章法)에서의 포국(布局)을 말하고, 칭(稱)은 전체의 크기가 조화로운 것을 말한다.

- **솔의초광 率意超曠, 무석시비 無惜是非**

뜻이 높고 까마득하여 좋고 나쁨을 가릴 수조차 없는 지경을 말한다.

- 예) 又創爲今草, 天縱尤異, 率意超曠, 無惜是非.(『法書要錄』卷8「張懷瓘書斷中」)
- 역) 또한 금초(今草)를 창제하였는데, 천부적 자질로 거리낄 것 없는 독특함을 이루었다. 뜻이 높고 까마득하니, 좋고 나쁨을 가릴 수조차 없는 지경이다.

- **송 松**

느슨하고 헐거운 것을 말한다.

㉠ 畵亦莫妙於用松, 疏疏布置, 漸次層層點染, 遂能瀟灑深秀, 使人卽之有輕快之喜.(『尺牘新鈔』1集 張鳳 「與程幼洪」)
㉡ 회화의 오묘한 점도 느슨함에 있다. 우선 희소하게 화면의 전체를 배치한 다음, 층층이 색칠한다. 이렇게 하면 멋스러운 동시에 깊고 그윽하며, 수려하고 아름다운 의경(意境)을 창출할 수 있을 것이다. 또 사람들이 감상할 때 경쾌한 기쁨을 느끼게 될 것이다.

- **송실 松實**

소밀(疏密)과 유사한 표현으로, 느슨하고 조임 혹은 드문드문하고 꽉 참을 말한다.

㉠ 余敕小傒串元劇四五十本, 演元劇四出, 則隊舞一回, 鼓吹一回, 弦索一回. 其間濃淡繁簡松實之妙, 全在主人位置.(張岱, 『陶庵夢憶』「世美堂燈」)
㉡ 나는 일찍이 노비들에게 원잡극(元雜劇) 4, 50본(本)을 여기저기서 공연하라 했는데, 매 1회 공연마다 춤과 고취와 현악기 연주를 곁들이도록 했다. 그 동안 〈등불은〉 짙고 엷고 많고 적고 드문드문하고 꽉 차고 하는 등 변환이 미묘한데, 이는 모두 주인의 연출에 달렸다.

- **쇠삽 衰颯**

쇠락하고 스산한 것을 말한다.

㉠ 論者謂晩唐之詩, 其音衰颯. 然衰颯之論, 晩唐不辭.(葉燮, 『原詩』外篇)
㉡ 시를 논하는 사람은, 만당시(晩唐詩)의 음조가 쇠락하고 스산하다고 생각한다. 만당시가 쇠락하고 스산하다고 평하는 것은 틀리지 않다.

- **수 秀**

(1) 온갖 아름다움이 깃들어 차마 형용할 수 없는 미의 극치를 말한다.

- 예) 秀. 翔集難名曰秀.(竇蒙,『語例字格』)
- 역) 수(秀): 온갖 아름다움이 깃들어 차마 형용할 수 없는 미의 극치를 일러 수(秀)라 한다.

(2) 한 편의 글 가운데 특히 뛰어난 부분을 말한다.

- 예) 文之英蕤, 有秀有隱. 隱也者, 文外之重旨者也; 秀也者, 篇中之獨拔者也.(劉勰,『文心雕龍』「隱秀」)
- 역) 문장의 작품에서도 훌륭한 것은 빼어남과 은미함이 있다. 은미함이란 것은 표현된 것 밖으로 드러나는 함축적인 맛을 가리키며, 빼어남이란 것은 한 편의 글 가운데 특히 뛰어난 부분을 말한다.

(3) 형상이 눈앞에서 그대로 드러나는 것을 말한다.

- 예) 情在詞外曰隱, 狀溢目前曰秀.(張戒,『歲寒堂詩話』)
- 역) 정(情)이 글밖에 있는 것을 은(隱)이라 하고, 형상이 눈앞에서 그대로 드러나는 것을 수(秀)라 한다.

• 수受

심미체험의 기본적인 조건으로서, 느껴서 받아들이는 것을 말한다. 그러나 이는 이성적인 인지능력에 의한 것이 아니라, 우주의 운행이나 천지조화처럼 자연스럽게 이루어져야 한다.

- 예) 受與識, 先受而後識也. 識然後受, 非受也.(石濤,『畵語錄』「尊受章 第4」)
- 역) 사물을 감수(感受)하는 것과 사물을 인식(認識)하는 것에 대해 보면, 먼저 감수[감성(感性)]가 있은 다음에 인식[이성(理性)]이 있는 것이다. 이성적 인식이 있고 나서 이를 통해 감수하면, 그것은 진정한 감수가 아니다.

• 수瘦

(1) 가늘고 날랜 형상미를 말한다. 이와 상대적인 개념은, 두텁고 윤택 있는 형상미를 나타내는 비(肥)이다.

- 예 獻之雖有父風, 殊非新巧. 觀其字勢, 疏瘦如隆冬之枯樹.(『書法鉤玄』卷4「唐太宗書王右軍傳授」)
- 역 〈왕헌지(王獻之)의〉 서예를 보면, 소(疏)와 수(瘦)에 편향되어 있는 것이 마치 추운 겨울날 얼어붙은 달빛 아래의 고목나무 같다.
- 예 插花不可太繁, 亦不可太瘦.(袁宏道, 『袁中郎全集』卷3「瓶史·宜稱」)
- 역 꽃을 병에 꽂을 때는 너무 많아 무성해서도 안 되고, 또한 너무 적어 파리해 보여도 안 된다.

(2) 가늘고 긴 형상을 말하며 부족함을 말한다.

- 예 瘦. 鶴立喬松, 長而不足.(寶蒙, 『語例字格』)
- 역 수(瘦): 가늘고 긴 형상을 말하며 부족함을 뜻한다.

• **수경** 瘦勁

군살이 없는 날카로운 강건함을 말한다.

- 예 如無己哭司馬相公三首, 其瘦勁精深, 亦皆得之百煉, 而神韻遂無毫釐.(胡應麟, 『詩藪』「內編」卷4)
- 역 예컨대 진사도(陳師道)의 「곡사마상공삼수(哭司馬相公三首)」에 보이는 강건함과 정심(精深)은 또한 오랜 연마 끝에 터득한 것이긴 하지만, 신운(神韻)은 끝내 얻지 못했다.

• **수기** 粹氣

맑고 간결한 기(氣)를 말한다. 이러한 기는 질박(質朴)을 특징으로 한다.

- 예 天地間有粹氣靈氣焉, 萬類皆得之, 而人居多.(白居易, 『白香山集』卷59「故京兆元少尹文集序」)

㉭ 천지(天地) 사이에는 수기(粹氣)와 영기(靈氣)가 있다. 세상의 만물이 모두 이러한 기(氣)를 가지고 있는데, 그 가운데 사람이 가장 많이 가지고 있다.

- **수기제의 隨機制宜**

상황에 따라 적절한 기미(機微)를 살피는 것을 말한다. 용필(用筆)이 나아가야 할 시점과 자리의 안배가 어떻게 비롯되어야 하는지를 말해 준다.

㉱ 至於駿發陵厲, 自取氣決, 則縱釋法度, 隨機制宜, 不守一定.(董逌,『廣川書跋』卷8「唐經」)

㉭ 글씨를 빼어나고 탁월하게 쓰는 것은 순전히 서예가의 기세(氣勢)에 달려있으니, 이 때 서예가는 법도에 구속되어서는 안 되며 상황에 따라 적절한 기미(機微)를 살펴야 하고 변화를 두려워해선 안 된다.

- **수도거성 水到渠成**

물이 흐르는 곳에 도랑이 생긴다는 뜻이다. 가다가다 일이 자연스레 이루어지는 것을 말한다.

㉱ 妙在水到渠成, 天機自露. 我本無心說笑話, 誰知笑話逼人來, 斯爲科諢之妙境耳.(李漁,『閑情偶寄』「詞曲部·貴自然」)

㉭ 〈우스갯소리와 익살스런 몸짓의〉 요점은, 물이 흐르면 도랑이 생기듯 자연스럽게 이루어져야 한다는 것이다. 나는 그냥 무심결에 우스갯소리를 했는데 그것이 어떻게 나에게 득이 되었다면, 이것이 바로 익살의 묘경(妙境)이다.

- **수류부채 隨類賦彩**

종류별로 같은 부류의 색채와 수식을 입히는 것을 말한다. 인물은 인물대로, 산수는 산수대로, 수목은 수목대로, 화초는 화초대로, 조충

(鳥蟲)은 조충대로 각기 영역의 대상 별로 제 나름의 형색(形色)을 드러내야 한다는 것이다. 그러나 그 온갖 종류에 대해 제대로 형색을 드러내기 위해선 먼저 인물이면 인물, 산수면 산수, 수목이면 수목, 화초면 화초, 조충이면 조충 각각의 속성과 특성을 파악해야 한다.

- 예 三應物象形是也, 四隨類賦彩是也.(謝赫,『古畫品錄』)
- 역 셋째, 응물상형(應物象形)이다. 물(物)에 대한 관찰을 통해 그 속성을 파악함으로써 그 물의 속성을 가장 잘 드러내 주는 이미지를 형상화하는 것이다. 넷째, 수류부채(隨類賦彩)이다. 종류별로 같은 부류의 형색(形色)을 입히는 것이다.

• **수미상응** 首尾相應

시작과 끝이 서로 호응하는 것을 말한다.

- 예 若夫結構之密, 偶對之切; 依於理道, 合乎法度; 首尾相應, 虛實相生: 種種禪病皆所以語文, 而皆不可以語於天下之至文也.(李贄,『焚書』卷3「雜述·雜說」)
- 역 엄밀한 구성과 적절한 대우(對偶), 이치나 법도에 합당한가의 여부, 수미(首尾)의 상응과 허실(虛實)의 조화 등은 모두 글 짓는 방법으로는 말할 수 있지만, 천하의 뛰어난 문장에는 말할 수 없는 것이다.

• **수발** 秀拔

빼어나게 아름다움을 말한다. 대개 산의 빼어나고 우뚝한 형세를 말한다.

- 예 有雄渾如大海奔濤, 秀拔如孤峰峭壁.(謝榛,『四溟詩話』卷3)
- 역 어떤 시는 아주 웅혼하여 마치 대해(大海)를 내달리는 것 같고, 어떤 시는 빼어나게 아름다워 마치 홀로 높게 솟은 봉우리 같다.
- 예 蓋山盡出, 不惟無秀拔之高, 兼何異畫碓觜?(郭熙,『林泉高致』「山川訓」)

㊎ 산을 전부 드러내면 빼어나고 우뚝한 높은 형세가 없게 되니, 이것이 방앗공이를 그린 것과 무엇이 다르겠는가?

- **수불칭정** 手不稱情

  손이 마음을 따르지 못하는 상태를 말한다.

  ㊊ 雖有奇尙, 手不稱情, 乏於筋力.(『法書要錄』卷9「張懷瓘書斷下」)

  ㊎ 비록 신기(新奇)한 취향이 있었지만 아쉽게도 손이 마음을 따르지 못하여 기세(氣勢)와 필력(筆力)이 부족하다.

- **수색유타** 秀色嫵媚

  빼어나며 유연하고 아리따운 것을 말한다.

  ㊊ 鬼神乃作醜觚馳趡之狀, 士女宜富秀色嫵媚之態, 田家自有醇甿朴野之眞.(郭若虛, 『圖畵見聞志』「叙論」)

  ㊎ 귀신은 추악하게 날뛰는 모습을 그려야 한다. 사녀(士女)는 응당 빼어난 자색과 유연하고 아리따운 자태가 풍부하도록 그려야 한다. 농부는 순수하고 순박하며 꾸밈없는 진실함을 표현해야 한다.

- **수생외숙** 須生外熟

  생경함으로부터 차츰차츰 숙련으로 나아가는 것을 말한다.

  ㊊ 字可生, 畵不可不熟; 字須熟後生, 畵須生外熟.(董其昌, 『畵禪室隨筆』卷2「畵訣」)

  ㊎ 서예의 기교는 숙련됨이 없을 수 있지만 회화의 기교는 숙련되지 않으면 안 된다. 서예는 우선 숙련된 다음에 생경함을 추구해야 하고, 회화는 생경함으로부터 차츰차츰 숙련으로 나아가야 한다.

- **수숙후생** 須熟後生

먼저 숙련된 다음에 생경함을 추구하는 것을 말한다.

- 예 字可生, 畫不可不熟; 字須熟後生, 畫須生外熟.(董其昌, 『畫禪室隨筆』 卷2 「畫訣」)
- 역 서예의 기교는 숙련됨이 없을 수 있지만 회화의 기교는 숙련되지 않으면 안 된다. 서예는 우선 숙련된 다음에 생경함을 추구해야 하고, 회화는 생경함으로부터 차츰차츰 숙련으로 나아가야 한다.

- **수시반청** 收視反聽

〈마음을 평안하게 추슬러 정신을 집중하기 위해서〉 보거나 듣기를 멈춘다. 먼저 눈과 귀의 분란을 끊어야만 깊고 넓은 생각을 할 수 있다는 말이다. 『문심조룡(文心雕龍)·신사(神思)』에 나오는 "문학적 상상력을 함양하는 데는 허정(虛靜), 즉 마음속을 깨끗이 하고 정신을 맑게 하는 것이 중요하다.[陶鈞文思, 貴在虛靜, 疏瀹五藏, 澡雪精神]"란 말과 같은 의미이다.

- 예 其始也, 皆收視反聽, 耽思傍訊, 精騖八極, 心遊萬仞.(陸機, 「文賦」)
- 역 글의 구상을 시작할 때는 먼저 눈과 귀를 닫고 조용히 깊은 생각을 한다. 이렇게 해야만 비로소 마음이 저 세상에 높고 또 멀리 자유롭게 유영(遊泳)할 수 있다.
- 예 欲書之時, 當收視反聽, 絶慮凝神.(『書法鉤玄』 卷1 「唐太宗論筆法」)
- 역 글씨를 쓰고 싶을 때는, 무엇을 보거나 듣는 것을 멈추고 마음을 평안하게 추스르며 정신을 집중해야 한다.

- **수시반청** 收視返聽

시선과 청각을 다른 곳으로부터 되돌려 마음을 집중하는 것을 말한다. "수시반청(收視反聽)"과 같은 말이다.

- 예 及暝而息焉, 收吾視, 返吾聽, 萬緣俱卻, 嗒焉喪偶, 而後泉之變態百出.(袁中道,『珂雪齋文集』卷6「爽籟亭記」)
- 역 그 후 날이 저물어가면서 마음이 점차 평정해졌는데, 나는 시선을 다른 곳으로부터 되돌리고 청각을 집중하여 모든 세속적인 번잡한 생각을 없애고 형태나 관념에서 벗어나는 경지에 들어갔다. 그 다음에 샘물의 흐름을 들어보니 비로소 그 소리의 다양한 모습이 나타나게 되었다.

• **수어 秀語**

뛰어나고 아름다운 언어를 말한다.

- 예 詞澹語要有味, 壯語要有韻, 秀語要有骨.(劉熙載,『藝槪』「詞曲槪」)
- 역 사(詞)는 평담(平淡)의 언어로 맛깔나게 써야 하고, 호방하고 장대한 언어로 운치 있게 써야 하며, 뛰어나고 아름다운 언어로 골기(骨氣)가 있게 써야 한다.

• **수음지발 殊音之發, 계물사실 契物斯失**

서로 다른 특수한 음(音)으로 부르면 전체의 화음이 맞는 음악은 이루어질 수 없다.

- 예 蓋一味之嗜, 五味不同, 殊音之發, 契物斯失.(『法書要錄』卷9「張懷瓘書斷下」)
- 역 어떤 하나의 맛에 대한 기호(嗜好) 때문에 오미(五味)는 조화를 이루지 못한다. 서로 다른 특수한 음(音)으로 부르면 전체의 화음이 맞는 음악은 이루어질 수 없다.

• **수이심 秀以深**

아름다우면서 그윽한 것을 말한다.

- 예 每誦古詩, 或奇而肆, 或秀以深, 或鬱以達.(賀貽孫,『水田居詩文集』卷3「水田居詩自序」)

- 옛날의 시를 읽을 때 어떤 시는 기이하고 방자하며, 어떤 시는 아름답고 그윽하며, 또 어떤 것은 느리지만 원활하게 통한다.

- **수일** 秀逸

  아름답고 소탈함, 혹은 수려하고 자연스러움을 말한다.

  - 又喜用古事, 彌見拘束, 雖乖秀逸, 是經綸文雅才.(鍾嶸, 『詩品』)
  - 〈안연지(顔延之)의 시는〉 또한 전고(典故)를 사용하는 것을 즐겼는데, 두루 보면 자연스럽지 못하다. 비록 시가의 아름답고 소탈한 면모는 보여주지 못했지만, 그래도 박학한 경륜은 보여준 편이다.
  - 秀逸搖曳, 含蓄瀟灑, 南派之所長也, 「蘭亭」·「洛神」·「淳化閣帖」等爲其代表.(梁啓超, 『飮冰室文集』 卷10 「中國地理大勢論」)
  - 수일(秀逸)하고 함축적이며 말쑥한 것은 남파(南派)의 특징인데, 「난정(蘭亭)」·「낙신(洛神)」·「순화각첩(淳化閣帖)」 등이 대표작이다.

- **수저거성** 水底渠成

  "수도거성(水到渠成)"과 같은 말로, 물이 흐르는 곳에 도랑이 생긴다는 뜻이다. 가다가다 일이 자연스레 이루어지는 것을 말한다.

  - 若夫間架未立, 才自筆生, 由前幅而生中幅, 由中幅而生後幅, 是謂以文作文, 亦是水底渠成之妙境.(李漁, 『閑情偶寄』 「居室部」)
  - 만약 문장의 골격이 잘 되어있지 않으면 생각에 따라 글을 쓰기 때문에, 시작해서 중간까지 쓴 다음 다시 중간으로부터 결미까지 쓰게 된다. 이러한 것을 일러 문장으로 문장을 쓴다고 하는데, 또한 물이 흐르는 곳에 도랑이 생기듯 가다가다 일이 자연스레 이루어지는 기묘한 경지이다.

- **수중현아** 秀中現雅

수려함 속에 우아함을 담고 있음을 말한다.

- 예) 又如謝道韞, 雖是夫人, 卻有林下風韻, 是謂秀中現雅.(徐渭, 『徐文長集』卷21「跋書卷尾」)
- 역) 또 사도온(謝道韞)이 비록 부인(夫人)이지만 고일(高逸)한 풍격을 지녔던 것처럼 수려함 속에 우아함을 담고 있다.

- **수지어원 受之於遠, 득지최근 得之最近**

  심오한 견해를 받아들이면 쉬운 지름길을 터득할 수 있다.

  - 예) 受之於遠, 得之最近; 識之於近, 役之於遠.(石濤, 『畫語錄』「運腕章 第6」)
  - 역) 심오한 견해를 받아들이면 쉬운 지름길을 터득할 수 있고, 가까운 것을 인식하게 되면 멀리 펼칠 수 있다.

- **숙 熟**

  (1) 숙련된 필묵의 기교를 나타내는 서화(書畵)미학 개념이다. 통상 생(生)과 함께 쌍을 이루는 범주이다. 숙련, 완숙의 경지를 말한다.

  - 예) 心不厭精, 手不忘熟.(孫過庭, 『書譜』)
  - 역) 각고의 마음으로 정통(精通)을 추구하면 글씨를 쓰는 손은 갈수록 숙련될 것이다.

  (2) 넘치지도 모자라지도 않아 딱 적절한 것을 말한다.

  - 예) 熟. 過猶不及曰熟.(寶蒙, 『語例字格』)
  - 역) 숙(熟): 숙련된 경지라 넘치지도 모자라지도 않아 딱 적절한 것을 일러 숙(熟)이라 한다.

- **숙목표연 肅穆飄然**

  장중한 필력이 밖으로 펼쳐지는 것을 말한다.

> 예) 爽. 肅穆飄然曰爽.(竇蒙, 『語例字格』)
>
> 역) 상(爽): 장중한 필력이 밖으로 펼쳐지는 것을 일러 상(爽)이라 한다.

- **숙숙옹옹** 肅肅雍雍

  소리가 맑고 조화로운 것을 말한다.

  > 예) 車馬之美, 匪匪翼翼; 鸞和之美, 肅肅雍雍.(『禮記』「少儀」)
  >
  > 역) 거마(車馬)의 아름다움은 문채가 있고 빠른 것이고, 방울소리의 아름다움은 소리가 맑고 조화로운 것이다.

- **순골무미** 純骨無媚, **순육무력** 純肉無力

  골기(骨氣)만 있으면 아리따움이 없고, 살집만 두툼하면 기력이 없다.

  > 예) 純骨無媚, 純肉無力, 少墨浮澁, 多墨笨鈍, 此並默然任之自然之理也.(『法書要錄』卷2「梁武帝答陶隱居論書」)
  >
  > 역) 골기(骨氣)만 있으면 아리따움이 없고, 살집만 두툼하면 기력이 없다. 먹이 적으면 경박하여 광택이 없고, 먹이 많으면 우둔하여 무디다. 정의(情意)에 따라 나가는 것이 바로 자연의 이치이다.

- **순맹박야** 醇甿朴野

  순수하고 순박하며 꾸밈이 없는 것을 말한다.

  > 예) 鬼神乃作醜魅馳趡之狀, 士女宜富秀色婑媠之態, 田家自有醇甿朴野之眞.(郭若虛, 『圖畫見聞志』「叙論」)
  >
  > 역) 귀신은 추악하게 날뛰는 모습을 그려야 한다. 사녀(士女)는 응당 빼어난 자색과 유연하고 아리따운 자태가 풍부하도록 그려야 한다. 농부는 순수하고 순박하며 꾸밈없는 진실함을 표현해야 한다.

- **순사** 醇肆

  "사(肆)"의 파생범주로, 자연스럽게 흩날리는 듯한 능숙한 원활함을 말한다. "호사(豪肆)"와 상대적인 개념이다.

- 예 劍舞霜飛, 渾脫瀏離, 手調技熟, 出神入鬼, 若是者醇肆也.(賀貽孫,『水田居詩文集』卷5「與友人論文書四」)
- 역 보검이 춤추듯 공중에 흩날리니, 마치 맑은 서리가 날리는 것과 같다. 자연스럽고 원활하며 기법이 능숙하다. 이것은 순사(醇肆)다.

• **순이사** 順而肆

〈글의 어조가〉 매끄럽고 원활한 것을 말한다.

- 예 其體順而肆, 可以播於樂章歌曲也.(白居易,『白香山集』卷3「新樂府序」)
- 역 〈『신악부(新樂府)』안의 각각의 시에 쓰인〉 글의 어조가 매끄럽고 원활한 것은 가곡(歌曲)으로 연주하기 용이하도록 함이다.

• **순이질** 淳而質

순수하면서 소박하다.

- 예 黃唐淳而質, 虞夏質而辨.(劉勰,『文心雕龍』「通變」)
- 역 황제(黃帝) 때와 요(堯)임금 때의 문학은 순수하면서 소박하다. 순(舜)임금 때와 하(夏)나라 때의 문학은 소박하면서 분석적이다.

• **습기** 習氣

구습(舊習)이나 전범에 젖어있는 풍격이나 기운을 말한다.

- 예 良由唐人以書判取士, 而士大夫字書, 類有科擧習氣.(『佩文齋書畫譜』卷7『續書譜』「眞書」)
- 역 그런데 당대(唐代)에 서예를 인재 선발의 기준으로 삼았기에 사대부의 글씨엔 모두 과거시험 글씨의 습기(習氣)가 있었다.
- 예 蘇黃習氣淨盡, 始可以論唐人詩.(張戒,『歲寒堂詩話』)
- 역 소식(蘇軾)과 황정견(黃庭堅)의 습기(習氣)가 모두 없어져야 비로소

당인(唐人)의 시를 논할 수 있다.

• **승당입실** 升堂入室

"등당입실(登堂入室)"과 같은 말이다. 고대 궁실(宮室)의 앞을 당(堂)이라 하고 뒤를 실(室)이라 한다. 따라서 먼저 당에 이르고 다음으로 실에 들어가는 것이다. 이로써 학문이나 기예의 깊이를 비유하는 말이 되었다. 입실(入室)은 가장 상등(上等)이고 승당(升堂)은 그 아래 차등(次等)을 의미한다. 이 말의 출전은 『논어(論語)』「선진(先進)」이다. "由也升堂矣, 未入於室也."

> 詩人之賦麗以則, 辭人之賦麗以淫. 如孔氏之門用賦也, 則賈誼升堂, 相如入室矣.(揚雄, 『揚子法言』「吾子」)
> 『시경(詩經)』에서의 그러한 시인들의 부체(賦體)는 글의 아름다움을 잃지 않으면서도 법도가 있었다. 그런데 사부가(辭賦家)들의 부(賦)는 글이 지나치게 화려하기 짝이 없다. 만약 공자(孔子)의 문하(門下)에서 부(賦)를 가지고 가르친다면, 가의(賈誼)는 차등(次等)이고 사마상여(司馬相如)는 상등(上等)일 것이다.

• **시계혁명** 詩界革命

20세기 초 중국 개화기에 나타난, 시단(詩壇)의 변화를 추구하는 움직임의 기치이다. 양계초(梁啓超)는 옛 풍격(風格)에 새로운 의경(意境)을 담을 것을 주장함으로써, 형식의 혁명이 아닌 정신의 혁명을 강조했다.

> 過渡時代, 必有革命. 然革命者, 當革其精神, 非革其形式. 吾黨近好言詩界革命.(梁啓超, 『飮冰室詩話』 63)
> 과도기에는 반드시 혁명이 있다. 그러나 혁명이라는 것은 반드시 그 정신을 혁명하는 것이지 형식을 혁명하는 것은 아니다. 우리는 근래 시계(詩界)의 혁명을 즐겨 말한다.

- **시무일격** 詩無一格

    시(詩)에는 고정된 풍격과 체제가 없다.

    - ⓔ 詩無一格, 而"雅"亦無一格, 惟不可涉於"俗". "俗"則與"雅"爲對, 其病淪於髓而不可救.(葉燮, 『已畦文集』卷9「汪秋原浪齋二集詩序」)
    - ⓔ 시에는 고정된 풍격과 체제가 없으며, 아(雅) 역시 한 가지 풍격과 체제 안에 국한되지 않는다. 시는 절대 속되면 안 된다. 속(俗)은 아(雅)와 상대되는 것으로, 시를 지을 때 병이 깊어 더 이상 치료할 수 없는 상태이다.

- **시어무형** 視於無形, **득기소견** 得其所見

    무형(無形)인 것을 봐야 그 보고자 한 바가 보인다. 형상에 집착하면 본령을 터득할 수 없음을 말한다.

    - ⓔ 視於無形, 則得其所見矣. 聽於無聲, 則得其所聞矣.(『淮南子』「說林訓」)
    - ⓔ 무형(無形)인 것을 봐야 그 보고자 한 바가 보이고, 무성(無聲)인 것을 들어야 그 듣고자 한 바가 들린다.

- **시언지** 詩言志

    춘추전국시기의 소위 시언지(詩言志)는 시를 빌려 이성적인 의지나 사상을 표현한다는 뜻이다. 여기에서 지(志)는 심리구조에서 이성적인 요소에 속하는 사상(思想)이나 의지로서, 도(道)나 교(敎) 등 정치·도덕적 개념과 상통하는 것이다. 유가미학의 체계 내에서 지(志)는 감성적인 요소로서의 정(情)과 명확히 구별되며, 군자의 지(志)이자 충효인의의 지(志)로 규정된다. 이때 지(志)는 정(情)의 위에 있어 정을 통괄하는 것이 된다.(2008, pp. 211-212 참조)

    - ⓔ 詩言志, 歌永言, 聲依永, 律和聲.(『書經』「虞書·舜典」)

㉱ 시(詩)는 뜻을 읊는 것이며, 노래는 그 내용을 오래도록 전하는 것이고, 그 오래도록 전해지는 바는 소리에 의한 것이며, 율(律)은 그 소리를 조화롭게 하는 것이다.

- **시이도정** 詩以道情

  시는 정감을 말하는 것이라는 뜻이다.

  ㉠ 詩以道情, "道"之爲言路也. 情之所至, 詩無不至.(王夫之, 『古詩評選』 卷4 李陵 「與蘇武詩」)

  ㉱ 시는 정감을 말하는 것이다. 도(道)는 길이다. 정감이 이르는 곳에 시가 이르지 않을 수 없다.

- **시이인견** 詩以人見, **인이시견** 人以詩見

  사람을 보면 그의 시가 어떤지 알 수 있고, 시를 보면 그 사람이 어떤 사람인지 알 수 있다.

  ㉠ 其心如日月, 其詩如日月之光, 隨其光之所至, 卽日月見焉. 故每詩以人見, 人又以詩見.(葉燮, 『原詩』 外篇)

  ㉱ 만약 마음이 해와 달처럼 광명정대하면, 시도 해와 달의 광채를 갖추게 될 것이다. 그 다음 글자로 광채를 발산해낼 것이고, 그 마음속 해와 달의 광명을 곳곳에서 볼 수 있을 것이다. 그러므로 사람을 통해서 그의 시가 어떤 것인지 알 수 있고, 시를 통해서 그 사람이 어떤 사람인지 알 수 있다.

- **시재골불재격** 詩在骨不在格

  시(詩)의 진정한 뜻은 골(骨), 즉 성정(性情)에 있지 격(格) 혹은 격률(格律)에 있지 않다.

  ㉠ 許渾云: "吟詩好似成仙骨, 骨裏無詩莫浪吟." 詩在骨不在格也.(袁枚, 『隨園詩話』 卷1)

  ㉱ 허혼(許渾)은 일찍이 이렇게 말했다. "시를 읊는 것은 바로 도(道)를 구

하여 신선이 되고자함에 비유할 수 있다. 만약 시골(詩骨)이 없다면 멋대로 시를 읊을 수 없다." 시의 진정한 뜻은 골(骨)에 있지 격(格)에 있지 않음을 알 수 있다.

- **시주성정** 詩主性情

  시를 쓰는 목적은 성정(性情)을 묘사하는데 있다.

  - 詩主性情, 不貴奇巧.(顧炎武, 『日知錄』 卷21 「古人用韻無過十字」)
  - 시를 쓰는 목적은 성정(性情)을 묘사하는데 있지 수법이나 기교에 있는 것이 아니다.

- **시주풍신** 詩主風神, **문선리도** 文先理道

  시(詩)는 풍신(風神)을 주로 하고, 문(文)은 이치를 우선한다.

  - 詩與文體迥不類. 文尚典實, 詩貴清空; 詩主風神, 文先理道.(胡應麟, 『詩藪』 「外編」 卷1)
  - 시(詩)와 문(文)은 그 체재가 아주 다르다. 문(文)은 사실적 전고(典故)를 중요하게 여기고, 시(詩)는 허령한 신운(神韻)을 귀하게 생각한다. 또 시(詩)는 풍신(風神)을 주로 하고, 문(文)은 이치를 우선한다.

- **시중유화** 詩中有畵

  시(詩) 속에 화의(畵意)가 있음을 말한다.

  - 故昔人謂摩詰之詩, 詩中有畵; 摩詰之畵, 畵中有詩. 余亦謂青藤之書, 書中有畵; 青藤之畵, 畵中有書.(張岱, 『琅嬛文集』 「跋徐青藤小品畵」)
  - 옛사람이 일찍이 왕유(王維)의 시에 그림의 묘미가 있고 그림 안에는 시의(詩意)가 있다고 형용한 바 있다. 나는 서위의 서예에 화의(畵意)가 있고 그의 그림에는 서예의 필의(筆意)가 있다고 생각한다.

- **시중유화** 詩中有畵, **화중유시** 畵中有詩

    시 속에 그림의 맛이 있고, 그림 속에 시의 정취가 있다.

    - 예) 味摩詰之詩, 詩中有畵; 觀摩詰之畵, 畵中有詩.(蘇軾,『東坡題跋』下卷「書摩詰藍田煙雨圖」)
    - 역) 왕유(王維: 字는 摩詰)의 시를 읽어보면 시 속에 그림의 맛이 있고, 왕유의 그림을 보면 그림 속에 시의 정취가 있다.

- **시품출어인품** 詩品出於人品

    시(詩)의 품격은 그 작가의 인품(人品)으로부터 나온다.

    - 예) 詩品出於人品. 人品悃款樸忠者最上, 超然高擧.(劉熙載,『藝槪』「詩槪」)
    - 역) 시품(詩品)은 인품(人品)에서 나온다. 어떤 사람이 국가에 대해 충실하고 진실하며 성실하다면 그의 시품 또한 매우 높을 것이다.

- **시허문실** 詩虛文實

    시(詩)는 허(虛)이고 문장은 실(實)이란 말이다. 시는 감정을 직설적으로 나타내는 것이 아니라 은근히 드러내며, 문장은 사실을 직설적으로 드러내지 은근히 나타내지 않는다는 것을 말한다.

    - 예) 古之爲詩者, 有泛寄之情, 無直書之事; 而其爲文也, 有直書之事, 無泛寄之情, 故詩虛而文實.(袁宏道,『袁中郎全集』卷3「雪濤閣集序」)
    - 역) 예전에 시를 짓는 사람은 감정을 은근히 드러냈지 직설적으로 나타내지 않았다. 이에 비해 문장을 지을 때는 사실을 직설적으로 드러내지 은근히 나타내지 않았다. 이런 까닭에 시(詩)는 허(虛)이고 문장은 실(實)인 것이다.

- **시화일률** 詩畵一律

시(詩)와 그림은 본래 하나라는 말이다.

- 예 詩畫本一律, 天工與淸新.(蘇軾, 『蘇東坡集』 前集 卷16 「書鄢陵王主簿所畫折枝二首」 之一)
- 역 시(詩)와 화(畫)는 본래 하나이다. 둘 다 천연으로부터 나왔으며 탈속(脫俗)의 청아(淸雅)함을 담고 있다.

- **식式**

  법(法)과 같은 말로 "의(意)" 혹은 창의(創意)에 상대되는 말이다.

  - 예 器具者, 象先王之式; 度數者, 應先王之制.(阮籍, 「樂論」)
  - 역 기구(器具)란 선왕의 법식(法式)을 상징하는 것이고, 악률(樂律)이란 선왕이 제정한 바를 따르는 것이다.

- **식識**

  견식 혹은 식견을 말한다.

  - 예 作史三長, 才·學·識缺一不可.(袁枚, 『隨園詩話』 卷3)
  - 역 사서(史書)를 쓰려면 세 가지를 해내야 한다. 재(才)·학(學)·식(識)이 바로 그것인데, 이 가운데 하나라도 없어선 안 된다.

- **식외상내 飾外傷內**

  겉을 꾸미는 것은 안을 훼손하는 것이다.

  - 예 飾其外者傷其內, 扶其情者害其神, 見其文者蔽其質.(『淮南子』 「詮言訓」)
  - 역 겉을 꾸미는 것은 안을 훼손한다. 감정을 부추기는 것은 정신을 상하게 한다. 문식을 드러내는 것은 본질을 가리게 한다.

- **식생어심 識生於心, 재출어기 才出於氣**

  식견(識見)은 마음에서 생기며, 재지(才智)는 기(氣)에서 나온다.

- 예 夫史有三長, 才・學・識也. …… 夫識, 生於心也; 才, 出於氣也.(章學誠,『文史通義』內篇2「文德」)
- 역 대개 역사가는 재지(才智)・지식(知識)・식견(識見)이라는 세 가지 장점을 지니고 있다. …… 대개 식견은 마음에서 생기며, 재지는 기(氣)에서 나온다.

• **식지어근** 識之於近, **역지어원** 役之於遠

가까운 것을 인식하게 되면 멀리 펼칠 수 있다.

- 예 受之於遠, 得之最近; 識之於近, 役之於遠.(石濤,『畫語錄』「運腕章 第6」)
- 역 심오한 견해를 받아들이면 쉬운 지름길을 터득할 수 있고, 가까운 것을 인식하게 되면 멀리 펼칠 수 있다.

• **신** 神

(1) 성스러우면서도 그 작용을 알 수 없는 신령스러움을 말한다.

- 예 可欲之謂善, 有諸己之謂信, 充實之謂美, 充實而有光輝之謂大, 大而化之之謂聖, 聖而不可知之之謂神.(『孟子』「盡心章句下」)
- 역 사람들이 모두 그렇게 되고 싶어 하는 것을 선하다 하고, 자신의 몸에 선을 지니는 것을 성실하다고 한다. 그 선함이 제 몸에 충만하게 채워져 있는 것을 아름답다 하고, 가득 채워져 있어 바깥으로 빛이 나는 것을 위대하다고 한다. 위대하여 천하를 감화시키는 것을 성스럽다 하고, 성스러우면서도 그 작용을 알 수 없는 것을 신령스럽다고 한다.

(2) 내면의 기품(氣稟)을 가리키는 말로써, 신운(神韻)・신채(神采)・기색(氣色)・풍취(風趣)・풍도(風度) 등을 뜻한다.

- 예 墨之濺筆也以靈, 筆之運墨也以神.(石濤,『畫語錄』「筆墨章 第5」)
- 역 묵이 비록 얇고 묽어도 붓이 생동하는 영기(靈氣)를 표현해내고, 붓이 종이 위에서 움직이면 먹이 따라 신운(神韻)을 드러낸다.

- 예 古人草書, 空白少而神遠, 空白多而神密.(劉熙載,『藝槪』「書槪」)
- 역 옛사람의 초서는 공백이 적으면 신운(神韻)이 고원(高遠)하고, 공백이 많으면 신운이 조밀하다.

(3) 신기(新奇) 혹은 신이(神異)의 역량으로 도달하는 심미경계를 말한다.

- 예 神. 非意所到, 可以識知.(竇蒙,『語例字格』)
- 역 신(神): 헤아려 도달할 수 없는 경지이나 알아볼 수는 있다.

(4) 고의로 작위(作爲)함이 없이 붓의 움직임에 맡겨 저절로 형상을 이루어내는 것을 말한다.

- 예 神者, 亡有所爲, 任運成像. 妙者, 思經天地, 萬類性情, 文理合儀, 品物流筆.(荊浩,『筆法記』)
- 역 신(神)이란, 고의로 작위(作爲)함이 없이 붓의 움직임에 맡겨 저절로 형상을 이루어내는 것을 말한다. 묘(妙)란, 천지만물의 성정(性情)을 잘 살펴 외면의 문채와 내면의 이치를 법도에 맞추어 온갖 형태를 이루어내는 것을 말한다.

• 신新

(1) 보통과 다른 신기함을 말한다.

- 예 他人之詩, 新則不熟, 熟則不新.(方回,『桐江集』卷33「恢大山西山小稿序」)
- 역 다른 사람의 시(詩)는 왕왕 "신(新)"을 갖췄으면 "숙(熟)"이 부족하고 "숙"을 갖췄으면 "신"이 부족하다.

(2) 창의적이고 진부하지 않음을 말한다.

- 예 杜工部稱庾開府曰淸新, 淸者, 流麗而不濁滯; 新者, 創見而不陳腐也.(楊愼,『總纂升庵合集』卷144「淸新庾開府」)
- 역 두보(杜甫)가 유신(庾信)의 시의 풍격을 청신(淸新)하다고 했다. 청

(淸)이라 함은 유창(流暢)하고 아름다우며 또한 어색하거나 혼탁함이 없음을 말한다. 신(新)이라 함은 창의적이고 진부하지 않음을 말한다.

- **신가천조** 神假天造

  하늘의 조화를 빌린 것이라 할 만큼 신묘함을 말한다.

  - 吳宜爲畫聖, 神假天造, 英靈不窮.(張彦遠, 『歷代名畫記』)
  - 오도현은 마땅히 화성(畫聖)으로 칭송되어야 할 것이다. 그의 그림은 신묘하여 하늘의 조화를 빌린 것이라고 할 수 있을 만큼 빼어나다.

- **신경** 神境

  신묘한 경지를 말한다. 대체로 묘경(妙境) 혹은 선경(仙境)을 나타내는 말인데, 유사한 부류의 표현으로는 성경(聖境), 화경(化境) 등이 있다. 경지의 빼어남으로 보면, 화경(化境)이 최고이고, 다음이 신경(神境)이며, 그 다음이 성경(聖境)이다.

  - 若初寒內外之景色, 卽董·巨復生, 恐亦束手擱筆矣. 天下惟理·事之入神境者, 固非庸凡人可摹擬而得也.(葉燮, 『原詩』內篇)
  - 초한(初寒) 내외와 같은 경치는 동원(董源)과 거연(巨然)이라는 대가가 아직 살아 있다 하더라도, 아마 도리 없이 붓을 놓을 것이다. 이(理)와 사(事)를 신묘한 경지에 들어서게 쓴 시는 분명 일반인이 그려낼 수 있는 것이 아니다.

- **신골** 神骨

  신운(神韻)과 골력(骨力)이란 말로, 주체적인 정신과 지향을 말한다.

  - 及其後也, 剽竊雷同, 如贗鼎僞觚, 徒取形似, 無關神骨.(袁中道, 『珂雪齋文集』卷3 「中郎先生全集序」)
  - 그 후 모두들 옛날 사람의 작품을 표절하기 시작하니 써 내는 것이 똑같아졌다. 마치 정(鼎)과 고(觚)를 위조하는 것과 같아, 외형의 모습은

옛날 사람처럼 보이지만 정신과 뼈대가 없다.

- **신공** 神功

    입신(入神)의 공력(功力)을 말한다.

    - 예) 千變萬化, 得之神功, 自非造化發靈, 豈能登峰造極?(『法書要錄』卷8「張懷瓘書斷中」)
    - 역) 서예의 형상이 천변만화하니, 이는 입신(入神)의 공력(功力)을 터득한 것이다. 자연의 조화가 그 영험함을 드러낸 것이 아니라면 어찌 이와 같은 정점에 도달할 수 있었겠는가?

- **신공귀부** 神工鬼斧

    기예(技藝)의 정교함이 마치 하늘의 조화(造化)를 빌린 듯하다.

    - 예) 腕受奇則神工鬼斧, 腕受神則川嶽薦靈.(石濤,『畫語錄』「運腕章 第6」)
    - 역) 손목의 움직임이 기묘(奇妙)해지면 기예(技藝)의 정교함이 마치 하늘의 조화(造化)처럼 된다. 손목의 움직임이 신묘(神妙)해지면 산악(山嶽)이 영기(靈氣)를 드러내게 된다.

- **신기** 神氣

    (1) 신운(神韻)과 기세(氣勢)를 말한다.

    - 예) 意存筆先, 畫盡意在, 所以全神氣也.(張彦遠,『歷代名畫記』)
    - 역) 그림을 그리는 데 있어 붓을 내리기 전에 이미 뜻이 서 있으니, 다 그려진 다음에도 뜻이 남아있다. 이 때문에 신운(神韻)과 기세(氣勢)가 온전하게 갖추어진 것이다.

    (2) 풍신(風神)과 기운(氣韻)을 말한다.

    - 예) 逸少則格律非高, 功夫又少; 雖圓豊姸美, 乃乏神氣.(『法書要錄』卷4「張懷瓘議書」)

- 역 왕희지의 초서는 격조가 높지 않고 공력 또한 적다. 비록 부드럽고 아름답지만 풍신(風神)과 기운(氣韻)이 부족하다.
- 예 不獨神氣骨法, 衣紋向背爲難.(郭若虛, 『圖畵見聞志』 「敍論」)
- 역 〈인물화는〉 신기(神氣)와 골법(骨法)을 표현하는 것 뿐 아니라 옷 주름과 앞뒤 형상의 안배 등에 대한 묘사도 어렵다.

• 신기 新奇

낡은 것을 버리고 새로움을 좇는 것으로서 상궤(常軌)를 벗어나 기이함을 추구하는 창작 풍격이다.

- 예 新奇者, 擯古競今, 危側趣詭者也.(劉勰, 『文心雕龍』 「體性」)
- 역 새로운 기이함은, 낡은 것을 버리고 새로움을 좇는 것으로서 상궤(常軌)를 벗어나 기이함을 추구하는 것이다.
- 예 文章新奇, 無定格式.(袁宏道, 『袁中郎全集』 卷1 「答李元善」)
- 역 문장에서의 신기(新奇)라는 것은 일정한 격식이 있는 것이 아니다.
- 예 予謂文字之新奇, 在中藏不在外貌.(李漁, 『閑情偶寄』 「詞曲部 · 格局第六」)
- 역 나는 문장의 신기(新奇)가 내용에 있지 형식에 있다고 생각하지 않는다.

• 신리 神理

(1) 신묘한 이치를 말한다.

- 예 以意爲主, 勢次之. 勢者, 意中之神理也.(王夫之, 『薑齋詩話』 卷2)
- 역 마땅히 의(意)를 주로 하고 세(勢)를 그 다음으로 해야 한다. 세(勢)라는 것은 의(意) 가운데의 신리(神理)이다.

(2) 정신을 말한다.

- 예 濃淡疏密, 短長肥瘦, 隨手寫去, 自爾成局, 其神理具足也.(『鄭

板橋集』「題畫」)
- 역 농(濃)·담(淡)·소(疏)·밀(密)과 단(短)·장(長)·비(肥)·수(瘦)가 모두 손 가는 대로 자연스럽게 이루어지는데, 그 가운데 정신을 오롯이 담아내었다.

- **신매식고** 神邁識高

  정신이 고매하고 식견이 높음을 말한다.

  - 예 非夫神邁識高, 情超心慧者, 豈可議乎知畫?(張彦遠, 「論畫體工用搨寫」)
  - 역 정신이 고매하고 식견이 높으며, 정감이 초탈하고 마음이 지혜롭지 못한 사람이라면 어떻게 그림을 논할 수 있겠는가?

- **신모이연** 神貌怡然

  정신과 용모가 조화를 이루고 있음을 말한다.

  - 예 含識之物, 皆欲骨肉相稱, 神貌怡然.(『書法鉤玄』卷2「張懷瓘評書」)
  - 역 생각이 있고 감정이 있는 생물은 모두 골육이 잘 어우러지고 정신과 용모가 조화를 이룬다.

- **신묘** 神妙

  신령스러운 영묘함을 말한다.

  - 예 神妙. 雲蒸龍變, 春交樹花.(黃鉞, 『二十四畫品』)
  - 역 신묘(神妙): 구름이 피어올라 용의 형상이 되고, 봄은 나무 위에서 꽃과 만난다.

- **신묘망방** 神妙亡方

  무궁무진하고 변화무쌍한 신묘함을 나타낸 말이다.

- 예 神妙亡方, 以顧爲最.(張彦遠, 『歷代名畫記』)
- 역 무궁무진한 신묘함을 나타낸 점으로는 고개지(顧愷之)가 최고이다.

• **신본망단** 神本亡端, **서형감류** 栖形感類

신명(神明)이란 본디 무형(無形)의 것이지만 형태 있는 사물에 깃들어 만사만물에 감응한다는 말이다. 종병(宗炳)의 「화산수서(畫山水序)」에 나오는 이 말은 산수자연에도 신(神)이 있다는 말인데, 전신(傳神)의 범위가 인물에서 산수로까지 넓혀졌음을 알 수 있다.

- 예 又神本亡端, 栖形感類, 理入影跡, 誠能妙寫, 亦誠盡矣.(宗炳,「畫山水序」)
- 역 신명(神明)이란 본디 무형(無形)의 것이나, 형태 있는 사물에 깃들어 만사만물에 감응하는 바, 신묘한 이치가 바로 유형(有形)의 사물 속에 들어가 있는 것이다. 그러니 진정 묘사를 잘 해낼 수 있다면 가히 산수의 신묘한 이치를 제대로 표현해낼 수 있다.

• **신봉태준** 神鋒太儁

정신의 경지가 아주 높음을 말한다.

- 예 王平子目太尉:"阿兄形似道而神鋒太儁." 太尉答曰:"誠不如卿落落穆穆."(劉義慶, 『世說新語』「賞譽」)
- 역 왕평자(王平子: 王澄)가 형인 태위(太尉: 王衍을 가리킴)에게 말했다. "형님은 마치 도(道)를 터득한 듯하니, 정신적 경지가 아주 높습니다." 그러자 태위가 대답하였다. "그러나 실로 자네의 그 모나지 않는 원만함만 하겠는가."

• **신사** 神思

정신이 생각하는 바로서 상상력을 말한다.

- 예 古人云: 形在江海之上, 心存魏闕之下. 神思之謂也.(劉勰, 『文

心雕龍』「神思」)
- 역 옛사람이 이런 말을 했다. "몸은 강이나 바다 위에서 은둔하고 있더라도 마음은 조정에 있다." 이것은 정신이 생각하는 바로서의 신사(神思), 즉 상상력을 말하는 것이다.

- **신언불미** 信言不美, **미언불신** 美言不信

  믿음직한 말은 달콤하지 않고, 수식이 많은 말은 믿음이 없다.

  - 예 信言不美, 美言不信.(『老子』「八十一章」)
  - 역 믿음직한 말은 달콤하지 않고, 수식이 많은 말은 믿음이 없다.

- **신여경합** 神與境合

  내면의 신사(神思)와 외면의 경물(景物)이 하나로 결합하는 경지를 말한다. "사여경해(思與境諧)"와 같은 의미로 정경합일(情景合一)의 경지를 말한다.

  - 예 氣從意暢, 神與境合, 分途策馭, 默受指揮.(王世貞, 『弇州山人四部稿』卷144 『藝苑卮言』1)
  - 역 문기(文氣)는 순조롭고 문의(文意)는 창달(暢達)하니, 신사(神思)와 외물(外物)이 서로 결합한다. 이 둘은 각기 내달리나 암묵적인 구성을 통해 이끈다.

- **신여물유** 神與物遊

  정신세계와 현상세계의 교유(交遊)를 말한다.

  - 예 思理爲妙, 神與物遊. 神居胸臆, 而志氣統其關鍵.(劉勰, 『文心雕龍』「神思」)
  - 역 상상력의 작용은 미묘하기에 정신은 바깥 사물과 서로 교유(交遊)하는 것이다. 정신은 마음속에 존재하는데, 의지가 그 정신의 작용을 통괄한다.

- **신여죽화** 身與竹化

    몸과 대나무가 서로 구분됨이 없이 혼연일체의 물화(物化)의 경지가 됨을 말한다.

    - 예 其身與竹化, 無窮出淸新.(蘇軾,『蘇東坡集』前集 卷16「書晁補之所藏與可畵竹三首」)
    - 역 몸과 대나무가 혼연일체가 되어있으니 청신(淸新)하기가 이를 데 없었다.

- **신오** 神悟

    〈시를 지을 때〉 마음의 깨달음을 말한다.

    - 예 神悟. …… 惟我詩人, 衆妙扶智, 但見性情, 不著文字.(袁枚,『小倉山房詩集』卷20)
    - 역 마음의 깨달음. …… 유독 시인들이 예민한 마음으로 깊이 느껴 깨달을 수 있고, 연후에 이러한 현묘한 깨달음을 가지고 시를 창작한다. 이렇게 써내는 시는 정감이 충만하여, 사람들로 하여금 문자 자체를 잊어버리고 완전히 정감 안으로 빠져들게 만든다.

- **신왕** 神王

    정신의 기세가 왕성함을 말한다.

    - 예 司馬太傅府多名士, 一時儁異. 庾文康云:"見子嵩在其中, 常自神王."(劉義慶,『世說新語』「賞譽」)
    - 역 사마태부(司馬太傅: 司馬越)의 관부(官府)에는 명사가 많았는데, 모두 당대의 재사(才士)들이었다. 유문강(庾文康: 庾亮)이 말하였다. "그 안에 있는 자숭(子嵩: 庾敳)을 보면 항상 정신의 기세가 왕성하다."

- **신우** 神遇

    영험한 정신과 통하는 것, 즉 영감(靈感)이 일어남을 말한다.

- 예) 故知書道玄妙, 必資神遇, 不可以力求也也.(虞世南,『筆髓論』)
- 역) 따라서 서도(書道)의 현묘함을 터득하는 것은 그야말로 천부적인 자질과 영험한 정신이 통하여 이루어지는 것이지, 그저 노력만 한다고 얻어지는 것이 아니다.
- 예) 山川與予神遇而跡化也, 所以終歸之於大滌也.(石濤,『畵語錄』「山川章 第8」)
- 역) 산천과 나는 영적인 소통을 하고, 산천은 나의 필묵을 통해 그림이 된다. 그리하여 산천은 궁극적으로 나 대척자(大滌子: 石濤)의 소유로 귀결된 것이다.

• **신원** 神遠

정신이 여운을 갖게 되어 아득한 경지에 이르는 것을 말한다.

- 예) 須是一路坦易中, 忽然觸著, 乃足令人神遠.(劉熙載,『藝槪』「詩槪」)
- 역) 가장 좋은 것은 평범한 어구 중에 홀연히 정묘한 언어를 만나게 되는 것으로, 이것은 사람에게 유원(悠遠)한 여운을 일으키게 한다.

• **신유기화** 神遊氣化

상상이 능히 자유자재로우면, 기운도 이에 따라 변화가 생긴다.

- 예) 至於神遊氣化, 而意之所之, 玄之又玄.(徐上瀛,『溪山琴況』)
- 역) 상상이 능히 자유자재로우면, 기운도 이에 따라 변화가 생긴다. 〈동시에 거문고 소리 속에 숨겨진 감정도 이에 따라 변화하고 발전한다.〉 상상은 이르지 않는 곳이 없으니, 현묘하여 헤아릴 수 없는 경지에 도달할 수도 있다.

• **신융필창** 神融筆暢

정신이 유쾌하여 운필이 원활해지는 것을 말한다.

- 예) 五合交臻, 神融筆暢.(孫過庭,『書譜』)

㉡ 적합한 다섯 가지 조건이 모두 갖춰지면 정신은 유쾌해지고 운필은 원활해질 것이다.

- **신응사철** 神應思徹

  영감이 있어야만 생각이 비로소 통하게 됨을 말한다.

  ㉠ 必在澄心運思, 至微至妙之間, 神應思徹.(虞世南,『筆髓論』)
  ㉡ 반드시 마음을 맑고 깨끗하게 안정시켜야만 구상이 미묘한 경지에 이를 수 있고, 영감이 있어야만 생각이 비로소 통하지 않는 바가 없게 된다.

- **신이근첨** 新易近尖

  새로움이 많으면 날카로워지기 쉽다.

  ㉠ 余嘗合而衍之曰: 綺多傷質, 豔多無骨, 淸易近薄, 新易近尖.(楊愼,『總纂升庵合集』卷144「庾信詩」)
  ㉡ 나〈양신(楊愼)〉는 일찍이 이 평가들을 합쳐 말하길, 아름다움이 많으면 질박해지기 어렵고 고움이 많으면 기골이 있기 어려우며 맑음이 많으면 천박해지기 쉽고 새로움이 많으면 날카로워지기 쉽다고 했다.

- **신이무한** 神怡務閑

  마음이 편하고 사무에 얽매이지 않음을 말한다.

  ㉠ 略言其由, 各有其五: 神怡務閑, 一合也.(孫過庭,『書譜』)
  ㉡ 간략히 보자면 〈서예를 하는 마음에 적합한 조건과 부적합한 조건은 각각〉 아래 다섯 가지 정황으로 분류할 수 있다. 마음이 안일하고 세태에 간여하는 바가 없는 것이 적합의 첫 번째 조건이다.

- **신이불첨** 新而不尖

  새로우면서도 날카롭지 않음을 말한다.

- 예 子山之詩, 綺而有質, 豔而有骨, 淸而不薄, 新而不尖, 所以爲老成也.(楊愼, 『總纂升庵合集』 卷144 「庾信詩」)
- 역 유신(庾信)의 시는 아름다우면서도 질박하고, 고우면서도 기골이 있으며, 맑으면서도 천박하지 않고, 새로우면서도 날카롭지 않다. 그래서 그의 시가 노숙하다고 하는 것이다.

• **신일** 神逸

의태(意態)가 자유로운 것을 말한다.

- 예 張長史草書頹然天放, 略有點畫處而意態自足, 號稱神逸.(蘇軾, 『蘇東坡集』 前集 卷23 「書唐氏六家書後」)
- 역 장욱(張旭)의 글씨는 자연스럽게 내달린다. 약간씩 점과 획이 드러나나 의태(意態)가 자유롭기에 신일(神逸)이라 불린다.

• **신자** 神姿

정신의 풍모(風貌)를 말한다.

- 예 王戎云: "太尉神姿高徹, 如瑤林瓊樹, 自然是風塵外物."(劉義慶, 『世說新語』 「賞譽」)
- 역 왕융(王戎)이 말했다. "태위(太尉: 王衍을 가리킴)는 그 정신적 풍모가 뛰어나서 마치 옥으로 만든 수목과 같다. 본래 세속을 벗어난 사람이다."

• **신재필선** 神在筆先

글을 쓰기 전에 묘사대상 인물의 풍모와 신채가 이미 작가의 머릿속에 포착되어 있음을 말한다. 반면 "의재필선(意在筆先)"은 글을 쓰기 전에 작가의 의도와 구상이 미리 설정되어 있음을 말한다.

- 예 試讀其世家·列傳, 開口一二語, 便令其人終身瞭然, 及逐節逐句, 境絶峰生處, 轉令人茫然, 而終歸於瞭然, 是神在筆先, 在文字外也.(『尺牘新鈔』 2集 方拱乾 「與田雪龕」)

🅟 『사기(史記)』 중의 세가(世家)·열전(列傳)을 읽으면, 문장을 시작하자마자 바로 인물을 명백하고 또렷하게 묘사해낸다. 그러나 한 글자 한 구씩 차례대로 계속 읽다가 문장에 변화가 생길 때 보면, 사람들은 왕왕 다시 미혹되어 망연해진다. 그런데 맨 마지막까지 읽어보면 또 다시 명백하고 뚜렷하다. 이것은 쓰기 전에 인물의 풍모와 신채가 이미 작가의 머릿속에 포착되었기 때문이다. 〈그래서 쓰자마자 바로 인물의 특징을 파악할 수 있다.〉 그러나 풍모와 신채는 문자로부터 체현된 것이 아니라, 문자밖에 함축되어 있다. 〈따라서 끝까지 읽어야 비로소 문자 밖에서 인물의 특징을 느껴볼 수 있는 것이다.〉

- **신전 神全**

  원기(元氣)가 넉넉하여 온전함을 말한다.

  🅔 畵亦造化, 理無二焉. 圓斯氣裕, 渾則神全.(黃鉞, 『二十四畵品』)

  🅟 그림도 역시 창조이니 그 이치는 하나이다. 원만함 속에 원기(元氣)가 넉넉하고, 혼연(渾然)하면 정신이 완전해진다.

- **신존부귀 神存富貴, 시경황금 始輕黃金**

  마음속에 부귀(富貴)가 있어야 황금을 보아도 가볍게 여기게 된다.

  🅔 神存富貴, 始輕黃金, 濃盡必枯, 淺者屢深.(司空圖, 『詩品二十四則』)

  🅟 마음속에 부귀(富貴)가 있어야 황금을 보아도 가볍게 여기게 된다. 너무 농염(濃艶)하면 반드시 무미(無味)하고 청담(淸淡)한 것이 오히려 항상 의미심장하다.

- **신준 神俊**

  힘이 넘치는 탁월한 기예를 말한다.

  🅔 父之靈和, 子之神俊, 皆古今之獨絶也.(『法書要錄』卷4「張懷

瓘議書」)
- 역 부친의 조화와 아들의 힘은 모두 고금에 비할 바가 없다.

• 신준 神駿

신묘하게 내달리는 풍도(風濤)를 말한다.

- 예 支道林常養數匹馬. 或言道人畜馬不韻. 支曰: "貧道重其神駿."(劉義慶, 『世說新語』「言語」)
- 역 지도림(支道林: 支遁)이 항상 몇 마리의 말을 기르고 있었다. 어떤 사람이 말하길, 도인(道人)이 말을 기르다니 고아하지 않다고 했다. 지도림이 말했다. "안빈낙도(安貧樂道)하는 마음은 그 신묘하게 내달리는 풍도(風度)를 중요하게 생각합니다."

• 신채 神采

형질(形質)과 상대되는 말로, 정성(情性)·성정(性情) 혹은 신운(神韻)·풍채(風采)를 나타낸다.

- 예 書之妙道, 神采爲上, 形質次之, 兼之者方可紹於古人.(『書法鉤玄』卷1「王僧虔筆意贊」)
- 역 서예의 정묘(精妙)한 도리는, 정신이 먼저이고 형질은 그 다음이다. 이 둘을 아울러 갖추어야 비로소 옛사람을 계승할 수 있다.
- 예 神采之至, 幾於玄微, 則宕逸無方矣.(『佩文齋書畵譜』卷3「唐張懷瓘玉堂禁經」)
- 역 신운(神韻)과 풍채(風采)의 최고 경지에 이르러야만 현묘하고 정묘한 서도(書道)에 가깝게 된다. 그것은 곧 변화무쌍함이 힘차게 솟구치듯 시원한 것이다.
- 예 若形似無生氣, 神采至脫格, 皆病也.(王世貞, 『弇州山人四部稿』卷155『藝苑卮言』附錄4)
- 역 만약 형상이 잘 닮게 했어도 생기(生氣)가 없거나, 신운(神韻)을 지극히 잘 나타냈으나 풍격이 떨어지면, 그것은 병통이다.

⑩ 詩有神采, 不倚妝點.(王夫之,『明詩評選』卷6 陳沂「憶昔」)
㉩ 시(詩)가 신채(神采)를 갖는 것은 문사(文辭)를 수식한다고 되는 것이 아니다.

- **신초리득** 神超理得

심령이 초일(超逸)의 경지에서 움직이면 〈작품에서〉 신묘한 이치를 얻을 수 있다.

⑩ 應會感神, 神超理得, 雖復虛求幽岩, 何以加焉?(宗炳,「畵山水序」)
㉩ 눈으로 대해서 마음으로 터득하면 곧 심령(心靈)을 움직일 수 있고, 심령이 초일(超逸)의 경지에서 움직이면 곧 그 그림 속에서 신묘한 이치를 얻을 수 있다. 그러니 설령 자연산수를 다시 유람하여 느껴본들 나을 게 무엇이 있겠는가?

- **신출고이** 神出古異

정신이 고고(高古)하면서도 기이(奇異)함을 말한다.

⑩ 神出古異, 淡不可收, 如月之曙, 如氣之秋.(司空圖,『詩品二十四則』)
㉩ 정신은 고고(高古)하면서도 기이(奇異)하니, 정치(情致)가 더 없이 담박하다. 마치 새벽녘의 달빛처럼 어스레하고, 가을의 기운처럼 맑고 시원하다.

- **신품** 神品

신격(神格)이라고도 하며, 기교의 최고 경지를 말한다.

⑩ 夫畵至於神而能事盡矣, 豈有不自然者乎? 若有毫髮不自然, 則非神矣. 至於逸品, 自應置三品之外, 豈可居神品之表? 但不當與妙能議優劣耳.(王世貞,『藝苑卮言』)
㉩ 그림이 신(神)의 경지에 이르면 표현이 극치에 이르게 되는데, 어떻게

부자연스러울 수가 있겠는가? 만약 조금이라도 자연스럽지 못하면 그 그림은 결국 신품이 될 수 없는 것이다. 일품이란 자연스레 신·묘·능의 삼품 밖에 놓아야 하겠지만, 어떻게 신품 위에 놓일 수 있단 말인가? 다만 묘품·능품과 함께 우열을 비교하는 것이 부당할 뿐이다.

- **신회 神會**

  겉에 드러난 형상으로 아는 것이 아닌, 마음으로 이해하는 것을 말한다.

  - 書畵之妙, 當以神會, 難可以形器求也.(沈括, 『夢溪筆談』卷17 「書畵」)
  - 서화(書畵)의 오묘함은 마음으로 이해하는 것이지 화면에 드러난 형상으로 아는 것이 아니다.

- **실 實**

  (1) 형상, 실질, 내용, 사실, 진실 등을 말한다. 정신이나 무형 혹은 허구 등을 포괄하는 허(虛)와 상대적인 개념이다.

  - 是故有生於無, 實出於虛, 天下爲之圈, 則名實同居.(『淮南子』「原道訓」)
  - 이런 까닭에 유(有)는 무(無)에서 생기고, 실(實)은 허(虛)에서 나오는 것이니, 천하의 큰 틀에서 보면 이름과 실질은 뗄 수가 없다.

  (2) 기세(氣勢)가 충만한 것을 말한다.

  - 實. 氣感風雲曰實.(竇蒙, 『語例字格』)
  - 실(實): 기세(氣勢)가 충만한 것을 일러 실(實)이라 한다.

- **실경 實境**

  눈앞의 실제 일과 실제 풍경을 구체적으로 묘사하는 것이다. 감정과 생각이 느끼는 대로 표출하는 것으로, 보고 들은 대로 사실을 기록하는 문학 장르가 이에 속한다.

- 實境. 取語甚直, 計思匪深, 忽逢幽人, 如見道心.(司空圖, 『詩品二十四則』)
- 실경(實境): 용어(用語)가 솔직하고 구상이 깊지 않다. 마치 홀연히 유인(幽人)을 만난 듯하고, 한 눈에 도심(道心)을 본 듯하다.

• **실사구시 實事求是**

작품이 담고 있는 내용이 진실해야 함을 말한다.

- 實事求是, 因寄所托, 一切文字不外此兩種, 在賦則尤缺一不可.(劉熙載, 『藝槪』 「賦槪」)
- 내용이 진실해야 하고, 물상을 묘사할 때에는 감정을 기탁해야 한다. 모든 작품이 이 두 가지를 벗어날 수 없으니, 부(賦)로 말하자면 더욱 하나라도 빠져서는 안 된다.

• **실이불박 實而不朴, 문이불화 文而不華**

충실하면서도 두텁지 않고, 문채가 있으면서도 화려하지 않음을 말한다.

- 各造其極, 則實而不朴, 文而不華.(『法書要錄』 卷8 「張懷瓘書斷中」)
- 각각이 이룬 바가 모두 최고봉에 도달했다. 그의 글자는 충실하면서도 두텁지 않고, 문채가 있으면서도 화려하지 않다.

• **심계 心契**

마음으로부터 터득하는 것을 말한다.

- 物類其形, 得造化之理. 皆不知其然也. 可以心契, 不可以言宣.(『法書要錄』 卷4 「張懷瓘議書」)

㉡ 〈초서는〉 외물(外物)로부터 그 형상을 취하는데, 조화의 이치를 터득한다. 이는 모두 그것이 어떻게 이루어지는지 알지 못한다. 마음으로부터 터득하는 것이니, 말로는 나타낼 수 없는 것이다.

- **심동수균** 心動手均

마음과 손이 서로 융화하는 심수쌍창(心手雙暢)을 말한다.

㉠ 及其悟也, 心動而手均, 圓者中規, 方者中矩.(『佩文齋書畫譜』 卷5「唐太宗指意」)
㉡ 그 속의 이치를 깨닫게 되면 마음과 손은 서로 잘 융화되니, 원필(圓筆)과 방필(方筆)이 모두 올바른 규범에 부합할 수 있다.

- **심득** 心得

마음으로 터득한 것을 말한다.

㉠ 足下謂說經貴心得, 不以沿襲爲工, 此言是矣.(袁枚, 『小倉山房文集』 卷18「答定宇第二書」)
㉡ 선생께서는 경학(經學)을 논할 때, 마음으로 터득한 것이 중요하지 답습해서는 안 된다고 말했다. 이 말은 옳다.

- **심망어필** 心忘於筆, **수망어서** 手忘於書

마음이 손으로 드러날 때는 정(情)을 잊어야 하고, 손이 글씨로 드러날 때도 정(情)을 잊어야 한다.

㉠ 必使心忘於筆, 手忘於書, 心手遺情, 書筆相忘, 是謂求之不得, 考之卽彰.(『書法鉤玄』 卷1「王僧虔筆意贊」)
㉡ 마음이 손으로 드러날 때는 정(情)을 잊어야 하고, 손이 글씨로 드러날 때도 정(情)을 잊어야 한다. 마음과 손이 정의(情意)를 잊어야 하며 글씨와 붓이 서로를 잊어야 한다. 이른바 구하고자 해도 이루지 못한다 하는 것은 이 점을 고찰해 보면 잘 알 수 있다.

- **심수** 深邃

    심오(深奧)하고 요원(遼遠)하며 정미(精微)함을 말한다.

    ㉠ 有詳處必要有略處, 實虛互用, 疏則不深邃, 密則不風韻.(董其昌, 『畫禪室隨筆』 卷2 「畫訣」)
    ㉡ 〈그림을 그릴 때〉 상세한 곳에는 반드시 간략함이 있어야 하니, 허실을 서로 쓰는 것이다. 소략(疏略)하면 정미(精微)하지 못하고, 주밀(周密)하면 운치(韻致)가 없다.

- **심수수변** 心手隨變

    마음과 손이 서로 따라 일으키는 변화를 말한다.

    ㉠ 至於蛟龍駭獸奔騰拏攫之勢, 心手隨變, 窈冥而不知其所. 如是謂達節也已.(『法書要錄』 卷8 「張懷瓘書斷中」)
    ㉡ 기세는 마치 맹수가 놀라 날뛰고 낚아채는 듯하니, 마음과 손이 서로 따라 일으키는 변화는 아득하여 가는 바를 알지 못한다. 이것이 바로 상규(常規)에 맞지는 않으나 또한 절도에 들어맞는 경지이다.

- **심수쌍창** 心手雙暢

    마음과 손이 짝이 되어 통하는 것을 말한다.

    ㉠ 信可謂智巧兼優, 心手雙暢.(孫過庭, 『書譜』)
    ㉡ 확실히 이는 지혜와 기교가 교묘하게 하나로 합쳐진 것이라, 마음과 손이 짝이 되어 통한 것이다.

- **심수유정** 心手遺情, **서필상망** 書筆相忘

    마음과 손이 정의(情意)를 잊어야 하며 글씨와 붓이 서로를 잊어야 함을 말한다. 높은 기예(技藝)의 경지에 오른 다음 작위적이지 않고 자연스러운 발로에서 예술행위가 이루어져야 함을 말한다.

- 例 必使心忘於筆, 手忘於書, 心手遺情, 書筆相忘, 是謂求之不得, 考之卽彰.(『書法鉤玄』卷1「王僧虔筆意贊」)
- 역 마음이 손으로 드러날 때는 정(情)을 잊어야 하고, 손이 글씨로 드러날 때도 정(情)을 잊어야 한다. 마음과 손이 정의(情意)를 잊어야 하며 글씨와 붓이 서로를 잊어야 한다. 이른바 구하고자 해도 이루지 못한다 하는 것은 이 점을 고찰해 보면 잘 알 수 있다.

- **심수회귀** 心手會歸

  마음과 손, 즉 정신과 기법이 하나가 된다. 심수쌍창(心手雙暢)과 같은 표현이다.

  - 例 詎知心手會歸, 若同源而異派; 轉用之術, 猶共樹而分條者乎?(孫過庭, 『書譜』)
  - 역 이런 사람들이 어찌 마음과 손의 묵계적 호흡이 마치 하나의 근원을 갖는 강물이라도 마침내는 본류(本流)와 지류(支流)로 갈라지는 것과 같음을 알 것인가? 또한, 어떻게 뭇 서체의 기법상 조응이 흡사 같은 뿌리를 갖는 나무의 본줄기에서 무수한 잔가지가 뻗쳐 나가는 것과 같음을 알겠는가?

- **심오수종** 心悟手從

  마음 가는 대로 손이 따라 응하는 경지를 말한다. 마음과 손, 즉 정신과 기법이 하나가 된다는 말이다. 심수쌍창(心手雙暢)·심수회귀(心手會歸) 등과 같은 표현이다.

  - 例 嘗有好事, 就吾求習, 吾乃粗擧綱要, 隨而授之, 無不心悟手從, 言忘意得.(孫過庭, 『書譜』)
  - 역 일찍이 서예를 좋아하는 이들이 나에게 가르침을 청한 적이 있었다. 이에 내가 서예를 배우는 요령을 간략히 설명해 주고 때때로 가르쳐 주었다. 그 결과 마음 가는 대로 손이 따라 응하는 득의망언(得意忘言)의 경지에 이르렀다.

● **심원** 心源

주체의 심령(心靈)을 말한다. 예술은 작자가 자신의 심령으로 만물을 대하고 그로부터 느낌이 생겨나 만물과 융합하는 정경합일(情景合一)이 이루어지며, 궁극적으로 표현이 성립되는 것이다. 따라서 주체의 심령은 예술정신의 발원지(發源地)이자 작품의 원천이라 할 수 있다.

- 初, 畢庶子宏擅名於代, 一見驚歎之, 異其唯用禿毫, 或以手摸絹素, 因問璪所受. 璪曰: "外師造化, 中得心源." 畢宏於是閣筆.(張彦遠, 『歷代名畫記』)
- 처음 〈제후(諸侯)·경대부(卿大夫)의 서자(庶子)를 교육하는〉 서자(庶子) 벼슬을 한 필굉(畢宏)이 당시 그림으로 명성을 날렸는데, 장조(張璪)의 그림을 한번 보고 깜짝 놀랐다. 가만 보니, 기이하게도 닳아빠진 붓만 쓰고, 더러는 흰 비단에 손으로 문지르기도 하는 것이다. 그래서 장조에게 그런 것을 어디서 전수 받았는지 물어보니, 장조가 말했다. "밖으로는 천지(天地)의 조화(造化)에서 배우고, 안으로는 마음의 근원을 터득하였다." 이에 필굉이 붓을 놓았다.
- 且如世之相押字之術, 謂之心印. 本自心源, 想成形跡, 跡與心合, 是之謂印.(郭若虛, 『圖畫見聞志』「叙論」)
- 이것은 또 세상에서 이름의 서명(署名)을 판독하는 기술과 같아서 심인(心印)이라고 한다. 심인은 본래 마음의 근원으로부터 나온 생각이 일정한 형상을 이룬 것인데, 형상과 마음이 합해진 것을 인(印)이라고 한다.

● **심원** 深遠

곽희(郭熙)가 말한 산의 삼원(三遠) 가운데 하나로, 산 앞에서 산 뒤쪽을 살펴보는 것을 말한다.

- 無深遠則淺, 無平遠則近, 無高遠則下.(郭熙, 『林泉高致』「山川訓」)

🔵 〈산을 그리는데〉 심원(深遠)이 없으면 얕게 되고 평원(平遠)이 없으면 가깝게 되고 고원(高遠)이 없으면 낮게 된다.

- **심이무** 深而蕪

  〈글이〉 심오하지만 거칠다.

  🔴 孫興公云: "潘文淺而淨, 陸文深而蕪."(劉義慶, 『世說新語』「文學」)

  🔵 손흥공(孫興公: 孫綽)이 말했다. "반악(潘岳)의 글은 천근(淺近)하지만 깔끔하고, 육기(陸機)의 글은 심오하지만 거칠다."

- **심인** 心印

  서화(書畵)를 가리킨다. 인(印)은 형상과 마음이 합해진 것을 말한다.

  🔴 且如世之相押字之術, 謂之心印. 本自心源, 想成形跡, 跡與心合, 是之謂印.(郭若虛, 『圖畵見聞志』「叙論」)

  🔵 이것은 또 세상에서 이름의 서명(署名)을 판독하는 기술과 같아서 심인(心印)이라고 한다. 심인은 본래 마음의 근원으로부터 나온 생각이 일정한 형상을 이룬 것인데, 형상과 마음이 합해진 것을 인(印)이라고 한다.

- **심일이정화** 審一以定和, **비물이식절** 比物以飾節

  하나의 음(音)을 자세히 살펴 다른 음들과 조합함으로써 조화를 얻는 것이며, 나아가 여러 악기(樂器)를 배합하여 절주를 꾸미는 것을 말한다.

  🔴 故樂者, 審一以定和, 比物以飾節, 節奏合以成文, 所以合和父子君臣, 附親萬民也: 是先王立樂之方也.(『樂記』「樂化」)

  🔵 그러므로 악(樂)은 하나의 음을 자세히 살펴 다른 음들과 조합함으로써 조화를 얻는 것이며, 나아가 여러 악기(樂器)를 배합하여 절주를 꾸미는 것이니, 절주가 합해지면 문채가 이루어진다. 이리하여 부자와

군신을 화합시키고 만민을 친하게 하니, 이것이 바로 선왕(先王)이 악(樂)을 만든 이유이다.

- **심자동** 心自動

  육조대사(六祖大師)의 말로, 〈깃발이 나부끼는 것은, 바람이 움직이는 것도 아니요 깃발이 움직이는 것도 아니라〉 마음이 스스로 움직이는 것이라는 얘기다. 세상만사와 우주만물은 오직 마음에서 생겨난 것이라는 진리를 담고 있다.

  - 예 有二僧因風颺刹幡, 相與對論. 一僧曰風動, 一僧曰幡動. 往復辨難無所決. 六祖大師曰: 非風動, 非幡動, 仁者心自動.(梁啓超, 『飮冰室專集』 卷2 「自由書·唯心」)
  - 역 스님 둘이 절의 깃발이 나부끼는 것을 두고 논쟁을 벌였다. 하나는 바람이 움직이는 것이라 하고, 다른 하나는 깃발이 움직이는 것이라 하였다. 주고니 받거니 쟁론을 해도 결론이 나지 않았다. 이에 육조대사(六祖大師)가 말하길, 바람이 움직이는 것도 아니요 깃발이 움직이는 것도 아니라 마음이 스스로 움직이는 것이라 했다.

- **심장** 心匠

  예술창작을 할 때, 주체의 심령이 집중하여 사색하고 교묘하게 구성하는 것을 말한다.

  - 예 遇有操觚, 一師心匠. 氣從意暢, 神與境合, 分途策馭, 默受指揮.(王世貞, 『弇州山人四部稿』 卷144 『藝苑卮言』 1)
  - 역 글을 지을 때는 뜻을 세워 구성하는 것을 위주로 한다. 문기(文氣)는 순조롭고 문의(文意)는 창달(暢達)하니, 신사(神思)와 외물(外物)이 서로 결합한다. 이 둘은 각기 내달리나 암묵적인 구성을 통해 이끈다.

- **심재** 心齋

의식(意識) 자체를 배제하여 텅 비고 고요한 상태에 들어서는 것을 말한다.

- 예) 唯道集虛. 虛者, 心齋也.(『莊子』「人間世」)
- 역) 도(道)는 오직 텅 빔 속에 모이는데, 이 텅 빔이 곧 심재(心齋)이다.

- **심화** 心畵

마음의 그림이라는 말로, 서예를 가리킨다.

- 예) 揚子以書爲心畵, 故書也者, 心學也.(劉熙載, 『藝槪』「書槪」)
- 역) 양웅(揚雄)은 서예를 마음의 그림으로 여겼다. 그러므로 서예라는 것은 심학(心學)인 것이다.

ㅇ

• 아 我

　불교에서 말하는 "아(我)"는 "대아(大我)"와 "소아(小我)"의 구분이 있다. 대아는 득오(得悟)를 한 아(我)이고, 소아는 편견과 망념(妄念)에 사로잡힌 아(我)이다. 예술적으로 표현될 때 대아는 "무아(無我)"로, 소아는 "유아(有我)"로 표현된다.

　예) 一畫者, 衆有之本, 萬象之根; 見用於神, 藏用於人, 而世人不知, 所以一畫之法, 乃自我立.(石濤,『畫語錄』「一畫章 第1」)
　역) "일화(一畫)"는 중생(衆生)이 모두 가지고 있는 본성(本性)이자 객관만물의 근원이다. 우리의 의식 활동은 모두 그것의 신비한 지시에 의한 것이며, 그것은 또한 마음속에 깊이 내재하여 사회적 활동에 드러난다. 그러나 세상 사람들은 이 점을 알지 못한다. 그래서 일화의 방법은 곧 내 자신으로부터 세워지는 것이다.

• 아 雅

　(1) 『시경(詩經)』에서의 시가(詩歌)의 체재 가운데 하나이다.

　예) 言天下之事, 形四方之風, 謂之雅. 雅者, 正也, 言王政之所由廢

興也.(「毛詩序」)
- 🄔 천하의 일을 말하고 사방 여러 나라의 풍속을 형용한 것을 일러 아(雅)라 한다. 아(雅)는 바르다는 뜻인데, 왕의 정치가 흥하고 망하는 까닭을 말한 것이다.

(2) 높고 맑은 심미취미 및 범속과는 다른 고상하고 우아한 심미취향을 가리킨다. 조야(粗野)나 비속(卑俗)과 상대적인 의미로, 고아(古雅)·고아(高雅)·전아(典雅)·문아(文雅)·풍아(風雅)·소아(素雅) 등의 뜻으로 표현된다.
- 🄔 能體認得靜·遠·澹·逸四字, 有正始風, 斯俗情悉去, 臻於大雅矣.(徐上瀛, 『溪山琴況』)
- 🄔 정(靜)·원(遠)·담(澹)·일(逸)의 네 글자를 이해하고 순수한 기질을 갖추면, 각종 속된 자태를 제거할 수 있고 대아(大雅)의 경지에 들어갈 수 있을 것이다.
- 🄔 夔與吾言終日, 言聲而不及雅.(王通, 『文中子』「王道」)
- 🄔 소기(蘇夔)와 내〈문중자(文中子)〉가 온종일 얘기했는데, 모두 악곡(樂曲)의 성조(聲調) 문제에 대한 말만 했을 뿐 내용의 아정(雅正)에 대해 담론하지 못했다.

(3) 바르고 우아하며 규범에 맞는 문장수사의 풍격이다.
- 🄔 且右軍位重才高, 調淸詞雅, 聲塵未泯, 翰牘仍存.(孫過庭, 『書譜』)
- 🄔 동진 시기에 왕희지는 처했던 지위가 높고 재기(才氣)가 뛰어났으며, 문장의 격조가 맑고 글이 우아했다. 하물며 지금도 그의 명성이 여전하고, 남긴 작품도 전연 소실되지 않고 여전히 남아 있다.

• **아나** 婀娜

가볍고 부드러운 자태의 아리따움을 말한다.
- 🄔 端莊雜流麗, 剛健含婀娜.(蘇軾, 『蘇東坡集』 前集 卷1「和子由

論書」)
- 🕮 단정하고 장엄한 풍격에 유려한 필체를 입히고, 강건한 격조에 아리따움을 더 한다.
- 🕮 其所書『書譜』, 用筆破而愈完, 紛而愈治, 飄逸愈沈着, 婀娜愈剛健.(劉熙載, 『藝槪』 「書槪」)
- 🕮 〈손과정(孫過庭)이 쓴〉 『서보(書譜)』는 용필(用筆)이 빈 듯하면서도 완정(完整)하고, 어지러운 듯하면서도 엄정하다. 맑게 흩날리는 듯하면서도 침착하고, 가볍고 아리따운 듯하면서도 강건하다.

• 아려 雅麗

아름다움을 말한다.

- 🕮 漢祖大風雅麗閎遠, 黃鵠惻愴悲哀.(胡應麟, 『詩藪』 「內編」 卷2)
- 🕮 한고조(漢高祖)의 「대풍(大風)」은 아름답고 아득하며, 「홍곡(鴻鵠)」은 슬프고 애통하다.

• 아소 雅素

소박하다는 말이다.

- 🕮 譬如人有新衣二件, 試令兩人服之, 一則雅素而新奇, 一則輝煌而平易, 觀者之目, 注在平易乎? 在新奇乎?(李漁, 『閑情偶寄』 「居室部」)
- 🕮 예컨대 어떤 사람이 두 벌의 새 옷을 가지고 있을 때, 시험 삼아서 두 사람에게 각기 입혀보았다 하자. 한 사람은 옷을 입은 게 소박하면서 새로워 보이고, 다른 한 사람이 입은 것은 화려하나 평범해 보인다면, 보는 사람은 평범한 것에 눈이 갈까 아니면 새로운 것에 눈이 갈까?

• 아신 我神

나의 서의(書意)를 세워 이룩한 경지를 말한다. 타신(他神)을 고(古)로 본다면 아신(我神)은 금(今)이다.

- 예 書貴入神, 而神有我神他神之別. 入他神者, 我化爲古也; 入我神者, 古化爲我也.(劉熙載,『藝槪』「書槪」)
- 역 서예는 입신(入神)을 중히 여기는데, 신(神)에는 아신(我神)과 타신(他神)의 구별이 있다. 고인(古人)의 출중한 기법과 교응하는 것은 내가 그것을 법 받는 것이고, 나의 서의(書意)를 세우는 것은 이를 고인의 기법에 실어 드러내는 것이다.

• **아위물역** 我爲物役

〈물(物)이 있는 것만 알고 내가 있는 것을 모르는 상태로〉 내가 물(物)에 사로잡힌 것을 말한다.

- 예 知有物而不知有我, 謂之我爲物役, 亦名曰: 心中之奴隷.(梁啓超,『飮冰室專集』卷2「自由書 · 唯心」)
- 역 물(物)이 있는 것만 알고 내가 있는 것을 모르는 것은 또한 내가 물(物)에 사로잡힌 것이니, 다른 말로 마음속의 노예라 한다.

• **아윤** 雅潤

우아함과 풍부함을 말한다.

- 예 若夫四言正體, 則雅潤爲本; 五言流調, 則淸麗居宗.(劉勰,『文心雕龍』「明詩」)
- 역 사언시(四言詩)는 정통적인 시의 형식으로 우아함과 풍부함을 근본으로 한다. 오언시(五言詩)는 통속적인 시의 형식으로 청신(淸新)함과 아름다움을 근본으로 한다.

• **아이불염** 雅而不艷

너무 질박하여 아름다운 맛이 없다.

- 예 或淸虛以婉約, 每除煩而去濫, 闕大羹之遺味, 同朱弦之淸氾. 雖一唱而三嘆, 固旣雅而不艷.(陸機,「文賦」)

역 만약 문장을 명료하고 간략하게 쓴다면, 글을 써 나가는 과정 중에 장황하거나 과도한 부분은 없앨 수 있을 것이다. 하지만 너무 문채(文彩)를 소홀히 하면, 마치 조미(調味)를 하지 않은 대갱(大羹)의 뒷맛이나 혹은 붉은 줄로 연주하여 나는 탁한 음악소리처럼 질박함이 과도해 질 것이다. 비록 한 사람이 먼저 부르면 여럿이 응하여 뒤따르는 여음(餘音)은 있겠지만, 너무 질박하여 아름다운 맛이 없다.

- **아정** 雅正

    고상하고 전아(典雅)하고 바른 것을 말한다.

    예 籍子渾, 器量弘曠; 康子紹, 淸遠雅正.(劉義慶, 『世說新語』「賞譽」)

    역 완적(阮籍)의 아들 완혼(阮渾)은 인물됨의 그릇이 컸고, 혜강(嵆康)의 아들 혜소(嵆紹)는 맑고 반듯했다.

    예 上古之畵, 迹簡意澹而雅正, 顧陸之流是也.(張彥遠, 『歷代名畵記』)

    역 상고(上古)시대의 그림은 필치가 간략하고 그 뜻이 담박하면서 전아(典雅)한데, 고개지(顧愷之)나 육탐미(陸探微)의 그림이 이러한 부류이다.

- **아정** 雅鄭

    아속(雅俗)과 같은 말이다.

    예 若雅鄭而共篇, 則總一之勢離, 是楚人鬻矛譽楯, 兩難得而俱售也.(劉勰, 『文心雕龍』「定勢」)

    역 전아(典雅)함과 비속(卑俗)함을 한 작품 안에 담고자 한다면 통일적인 체세(體勢)는 이룰 수 없게 된다. 이는 마치 자신이 팔고자 하는 창과 방패를 모두 최고라고 선전함으로써 결국 아무 것도 팔지 못한 초(楚)나라 사람과 같은 꼴이다.

- **악관기심** 樂觀其深

악(樂)을 통해 세상의 깊은 곳을 관찰한다.

- 예 然後立之學等, 廣其節奏, 省其文采, 以繩德厚律小大之稱, 比終始之序, 以象事行. 使親疏貴賤長幼男女之理, 皆形見於樂. 故曰: "樂觀其深矣."(『樂記』「樂言」)
- 역 그런 다음에 악학(樂學)의 과정을 마련하며, 널리 그 절주를 파악하고, 문채를 살펴 사람이 본래 지니고 있는 덕을 이으며, 작고 큰 음률을 알맞도록 조절하고, 시작과 끝의 차례를 배열함으로써, 일과 행실을 상징하게 하여 친소(親疏)·귀천(貴賤)·장유(長幼)·남녀(男女)의 이치가 모두 악(樂)에 드러나도록 하였다. 그러므로 "악(樂)을 통해 세상의 깊은 곳을 관찰한다."고 말하는 것이다.

- **악승즉류** 樂勝則流, **예승즉리** 禮勝則離

  악(樂)이 지나치면 방종으로 흐르고 예(禮)가 지나치면 민심이 떠난다.

  - 예 樂勝則流, 禮勝則離. 合情飾貌者, 禮樂之事也.(『樂記』「樂論」)
  - 역 악이 지나치면 방종으로 흐르고 예가 지나치면 민심이 떠난다. 사람들의 정감을 화합하게 하고 예모(禮貌)를 꾸미게 하는 것이 예악(禮樂)의 일이다.

- **악자위동** 樂者爲同, **예자위이** 禮者爲異

  악(樂)은 사람의 감정을 같게 하는 것이고, 예(禮)는 사람의 등급을 다르게 하는 것이란 말이다.

  - 예 樂者爲同, 禮者爲異. 同則相親, 異則相敬.(『樂記』「樂論」)
  - 역 악(樂)은 사람의 감정을 같게 하는 것이고, 예(禮)는 사람의 등급을 다르게 하는 것이다. 같으면 서로 친하고 다르면 서로 공경한다.

- **안이락** 安以樂

〈음(音)이〉 편안하면서 즐거움을 말한다.

- 예 是故治世之音安以樂, 其政和; 亂世之音怨以怒, 其政乖.(『樂記』「樂本」)
- 역 그러므로 잘 다스려지는 나라의 음은 편안하고 즐거운데, 이는 그 정치가 순조롭기 때문이다. 어지러운 나라의 음은 원망과 분노에 차 있는데, 이는 그 정치가 일그러졌기 때문이다.

• **안한자여** 安閑自如

저절로 편안하며 한가로운 것을 말한다.

- 예 臨緩則將舒緩而多韻, 處急則猶運急而不乖, 有一種安閑自如之景象, 盡是瀟灑不群之天趣. 所爲得之心, 而應之手.(徐上瀛, 『溪山琴況』)
- 역 느리게 연주해야 할 데서 서서히 하면 온화하고 우아한 맛이 날 것이고, 빠르게 연주해야 할 데서 서두르면 급하더라도 난잡하지는 않을 것이다. 그 안에 저절로 편안하며 한가롭고 태연자약한 기세와 말쑥하고 수려하며 자연스러운 정취가 드러날 것이다. 이것이 바로 마음속에 갖고 있는 경지가 자연스럽게 연주하는 손으로 드러난다는 것이다.

• **안화** 按和

안음(按音: 왼손으로 현을 눌러 내는 음)과 산음(散音: 왼손으로 현을 누르지 않고 오른손으로만 튕겨서 내는 空弦音)이 서로 어울려서 조화롭게 하는 것을 말한다.

- 예 按和者, 左按右撫, 以九應律, 以十應呂, 而音乃和於徽矣.(徐上瀛, 『溪山琴況』)
- 역 안화(按和)라는 것은 왼손으로 현을 짚고 오른손으로 현을 튕겨서, 먼저 아홉 번째 휘(徽) 위치에서의 안음(按音: 왼손으로 현을 눌러 내는 음)과 산음(散音: 왼손으로 현을 누르지 않고 오른손으로만 튕겨서 내는 空弦音)이 서로 어울리게 하고, 다시 열 번째 휘(徽) 위치에서의 안

음과 산음이 서로 어울리게 하는 것이다. 이렇게 맞춘 음이어야 비로소 휘(徽) 위치에서의 율려(律呂)와 서로 조화로울 수 있다.

- **암담** 黯淡

  어둡고 스산함을 말한다.

  - 예 眞山水之雲氣, 四時不同; 春融冶, 夏蓊鬱, 秋疎薄, 冬黯淡.(郭熙, 『林泉高致』「山川訓」)
  - 역 실경(實景) 산수의 운기(雲氣)는 계절에 따라 같지 않다. 봄에는 온화하고 산뜻하며, 여름에는 짙고 무성하며, 가을에는 성글고 담박하며, 겨울에는 어둡고 스산하다.

- **앙차** 仰借

  차경(借景)의 한 방법으로, 올려 봐서 바깥의 자연 경색이 시선에 닿게끔 하는 것을 말한다.

  - 예 夫借景, 林園之最要者也. 如遠借·鄰借·仰借·俯借, 應時而借.(計成, 『園冶』卷3)
  - 역 차경(借景)은 원림에서 가장 중요하다. 차경에는 멀리서 경색을 가져오는 것·가까이서 가져오는 것·올려 봐서 가져오는 것·내려 봐서 가져오는 것·시기에 따라 가져오는 것 등 여러 방법이 있다.

- **애연박질** 愛姸薄質

  예쁜 것을 좋아하고 박실한 것은 싫어한다.

  - 예 古質而今姸, 數之常; 愛姸而薄質, 人之情.(『法書要錄』卷9「張懷瓘書斷下」)
  - 역 대개 옛것이 질박하고 지금 것은 아름답다 하는데, 이는 필연적인 이치이다. 예쁜 것을 좋아하고 박실한 것을 싫어함은 또한 인지상정이다.

- **애이불수** 哀而不愁, **낙이불황** 樂而不荒

    슬퍼하나 근심스럽지 않고, 즐거우나 지나치지 않음을 말한다. 『논어(論語)』에 나오는 "애이불상(哀而不傷), 낙이불음(樂而不淫)"과 통하는 말이다.

    - ⑩ 爲之歌「頌」, 曰: "至矣哉! 直而不倨, 曲而不屈, 邇而不偪, 遠而不攜, 遷而不淫, 復而不厭, 哀而不愁, 樂而不荒 ……"(『左傳』 襄公二十九年)
    - ⑨ 〈노(魯)나라 군주가 오(吳)나라 공자(公子)인〉 찰(札)에게 「송(頌)」의 노래를 들려주었다. 이에 그가 말했다. "지극한 뜻이 있습니다. 강직하면서도 거만하지 않고, 은약하면서도 비굴하지 않으며, 가까우면서도 친압(親狎)하지 않고, 먼 듯하면서도 떨어지지 않으며, 옮긴다 하더라도 도리에 어긋나지 않고, 원래로 돌아가도 싫어하지 않으며, 슬퍼하나 근심스럽지 않고, 즐거우나 지나치지 않으며 ……"

- **애이사** 哀以思

    〈음(音)이〉 슬프고 시름에 차 있음을 말한다.

    - ⑩ 亡國之音哀以思, 其民困. 聲音之道, 與政通矣.(『樂記』「樂本」)
    - ⑨ 망한 나라의 음은 슬프고 시름에 차 있는데, 이는 그 정치가 곤궁하기 때문이다. 이처럼 성음(聲音)의 도는 정치와 통하는 것이다.

- **야** 野

    (1) 야(野)라는 범주의 의미는 적잖은 변화를 거치며 발전해 왔다. 먼저 그 가장 초기의 의미는 "아(雅)"와 대조적인 것으로서 조야(粗野)함을 가리킨다. 거칠고 촌스럽고 혹은 속되다는 것이다.

    - ⑩ 質勝文則野, 文勝質則史.(『論語』「雍也」)
    - ⑨ 내면의 도덕적 바탕이 적절함을 넘어서서 너무 숭고해지면 〈현실감이나 상규(常規)로부터 멀어지게 되니〉 오히려 거칠고 촌스러우며, 외면

이 내면보다 지나치면 성실함이 부족해진다.

- 예) 孔子曰: "可也, 簡." 簡者, 易野也; 易野者, 無禮文也.(劉向, 『說苑』「修文」)
- 역) 공자(孔子)가 말하길, "괜찮다. 그러나 간(簡)하다."라고 했다. 간(簡)이라는 것은 이야(易野), 즉 쉽게 속됨에 빠짐을 말한다. 이야(易野)라는 말은 예의(禮儀)와 문식(文飾)이 없음을 뜻한다.

(2) 육조(六朝)시기에 이르러 야(野)는 조야함을 나타내는 한편 법도에 어긋남을 가리키기도 한다.

- 예) 直而不野.(劉勰, 『文心雕龍』「明詩」)
- 역) 〈고시(古詩)가〉 비록 간략하고 소박하나 거칠지는 않다.
- 예) 舍律而任聲則淫, 舍永而任言則野.(王夫之, 『尙書引義』 卷1「舜典三」)
- 역) 만약에 음률로 절제하지 않고 음성을 내버려 두고 방임한다면 음미(淫靡)하고 방자해 질 것이다. 읊는 어조가 어떻든 간에 언어가 너무 자유분방하면 조야(粗野)하고 방탕하게 될 것이다.

(3) 당대(唐代)에 이르러 야(野)의 의미는 변하여 자유분방함을 말하게 되었다. 이때의 야(野)는 그 이전까지 담고 있던 거칠고 천하다는 의미를 완전히 도려낸 채, 비속(卑俗)과 확연히 구분된 의미로 설정되어 있다. 자유분방하다는 것이 결코 방종을 의미하는 것은 아니다. 그것은 허상(虛像)과 허식(虛飾)을 벗어던진 질박이요 소박함인 것이다. 꾸밈이 없고 질박하며 자연스러운 미를 말하는 야(野)와 유관한 범주로는 "야일(野逸)", "소야(疏野)" 등을 들 수 있다.

- 예) 夫文 …… 有雅體, 野體, 鄙體, 俗體.(殷璠, 『河岳英靈集』「自序」)
- 역) 문장에는 …… 우아한 문체(文體)·자유분방한 문체·천박한 문체·속된 문체가 있다.

- **야사** 野思

    속세를 벗어나고자 하는 마음을 말한다.

    - 會向紅塵生野思, 始知泉石在胸中.(『二程全書』『文集』卷3 明道文三「和王安之五首·野軒」)
    - 번잡한 세상을 마주하면 나는 그만 속세를 벗어나고자 하는 마음이 생기고 마니, 그제야 비로소 내 마음속에 산수자연의 정취가 들어있음을 알겠다.

- **야염** 冶豔

    농염(濃艶)·염려(艶麗)와 같은 말로, 아름답고 화려함을 말한다.

    - 人皆奔走西湖, 而鑒湖之澹遠, 自不及西湖之冶豔矣.(張岱, 『西湖夢尋』「西湖總記·明聖二湖」)
    - 사람들이 모두 서호(西湖)로 가 유람하니, 감호(鑑湖)의 담원(澹遠)은 자연스레 서호의 농염(濃艶)에 비할 바가 못 되었다.

- **야일** 野逸

    범속을 넘어선 인격만이 구현해 낼 수 있는, 속박 없이 본성에 충실한 호방함의 예술풍격을 말한다.

    - 諺云: "黃家富貴, 徐熙野逸."(郭若虛, 『圖畫見聞志』「叙論」)
    - 옛 말에 이런 것이 있다. "황전(黃筌)과 그 일가(一家)의 그림은 화려하고 아름다우며, 서희(徐熙)의 그림은 순박하면서 얽매임이 없다."
    - 野逸之與濃麗, 往往不能相兼.(袁中道, 『珂雪齋文集』卷7「遊太和記」)
    - 야일(野逸)과 농염(濃艶)은 대개 동시에 구비할 수 없다.

- **약** 約

    (1) 간약(簡約)의 뜻이다. "간(簡)"과 통한다.

- 예 文能宗經, 體有六義: 一則情深而不詭, 二則風淸而不雜, 三則事信而不誕, 四則義直而不回, 五則體約而不蕪, 六則文麗而不淫.(劉勰,『文心雕龍』「宗經」)
- 역 문장을 지을 때 경서(經書)를 본받게 된다면 그 글의 체재는 다음 여섯 가지의 미덕을 갖추게 될 것이다. 첫째, 감정이 심오해져 거짓에 빠지지 않는다. 둘째, 풍격이 맑아 혼탁함과 섞이지 않는다. 셋째, 사실에 입각하여 진실하고 현혹함이 없다. 넷째, 의미가 진실하여 왜곡이 없다. 다섯째, 체재가 간약하여 번거롭지 않다. 여섯째, 문장이 화려하면서도 과도함이 없다.
- 예 武元夏目裴王曰: "戎尙約, 楷淸通."(劉義慶,『世說新語』「賞譽」)
- 역 무원하(武元夏: 武陵)가 배해(裴楷)와 왕융(王戎)을 평하여 말하였다. "왕융은 간약(簡約)을 숭상하고 배해는 청일(淸逸)하다."

(2) 제한하고 절제하는 것을 말한다.
- 예 願假簧以舒憂 — 約也.(方回,『桐江續集』卷30「離騷胡澹庵一說」)
- 역 생황(笙簧)을 불어 근심을 달랜다. — 약(約)이다.

- **약이달 約以達**

〈문장 표현이〉 간약하면서도 전하고자 하는 의도가 명확히 드러남을 말한다.

- 예 古之文也約以達, 今之文也繁以塞.(王通,『文中子』「事君」)
- 역 옛날의 문장은 간약(簡約)하면서도 관점을 명확히 드러냈는데, 오늘날의 문장은 번잡하면서도 되풀이 된다.

- **약행약장 若行若藏**

보일 듯 말 듯, 붓의 지나고 멈추는 것이 명확하게 드러나지 않는다. 사현사회(乍顯乍晦)와 같은 표현이다.

- 예) 乍顯乍晦, 若行若藏.(孫過庭, 『書譜』)
- 역) 〈필봉(筆鋒)을〉 어떤 때는 명확하게 드러내고 어떨 때는 보일 듯 말 듯 감춘다.

- **양 亮**

  맑음에 기반 해 더욱 빛나는 밝음을 말한다.

  - 예) 唯在沉細之際, 而更發其光明, 卽遊神於無聲之表, 其音亦悠悠而自存也, 故曰亮.(徐上瀛, 『溪山琴況』)
  - 역) 〈거문고에서〉 밝은 소리를 연습할 땐 낮고 묵직한 부분과 미세한 부분일수록 명량한 빛을 발산하기 쉬울 것이다. 소리가 거의 없을 정도의 가벼움과 미세함이라도 소리가 여전히 끊임없이 울리는 것이 바로 양(亮)의 경지이다.

- **양강 陽剛**

  양강의 심미적 특징은 웅혼하고 강직하며 시원스럽다. 따라서 장엄하고 굳세며 호방하고 비장한 따위의 예술 형태는 양강의 범주에 속한다고 볼 수 있다. 양강의 범주는 호방(豪放), 고고(高古), 웅혼(雄渾), 비장(悲壯) 등으로 표현된다.

  - 예) 氣積而文昌, 情深而文摯; 氣昌而情摯, 天下之至文也. 然而其中有天有人, 不可不辨也. 氣得陽剛而情合陰柔, 人麗陰陽之間, 不能離焉者也. 氣合於理, 天也; 氣能違理以自用, 人也; 情本於性, 天也; 情能汨性以自恣, 人也.(章學誠, 『文史通義』 內篇5 「史德」)
  - 역) 기가 쌓이면 글이 창성해지고, 정이 깊어지면 글이 도타워진다. 기가 창성하고 정이 도타운 것이 천하의 지극한 글이다. 그러나 그 가운데 자연스러운 글도 있고 작위적인 글도 있으니, 구분하지 않을 수 없다. 기(氣)는 양강(陽剛)을 얻고 정(情)은 음유(陰柔)와 합한다. 작위적인 글은 음양(陰陽)의 사이에 있으면서 그 둘을 떠날 수 없다. 기(氣)가 이치에 합하는 것은 자연스러운 것이지만, 기가 이치에 위배되면서 스스

로 쓰이는 것은 작위이다. 정(情)이 성(性)에 근본 하는 것은 자연스러운 것이지만, 정이 성을 어지럽히면서 스스로 방자한 것은 작위이다.

- **양서음참** 陽舒陰慘

  양서(陽舒)의 원래 뜻은 양기(陽氣)가 펴지는 것이다. 이로부터 넉넉한 심정과 편안한 기분을 가리키게 되었다. 음참(陰慘)은 원래 음기(陰氣)의 쓸쓸함을 나타낸다. 이로부터 애수에 젖은 심정과 억눌린 듯싶은 기분을 말한다. 여기서 양서음참(陽舒陰慘)으로 말하려는 것은 용필(用筆)의 펴짐과 오그라짐이다.

  - 예) 豈知情動形言, 取會風騷之意; 陽舒陰慘, 本乎天地之心.(孫過庭,『書譜』)
  - 역) 그들이 어찌 서예란 바로 감정의 표현이요 그 정감의 토로란 「국풍(國風)」과 「이소(離騷)」처럼 모두 자기 내심을 드러낸 것임을 알 것이며, 서예에서의 용필(用筆)의 펼침과 거둠은 사람 심정의 느긋함과 답답함에 상응하니 모두는 천지(天地) 사이 음양이기(陰陽二氣)의 상호작용에서 근원 하는 것임을 알겠는가?

- **어경득경** 於景得景

  경치를 묘사할 때 경물(景物)의 말을 사용하는 것을 말한다. 비교적 쉬운 방법이다.

  - 예) 於景得景易, 於事得景難, 於情得景尤難.(王夫之,『古詩評選』卷1 曹植「當來日大難」)
  - 역) 경치를 묘사할 때 경어(景語)를 사용하는 것은 쉬운 일이다. 서사(敍事)를 할 때 경치를 묘사하는 말을 사용하기는 어렵다. 그런데 정감을 묘사할 때 경물(景物)을 나타내는 말을 사용하는 것은 매우 어렵다.

- **어사득경** 於事得景

서사(敍事)를 할 때 경치를 묘사하는 말을 사용하는 것을 말한다. 비교적 어려운 방법이다.

- 於景得景易, 於事得景難, 於情得景尤難.(王夫之,『古詩評選』卷1 曹植「當來日大難」)
- 경치를 묘사할 때 경어(景語)를 사용하는 것은 쉬운 일이다. 서사(敍事)를 할 때 경치를 묘사하는 말을 사용하기는 어렵다. 그런데 정감을 묘사할 때 경물(景物)을 나타내는 말을 사용하는 것은 매우 어렵다.

- **어정득경** 於情得景

정감을 묘사할 때 경물(景物)을 나타내는 말을 사용하는 것을 말한다. 매우 어려운 방법이다.

- 於景得景易, 於事得景難, 於情得景尤難.(王夫之,『古詩評選』卷1 曹植「當來日大難」)
- 경치를 묘사할 때 경어(景語)를 사용하는 것은 쉬운 일이다. 서사(敍事)를 할 때 경치를 묘사하는 말을 사용하기는 어렵다. 그런데 정감을 묘사할 때 경물(景物)을 나타내는 말을 사용하는 것은 매우 어렵다.

- **어초은일** 漁樵隱逸

물고기를 잡고 나무를 하면서 세상을 피해 숨어 지내는 것을 말하는데, 문사(文士)들의 이상적 경지였다.

- 見山中泉石草木, 不問而知其名, 遇山中漁樵隱逸, 不名而識其人.(蘇軾,『蘇東坡集』前集 卷23「書李伯時山莊圖後」)
- 산속에서 시내와 돌과 초목을 보는데 묻지 않아도 그 이름을 알고, 도중에 어부와 나무꾼과 은사(隱士)를 만나는데 이름을 묻지 않아도 누구인지 안다.
- 漁樵隱逸, 所常適也.(郭熙,『林泉高致』「山川訓」)
- 물고기를 잡고 나무를 하면서 세상을 피해 숨어 지내는 것은 늘 마음에 들어 하는 바이다.

- **억양 抑揚**

    (1) 미자(美刺)와 같은 말이다.

    - 詩貫六義, 則諷諭・抑揚・淳蓄・淵雅, 皆在其間矣.(司空圖, 『司空表聖文集』「與李生論詩書」)
    - 시는 풍(風)・아(雅)・송(頌)・부(賦)・비(比)・흥(興)의 육의(六義)를 포괄하고 있으며, 풍유(諷諭)・미자(美刺)・함축(含蓄)・온아(溫雅) 같은 풍격이 모두 그 안에 있다.

    (2) 가락을 말한다.

    - 未嘗無悅目娛心之適, 而謂文章之用, 必無咏歎抑揚之致哉!(章學誠, 『文史通義』內篇2「原道下」)
    - 그들도 눈과 마음을 즐겁게 하지 않은 바가 없었다. 이런데도 문장의 쓰임을 말하면서 감탄이나 가락의 훌륭함에 있어서는 안 된다는 것인가?

- **언건 偃蹇**

    굽이굽이 뻗어나가는 것을 말한다.

    - 山, 大物也. 其形欲聳拔, 欲偃蹇, 欲軒豁, 欲箕踞, 欲磐礴, 欲渾厚, 欲雄豪.(郭熙, 『林泉高致』「山川訓」)
    - 산은 큰 물상이다. 그 모양은 높이 치솟아야 하며, 굽이굽이 뻗어나가야 하고, 사방이 확 트여야 하며, 잔뜩 웅크린 듯해야 하고, 두 다리를 쭉 벌린 채 편안히 앉은 듯해야 하며, 크고 두터워야 하고, 호방해야 한다.

- **언망의득 言忘意得**

    득의망언(得意忘言)과 같은 내용이다.

    - 嘗有好事, 就吾求習, 吾乃粗擧綱要, 隨而授之, 無不心悟手從, 言忘意得.(孫過庭, 『書譜』)

㉡ 일찍이 서예를 좋아하는 이들이 나에게 가르침을 청한 적이 있었다. 이에 내가 서예를 배우는 요령을 간략히 설명해 주고 때때로 가르쳐 주었다. 그 결과 마음 가는 대로 손이 따라 응하는 득의망언(得意忘言)의 경지에 이르렀다.

- **언외유언** 言外有言, **미외취미** 味外取味

〈문장을 지을 때〉 문자 너머의 무궁무진한 의미를 추구함을 말한다.

㉠ 豈言外有言·味外取味者, 所能秉筆而快書乎?(『鄭板橋集』「家書·濰縣署中與舍弟第五書」)
㉡ 어떻게 문자 밖의 무궁무진한 의미를 추구하는 그러한 작품이 명백하게 서술할 수 있겠는가?

- **언유진이의무궁** 言有盡而意無窮

말이 끝나고서도 함축된 의미가 오래 가는 것을 말한다. 시의 요점인 함축을 말한 것이다.

㉠ 語貴含蓄. 東坡云: "言有盡而意無窮者, 天下之至言也."(姜夔, 『白石道人詩說』)
㉡ 시(詩)의 요점은 함축(含蓄)에 있다. 소식(蘇軾)이 이렇게 말한 바 있다. "말이 끝나고서도 함축된 의미가 오래 가면, 그것은 천하의 가장 아름다운 말이다."

- **언이명도** 言以明道

"문이재도(文以載道)"나 "문이관도(文以貫道)"와 같은 개념이다. 말이나 글을 통해 도를 드러냄, 혹은 말이나 글은 도를 담아야〈드러내야〉 함을 말한다.

㉠ 聖人之言, 坦易明白, 因言以明道, 正欲使天下後世由此求之.(朱熹, 『朱子語類』卷139)

@ 성인(聖人)의 글은 대개 평이하고 뜻이 잘 통하는데, 이는 언사(言辭) 가운데 이치를 기탁하여 후세 사람들로 하여금 그 문장을 통해 대도(大道)를 능히 알 수 있도록 하기 위함이다.

- **언지무문** 言之無文, **행지불원** 行之不遠

문채(文彩)가 없는 언사(言辭)는 세상에 오래 전해지지 못할 것이란 말이다.

@ 故曰言之無文, 行之不遠. 旣曰文矣, 焉得無奇? 如其不奇, 是不文也!(『尺牘新鈔』1集 葉秉敬 「寄吳賓□("目"+"犀")」)

@ 고인(古人)은 "문채(文彩)가 없는 언사(言辭)라면 세상에 오래 전해지지 않을 것이다."라고 했다. 고인은 문사에 반드시 문채가 있어야 된다고 했으니 어찌 기이하지 않을 수 있겠는가? 만약 기이하지 않으면 필시 문채가 없을 것이기 때문이다.

- **언필유의** 言必有意, **의필요충** 意必繇衷

언어에는 필시 뜻이 있고 뜻은 반드시 가슴속에서 나왔음을 말한다.

@ 李·杜則內極才情, 外周物理, 言必有意, 意必繇衷.(王夫之, 『薑齋詩話』卷2)

@ 이백(李白)과 두보(杜甫)는 안으로 재정(才情)을 지극히 하고 밖으로 물리(物理)를 두루 살펴, 언어에는 필시 뜻이 있고 뜻은 반드시 가슴속에서 나왔다.

- **엄정** 嚴靜

고요함을 말한다.

@ 故飛走遲速, 意淺之物易見, 而閑和嚴靜, 趣遠之心難形.(歐陽修, 『歐陽文忠公文集』卷130 「鑒畵」)

@ 그래서 날고 달리고 늦고 빠른 따위의 의취(意趣)가 얕은 사물은 아주 쉽게 알 수 있지만, 평안하고 고요하며 아득한 경지를 추구하는 심경

(心境)은 느끼기 어려운 것이다.

- **여 餘**

    인물의 풍모와 신채를 드러내는 특징을 말한다.

    예 要知疵處·闕略處, 人之餘也, 餘者神所寄也, 所謂筆先·筆內外也, 所謂以動寫靜, 以方·短寫圓·長之說也.(『尺牘新鈔』2集 方拱乾「與田雪龕」)

    역 사람들의 결함과 하자는 바로 인물의 여분(餘分)임을 알아야 된다. "여(餘)"란 것은 인물의 풍모와 신채를 기탁하는 부분이고, 쓰기 전에 알아야 하는 것이며, 문자 밖에 함축된 것이다. 이는 또한 이른바 움직임으로 정지 상태를 표현하고, 또한 네모남과 짧음을 가지고 둥긂과 긺을 표현하는 이치이다.

- **여 麗**

    (1) 예술형식의 청정(淸靜)한 아름다움을 말한다. 문인예술의 심미적 정취에서는 여(麗)가 미(媚)보다 더 높은 미적 가치를 지닌다. 같은 아름다움이라 해도 이 양자 사이엔 아속(雅俗)과 정음(正淫)의 구별이 있다. 처음엔 주로 문학작품의 문채미(文彩美)를 가리켰으나 나중엔 악론(樂論) 등으로 그 사용범위가 넓어졌다.

    예 麗者, 美也. 於淸靜中發爲美音. 麗從古澹出, 非從妖冶出也.(徐上瀛, 『溪山琴況』)

    역 〈거문고에서〉 여(麗)는 바로 미(美)인데, 청정함 속에 고운 소리를 연주해 낸다는 뜻이다. 여는 고아(古雅)함과 담박함으로부터 드러나지, 요염하고 화려한 것으로부터 나타나는 것은 아니다.

    (2) 넘치도록 화려한 아름다움을 말한다.

    예 麗. 體外有餘曰麗.(寶蒙, 『語例字格』)

    역 여(麗): 넘치도록 화려한 아름다움을 일러 여(麗)라 한다.

- **여랑시** 女郞詩

여성스러운 시를 말한다.

- 有情芍藥含晚淚, 無力薔薇臥晚枝. 拈出退之「山石」句, 始知渠是女郞詩.(元好問, 『遺山先生文集』 卷11 「論詩三十首」)
- 작약(芍藥)의 꽃봉오리에는 봄비가 눈물처럼 고이고, 비를 맞은 장미는 힘없이 가지에 수구려 있네. 한유(韓愈)의 시「산석(山石)」의 시구와 비교해 볼 때, 그[진관(秦觀)]의 시는 여성스러운 시임을 알 수 있다.

- **여랑재** 女郞材

아리따움과 같은 아녀자의 맛이 풍기는 것을 말한다. 장부기(丈夫氣)와 상대되는 말이다.

- 逸少草有女郞材, 無丈夫氣, 不足貴也!(『法書要錄』 卷4「張懷瓘議書」)
- 왕희지의 초서는 아녀자의 맛이 나고 대장부의 기개가 보이지 않으니 별로 좋을 것이 없다.

- **여물유의** 與物有宜

자연의 원기(元氣)가 만물에 유입되어 서로 하나로 융합되는 것을 말한다.

- 且觀天地生物, 特一氣運化爾, 其功用秘移, 與物有宜, 莫知爲之者, 故能成於自然.(董逌, 『廣川畫跋』 卷3「書徐熙畫牡丹圖」)
- 천지가 만물을 낳아 기르는 것은 모두 하나의 원기(元氣)에 의해 운행되는 것일 뿐이다. 이 원기가 만물 가운데 주입되고 만물이 서로 순응하여 하나로 융합하는데, 사람은 그 작용을 구분해내지 못한다. 이것이 바로 자연스러움이다.

- **여미** 餘味

    (1) 글이 끝난 다음 사람으로 하여금 마저 더 음미하게 하는 운치를 말한다.

    ㉠ 句中有餘味, 篇中有餘意, 善之善者也.(姜夔,『白石道人詩說』)
    ㉡ 구절 안에는 사람으로 하여금 음미하게 하는 운치가 있게 해야 하고 전편(全篇)에는 사람으로 하여금 곱씹어보게 하는 의미가 있게 해야 한다. 이런 시가 최고 중의 최고이다.

    (2) 여운(餘韻) 혹은 여의(餘意)와 같은 뜻으로, 미외지미(味外之味) 혹은 언외지치(言外之致)의 의경(意境)을 말한다.

    ㉠ 煉辭得奇句, 煉意得餘味.(邵雍,『伊川擊壤集』卷11「論詩吟」)
    ㉡ 글을 다듬으면 신기한 구절을 얻게 되고, 뜻을 다듬으면 여운을 얻게 된다.

- **여시괴봉** 與時乖逢, **우물비희** 遇物悲喜

    세상에 처신할 땐 때론 거스르고 때론 소통하며, 외물(外物)을 접할 때엔 때론 슬퍼하고 때론 기뻐해야 한다는 말로, 시인의 자세를 논한 말이다.

    ㉠ 其人忠信篤敬, 抱道而居, 與時乖逢, 遇物悲喜, 同床而不察, 並世而不聞, 情之所不能堪, 因發於呻吟調笑之聲.(黃庭堅,『豫章黃先生文集』卷26「書王知載朐山雜詠後」)
    ㉡ 시인은 마땅히 충신(忠信)·돈후(敦厚)해야 하고, 마음속엔 항상 도의를 지녀야 하며, 세상에 처신할 땐 때론 거스르고 때론 소통하며, 외물(外物)을 접할 때엔 때론 슬퍼하고 때론 기뻐하며, 설령 친한 벗이라도 알아채지 못하게 하고, 세상 모두가 일찍이 들어본 적이 없게 하며, 마음속의 정감이 도저히 억누르기 어려우면 시문(詩文) 속에 가벼운 조롱이나 조소로 드러내도록 한다.

- **여신위도** 與神爲徒

  입신(入神)의 경지에 이르렀음을 말한다.

  - 예) 故得於心, 應於手, 孤姿絶狀, 觸毫而出, 氣交沖漠, 與神爲徒.(符載,「觀張員外畫松石序」)
  - 역) 때문에 마음먹은 대로 손쉽게 되고, 독특한 모습과 절묘한 형상이 붓을 대면 나타나 기질이 이와 고요하게 통하니, 입신(入神)의 경지에 이르렀다.

- **여온** 餘蘊

  함축된 여운을 나타내는 미학범주이다.

  - 예) 杜牧之云"多情却是總無情, 惟覺尊前笑不成", 意非不佳, 然而詞意淺露, 略無餘蘊.(張戒,『歲寒堂詩話』)
  - 역) 두목(杜牧)의 시에 이런 대목이 있다. "다정(多情)은 오히려 무정한 듯하다. 힘든 이별의 술자리에선 아무래도 웃음이 나오지 않는다." 의미가 훌륭하지 않은 것은 아니지만, 사의(詞意)가 이미 드러나 있기에 여운이 없다.

- **여의** 餘意

  글이 끝난 다음 사람으로 하여금 다시 곱씹어보게 하는 의미를 말한다.

  - 예) 句中有餘味, 篇中有餘意, 善之善者也.(姜夔,『白石道人詩說』)
  - 역) 구절 안에는 사람으로 하여금 음미하게 하는 운치가 있게 해야 하고 전편(全篇)에는 사람으로 하여금 곱씹어보게 하는 의미가 있게 해야 한다. 이런 시가 최고 중의 최고이다.

- **여이아** 麗而雅

  아름다우면서 우아하다.

- 예) 商周麗而雅, 楚漢侈而豔.(劉勰,『文心雕龍』「通變」)
- 역) 상(商)나라와 주(周)나라 때의 문학은 아름다우면서 우아하다. 초(楚)나라와 한(漢)나라의 문학은 화려하면서 요염하다.

- **여이음** 麗以淫

  글이 지나치게 화려하기만 하다.

  - 예) 詩人之賦麗以則, 辭人之賦麗以淫. 如孔氏之門用賦也, 則賈誼升堂, 相如入室矣.(揚雄,『揚子法言』「吾子」)
  - 역) 『시경(詩經)』에서의 그러한 시인들의 부체(賦體)는 글의 아름다움을 잃지 않으면서도 법도가 있었다. 그런데 사부가(辭賦家)들의 부(賦)는 글이 지나치게 화려하기 짝이 없다. 만약 공자(孔子)의 문하(門下)에서 부(賦)를 가지고 가르친다면, 가의(賈誼)는 차등(次等)이고 사마상여(司馬相如)는 상등(上等)일 것이다.

- **여이칙** 麗以則

  글의 아름다움을 잃지 않으면서도 아정(雅正)하며 법도가 있다.

  - 예) 詩人之賦麗以則, 辭人之賦麗以淫.(揚雄,『揚子法言』「吾子」)
  - 역) 『시경(詩經)』에서의 그러한 시인들의 부체(賦體)는 글의 아름다움을 잃지 않으면서도 법도가 있었다. 그런데 사부가(辭賦家)들의 부(賦)는 글이 지나치게 화려하기 짝이 없다.
  - 예) 結語可謂麗以則, 麗可學, 則不可至也.(王夫之,『古詩評選』卷1 溫子升「搗衣篇」)
  - 역) 맺음말은 아름다운 동시에 아정(雅正)하다. 이런 아름다움은 배울 수 있지만, 아정함은 배울 수 없다.

- **역 力**

  (1) 체재(體裁)가 강건한 것을 말한다.

  - 예) 力. 體裁勁健曰力.(皎然,『詩式』)

㊟ 역(力): 체재(體裁)가 강건한 것을 역(力)이라 한다.

(2) 〈서예에서〉 붓끝이 드러내는 본체를 말한다.

㊖ 鋒, 謂格也. 力, 謂體也. 輕, 謂屈也. 決, 謂牽掣也.(『法書要錄』卷2)
㊟ 〈서예에서〉 봉(鋒)은 붓끝을 말하고, 역(力)은 붓끝이 드러내는 본체를 말한다. 경(輕)은 필세의 굴절(屈折)이고, 결(決)은 운필(運筆)에서의 끄는 것이다.

- **역실기공 力實氣空**

〈서예를 하려면〉 필력이 충실하고 기운은 그윽해야 함을 말한다.

㊖ 書要力實而氣空, 然求空必於其實.(劉熙載, 『藝槪』「書槪」)
㊟ 서예를 하려면 필력이 충실하고 기운은 그윽해야 한다. 하지만 그윽함은 반드시 그 충실함에서 구해야 한다.

- **역재의선 力在意先**

필력이 의도한 것보다 과대한 것을 말한다.

㊖ 壯. 力在意先曰壯.(寶蒙, 『語例字格』)
㊟ 장(壯): 필력이 의도한 것보다 과대함을 일러 장(壯)이라 한다.

- **연 姸**

연(姸)은 사물의 외재형식을 가리키는데, 문(文)과 같은 뜻이다. 질(質)과 연(姸)으로 한 쌍의 미학범주를 이루기도 하는데, 이때 일반적으로 문예작품의 내용과 형식을 가리킨다. 질(質)은 원래 사물의 내재본질을 가리키는데, 공자는 이것으로써 군자(君子)의 도덕수양을 나타냈다. 여기서 질(質)은 소박한 자질을 말하고, 연(姸)은 곱고 아름다움을 말한다.(2008, p. 110 참조)

- 例 其爲物也多姿, 其爲體也屢遷. 其會意也尚巧, 其遣言也貴姸.(陸機,「文賦」)
- 역 만사만물이 다양한 모양을 갖듯이 문체(文體) 또한 많은 변화를 한다. 글의 대상을 마주하여 문사(文思)를 구성할 때는 새로운 생각을 도출해내는 기교를 발휘해야 하고, 그것을 글로 표현해 낼 때는 언어의 예술성을 힘껏 고려해야 한다.
- 例 姸. 透迤幷行曰姸.(竇蒙,『語例字格』)
- 역 연(姸): 유연함과 아름다움을 함께 갖춘 것을 일러 연(姸)이라 한다.

• **연경부진** 緣景不盡

외경(外景)에 몰입됨이 지극한 것을 말한다.

- 例 情. 緣景不盡曰情.(皎然,『詩式』)
- 역 정(情): 외경(外景)에 몰입됨이 지극한 것을 정(情)이라 한다.

• **연골** 煉骨

풍골(風骨)을 다듬는 것을 말한다.

- 例 詩家固不能廢煉, 但以煉骨·煉氣爲上, 煉句次之, 煉字斯下矣.(賀貽孫,『詩筏』)
- 역 물론 시인들이 시를 연마하는 것을 버릴 수는 없지만, 풍골(風骨)과 기질(氣質)을 다듬는 것을 중요하게 여겨야 한다. 그 다음에 구절을 다듬는 것이고, 연후에야 글자를 다듬는 것이다.

• **연기** 煉氣

기질(氣質)을 다듬는 것을 말한다.

- 例 詩家固不能廢煉, 但以煉骨·煉氣爲上, 煉句次之, 煉字斯下矣.(賀貽孫,『詩筏』)
- 역 물론 시인들이 시를 연마하는 것을 버릴 수는 없지만, 풍골(風骨)과 기질(氣質)을 다듬는 것을 중요하게 여겨야 한다. 그 다음에 구절을 다

듬는 것이고, 연후에야 글자를 다듬는 것이다.

- **연긴 姸緊**

  가늘고 조밀함을 말한다.

  - 예) 歐陽率更書姸緊拔群, 尤工於小楷.(蘇軾,『蘇東坡集』前集 卷23「書唐氏六家書後」)
  - 역) 구양순(歐陽詢)의 글씨는 가늘고 조밀하여 단연 돋보였는데, 특히 소해(小楷)를 잘 썼다.

- **연방 淵放**

  심원(深遠)하면서 거리낌이 없는 것을 말한다.

  - 예) 太白詩以『莊』·「騷」爲大源, 而於嗣宗之淵放, 景純之俊上, 明遠之驅邁, 玄暉之奇秀, 亦各有所取, 無遺美焉.(劉熙載,『藝槪』「詩槪」)
  - 역) 이백(李白)의 시는『장자(莊子)』와「이소(離騷)」가 주요한 원천이다. 또한 완적(阮籍: 자는 嗣宗)의 깊으면서 거리낌이 없는 것, 곽박(郭璞: 자는 景純)의 굳세고 뛰어난 것, 포조(鮑照: 자는 明遠)의 옛 전고(典故)와 옛 시문(詩文)의 시구를 떨쳐낸 것, 사조(謝朓: 자는 玄暉)의 빼어나고 비범한 것 등에 대해 모두 학습하여 빠뜨림이 없다.

- **연사득기 煉辭得奇, 연의득여 煉意得餘**

  글을 다듬으면 신기한 구절을 얻게 되고, 뜻을 다듬으면 여운을 얻게 된다.

  - 예) 煉辭得奇句, 煉意得餘味.(邵雍,『伊川擊壤集』卷11「論詩吟」)
  - 역) 글을 다듬으면 신기한 구절을 얻게 되고, 뜻을 다듬으면 여운을 얻게 된다.

- **연숙환생** 練熟還生

  기교가 고도의 숙련의 경지에 이르면 다시 질박함으로 되돌아가야 함을 말한다.

  > 非十分純熟, 十分陶洗, 十分脫化, 必不能到此地步. 蓋此練熟還生之法.(張岱, 『琅嬛文集』「與何紫翔」)
  >
  > 수법이 극히 숙련되고 초탈하지 않으면 이러한 경지에 도달할 수 없다. 이것이 바로 "숙(熟)"으로부터 "생(生)"으로 되돌아가는 방법이다.

- **연습** 沿襲

  답습(踏襲)하는 것을 말한다.

  > 足下謂說經貴心得, 不以沿襲爲工, 此言是矣.(袁枚, 『小倉山房文集』卷18「答定宇第二書」)
  >
  > 선생께서는 경학(經學)을 논할 때, 마음으로 터득한 것이 중요하지 답습해서는 안 된다고 말했다. 이 말은 옳다.

- **연아** 淵雅

  온아(溫雅)와 같은 말이다.

  > 詩貫六義, 則諷諭·抑揚·渟蓄·淵雅, 皆在其間矣.(司空圖, 『司空表聖文集』「與李生論詩書」)
  >
  > 시는 풍(風)·아(雅)·송(頌)·부(賦)·비(比)·흥(興)의 육의(六義)를 포괄하고 있으며, 풍유(諷諭)·미자(美刺)·함축(含蓄)·온아(溫雅) 같은 풍격이 모두 그 안에 있다.

- **연온** 烟熅

  인온(絪縕)·인온(氤氳)이라고도 하는데, 원래 천지(天地)의 음양이기(陰陽二氣)가 서로 작용하는 상태를 말한다. 양자(兩者)가 서로 잘 어울려 왕성하게 융화하는 상태를 가리킨다.

- 예) 栩栩欲動, 落落不群. 空兮靈兮, 元氣烟熅.(黃鉞, 『二十四畫品』)
- 역) 움직이려고 날갯짓을 하니 무리 위로 솟는다. 공허하고 영묘한 천지의 기운이 움직인다.

• **연정기미** 緣情綺靡

내면의 정(情)을 드러내되 아름다운 글로 나타내야 한다. 시(詩)의 창작 원칙을 말하고 있다.

- 예) 詩緣情而綺靡. 賦體物而瀏亮. 碑披文以相質.(陸機, 「文賦」)
- 역) 시(詩)는 내면의 정(情)을 드러내되 아름다운 글로 나타내야 한다. 부(賦)는 물상에 대한 관찰을 드러내야 하니 단어의 사용이 무궁무진하고 명확해야 한다. 비(碑)는 글의 형식이 내용과 서로 어울려야 한다.

• **연질** 姸質

한 쌍의 미학범주이다. 일반적으로 예술작품의 내용과 형식을 가리킨다. 질(質)은 사물의 내재본질을 가리킨다. 연(姸)은 사물의 외재형식을 가리키는데, 문(文)과 같은 뜻이다. 여기서 질(質)은 소박한 자질을 말하고, 연(姸)은 곱고 아름다움을 말한다.

- 예) 鍾張方之二王, 可謂古矣, 豈得無姸質之殊?(『法書要錄』卷9「張懷瓘書斷下」)
- 역) 종요(鍾繇)와 장지(張芝)를 이왕(二王)에 비교한다면 고(古)라 할 수 있으니, 어찌 연(姸)과 질(質)의 차이가 없다 할 수 있겠는가.

• **연치** 姸蚩

아름다움과 추악함을 말한다. 미추(美醜)와 같은 개념이다.

- 예) 抱朴子曰: 姸媸有定矣, 而憎愛異情. 故兩目不相爲視焉.(葛洪, 『抱朴子』「塞難」)

- ❂ 포박자는 말한다. 한 사람의 아름다움과 추함은 정해진 것이고, 사람마다의 좋아함과 싫어함의 감정은 다르다. 그래서 다른 사람의 눈으로 대신 볼 수 없다.
- ㉠ 或寄辭於瘁音, 徒靡言而弗華. 混姸蚩而成體, 累良質而爲瑕. 象下管之偏疾, 故雖應而不和.(陸機,「文賦」)
- ❂ 만약 글을 쓸 때 비루한 사물에 빗대어 문사(文辭)를 묘사하면 그것이 아무리 화려한 문사라도 아름답지 못하게 된다. 좋은 말과 나쁜 말이 한데 섞여 문체(文體)를 이루면, 좋은 내용이 오히려 해를 입어 결국 하자가 된다. 마치 고아(高雅)한 노래를 지나치게 빠른 곡에 부쳐 부르면, 비록 반주가 있더라도 결국 조화롭지 못하게 되는 것과 같다.
- ㉠ 文之不能不古而今也, 時使之也. 姸媸之質, 不逐目而逐時.(袁宏道,『袁中郞全集』卷3「雪濤閣集序」)
- ❂ 문장이 과거의 것에서 현재의 것으로 바뀔 수밖에 없는 것은, 시대가 그렇게 만드는 것이다. 근본이 아름다운지 추한지를 따지는 것은, 사람의 안목을 따르는 것이 아니고 시대의 변화를 따르는 것이다.

- **연치잡유** 姸蚩雜糅

연치(姸蚩)는 아름다움과 추악함을 말한다. 유(糅)는 섞여있음을 말하니, 연치잡유(姸蚩雜糅)는 아름다운 것과 추한 것이 한 데 섞여 있음을 말하는 것이다.

- ㉠ 自漢魏已來, 論書者多矣, 姸蚩雜糅, 條目糾紛.(孫過庭,『書譜』)
- ❂ 한(漢)·위(魏) 이래로 서예를 논한 자는 아주 많다. 그들의 논설에는 훌륭한 것과 조잡한 것이 한데 섞여 있으며, 내용 가운데 항목도 중복된 것이 많다.

- **연혁** 沿革

중국 고대 문예의 계승과 혁신 관계를 보여주는 한 쌍의 미학범주이다. 이 문제를 가장 먼저 거론한 이는 공자이다. 공자는 평생 주례(周

禮)를 옹호하였으며 제도의 변혁을 반대했다. 이 때문에 문예의 창신을 달갑게 여기지 않았다. 이로부터 도(道)와 천지자연의 영원불변함을 전제로 한 유가미학은 대체로 혁(革)보다는 인(因)을 중시하였으며, 설령 인(因)과 혁(革)을 함께 중시했다 하더라도 그 범위는 유가정통사상이 허락하는 테두리를 벗어나지 못했다. 이로부터 유가경전은 문학예술이 반드시 따라야 하는 준칙이 되었으며, 문예의 창신은 합당하게 받아들여지지 않았다. 혹은 혁신이라 하더라도 그 내용은 오히려 훼손된 유가전통의 회복을 의미하는 때도 있었다. 중국에서, 이러한 인혁관(因革觀)은 명말(明末) 시기 서위(徐渭)·이지(李贄) 등 계몽사상가들에 의해 변화를 보이게 된다. 즉 예술이란 시대의 변화에 따라 그것에 맞게 형식도 변화해야만 심미적 특성이 있을 수 있다는 것이다. 이들은 복고주의적 순환론을 반대하고 시대와 작자의 개성을 중시하였다.(2008, p. 111 참조)

- 예 馳騖沿革, 物理常然.(孫過庭,『書譜』)
- 역 앞사람을 계승하면서도 또한 변혁을 이루니, 만사의 발전 법칙이란 항상 이런 것이다.

- **열세 閱世**

  세상에 대한 경험을 말한다.

  - 예 主觀之詩人, 不必多閱世. 閱世愈淺, 則性情愈眞.(王國維,『人間詞話』17)
  - 역 주관적인 시인은 세상 경험을 많이 할 필요가 없다. 세상에 대한 경험이 적을수록 성정(性情)은 더욱 진실해진다.

- **염 艶**

  예쁘고 화려한 아름다움을 나타내는 미학범주이다. 농(濃)과 함께 농염(濃艶)으로 쓰이기도 한다.

(1) 염(艶)의 본 뜻은 여자의 얼굴이 예쁨을 말한다. 그런 면에서 염은 미(美)와 구분된다.

- 예 美者言其形貌美, 艶者言其顔色好."(『左傳』桓公元年, 孔穎達의 疏)
- 역 〈여자의〉 몸매가 아름다운 것은 미(美)라 하고, 얼굴이 예쁜 것은 염(艶)이라 한다.
- 예 譬夫絳樹靑琴, 殊姿共艶.(孫過庭, 『書譜』)
- 역 예컨대 강수(絳樹)와 청금(靑琴)의 두 미녀는 비록 용모는 다르지만 아름답기는 마찬가지이다.

(2) 예술영역에서 보다 더 구체적으로 활용된 개념은 미가 아닌 염이었다. 요염한 얼굴로서의 염은 그 의미의 범위가 넓어져, 후에 사물이나 자연경관의 농익은 화려함을 가리키게 된 것이다. 문학방면에서 쓰일 때는 문장의 지극한 화려함, 즉 과장이나 멋들어진 미사여구로 한껏 치장된 글을 형용하게 되었다. 그리고 그림에는 이러한 염(艶)이 두 가지 방면으로 드러나는데, 하나는 색의 화려함이요, 다른 하나는 화면 속에 아이콘의 빼곡한 혹은 두터운 등장이 그것이다. 이런 면에서 염(艶)은 번(繁)과 통하는 면이 있다. 번(繁)이란 원래 문장에서 비유 등에 의해 두텁게 전개되는 묘사를 가리키는 예술풍격이다. 회화에서 이러한 번(繁)을 이해하자면, 그것은 밀도 있는 구도와 더불어 선연하면서도 묵직하게 풀어진 채색의 치장을 말하는 것이 된다. 하지만, 마치 문장에서 의미의 중첩 없이 휘황한 수사(修辭)만 공허하게 덧칠될 경우 그저 눈만 어지럽힐 뿐인 용잡(冗雜)에 그치고 마는 것처럼, 회화에서도 의미를 담는 도구로서의 형상에 지나치게 덧대진 수식은 오히려 심미

적 역효과를 자아낼 뿐이다. 형상의 아름다움은 내용의 아름다움과 유기적 긴밀함을 갖춰야 한다. 두텁되 번잡하지 않고["繁而不亂"] 예쁘되 속되지 않는["縟而不淫"] 경우에야 비로소 그 꽉 찬 화려함은 제대로 된 진가를 얻게 되는 것이다. 한편 섬농(纖穠)이란 미학범주도 농염(濃艶)과 관계가 있다. 섬(纖)은 무늬가 세밀한 것을 말하고, 농(穠)은 빛깔이 짙고 윤택한 것을 말한다. 섬농의 미란 바탕이 가느다랗고 밀도가 촘촘하며 색채는 농후한 것이다.(2008, pp. 262-263 참조)

- 예) 幷美祭祀, 而「淸廟」·「雲漢」之辭, 何如郭氏「南郊」之艶乎?(葛洪,『抱朴子』「鈞世」)
- 역) 제사를 찬미한 글에서는 「청묘(淸廟)」와 「운한(雲漢)」의 사(辭)를 어떻게 곽박(郭璞)의 「남교부(南郊賦)」에 나타난 아름다움에 비할 것인가?
- 예) 艶. 少古多今曰艶.(竇蒙,『語例字格』)
- 역) 염(艶): 고인(古人)의 질박함이 적고 현재의 부박(浮薄)함과 화려함이 많은 것을 일러 염(艶)이라 한다.

염다무골 艶多無骨

고움이 많으면 기골(氣骨)이 있기 어렵다.

- 예) 余嘗合而衍之曰: 綺多傷質, 艶多無骨, 淸易近薄, 新易近尖.(楊愼,『總纂升庵合集』卷144「庾信詩」)
- 역) 나〈양신(楊愼)〉는 일찍이 이 평가들을 합쳐 말하길, 아름다움이 많으면 질박해지기 어렵고 고움이 많으면 기골이 있기 어려우며 맑음이 많으면 천박해지기 쉽고 새로움이 많으면 날카로워지기 쉽다고 했다.

- **염야 艶冶**

아름답게 꾸미는 것을 말한다.

- 예) 飛卿歎老嗟卑, 又好爲艶冶蕩逸之調.(『鄭板橋集』「補遺·與江

賓穀·江禹九書」)
- 옘 온정균(溫庭筠)은 시사(詩詞)에서 자신의 처지를 읊으며 스스로의 빈궁(貧窮)과 쇠로(衰老)를 탄식하였을 뿐만 아니라 일부 방탕한 작품을 즐겨 쓰기도 했다.

• **염이유골** 豔而有骨

고우면서도 기골이 있음을 말한다.

- 예 子山之詩, 綺而有質, 豔而有骨, 淸而不薄, 新而不尖, 所以爲老成也.(楊愼,『總纂升庵合集』卷144「庾信詩」)
- 옘 유신(庾信)의 시는 아름다우면서도 질박하고, 고우면서도 기골이 있으며, 맑으면서도 천박하지 않고, 새로우면서도 날카롭지 않다. 그래서 그의 시가 노숙하다고 하는 것이다.

• **염일** 艷逸

화려하면서 빼어나다.

- 예 模經爲式者, 自入典雅之懿; 效騷命篇者, 必歸豔逸之華.(劉勰,『文心雕龍』「定勢」)
- 옘 경서(經書)를 법 삼은 문장은 자연스레 전아(典雅)한 아름다움이 있으며,『초사(楚辭)』를 모방한 문장은 필시 화려하면서 빼어나다.

• **영** 永

시(詩)를 연주할 때 규정으로 기록된 성음(聲音)의 장단(長短)과 고저(高低) 등을 말한다.

- 예 特以言著於詩, 永存於樂, 樂經殘失, 言在永亡, 後世不及知焉.(王夫之,『尙書引義』卷1「舜典三」)
- 옘 시(詩)의 언어가 문자로 기록되어 있기 때문에 영(永), 즉 시 연주의 장단 등에 대한 기록이 악경(樂經)에 남아있어, 악경이 유실되더라도 시는 문자를 통해 남아있을 수 있게 되었다. 그래서 언어가 설령 있더라

도 영(永)이 없어지면 후세 사람들은 또한 모르게 된다.

- **영** 靈

    (1) 자연스럽고 심원한 동시에 깊은 뜻을 함축하고 있는 경지 혹은 상태를 말한다.

    ㉠ 合化無跡者謂之靈, 通遠得意者謂之靈.(王夫之,『唐詩評選』卷3 孫逖「江行有懷」)

    ㉡ 전편(全篇)의 시가 완전히 하나로 어우러져 흔적을 찾을 수 없으면 영(靈)이고, 경지가 심원한 동시에 깊은 뜻을 함축하고 있으면 이것도 영이다.

    (2) 창의롭고 생동하는 영감(靈感) 내지 영기(靈氣)를 말한다.

    ㉠ 墨之濺筆也以靈, 筆之運墨也以神.(石濤,『畵語錄』「筆墨章第5」)

    ㉡ 묵이 비록 얕고 묽어도 붓이 생동하는 영기(靈氣)를 표현해내고, 붓이 종이 위에서 움직이면 먹이 따라 신운(神韻)을 드러낸다.

- **영기** 英氣

    용맹하고 호방한 기개를 말한다.

    ㉠ 文無英氣, 則五代·宋末老婢作聲是也.(『尺牘新鈔』2集 陳孝逸「又與付平叔」)

    ㉡ 용맹한 기개가 없는 문장은, 예를 들면 오대(五代)·송대(宋代) 말기 등 문인들의 작품은 나약하고 힘이 없어 마치 여자들의 신음 소리와 같다.

    ㉠ 孟子卻寬舒, 只是中間有些英氣.(『二程全書』『遺書』卷18 伊川語四)

    ㉡ 맹자(孟子)의 문장은 너그럽고 편안한데, 다만 사이사이에 호방한 기개가 있다.

- **영기** 靈奇

    변화무쌍한 기이함을 말한다.

    > 近日作手, 要如阮圓海之靈奇, 李笠翁之冷雋, 蓋不可多得者矣.(張岱, 『琅嬛文集』「答袁籜庵」)

    > 근래 이러한 전기(傳奇) 작가 가운데, 예컨대 완대성(阮大鋮: 호는 圓海)의 변화무쌍한 기이함이나 이어(李漁: 호는 笠翁)의 의미심장함은 쉽게 볼 수 있는 것이 아니다.

- **영기** 靈氣

    우아하고 뛰어난 기(氣)를 말한다. 이러한 기는 문아(文雅)를 특징으로 한다.

    > 天地間有粹氣靈氣焉, 萬類皆得之, 而人居多.(白居易, 『白香山集』卷59「故京兆元少尹文集序」)

    > 천지(天地) 사이에는 수기(粹氣)와 영기(靈氣)가 있다. 세상의 만물이 모두 이러한 기(氣)를 가지고 있는데, 그 가운데 사람이 가장 많이 가지고 있다.

- **영기현치** 領其玄致, **표기통섭** 標其洞涉

    깊은 이치를 파악하여 요점을 드러낸다.

    > 道之所存, 俗之所喪, 悲夫! 余有懼焉, 故爲之創傳, 疏其壅閡, 闢其茀蕪, 領其玄致, 標其洞涉. 庶幾令逸文不墜於世, 奇言不絶於今.(郭璞,「山海經序」)

    > 이치가 담긴 이 책이 세상에서 사라진다는 것은 진정 슬픈 일이다. 나는 이를 두려워하여 전수하는 작업을 하고자 한다. 막힌 곳은 뚫고 거친 곳은 통하게 함으로써 그 깊은 이치를 파악하고 요점을 드러내고자 한다. 숨어있던 글이 세상에서 없어지지 않고, 기이한 말들이 오늘날에도 끊어지지 않게 하고자 한다.

- **영대** 靈臺

  마음과 같은 말이다.

  > 不由靈臺, 必乏神氣.(『法書要錄』卷4「唐張懷瓘文字論」)
  > 마음으로 하지 않으면 필시 풍격(風格)과 기운(氣韻)이 부족하게 된다.

- **영롱** 玲瓏

  정교하고 섬세한 것을 말한다.

  > 窓欞以明透爲先, 欄杆以玲瓏爲主.(李漁, 『閑情偶寄』「居室部」)
  > 〈집을 지을 때〉 창살은 밝고 통하는 것을 위주로 하고, 난간은 정교하고 섬세한 것을 위주로 한다.

- **영물무은정** 詠物無隱情

  시나 그림에서 대상을 묘사할 때, 작가의 운치(韻致)를 온전히 드러냈음을 말한다.

  > 古畫畫意不畫形, 梅詩詠物無隱情, 忘形得意知者寡, 不若見詩如見畫.(歐陽修, 『歐陽文忠公文集』卷6「盤車圖」)
  > 옛 그림은 신운(神韻)을 드러내려고 했지 형사(形似)를 추구하지 않았다. 매요신(梅堯臣)의 시는 이 그림〈양포(楊褒)의 「반차도(盤車圖)」〉을 잘 묘사하였는데, 화가의 운치(韻致)를 온전히 드러냈다. 그림 감상의 요체는 신운을 느끼고 형상은 무시하는 데 있는데, 이를 이해할 수 있는 이가 아주 적다. 〈사람들이 이 그림을 이해하는 것이 모두 매요신만 못한데〉 매요신의 시를 읽으면 마치 시를 보는 것이 아니라 그림을 보는 듯하다.

- **영변무상** 靈變無常

  감각이 변화무쌍함을 말한다.

  > 雖跡在塵壤, 而志出雲霄. 靈變無常, 務於飛動.(『法書要錄』卷

4「唐張懷瓘文字論」)
- 역 비록 작품은 세상에 있지만 그 뜻만은 세속을 초월하였고, 감각은 변화무쌍하고 움직임은 비상(飛翔)을 드러내고자 하였다.

• **영성** 靈性

타고난 총기(聰氣)나 천부적인 재능을 말한다.

- 예 天下大致, 十人中三四有靈性. 能爲伎巧文章, 竟伯什人乃至千人無名能爲者.(湯顯祖,『玉茗堂文之五』「張元長噓雲軒文字序」)
- 역 세상사람 가운데 열에 서넛은 천부적 재능을 가지고 있다. 그러나 좋은 문장을 쓴다는 것으로 말하면, 천백의 사람 중 아마 한 사람도 나오지 못할 것이다.

• **영숙** 令淑

참되고 맑음을 말한다.

- 예 瞻弟孚, 爽朗多所遺; 秀子純·悌, 竝令淑有清流.(劉義慶,『世說新語』「賞譽」)
- 역 완첨(阮瞻)의 동생 완부(阮孚)는 쾌활하고 대범하였고, 상수(向秀)의 아들인 상순(向純)과 상제(向悌)는 모두 맑고 탐욕이 없었다.

• **영양괘각** 羚羊掛角

영양(羚羊)이 뿔을 걸어놓은 듯하다는 말로, 신운(神韻)은 느낄 수 있지만 그 자취는 찾을 길이 없다는 의미이다.

- 예 嚴滄浪借禪喻詩, 所謂"羚羊掛角, 香象渡河, 有神韻可味, 無迹象可尋." 此說甚是.(袁枚,『隨園詩話』卷8)
- 역 엄우(嚴羽)는 선(禪)을 빌려 시(詩)를 비유했는데, 그가 보기에 시란 마치 "영양(羚羊)이 뿔을 걸어놓은 듯, 코끼리가 물을 건너듯, 신운(神韻)은 느낄 수 있지만 그 자취는 찾을 길이 없다."는 것이다. 이러한 견해는 아주 훌륭하다.

- **영자삽상** 英姿颯爽

  멋진 자태와 힘찬 모습을 말한다.

  - 褒公鄂公毛髮動, 英姿颯爽來酣戰.(杜甫,「丹靑引」)
  - 포공(褒公)과 악공(鄂公)의 머리털이 일어나니, 멋진 자태와 힘찬 모습은 마치 전쟁이 한창인 듯하다.

- **영자수출** 靈姿秀出

  아름답고 독특한 자태의 아름다움을 말한다.

  - 爾其雄武神縱, 靈姿秀出, 臧武仲之智, 卞莊子之勇.(『法書要錄』卷8「張懷瓘書斷中」)
  - 웅건하고 위풍당당한 신운(神韻)의 발산과 아름답고 독특한 자태의 아름다움을 보면, 마치 춘추시기 노국(魯國) 대부(大夫)인 장무중(臧武仲)의 지혜와 역시 노국 대부인 변장자(卞莊子)의 용맹을 보는 듯하다.

- **영정** 寧靜

  평온하고 여유 있는 모습을 말한다.

  - 惟涵養之士, 淡泊寧靜, 心無塵翳, 指有餘閑, 與論希聲之理, 悠然可得矣.(徐上瀛,『溪山琴況』)
  - 오직 수양을 갖추고 동시에 담박하고 평온하며, 마음속에 세속적인 생각 없이 태연자약한 사람만이 비로소 이러한 희성(希聲)의 이치를 논할 수 있다.

- **영형상증** 影形相贈

  형상과 그림자는 나눌 수 없다는 말이다. 예컨대 산수의 경치는 마치 그림처럼 아름답고 기묘하게 그려진 그림은 마치 진경(眞景)처럼 사람의 마음을 움직이는 바, "그림 같은 경치"와 "진짜 경치 같은 그림"을 구별할 수 없어 형상과 그것의 반영을 따로따로 분리할 수 없는 경지를 말한다.

- 예 會心山水眞如畫, 巧手丹靑畫似眞; 夢覺難分列禦寇, 影形相贈晉詩人.(楊愼,『總纂升庵合集』卷206「畫似眞, 眞似畫」)
- 역 무언가 깨달음을 주는 산수의 경치는 마치 그림처럼 아름답고, 기묘하게 그려진 그림은 마치 진경(眞景)처럼 사람의 마음을 움직인다. "그림 같은 경치"와 "진짜 같은 그림"을 구별할 수 없는 것은 마치 열어구(列禦寇)가 꿈과 현실을 구분하지 못함과 같으니, 분별하기 어려움이 또한 도잠(陶潛)이 시에 묘사한 바, 형상과 그림자를 나눌 수 없음과 같다.

• **영화** 靈和

천지자연의 오묘한 조화(造化)를 말한다.

- 예 父之靈和, 子之神俊, 皆古今之獨絶也.(『法書要錄』卷4「張懷瓘議書」)
- 역 부친의 조화와 아들의 힘은 모두 고금에 비할 바가 없다.

• **예** 禮

행필(行筆)에 위의(威儀)가 있어 법칙에 부합하는 것을 말한다.

- 예 禮. 動合典章曰禮.(寶蒙,『語例字格』)
- 역 예(禮): 행필(行筆)에 위의(威儀)가 있어 법칙에 부합하는 것을 일러 예(禮)라 한다.

• **오박** 奧博

정교하고 자세한 것을 말한다.

- 예 以康樂之奧博, 多溺於山水.(白居易,『白香山集』卷28「與元九書」)
- 역 사령운(謝靈運)의 시는 정교하고 상세하나 대부분 산수경물(山水景

物)을 묘사한 것이다.

- **오불유법** 悟不由法

  깨달음이 법으로부터 연유하지 않는 것을 말한다.

  - 法而不悟, 如小僧縛律; 悟不由法, 外道野狐耳.(胡應麟,『詩藪』「內編」卷5)
  - 작법(作法)만 있고 깨달음이 없는 것은 마치 소승(小僧)이 계율(戒律)에만 얽매어 있는 것과 같고, 그 깨달음이 법으로부터 연유하지 않는 것은 또한 겉으로만 도를 깨우친 것처럼 자부하는 것일 따름이다.

- **온** 溫

  부드럽고 윤택 있는 것을 이른다. 여기서는 온(蘊)과 통하는 말로 함축의 의미가 있다. 온(溫)은 고대에 옥(玉)을 형용하는 말로 쓰였다. 나중에 유가미학의 비덕론(比德論)의 영향을 받아 옥의 곱고 부드러움은 아취(雅趣)가 있는 군자와 이상적인 인격의 전형적인 상징이 되었다. 이상적인 인격은 심오한 의지를 함축하고 있으며 중화(中和)를 지키는 특징을 지닌다. 이러한 전형적 인격은 예술 속에 많이 표현되었는데, 그것을 묘사하는데 이 온(溫)이 온유(溫柔)·온윤(溫潤)·온아(溫雅)·온려(溫麗) 등의 말로 사용되었다.(2008, p. 168 참조)

  - 直而溫, 寬而栗, 剛而無虐, 簡而無傲.(『書經』「虞書·舜典」)
  - 곧고 온화하며, 관대하고 위엄 있으며, 굳세되 포악하지 않으며, 간소하되 오만하지 않다.
  - 然後凜之以風神, 溫之以姸潤, 鼓之以枯勁, 和之以閑雅.(孫過庭,『書譜』)
  - 이러한 것들을 다 이룬 후에 여기에 다시 기운(氣韻)을 드러내고, 아름다운 내면의 품덕(稟德)을 담으며, 견실한 기교로써 강인한 정신을 북돋고, 또한 우아한 풍모를 조화시킨다.

- 온穩

    결구(結構)가 짜임새가 있는 것을 말한다.

    예 穩. 結構平正曰穩.(寶蒙, 『語例字格』)
    역 온(穩): 결구(結構)가 짜임새가 있는 것을 일러 온(穩)이라 한다.

- 온蘊

    함축의 뜻이다.

    예 以峭激蘊紆餘, 以倔强寓款婉, 斯征品量.(劉熙載, 『藝槪』 「書槪」)
    역 가파르고 거센 것으로 감돌고 완곡한 맛을 함축하고, 강경하고 강직한 것으로 완만하고 부드러운 맛을 기탁함으로써 품평을 구한다.

- 온려 溫麗

    온화하고 고운 것을 말한다.

    예 退之豪放奇險則過之, 而溫麗靖深不及.(蘇軾, 『東坡題跋』 上卷 「評韓柳詩」)
    역 한유(韓愈)의 시는 호방하고 개성이 뚜렷한 점에서 〈유종원(柳宗元)보다〉 낫지만 온화하고 고요한 점에서는 그에 미치지 못한다.

- 온방 溫龐

    온후(溫厚)와 같은 말이다.

    예 其爲音也, 寬裕溫龐, 不事小巧, 而古雅自見.(徐上瀛, 『溪山琴況』)
    역 그러면 연주하는 음악이 풍족하고 온후해 진다. 잔 기교를 부리지 않으면 고아한 격조가 자연히 나타나게 될 것이다.

- 온심 溫深

음유미(陰柔美)의 하나로, 온유하고 깊이 침잠하는 것을 말한다.

- 예 文之雄偉而勁直者, 必貴於溫深而徐婉.(姚鼐, 『惜抱軒文集』 卷4 「海愚詩鈔序」)
- 역 웅장하고 위대하며 힘이 쭉 뻗은 글은 대개 온유하고 깊고 완곡한 문장보다 훨씬 중요시 된다.

• **온약** 穩約

안으로 제약되어 안정된 상태를 나타내는 미학범주이다.

- 예 以爛熟而爲穩約.(皎然, 『詩式』)
- 역 무른 것을 온약(穩約)으로 보기도 한다.

• **온윤** 溫潤

온화하고 부드러우며 윤기가 나고 조화로운 것을 말한다. 온(溫)은 고대에 옥(玉)을 형용하는 말로 쓰였다. 나중에 유가미학의 비덕론(比德論)의 영향을 받아 옥의 곱고 부드러움은 아취(雅趣)가 있는 군자와 이상적인 인격의 전형적인 상징이 되었다. 윤(潤)은 습윤(濕潤)을 말한다. 예술 표현에서는 보통 건고(乾枯)로써 뼈대를 취하고 습윤(濕潤)으로써 살을 댄다.(2008, pp. 168-169 참조)

- 예 以副毛爲皮膚, 副若不圓, 則字無溫潤也.(『佩文齋書畵譜』 卷5 「唐太宗指意」)
- 역 부호(副毫)를 피부(皮膚)로 삼아야 한다. 만약 부호(副毫)가 원만하지 않으면 글씨는 윤택함이 부족해진다.
- 예 如冰與水精, 非不光, 比之玉, 自是有溫潤含蓄氣象, 無許多光耀也.(『二程全書』『遺書』 卷18 伊川語四)
- 역 예컨대, 얼음덩어리와 수정(水晶)은 결코 빛나지 않는 바는 아니지만 옥(玉)과 비교하면 온화한 윤기를 머금은 기상이 부족하다. 옥은 눈이 부실만큼 그렇게 환한 빛을 띠지 않는다.

예 凡弦上之取音, 惟貴中和. 而中和之妙用, 全於溫潤呈之.(徐上瀛, 『溪山琴況』)
역 거문고 소리는 중화(中和)의 특징을 갖추는 게 제일 좋다. 이러한 중화의 오묘함은 대개 연주할 때 지법이 온윤(溫潤)하기 때문에 생긴 것이다.

- **온윤념화** 溫潤恬和

사람됨이 온화하고 차분함을 말한다.

예 "王仲祖何如?" 曰: "溫潤恬和." "桓溫何如?" 曰: "高爽邁出."(劉義慶, 『世說新語』「品藻」)
역 "왕중조(王仲祖: 王濛)는 어떻소?" 답하였다. "온화하고 차분합니다." "환온(桓溫)은 어떻소?" 대답하였다. "시원스럽고 고매합니다."

- **온이리** 溫而理

온화하지만 조리가 있다.

예 君子之道, 淡而不厭, 簡而文, 溫而理. 知遠之近, 知風之自, 知微之顯, 可與入德矣.(『禮記』「中庸」)
역 군자의 도는 평담(平淡)하지만 물리게 하지 않고, 간략하지만 문채가 있으며, 온화하지만 조리가 있다. 먼 것이 가까운 것으로부터 비롯됨을 알며, 교화(敎化)가 어디에서부터 오는 것인지를 알고, 미약(微弱)함이 현저함으로 변할 것임을 아니, 가히 성인(聖人)의 덕성에 들어설 수 있다.

- **온자** 蘊藉/醞藉

함축을 말한다.

예 綜意淺切者, 類乏醞藉, 斷辭辨約者, 率乖繁縟; 譬激水不漪, 槁木無陰, 自然之勢也.(劉勰, 『文心雕龍』「定勢」)
역 뜻이 쉽게 드러나는 비속한 글은 함축성이 떨어지고, 간결하고 명확한 글은 대체로 문사(文辭)가 풍부하지 못하고 문채 또한 화려하지 않다. 이는 마치 물살이 거센 물에서는 잔잔한 물결을 기대할 수 없고, 마른 나무 아래서는 그늘을 기대할 수 없는 것과 같다. 모두 자연의 이치인 것이다.

- 예) 擧業文字, 在成弘間, 猶有含蓄有蘊藉.(袁中道, 『珂雪齋文集』 卷2「淡成集序」)
- 역) 팔고문(八股文)은 성화(成化)와 홍치(弘治) 시기에 여전히 함축적인 특징을 갖고 있었다.
- 예) 寄意在有無之間, 忼慨之中自多蘊藉.(王夫之, 『古詩評選』 卷5 江淹「郊阮公詩」)
- 역) 있는 듯 없는 듯 시정(詩情)을 기탁하고 있다. 시정은 강개(慷慨)하고 구슬픈 시의 의경(意境) 중으로부터 함축되어 표현된다.
- 예) 詩以蘊藉爲主, 不得已溢爲光怪爾.(賀貽孫, 『詩筏』)
- 역) 시는 함축하여 뚜렷하게 드러나지 않는 것을 위주로 하고, 부득이할 때에 이르러 빛나고 기이하게 써야 한다.

- **온호내 蘊乎內, 저호외 著乎外**

  내면에 기(氣)를 함축하여 이를 예술작품에 드러내는 것을 말한다.

  - 예) 自古詩人養氣, 各有主焉. 蘊乎內, 著乎外, 其隱見異同, 人莫之辨也.(謝榛, 『四溟詩話』 卷3)
  - 역) 예부터 시인들이 기(氣)를 기르는 데는 각자 나름대로의 중점이 있었다. 내면에 기를 함축하여 시문(詩文)에 드러내는데, 시문 안에 감추어진 시인들 각자의 같고 다름을 사람들은 잘 판별하지 못한다.

- **옹용 雍容**

  의젓하고 여유있는 모습을 말한다.

  - 예) 蓋其胸中安靜詳密, 雍容和豫, 故無頃刻忙時, 亦無纖芥忙意.(朱熹, 『朱文公集』 卷84『跋韓魏公與歐陽文忠公帖』)
  - 역) 대개 〈한기(韓琦)의〉 심흉(心胸)이 안정되고 엄밀하며 또한 의젓하고

너그럽기 때문에, 바빠서 허둥대는 일도 있을 수 없고 또 그러한 마음도 있을 수 없었다.

- **옹울** 蓊鬱

  짙고 무성함을 말한다.

  - 예 眞山水之雲氣, 四時不同; 春融冶, 夏蓊鬱, 秋疎薄, 冬黯淡.(郭熙, 『林泉高致』「山川訓」)
  - 역 실경(實景) 산수의 운기(雲氣)는 계절에 따라 같지 않다. 봄에는 온화하고 산뜻하며, 여름에는 짙고 무성하며, 가을에는 성글고 담박하며, 겨울에는 어둡고 스산하다.

- **와** 訛

  행필(行筆)에 붓끝을 드러내지 않으며 중봉(中鋒)을 유지하는 것을 말한다.

  - 예 訛. 藏鋒隱迹曰訛.(寶蒙, 『語例字格』)
  - 역 와(訛): 행필(行筆)에 붓끝을 드러내지 않으며 중봉(中鋒)을 유지하는 것을 일러 와(訛)라 한다.

- **와이신** 訛而新

  작위적이면서 기이함이 많다.

  - 예 魏晉淺而綺, 宋初訛而新.(劉勰, 『文心雕龍』「通變」)
  - 역 위(魏)나라와 진(晉)나라의 문학은 천박하면서 수식이 많다. 송(宋)나라 초기의 문학은 작위적이면서 기이함이 많다.

- **완** 婉

  완곡(婉曲)을 뜻한다. 이 범주는 부드럽고 간지러우면서, 자리자리하진 않지만 그렇다고 애처롭지도 않은 미감을 말한다. 심오하면서도 은

근하고 섬세함을 포괄하는 범주다. 완(婉)은 보통 완약(婉約)으로 표현되는데 호방(豪放)과 쌍을 이루는 미학범주이다. 완약은 완곡하고 은근한 아름다움을 말하고, 호방은 자유분방하고 호쾌한 아름다움을 가리킨다.(2008, p. 165 참조)

- 예 『春秋』之稱, 微而顯, 志而晦, 婉而成章, 盡而不汙, 懲惡而勸善. 非聖人誰能修之?(『左傳』成公十四年)
- 역 『춘추(春秋)』에서 말하는 것은, 뜻을 감춘 것 같으면서도 명백히 드러나고, 제대로 기록한 듯 하나 본뜻이 바로 드러나지 않으며, 에둘러 말한 것 같지만 글의 조리가 있고, 자세하면서도 욕되게 하지 않았으며, 악을 징계하고 선을 권장했다. 성인(聖人)이 아니고서 그 누가 이처럼 할 수 있었겠는가?
- 예 篆尙婉而通, 隸欲精而密.(孫過庭, 『書譜』)
- 역 전서(篆書)는 은근함과 원만함을 소중하게 생각하고, 예서(隸書)는 정교함과 세밀함을 추구한다.
- 예 婉者, 深厚雋永之謂, 非一於軟媚纖靡之謂也.(胡應麟, 『詩藪』「外編」卷4)
- 역 완(婉)이란 심후(深厚)·심오(深奧)를 말하는데, 온순·섬세함만 오롯이 하는 것을 이르는 것은 아니다.
- 예 余謂此須婉而愈勁, 通而愈節, 乃可. 不然, 恐涉於描字也.(劉熙載, 『藝槪』「書槪」)
- 역 나는 이것이 반드시 완곡하면서 굳세고, 연결되면서도 절도가 있어야 한다고 생각한다. 그렇지 않으면 자연스럽지 않은 글자가 될 것 같다.

• **완려** 宛麗

부드럽고 아름다움을 말한다.

- 예 王右丞筆墨宛麗, 氣韻高淸, 巧象寫成, 亦動眞思.(荊浩, 『筆法記』)
- 역 왕우승(王右丞)은 필묵이 부드럽고 아름다우며 기운(氣韻)은 높고 맑아, 형상을 제대로 묘사하면서 또한 진실한 감정을 잘 나타내고 있다.

- **완려** 婉麗

    은근한 아름다움을 말한다.

    > 以和平・渾厚・悲愴・婉麗爲宗者, 卽前所列諸家.(胡應麟,『詩藪』「內編」卷2)
    > 화평(和平)・중후(渾厚)・비창(悲愴)・미려(美麗)를 근본으로 하는 이는 앞에서 열거한 여러 사람들이다.

- **완물상지** 玩物喪志

    (1) 쓸데없는 일이나 무익한 기물(器物)에 정신이 팔려 본래의 뜻과 지향이나 이상을 잃어버리는 것을 말한다.

    > 玩人喪德, 玩物喪志.(『書經』「周書・旅獒」)
    > 사람을 함부로 대하면 덕을 잃고, 사물을 즐기는데 빠지면 뜻을 잃는다.

    (2) 문장을 창작할 때, 사물에 대한 묘사만 아주 정치하게 할 뿐 그것에 감정을 기탁하지 않음을 말한다.

    > 若美言不信, 玩物喪志, 其賦亦不可已乎!(劉熙載,『藝槪』「賦槪」)
    > 만약 어떤 부(賦)가 언어는 화려하지만 내용이 헛되거나 혹은 물상만 묘사하고 감정을 기탁하지 않는다면, 이러한 부(賦)는 버려야 되지 않겠는가!

- **완불허즉화비시** 腕不虛則畫非是, **화비시즉완불령** 畫非是則腕不靈

    손에 허령(虛靈)함이 없기에 그림이 마음을 따르지 못하고, 그림이 자신의 마음을 드러내지 못하니 손이 원활하지 못하다.

    > 腕不虛則畫非是, 畫非是則腕不靈. 動之以旋, 潤之以轉, 居之

以曠.(石濤, 『畵語錄』 「一畵章 第1」)
- 역 손에 허령(虛靈)함이 없기에 그림이 마음을 따르지 못하고, 그림이 자신의 마음을 드러내지 못하니 손이 원활하지 못하는 것이다. 운필(運筆)에는 융통함이 있어야 하고, 촉촉한 곳엔 은근함을 드러내야 하며, 머무는 곳엔 널찍함이 있어야 한다.

- **완삽** 頑澁

매끄럽지 못함을 말한다.

- 예 項容山人樹石頑澁.(荊浩, 『筆法記』)
- 역 항용산인(項容山人)의 수석(樹石) 그림은 매끄럽지가 못하다.

- **완약** 婉約

호방(豪放)과 쌍을 이루는 미학범주로, 완곡하고 은근한 아름다움을 말한다.

- 예 或淸虛以婉約, 每除煩而去濫, 闕大羹之遺味, 同朱弦之淸氾. 雖一唱而三嘆, 固旣雅而不艶.(陸機, 「文賦」)
- 역 만약 문장을 명료하고 간략하게 쓴다면, 글을 써 나가는 과정 중에 장황하거나 과도한 부분은 없앨 수 있을 것이다. 하지만 너무 문채(文彩)를 소홀히 하면, 마치 조미(調味)를 하지 않은 대갱(大羹)의 뒷맛이나 혹은 붉은 줄로 연주하여 나는 탁한 음악소리처럼 질박함이 과도해 질 것이다. 비록 한 사람이 먼저 부르면 여럿이 응하여 뒤따르는 여음(餘音)은 있겠지만, 너무 질박하여 아름다운 맛이 없다.

- **완여리회** 宛與理會

용필과 법도가 회통(會通)함을 말한다.

- 예 書能入流, 含於和氣, 宛與理會, 曲若天成, 刻角耀鋒, 無利餘害.(『書法鉤玄』 卷2 「張懷瓘評書」)
- 역 서예가 어느 정도의 경지에 들어설 수 있으려면, 음양의 두 기(氣)가 조

화를 이루어야 하며, 용필과 법도가 회통(會通)해야 하고, 운필은 자유로워야 하며, 모서리는 붓끝이 선연해야 하고, 드러나지 않게 예리함을 살려야 한다.

- **완염** 頑艶

    사랑을 말한다.

    ㉠ 情從心出, 非有一種芬芳悱惻之懷, 便不能哀感頑艶.(袁枚, 『隨園詩話』卷6)
    ㉡ 정(情)은 마음속으로부터 나오는 것이니, 아름답거나 슬픈 심경이 없으면 비애나 사랑의 시를 써낼 수가 없다.

- **완전** 宛轉

    (1) 완전(婉轉)과 같은 뜻으로, 완곡함·은근함·부드러움·구성짐·감미로움 등을 뜻한다.

    ㉠ 范詩淸便宛轉, 如流風回雪.(鍾嶸, 『詩品』)
    ㉡ 범운(范雲)의 시는 청신(淸新)하고 경쾌하며, 곡절(曲折)에 풍치(風致)가 있다. 마치 바람에 감돌아 눈이 춤을 추는 듯하다.

    (2) 구구절절 가볍고 완만한 변화를 말한다.

    ㉠ 宛轉動蕩, 無滯無礙, 不少不多, 以至恰好, 謂之圓.(徐上瀛, 『溪山琴況』)
    ㉡ 〈거문고에서〉 손가락이 현 위에서 구구절절 활발한 동시에 아무 장애도 없고, 많지도 적지도 않아 꼭 들어맞는 것을 원(圓)이라 한다.

- **완전굴신** 宛轉屈伸

    마음껏 운용하는 것을 말한다.

    ㉠ 唯謝康樂爲能取勢, 宛轉屈伸, 以求盡其意, 意已盡則止, 殆無

剩語.(王夫之, 『薑齋詩話』卷2)
- 🈇 오직 사령운(謝靈運)만이 이 세(勢)를 잘 취하여 마음껏 운용하였다. 그 의(意)를 끝까지 다 드러내고자 하면, 의(意)가 다하고 나서 남는 것이 없게 된다.

• 완전유태 宛轉有態, 용야불아 容冶不雅

지나치게 변화만 추구하면 화려하기는 하나 아취(雅趣)는 없다.

- 🈐 淡則無味, 直則無情. 宛轉有態, 則容冶而不雅; 沈着可思, 則神傷而易弱.(李贄, 『焚書』卷3 「雜述·讀律膚說」)
- 🈇 평담하면 맛이 없고, 너무 직설적으로 드러내면 정감이 없다. 지나치게 변화만 추구하면 화려하기만 할 뿐 아취(雅趣)는 없다. 너무 깊이 생각에 골몰하면 정신이 힘들어져 쉬이 유약해진다.

• 왕양 汪洋

(1) 기세가 웅장하고 성대한 모양을 말한다.

- 🈐 浩瀚·汪洋·錯綜·變幻·渾雄·豪宕·閎廓·沈深, 大家所長, 名家之所短也.(胡應麟, 『詩藪』 「外編」 卷4)
- 🈇 광대함·웅장함·뒤섞음·변환(變幻)·웅혼(雄渾)·호탕(豪宕)·광활함·침심(沈深) 등은 대가는 잘하지만, 명가는 해내지 못하는 것이다.

(2) 넓게 넘실거리는 것을 말한다.

- 🈐 水, 活物也. 其形欲深靜, 欲柔滑, 欲汪洋, 欲迴環, 欲肥膩, 欲噴薄, 欲激射.(郭熙, 『林泉高致』 「山川訓」)
- 🈇 물은 살아 움직이는 물상이다. 그 모양은 깊고 고요해야 하며, 부드럽고 미끄러워야 하고, 넓게 넘실거려야 하며, 둥그렇게 감아 돌아야 하고, 기름지고 윤택해야 하며, 거세게 내뿜어 솟구쳐야 하고, 부딪혀 치올라야 한다.

- **외 畏**

    이유 없이 거북하거나 자연스럽지 못한 두려움을 말한다.

    - 예 畏. 無端羞澁曰畏.(寶蒙, 『語例字格』)
    - 역 외(畏): 이유 없이 거북하거나 자연스럽지 못한 두려움을 일러 외(畏)라 한다.

- **외고중고 外枯中膏**

    겉은 메마르지만 안은 기름진 것을 말한다.

    - 예 所貴乎枯澹者, 謂其外枯而中膏, 似澹而實美.(蘇軾, 『東坡題跋』上卷 「評韓柳詩」)
    - 역 메마르고 담박(澹泊)함을 중요하게 여기는 이유는, 겉은 메마르지만 안은 기름지고, 담박한 듯싶지만 실은 아름답기 때문이다.

- **외무유물 外無遺物**

    눈앞에 마주치는 경물(景物)은 모두 심미대상으로 만들어 표현해내는 경지를 말한다.

    - 예 嶸謂若人興多才高, 寓目輒書, 內無乏思, 外無遺物, 其繁富, 宜哉!(鍾嶸, 『詩品』)
    - 역 내〈종영(鍾嶸)〉가 생각하기에, 사령운(謝靈運)은 생각이 민첩하고, 시재(詩才)가 뛰어나며, 마주치는 것은 모두 시로 풀어내고, 가슴속에는 풍부한 생각과 감정이 있으며, 눈앞의 것은 모두 시의 경물로 만드는 사람이다. 그래서 그에게 풍부하다는 말은 아주 적합한 표현이다.

- **외사조화 外師造化, 중득심원 中得心源**

    밖으로는 천지(天地)의 조화(造化)에서 배우고, 안으로는 마음의 근원을 터득하다.

- 예) 初, 畢庶子宏擅名於代, 一見驚歎之, 異其唯用禿毫, 或以手摸絹素, 因問璪所受. 璪曰: "外師造化, 中得心源." 畢宏於是閣筆.(張彦遠, 『歷代名畵記』)
- 역) 처음 〈제후(諸侯)·경대부(卿大夫)의 서자(庶子)를 교육하는〉 서자(庶子) 벼슬을 한 필굉(畢宏)이 당시 그림으로 명성을 날렸는데, 장조(張璪)의 그림을 한번 보고 깜짝 놀랐다. 가만 보니, 기이하게도 닳아빠진 붓만 쓰고, 더러는 흰 비단에 손으로 문지르기도 하는 것이다. 그래서 장조에게 그런 것을 어디서 전수 받았는지 물어보니, 장조가 말했다. "밖으로는 천지(天地)의 조화(造化)에서 배우고, 안으로는 마음의 근원을 터득하였다." 이에 필굉이 붓을 놓았다.

• **요 了**

문사(文辭)를 간결하게 하면서 동시에 생동감 있게 작자의 뜻을 묘사하는 것을 말한다.

- 예) 其論文曰"快"·曰"達"·曰"了", 正爲非此不足以發微闡妙也.(劉熙載, 『藝槪』「文槪」)
- 역) 〈소식(蘇軾)은〉 "쾌(快)"·"달(達)"·"요(了)"를 가지고 문장의 창작을 논하는데, 만약 이 세 가지에 이르지 못하면 문장의 미묘한 바를 드러낼 방법이 없기 때문이다.

• **요야 妖冶**

요염하고 화려함을 말한다.

- 예) 麗者, 美也. 於淸靜中發爲美音. 麗從古澹出, 非從妖冶出也.(徐上瀛, 『溪山琴況』)
- 역) 〈거문고에서〉 여(麗)는 바로 미(美)인데, 청정함 속에 고운 소리를 연주해 낸다는 뜻이다. 여는 고아(古雅)함과 담박함으로부터 드러나지, 요염하고 화려한 것으로부터 나타나는 것은 아니다.

• **요약 要約**

군더더기를 제거하고 요점만 간결하게 써진 글의 간단명료함을 말한다.

- 예 精者能簡, 名之曰要約,『公羊』·『穀梁』是也.(楊愼,『總纂升庵合集』卷124「論文」)
- 역 정통한 사람은 능히 간략하게 쓸 수 있기에 "간단명료"라고 부른다. 『공양전(公羊傳)』이나 『곡량전(穀梁傳)』이 바로 그런 경우이다.

• **요이부** 妖而浮

〈노래의〉 가사가 아름답고 운율이 감동적이다.

- 예 桓玄問羊孚: "何以共重吳聲?" 羊曰: "當以其妖而浮."(劉義慶,『世說新語』「言語」)
- 역 환현(桓玄)이 양부(羊孚)에게 물었다. "어째서 모두 오(吳)나라의 노래를 중요하게 여길까요?" 양부가 말하였다. "아마도 그것은 가사가 아름답고 운율이 감동적이기 때문일 것입니다."

• **욕득묘어필** 欲得妙於筆, **당득묘어심** 當得妙於心

〈그림을 그릴 때〉 필법(筆法)의 묘처(妙處)를 터득하고자 한다면 응당 먼저 마음의 묘처를 터득해야 한다.

- 예 夫心能不牽於外物, 則其天守全, 萬物森然, 出於一鏡, 豈待含墨吮筆, 槃礴而後爲之哉? 故余謂臻欲得妙於筆, 當得妙於心.(黃庭堅,『豫章黃先生文集』卷16「道臻師畫墨竹序」)
- 역 마음이 외부 사물의 이끌림을 받지 않으면 천성(天性)이 완비되니, 세상 만물이 비록 복잡다단(複雜多端)하다 해도 단일한 심경(心境)으로 마주한다면 어찌 굳이 붓에 먹물을 묻히고 다리를 뻗어 편안하고 홀가분한 상태가 되어야만 창작을 한단 말인가? 그래서 나는 도진(道臻)에 대해, 그림을 그릴 때 필법(筆法)의 묘처(妙處)를 터득하고자 한다면 응당 먼저 마음의 묘처를 터득해야 한다고 말한다.

- **욕호기**浴乎沂, **풍호무우**風乎舞雩

기수(沂水)에서 물놀이하고 무우(舞雩)에서 바람 쐰다는 말이다. 공자(孔子)가 몇몇 제자들과 대화를 할 때, 각자에게 포부를 말해보라 했다는 내용이 『논어(論語)』「선진(先進)」에 나온다. 이 때 자로(子路)는 경세(經世)에 대한, 그리고 염유(冉有)는 제민(濟民)에 대한 포부를 드러냈으며, 공서화(公西華)는 예(禮)를 집행하는 일[文化立國]에 종사코자 한다는 포부를 말하였다. 그리고 증점(曾點)은 아래 예문에 나오는 답을 했다. 그런데 공자는 유독 증점의 이상을 가장 높은 정신적 경지로 인정했다. 그 이유는 공자가 증점의 초월할 줄 아는 경지[人生境界]에 지극히 만족했기 때문이다. 유가의 예술정신에도 초월이 있다. 유가의 초월적 예술정신은 공유현실(公有現實)[公共性]을 유념한 주관의식[主觀性]으로서의 초월이다. "늦은 봄에 기수(沂水)에서 물놀이하고 무우(舞雩)에서 바람 쐬곤 노래하며 돌아오리라."던 증점의 즐거움은 그대로 유가적 예술정신의 전형을 보여준다. 여기서의 핵심은 "귀(歸)"라는 글자에 있다. "돌아옴"을 전제로 하기에 이 초월은 공공성을 담고 있으며, 그 지극한 자적(自適)은 의미 있는 즐거움이 되는 것이다. "기수에서 물놀이하고 무우에서 바람 쐰다."는 것은 출세(出世)적 초월이 아니다. 그것은 "노래하며 돌아오기"에 입세(入世)적 초월이다. 주관성 속에 참여의식과 초월의식이 공존하고 있기 때문에 그 주관성은 공공성을 절대로 상실하지 않는 것이다.(2006, p. 121 참조)

- 예 莫春者, 春服旣成, 冠者五六人, 童子六七人, 浴乎沂, 風乎舞雩, 詠而歸.(『論語』「先進」)
- 역 늦은 봄에 얇은 봄옷이 만들어지면 어른 대여섯, 아이 예닐곱과 함께 기수(沂水: 강이름)에서 물놀이도 하고 무우(舞雩: 너른 언덕)에서 봄바람 쐬면서 그리곤 좋은 싯구로 가락이나 읊으며 돌아오겠다.

- **용개 勇改**

  〈시를 지을 때〉 고침을 주저하지 않는 것을 말한다.

  - 勇改. 千招不來, 倉猝忽至, 十年矜寵, 一朝捐棄.(袁枚, 『小倉山房詩集』 卷20)
  - 고침을 주저하지 않음. 문장을 고칠 때 적당한 글자나 구절은 수천수만 번을 찾더라도 나타나지 않다가 촉박할 때 갑자기 나타난다. 어떤 구절은 아마 십 년 동안 계속 자랑할 만하다고 생각하겠지만, 일단 타당하지 않은 점을 발견하면 바로 버릴 것이다.

- **용발 聳拔**

  물상(物象)이 높이 치솟은 것을 말한다.

  - 山, 大物也. 其形欲聳拔, 欲偃蹇, 欲軒豁, 欲箕踞, 欲磅礴, 欲渾厚, 欲雄豪.(郭熙, 『林泉高致』 「山川訓」)
  - 산은 큰 물상이다. 그 모양은 높이 치솟아야 하며, 굽이굽이 뻗어나가야 하고, 사방이 확 트여야 하며, 잔뜩 웅크린 듯해야 하고, 두 다리를 쭉 벌린 채 편안히 앉은 듯해야 하며, 크고 두터워야 하고, 호방해야 한다.

- **용수 聳瘦**

  물상(物象)이 뾰족하게 치솟은 것을 말한다.

  - 近世畵手, 生吳·越者寫東南之聳瘦, 居咸·秦者貌關·隴之壯闊.(郭熙, 『林泉高致』 「山川訓」)
  - 근래의 화가를 보면 오(吳)·월(越) 지방에서 태어난 사람은 동남(東南)지방의 뾰족하게 치솟은 경관만을 그리고, 함(咸)·진(秦) 지방 사람은 관(關)·농(隴) 지방의 크고 넓은 경관만을 그린다.

- **용언성장 用言成章, 도심중사 道心中事**

말로써 문장을 이루게 되면 곧 마음속의 일을 말하게 된다는 뜻이다. 시라는 것은 뜻을 드러내는 것["詩言志"]임을 말한다.

- 예) 何故謂之詩? 詩者言其志. 旣用言成章, 遂道心中事.(邵雍, 『伊川擊壤集』 卷11 「論詩吟」)
- 역) 무엇으로 시라 하는가? 시라는 것은 뜻을 드러내는 것이다. 이미 말로써 문장을 이루게 되면 곧 마음속의 일을 말하게 된다.

• 우경 寓境

마음이 기탁한 바의, 혹은 그러한 기탁을 함축하고 있는 지경을 말하며, 의경(意境)과 같은 맥락의 개념이다.

- 예) 復探其遲之趣, 乃若山靜秋鳴, 月高林表, 松風遠拂, 石澗流寒, 而日不知晡, 夕不覺曙光, 此希聲之寓境也.(徐上瀛, 『溪山琴況』)
- 역) 〈거문고에서〉 이제 지(遲)를 얘기해 볼 것 같으면, 느림의 정취는 마치 고요한 산 속의 가을바람 소리와 같고, 높은 산림 위에 떠 있는 밝은 달과 같으며, 솔바람이 멀리 스쳐가는 것과 같고, 한천(寒泉)이 흘러가는 것과 같아 사람으로 하여금 밤낮을 잊어버리게 한다. 이는 곧 희성(希聲)의 의경(意境)이다.

• 우곡 紆曲

굽이굽이 돌아감을 말한다.

- 예) 惟粤東峽, 山高不過里許, 而磴級紆曲, 古松張覆, 驕陽不炙.(袁枚, 『小倉山房文集』 卷29 「峽江寺飛泉亭記」)
- 역) 오직 광동(廣東) 동쪽의 협산(峽山)은 그 높이가 일리(一里) 안팎에 불과하지만 오를 때 돌로 된 비탈길이 굽이굽이 돌아가고 오래된 소나무 숲이 위로는 그늘을 드리우니, 뜨거운 태양도 산객(山客)을 쪼이지 못한다.

- **우목첩서** 寓目輒書

  눈에 마주치는 것은 모두 시로 풀어낸다.

  - 嶸謂若人興多才高, 寓目輒書, 內無乏思, 外無遺物, 其繁富, 宜哉!(鍾嶸, 『詩品』)
  - 내〈종영(鍾嶸)〉가 생각하기에, 사령운(謝靈運)은 생각이 민첩하고, 시재(詩才)가 뛰어나며, 마주치는 것은 모두 시로 풀어내고, 가슴속에는 풍부한 생각과 감정이 있으며, 눈앞의 것은 모두 시의 경물로 만드는 사람이다. 그래서 그에게 풍부하다는 말은 아주 적합한 표현이다.

- **우물자초** 遇物自肖, **설상자형** 設象自形

  〈의취(意趣)가 높으니 영감이 자연스레 떠올라 그리는 것마다〉 모습이 저절로 닮고, 형상은 스스로 이루어진다.

  - 遇物自肖, 設象自形. 縱意恣肆, 如塵冥冥.(黃鉞, 『二十四畫品』)
  - 모습이 저절로 닮고, 형상은 스스로 이루어진다. 얽매임 없이 자유로우니, 그 종적이 아득하다.

- **우미** 優美

  어떤 한 사물이 있을 때 그것이 사람으로 하여금 이해관계를 잊게 만들고 또 그걸 가지고 놀아도 질리는 감정이 일어나지 않는 것을 이른다. 이때 평온한 상태의 마음으로 이해관계를 제쳐놓고 그 사물 자체를 바라보기 때문에 자신과 관계되는 것이 아닌 외부의 것으로 간주하게 되는 것이다.

  - 而美之中, 又有優美與壯美之別. 今有一物, 令人忘利害之關係, 而玩之而不厭者, 謂之曰優美之感情. 若其物直接不利於吾人之意志, 而意志爲之破裂, 唯由知識冥想其理念者, 謂之曰壯美之感情.(王國維, 『靜庵文集』 「叔本華之哲學及其敎育學說」)

㉭ 그런데 이 미(美) 안에는 또 우미(優美)와 장미(壯美)의 구별이 있다. 지금 어떤 하나의 사물이 있을 때, 그것이 사람으로 하여금 이해관계를 잊게 만들고 가지고 놀아도 질리지 않으면, 그것을 일러 우미(優美)의 감정이라 한다. 만약 그 사물이 직접적으로 우리의 의지에 이롭지 않고 의지는 그것 때문에 파열되며 오직 지식으로 말미암아 이념(理念)을 명상하게 되면, 그것을 일러 장미(壯美)의 감정이라 한다.

• **우언사물** 寓言寫物

기탁하는 말로 사물을 묘사하는 것을 말하며, 부(賦)의 서술 방식이다.

㉠ 因物喩志, 比也; 直書其事, 寓言寫物, 賦也.(鍾嶸, 「詩品序」)
㉭ 다른 사물을 빌려 말하고자 한 뜻을 드러내는 것을 비(比)라 한다. 직접 일을 서술함에 기탁하는 말로 사물을 묘사하는 것을 부(賦)라 한다.

• **우여** 紆餘

감도는 듯한 완곡함을 말한다.

㉠ 以峭激蘊紆餘, 以倔强寓款婉, 斯征品量.(劉熙載, 『藝槪』 「書槪」)
㉭ 가파르고 거센 것으로 감돌고 완곡한 맛을 함축하고, 강경하고 강직한 것으로 완만하고 부드러운 맛을 기탁함으로써 품평을 구한다.

• **우유** 優柔

온화하고 완곡적이며 함축적인 것을 말한다.

㉠ 風人之感慨, 卽其優柔. 感慨者其詞, 優柔者其旨.(賀貽孫, 『水田居詩文集』 卷3 「康上若詩序」)
㉭ 《시경(詩經)》에서의〉 국풍(國風)을 지은 시인(詩人)의 감탄은 완곡적이고 함축적이다. 그들의 문사(文辭)나 감탄에는 주제가 함축되어 있

다.

- **우유불박** 優遊不迫

  우아한 여유를 말한다.

  ㉠ 其大槪有二: 曰優遊不迫, 曰沈着痛快.(嚴羽, 『滄浪詩話』「詩辨」)
  ㉡ 시의 대강(大綱)에는 두 가지가 있다. 우아한 여유와 절절한 호쾌가 그것이다.

- **우유빈울** 優游彬蔚

  공덕(功德)을 찬양하는 것이니, 반드시 언사(言辭)가 화려하고 뚜렷해야 한다는 말이다. 송(頌)의 창작 원칙을 말하고 있다.

  ㉠ 頌優游以彬蔚. 論精微而朗暢. 奏平徹以閑雅. 說煒曄而譎誑.(陸機, 「文賦」)
  ㉡ 송(頌)은 공덕(功德)을 찬양하는 것이니, 반드시 언사(言辭)가 화려하고 뚜렷해야 한다. 논(論)은 사리(事理)를 따지는 것이 정미해야 한다. 주(奏)는 공평하고 전아(典雅)해야 한다. 설(說)은 허황된 말로 사람의 마음을 움직여야 한다.

- **우의** 寓意

  사물이나 경물에 뜻을 기탁하여 "경중정(景中情)"의 경지를 이루는 것을 말한다.

  ㉠ 李·杜所以稱大家者, 無意之詩, 十不得一二也. 煙雲泉石, 花鳥苔林, 金鋪錦帳, 寓意則靈.(王夫之, 『薑齋詩話』卷2)
  ㉡ 이백(李白)이나 두보(杜甫)가 대가(大家)로 불리는 것은, 그들의 시 가운데 의(意)가 없는 것이 열에 한둘도 안 되기 때문이다. 안개·구름·샘·돌·꽃·새·이끼·숲·금으로 만든 문고리의 쇠·비단 휘장 등에 의(意)가 깃들면 신령스러워진다.

- **우의어물** 寓意於物

  사물에 기탁하여 자신의 뜻을 표현하는 것을 말한다.

  - 예) 君子可以寓意於物, 而不可以留意於物.(蘇軾, 『蘇東坡集』 前集 卷32 「寶繪堂記」)
  - 역) 군자는 사물에 기탁하여 뜻을 표현할 수 있으나, 그렇다고 사물에 빠져들면 안 된다.

- **우지자천** 遇之自天

  감흥이 천기(天機)로부터 나옴을 말한다.

  - 예) 情性所至, 妙不自尋, 遇之自天, 冷然希音.(司空圖, 『詩品二十四則』)
  - 역) 부지불식간에 정성(情性)이 드러나 제 스스로 묘경(妙境)이 된다. 감흥은 천기(天機)에서 나오고 실경(實境)은 진귀한 시편(詩篇)이 된다.

- **우합신교** 偶合神交

  내재 정신과 외재 표현이 하나로 융합하는 경지를 말한다.

  - 예) 吾作『詩品』, 猶希聞偶合神交·自然冥契者, 是才難也.(『法書要錄』 卷3 「書後品」)
  - 역) 내가 일찍이 『시품(詩品)』을 지었는데, 내재 정신과 외재 표현이 하나로 융합되고 자연스레 화합하는 절묘한 작품을 거의 보지 못하였다. 재주라는 것은 정말 타고나기 어려움을 알 수 있다.

- **우현어회** 寓顯於晦

  명백함을 몽롱함 속에 담아낸다.

  - 예) 相遇殊野, 相言彌親. 寓顯於晦, 寄心於身.(黃鉞, 『二十四畫品』)
  - 역) 질박함을 마주할수록 의미가 더욱 가까워진다. 명백함을 몽롱함 속에

담아내고, 마음을 몸에 기탁한다.

- **운韻**

    (1) 고아한 풍취 혹은 풍아(風雅)를 말하며, 고상(高尙)하고 문아(文雅)한 것을 가리킨다.

    ㉠ 支道林常養數匹馬. 或言道人畜馬不韻. 支曰: "貧道重其神駿."(劉義慶, 『世說新語』「言語」)
    ㉡ 지도림(支道林: 支遁)이 항상 몇 마리의 말을 기르고 있었다. 어떤 사람이 말하길, 도인(道人)이 말을 기르다니 고아하지 않다고 했다. 지도림이 말했다. "안빈낙도(安貧樂道)하는 마음은 그 신묘하게 내달리는 풍도(風度)를 중요하게 생각합니다."

    ㉠ 論人物要是韻勝, 爲尤難得.(黃庭堅, 『豫章黃先生文集』卷28「題絳本法帖」)
    ㉡ 인물을 논할 때 그 사람의 풍아(風雅)에 어울리게 말하는 것이 가장 어렵다.

    (2) 신운(神韻)을 말한다.

    ㉠ 北書以骨勝, 南書以韻勝. 然北自有北之韻, 南自有南之骨也.(劉熙載, 『藝槪』「書槪」)
    ㉡ 북파(北派)의 서예는 강건한 필력에서 뛰어나고, 남파(南派)의 서예는 신운(神韻)에서 뛰어나다. 그러나 북파도 그들 나름의 신운이 있고, 남파도 그들 나름의 강건함이 있다.

    (3) 운미(韻味) 혹은 운치(韻致)를 가리킨다.

    ㉠ 凡書畵當觀韻.(黃庭堅, 『豫章黃先生文集』卷27「題摹燕郭尙父圖」)
    ㉡ 무릇 서화(書畵)는 마땅히 운미(韻味)를 봐야 한다.

    (4) 기법(技法)의 자취를 드러내지 않으면서 형상을 만들어내는데, 격

식을 갖추되 속되지 않도록 하는 것을 말한다.

- 氣者, 心隨筆運, 取象不惑. 韻者, 隱跡立形, 備儀不俗.(荊浩, 『筆法記』)
- 기(氣)는 마음을 따라 붓을 움직여 형상을 취함에 미혹됨이 없도록 하는 것이다. 운(韻)은 기법의 자취를 드러내지 않으면서 형상을 만들어 내는데, 격식을 갖추되 속되지 않도록 하는 것이다.

• **운도 韻度**

시(詩)의 전체적인 풍신(風神)을 말한다.

- 大凡詩自有氣象·體面·血脈·韻度.(姜夔, 『白石道人詩說』)
- 시(詩)에는 일정한 기상(氣象)과 체면(體面)과 혈맥(血脈)과 운도(韻度)가 있다.

• **운룡무표 雲龍霧豹**

〈문장이 마치〉 구름 속의 용이나 안개 속의 표범처럼 쓰여, 글의 전개가 구름과 안개에 싸인 것처럼 잘 드러나지 않아 신비롭고 변화무쌍한 것을 말한다.

- 文如雲龍霧豹, 出沒隱見, 變化無方.(劉熙載, 『藝槪』「文槪」)
- 문장은 마땅히 마치 구름 속의 용이나 안개 속의 표범처럼 써야 한다. 이런 글은 나가거나 들어올 때 모두 구름과 안개에 의해 잘 드러나지 않으니 신비롭고 변화무쌍하다.

• **운미 韻味**

언어나 형상을 초월하며, 문득 느끼지만 오래 지속되는 무궁한 여미(餘味)의 심미경지를 말한다.

- 詠物者要當高得其格致韻味, 下得其形似, 各相稱耳.(張戒, 『歲寒堂詩話』)

㉭ 영물(詠物)이란 것은 위로는 풍격(風格)과 운미(韻味)를 드러내고 아래로는 형상을 잘 묘사해야 서로 잘 어울린다.

- **운사** 運思

    계사(計思)와 같은 말로, 창작을 위한 구상을 말한다.

    ㉠ 顧公運思精微, 襟靈莫測.(張彦遠,『歷代名畵記』)
    ㉭ 고개지(顧愷之)의 구상은 정미(精微)하고, 흉금의 깊이는 가늠할 길이 없다.
    ㉠ 故其措一意, 狀一物, 往往運思, 中與神會, 髣髴焉若驅和役靈於其間者.(白居易,『白香山集』卷26「記畵」)
    ㉭ 그렇기에 하나의 뜻을 설정하여 하나의 물상을 그림으로 나타내는데, 종종 구상을 하여 그 경지가 신묘함과 합하게 되는 것이 곧 그 그림 사이에 신령함을 휘몰아 이루는 것과 같다.

- **운사정심** 運思精深

    구상이 정미하고 깊이가 있음을 말한다.

    ㉠ 夫運思精深者, 筆迹周密.(張彦遠,『歷代名畵記』)
    ㉭ 구상이 정미하고 깊이가 있는 사람은 운필의 흔적이 주도면밀하다.

- **운외지치** 韻外之致

    문자 밖의 여운(餘韻), 문자 너머의 무궁한 의취(意趣), 형상 너머의 풍치(風致) 등을 가리킨다.

    ㉠ 近而不浮, 遠而不盡, 然後可以言韻外之致耳.(司空圖,『司空表聖文集』「與李生論詩書」)
    ㉭ 묘사가 사실적이면서도 천박한 데로 흐르지 않고, 의경(意境)이 요원하면서도 함축이 농후한 다음에야 비로소 문자 밖의 여운(餘韻)을 얘기할 수 있지 않겠는가?

- **운이불미** 韻而不靡

  성운(聲韻)이 우아하고 아름답되 호화스럽지 않음을 말한다.

  - 韻而不靡, 樸而不粗, 淡而不枯, 工而不詭.(『尺牘新鈔』2集 徐芳「與高自山」)
  - 〈시(詩)는 마땅히〉 그 성운(聲韻)이 우아하고 아름다워야 하지만 호화스럽지 않고, 질박하지만 거칠지 않으며, 담박하지만 창백하지 않고, 정교하지만 기이하지 않게 써야 된다.

- **울 鬱**

  (1) 미학범주로서의 울(鬱)은 보통 침울(沈鬱)로 표현된다. 침울은 일단 감정상의 우울과 탄식을 말하는 것이지만, 거기에는 또한 웅건한 힘의 느낌이 낮게 배어 있다. 침울은 침착(沈着)과 구별된다. 둘은 모두 웅장의 미를 함축하고 있지만, 침착은 힘차고 통쾌한 호방함에 더 치우치는 반면 침울은 감정의 기복이 낮게 깔린 완곡한 처량함을 담고 있다.(2008, p. 210 참조)

  - 寫樂毅則情多怫鬱; 書畫讚則意涉瓌奇.(孫過庭, 『書譜』)
  - 아마 악의론(樂毅論)을 쓸 때엔 마음이 꽤 울적했을 것이다. 동방삭화찬(東方朔畫讚)을 쓸 때엔 심경이 아주 기묘하고 몽환적인 경지에 있었을 것이다.
  - 夫迫而呼者不擇聲, 非不擇也, 鬱與口相觸, 卒然而聲, 有加於擇者也.(袁宏道, 『袁中郎全集』卷3「陶孝若枕中囈引」)
  - 대개 급박한 상황에서 외칠 때는 내는 소리를 가리지 않는다. 가리지 않으려 해서가 아니라 울적함과 입이 서로 부딪혀 알지 못하는 찰나에 소리가 나오니, 그 소리를 가려 고르려는 순간보다 앞서는 것이다.

  (2) 기세가 끊임없이 일어나는 것을 말한다.

  - 鬱. 勝勢鋒起曰鬱.(實蒙, 『語例字格』)

⊙ 울(鬱): 기세가 끊임없이 일어나는 것을 일러 울(鬱)이라 한다.

- **울온아연** 蔚溫雅淵

    〈문장이〉 문채(文采)가 아름다우면서 온화하고, 아치(雅致)가 있으면서 깊이가 있음을 말한다.

    ⊙ 粹靈均者, 其文蔚溫雅淵, 疏朗麗則, 檢不扼, 達不放, 古淡而不鄙, 新奇而不怪.(白居易, 『白香山集』 卷59 「故京兆元少尹文集序」)

    ⊙ 〈만약 어떤 한 사람이〉 수기(粹氣)와 영기(靈氣)를 똑같은 양으로 갖게 되면 그 사람의 문장은, 문채(文采)가 아름다우면서 온화하고, 아치(雅致)가 있으면서 깊이가 있으며, 막힘없이 맑고, 어휘가 수려하면서도 또한 다른 사람이 본받을 만한 준칙이 되며, 간명(簡明)하나 간략(簡略)하지는 않고, 얽매임 없으면서도 방탕하지 않고, 평담(平淡)하되 비루하지 않으며, 신기(新奇)하나 괴이(怪異)하진 않다.

- **울이달** 鬱以達

    느리지만 원활하게 통하는 것을 말한다.

    ⊙ 每誦古詩, 或奇而肆, 或秀以深, 或鬱以達.(賀貽孫, 『水田居詩文集』 卷3 「水田居詩自序」)

    ⊙ 옛날의 시를 읽을 때 어떤 시는 기이하고 방자하며, 어떤 시는 아름답고 그윽하며, 또 어떤 것은 느리지만 원활하게 통한다.

- **울중설외** 鬱中泄外

    마음속에 쌓인 것이 밖으로 흘러나온다.

    ⊙ 樂也者, 鬱於中而泄於外者也, 擇其善鳴者而假之鳴.(韓愈, 『韓昌黎集』 卷4 「送孟東野序」)

    ⊙ 음악이란 것은 마음속에 쌓인 것이 밖으로 흘러나오는 것으로, 소리를 잘 내는 것을 골라 그것에 의탁하여 소리를 낸다.

- **웅 雄**

    (1) 기골이 강대하고 웅건하고 힘 있는 것을 말한다.

    - 예) 雄於潘岳, 靡於太仲, 風流調達, 實曠代之高手.(鍾嶸,『詩品』)
    - 역) 〈장협(張協)의 시는〉 시풍(詩風)은 반악(潘岳)에 비하면 기골(氣骨)이 강하고, 언어의 아름다움은 좌사(左思)를 넘어섰다. 풍격은 시원하고 유창하니, 실로 절세의 대가이다.
    - 예) 雄. 別副英威曰雄.(竇蒙,『語例字格』)
    - 역) 웅(雄): 특별히 용감한 위무(威武)가 있어 웅건하고 힘 있는 것을 일러 웅(雄)이라 한다.

    (2) 호방함을 말한다.

    - 예) 太史公文, 韓得其雄, 歐得其逸.(劉熙載,『藝槪』「文槪」)
    - 역) 사마천(司馬遷)의 문장에서 한유(韓愈)는 호방을 배웠고 구양수(歐陽脩)는 표일(飄逸)을 배웠다.

- **웅매 雄邁**

    기상이 웅대함을 나타낸 말이다.

    - 예) 曠達者自然浩蕩, 雄邁者自然壯烈.(李贄,『焚書』卷3「雜述·讀律膚說」)
    - 역) 성정(性情)이 드넓은 사람은 자연스레 호탕한 소리를 내고, 기상이 웅대한 사람은 자연스레 소리가 장렬하다.

- **웅무신종 雄武神縱**

    웅건하고 위풍당당한 신운(神韻)의 발산을 말한다.

    - 예) 爾其雄武神縱, 靈姿秀出, 臧武仲之智, 卞莊子之勇.(『法書要錄』卷8「張懷瓘書斷中」)
    - 역) 웅건하고 위풍당당한 신운(神韻)의 발산과 아름답고 독특한 자태의 아름다움을 보면, 마치 춘추시기 노국(魯國) 대부(大夫)인 장무중(臧

武仲)의 지혜와 역시 노국 대부인 변장자(卞莊子)의 용맹을 보는 듯하다.

- **웅미** 雄媚

  웅건하면서도 아름다운 맛이 나는 것을 말한다.

  예) 豈非趯筆則點畫皆有筋骨, 字體自然雄媚乎?(顔眞卿,「述張長史筆法十二意」)

  역) 빠른 모양으로 획을 쓰면 점획 전체가 모두 힘줄과 뼈를 얻게 되어 글자의 형체가 자연스레 웅건하면서도 아름다운 맛이 난다는 것 아닌가?

- **웅섬** 雄贍

  웅혼(雄渾)의 뜻이다. 웅건하고 아름다운 것을 말한다.

  예) 詞藻雄贍, 草隸精深.(竇蒙,『語例字格』)

  역) 시부(詩賦)는 웅건하고 아름다우며, 초서와 예서는 아주 심오하다.

  예) 建安諸子, 雄贍高華; 六朝俳偶, 靡曼精工.(胡應麟,『詩藪』「內編」卷1)

  역) 공융(孔融)·진림(陳琳)·왕찬(王粲)·서간(徐幹)·완우(阮瑀)·응창(應瑒)·유정(劉楨) 등 건안제자(建安諸子)의 시는 웅혼(雄渾)·화려(華麗)하며, 육조(六朝)의 대구(對句)는 유약(柔弱)·정치(精緻)하다.

- **웅수** 雄秀

  웅건하고 수려한 것을 말한다.

  예) 顔魯公書雄秀獨出, 一變古法.(蘇軾,『蘇東坡集』前集 卷23「書唐氏六家書後」)

  역) 안진경(顔眞卿)의 글씨는 웅건하고 수려함이 특출하며, 옛날의 법도(法度)를 일변(一變)하였다.

- **웅위 雄偉**

    양강미(陽剛美)의 하나로, 웅장하고 위대한 것을 말한다.

    - 예 文之雄偉而勁直者, 必貴於溫深而徐婉.(姚鼐, 『惜抱軒文集』 卷4 「海愚詩鈔序」)
    - 역 웅장하고 위대하며 힘이 쭉 뻗은 글은 종종 온유하고 깊고 완곡한 문장보다 훨씬 중요시 된다.

- **웅호 雄豪**

    호방함을 말한다.

    - 예 山, 大物也. 其形欲聳拔, 欲偃蹇, 欲軒豁, 欲箕踞, 欲礧磈, 欲渾厚, 欲雄豪.(郭熙, 『林泉高致』 「山川訓」)
    - 역 산은 큰 물상이다. 그 모양은 높이 치솟아야 하며, 굽이굽이 뻗어나가야 하고, 사방이 확 트여야 하며, 잔뜩 웅크린 듯해야 하고, 두 다리를 쭉 벌린 채 편안히 앉은 듯해야 하며, 크고 두터워야 하고, 호방해야 한다.

- **웅혼 雄渾**

    장미(壯美)에 속하는 미학범주이다. 생동하는 형상을 통해 기백(氣魄)의 웅위(雄偉)와 드넓음·아득히 멈·광활함 등을 나타낸다.

    - 예 雄渾. 大用外腓, 眞體內充, 返虛入渾, 積健爲雄.(司空圖, 『詩品二十四則』)
    - 역 웅혼(雄渾): 커다란 기세(氣勢)가 발휘되는 것은 도(道)의 본원(本源)이 가슴속에 충만하기 때문이다. 만약 도와 혼연일체가 된다면 더할 수 없이 강건한 역량을 끊임없이 강화할 수 있다.
    - 예 南帖爲圓筆之宗, 北碑爲方筆之祖. 遒健雄渾, 峻峭方整, 北派之所長也.(梁啓超, 『飮氷室文集』 卷10 「中國地理大勢論」)
    - 역 남첩(南帖)은 원필(圓筆)을 주로 하였고, 북비(北碑)는 방필(方筆)을 주로 하였다. 강건하고 웅장하며 방정한 것은 북파(北派)의 특징이다.

- **원** 怨

    (1) 억울함과 원망스러움을 말한다.

    예 國無人莫我知兮 — 怨也.(方回, 『桐江續集』 卷30 「離騷胡澹庵一說」)

    역 나라 안에 나를 이해하는 사람이 없다. — 원(怨)이다.

    (2) 어조(語調)가 처절한 것을 말한다.

    예 怨. 詞調淒切曰怨.(皎然, 『詩式』)

    역 원(怨): 어조(語調)가 처절한 것을 원(怨)이라 한다.

- **원** 圓

    지나치지도 모자람도 없는 원만함을 말한다. 규구(規矩)의 틀을 초월한 이상적인 예술경지이다. 원숙(圓熟)·원윤(圓潤)·원융(圓融)·원전(圓轉)·원전(圓全) 등의 개념으로 표현된다.

    예 下字貴響, 造語貴圓.(嚴羽, 『滄浪詩話』 「詩法」)

    역 글자를 사용할 때는 울림을 중요하게 여기고, 시어(詩語)를 만들 때는 원만함을 중요하게 여긴다.

    예 宛轉動蕩, 無滯無礙, 不少不多, 以至恰好, 謂之圓.(徐上瀛, 『溪山琴況』)

    역 〈거문고에서〉 손가락이 현 위에서 구구절절 활발한 동시에 아무 장애도 없고, 많지도 적지도 않아 꼭 들어맞는 것을 원(圓)이라 한다.

- **원** 遠

    (1) 산수화의 꾸밈없는 수수함, 넓게 텅 빈 공활(空豁)함, 그리고 어렴풋이 머나먼 희미함 등을 가리키는 의경(意境)이다. 현원(玄遠), 청원(淸遠), 평원(平遠), 심원(深遠), 광원(廣遠), 일원(逸遠) 등의 미학범주는 모두 이 원(遠)과 유관한 개념들이다.

㉠ 今之人慕趣之名, 求趣之似, 於是有辨說書畵·涉獵古董以爲淸, 寄意玄虛·脫跡塵紛以爲遠.(袁宏道,『袁中郞全集』卷3「敍陳正甫會心集」)
㉡ 지금 사람들은 풍취의 이름만을 흠모하여 풍취와 비슷한 것만을 추구한다. 그리하여 서화(書畵)에 대해 논하고 골동품을 모으는 것을 청아(淸雅)하다고 여긴다. 또 현묘함에 뜻을 기탁하고 현실세계로부터 벗어나는 것을 현원(玄遠)이라 생각한다.

(2) 상상을 통해 도달하거나 이루는 경지를 말한다.

㉠ 遠. 非謂渺渺望水, 杳杳看山, 乃謂意中之遠.(皎然,『詩式』)
㉡ 원(遠): 아득하게 물을 바라보거나 산을 올려보는 것을 말하는 것이 아니라 마음속의 요원함을 말한다.
㉠ 遲以氣用, 遠以神行. 故氣有候, 而神無候.(徐上瀛,『溪山琴況』)
㉡ 지(遲)는 기운으로 조절하는 것이고, 원(遠)은 상상을 통해 이루는 것이다. 그런데 기운은 일정한 규범이 있어 파악할 수 있으나, 상상은 규범이 없어 파악하기 어렵다.

- **원불중규** 員不中規, **방불중구** 方不中矩

  둥글다 해서 원(圓)을 그리는 규(規)에 들어맞음이 있는 것도 아니고, 모가 있다 해서 방형(方形)을 그리는 구(矩)에 들어맞음이 있는 것도 아니라는 말이다. 규(規)나 구(矩)라는 법규로 재단하거나 측량할 수 있는 것이 아닌, 즉 정형화된 상법(常法)을 초월하는 것임을 가리킨다.

  ㉠ 卓然獨立, 塊然獨處, 上通九天, 下貫九野, 員不中規, 方不中矩, 大渾而爲一.(『淮南子』「原道訓」)
  ㉡ 홀로 당당하여 위로는 구천(九天)에서 아래로는 구야(九野)까지 통하는데, 둥글다 해서 원(圓)을 그리는 규(規)에 들어맞음이 있는 것도 아니고, 모가 있다 해서 방형(方形)을 그리는 구(矩)에 들어맞음이 있는 것도 아니다. 크게 혼연하여 일(一)인 것이다.

- **원산무준** 遠山無皴, **원수무파** 遠水無波, **원인무목** 遠人無目

    멀리 있는 산에 주름이 없고, 멀리 있는 물에 물결이 없으며, 멀리 있는 사람에는 눈이 없다. 산수화를 그릴 때 사람들이 최대한 넓은 시야에서 끝까지 조망할 수 있게 하는 장치이다.

    - ㉠ 遠山無皴, 遠水無波, 遠人無目, 非無也, 如無耳.(郭熙, 『林泉高致』「山川訓」)
    - ㉡ 멀리 있는 산에 주름이 없고, 멀리 있는 물에 물결이 없으며, 멀리 있는 사람에는 눈이 없다. 이는 실제로 없는 것이 아니라 없는 것처럼 보일 뿐이다.

- **원성일정** 遠性逸情

    성격이 심원(深遠)하며, 심경이 초탈하고 고상함을 말한다.

    - ㉠ 遠性逸情, 瀟瀟灑灑, 別有一種異致.(袁中道, 『珂雪齋文集』卷9「妙高山法寺碑」)
    - ㉡ 〈원굉도(袁宏道)와 도망령(陶望齡)은〉 성격이 훌륭하고 심원(深遠)하며, 심경이 초탈하고 고상하다. 또 시원스럽고 자유자재로우니, 남다른 풍격을 지니고 있다.

- **원오** 遠奧

    심오하고 은미함을 말한다. 은은한 문채의 글을 통해 도가의 내용을 드러내는 창작 풍격이다.

    - ㉠ 遠奧者. 馥采典文, 經理玄宗者也.(劉勰, 『文心雕龍』「體性」)
    - ㉡ 심오하고 은미한 것은, 은은한 문채의 글을 통해 도가의 내용을 드러내는 것이다.

- **원운** 遠韻

    유원(悠遠)한 운치를 말한다.

- 예) 李·杜之後, 詩人繼作, 雖間有遠韻, 而才不逮意.(蘇軾,『蘇東坡集』後集 卷9「書黃子思詩集後」)
- 역) 이백과 두보 이후 시인들은 계속 작품을 내었지만, 설령 그 가운데 유원(悠遠)한 운치가 있다 해도 그 재주는 뜻을 다 드러내지 못했다.

- **원유치사 遠有致思**

  생각이 고매함을 말한다.

  - 예) "袁羊何如?" 曰: "洮洮淸便." "殷洪遠何如?" 曰: "遠有致思."(劉義慶,『世說新語』「品藻」)
  - 역) "원양(袁羊: 袁喬)은 어떻소?" 대답하였다. "물에 씻은 듯 맑습니다." "은홍원(殷洪遠: 殷融)은 어떻소?" 대답하였다. "생각이 고매합니다."

- **원이로 怨以怒**

  〈음(音)이〉 원망과 분노에 차 있음을 말한다.

  - 예) 是故治世之音安以樂, 其政和; 亂世之音怨以怒, 其政乖.(『樂記』「樂本」)
  - 역) 그러므로 잘 다스려지는 나라의 음은 편안하고 즐거운데, 이는 그 정치가 순조롭기 때문이다. 어지러운 나라의 음은 원망과 분노에 차 있는데, 이는 그 정치가 일그러졌기 때문이다.

- **원전 圓轉**

  원숙하고 매끄러우며 은근하고 감미로움을 말한다.

  - 예) 詩惟初盛之唐, 其音響宏麗圓轉, 稱大雅之聲.(王驥德,『曲律』「論聲調」)
  - 역) 시 중에도 유독 초성당(初盛唐) 시기 시의 성조가 웅장하고 미려하며 부드럽고 매끄럽다. 이것은 아정(雅正)한 소리다.

- **원차 遠借**

    차경(借景)의 한 방법으로, 멀리 있는 자연 경색을 시선에 닿게끔 원림(園林) 안으로 끌어들이는 것을 말한다.

    - ㉠ 夫借景, 林園之最要者也. 如遠借·鄰借·仰借·俯借, 應時而借.(計成,『園冶』卷3)
    - ㉡ 차경(借景)은 원림에서 가장 중요하다. 차경에는 멀리서 경색을 가져오는 것·가까이서 가져오는 것·올려 봐서 가져오는 것·내려 봐서 가져오는 것·시기에 따라 가져오는 것 등 여러 방법이 있다.

- **원창 圓暢**

    원만하게 잘 소통되어 편안한 것을 말한다.

    - ㉠ 妙在執筆, 令其圓暢, 勿使拘攣.(顔眞卿,「述張長史筆法十二意」)
    - ㉡ 요령은 바로 붓을 잡는 데 있다. 붓을 잡는 것이 원만하고 편안해야 하며, 억지로 구속하고 속박해선 안 된다.
    - ㉠ 圓暢, 則流水行雲; 變幻, 則淒風急雨.(胡應麟,『詩藪』「內編」卷5)
    - ㉡ 〈시(詩)의〉 원만함은 흐르는 물과 구름 같아야 하고, 변환(變幻)은 휘몰아치는 바람과 비 같아야 한다.

- **원취 園趣**

    원림(園林)의 정취를 말한다.

    - ㉠ 同是園趣, 而蕩與樂者生於大, 悲與戒者生於舊.(『尺牘新鈔』1集 徐世溥「答楊維節博士論著述書」)
    - ㉡ 같은 원림의 정취인데 사람들을 방탕하고 기쁘게 하는 것은 원림의 "대(大)"로부터 생기는 것이고, 사람들에게 슬프고 근신하는 느낌을 준 것은 원림의 "구(舊)"로부터 유래된 것이다.

- **원풍연미 圓豊姸美**

    부드럽고 아름답다.

    - 예 逸少則格律非高, 功夫又少; 雖圓豊姸美, 乃乏神氣.(『法書要錄』卷4「張懷瓘議書」)
    - 역 왕희지의 초서는 격조가 높지 않고 공력 또한 적다. 비록 부드럽고 아름답지만 풍신(風神)과 기운(氣韻)이 부족하다.

- **원혼 圓渾**

    원만하고 넉넉한 경지를 말한다.

    - 예 圓渾. 盤以喩地, 笠以寫天. 萬象遠視, 遇方成圓.(黃鉞, 『二十四畵品』)
    - 역 원혼(圓渾): 짚방석은 땅을 비유하고, 삿갓은 하늘을 그린 것이다. 만물을 멀리서 보면 네모진 것이 둥글게 보인다.

- **위 偉**

    탁월한 신채(神采)가 사람을 비추는 것을 말한다.

    - 예 偉. 精彩照射曰偉.(竇蒙,『語例字格』)
    - 역 위(偉): 탁월한 신채(神采)가 사람을 비추는 것을 일러 위(偉)라 한다.

- **위 僞**

    중국미학사에서 위(僞)는 두 가지 의미가 있다. 하나는 거짓 혹은 진실치 못함이다. 이 점에서 위(僞)는 진(眞)·신(信)·성(誠)의 반대 개념이다. 다른 하나는 순자(荀子)에 의해 극히 강조된 바의 인위(人爲)이다. 도가에서 중요하게 생각한 목표는 무불위(無不爲)의 경지이다. 이 경지가 진(眞)이요, 그렇기에 이 진(眞)은 대미(大美)이다. 그리고 이에 도달하기 위한 가장 적합한 경로는 무위(無爲)이다. 따라서 유가적

인위(人爲)로서의 위(僞)는 도가의 목표점인 진(眞)과 가장 극적인 대칭점이다. 그렇기에 도가가 가장 부정한 것이 바로 이 위(僞)인 것이다. 반면 유가가 말한 위(僞)는 단순한 인공(人工)하고는 다르다. 사람이 선(善)하고 미(美)할 수 있는 것은 예의(禮儀)로 교화(敎化)된 결과, 즉 수양이라는 후천적 노력의 결과라는 것이다. 이 후천적 수양의 노력을 순자(荀子)는 위(僞)라 했다.(2008, pp. 269-270 참조)

- 예 猶惠侯之好僞, 似葉公之懼眞.(孫過庭, 『書譜』)
- 역 마치 혜후(惠侯)가 작품의 진위(眞僞)를 구별하지 못해 결국 위작(僞作)을 좋아한 꼴과 흡사하며, 섭공(葉公)이 진짜 용을 보고 무서워하였기에 실상 용을 좋아한 것이 아니었던 점과 유사하다.

- **위곡 委曲**

    (1) 음유미(陰柔美)에 속한다. 은은하고 에두르며 감도는 형상이나 형국 내지 애절한 마음 등을 나타내는 미학범주이다.

    - 예 委曲. 登彼太行, 翠繞羊腸, 杳靄流玉, 悠悠花香.(司空圖, 『詩品二十四則』)
    - 역 위곡(委曲): 청록(靑綠)의 굽이굽이 조그만 산길을 따라 태항산(太行山)에 오른다. 그윽한 운기(雲氣)가 산허리를 감싸 안고 흐르는데, 어디선가 은은한 꽃향기가 감돈다.

    (2) 굽이굽이, 구불구불, 두루두루 세밀한 형상을 말한다.

    - 예 正面溪山林木, 盤折委曲, 鋪設其景而來, 不厭其詳.(郭熙, 『林泉高致』「山川訓」)
    - 역 정면(正面)의 시내와 산과 나무숲을 돌고 꺾여지고 구불구불 뻗어나가게 하여 풍경을 펼쳐 보이는 일은, 그 양상을 지루하지 않게 그려야 한다.
    - 예 遒勁不及惠遠, 委曲有過於稜.(姚最, 『續畫品』)
    - 역 〈모혜수(毛惠秀)의 그림은〉 강건함은 모혜원(毛惠遠)에 미치지 못하였

으나, 세밀하게 그리는 것은 모릉(毛稜)보다 뛰어났다.

- **위려** 偉麗

  글이 웅장하면서도 아름다운 것을 말한다.

  예) 蘇氏文辭偉麗, 近世無匹, 若欲作文, 自不妨模範.(朱熹, 『朱文公集』卷41「答程允夫」)

  역) 소식(蘇軾)의 글은 웅장하면서도 아름다워, 근대(近代)에 그와 필적할 만한 이는 없다. 좋은 문장을 쓰고자 한다면 그의 글을 모범으로 삼아도 된다.

- **위려** 瑋麗

  빼어나게 아름다운 것을 말한다.

  예) 凡物皆有可觀. 苟有可觀, 皆有可樂, 非必怪奇瑋麗者也.(蘇軾, 『蘇東坡集』前集 卷32「超然臺記」)

  역) 무릇 모든 사물에는 볼만한 것이 있다. 볼만한 것이 있으면 거기엔 반드시 즐거움이 있는데, 그것이 꼭 기이하거나 빼어나게 아름다운 경치여서는 아닐 것이다.

- **위문조정** 爲文造情

  글을 짓기 위해 정(情)을 자아내는 것을 말한다.

  예) 劉勰云: "因情造文, 不爲文造情." 若他人之詩, 皆爲文造情耳.(張戒, 『歲寒堂詩話』)

  역) 유협(劉勰)이 이런 말을 했다. "정(情)이 우러나 글을 짓지 글을 짓기 위해 정을 자아내지 않는다." 그들의 시는 모두 글을 짓기 위해 정(情)을 자아냈을 뿐이다.

- **위미** 委靡

맥이 빠지고 쇠약하며 부진한 것을 말한다.

- 예 否則撫弦柔懦, 聲出委靡, 則堅亦渾渾無取.(徐上瀛,『溪山琴況』)
- 역 〈거문고에서〉 만약 오른 손이 연주할 때 결연(決然)하지 않고 나약하면 내는 소리가 부진하게 될 것이니, 왼 손이 아무리 견실하게 누르더라도 소용이 없을 것이다.
- 예 有力量的飛動·遒勁·活躍, 沒有力量的呆板·委靡·遲鈍.(梁啓超,『飮冰室專集』卷102「書法指導」)
- 역 힘이 있게 되면 약동적이고 굳세며 활기가 있고, 힘이 없으면 트릿하고 맥이 빠지며 우둔하다.

- **위엽휼광** 煒曄譎誑

허황된 말로 사람의 마음을 움직여야 한다는 뜻이다. 설(說)의 창작 원칙을 말하고 있다.

- 예 頌優游以彬蔚. 論精微而朗暢. 奏平徹以閑雅. 說煒曄而譎誑.(陸機,「文賦」)
- 역 송(頌)은 공덕(功德)을 찬양하는 것이니, 반드시 언사(言辭)가 화려하고 뚜렷해야 한다. 논(論)은 사리(事理)를 따지는 것이 정미해야 한다. 주(奏)는 공평하고 전아(典雅)해야 한다. 설(說)은 허황된 말로 사람의 마음을 움직여야 한다.

- **위이불맹** 威而不猛

위엄을 갖추면서도 흉포하지 않음을 말한다.

- 예 善學虞者和而不流, 善學歐者威而不猛.(劉熙載,『藝槪』「書槪」)
- 역 우세남의 서예를 잘 배운 이는 부드러우면서 드러내지 않고, 구양순의 서예를 잘 배운 사람은 위엄을 갖추면서도 흉포하지 않다.

- **위중엄연** 威重儼然

위엄이 있고 중후하며 근엄한 것을 말한다.

- 貌雖端嚴, 神必淸古, 自有威重儼然之色.(郭若虛,『圖畫見聞志』「叙論」)
- 외관은 비록 단정하고 엄숙하더라도 정신은 반드시 맑고 고아(古雅)하니, 저절로 위엄이 있고 중후하며 근엄한 안색을 지녔다.

- **위체** 位體

문학작품의 체재를 말한다.

- 將閱文情, 先標六觀: 一觀位體, 二觀置辭, 三觀通變, 四觀奇正, 五觀事義, 六觀宮商.(劉勰,『文心雕龍』「知音」)
- 문장의 사상이나 정감을 고찰하기 위해서는 다음 여섯 가지 관점을 고려해야 한다. 첫째, 작품의 체재. 둘째, 언어의 구사. 셋째, 전통의 계승과 새로운 변화. 넷째, 표현 수법의 전아(典雅)함과 기이함. 다섯째, 내용과 주장. 여섯째, 운율이다.

- **유溜**

원활하고 민첩한 매끄러움을 말한다.

- 溜者, 滑也. 左指治澁之法也.(徐上瀛,『溪山琴況』)
- 〈거문고에서〉 류(溜)는 매끄러움이다. 이것은 왼 쪽 손가락이 현을 누를 때 서투르게 하는 것을 고치는 방법이다.

- **유腴**

살지고 기름지고 무성함을 말한다.

- 曰兩美其必合兮 — 腴也.(方回,『桐江續集』卷30「離騷胡澹庵一說」)
- 좋은 사람 둘이 만나면 반드시 합치게 된다. — 유(腴)이다.

- **유 遊**

 세속에 연루되지 않은 바의 근원, 즉 우주자연에서의 노님 내지 일체의 득실이나 시비, 혹은 선악관념을 배제한 노님을 말한다.

 예 乘天地之正, 而御六氣之辯, 以遊無窮.(『莊子』「逍遙遊」)
 역 천지의 정도(正道)를 타고 육기(六氣)의 변화에 융화하여 무한한 대우주에 노닌다.

 예 遊心於淡, 合氣於漠, 順物自然而無容私焉.(『莊子』「應帝王」)
 역 마음을 담박한 곳에 두고, 무엇에도 얽매임 없는 고요한 세계에 들어서라. 사물의 자연스러움을 따르고 자기를 버려라.

 예 浮遊乎萬物之祖, 物物而不物於物, 則胡可得而累邪.(『莊子』「山木」)
 역 만물의 근원인 도에 노닐어 물의 본성으로 사물을 대하고 사물에 의해 부림을 받지 않는다면, 어찌 세상의 번거로움에 얽매일 것이 있으랴.

- **유 類**

 수류부채(隨類賦彩)의 뜻이다. 수류부채는 종류별로 같은 부류의 색채와 수식을 입히는 것을 말한다. 인물은 인물대로, 산수는 산수대로, 수목은 수목대로, 화초는 화초대로, 조충(鳥蟲)은 조충대로 각기 영역의 대상 별로 제 나름의 형색(形色)을 드러내는 것이다.(2007, p. 223 참조)

 예 夫犬馬, 人所知也, 旦暮罄於前, 不可類之, 故難.(『韓非子』「外儲說左上」)
 역 대체로 개나 말은 사람이 알고 있는 것이다. 그래서 아침저녁으로 보이는 것이기에 그것의 형상을 똑같게 묘사하기가 어렵다.

- **유경 遺景**

 오관(五官)으로 감지할 수 있는 실경실상(實景實像)으로부터 벗어남을 말한다. 실(實)을 떠나 허(虛)로 들어가는 경지를 말한다.

- 靑蓮能虛, 工部能實. 靑蓮唯一於虛, 故目前每有遺景.(袁宏道, 『袁中郞全集』 卷1 「答梅客生開府」)
- 이백(李白: 靑蓮)은 허(虛)를 드러낼 수 있고, 두보(杜甫: 工部)는 실(實)을 드러낼 수 있다. 이백은 오직 허(虛)만을 추구하므로 눈앞에서 매번 경상(景象)을 잃곤 한다.

• **유고상소 類固相召**

같은 속성을 지닌 사물은 서로를 불러 호응한다.

- 類固相召, 氣同則合, 聲比則應.(『呂氏春秋』 「有始覽·應同」)
- 같은 속성을 지닌 사물은 서로를 불러서 이끌고, 기(氣)가 같으면 서로 합하며, 소리가 비슷하면 서로 호응한다.

• **유광 幽曠**

심원함을 말한다.

- 山水林泉, 淸閑幽曠, 屋廬深邃, 橋渡往來.(董其昌, 『畵禪室隨筆』 卷2 「畵訣」)
- 산수(山水)와 임천(林泉)을 그릴 때는 청정(淸淨)하고 심원(深遠)하게 하고, 집을 그릴 때는 안으로 깊숙이 그려야 하며, 다리의 입구에는 사람의 왕래가 있어야 한다.

• **유교유정 愈巧愈精**

〈희곡의 창작은〉 교묘하면 할수록 정치(精緻)하다.

- 傳奇之爲道也, 愈纖愈密, 愈巧愈精. 詞人忌在"老實".(李漁, 『閑情偶寄』 「詞曲部·意取尖新」)
- 희곡의 창작은 섬세하면 할수록 치밀하고, 교묘하면 할수록 정치(精緻)하다. 희곡작가가 금기하는 것은 오히려 고리타분하고 밋밋한 것이다.

- **유궁유공** 愈窮愈工

  처지가 궁색하면 할수록 글은 더욱 공교로워진다.

  - 蓋愈窮則愈工. 然則非詩之能窮人, 殆窮者而後工也.(歐陽修, 『歐陽文忠公文集』 卷42 「梅聖兪詩集序」)
  - 대개 궁색하면 할수록 글은 더욱 공교로워진다. 그러니 시가 사람을 궁색하게 할 수 있는 것이 아니라, 아마도 사람이 먼저 궁색하게 된 연후에 시가 더욱 공교로워지는 것이다.

- **유나** 柔懦

  결연(決然)하지 않고 나약한 것을 말한다.

  - 否則撫弦柔懦, 聲出委靡, 則堅亦渾渾無取.(徐上瀛, 『溪山琴況』)
  - 〈거문고에서〉 만약 오른 손이 연주할 때 결연(決然)하지 않고 나약하면 내는 소리가 부진하게 될 것이니, 왼 손이 아무리 견실하게 누르더라도 소용이 없을 것이다.

- **유동** 流動

  천지만물과 우주가 쉬지 않는 운동 중에 있음을 나타내는 미학범주이다. 사공도(司空圖)는 작자가 반드시 만물 운동변화의 오비(奧秘)를 깨달아야 함을 지적한다.

  - 流動. 若納水輨, 如轉丸珠, 夫豈可道, 假體遺愚.(司空圖, 『詩品二十四則』)
  - 유동(流動): 쉬지 않고 움직이는 무자위 같고, 스스로 휘도는 구슬과 같다. 이 깊고 오묘한 이치를 어떻게 말할 수 있을까? 다만 구체적인 사물을 빌려 사람들이 알게 할 수 있을 뿐이다.

- **유동어심** 有動於心, **심발어서** 心發於書

〈존망득실(存亡得失)의 세상사를 모두〉 마음속에 담아 두었다가 서예를 창작하면서 쏟아냄을 말한다.

- 所遇於世存亡得喪, 亡聊不平, 有動於心, 心發於書.(黃庭堅, 『豫章黃先生文集』卷16「道臻師畵墨竹序」)
- 〈장욱(張旭)은〉 세상에서 존망득실(存亡得失)의 여러 가지 사정을 접하면서도 일체 불편한 심기를 밖으로 드러내지 않았다. 그런 것들은 모두 마음속에 담아 두었다가 서예를 창작하면서 쏟아내었다.

• **유려 流麗**

물 흐르듯 아름다운 것을 말한다.

- 矯六朝騈驪飣餖之習者, 以流麗勝; 飣餖者, 固流麗之因也. 然其過在輕纖.(袁宏道, 『袁中郎全集』卷3「雪濤閣集序」)
- 육조(六朝)시대 변려문(騈儷文)의 형식을 따라 의미 없는 말을 늘어놓는 습속을 교정하려는 사람은, 육조시대의 문체(文體)가 지나치게 유려(流麗)하다고 생각했다. 그런데 그렇게 무의미하게 늘어놓은 말들이 사실 유려함이 있게 된 원인이었다. 그러나 그 허물은 경박하고 섬약한 데 있었다.

• **유묘 幽渺**

그윽하고 아득한 것을 말한다.

- 惟不可名言之理, 不可施見之事, 不可徑達之情, 則幽渺以爲理, 想象以爲事, 惝恍以爲情, 方爲理至·事至·情至之語.(葉燮, 『原詩』內篇)
- 어떤 시는 말로 설명할 수 없는 이(理)와 실행하기 어렵거나 눈으로 볼 수 없는 사(事), 그리고 직접적이고 명백하게 전달할 수 없는 정(情)을 가지고 있다. 그리하여 그윽하고 아득하여 찾기 힘든 것을 이(理)로 삼고, 상상적이며 변화무쌍한 것을 사(事)로 삼으며, 황홀하고 몽환적인 것을 정(情)으로 삼는다. 이렇게 해야 지극한 도리와 지극한 사실 및 지극한 정감을 갖춘 좋은 시라고 할 수 있다.

- **유무상생** 有無相生

 유(有)와 무(無)가 서로를 낳는다.

> 예 有無相生, 難易相成, 長短相較, 高下相傾, 音聲相和, 前後相隨.(『老子』「二章」)
> 역 유(有)와 무(無)는 서로를 낳고, 어려움과 쉬움이 서로를 이루어주며, 길고 짧음은 서로를 비교해주고, 높고 낮음이 서로에게 기대며, 음(音)과 성(聲)은 서로를 어울리게 해주고, 앞과 뒤가 서로를 따른다.

- **유미** 流美

 물 흐르는 듯한 아름다움을 말한다. 흔히 뛰어난 초서(草書)를 묘사할 때 쓰인다.

> 예 草殊流美, 薄暮川上, 餘霞照人.(『法書要錄』卷9「張懷瓘書斷下」)
> 역 초서는 특히 물 흐르는 듯한 아름다움이 있었는데, 마치 해질녘 강가의 노을이 사람을 비추는 듯하다.
> ※ 유미(流美)는 다른 한편 "세상에 널리 통용되는 미(美)"를 말하기도 한다. 따라서 혁신을 기도하는 예술가들에게 이 유미의 방식이 때로는 구(舊)전통·구관습·구패러다임의 상징으로 읽히기도 했다. 유미의 격식에 불만이 생기고 그것에 대한 감상에 염증이 날 때, 예술가들은 기괴(奇怪)나 추악(醜惡)의 형상으로써 새로운 면모를 추구하기도 했다. 예컨대, 회화나 서예에서 소식(蘇軾)·예찬(倪瓚)·서위(徐渭)·부산(傅山)·주탑(朱耷)·정섭(鄭燮) 등이 표현한 추(醜)는 구(舊)제도·구관습·구전통 타파의 형식적 표현이다.

- **유미** 流媚

 유미(柔媚), 즉 부드러우면서 아름다운 것을 말한다.

> 예 又一時而書有乖有合, 合則流媚, 乖則雕疎.(孫過庭, 『書譜』)
> 역 서예를 할 때 글씨를 쓰는 이의 마음이 적합할 때가 있고 부적합할 때

가 있다. 서예를 하는 이의 마음이 적합하면 글씨가 부드러우면서 아름답고, 뜻에 맞지 않으면 글씨가 시들고 위축되어 버린다.

- **유미** 幽微

그윽하고 세밀한 것을 말한다.

- 예 夫畵者: 成敎化, 助人倫, 窮神變, 測幽微.(張彦遠, 『歷代名畵記』)
- 역 그림은 백성을 교화(敎化)시키고, 인륜을 북돋우며, 우주의 신비한 변화를 궁구하여 그윽하고 세밀한 도리를 헤아릴 수 있도록 하는 것이다.

- **유미** 遺味

여미(餘味), 여운(餘韻)을 말한다.

- 예 或淸虛以婉約, 每除煩而去濫, 闕大羹之遺味, 同朱弦之淸汜. 雖一唱而三嘆, 固旣雅而不艶.(陸機, 「文賦」)
- 역 만약 문장을 명료하고 간략하게 쓴다면, 글을 써 나가는 과정 중에 장황하거나 과도한 부분은 없앨 수 있을 것이다. 하지만 너무 문채(文彩)를 소홀히 하면, 마치 조미(調味)를 하지 않은 대갱(大羹)의 뒷맛이나 혹은 붉은 줄로 연주하여 나는 탁한 음악소리처럼 질박함이 과도해 질 것이다. 비록 한 사람이 먼저 부르면 여럿이 응하여 뒤따르는 여음(餘音)은 있겠지만, 너무 질박하여 아름다운 맛이 없다.

- **유사표묘** 遊思縹緲

정신이 아득하고 어렴풋해져 세속으로부터 멀리 벗어나는 것을 말한다.

- 예 使聽之者, 遊思縹緲, 娛樂之心, 不知何去, 斯之謂澹.(徐上瀛, 『溪山琴況』)
- 역 〈거문고 소리를〉 듣는 사람으로 하여금 정신이 아득하고 어렴풋해져

세속으로부터 멀리 벗어나게 만듦으로써 향락을 추구하는 마음을 없어지게 만든다. 이것이 바로 담(澹)의 경지이다.

- **유섬유밀** 愈纖愈密

  〈희곡의 창작은〉 섬세하면 할수록 치밀하다.

  - 傳奇之爲道也, 愈纖愈密, 愈巧愈精. 詞人忌在 "老實".(李漁, 『閑情偶寄』「詞曲部·意取尖新」)
  - 희곡의 창작은 섬세하면 할수록 치밀하고, 교묘하면 할수록 정치(精緻)하다. 희곡작가가 금기하는 것은 오히려 고리타분하고 밋밋한 것이다.

- **유속** 流俗

  세속적이고 용속(庸俗)한 것을 말한다.

  - 一往動人, 而不入流俗, 聲情勝也.(王夫之, 『古詩評選』 卷1 晉 樂府辭「休洗紅」)
  - 이 시를 전체적으로 보면 사람의 마음을 감동시키는 동시에 일반적인 악부시(樂府詩)처럼 평범하고 용속해 보이지 않는다. 이것은 시의 음조와 정감이 모두 우아하고 아름답기 때문이다.

- **유수** 幽秀

  청유수려(淸幽秀麗), 즉 아름답고 그윽하며 수려한 것을 말한다.

  - 且孔明雖未得一遇, 而見孔明之居, 則極其幽秀, 見孔明之童, 則極其古泆.(毛宗崗, 『第一才子書』第37回 首評)
  - 이 회에서 유비(劉備)는 비록 제갈량(諸葛亮)을 만나지 못했으나, 그가 거처하는 곳을 보니 주위가 아름답고 그윽하였다. 제갈량의 사동(使童)을 만나보니 사람됨이 수수하고 상냥하였다.

- **유수** 幽邃

(1) 〈산수나 궁실, 원림 등이〉 깊숙하고 그윽함을 말한다.

- 昔人之評山林宮闕者, 曰壯麗, 曰奇峭, 曰幽邃, 而李勉於靈隱, 獨歎爲標致.(『尺牘新鈔』2集 安致遠「謝惠<尺牘新鈔>」)
- 예전 사람들이 산림이나 궁궐을 평했을 때 왕왕 장려(壯麗)·기초(奇峭)·유수(幽邃) 등의 형용사를 사용하는데, 이면(李勉)은 영은산(靈隱山)을 평할 때 "표치(標致)"라는 말을 사용하여 찬탄했다.

- 務宏大者, 鮮幽邃; 人力勝者, 少蒼古.(袁中道, 『珂雪齋文集』 卷12「書靈寶許金吾先園圖後」)
- 〈원림(園林)을 조성할 때〉 광대함을 추구한다면 그윽하거나 오묘할 수 없다. 인위적인 공교(工巧)를 추구한다면 고풍스럽거나 고아하지 못한다.

- 幽邃. 山不在高, 惟深則幽. 林不在茂, 惟健乃修.(黃鉞, 『二十四畫品』)
- 유수(幽邃): 산은 그다지 높지 않은데 깊은 계곡이 산을 그윽하게 한다. 숲은 그다지 무성하지 않은데 건실한 모습이 위엄을 자아낸다.

(2) 그윽하고 아득하며 심오한 경지를 말한다.

- 妙在絲毫之際, 意存幽邃之中.(徐上瀛, 『溪山琴況』)
- 〈거문고에서〉 추호(秋毫)의 미세한 부분까지 도달해야 음악의 의경(意境)이 매우 그윽하고 깊숙해 보일 것이다.

• **유신운가미** 有神韻可味, **무적상가심** 無迹象可尋

시의 경지가 신운(神韻)은 느낄 수 있지만 그 자취는 찾을 길이 없다.

- 嚴滄浪借禪喩詩, 所謂"羚羊掛角, 香象渡河, 有神韻可味, 無迹象可尋." 此說甚是.
- 엄우(嚴羽)는 선(禪)을 빌려 시(詩)를 비유했는데, 그가 보기에 시란 마치 "영양(羚羊)이 뿔을 걸어놓은 듯, 코끼리가 물을 건너듯, 신운(神韻)은 느낄 수 있지만 그 자취는 찾을 길이 없다."는 것이다. 이러한 견해는 아주 훌륭하다.

- **유심무제** 幽深無際

  그윽하고 깊은 경지가 끝이 없음을 말한다.

  - 點畫之間, 多有異趣, 可謂幽深無際, 古雅有餘.(『法書要錄』 卷8「張懷瓘書斷中」)
  - 점획의 사이에 기이한 의취(意趣)가 가득하니, 가히 그윽하고 깊은 경지가 끝이 없으며 여기에 고아하고 질박한 여운이 감돈다고 할 수 있다.

- **유아지경** 有我之境

  심미체험 내지는 예술창작에 있어 심미주체의 내면세계 혹은 예술정신이 비교적 잘 드러나고 그 자신의 감정이 강렬한 색채로 드러나는 경지를 말한다. 이는 주관적인 정감으로 사물을 대하는 것이므로 사물마다 모두 나의 색채가 드러나는 경지이다.

  - 有我之境, 以我觀物, 故物皆著我之色彩.(王國維, 『人間詞話』 3)
  - 유아지경(有我之境)은 자아의 입장에서 사물을 바라보기 때문에 사물이 모두 자아의 색채를 띠게 된다.

- **유염** 幽豔

  운치가 맑고 그윽하며 고운 것을 말한다.

  - 晚唐之詩, 秋花也. 江上之芙蓉, 籬邊之叢菊, 極幽豔晚香之韻, 可不爲美乎?(葉燮, 『原詩』 外篇)
  - 만당(晚唐) 시기의 시는 마치 가을의 꽃과 같아 강 위에 흔들리는 부용꽃이나 울타리 옆에 피는 국화처럼 운치가 맑고 그윽하며 고운데, 이 또한 아름답지 않은가?

- **유완** 柔婉

  단아하고 부드러운 것을 말한다.

- 南·北二調, 天若限之. 北之沉雄, 南之柔婉.(王驥德,『曲律』「雜論」)
- 남방과 북방의 곡조(曲調)는 그 분계(分界)가 뚜렷하다. 북방은 묵직하고 웅장한 반면, 남방은 단아하고 부드럽다.

- **유원 幽遠**

"원(遠)"의 파생범주로, 인적이 드문 울창함 속에서 낭랑하게 드러나는 맑음을 말하며 경계의 심오함을 나타낸다. "평원(平遠)"과 상대적인 개념이다.

- 寒碧數疊, 黛山一發, 古洞無人, 微泉獨響, 若是者幽遠也.(賀貽孫,『水田居詩文集』卷5「與友人論文書四」)
- 첩첩이 늘어선 한산(寒山)이 울창하며, 산 속에 오래된 동굴이 있고, 주변엔 인적이 드물다. 우연히 샘물의 맑은 소리를 듣게 되는데, 그 소리가 낭랑히 울리고 있다. 이것은 유원(幽遠)이다.

- **유의 有意**

마음속에 창작의 의도가 확립되는 것을 말한다.

- 有意. 志立乃就, 非工不精.(竇蒙,『語例字格』)
- 유의(有意): 뜻이 섰으면 곧 성취할 수 있으나 노력하지 않으면 정미(精微)해질 수 없다.

- **유의어물 留意於物**

사물에 마음이 빠져드는 것을 말하며, 이럴 경우 즐거움이 아닌 병이 되는 것을 의미한다.

- 君子可以寓意於物, 而不可以留意於物.(蘇軾,『蘇東坡集』前集 卷32「寶繪堂記」)
- 군자는 사물에 기탁하여 뜻을 표현할 수 있으나, 그렇다고 사물에 빠

져들면 안 된다.

- **유이불식** 流而不息, **합동이화** 合同而化

  자연의 조화가 흐르고 흘러 쉬지 않으며 합하여 같아지다가 또한 변화한다.

  - 天高地下, 萬物散殊, 而禮制行矣; 流而不息, 合同而化, 而樂興焉.(『樂記』「樂禮」)
  - 하늘은 높고 땅은 낮으며 그 사이 만물은 각기 다른데, 이를 본받아 예(禮)가 제정되어 시행된다. 자연의 조화가 흐르고 흘러 쉬지 않으며 합하여 같아지다가 또한 변화하니, 이에 악(樂)이 흥기하는 것이다.

- **유익이귀** 有益而貴

  세상에 이로움이 있었기에 중요하게 받든다. 문학의 정교적 효용성을 강조한 것이다.

  - 古詩刺過失, 故有益而貴; 今詩純虛譽, 故有損而賤也.(葛洪, 『抱朴子』「辭義」)
  - 고시(古詩)가 조정(朝廷)의 과실(過失)을 풍자한 것은 세상에 이로움이 있었다. 그래서 중요하게 받드는 것이다. 그러나 지금의 시는 순전히 허구와 아첨으로 가득 차 있어 세상에 해로움이 있을 뿐이다. 그래서 천시되는 것이다.

- **유인복천** 由人復天

  사람이 다시 천지조화를 재창조한다.

  - 書當造乎自然. 蔡中郎但謂書肇於自然, 此立天定人, 尙未及乎由人復天也.(劉熙載, 『藝槪』「書槪」)
  - 서예는 마땅히 천지만물의 자연보다 한층 더 우월한 새로운 또 하나의 자연을 창출해내야 한다. 채옹(蔡邕)은 다만 자연으로부터 법 받을 것만을 말했을 뿐이다. 이는 천성(天性)이 사람의 성정(性情)을 규정하

는 것으로, 사람이 다시 천(天)을 재창조해 나가는 도리에까지는 미치지 못하는 것이다.

- **유적득신 遺跡得神**

    외재적인 형식에 얽매이지 않고 내면에 함축된 신운(神韻)을 파악한다. "탈부견골(脫膚見骨)"과 같은 표현이다.

    - 上下千古, 不作逐塊觀場之見, 脫膚見骨, 遺跡得神, 此其識別也.(袁中道,『珂雪齋文集』卷9「妙高山法寺碑」)
    - 〈원굉도(袁宏道)와 도망령(陶望齡)은〉 고대의 시문을 단지 가볍게 읽는 데 그친 것이 아니라 시문의 외재적인 문자를 통해 그 안에 함축된 본질적인 내용까지 살펴볼 수 있다. 시문의 구성과 글자를 버리고 신운(神韵)을 터득하는 것이다. 이것이 그들의 견식이 남과 다른 점이다.

- **유정리 有定理, 무정취 無定趣**

    확실한 이치는 있으면서 명확한 풍치(風致)가 없다. 선이 너무 명확하면 여운이 아련하게 드러나지 못함을 가리킨다.

    - 譬如爲文, 愈分明, 愈融洽也. 吾嘗言有定理·無定趣, 此其一端也.(華琳,『南宗抉秘』)
    - 예컨대, 문장을 쓸 때 분명하면 할수록 난만(爛漫)해지게 된다. 내가 일찍이 말하기를, 확실한 이치는 있으면서 명확한 풍치(風致)가 없다는 것이 바로 그것이다.

- **유조 流調**

    통속적인 〈시(詩)의〉 형식을 말한다.

    - 若夫四言正體, 則雅潤爲本; 五言流調, 則淸麗居宗.(劉勰,『文心雕龍』「明詩」)
    - 사언시(四言詩)는 정통적인 시의 형식으로 우아함과 풍부함을 근본으로 한다. 오언시(五言詩)는 통속적인 시의 형식으로 청신(淸新)함과

아름다움을 근본으로 한다.

- **유준** 幽俊

  그윽함을 말한다.

  - 詩雖幽俊, 而不能展拓開張, 終窘邊幅.(袁枚, 『隨園詩話』 卷3)
  - 어떤 사람의 시가 아주 그윽하다 해도 넓게 펼쳐내지 못하면 결국엔 한계에 부딪힐 것이다.

- **유탕망귀** 流宕忘歸

  문장을 지을 때 수사(修辭)에 너무 치중하면 나머지 문장이 멋대로 늘어지게 되어 흐름을 잃어버리게 된다.

  - 事與才爭, 事繁而才損. 放逸者流宕而忘歸, 穿鑿者補綴而不足.(顔之推, 『顔氏家訓』 「文章」)
  - 소재와 글재주가 부딪히면 줄거리는 번잡해지고 문재(文才)는 손상된다. 수사에 치중하면 문장이 멋대로 늘어지게 되니 흐름을 잃어버리고, 논지를 지나치게 따지면 문맥이 통하도록 보충해도 부족하게 된다.

- **유활** 柔滑

  부드럽고 매끄러운 것을 말한다.

  - 水, 活物也. 其形欲深靜, 欲柔滑, 欲汪洋, 欲迴環, 欲肥膩, 欲噴薄, 欲激射.(郭熙, 『林泉高致』 「山川訓」)
  - 물은 살아 움직이는 물상이다. 그 모양은 깊고 고요해야 하며, 부드럽고 미끄러워야 하고, 넓게 넘실거려야 하며, 둥그렇게 감아 돌아야 하고, 기름지고 윤택해야 하며, 거세게 내뿜어 솟구쳐야 하고, 부딪혀 치올라야 한다.

- **유휘자득** 流徽自得

거문고를 타며 스스로 즐기는 듯한 경지를 말한다.

- 孔琳之書如散花空中, 流徽自得.(『書法鉤玄』卷4「梁武帝評書」)
- 공림(孔琳)의 글씨는 마치 공중에 뿌려진 꽃과 같고, 거문고를 타며 스스로 즐기는 듯하다.

• **육肉**

(1) 필묵의 자취가 들쑥날쑥 실상(實像)을 이루는 것을 말한다.

- 筆絶而不斷謂之筋, 起伏成實謂之肉.(荊浩, 『筆法記』)
- 필(筆)의 자취는 끊어져도 필세(筆勢)가 끊어지지 않는 것을 근(筋)이라 한다. 필의 자취가 들쑥날쑥 실상(實像)을 이루는 것을 육(肉)이라 한다.

(2) 풍만한 정취를 말한다.

- 象人之美, 張得其肉, 陸得其骨, 顧得其神.(張彦遠, 『歷代名畵記』)
- 사람의 아름다움을 그리는데 있어, 장승요(張僧繇)는 풍만한 정취를 드러냈고, 육탐미(陸探微)는 생동하는 기질을 나타냈으며, 고개지(顧愷之)는 영묘한 정신을 표현하였다.

• **윤潤**

(1) 사람됨의 온화함을 말한다. 서화(書畵)미학의 개념 중 하나로 발전하여 필묵의 특징을 나타내게 되었다.

- "王仲祖何如?" 曰: "溫潤恬和." "桓溫何如?" 曰: "高爽邁出."(劉義慶, 『世說新語』「品藻」)
- "왕중조(王仲祖: 王濛)는 어떻소?" 답하였다. "온화하고 차분합니다." "환온(桓溫)은 어떻소?" 대답하였다. "시원스럽고 고매합니다."

(2) 서화(書畵)미학의 개념 중 하나로, 본디 필묵의 특징을 나타내는

것이다. 윤(潤)은 묵색의 바림으로, 먹빛의 건고(乾枯)와 상대되는 것이다. 중국의 서화예술은 묵색의 건조(乾燥)와 습윤(濕潤)의 변화로써 각기 다른 의경(意境)을 표현한다. 고(枯)와 윤(潤)은 심미창조의 과정에서 각기 다른 역할을 갖는다. 예술가들은 보통 건고(乾枯)로써 뼈대를 취하고 습윤(濕潤)으로써 살을 댄다. 이로써 하나의 예술생명이 탄생하는 것이다. 고(枯)에 마음이 기운다 해서 윤(潤)을 버릴 수 없으며, 마찬가지로 윤(潤)에 편향된다 해서 고(枯)를 내칠 수는 없다. 마땅히 고(枯)와 윤(潤)을 두루 헤아려야만 한다. 그래야 자연스러운 묘미를 온전히 드러낼 수 있다.(2008, pp. 168-169 참조)

- 例) 墨受於天, 濃淡枯潤隨之.(石濤,『畫語錄』「了法章 第2」)
- 역) 묵(墨)은 자연의 산물로서, 무작위의 변화로부터 진하고 엷으며 마르고 촉촉한 여러 효과가 나온다.

(3) 순수하고 매끄러운 것을 말한다.

- 例) 蓋潤者, 純也, 澤也, 所以發純粹光澤之氣也.(徐上瀛,『溪山琴況』)
- 역) 〈거문고에서〉 윤(潤)이라는 것은 바로 순수함이고, 동시에 광택이 있는 것이다. 윤(潤)의 경지에 이르면 순수한 광택을 지닌 기질을 발산할 수 있다.

(4) 의취(意趣)가 조화롭고 막힘이 없는 것을 말한다.

- 例) 然後凜之以風神, 溫之以妍潤, 鼓之以枯勁, 和之以閑雅.(孫過庭,『書譜』)
- 역) 이러한 것들을 다 이룬 후에 여기에 다시 기운(氣韻)을 드러내고, 아름다운 내면의 품덕(稟德)을 담으며, 견실한 기교로써 강인한 정신을 북돋고, 또한 우아한 풍모를 조화시킨다.
- 例) 潤. 旨趣調暢曰潤.(竇蒙,『語例字格』)

- ❸ 윤(潤): 의취(意趣)가 조화롭고 막힘이 없는 것을 일러 윤(潤)이라 한다.

- **윤색** 潤色

  문채(文彩)와 같은 말이다.

  - ❹ 風神嚴於智永, 潤色寡於虞世南.(『法書要錄』卷8「張懷瓘書斷中」)
  - ❸ 풍신(風神)은 지영(智永)보다 낫고, 문채는 우세남(虞世南)보다 못하다.

- **율화성** 律和聲

  율(律)은 소리를 조화롭게 하는 것이란 말이다.

  - ❹ 詩言志, 歌永言, 聲依永, 律和聲.(『書經』「虞書·舜典」)
  - ❸ 시(詩)는 뜻을 읊는 것이며, 노래는 그 내용을 오래도록 전하는 것이고, 그 오래도록 전해지는 바는 소리에 의한 것이며, 율(律)은 그 소리를 조화롭게 하는 것이다.

- **융** 融

  탁 트였음을 말한다. "창(暢)"과 같은 뜻이다.

  - ❹ 王孝伯道: "謝公濃至." 又曰: "長史虛, 劉尹秀, 謝公融."(劉義慶, 『世說新語』「品藻」)
  - ❸ 왕효백(王孝伯: 王恭)이 말했다. "사공(謝公: 謝安)은 지극히 정이 두텁다." 또 말했다. "장사(長史: 王濛)는 허정(虛靜)하고, 유윤(劉尹: 劉惔)은 빼어나며, 사공(謝公)은 탁 트였다."

- **융랑** 融朗

  날씨나 경치가 화평하고 맑은 것을 말한다.

- 例 若時景融朗, 然後含毫. 天地陰慘, 則不操筆.(張彦遠,『歷代名畵記』)
- 역 날씨와 경치가 화평하고 맑은 연후에야 붓을 잡았고, 날씨가 흐리고 어두침침하면 붓을 잡지 않았다.

• **융야** 融冶

온화하고 산뜻함을 말한다.

- 예 眞山水之雲氣, 四時不同; 春融冶, 夏蓊鬱, 秋疎薄, 冬黯淡.(郭熙,『林泉高致』「山川訓」)
- 역 실경(實景) 산수의 운기(雲氣)는 계절에 따라 같지 않다. 봄에는 온화하고 산뜻하며, 여름에는 짙고 무성하며, 가을에는 성글고 담박하며, 겨울에는 어둡고 스산하다.

• **은** 隱

(1) 정(情)이 글밖에 있는 것을 말한다. 글 속에 표현된 것 밖으로 드러나는 함축적인 맛을 가리킨다.

- 예 文之英蕤, 有秀有隱. 隱也者, 文外之重旨者也; 秀也者, 篇中之獨拔者也.(劉勰,『文心雕龍』「隱秀」)
- 역 문장의 작품에서도 훌륭한 것은 빼어남과 은미함이 있다. 은미함이란 것은 표현된 것 밖으로 드러나는 함축적인 맛을 가리키며, 빼어남이란 것은 한 편의 글 가운데 특히 뛰어난 부분을 말한다.
- 예 情在詞外曰隱, 狀溢目前曰秀.(張戒,『歲寒堂詩話』)
- 역 정(情)이 글밖에 있는 것을 은(隱)이라 하고, 형상이 눈앞에서 그대로 드러나는 것을 수(秀)라 한다.

(2) 은미함을 말하며, "미언대의(微言大義)"를 뜻한다.

- 예 文王患憂, 繇辭炳曜, 符采複隱, 精義堅深.(劉勰,『文心雕龍』「原道」)

㈕ 주(周)나라 문왕(文王)이 문식(文飾)의 지나침을 걱정하여 괘사(卦辭)와 효사(爻辭)를 지었는데, 그 글들이 발하는 광채가 마치 보석처럼 빛나고, 내용은 다채로우면서도 은미하니 그 정미한 뜻은 아주 확고하면서도 오묘하다.

- **은괄호아속지제** 櫽括乎雅俗之際

우아함과 속됨의 사이에서 올바름을 잃지 않는다는 뜻이다.

㈐ 斯斟酌乎質文之間, 而櫽括乎雅俗之際, 可與言通變矣.(劉勰, 『文心雕龍』「通變」)

㈕ 질박함과 문채(文彩)의 사이를 잘 절충하고 우아함과 속됨의 사이에서 올바름을 잃지 않아야, 비로소 더불어 전통의 계승과 융통성 있는 변화를 말할 수 있다.

- **은수** 隱秀

"수(秀)"의 파생범주로, 자욱하고 무언가 덮여 가려 있는 사이로 번뜩이는 빼어남을 말한다. "미수(美秀)"와 상대적인 개념이다.

㈐ 玉氣藏虹, 珠胎含月, 煙籠霧縠, 劍埋龍文, 若是者隱秀也.(賀貽孫, 『水田居詩文集』 卷5 「與友人論文書四」)

㈕ 구름이 자욱하고 무지개가 숨겨지며, 조개 속에 담겨있는 진주가 마치 밝은 달과 같다. 연기와 안개가 자욱한데 마치 가볍고 얇은 비단으로 덮여 가려 있는 듯하다. 보검의 빛이 번뜩이는 게 마치 용문(龍文)인 것 같다. 이러한 것은 은수(隱秀)다.

- **은약** 隱約

(1) 뜻이 은미(隱微)하고 말이 간략한 것을 말한다.

㈐ 夫『詩』·『書』隱約者, 欲遂其志之思也.(司馬遷, 『史記』「太史公自序」)

㈕ 무릇『시경(詩經)』이나『서경(書經)』에서 뜻이 은미(隱微)하고 말이 간

략한 것은, 마음속에 있는 뜻을 잘 드러내고자 하였던 바이다.

(2) 잘 알아보거나 이해할 수 없는 어렴풋함을 말한다.

- 예 乃於眉後加三紋, 隱約可見.(蘇軾,『蘇東坡集』續集 卷12「傳神記」)
- 역 이에 곧 눈썹 위에 세 가닥 주름을 더하니, 그의 참모습이 어렴풋하게 드러났다.
- 예 近者淸晰, 纖毫可辨; 遠者隱約, 涵蓄適中, 理之必然也.(曹雪芹,『廢藝齋集稿』「岫裏湖中瑣藝」)
- 역 근경(近景)은 반드시 털끝도 볼 수 있도록 또렷하게 그려야 하고, 원경(遠景)은 어렴풋하게 그려서 함축적이고 몽롱하게 표현해야 한다. 회화의 도(道)는 바로 이런 것이다.

- **은적립형** 隱跡立形

기법의 자취를 드러내지 않으면서 형상을 만들어내는 것을 말한다.

- 예 韻者, 隱跡立形, 備儀不俗.(荊浩,『筆法記』)
- 역 운(韻)은 기법의 자취를 드러내지 않으면서 형상을 만들어내는데, 격식을 갖추되 속되지 않도록 한다.

- **음** 淫

(1) 과도함, 지나침을 말한다. 공자가 "정성음(鄭聲淫)"이라 말한 것은, 그 형식으로 보나 음악에서의 소리의 높낮이로 보나 정성(鄭聲)이 아악(雅樂)의 전통적인 규정과 요구를 넘어섰음을 가리킨다. 「양화(陽貨)」편에 나오는 "惡鄭聲之亂雅樂也."라는 대목이 이와 유관하다. 공자는 정성(鄭聲)이 창작 제재로도 감상 작품으로도 모두 기능 할 수 없다고 보았다. 이로부터 나중에 음(淫)은 유가가 예의 규범과 중화(中和)의 원칙에 맞지 않는 문예 작품을 폄하하여

이른 말이 되었다.(2004a, p. 246 주)44 참조)

- 예 文能宗經, 體有六義: 一則情深而不詭, 二則風淸而不雜, 三則事信而不誕, 四則義直而不回, 五則體約而不蕪, 六則文麗而不淫.(劉勰, 『文心雕龍』 「宗經」)
- 역 문장을 지을 때 경서(經書)를 본받게 된다면 그 글의 체재는 다음 여섯 가지의 미덕을 갖추게 될 것이다. 첫째, 감정이 심오해져 거짓에 빠지지 않는다. 둘째, 풍격이 맑아 혼탁함과 섞이지 않는다. 셋째, 사실에 입각하여 진실 되고 현혹함이 없다. 넷째, 의미가 진실하여 왜곡이 없다. 다섯째, 체재가 간략하여 번거롭지 않다. 여섯째, 문장이 화려하면서도 과도함이 없다.

(2) 음미(淫靡)하고 방자한 것을 말한다.

- 예 舍律而任聲則淫, 舍永而任言則野.(王夫之, 『尙書引義』 卷1 「舜典三」)
- 역 만약에 음률로 절제하지 않고 음성을 내버려 두고 방임한다면 음미(淫靡)하고 방자해 질 것이다. 읊는 어조가 어떻든 간에 언어가 너무 자유분방하면 조야(粗野)하고 방탕하게 될 것이다.

• **음성상화** 音聲相和

음(音)과 성(聲)이 서로를 어울리게 해준다.

- 예 有無相生, 難易相成, 長短相較, 高下相傾, 音聲相和, 前後相隨.(『老子』 「二章」)
- 역 유(有)와 무(無)는 서로를 낳고, 어려움과 쉬움이 서로를 이루어주며, 길고 짧음은 서로를 비교해주고, 높고 낮음이 서로에게 기대며, 음(音)과 성(聲)은 서로를 어울리게 해주고, 앞과 뒤가 서로를 따른다.

• **음양** 陰陽 · **강유** 剛柔

처음에는 음(陰)과 양(陽), 유(柔)와 강(剛)이라는 두 쌍의 개념이었다. 양과 음은 원래 해가 비추는 것과 비추지 않는 자연의 현상을 가리켰다. 한편 유(柔)와 강(剛)이란 개념은 원래 물질의 무르고 딱딱한 것을 가리키는 것이었는데, 옛 시인들은 이를 가지고 사람의 품격을 빗대어 표현하거나 혹은 사회적 세력의 강약에 비유하곤 했다. 대체로 보면 유가는 양강을 귀히 여겼고, 도가는 음유를 숭상했다고 볼 수 있다. 한 쌍의 미학범주로서의 양강과 음유는 서로 반대되면서도 때로는 서로를 받쳐주는 대대적 관계에 있다. 양강의 심미적 특징은 웅혼하고 강직하며 시원스럽다. 따라서 장엄하고 굳세며 호방하고 비장한 따위의 예술 형태는 양강의 범주에 속한다고 볼 수 있다. 반면 음유의 심미특징은 부드럽고 완곡하며 유유자적하다. 그렇다면 곱고 흐드러지고 은근하며 함축적이고 우아한 예술형태는 음유범주에 속한다고 할 수 있다.(2007, pp. 167-168 참조)

- 예) 昔者聖人之作『易』也, …… 觀變於陰陽而立卦, 發揮於剛柔而生爻.(『易經』「說卦」)
- 역) 옛날 성인(聖人)이 『역경(易經)』을 만들 때, …… 음양의 변화를 관찰하여 괘상(卦象)을 정하며, 강(剛)·유(柔)의 상호관계를 더해 효(爻)를 만들었다.

• **음영정성** 吟詠情性

외부의 요인에 의해 발생한 내면의 정감과 정서를 시(詩)로 표현하는 것을 말한다. 이러한 문예와 정감의 연계는 전형적인 유가미학의 창작 방식이다.

- 예) 國史明乎得失之迹, 傷人倫之廢, 哀刑政之苛, 吟詠情性, 以風其上, 達於事變而懷其舊俗者也.(「毛詩序」)
- 역) 나라의 사관(史官)이 정치의 득실에 대한 면면을 잘 이해하여, 인륜의 폐해를 마음 아파하고 형벌의 가혹함을 슬퍼하게 되었다. 이에 그러한 정감을 시로 읊어 윗사람을 풍자함으로써, 그들로 하여금 사태의 추이를 잘 파악하게 하고 옛날의 좋은 습속을 다시금 상기하도록 하였다.

- **음위참담** 陰威慘淡

  음습하고 애처로운 것을 말한다.

  - 예 鬼神, 人不見也, 然至其陰威慘淡·變化超騰而窮奇極怪, 使人見輒驚絶, 及徐而定視, 則千狀萬態.(歐陽修, 『歐陽文忠公文集』卷73, 「題薛公期畵」)
  - 역 귀신은 사람이 볼 수 없다 그러나 그것은 음습하고 애처로우면서도 변화무쌍하여 기이하니, 사람으로 하여금 처음 볼 땐 아주 놀라게 만들지만 자세히 보면 또한 갖가지 모양을 느끼게 한다.

- **음유** 陰柔

  부드럽고 완곡하며 유유자적하며, 곱고 흐드러지고 은근하며 함축적이고 우아한 예술형태를 말한다. 음유의 범주는 표일(飄逸)·심원(深遠)·처연(凄然) 등으로 표현된다.

  - 예 氣積而文昌, 情深而文摯; 氣昌而情摯, 天下之至文也. 然而其中有天有人, 不可不辨也. 氣得陽剛而情合陰柔, 人麗陰陽之間, 不能離焉者也. 氣合於理, 天也; 氣能違理以自用, 人也; 情本於性, 天也; 情能汨性以自恣, 人也.(章學誠, 『文史通義』內篇5「史德」)
  - 역 기가 쌓이면 글이 창성해지고, 정이 깊어지면 글이 도타워진다. 기가 창성하고 정이 도타운 것이 천하의 지극한 글이다. 그러나 그 가운데 자연스러운 글도 있고 작위적인 글도 있으니, 구분하지 않을 수 없다. 기(氣)는 양강(陽剛)을 얻고 정(情)은 음유(陰柔)와 합한다. 작위적인 글은 음양(陰陽)의 사이에 있으면서 그 둘을 떠날 수 없다. 기(氣)가 이치에 합하는 것은 자연스러운 것이지만, 기가 이치에 위배되면서 스스로 쓰이는 것은 작위이다. 정(情)이 성(性)에 근본 하는 것은 자연스러운 것이지만, 정이 성을 어지럽히면서 스스로 방자한 것은 작위이다.

- **음참** 陰慘

날씨가 흐리고 어두침침한 것을 말한다.

- 예) 若時景融朗, 然後含毫. 天地陰慘, 則不操筆.(張彦遠, 『歷代名畫記』)
- 역) 날씨와 경치가 화평하고 맑은 연후에야 붓을 잡았고, 날씨가 흐리고 어두침침하면 붓을 잡지 않았다.

- **응목회심** 應目會心

  눈으로 보고 마음으로 감응하여 터득하는 것을 말한다.

  - 예) 夫以應目會心爲理者. 類之成巧, 則目亦同應, 心亦俱會.(宗炳, 「畫山水序」)
  - 역) 무릇 눈으로 보고 마음으로 감응하여 터득하여야 정리(情理)에 부합하고, 나아가 그려낸 것이 아주 교묘해지는 것이다. 그렇다면 다른 사람의 눈도 또한 이와 똑같이 느낄 수 있고, 그 마음 역시 마찬가지로 똑같이 터득할 수 있다.

- **응물상형** 應物象形

  "응물(應物)"은 물(物)에 대한 지속적 관찰로 말미암아 그 물의 속성을 완전히 파악하는 것이다. 그런 가운데 그 물의 속성을 가장 잘 드러내 주는, 그 순간적으로 포착된 이미지를 형상화함을 말한다.

  - 예) 三應物象形是也, 四隨類賦彩是也.(謝赫, 『古畫品錄』)
  - 역) 셋째, 응물상형(應物象形)이다. 물(物)에 대한 관찰을 통해 그 속성을 파악함으로써 그 물의 속성을 가장 잘 드러내 주는 이미지를 형상화하는 것이다. 넷째, 수류부채(隨類賦彩)이다. 종류별로 같은 부류의 형색(形色)을 입히는 것이다.

- **응상형물** 凝想形物

  생각을 집중하여 물상의 형태를 파악하는 것을 말한다.

- 예 思者, 刪拔大要, 凝想形物.(荊浩,『筆法記』)
- 역 사(思)는 대요(大要)를 간추리고 생각을 집중하여 물상의 형태를 파악하는 것이다.

• 응신 凝神

정신을 집중하여 그윽한 상태에 처하는 것을 말한다.

- 예 縱橫吞吐, 山川之節奏也. 陰陽濃淡, 山川之凝神也.(石濤,『畫語錄』「山川章 第8」)
- 역 들고 나며 숨고 나타나는 변화는 산천의 규칙적인 운율이며, 음양(陰陽)과 농담(濃淡)은 산천의 신운(神韻)이 응집한 것이다.

• 응회감신 應會感神

눈으로 대해서 마음으로 터득하면 곧 심령(心靈)을 움직일 수 있다.

- 예 應會感神, 神超理得, 雖復虛求幽岩, 何以加焉?(宗炳,「畫山水序」)
- 역 눈으로 대해서 마음으로 터득하면 곧 심령(心靈)을 움직일 수 있고, 심령이 초일(超逸)의 경지에서 움직이면 곧 그 그림 속에서 신묘한 이치를 얻을 수 있다. 그러니 설령 자연산수를 다시 유람하여 느껴본들 나을 게 무엇이 있겠는가?

• 응회무방 應會無方

예술소재로서의 물상을 마주하여 그것들을 조리(調理)하는 데에 정해진 방도가 없음을 말한다.

- 예 爾其初之微也, 蓋因象以瞳曨, 眇不知其變化, 範圍無體, 應會無方.(『法書要錄』卷7「張懷瓘書斷上」)
- 역 서예가 시작되었을 때의 은미함은 대개 물상이 너무 모호하고 아득하여 그 형상을 알지 못했으며, 따라서 그것을 본뜬 것에 일정한 법식이 없고 또 그것들을 조리(調理)하는 데에 정해진 방도가 없었기 때문이다.

- 의 意

    (1) 필의(筆意)를 가리키며, 정취(情趣)·기운(氣韻)·풍격(風格) 등을 포괄하는 개념이다.

    예 他書法多於意, 草書意多於法. 故不善言草者, 意法相害.(劉熙載, 『藝槪』 「書槪」)

    역 다른 서체(書體)는 의(意)가 많으나 초서(草書)는 법(法)이 많다. 그래서 초서를 잘 설명하지 못하면 의와 법이 서로 해를 입힌다.

    (2) 말의 근거가 되는 것을 말한다.

    예 意. 立言盤泊曰意.(皎然, 『詩式』)

    역 의(意): 말의 근거가 되는 것을 의(意)라 한다.

- 의거필선 意居筆先

    "의재필선(意在筆先)"과 같은 말로, 뜻이 붓놀림보다 앞서는 것을 말한다.

    예 意居筆先, 妙在畵外.(黃鉞, 『二十四畵品』)

    역 화의(畵意)가 붓놀림보다 앞서니 그 오묘함이 그림 밖에 있다.

- 의겸진속 意兼眞俗

    그림의 의취(意趣)가 아속(雅俗)의 경지를 겸하고 있음을 말한다.

    예 嵇寶鈞·聶松: 二人無的師範, 而意兼眞俗.(姚最, 『續畵品』)

    역 혜보균(嵇寶鈞)과 섭송(聶松). 두 사람은 딱히 스승이 없었으나 그림의 의취(意趣)가 아속(雅俗)의 경지를 겸하였다.

- 의경 意境

    경계(境界) 혹은 경(境)과 같은 의미이다. 경(境)은 상(象)을 기초로 하지만 상을 초월하는 것으로, 상 및 상 주위의 허공까지 포괄하는 영역이다. 원래 경계나 구역을 가리키는 단순한 의미에서부터 조예(造詣), 즉 예술가의 예술수양이 도달한 정도나 수준 및 문예작품에서의 상황이나 범위 등을 뜻한다. 예컨대 이 의경의 오묘함이 있기에 정감을 그리면 마음속 깊이 스며들어 신선한 감동을 주고, 경물(景物)을 그리면 사람의 이목(耳目)에 실감나게 하며, 사실(事實)을 그리면 마치 입에서 자연스럽게 나오는 것 같을 수 있는 것이다.(2004a, pp. 189-191 참조)

- 예) 一丘一壑之經營, 小草小花之渲染, 亦有難處; 大起造·大揮寫, 亦有易處, 要在人之意境何如耳.(『鄭板橋集』「補遺」)
- 역) 조그만 산이나 작은 화초를 잘 그리는 데도 그것만의 어려움이 있고, 반대로 큰 폭의 그림을 그리는 데도 또한 쉬운 데가 있다. 관건은 의경(意境)을 어떻게 잘 표현하느냐에 달려있다.
- 예) 然元劇最佳之處, 不在其思想結構, 而在其文章. 其文章之妙, 亦一言以蔽之, 曰: 有意境而已矣.(王國維, 『宋元戱曲考』12)
- 역) 원대(元代) 잡극(雜劇)의 가장 뛰어난 점은 사상에 있는 것이 아니라 문장에 있다. 그 문장의 오묘함이란 한 마디로 말해서 의경(意境)이다.

• **의금상경** 衣錦尙絅

안에 비단옷을 입고, 밖으로 삼베옷을 걸친다는 말이다. 비단옷의 화려함을 드러내지 않음을 말한다.

- 예) 詩曰: "衣錦尙絅." 惡其文之著也.(『禮記』「中庸」)
- 역) 『시경(詩經)』에 이르기를, "안에 비단옷을 입고, 밖으로 삼베옷을 걸친다."라고 했는데, 이는 그 비단옷의 화려함을 미워한 것이다.

• **의니** 旖旎

부드럽고 아름다운 모양을 말한다.

- 예 樂府之長, 大端有二, 一則悲壯奰發, 一則旖旎柔入.(王夫之, 『古詩評選』卷1 陸機「短歌行」)
- 역 악부시(樂府詩)의 장점은 대개 두 가지다. 하나는 비장과 분노이고, 다른 하나는 부드럽고 아름다운 동시에 온화한 것이다.

• **의리** 義理

송대(宋代)의 신유학(新儒學)은 인·의·예·지라는 네 가지 측면에서 이(理)를 논했는데, 이(理)와 의(義)는 체용(體用)관계에 있다고 생각했다. 의(義)는 이(理)에 대한 타당하고 적절한 운용이다. 사물에는 각기 그 마땅함이 있는데 이는 곧 의(義)의 실현이며, 이(理)는 그러한 실현 가운데 깃들어 있다. 송대 유학자들은 의리(義理)를 주체가 반드시 추구해야만 할 소질이자 능력으로 파악했으며, 그것을 갖춰야만 만사만물에 적합하게 대처할 수 있다고 여겼다. 그들이 보기에 의리를 얻는 것은 마음을 밝게 하여 천성을 터득["明心見性"]하는 과정이다. 여기에서 마음과 천성은 천하의 대의(大義)와 같은 것이며, 현실생활 속에서 사람이 감촉하는 정서나 욕망과는 대립하는 것이다. 순수하게 예술적 견지에서 볼 때, 이러한 명심견성(明心見性)의 과정은 또한 주체 자신의 감성을 포기하는 과정이기도 하다. 송대 유학의 이러한 의리관으로 말미암아 더더욱 이후의 문학예술은 감수성이 아니라 사상을 담는 도구가 되어버렸다. 주돈이(周敦頤)의 "문이재도(文以載道: 문장에는 도를 담아야 한다.)"나 주희(朱熹)에 의해 더욱 확고하게 굳어진 "시언지(詩言志: 시는 내면의 의지를 말하는 것이다.)"의 전통은 바로 이러한 경향을 확고하게 결정지었다.(2008, pp. 146-147 참조)

- 예 固義理之會歸, 信賢達之兼善者矣.(孫過庭, 『書譜』)
- 역 진리는 항상 한 곳으로 통하게 되어 있으니, 현명하고 통달한 사람만이 글씨와 품평·감상을 다 잘할 수 있다는 것은 참으로 마땅한 진리이다.

- **의명현화** 意冥玄化

    뜻이 암암리에 천지자연의 조화(造化)와 합치되는 경지를 말한다.

    - ㉠ 當其有事, 已知遺去機巧, 意冥玄化, 而物在靈府, 不在耳目.(符載,「觀張員外畫松石序」)
    - ㉡ 〈장조(張璪)는〉 그림 그릴 때, 기교를 버리면 뜻이 성정(性情)과 암암리에 조화되어 사물이 마음속에 있고 눈이나 귀에 있지 않다는 것을 이미 깨달았다.

- **의발상전** 衣鉢相傳

    서로 법식(法式)을 전수하는 것을 말한다.

    - ㉠ 文章自得方爲貴, 衣鉢相傳豈是眞.(王若虛,『滹南遺老集』卷45「論詩詩」)
    - ㉡ 문장(文章)은 자득(自得)이 가장 중요하다. 〈강서시파(江西詩派)는〉 서로 법식(法式)을 전수하니 어디 시의 참뜻이 있단 말인가?

- **의법상성** 意法相成

    의(意)와 법(法)이 서로 도와 완전해진다.

    - ㉠ 善言草者, 意法相成. 草之意法, 與篆隸正書之意法, 有對待, 有傍通.(劉熙載,『藝槪』「書槪」)
    - ㉡ 초서를 잘 설명하면 의와 법이 서로 완전해진다. 초서의 의·법은 전(篆)·예(隸)·정서(正書)의 의·법과 대립되기도 하고 서로 통하기도 한다.

- **의법상해** 意法相害

    의(意)와 법(法)이 서로 해를 입힌다.

    - ㉠ 他書法多於意, 草書意多於法. 故不善言草者, 意法相害.(劉熙載,『藝槪』「書槪」)
    - ㉡ 다른 서체(書體)는 의(意)가 많으나 초서(草書)는 법(法)이 많다. 그래

서 초서를 잘 설명하지 못하면 의와 법이 서로 해를 입힌다.

- **의복상외** 意伏象外

  시정(詩情)이 형상(形象) 밖에 함축되어 숨어있다.

  - ㉠ 意伏象外, 隨所至而與俱流.(王夫之, 『古詩評選』 卷1 曹操 「秋胡行」)
  - ㉡ 정(詩情)은 형상(形象) 밖에 함축되어 숨어있고, 형상의 변화에 따라 발전한다.

- **의불체사** 意不逮辭

  작가의 뜻이 작품의 언어에 미치지 못함을 말한다.

  - ㉠ 意不逮辭, 氣不充體, 於事理情志, 全無干涉.(王夫之, 『薑齋詩話』 卷2)
  - ㉡ 〈제(齊)·양(梁) 이래 작가는 사람들은〉 작가의 뜻이 작품의 언어에 미치지 못했고, 작가의 기(氣)가 작품의 체재(體裁)에 충만하지 못했으며, 사리(事理)나 정지(情志)와는 아무런 관계가 없었다.

- **의불칭물** 意不稱物, **문불체의** 文不逮意

  외재 물상을 내 마음속으로 끌어들이지 못하고 또 마음속의 뜻을 글로 드러내지 못함을 말한다. "의능칭물(意能稱物), 문능체의(文能逮意)"의 상태가 이상적이다.

  - ㉠ 余每觀才士之所作, 竊有以得其用心. 夫放言遣辭, 良多變矣. 姸蚩好惡, 可得而言. 每自屬文, 尤見其情. 恒患意不稱物, 文不逮意, 蓋非知之難, 能之難也.(陸機, 「文賦」)
  - ㉡ 나는 매번 선현(先賢)의 글을 읽을 때마다 그들이 글을 쓰기 위해 얼마나 애썼는지를 느낀다. 자구(字句)를 맞추어 글을 이루는 것이 변화 무쌍하니 글의 우열(優劣)이 절로 드러난다. 매번 글을 쓸 때마다 이러한 느낌이 더욱 절절하다. 나는 항상 글을 쓰면서 외재 물상을 내 마음

속으로 끌어들이지 못하고 또 마음속의 뜻을 글로 드러내지 못함을 안타까워한다. 이것은 알고 모르고의 문제가 아니라 해낼 수 있느냐 없느냐의 문제이다.

- **의상** 意象

  우의(寓意)가 깃든 형상, 혹은 형상을 통해 뜻을 드러냄을 말한다.

  - 書與畵異形而同品. 畵之意象變化, 不可勝窮.(劉熙載, 『藝槪』「書槪」)
  - 서예와 그림은 다른 형상(形狀)이지만 같은 종류이다. 회화의 의상(意象) 변화는 이루 다 할 수 없다.
  - 王摩詰之破墨水石, 意象逼眞, 南派之代表也.(梁啓超, 『飮冰室文集』卷10「中國地理大勢論」)
  - 왕유(王維)의 파묵(破墨)산수는 의상(意象)을 명확히 드러내었으니 남파(南派)의 대표라 하겠다.

- **의선필후** 意先筆後

  의재필선(意在筆先) 혹은 의재필전(意在筆前)과 같은 말이다. 생각 없이 붓이 나가는 것을 경계하는 말이다. 일찍이 왕희지가 이에 대해 거론한 바 있다. "붓이 나가기에 앞서 미리 마음속에 상(象)이 짐작되어야 한다. 이러한 짐작이 있은 연후에 글씨가 안배된다."["意在筆前, 字居心後." (『書論』)]

  - 若運用盡於精熟, 規矩闇於胸襟, 自然容與徘徊, 意先筆後, 瀟灑流落, 翰逸神飛.(孫過庭, 『書譜』)
  - 만약 마음과 손의 상응함이 고도로 숙련된 정도에 이르게 되면 서법(書法)의 규칙이 깊이 체득되니, 이제 글씨를 써 내림에 얽매임 없이 자유로워 손끝은 다만 마음을 좇을 따름인 경지에 이른다. 시원스런 풍격의 기품이 드러나니 필치가 표일(飄逸)하고 신운(神韻)이 드높다.

- **의소자완** 意疏字緩

  〈서예에서 운필할 때〉 의취(意趣)가 탁 트이고 자형(字形)이 온화함을 말한다.

  - 眞跡雖少, 可得而推: 逸少至學鍾書, 勢巧形密: 及其獨運, 意疏字緩.(『法書要錄』卷2)
  - 진적(眞迹)은 비록 적으나 얻어 보고 추단할 수 있다. 왕희지가 종요의 서예를 배울 때 기세는 교묘하고 모양은 치밀하였으나, 그가 스스로 일가를 세워 운필할 때는 의취(意趣)가 탁 트이고 자형(字形)은 온화하였다.

- **의심사천** 意深詞淺

  말은 알아듣기 쉬우면서 뜻이 깊다.

  - 今讀其詩, 平平無異. 意深詞淺, 思苦言甘.(袁枚, 『小倉山房詩集』卷20)
  - 백거이(白居易)의 시를 읽을 때 소박하고 자연스러운 느낌이 들지만, 말은 알아듣기 쉬우면서 뜻이 깊다. 이는 작가가 깊이 생각한 다음에야 그렇게 쓸 수 있는 것이다.

- **의외묘** 意外妙

  그림이 너무 생생하여 마치 작가의 화의(畵意)를 따라 실경(實景) 안으로 들어갈 듯한 느낌을 자아내는 예술효과를 말한다.

  - 見靑烟白道而思行, 見平川落照而思望, 見幽人山客而思居, 見巖扃泉石而思遊. 看此畵令人起此心, 如將眞卽其處, 此畵之意外妙也.(郭熙, 『林泉高致』「山川訓」)
  - 푸른 안개와 하얀 길을 보면 가보고 싶은 생각이 들고, 고르게 흐르는 시내에 비친 낙조를 보면 바라보고 싶은 생각이 들며, 그윽하게 들어앉은 은사(隱士)와 그를 찾아 오르는 산객(山客)을 보면 그곳에 살고 싶은 생각이 들고, 은자(隱者)의 암혈(巖穴)과 천석(泉石)을 보면 그곳에

서 노닐고 싶은 생각이 든다. 이런 그림들을 보면 사람으로 하여금 그런 느낌이 들게 하기가 마치 진짜 그런 산속으로 나아가게 할 것처럼 한다. 이것이 바로 그림의 의외지묘(意外之妙)이다.

- **의일호필** 意逸乎筆

  의기(意氣)가 붓끝에서 방일(放逸)의 경지로 드러남을 말한다.

  ㉠ 察其所由, 則意逸乎筆, 未見其止.(『法書要錄』卷8「張懷瓘書斷中」)
  ㉡ 그 유래를 살펴보면, 의기(意氣)가 붓끝에서 방일(放逸)의 경지로 드러나니 그 끝을 볼 수가 없다.

- **의장** 意匠

  예술가가 예술창작을 할 때 심혈을 기울여 고심하는 것을 말한다.

  ㉠ 先帝天馬玉花驄, 畵工如山貌不同. 是日牽來赤墀下, 迥立閶闔生長風. 詔謂將軍拂絹素, 意匠慘澹經營中. 斯須九重眞龍出, 一洗萬古凡馬空.(杜甫,「丹靑引」)
  ㉡ 현종(玄宗)이 타던 천마(天馬)와 옥화총(玉花驄)의 모습은 화공(畵工)들이 산처럼 많아도 그린 것이 같지 않다. 이 날 이끌려서 붉은 섬돌로 내려와 궁궐의 정문에 서니 긴 바람이 일어난다. 조칙(詔勅)을 받들어 장군에게 흰 비단 펼치니, 그리기 전에 심혈을 기울여 구상한다. 이 찰나에 궁궐엔 진짜 용이 나타나니, 만고의 평범한 말 한 번에 씻어 없앤다.

- **의재필선** 意在筆先

  의선필후(意先筆後) 혹은 의재필전(意在筆前)과 같은 말이다. 생각 없이 붓이 나가는 것을 경계하는 말이다. 일찍이 왕희지가 이에 대해 거론한 바 있다. "붓이 나가기에 앞서 미리 마음속에 상(象)이 짐작되어야 한다. 이러한 짐작이 있은 연후에 글씨가 안배된다."["意在筆前,

字居心後."(『書論』)]

예) 凡畵山水, 意在筆先.(王維, 「山水論」)
역) 무릇 산수를 그릴 때는 뜻이 붓보다 앞서야 한다.

- **의전필후** 意前筆後

"의재필선(意在筆先)"과 같은 개념이다.

예) 意後筆前者敗, 若執筆遠而急, 意前筆後者勝.(衛夫人, 「筆陣圖」)
역) 마음이 붓보다 뒤에 있게 되면 반드시 실패하게 된다. 만약 붓끝으로부터 멀리 붓을 잡되 굳게 잡는다면 붓보다 마음이 앞서는 것이니, 이러한 집필은 반드시 성공하게 된다.

- **의존필선** 意存筆先

"의전필후(意前筆後)" 혹은 "의재필선(意在筆先)"과 같은 개념이다.

예) 意存筆先, 畵盡意在, 所以全神氣也.(張彦遠, 『歷代名畵記』)
역) 그림을 그리는 데 있어 붓을 내리기 전에 이미 뜻이 서 있으니, 다 그려진 다음에도 뜻이 남아있다. 이 때문에 신운(神韻)과 기세(氣勢)가 온전하게 갖추어진 것이다.

- **의출진외** 意出塵外

생각이나 구상이 인간세상의 번잡함을 초월하였음을 말한다.

예) 王維 …… 「輞川圖」, 山谷鬱鬱盤盤, 雲水飛動; 意出塵外, 怪生筆端.(朱景玄, 『唐朝名畵錄』)
역) 왕유(王維)의 …… 「망천도(輞川圖)」에는 산골짜기가 굽이굽이 우거지고 구름과 물은 휘날리듯 움직인다. 그 구상은 인간세상의 번잡함을 초월하였고, 붓끝에는 기묘한 맛이 걸려있다.

- **의취신색** 意趣神色

정의(情意)·풍취(風趣)·정감(情感)·문채(文彩)를 말한다.

- 例 凡文以意趣神色爲主. 四者到時, 或有麗詞俊音可用.(湯顯祖, 『玉茗堂尺牘之四』「答呂姜山」)
- 역 대개 문장은 정의(情意)·풍취(風趣)·정감(情感)·문채(文彩)를 위주로 합니다. 이 네 가지를 이미 할 수 있게 된 다음 때때로 아름다운 문사(文辭)나 성조(聲調)를 쓸 수 있습니다.

- **의치유연** 意致悠然

  유유자적하고 태연한 것을 말한다.

  - 例 樂天胸懷淡曠, 意致悠然, 詩如水流雲逝.(『尺牘新鈔』1集 徐增「又與申勖庵」)
  - 역 백거이는 마음이 넓고 담박하며, 정지(情志)가 유유자적하고 태연하다. 그래서 그의 시가 자연스럽게 물 흐르는 듯 완만할 수 있고, 구름처럼 멋스러울 수 있다.

- **의태** 意態

  필의(筆意)의 자태(姿態)를 말한다.

  - 例 意態. 回翔動靜, 厥趣相隨.(賓蒙, 『語例字格』)
  - 역 의태(意態): 새들의 돌며 날아오르는 움직임에서 그 의취(意趣)가 서로 따라 나타난다.

- **의태종횡** 意態縱橫

  정신의 자유로운 경지를 말한다.

  - 例 其有一點一劃, 意態縱橫, 偃亞中間, 綽有餘裕, 結字峻秀, 類於生動, 幽若深遠, 煥若神明, 以不測爲量, 書之妙也.(『書法鉤玄』卷2「張懷瓘評書」)
  - 역 서예의 필적은 다만 일필 일획이 모두 정신이 자유롭고 웅건함이 충만하여, 글자 가운데 올려보고 쓰러짐이 있으며, 느슨함에는 여유가 있

고, 자체의 구조는 준수(峻秀)하며, 생동함과 심원함이 드러나고, 신명이 있는 듯 선명하며, 생각으로 가늠하여 한계를 따지기가 어려워야만 비로소 서예의 미묘함이라 할 수 있다.

- **의형불극** 儀形不極

  법식(法式)의 변화가 무궁하다. 의형(儀形)은 형상의 뜻이다.

  例 體五材之並用, 儀形不極.(孫過庭,『書譜』)

  역 금(金)·목(木)·수(水)·화(火)·토(土)의 다섯 물질을 잘 병용(竝用)하여 천변만화(千變萬化)하는 형상을 창조해낸다.

- **의흥** 意興

  심미대상과 내면의 감흥이 알게 모르게 상합(相合)하였을 때의 정의(情意)를 말한다.

  例 詩有詞理意興. 南朝人尚詞而病於理; 本朝人尚理而病於意興; 唐人尚意興而理在其中; 漢魏之詩, 詞理意興, 無跡可求.(嚴羽,『滄浪詩話』「詩評」)

  역 시에는 말의 이치와 흥(興) 중의 정의(情意)가 있다. 남조(南朝) 사람들은 말을 숭상했으나 이치에 문제가 있었다. 송대(宋代)의 사람들은 이치를 숭상했으나 흥(興) 중의 정의(情意)에 문제가 있다. 당대(唐代) 사람들은 흥(興) 중의 정의(情意)를 숭상했으면서도 이치가 그 안에 있었다. 한(漢)·위(魏)의 시에는 말의 이치와 흥(興) 중의 정의(情意)의 자취를 찾을 수 없다.

- **이理**

  (1) 만사만물의 근본 원리를 말한다.

  例 曰理·曰事·曰情三語, 大而乾坤以之定位, 日月以之運行, 以至一草木一飛一走, 三者缺一, 則不成物.(葉燮,『原詩』內篇)

  역 이른바 이(理)·사(事)·정(情)의 세 글자가 있는데, 크게는 천지(天地)

가 그것들에 의해 위치가 정해지고, 일월(日月)이 그것에 의해 운행한다. 풀 하나 나무 하나 및 날고 걷는 모든 것에 이 셋 가운데 하나라도 빠지면 곧 사물이 될 수 없다.

(2) 본성 혹은 천성을 말하는 것으로, 형(形)과 대비되는 신(神)을 뜻한다.

- 예) 世有論理者, 當知鬼神不異於人, 而犬馬之狀, 雖得形似而不盡其理者, 亦未可謂工也.(董逌, 『廣川畫跋』卷2 「書犬戲圖」)
- 역) 세상에 본성을 논하는 사람은 귀신이 사실 사람과 별로 다른 것이 없어서 사람에 견주어 표현해낼 수 있지만, 개나 말은 설령 아주 비슷하게 그린다 해도 그 천성을 표현해내지 못하면 잘 그린 그림이라 할 수 없다는 것을 잘 안다.

- **이간류속 易簡流速**

간이(簡易)하면서 유창한 흐름을 말한다. 흔히 초서(草書)에 대한 묘사로 쓰인다.

- 예) 張芝草書, 得易簡流速之極.(『法書要錄』卷7 「張懷瓘書斷上」)
- 역) 장지(張芝)의 초서는 간이(簡易)하면서 유창한 흐름이 지극한 경지에 이르렀다.

- **이곡동공 異曲同工**

시대마다 작품은 달라도 그 기교는 같다.

- 예) 上下千年, 雖氣運推移, 文質迭尙, 而異曲同工, 咸臻厥美.(胡應麟, 『詩藪』「內編」卷1)
- 역) 위아래로 천 년 동안 비록 명운이 바뀌어 문(文)과 질(質)이 번갈아 숭상되었지만, 시대마다 작품은 달라도 그 기교는 같아 모두 그 아름다움을 다하였다.

- **이기 理氣**

    〈시를 지을 때〉 기(氣)의 조절을 말한다.

    - 예 理氣. 吹氣不同, 油然浩然, 要其盤旋, 總在筆先.(袁枚,『小倉山房詩集』卷20)
    - 역 기(氣)의 조절. 세상 사람들의 기질은 각각 다르다. 한가로운 기질이 있고 호탕한 기질이 있다. 이러한 기질은 마음속에서 잠재되어 있는데, 문장을 쓰기 시작하기 전에 이미 존재하는 것이다.

- **이기 離奇**

    색다른 기이함 혹은 독특함을 말한다.

    - 예 或曰: 吾子論文, 常曰生辣·曰古奧·曰離奇·曰淡遠, 何忽作此秀媚語?(『鄭板橋集』「家書·儀眞縣江村茶社寄舍弟」)
    - 역 어떤 사람이 나〈정섭(鄭燮)〉에게 이렇게 말했다. "그대는 문장을 신랄하고 심오하며 색다르고 고원(高遠)하게 써야 한다고 하지 않았던가? 어찌 〈자신의 동생에게는〉 아름답고 예쁘게 쓰라 하는가?"

- **이기초탈 離奇超脫**

    기이함이 매우 출중하다.

    - 예 今見青藤諸畵, 離奇超脫, 蒼勁中姿媚躍出, 與其書法奇崛略同.(張岱,『瑯嬛文集』「跋徐青藤小品畵」)
    - 역 지금 서위(徐渭: 호는 青藤道人)의 그림을 보면, 기이함이 출중하고 굳셈 속에 곱고 부드러운 자태가 드러나는데, 이는 그의 서예와 마찬가지로 아주 독특하다.

- **이내락외 以內樂外**

    바깥 것으로써 마음을 즐기는 것["以外樂內"]이 아니라, 마음속으로 바깥 것을 즐긴다.

- 解車休馬, 罷酒徹樂, 而心忽然若有所喪, 悵然若有所亡也. 是何則? 不以內樂外, 而以外樂內, 樂作而喜, 曲終而悲.(『淮南子』「原道訓」)
- 수레가 멈추고 말이 쉬며 주연이 끝나고 음악이 멈추면, 이내 마음이 쓸쓸하고 허탈해지고 만다. 무슨 연고인가? 마음속으로 바깥 것을 즐기려 한 것이 아니라 바깥 것으로써 마음을 즐기려 했기 때문이다. 그러니 음악이 시작되면 기쁘지만 악곡이 끝나고 나면 슬퍼진다.

• **이대관소** 以大觀小

보통 큰 것을 작은 것으로 보는 것, 즉 산수화에서 큰 것을 작게 나타내는 작화(作畵) 기법을 말한다. 예컨대 조그만 화폭 안에 산과 사람을 진짜 크기로 그리면, 다만 사람이 아래서 산을 올려다보는 고원(高遠)밖에 표현할 수 없게 된다. 그래서 심원(深遠) 등과 같은 다양한 화면 구성을 위해서는, 사람을 산보다 크게 그리는 등의 응용이 필요하다는 말이다.

- 大都山水之法, 蓋以大觀小, 如人觀假山耳.(沈括,『夢溪筆談』卷17「書畵」)
- 대부분 산수를 그리는 기법은 보통 큰 것을 작은 것으로 보는 것이니, 예컨대 사람이 가산(假山)을 보는 것과 같다.

• **이동사정** 以動寫靜

움직임으로 정지 상태를 표현한다는 것으로, 사물이나 인물의 외형을 통해 그 내면의 풍신(風神)을 나타낸다.

- 要知疵處‧闕略處, 人之餘也, 餘者神所寄也, 所謂筆先‧筆內外也, 所謂以動寫靜, 以方‧短寫圓‧長之說也.(『尺牘新鈔』2集 方拱乾「與田雪龕」)
- 사람들의 결함과 하자는 바로 인물의 여분(餘分)임을 알아야 된다. "여(餘)"란 것은 인물의 풍모와 신채를 기탁하는 부분이고, 쓰기 전에 알

아야 하는 것이며, 문자 밖에 함축된 것이다. 이는 또한 이른바 움직임으로 정지 상태를 표현하고, 또한 네모남과 짧음을 가지고 둥긂과 깊음을 표현하는 이치이다.

- **이둔잡진** 利鈍雜陳, **거세함축** 巨細咸畜

  날카로움과 무딤을 모두 구사하고 거대함과 세밀함을 모두 함축하고 있다. 두보(杜甫)를 형용한 말이다.

  ㉠ 李惟超出一代, 故高華莫幷, 色相難求; 杜惟兼總一代, 故利鈍雜陳, 巨細咸畜.(胡應麟, 『詩藪』「內編」卷4)
  ㉡ 이백(李白)만이 한 시대를 초월하였기 때문에 그의 뛰어난 문채는 홀로 우뚝하고, 두보(杜甫)만이 한 시대를 총결하였기 때문에 날카로움과 무딤을 모두 구사하고 거대함과 세밀함을 모두 함축하고 있다.

- **이등취영** 以燈取影

  〈인물화를 그리는 것이〉 등불로 그림자를 취하는 것과 같아 한 치 오차도 없다.

  ㉠ 道子畵人物, 如以燈取影, 逆來順往, 旁見側出.(蘇軾, 『蘇東坡集』前集 卷23「書吳道子畵後」)
  ㉡ 오도자(吳道子)가 인물을 그리면 등불로 그림자를 취하는 것과 같아서, 거꾸로 그려도 그런대로 잘 그려지고 옆에서 보아도 측면이 표현된다.

- **이류상소** 以類相召

  종류에 따라 서로 인과관계를 갖는다.

  ㉠ 馬鳴則馬應之, 牛鳴則牛應之. 帝王之將興也, 其美祥亦先見; 其將亡也, 妖孼亦先見. 物故以類相召也.(董仲舒, 『春秋繁露』「同類相動」)
  ㉡ 말이 울면 다른 말이 따라 울고, 소가 울면 다른 소가 따라 운다. 성왕

(聖王)이 장차 나타나려면 상서로운 조짐이 먼저 나타나고, 성왕이 장차 사라지려면 괴이한 일이 먼저 나타난다. 세상 만물은 이처럼 그 종류에 따라 서로 인과관계를 갖는다.

- **이류응지** 以類應之

  같은 종류에 따라 호응한다.

  - 無非己先起之, 而物以類應之而動者也. 故聰明聖神, 內視反聽, 言爲明聖, 內視反聽, 故獨明聖者, 知其本心皆在此耳.(董仲舒, 『春秋繁露』「同類相動」)
  - 하늘이 먼저 드러내면 만물이 그 같은 종류에 따라 그것에 호응하여 움직인다. 그러므로 총기가 밝고 성스러운 신명은 안을 들여다보고 그들을 바를 되 돌이킨다. 명성(明聖)이란 바로 이러한 내적 성찰과 반추(反推)를 말하는 것이다. 그러므로 오직 밝은 신명만이 그 본심이 모두 이러한 호응에 의해 움직이고 있음을 알 수 있다.

- **이목유용** 耳目有用, **수미무용** 須眉無用

  〈사람의 몸에서〉 귀와 눈은 쓸모 있지만, 수염과 눈썹은 쓸모가 없다. 그렇다고 해서 눈과 귀만 남기고 수염과 눈썹은 없애버릴 수 없는데, 그 이유는 좋고 나쁨이란 유용(有用)·무용(無用)과는 관계없기 때문이다.

  - 人之一身, 耳目有用, 須眉無用. 足下其能存耳目而去須眉乎?(袁枚, 『小倉山房文集』卷19「答友人論文第二書」)
  - 사람의 몸에서 귀와 눈은 쓸모 있지만, 수염과 눈썹은 쓸모가 없는 것이다. 그렇다고 해서 그대는 오직 눈과 귀만 남기고 수염과 눈썹은 없애버릴 수가 있겠는가?

- **이무불입** 理無不入, **태무불진** 態無不盡

  붓이 닿는 곳마다 모두 묘리(妙理)에 부합하지 않음이 없고, 그려낸 정상(情狀)과 신태(神態)가 모두 그 뜻을 다 하지 않음이 없게 된다.

- 예 用無不神而法無不貫也, 理無不入而態無不盡也.(石濤, 『畫語錄』 「一畫章 第1」)
- 역 용필(用筆)이 자유자재로 신묘하지 않음이 없고 필법(筆法)이 이치에 합당하지 않음이 없다면, 붓이 닿는 곳마다 모두 묘리(妙理)에 부합하지 않음이 없고 그려낸 정상(情狀)과 신태(神態)가 모두 그 뜻을 다 하지 않음이 없게 된다.

• **이묵환묵** 以墨還墨

시문(詩文)과 서화(書畫)는 항상 창작 대상의 본성에 따라 창작을 진행해야 한다. "이필환필(以筆還筆)"과 같은 표현이다.

- 예 自來詩文書畫, 直當以筆還筆, 墨還墨; 而注古人者, 更當以古人還古人.(『尺牘新鈔』 2集 周坼 「與某」)
- 역 시문(詩文)과 서화(書畫)는 항상 창작 대상의 본성에 따라 창작을 진행해야 한다. 고인(古人)의 작품에 주석을 달 때도, 자기를 고인의 세계 속으로 들어가게 해 서로 융합하여 고인의 관점을 가지고 고인을 살펴봐야 한다.

• **이문운사** 以文運事

문장 서술방식의 하나로 이미 있는 사건을 문자로 정확히 서술하는 것, 즉 일단 사건이 먼저 있고 나중에 이 일을 문자로 기록하는 것을 말한다.

- 예 以文運事, 是先有事生成如此如此, 卻要算計出一篇文字來, 雖是史公高才, 也畢竟是吃苦事.(金聖嘆, 「讀第五才子書法」)
- 역 이문운사(以文運事)는 일단 사건이 먼저 있고 나중에 이 일을 문자로 기록하는 것이다. 설령 사마천(司馬遷)의 재능을 갖고 있더라도 이러한 작법은 아주 힘든 일이다.

- **이문작문** 以文作文

  문장으로 문장을 쓴다는 말인데, 전체 구성이 미비하더라도 글을 쓰다보면 자연스럽게 연결이 이루어져 결미까지 다다르게 됨을 말한다.

  - 若夫間架未立, 才自筆生, 由前幅而生中幅, 由中幅而生後幅, 是謂以文作文, 亦是水底渠成之妙境.(李漁, 『閑情偶寄』「居室部」)
  - 만약 문장의 골격이 잘 되어있지 않으면 생각에 따라 글을 쓰기 때문에, 시작해서 중간까지 쓴 다음 다시 중간으로부터 결미까지 쓰게 된다. 이러한 것을 일러 문장으로 문장을 쓴다고 하는데, 또한 물이 흐르는 곳에 도랑이 생기듯 가다가다 일이 자연스레 이루어지는 기묘한 경지이다.

- **이문해용** 以文害用

  꾸밈 때문에 쓰임을 해치게 된다. 꾸밈에 마음을 뺏겨 실질을 잊어버림을 경계한 말이다.

  - 若辯其辭, 則恐人懷其文忘其直, 以文害用也.(『韓非子』「外儲說左上」)
  - 만약 말을 꾸며서 하면 사람들이 그 꾸밈에 마음을 뺏겨 실질을 잊을까 두렵다. 이는 꾸밈 때문에 쓰임을 해치게 되는 것이다.

- **이물관물** 以物觀物

  물상 자체의 본성을 기준으로 물상을 대한다.

  - 所以謂之反觀者, 不以我觀物也. 不以我觀物者, 以物觀物之謂也.(邵雍, 『皇極經世全書解』「觀物篇內篇十二」)
  - 반관(反觀)이라는 것은, 나의 입장에서 물(物)을 보는 것이 아니라 물(物) 자체의 본성으로 물(物)을 보는 것이다.
  - 無我之境, 以物觀物, 故不知何者爲我, 何者爲物.(王國維, 『人間詞話』 3)

(역) 무아지경(無我之境)은 사물의 입장에서 사물을 바라보므로 어느 것이 나이고, 어느 것이 사물인지 모른다.

- **이방둔원** 離方遁圓

  모난 것도 드러내지 않고 너무 부드러운 것도 피한다.

  (예) 夫行書非草非眞, 離方遁圓, 在乎季孟之間.(『法書要錄』卷4「張懷瓘議書」)

  (역) 행서는 초서도 아니고 진서(眞書)도 아니다. 모난 것도 드러내지 않고 너무 부드러운 것도 피하는데, 바로 그 둘 사이에 처한다.

- **이사위공** 以似爲工

  비슷하게 묘사하는 것을 중요하게 여긴다.

  (예) 樂天言畫無常主, 以似爲工, 畫之貴似, 豈其形似之貴耶!(董逌, 『廣川畫跋』卷5「書李元本花木圖」)

  (역) 백거이(白居易: 樂天)는 회화라는 것은 고정된 법칙이 있는 것이 아니라 비슷하게만 그리면 좋은 그림이라 하였다. 회화작품은 닮도록 그리는 것이 중요하다는 말이 단지 외형만을 같게 모사하면 된다는 것인가?

- **이사위공** 以辭爲工

  문장을 쓸 때 언어의 조탁을 즐겨한다.

  (예) 始吾幼且少, 爲文章以辭爲工. 及長, 乃知文者以明道.(『柳宗元集』卷34「答韋中立論師道書」)

  (역) 내가 어렸을 때는 문장을 씀에 언어의 조탁을 즐겨 하였다. 커서야 비로소 문장이란 도(道)를 밝히기 위한 것이란 점을 알게 되었다.

- **이색모색** 以色貌色

화폭의 형색(形色)으로 만물의 정상(情狀)을 그대로 그려낸다.

- 예) 旨微於言象之外者, 可心取於書策之內. 況乎身所盤桓, 目所綢繆, 以形寫形, 以色貌色也.(宗炳, 「畫山水序」)
- 역) 성인(聖人)이 남긴 뜻은 미묘하여 언어로 형상화할 수 없는 것이지만, 그 마음은 전적(典籍) 속에서 찾아 읽을 수 있다. 그러니 무엇 때문에 몸소 유력(遊歷)함으로써 직접 만산만하(萬山萬河)를 눈으로 대하여 화폭의 형색(形色)으로 그 만물의 정상(情狀)을 그려내려고 하는가.

- **이성엽영** 以聲葉永

소리를 통해서 음영(吟詠)함과 조화한다. 여기서 "엽(葉)"은 "협(協)"의 의미이다.

- 예) 以律節聲, 以聲葉永, 以永暢言, 以言宣志.(王夫之, 『尚書引義』 卷1「舜典三」)
- 역) 음률을 통해서 소리를 절제하며, 소리를 통해서 음영(吟詠)함과 조화하고, 긴 읊조림을 통해서 언어를 더 편안하게 만들며, 언어를 통해서 뜻을 밝힌다.

- **이속위아** 以俗爲雅

속(俗)을 아(雅)로 삼아야 한다. 너무 고상하거나 마구 속되다면 감흥을 불러일으키기 어려우니, 속된 표현을 통해 절묘하게 사람들의 심금을 울려야 희극의 묘미를 제대로 살릴 수 있다는 말이다.

- 예) 非絶穎之姿, 絶俊之筆, 又運以絶圓之機, 不得易作. 著不得一個太文字, 又著不得一句張打油語. 須以俗爲雅, 而一語之出, 輒令人絶倒, 乃妙.(王驥德, 『曲律』「論俳諧」)
- 역) 극히 총명하고 영민한 자질과 극히 준수하고 아름다운 문필(文筆)을 갖고 있고, 또 극히 융통성이 있는 기민함을 운용하여야 비로소 잘 쓸 수 있다. 이러한 곡은 고상하게 써도 안 되고, 조금이라도 거칠거나 속되게 써도 안 된다. 속(俗)을 아(雅)로 삼을 필요가 있다. 그러나 구절

마다 사람들로 하여금 배를 움켜쥐고 웃게 할 수 있어야 절묘함이라 할 수 있다.

- **이승어정 理勝於情**

  〈문장은〉 정감을 표현하는 것보다 이치를 밝히는 것이 더 중요하다.

  - 例 作詩之法, 情勝於理; 作文之法, 理勝於情.(『尺牘新鈔』2集 鄒祇謨「與陸蓋思」)
  - 譯 시를 창작할 때는 이치를 밝히는 것보다 정감을 표현하는 것이 더 중요하다. 고문(古文)을 창작할 때는 정감을 표현하는 것보다 이치를 밝히는 것이 더 중요하다.

- **이신역물 以身役物**

  외재 사물에 몸을 연루시키는 것을 말한다.

  - 例 聖人不以身役物, 不以欲滑和. 是故其爲歡不忻忻, 其爲悲不惙惙.(『淮南子』「原道訓」)
  - 譯 성인(聖人)은 외재 사물에 몸을 연루시키지 않으며 욕심 때문에 조화를 으그러뜨리지 않는다. 그렇기 때문에 성인은 기쁘더라도 지나치게 환락을 누리지 아니하며, 슬프더라도 지나치게 근심하지 않는다.

- **이신정질 移神定質**

  정신을 물상에 담아 형체를 표현하는 것을 말한다.

  - 例 至於移神定質, 輕墨落素, 有象因之以立, 無形因之以生.(朱景玄, 『唐朝名畫錄』)
  - 譯 정신을 물상에 담아 형체를 표현하는데, 가볍게 먹을 비단 바탕에 떨어뜨리면 유형의 것은 그 형상으로 인해 정신이 서고, 무형의 것도 그 형질로 인해 정신이 생겨난다.

- **이실용실 以實用實**

〈희곡의 창작이〉 사실에서 소재를 취했으나, 동시에 사실에 얽매어 예술적 표현이 그리 좋지 못한 것을 말한다.

- 예 劇戲之道, 出之貴實, 而用之貴虛. 「明珠」·「浣紗」·「紅拂」·「玉合」, 以實而用實者也; 「還魂」·「二夢」, 以虛而用實者也.(王驥德, 『曲律』「雜論」)
- 역 희곡을 창작하는 방법은, 소재를 취할 때 사실에 의해야 되고 구상할 때 대담하게 상상력을 발휘해야 한다는 것이다. 「명주기(明珠記)」·「환사기(浣紗記)」·「홍불기(紅拂記)」·「옥합기(玉合記)」 등은 모두 사실에서 소재를 취한 것이지만, 동시에 사실에 얽매어 예술적 표현을 그리 잘하지 못 했다. 「모란정(牡丹亭)」·「한단기(邯鄲記)」·「남가몽(南柯夢)」 등은 비록 고서(古書)에 기재된 이야기를 취한 것이지만, 작가가 잘 표현하였다.

- **이아관물** 以我觀物

나의 입장과 기준으로 물상을 대한다.

- 예 所以謂之反觀者, 不以我觀物也. 不以我觀物者, 以物觀物之謂也.(邵雍, 『皇極經世全書解』「觀物篇內篇十二」)
- 역 반관(反觀)이라는 것은, 나의 입장에서 물(物)을 보는 것이 아니라 물(物) 자체의 본성으로 물(物)을 보는 것이다.
- 예 有我之境, 以我觀物, 故物皆著我之色彩.(王國維, 『人間詞話』 3)
- 역 유아지경(有我之境)은 자아의 입장에서 사물을 바라보기 때문에 사물이 모두 자아의 색채를 띠게 된다.

- **이야** 易野

쉽게 속됨에 빠지게 됨을 말한다.

- 예 孔子曰: "可也, 簡." 簡者, 易野也; 易野者, 無禮文也.(劉向, 『說苑』「修文」)
- 역 공자(孔子)가 말하길, "괜찮다. 그러나 간(簡)하다."라고 했다. 간(簡)이

라는 것은 이야(易野), 즉 쉽게 속됨에 빠짐을 말한다. 이야(易野)라는 말은 예의(禮儀)와 문식(文飾)이 없음을 뜻한다.

- **이어상즉괴 異於常則怪**

    평상, 평범과 다른 것을 괴이하다고 한다.

    - 夫意新則異於常, 異於常則怪矣.(皇甫湜,『皇甫持正集』卷4「答李生第一書」)
    - 공들여 잘 짜인 글도 그 관점이 새로우면 평범하지 않고, 평범하지 않으면 사람들이 괴이하다 여긴다.

- **이언기의 以言起意**

    말로 시정(詩情)을 일으키는 것을 말한다.

    - 以言起意, 則言在而意無窮, 以意求言, 斯意長而言乃短, 言已短矣, 不如無言.(王夫之,『唐詩評選』卷1 孟浩然「鸚鵡洲送王九之江左」)
    - 말로 시정(詩情)을 일으키려고 하면 시정이 무궁무진하게 될 것이다. 시정을 위하여 적합한 말을 찾으려 하면 시정은 깊어지겠지만 말이 부족하게 될 것이다. 말이 부족하면 차라리 안 쓰는 것이 낫다.

- **이언선지 以言宣志**

    언어를 통해서 뜻을 밝힌다.

    - 以律節聲, 以聲葉永, 以永暢言, 以言宣志.(王夫之,『尚書引義』卷1「舜典三」)
    - 음률을 통해서 소리를 절제하며, 소리를 통해서 음영(吟詠)함과 조화하고, 긴 읊조림을 통해서 언어를 더 편안하게 만들며, 언어를 통해서 뜻을 밝힌다.

- **이영창언 以永暢言**

긴 읊조림을 통해서 언어를 더 편안하게 만든다.

- 예 以律節聲, 以聲葉永, 以永暢言, 以言宣志.(王夫之, 『尙書引義』 卷1「舜典三」)
- 역 음률을 통해서 소리를 절제하며, 소리를 통해서 음영(吟詠)함과 조화하고, 긴 읊조림을 통해서 언어를 더 편안하게 만들며, 언어를 통해서 뜻을 밝힌다.

- **이외락내** 以外樂內

  마음속으로 바깥 것을 즐기는 것["以內樂外"]이 아니라, 바깥 것으로써 마음을 즐긴다.

  - 예 解車休馬, 罷酒徹樂, 而心忽然若有所喪, 悵然若有所亡也. 是何則? 不以內樂外, 而以外樂內, 樂作而喜, 曲終而悲.(『淮南子』「原道訓」)
  - 역 수레가 멈추고 말이 쉬며 주연이 끝나고 음악이 멈추면, 이내 마음이 쓸쓸하고 허탈해지고 만다. 무슨 연고인가? 마음속으로 바깥 것을 즐기려 한 것이 아니라 바깥 것으로써 마음을 즐기려 했기 때문이다. 그러니 음악이 시작되면 기쁘지만 악곡이 끝나고 나면 슬퍼진다.

- **이욕활화** 以欲滑和

  욕심 때문에 조화를 으그러뜨리는 것을 말한다.

  - 예 聖人不以身役物, 不以欲滑和. 是故其爲歡不忻忻, 其爲悲不惙惙.(『淮南子』「原道訓」)
  - 역 성인(聖人)은 외재 사물에 몸을 연루시키지 않으며 욕심 때문에 조화를 으그러뜨리지 않는다. 그렇기 때문에 성인은 기쁘더라도 지나치게 환락을 누리지 아니하며, 슬프더라도 지나치게 근심하지 않는다.

- **이원위근** 以遠爲近, **이리위합** 以離爲合

  가까운 곳을 쓰고자 하면 짐짓 먼 곳을 말하고, 만남을 쓰고자 하면 굳이 헤어짐을 말한다. 시에서 감정을 토로하거나 경치를 묘사할 때의 표현방법으로, 시에 함축된 의미의 오묘함을 나타낸 말이다.

- 예 彼其抒情繪景, 以遠爲近, 以離爲合, 妙在含裹, 不在披露.(袁中道,『珂雪齋文集』卷2「宋元詩序」)
- 역 이러한 시는 감정을 토로하거나 경치를 묘사할 때, 가까운 곳을 쓰고자 하면 짐짓 먼 곳을 말하고, 만남을 쓰고자 하면 굳이 헤어짐을 말한다. 오묘함은 시에 함축된 의미이지 시의 외재적인 표현과 토로가 아니다.

- **이율절성** 以律節聲

음률을 통해서 소리를 절제한다.

- 예 以律節聲, 以聲葉永, 以永暢言, 以言宣志.(王夫之,『尙書引義』卷1「舜典三」)
- 역 음률을 통해서 소리를 절제하며, 소리를 통해서 음영(吟詠)함과 조화하고, 긴 읊조림을 통해서 언어를 더 편안하게 만들며, 언어를 통해서 뜻을 밝힌다.

- **이의구언** 以意求言

시정(詩情)을 위하여 적합한 말을 찾는다.

- 예 以言起意, 則言在而意無窮, 以意求言, 斯意長而言乃短, 言已短矣, 不如無言.(王夫之,『唐詩評選』卷1 孟浩然「鸚鵡洲送王九之江左」)
- 역 말로 시정(詩情)을 일으키려고 하면 시정이 무궁무진하게 될 것이다. 시정을 위하여 적합한 말을 찾으려 하면 시정은 깊어지겠지만 말이 부족하게 될 것이다. 말이 부족하면 차라리 안 쓰는 것이 낫다.

- **이의역지** 以意逆志

시(詩)를 해석할 때는 작자의 뜻으로 그 작자가 말하려는 의미를 새겨야 함을 말한다.

- 예) 故說詩者, 不以文害辭, 不以辭害志; 以意逆志, 是爲得之.(『孟子』「萬章章句上」)
- 역) 그러므로 시를 해석하는 사람은 그 시에 있는 글자로 그 말뜻을 해쳐서도 안 되고, 그 말뜻으로 해서 전체의 대의를 해쳐서도 안 된다. 작자의 뜻으로 그 작자가 말하려는 의미를 새겨야만 비로소 올바르게 이해할 수 있는 것이다.

- **이입영적** 理入影跡

  신묘한 이치가 바로 유형(有形)의 사물 속에 들어가 있다. 산수자연은 사실 신묘한 이치 혹은 신명의 그림자 내지 형적에 지나지 않는 것이다. 그래서 화가가 산수를 그릴 때 그러한 산수의 이치와 신명을 온전히 묘사해 낼 수 있어야 한다.

  - 예) 又神本亡端, 栖形感類, 理入影跡, 誠能妙寫, 亦誠盡矣.(宗炳,「畵山水序」)
  - 역) 신명(神明)이란 본디 무형(無形)의 것이나, 형태 있는 사물에 깃들어 만사만물에 감응하는 바, 신묘한 이치가 바로 유형(有形)의 사물 속에 들어가 있는 것이다. 그러니 진정 묘사를 잘 해낼 수 있다면 가히 산수의 신묘한 이치를 제대로 표현해낼 수 있다.

- **이조명춘** 以鳥鳴春, **이뢰명하** 以雷鳴夏, **이충명추** 以蟲鳴秋, **이풍명동** 以風鳴冬

  새소리로 봄을 알리고, 천둥소리로 여름을 알리며, 벌레소리로 가을을 알리고, 바람소리로 겨울을 알리는 것처럼, 하늘은 소리를 잘 내는 것을 골라 그것에 의탁하여 소리를 내게 한다.

  - 예) 惟天之於時也亦然, 擇其善鳴者而假之鳴. 是故以鳥鳴春, 以雷鳴夏, 以蟲鳴秋, 以風鳴冬.(韓愈,『韓昌黎集』卷4「送孟東野序」)

> 역 하늘이 계절을 대하는 것도 마찬가지이니, 소리를 잘 내는 것을 골라 그것에 의탁하여 소리를 내게 한다. 그리하여 새소리로 봄을 알리고, 천둥소리로 여름을 알리며, 벌레소리로 가을을 알리고, 바람소리로 겨울을 알린다.

• **이천합천** 以天合天

자기의 천성(天性)을 물(物)의 천성에 합치시키는 것을 말한다. 심재(心齋)와 망아(忘我)를 통해 천인(天人)이 상합(相合)하게 되는 최고의 인생경계(人生境界)이다. 물화(物化)의 경지와도 상통한다.

> 예 齊七日, 輒然忘吾有四枝形體也. 當是時也, 無公朝, 其巧專而外骨消; 然後入山林, 觀天性; 形軀至矣, 然後成見鐻, 然後加手焉; 不然則已. 則以天合天, 器之所以疑神者, 其是與!(『莊子』「達生」)

> 역 이레 동안 재계를 하면 문득 내가 지닌 손발과 육체까지도 잊게 된다. 이렇게 되었을 적에는 나라의 조정도 안중에 없고, 오로지 안으로 기교를 다하기만 하며, 밖의 혼란 같은 것은 없어져 버린다. 그렇게 된 뒤에야 산림으로 들어가 재목의 성질을 살피고 모양도 완전한 것을 찾아낸다. 그리고는 완전한 북틀이 마음속에 떠오르게 된 뒤에야 손을 대는 것이다. 그렇게 되지 않을 적에는 그만 둔다. 곧 저의 천성을 나무의 천성과 합치시키는 것이다. 내가 만든 기구가 신기(神技)에 가까운 이유는 여기에 있을 것이다.

• **이추위미** 以醜爲美

추함을 아름다움으로 삼는다는 말로, 심추(審醜)의 기본적인 방식을 가리킨다.

> 예 怪石以醜爲美, 醜到極處, 便是美到極處. 一醜字中丘壑未易盡言.(劉熙載, 『藝槪』「書槪」)

> 역 괴석(怪石)은 추함을 아름다움으로 삼는다. 추하면 추할수록 그 아름다움은 더 커진다. "추(醜)"자 하나에 심원한 의경(意境)이 다 드러난다.

- **이취 理趣**

  정(情)과 경(景) 사이의 어우러짐에 이치(理致)가 내재되어 자아내는 심미적 유쾌함을 말한다.

  - ㉠ 今之畫者, 但貴其姸麗之容, 是取悅於衆目, 不達畫之理趣也.(郭若虛,『圖畫見聞志』「叙論」)
  - ㉡ 오늘날의 화가는 그 고운 모습만 중요하게 여겨 여러 사람들의 눈을 기쁘게 하는 것만 취할 뿐, 그림의 이취(理趣)를 표현해 내지 못한다.
  - ㉠ 鉞塗抹餘閑, 乃仿司空表聖之例, 著『畫品』二十有四篇. 專言林壑理趣.(黃鉞,『二十四畫品』)
  - ㉡ 나[황월(黃鉞)]는 한가로운 시간을 이용해서 사공도(司空圖)의 저작을 모방하여『화품(畫品)』24편을 저술하였다. 그 내용은 오로지 산림의 깊숙하고 그윽한 의취(意趣)를 언급한 것이다.

- **이치겸수 理致兼收**

  아치(雅致)와 실용을 겸한 것을 말한다.

  - ㉠ 凡有故作迂途以取別致者, 必另開耳門一扇, 以便家人之奔走, 急則開之, 緩則閉之, 斯雅俗俱利而理致兼收矣.(李漁,『閑情偶寄』「居室部」)
  - ㉡ 〈집을 지을 때〉 일부러 돌아가는 오솔길을 만듦으로써 독특한 풍격을 내는데, 여기엔 반드시 별도로 쪽문을 하나 내어 집에 드나들기 편하게 한다. 이 문은 긴급할 때 열고, 특별한 일이 없을 때는 닫아둔다. 이러한 집은 아속(雅俗)의 집 모두에 적합하니, 아치(雅致)와 실용을 겸한 것이다.

- **이타평타 以它平它**

  서로 다른 것을 가지고 다른 것을 화평하게 한다. "화(和)"에 대한 설명이다.

  - ㉠ 以它平它謂之和, 故能豊長而物歸之. 若以同裨同, 盡乃棄

矣.(『國語』「鄭語」)
- 역 서로 다른 것을 가지고 다른 것을 화평하게 하는 것을 화(和)라고 한다. 그래야만 능히 풍부하게 생장시키고 만물이 그곳에서 영위할 수 있다.

- **이풍역속** 移風易俗

  풍속이 바른 방향으로 변화됨을 말한다. 유가미학의 관점에서 볼 때 예술의 사회적 기능을 뜻하는 미학범주로, 풍교(風敎)라고도 한다. 시가(詩歌)나 악무(樂舞)의 사회와 대중에 대한 윤리도덕적 교육과 감화 기능을 말한다. 원래 풍속이란 한 지역에서 오랜 기간 형성된 기풍과 습관을 가리킨다. 그런데 예를 들어 『시경(詩經)』에 수록된 시삼백(詩三百) 같은 경우처럼 그 내용이 대중에게 커다란 교육적 기능을 발휘함으로써 충효를 일깨우고 인륜을 두텁게 하는 등 민심과 풍속을 바른 방향으로 변화시킬 수 있음을 유가는 주목하게 되었다. 이로부터 유가미학의 테두리 안에서, 시가나 악무 등 예술은 미와 선·감성과 이성·심미와 도덕 등의 조화와 통일을 지향해야만 했다.(2008, pp. 110-111 참조)

  - 예 故樂行而志淸, 禮修而行成, 耳目聰明, 血氣和平, 移風易俗, 天下皆寧, 美善相樂.(『荀子』「樂論」)
  - 역 그러므로 음악이 바르게 행해지면 뜻이 맑아지고, 예의가 닦여지면 행실이 이루어지며, 귀와 눈은 잘 들리고 잘 보이게 되고, 혈기는 화평해지며, 풍속이 바르게 순화되니, 온 천하가 이에 편안해지고, 아름다움과 도덕적 완선(完善)이 서로 즐겁게 된다.

- **이필환필** 以筆還筆

  시문(詩文)과 서화(書畫)는 항상 창작 대상의 본성에 따라 창작을 진행해야 한다. "이묵환묵(以墨還墨)"과 같은 표현이다.

- 예 自來詩文書畵, 直當以筆還筆, 墨還墨; 而注古人者, 更當以古人還古人.(『尺牘新鈔』2集 周坼「與某」)
- 역 시문(詩文)과 서화(書畵)는 항상 창작 대상의 본성에 따라 창작을 진행해야 한다. 고인(古人)의 작품에 주석을 달 때도, 자기를 고인의 세계 속으로 들어가게 해 서로 융합하여 고인의 관점을 가지고 고인을 살펴봐야 한다.

• 이허용실 以虛用實

〈희곡의 창작이〉 고서(古書)에 기재된 이야기처럼 사실에서 소재를 취했지만, 상상력을 발휘해 예술적으로 잘 표현하는 것을 말한다.

- 예 劇戱之道, 出之貴實, 而用之貴虛.「明珠」·「浣紗」·「紅拂」·「玉合」, 以實而用實者也;「還魂」·二夢, 以虛而用實者也.(王驥德, 『曲律』「雜論」)
- 역 희곡을 창작하는 방법은, 소재를 취할 때 사실에 의해야 되고 구상할 때 대담하게 상상력을 발휘해야 한다는 것이다.「명주기(明珠記)」·「환사기(浣紗記)」·「홍불기(紅拂記)」·「옥합기(玉合記)」 등은 모두 사실에서 소재를 취한 것이지만, 동시에 사실에 얽매어 예술적 표현을 그리 잘하지 못 했다.「모란정(牡丹亭)」·「한단기(邯鄲記)」·「남가몽(南柯夢)」 등은 비록 고서(古書)에 기재된 이야기를 취한 것이지만, 작가가 잘 표현하였다.

• 이형득사 離形得似

진정한 본질은 형사(形似)가 아닌 신사(神似)로써 터득할 수 있다. 형식의 유사함만을 모방하는 데서 벗어나야 정수를 파악할 수 있다는 말이다.

- 예 俱似大道, 妙契同塵, 離形得似, 庶幾斯人.(司空圖,『詩品二十四則』)
- 역 대도(大道)는 있지 않은 데가 없고, 세상의 티끌과 함께 하나 형체로 드러나진 않는다. 형사(形似)가 아닌 신사(神似)를 추구해야 형용(形

容)을 잘하는 사람이라 할 수 있다.
- ⓔ 離形得似, 當以史公爲尙.(劉熙載,『藝槪』「文槪」)
- ⓨ 형식의 유사함을 모방하지 않고「이소(離騷)」의 정수를 배운 사람은 바로 사마천(司馬遷)이었다.

- **이형미도** 以形媚道

  형상을 통해 정신세계를 표현한다. "이형사신(以形寫神)"과 같은 개념이다.
  - ⓔ 夫聖人以神法道, 而賢者通, 山水以形媚道, 而仁者樂, 不亦幾乎?(宗炳,「畵山水序」)
  - ⓨ 저 성인(聖人)들은 고결한 정신으로 도(道)를 본받았으며, 현자(賢者) 역시 그와 같았다. 자연산수는 그 형상으로써 도(道)의 열락을 취하는 것이니, 이 또한 인자(仁者)의 즐거움과 같지 아니한가?

- **이형사신** 以形寫神

  형상을 통해 정신세계를 표현하는 것으로, 형상 자체도 일정 정도 중요한 요소이다. 이형사신(以形寫神)은 신(神)이 형(形)보다 더 우위라는 점을 보여주긴 하지만, 당대(唐代) 사공도(司空圖)의 "이형득사(離形得似)"에서처럼 형식의 속박에 구애받지 않은 채 훨씬 더 자유롭게 정신을 표현한다는 수준까지는 아직 이르지 못한 것이다. 고개지가 이형사신을 거론한 이후로, 그린다는 것은 형사(形似)와 신사(神似)로 구분되었다. 형사는 외형을 있는 그대로 똑같이 묘사하는 것을 말하며, 신사는 내재정신을 정확하게 드러내는 것을 말한다. 동아시아 예술에서는 고래로 형사를 깎아내렸으며 신사를 중히 여겼다.(2008, pp. 237-238 참조)
  - ⓔ 凡生人亡有手揖眼視而前亡所對者, 以形寫神而空其實對, 荃生之用乖, 傳神之趨失矣.(顧愷之;『歷代名畵記』卷5 所收)

◎ 무릇 살아있는 사람으로 손을 모으고 인사하며 바라본다면 당연히 앞에 그 대상이 있어야 한다. 형상을 통해 그 사람의 정신을 드러내려 하면서 그 앞에 실제 대상이 없는 것 같이 그려놓는다면, 생생함을 드러내려는 의도는 어긋나고 정신을 표현하고자 한 목적은 실현될 수 없을 것이다.

- **이형사형** 以形寫形

    화폭의 형색(形色)으로 만물의 정상(情狀)을 그대로 그려내는 것을 말한다.

    ◎ 旨微於言象之外者, 可心取於書策之內. 況乎身所盤桓, 目所綢繆, 以形寫形, 以色貌色也.(宗炳,「畵山水序」)
    ◎ 성인(聖人)이 남긴 뜻은 미묘하여 언어로 형상화할 수 없는 것이지만, 그 마음은 전적(典籍) 속에서 찾아 읽을 수 있다. 그러니 무엇 때문에 몸소 유력(遊歷)함으로써 직접 만산만하(萬山萬河)를 눈으로 대하여 화폭의 형색(形色)으로 그 만물의 정상(情狀)을 그려내려고 하는가.

- **이형사화** 以形寫畵, **정재형외** 情在形外

    외형은 진실하고 객관적이어야 하기 때문에 사물의 외형에 근거하여 그림을 그리면, 인간의 정감은 형태에 대한 묘사에 영향을 끼칠 수 없다는 말이다. 즉 진실하게 사물을 묘사하면 정감은 전체 그림 속에 기탁되어 존재한다는 뜻이다.

    ◎ 以形寫畵, 情在形外. 至於情在形外, 則無乎非情也.(「石濤題畵」)
    ◎ 〈외형은 진실하고 객관적이어야 하기 때문에〉 형태에 근거하여 그림을 그리면, 인간의 정감은 형태에 대한 묘사에 영향을 끼칠 수 없다. 정감이 형태에 대한 묘사에 영향을 주지 않으면 〈즉, 진실하게 사물을 묘사하면〉 정감이 없는 곳이 없을 것이다.

- **익음** 溺音

들고 나는 것이 정연하지 못하고, 음조 또한 지나치게 방자하여 사람들을 그 속에 빠뜨려 헤어나지 못하게 하는 신악(新樂)을 말한다. 소위 음성(淫聲)을 가리킨다.

- 예 『詩』云: "莫其德音, 其德克明! 克明克類, 克長克君. 王此大邦, 克順克俾! 俾於文王, 其德靡悔. 卽受帝祉, 施於孫子." 此之謂也. 今君之所好者, 其溺音乎?(『樂記』「魏文侯」)
- 역 『시경(詩經)』에 이르기를, "그 덕음(德音)을 맑고 고요하게 하니 그 덕이 크게 밝았다. 시비를 살피고 선악을 분별하며, 어른과 군주의 역할을 지극히 하고, 또한 이 큰 나라에 왕노릇을 지극히 하며, 백성들이 순응하고 좇게 하였다. 문왕(文王)이 왕업을 이으니 그 덕은 더욱 커서 후회할 것이 없었다. 상제(上帝)의 복을 받아 자손에게 길이 미치도다."라 한 것은 바로 이를 말하는 것이다. 지금 왕께서 좋아하는 것은 익음(溺音)이 아닌가?

• **인** 因

지세(地勢)와 지형(地形)을 이용하여 물·길·나무·정자 등 원림(園林) 내부를 조성하는 것을 이른다.

- 예 因者, 隨基勢高下, 體形之端正, 礙木刪椏, 泉流石注, 互相借資.(計成, 『園冶』 卷1)
- 역 이른바 "인(因)"이라 하는 것은 이렇다. 지세(地勢)의 높고 낮음과 지형의 모양에 근거하여 장애가 되는 잔가지를 다듬고 물을 끌어와 돌 위로 흐르게 해야 한다. 이 모든 요소들이 서로의 장점을 잘 살려주도록 해야 한다.

• **인공점거** 人工漸去, **천교자정** 天巧自呈

인공적인 흔적은 점점 보이지 않게 되고 자연스런 정교함이 저절로 드러남을 말한다.

- 예 但取其簡者·堅者·自然者變之, 事事以雕鏤爲戒, 則人工漸去,

而天巧自呈矣.(李漁,『閑情偶寄』「居室部」)
- 역 〈집을 지을 때 창과 난간의 모양은〉 오직 그 가운데 간결하고 견고하며 자연스러운 것을 선택하여, 변화를 주면서도 조각한 것 같은 번잡함을 피하면 곧 인공적인 흔적은 점점 보이지 않게 되고 자연스런 정교함이 저절로 드러날 것이다.

- **인뢰 人籟**

사람이 내는 인위적인 소리를 말한다.

- 예 今之絲竹, 豈古之絲竹乎? 然而不得謂今無絲竹也. 天籟一日不斷, 則人籟一日不絶.(袁枚,『小倉山房文集』卷17「答沈大宗伯論詩書」)
- 역 오늘날의 현악기(絃樂器)와 죽악기(竹樂器)가 어찌 옛날의 그 현악기와 죽악기이겠는가? 그러나 오늘날에 현악기와 죽악기가 없다고 말할 수는 없는 것이다. 자연의 소리가 하루라도 그침이 없다면 사람의 소리 역시 하루라도 그치지 않을 것이다.

- **인문생사 因文生事**

문장 서술방식의 하나로 문사(文辭)와 정취(情趣)의 발전에 따라 이야기를 지어내는 것을 말한다.

- 예 因文生事卽不然, 只是順著筆性去, 削高補低都由我.(金聖嘆,「讀第五才子書法」)
- 역 그러나 "인문생사(因文生事)"는 그렇지 않다. 이것은 문자에 따라 스토리가 어떻게 발전해 나가느냐가 완전히 작가의 뜻에 달려있다.

- **인물련류 引物連類**

어떤 한 사물을 인증(引證)하는데 다른 비슷한 사물을 유추하여 연결시킴으로써 명확하게 할 수 있음을 말한다.

- ㉮ 昔人稱其簡而明, 信而通, 引物連類, 析之於至理.(『尺牘新鈔』 3集 孫承譯「與人」)
- ㉯ 예전 사람은 〈구양수(歐陽脩)의 문장이〉 간결하고 명료하며, 진실하고 원활하며, 어떤 한 사물을 인증(引證)하는데 다른 비슷한 사물을 유추하여 연결시킴으로써 명확하게 할 수 있고, 지극히 순수한 도리를 드러냈다고 평가하였다.

• **인물부형** 因物賦形

경물(景物)의 서로 다른 형태에 의거하여 묘사함을 말한다.

- ㉮ 因物賦形, 隨影換步.(袁枚,『小倉山房詩集』卷20)
- ㉯ 경물(景物)의 서로 다른 형태에 의거하여 묘사해야 된다. 마치 그림자의 흔들림을 보고 걸음을 변경하는 것과 같다.

• **인물유지** 因物喩志

다른 사물의 속성을 빌려 정작 말하고 싶은 뜻을 드러내는 것을 말한다. 시의 작법 가운데 하나인 비(比)를 설명하는 말이다.

- ㉮ 文已盡而意有餘, 興也; 因物喩志, 比也.(鍾嶸,「詩品序」)
- ㉯ 글이 이미 끝났는데도 뜻이 남은 것을 흥(興)이라 한다. 다른 사물을 빌려 말하고자 한 뜻을 드러내는 것을 비(比)라 한다.

• **인서구로** 人書俱老

사람과 서예가 함께 노숙한 경지에 이르게 된다.

- ㉮ 初謂未及, 中則過之, 後乃通會. 通會之際, 人書俱老.(孫過庭,『書譜』)
- ㉯ 시작할 땐 이러한 것을 이루기가 몹시 어렵다. 중간 정도 진행단계에선 종종 지나침도 겪게 된다. 그리고 마침내 이 과정이 체화(體化)되어 그 도리를 통달하게 된다. 이러한 이치를 통달하게 된 때에 다다르면, 사람과 서예가 모두 노숙한 경지에 이르게 된다.

- **인시기지** 因時起志, **인물우언** 因物寓言

    시대를 마주하여 마음속에 지향(志向)을 세우고, 〈시작(詩作)에서〉 만물을 통해 내 자신의 언어를 담아냄을 말한다.

    - 예) 其或經道之餘, 因閒觀時, 因靜照物, 因時起志, 因物寓言, 因志發詠, 因言成詩.(邵雍, 「伊川擊壤集序」)
    - 역) 나는 경전(經典)을 읽고 생각하는 한가한 시간에, 여유롭게 시대를 바라보고 조용히 만물을 바라본다. 시대를 마주하여 마음속에 지향(志向)을 세우고, 만물을 통해 내 자신의 언어를 담아낸다. 〈그런 다음〉 지향을 읊어내며, 언어로써 시를 써낸다.

- **인온** 氤氳

    (1) 인온(絪縕)이라고도 하는데, 원래 천지(天地)의 음양이기(陰陽二氣)가 서로 작용하는 상태를 말한다. 양자(兩者)가 서로 잘 어울려 왕성하게 융화하는 상태를 가리킨다.

    - 예) 氣象氤氳, 由深於體勢.(皎然, 『詩式』)
    - 역) 기운이 왕성한 것은 체세(體勢)가 깊은데서 나온다.
    - 예) 筆與墨會, 是爲氤氳. 氤氳不分, 是爲混沌.(石濤, 『畫語錄』「氤氳章 第7」)
    - 역) 필(筆)과 묵(墨)이 서로 잘 어우러져 융화하는 것은, 마치 음양이기(陰陽二氣)가 상호 작용하는 것과 같은 상태이다. 필과 묵의 관계가 이해되지 않아 제대로 처리되지 못하면 어지러운 그림이 되니, 이러한 상태가 바로 혼돈이다.

    (2) 도량이 넓고 기세가 호탕함을 말한다.

    - 예) 縱其心思之氤氳磅礴, 上下縱橫, 凡六合以內外, 皆不得而囿之.(葉燮, 『原詩』內篇)
    - 역) 정신과 생각은 기세가 드높고 거리낌이 없으니, 위아래로 종횡하여 천지와 우주를 넘나든다.

- **인온상성** 絪縕相成

  여러 가지가 은연중 서로 잘 어울리는 것을 말한다.

  - ㉠ 若葉有向背, 花有低昂, 絪縕相成, 發爲餘潤, 而花光豔逸, 曄曄灼灼, 使人目識眩耀, 以此僅若生意可也.(董逌, 『廣川畫跋』 卷3「書徐熙畫牡丹圖」)
  - ㉡ 〈서희(徐熙)의 그림은〉 잎에는 향배(向背)의 구분이 있고, 꽃잎에는 높낮이를 달리한 형태가 있으며, 꽃의 빛깔과 잎의 색이 서로 어울려 마치 윤기를 뿜어내는 것 같으며, 꽃빛이 맑고 아름다우면서도 고일(高逸)하며, 찬란한 광채를 발산하여 마치 사람의 눈동자에 빛을 비추는 것만 같다. 이것이야말로 생기가 가득한 작품이라 할 수 있다.

- **인정성몽** 因情成夢, **인몽성희** 因夢成戲

  정(情) 때문에 꿈이 생기고, 꿈 때문에 희극(戲劇)이 생긴다는 말이다. 희극은 정(情)으로부터 생기고, 정(情)을 통해 사회 및 인생과 연계된다는 것이다. 또 희극은 정(情)을 위해 만들며, 정(情)을 둘러싸고 전체 희극이 구성된다는 것이다. 전통사회에서 정(情)은 온갖 악(惡)의 근원으로 생각되었으므로 정당한 지위를 부여받지 못했다. 그래서 정(情)을 실현한다는 것은 단지 이상일 뿐, 정(情)은 꿈 속에서만 존재한다고 보았다. 꿈은 정(情)의 산물이며, 또한 정(情)의 표현을 위해 구체적인 정황과 줄거리를 제공하는 것이다. 이 정황과 줄거리가 바로 희극이다.

  - ㉠ 性無善無惡, 情有之. 因情成夢, 因夢成戲. 戲有極善極惡, 總於伶無與.(湯顯祖, 『玉茗堂尺牘之四』「復甘義麓」)
  - ㉡ 인성(人性)에는 본래 선악(善惡)의 구분이 없으나, 정(情)이란 것이 있다. 정 때문에 꿈이 생기고, 꿈 때문에 희극이 생긴다. 극중의 인물에는 비록 대선(大善)과 대악(大惡)이 있지만 공연하는 배우와는 무관하다.

- **인정조문** 因情造文

    정(情)이 우러나 글을 짓는 것을 말한다.

    - 예 劉勰云: "因情造文, 不爲文造情." 若他人之詩, 皆爲文造情耳.(張戒, 『歲寒堂詩話』)
    - 역 유협(劉勰)이 이런 말을 했다. "정(情)이 우러나 글을 짓지 글을 짓기 위해 정을 자아내지 않는다." 그들의 시는 모두 글을 짓기 위해 정(情)을 자아냈을 뿐이다.

- **인즉시시** 人卽是詩, **시즉시인** 詩卽是人

    사람은 짓는 시에 따라 드러나고, 시도 쓰는 사람을 따라 간다.

    - 예 其人之豈弟風流, 閑靖曠遠, 千載而上, 如在目前. 人卽是詩, 詩卽是人, 古今眞詩, 一人而已.(『尺牘新鈔』1集 杜浚「與範仲暗」)
    - 역 〈도잠(陶潛)의〉 사람됨은 돈독하고 멋스러우며 유유자적하고 너그럽다. 이로써 천년이 지나더라도 시를 통하여 여전히 도잠의 이러한 인품을 사람들의 눈앞에 생생하고 진실하게 드러낼 수 있다. 사람은 짓는 시에 따라 드러나고, 시도 쓰는 사람을 따라 간다. 고대와 현대를 막론하고 참된 시는 오직 도잠의 시밖에 없다.

- **인차** 因借

    원림(園林)을 조성하는 법칙이다. "인(因)"은 지세(地勢)와 지형(地形)을 이용하여 물·길·나무·정자 등 원림 내부를 조성하는 것을 이른다. "차(借)"는 차경(借景)을 말하는 것으로 원림 바깥의 아름다운 경치를 시선 안으로 들여와 원림의 한 부분으로 만드는 것을 이른다.

    - 예 第園築之主, 猶須什九, 而用匠什一. 何也? 園林巧於因借, 精在體宜.(計成, 『園冶』卷1)
    - 역 원림(園林)을 만들 때는, 조성을 관장하는 이에게 의존하는 것이 9이고 공장(工匠)에 의한 것은 겨우 1이다. 무슨 까닭인가? 원림의 배치는 "인차(因借)"를 잘해야 한다. 정밀하고 교묘하게 해야 한다.

- **인차** 鄰借

    차경(借景)의 한 방법으로, 가까이 있는 자연 경색을 시선에 닿게끔 원림(園林) 안으로 끌어들이는 것을 말한다.

    - 예) 夫借景, 林園之最要者也. 如遠借·鄰借·仰借·俯借, 應時而借.(計成,『園冶』卷3)
    - 역) 차경(借景)은 원림에서 가장 중요하다. 차경에는 멀리서 경색을 가져오는 것·가까이서 가져오는 것·올려 봐서 가져오는 것·내려 봐서 가져오는 것·시기에 따라 가져오는 것 등 여러 방법이 있다.

- **인한관시** 因閑觀時, **인정조물** 因靜照物

    여유롭게 시대를 바라보고 조용히 만물을 바라본다.

    - 예) 其或經道之餘, 因閑觀時, 因靜照物, 因時起志, 因物寓言, 因志發詠, 因言成詩.(邵雍,「伊川擊壤集序」)
    - 역) 나는 경전(經典)을 읽고 생각하는 한가한 시간에, 여유롭게 시대를 바라보고 조용히 만물을 바라본다. 시대를 마주하여 마음속에 지향(志向)을 세우고, 만물을 통해 내 자신의 언어를 담아낸다. 〈그런 다음〉 지향을 읊어내며, 언어로써 시를 써낸다.

- **인혁** 因革

    계승과 혁신을 말한다.

    - 예) 所謂好古者, 非謂古之必勝乎今也, 正以今不殊古, 而於因革異同求其折衷也.(章學誠,『文史通義』內篇4「說林」)
    - 역) 이른바 옛날을 좋아한다는 사람도 반드시 옛날이 오늘보다 낫다고 말하지는 않는다. 바로 오늘날이 옛날과 다르지 않기 때문에, 계승과 혁신 및 같고 다름을 절충하려고 한다.

- **일일** 逸

(1) 세속적인 것으로부터의 초탈과 상식적이고 일반적인 법규에 거리끼지 않는 자유자재를 말한다. 가장 먼저 일(逸)의 세계를 주창한 이는 장자(莊子)이다. 그가 요구한, 유형무형의 모든 속박으로부터 벗어나 자유로 충만한 영원한 초월이 바로 일(逸)의 경지이다. 한편 한대(漢代) 이후로 인물을 평가하는 풍조가 크게 일자, 일(逸)은 사람을 평가하고 세상을 논하는 술어가 되었다. 나아가 육조(六朝)시기에 이르러 이 일(逸)은 인물품평 쪽 보다는 예술론에서 더 많이 쓰이게 되는데, 이때부터 일(逸)은 심미적 통찰력이자 예술적 경지를 나타내게 된다. 그리곤 당대(唐代)로부터 시작하여 일(逸)은 서서히 서화(書畵)를 품평하는 가장 높은 등급으로 일컬어지더니, 송대(宋代) 이후엔 일품(逸品)이 능(能)·묘(妙)·신(神)의 세 품격을 넘어서 최상의 품등이 되었다. 일격(逸格)이 가장 수위에 놓이게 된 것은 북송(北宋)의 황휴복(黃休復)에 이르러서이다. 일격(逸格)의 경지는 분명히 모자라고 어눌하고 무언가 빈 듯싶은 면모를 보여주지만 이는 어디까지나 능격(能格), 묘격(妙格), 신격(神格)의 단계를 모두 거친 다음 나올 수 있는 경지이다. 따라서 능격에도 미치지 못하는 그야말로 졸렬한 하품(下品)과는 엄연한 차이가 있다. 일(逸)은 다음의 몇 가지로 그 특징을 정리할 수 있다. 첫째, 방일(放逸)이다. 여기서 일(逸)은 자유로운 예술적 경지이다. 일격(逸格)은 정해진 기존의 법도를 넘어서고 벗어난 데서 맛보는 해방과 자유, 그리고 통쾌의 예술정신을 표현한다. 둘째, 초일(超逸)이다. 이때의 일(逸)은 범상을 넘어선 탈속적인 예술정신이다. 그것은 세속적인 허위와 가식을 벗어나 순수의 세계로 넘어가고자 한다. 그렇다면 일격(逸格)이 나타내는 것은 바로 인간세계의 의표(意表)를 떠난 대미(大美)가 된다. 셋째, 청일(淸逸)이다. 여기 일

(逸)은 진실한 예술경계이다. 그런데 이 일(逸)의 경계는 형상만을 통해서는 구할 수 없다. 그것은 주객합일의 경지에서만 드러난다. 이때 나는 우주화(宇宙化)되며 또한 우주에는 인정(人情)이 스며든다. 내가 변해서 물(物)도 되고 혹은 전체 우주를 품어 안기도 한다. 천지(天地)와 인심(人心)이 하나로 휘어 감기는 것이다. 궁극적으로 일(逸)은, 어떠한 이유에서든 현실로부터 눈과 발을 거두어들인 문인(文人) 일사(逸士)들의 생활태도 혹은 가슴 속의 지향과 이상의 예술적 반영이라 할 수 있다.(2008, pp. 210-211 참조)

- 예 暨乎蘭亭興集, 思逸神超; 私門誡誓, 情拘志慘.(孫過庭,『書譜』)
- 역 왕희지가 난정(蘭亭)에서의 아집(雅集)에 참여했을 때는 [즉 〈난정집서(蘭亭集序)〉를 쓸 때에는] 마음이 편안하여 초연한 정신이었을 것이고, 부모의 묘 앞에서 서약문을 쓸 때는 [즉 〈고서문(告誓文)〉을 쓸 때에는] 마음이 무거워 심경이 처연했을 것이다.
- 예 至其遒不如杜, 逸不如李, 此自氣運使然, 非才之過也.(袁宏道,『袁中郎全集』卷1「答梅客生開府」)
- 역 〈소식(蘇軾)의 시는〉 굳셈으로 보면 두보(杜甫)만 못하고 초일(超逸)의 경지는 이백(李白)보다 못하나, 이는 기운(氣運) 때문이지 재기의 잘못이 아니다.
- 예 逸. 縱任無方曰逸.(竇蒙,『語例字格』)
- 역 일(逸): 자유자재로워 이르지 못하는 것이 없는 것을 일러 일(逸)이라 한다.

(2) 체재(體裁)의 풍격이 여유 있고 자유로운 것을 말한다.

- 예 逸. 體格閑放曰逸.(皎然,『詩式』)
- 역 일(逸): 체재(體裁)의 풍격이 여유 있고 자유로운 것을 일(逸)이라 한다.

- **일기 一氣**

  〈문장에서 글의〉 맥락이 끊어지지 않고 전체적으로 이어지는 흐름을 말한다.

  - 作詞之家, 當以"一氣如話"一語認爲四字金丹. "一氣"則少隔絶之痕, "如話"則無隱晦之弊.(李漁,『笠翁餘集』「窺詞管見」)
  - 문장을 쓰는 사람은 "일기여화(一氣如話)"를 보배로 여겨야 한다. "일기(一氣)"를 이루면, 문사가 통하게 되어 끊어졌다 이어졌다 하는 결점이 없게 된다. "여화(如話)"를 이루면, 분명하고 이해하기가 쉬우니 난삽하고 이해하기 어려운 결점이 없게 된다.

- **일기 逸氣**

  표일(飄逸)·초탈(超脫)의 재기(才氣) 혹은 세속을 초탈한 기운(氣韻)이나 기세(氣勢)를 말한다. 문인화(文人畵)의 가장 근본적인 특징은 바로 담박하고 그윽하며 아득한 "사기(士氣)"인데, 이 사기(士氣)가 바로 일기(逸氣)이다.

  - 孔璋章表殊健, 微爲繁富. 公幹有逸氣, 但未遒耳. 其五言詩之善者, 妙絶時人.(曹丕,「與吳質書」)
  - 공장(孔璋: 陳琳의 字)은 장(章)·표(表)를 잘 지었으며 문필(文筆)이 꿋꿋했는데, 다만 글자의 수가 너무 많았다. 공간(公幹: 劉楨의 字)의 글은 일기(逸氣)가 충만하나, 다만 힘이 조금 부족했다. 하지만 그의 오언시(五言詩) 가운데 뛰어난 작품으로 말하자면 그 정묘함이 동시대의 다른 어떤 이의 것보다 월등하다.
  - 今之學者, 但任胸懷. 無自然之逸氣, 有師心之獨往.(『法書要錄』卷3「書後品」)
  - 오늘날 서예를 배우는 이는 다만 자신의 주관적인 의념(意念)만을 따른다. 자연스러운 일기(逸氣)가 없으며 스스로의 뜻만을 옳다고 여긴다.
  - 凡爲文章, 猶人乘騏驥, 雖有逸氣, 當以銜勒制之, 勿使流亂軌

蹶, 放意塡坑岸也.(顔之推,『顔氏家訓』「文章」)

㉔ 문장을 짓는 것은 곧 사람이 준마(駿馬)를 타는 것과 같다. 비록 준마가 뛰어난 기질이 있더라도 재갈을 물려 제어해야지, 길을 벗어나 함부로 달리거나 제멋대로 날뛰어 구덩이에 빠지게 해서는 안 된다.

- **일기가성** 一氣呵成

서예에서 기세(氣勢)를 따라 한 번에 뽑아내는 것을 말한다.

㉔ 寫字, 一筆下去, 好就好, 糟就糟, 不能塡, 不能改, 愈塡愈笨, 愈改愈醜, 順勢而下, 一氣呵成, 最能表現眞力.(梁啓超,『飮冰室專集』卷102「書法指導」)

㉔ 서예는 한 번 써서 좋으면 좋고 나쁘면 나쁘다. 다시 덧칠할 수도 없고 고칠 수도 없다. 덧칠하면 할수록 못나 보이고, 고치면 고칠수록 추해 보인다. 세(勢)를 따라 한 번에 이루어야만 진정한 힘을 가장 잘 표현할 수 있다.

- **일기여화** 一氣如話

〈문장에서 글의〉 맥락이 끊어지지 않고 전체적으로 이어지며, 분명하고 이해하기 쉬운 것을 말한다.

㉔ 作詞之家, 當以"一氣如話"一語認爲四字金丹. "一氣"則少隔絶之痕, "如話"則無隱晦之弊.(李漁,『笠翁餘集』「窺詞管見」)

㉔ 문장을 쓰는 사람은 "일기여화(一氣如話)"를 보배로 여겨야 한다. "일기(一氣)"를 이루면, 문사가 통하게 되어 끊어졌다 이어졌다 하는 결점이 없게 된다. "여화(如話)"를 이루면, 분명하고 이해하기가 쉬우니 난삽하고 이해하기 어려운 결점이 없게 된다.

- **일기종횡** 逸氣縱橫

세속을 초탈한 자유분방한 기개를 말한다.

㉔ 若逸氣縱橫, 則羲謝於獻.(『法書要錄』卷7「張懷瓘書斷上」)

- 역 만약 세속을 초탈한 자유분방한 기개로 보자면 왕희지(王羲之)는 왕헌지(王獻之)보다 못 하다.

- **일락** 逸樂

    (1) 얽매이는 바가 없는 편안하고 초탈한 즐거움을 말한다.

    - 예 至於蠻煙塞雪, 在官轍者聶聶爾, 若單行孤旅, 騎嶺嶠而舟江湖者, 其逸樂之味充然而不窮也, 情不自禁出耶?(祝允明, 『枝山文集』 卷2 「送蔡子華還關中序」)
    - 역 남방의 연기와 북쪽 변방의 눈송이는, 만약 관리들이 훌훌 수레를 타고 지나가면서 보면 경치가 똑같이 느껴질 것이다. 그러나 홀로 여행 온 사람이라면 높은 산을 말 타고 달리고 강호(江湖)에서 배를 젓기에, 그 가운데 초탈하고 즐거운 재미가 끊임없이 이어질 것이다. 그렇다면 정(情)은 경(境)으로부터 생기는 것이 아닐까?

    (2) 쾌락(快樂)이나 향락(享樂)을 뜻한다.

    - 예 貧賤則懾於饑寒, 富貴則流於逸樂, 遂營目前之務, 而遺千載之功.(曹丕, 『典論』 「論文」)
    - 역 빈궁한 시절에는 배고픔과 추위를 걱정하고, 부귀하면 마음껏 향락을 누린다. 그렇게 눈앞의 물질적 이익만을 추구하면서, 글을 쓰고 자기 주장을 세우는 이 천추(千秋)의 대업은 잊고 사는 것이다.

- **일리재구** 一理才具, **중리부지** 衆理附之

    하나의 원리가 갖추어지면 다른 많은 원리가 부합되어 나타난다.

    - 예 一畫落紙, 衆畫隨之; 一理才具, 衆理附之. 審一畫之來去, 達衆理之範圍.(石濤, 『畫語錄』 「皴法章 第9」)
    - 역 한 획을 화선지 위에 떨구면 무수한 붓이 따라나와 그림이 이루어진다. 즉 하나의 원리가 갖추어지면 다른 많은 원리가 부합되어 나타나고, 일획(一劃)의 경위를 살피고 나면 많은 이치의 범위를 파악하게 된다.

- **일미지기** 一味之嗜, **오미부동** 五味不同

    어떤 하나의 맛에 대한 기호(嗜好) 때문에 오미(五味)가 조화를 이루지 못한다.

    >예) 蓋一味之嗜, 五味不同, 殊音之發, 契物斯失.(『法書要錄』卷9「張懷瓘書斷下」)
    >역) 어떤 하나의 맛에 대한 기호(嗜好) 때문에 오미(五味)는 조화를 이루지 못한다. 서로 다른 특수한 음(音)으로 부르면 전체의 화음이 맞는 음악은 이루어질 수 없다.

- **일사심장** 一師心匠

    〈글을 지을 때〉 뜻을 세워 구성하는 것을 위주로 한다.

    >예) 遇有操觚, 一師心匠. 氣從意暢, 神與境合, 分途策馭, 默受指揮.(王世貞,『弇州山人四部稿』卷144『藝苑卮言』1)
    >역) 글을 지을 때는 뜻을 세워 구성하는 것을 위주로 한다. 문기(文氣)는 순조롭고 문의(文意)는 창달(暢達)하니, 신사(神思)와 외물(外物)이 서로 결합한다. 이 둘은 각기 내달리나 암묵적인 구성을 통해 이끈다.

- **일월** 逸越

    초일(超逸) 혹은 초탈(超脫)을 말한다.

    >예) 字之逸越, 不復過此二途.(『法書要錄』卷7「張懷瓘書斷上」)
    >역) 글자의 초탈이라는 면에서는 다시 이 둘을 넘어서지 못했다.

- **일이** 逸易

    초일(超逸)을 말한다.

    >예) 顧愷之之迹, 緊勁聯綿, 循環超忽, 調格逸易, 風趨電疾.(張彦遠,『歷代名畫記』)
    >역) 고개지(顧愷之)의 필적은 굳세면서도 면면히 이어져 쉬지 않고 변화하

니, 격조가 초일(超逸)의 경지에 이르러 마치 바람이 몰아치고 번개가 치는 듯하다.

- **일지** 逸志

  세속을 초월한 심원(深遠)한 뜻을 말한다.

  - 예) 率爾私心, 冥合天矩, 觀其逸志, 莫之與京.(『法書要錄』卷8「張懷瓘書斷中」)
  - 역) 솔직한 개성이 천연의 법도와 은연중에 합치되었으며, 세속을 초월한 그의 뜻을 보면 세상에 그와 견줄만한 이가 없었다.

- **일치** 逸致

  초탈하고 속되지 않은 정취를 말한다.

  - 예) 以無累之神, 合有道之器, 非有逸致者, 則不能也.(徐上瀛, 『溪山琴況』)
  - 역) 연루된 일이 없는 마음을 가지고 도의(道義)를 함축하고 있는 거문고를 연주한다는 것은, 초탈하고 속되지 않은 정취를 갖추고 있는 사람이 아니면 할 수 없다.

- **일탕** 逸蕩

  초일(超逸)과 같은 범주이다.

  - 예) 尙巧似, 而逸蕩過之, 頗以繁富爲累.(鍾嶸, 『詩品』)
  - 역) 〈사령운(謝靈運)의 시는 경물을 묘사하는데〉 교사(巧似)를 숭상하지만 초일(超逸)의 경지는 〈장협(張協)을〉 넘어섰다. 지나치게 화려한 문채(文采)는 그의 시의 결점이다.

- **일품** 逸品

  세속적인 것으로부터의 초탈과 상식적이고 일반적인 법규에 거리끼지 않는 자유자재의 경지를 나타내는 품격이다. 당대(唐代)부터 서서히 서화(書畵)를 품평하는 가장 높은 등급으로 일컬어졌으며, 송대(宋代) 이후에 일품(逸品)은 완전히 능(能)·묘(妙)·신(神)의 세 품격을 넘어선 최상의 품등이 되었다.

- 예 及其作『畵評』, 而登逸品數者四人, 故知藝之爲末信矣.(『法書要錄』卷3「書後品」)
- 역 『화평(畵評)』을 지었을 때, 진정 일품(逸品)의 반열에 들 만한 작가는 네 사람이었다. 이로써 예(藝)라는 것이 말단에 속함이 옳음을 알 수 있다.

- **일필서 一筆書**

줄의 맨 처음 글자가 종종 그 앞줄에 이어져 흐름이 유창한 서예를 말한다.

- 예 唯王子敬明其深旨, 故行首之字往往繼其前行, 世上謂之一筆書.(張彦遠, 『歷代名畵記』)
- 역 오직 왕자경(王子敬: 王獻之)만이 그 필체의 심원한 요지를 터득했다. 그렇기에 그의 글씨는 줄의 맨 처음 글자가 종종 그 앞줄에 이어졌는데, 세상 사람들은 이를 일러 일필서(一筆書)라고 한다.

- **일필화 一筆畵**

필선이 면면히 이어져 단절됨이 없이 그려진 그림을 말한다.

- 예 其後陸探微亦作一筆畵, 連綿不斷.(張彦遠, 『歷代名畵記』)
- 역 그 후 육탐미(陸探微) 또한 일필화(一筆畵)를 그렸는데, 그림의 필선이 면면히 이어져 단절됨이 없었다.

- **일획 一畵**

좁은 의미에서는 일필일획(一筆一劃) 혹은 일점일획(一點一劃)의

"일획(一畵·一劃)"으로 볼 수 있지만, 『화어록(畵語錄)』 전반의 문맥과 의미를 고려할 때 전반적으로 "일획"이 아닌 "일화"로 이해함이 마땅하다. 즉 단순한 "한 획"의 의미가 아니라 형이상적이고 선(禪)적인 심령경계(心靈境界)의 의미로 보아야 한다는 것이다. 그러므로 "일화"라 했다 해도 또한 이는 한 폭의 그림이나 그림의 한 모식(模式) 내지 형식을 말하는 것이 아니다. "일(一)"은 "하나"라는 뜻이 아닌 "마음[心]"을 의미한다. 따라서 "일화(一畵)"는 "심화(心畵)"를 뜻하며, 선리(禪理)에서 말하는 "명심견성(明心見性: 마음을 맑게 하여 자신의 본성을 깨달음)" 혹은 "본심자성(本心自性: 맑고 깨끗한 自在의 心靈)"을 가리킨다. "일화지법(一畵之法)"은 이러한 "일화"를 구체적인 작화(作畵)의 본령으로 제시한 것이다.

- 예) 一畵者, 衆有之本, 萬象之根; 見用於神, 藏用於人, 而世人不知, 所以一畵之法, 乃自我立.(石濤, 『畵語錄』「一畵章 第1」)
- 역) "일화(一畵)"는 중생(衆生)이 모두 가지고 있는 본성(本性)이자 객관만물의 근원이다. 우리의 의식 활동은 모두 그것의 신비한 지시에 의한 것이며, 그것은 또한 마음속에 깊이 내재하여 사회적 활동에 드러난다. 그러나 세상 사람들은 이 점을 알지 못한다. 그래서 일화의 방법은 곧 내 자신으로부터 세워지는 것이다.

• 임리 淋漓

막힘없이 통쾌하게 내지르는 것을 말한다.

- 예) 今觀其詩, 如元氣淋漓, 隨物賦形.(元好問, 『遺山先生文集』 卷36 「杜詩學引」)
- 역) 〈두보(杜甫)의〉 시는 마치 천지 사이에 막힘없이 내달리는 원기(元氣)가 각기 다른 사물에 상응하여 생동하는 형상을 묘사한 것 같다.
- 예) 題中偏不欲顯, 象外偏令有餘, 一以爲風度, 一以爲淋漓.(王夫之, 『唐詩評選』 卷1 李白「長相思」)

㉥ 시 안에 창작의 취지가 직접 드러나지 않고 형상(形象)밖에 숨어있다. 취지가 직접 드러나지 않는 것은 함축적인 풍도(風度)이다. 또한 비록 취지가 형상밖에 숨어있지만 그 형상이 취지를 막힘없이 통쾌하게 암시하고 있다.

㉠ 淋漓. 風馳雨驟, 不可求思. 蒼蒼茫茫, 我攬得之.(黃鉞, 『二十四畫品』)

㉥ 임리(淋漓): 바람이 소용돌이치고 비가 쏟아지니, 생각을 가다듬을 수 없다. 넓고 아득한 곳으로 과감히 들어가면 얻는 것이 있을 것이다.

- **임리감창** 淋漓酣暢

막힘없이 통쾌하게 드러냄을 말한다. "임리통쾌(淋漓痛快)"와 같은 표현이다.

㉠ 故人患無心耳, 苟有血性有眞情如子山者, 當無憂其不淋漓酣暢也.(王夫之, 『古詩評選』卷1 庾信「燕歌行」)

㉥ 그래서 시인들은 정감이 없는 것이 두렵다. 만약에 유신(庾信: 자는 子山)처럼 혈성(血性)과 진정(眞情)을 갖고 있으면, 창작된 문장이 막힘없이 탁 트이고 통쾌하지 않을까 두렵지 않을 것이다.

- **임리수윤** 淋漓秀潤

막힘없이 통쾌하게 내달리는 것을 말한다.

㉠ 如流泉壅閉, 日歸腐敗, 而一加疏瀹, 波瀾掀舞, 淋漓秀潤.(袁中道, 『珂雪齋文集』卷3「中郎先生全集序」)

㉥ 마치 흐르고 있던 샘이 막혀 점점 썩고 냄새나다가 소통시켜 주자 물결이 다시 출렁이며 막힘없이 맑게 흐르는 것과 같았다.

- **임리통쾌** 淋漓痛快

막힘이 없이 통쾌한 것을 말한다.

㉠ 拾得古人碎銅散玉諸章, 便淋漓痛快, 叫號狂舞.(『尺牘新鈔』1

集 周坧「答黃濟叔」)
- 옛 사람으로부터 전해진 동제(銅製)나 옥제(玉製) 도장을 가끔씩 얻게 되면, 굉장히 흥분하여 견딜 수 없어 춤을 추고 환호성을 지른다.

• 임문주경 臨文主敬

글에 임해서는 경(敬)을 위주로 해야 한다.

- 要其大旨, 則臨文主敬, 一言以蔽之矣. 主敬則心平而氣有所攝, 自能變化從容以合度也.(章學誠,『文史通義』內篇2「文德」)
- 요컨대 글에 임해서는 경(敬)을 위주로 해야 한다는 말로 정리할 수 있다. 경을 위주로 하면 마음이 화평해지고 기(氣)가 굳게 유지될 수 있다. 그러면 스스로 변화하여 은연중에 적절한 상태에 이를 수 있게 된다.

• 임정자성 任情恣性

세상일에 얽매임이 없이 마음을 풀고 한가하고 자유롭게 뜻 가는 대로 따른다.

- 書者, 散也. 欲書先散懷抱, 任情恣性, 然後書之. 若迫於事, 雖中山兔毫, 不能佳也.(蔡邕,「筆論」)
- 글씨를 쓴다는 것은 한가하고 자유로운 일이다. 글씨를 쓰려면 먼저 근심을 없애고 마음을 푼 다음에 해야 한다. 만약 사무에 얽매임이 있다면 비록 중산(中山) 토끼의 털로 만든 훌륭한 붓으로도 좋은 글씨를 써 낼 수 없을 것이다.

• 임지 臨池

서예 배우는 것을 뜻한다. 장지(張芝)의 "묵지(墨池)" 고사에서 비롯된 말이다.

- 有乖入木之術, 無間臨池之志.(孫過庭,『書譜』)

㉡ 비록 아직은 "입목삼분(入木三分)"의 공력을 다하지는 못했지만, 서예를 향한 올곧은 마음만은 흔들린 적이 없다.

- **임하풍운** 林下風韻

  고일(高逸)한 풍격을 말한다.

  ㉠ 又如謝道韞, 雖是夫人, 卻有林下風韻, 是謂秀中現雅.(徐渭, 『徐文長集』卷21「跋書卷尾」)
  ㉡ 또 사도온(謝道韞)이 비록 부인(夫人)이지만 고일(高逸)한 풍격을 지녔던 것처럼 수려함 속에 우아함을 담고 있다.

- **입능** 入能

  능격(能格)·능품(能品)으로 일컬어진다. 일(逸)·신(神)·묘(妙)·능(能)의 사품격(四品格) 가운데 최하위이다. 대상의 외형에 대한 정확한 재현이 이루어졌을 때 능품에 해당하였다.

  ㉠ 休明章草入神, 八分入妙, 小篆入能.(『法書要錄』卷8「張懷瓘書斷中」)
  ㉡ 오황상(吳皇象: 字는 休明)의 장초(章草)는 신격(神格)이고, 팔분서(八分書)는 묘격(妙格)이며, 소전(小篆)은 능격(能格)이라 할 만하다.

- **입목지술** 入木之術

  서예의 공력(功力)이 깊고 두터움을 나타내는 말이다. 입목(入木)은 원래 판목(版木)에 글씨를 새기는 것을 이른다. 이로부터 후에 필력(筆力)의 강건함을 비유하는 말로 쓰였다. 또한 나중에는 묘사나 의론(議論)의 심원함을 뜻하는데 비유되기도 했다. 입목지술(入木之術)은 입목삼분(入木三分)이란 성어(成語)로 더 잘 알려져 있다.

  ㉠ 有乖入木之術, 無間臨池之志.(孫過庭, 『書譜』)

- 역 비록 아직은 "입목삼분(入木三分)"의 공력을 다하지는 못했지만, 서예를 향한 올곧은 마음만은 흔들린 적이 없다.

• **입묘 入妙**

묘격(妙格)·묘품(妙品)·묘경(妙境)을 가리키는 말이다. 자신만의 개성을 드러내는 경지이다.

- 예 休明章草入神, 八分入妙, 小篆入能.(『法書要錄』卷8「張懷瓘書斷中」)
- 역 오황상(吳皇象: 字는 休明)의 장초는 신격(神格)이고, 팔분서는 묘격(妙格)이며, 소전(小篆)은 능격(能格)이라 할 만하다.

• **입신 入神**

사품격(四品格) 가운데 신품(神品) 혹은 신격(神格)을 가리킨다. 기교면에서 최고의 경지이다.

- 예 休明章草入神, 八分入妙, 小篆入能.(『法書要錄』卷8「張懷瓘書斷中」)
- 역 오황상(吳皇象: 字는 休明)의 장초는 신격(神格)이고, 팔분서는 묘격(妙格)이며, 소전(小篆)은 능격(能格)이라 할 만하다.
- 예 昔人學草書入神, 或觀蛇鬪, 或觀夏雲, 得個入處.(『鄭板橋集』「題畵」)
- 역 옛사람은 초서(草書)를 배우는데 가히 신격(神格)의 경지에 들어섰다. 혹은 뱀이 싸우는 것을 보거나 혹은 여름날의 구름을 보면서 터득했다.
- 예 此乃得心應手, 意到便成, 故造理入神, 迴得天意.(沈括, 『夢溪筆談』卷17「書畵」)
- 역 이 그림은 마음으로 터득한 바를 그려낸 것으로, 의취(意趣)가 있어 완성시킨 터라 입신(入神)의 경지에 이르고 천리(天理)를 터득한 작품이다.

ㅈ

- **자** 刺

    (1) 중국문예이론의 핵심인 "미자(美刺)"의 원칙 가운데 하나이다. 미자(美刺)란 아름다운 것에 대해서 찬미하고 추악한 것에 대해선 꼬집어 나무라는 것이다. 미학적 입장에서 보면, 악(惡)은 단순히 선(善)과 대립되는 부도덕적 가치개념을 넘어 "자(刺)"라는 미학적 기제(機制)의 대상이 된다.

    예 上稱帝嚳, 下道齊桓, 中述湯·武, 以刺世事.(司馬遷,『史記』「屈原賈生列傳」)

    역 위로는 제곡(帝嚳)을 칭송하고, 아래로는 제(齊) 환공(桓公)을 말하며, 그 사이에 탕왕(湯王)과 무왕(武王)을 서술함으로써, 세상의 일을 풍자한 것이다.

    (2) 소설이 사람을 지배하는 네 가지 영향력 가운데 하나로, 찌르는 힘을 말한다. 찌른다는 것은 자극(刺戟)한다는 뜻이다. 스미고 젖어드는 힘은 점진적인 과정을 이용한 것이고, 찌르는 힘은 갑작스런 타격을 이용한 것이다. 스미고 젖어드는 힘은 느끼는 사람이 깨달

지 못하는 사이에 작용하는 것이고, 찌르는 힘은 느끼는 사람으로 하여금 갑자기 느끼게 한다.

- 예 刺也者, 刺激之義也. 熏浸之力利用漸, 刺之力利用頓.(梁啓超, 『飮冰室文集』卷10「論小說與群治之關係」)
- 역 찌른다는 것은 자극(刺戟)한다는 뜻이다. 스미고 젖어드는 힘은 점진적인 과정을 이용한 것이고, 찌르는 힘은 갑작스런 타격을 이용한 것이다.

• **자 雌**

기운(氣韻)과 기세(氣勢)가 부족하여 유약한 것을 말한다.

- 예 雌. 氣候不足曰雌.(寶蒙, 『語例字格』)
- 역 자(雌): 기운(氣韻)과 기세(氣勢)가 부족하여 유약한 것을 일러 자(雌)라 한다.

• **자득지취** 自得之趣

각기 자신만의 풍취(風趣)를 말한다.

- 예 旣發生之後, 夭喬滋植, 情狀萬千, 咸有自得之趣, 則情也.(葉燮, 『原詩』內篇)
- 역 생겨난 다음 무성하게 자라 만 가지 천 가지 모양이 되고 각기 자신만의 풍취(風趣)를 갖는 것은 바로 정(情)이다.

• **자락** 自樂

스스로를 즐겁게 하는 것을 말한다.

- 예 孔子 …… 聞「韶」, 三月不知肉味: 故樂非獨以自樂也, 又以樂人; 非獨以自正也, 又以正人矣哉.(劉向, 『說苑』「修文」)
- 역 공자(孔子)는 …… 「소(韶)」악(樂)을 듣고 삼 개월간 고기 맛을 잊을 정도로 감동을 받았다. 그러므로 음악이란 단지 자기 혼자만 즐겁게 하

는 것이 아니라 또한 남도 즐겁게 하는 것이다. 자기 자신만을 바르게 하는 것이 아니라 또한 남도 바르게 하는 것이다.

- **자미** 滋味

  음미할수록 빠져들고 곱씹게 되는 깊은 맛 혹은 뜻이란 말이다.

  - 예 五言居文詞之要, 是衆作之有滋味者也, 故云會於流俗.(鍾嶸,「詩品序」)
  - 역 오언시(五言詩)는 마침 문사(文辭)가 많지도 적지도 않으니, 여러 문체 가운데 깊은 뜻을 잘 드러낼 수 있다. 그래서 당시 사람들의 요구에 적합하여 통속적으로 사용되었다.

- **자신** 自神

  자연스럽게 입신(入神)의 경지에 이르는 것을 말한다.

  - 예 眼處心聲句自神, 暗中摸索總非眞.(元好問,『遺山先生文集』卷 11「論詩三十首」)
  - 역 눈으로 직접 마주한 실경(實境)이 내심(內心)의 정감을 자극함으로써 자연스럽게 입신(入神)의 경지에 이른 시구(詩句)를 써낼 수 있다. 암중모색(暗中摸索)하면 결국엔 진실한 경지를 써낼 수 없다.

- **자심부수** 自心付手, **곡진현미** 曲盡玄微

  마음이 하고자 하는 대로 손이 움직이니 현묘하고 미세한 것까지 빠짐없이 그리게 된다.

  - 예 自心付手, 曲盡玄微, 故目之曰妙格爾.(黃休復,『益州名畫錄』)
  - 역 마음이 하고자 하는 대로 손이 움직이니 현묘하고 미세한 것까지 빠짐없이 그리기 때문에 묘격(妙格)이라 한다.

- **자연** 自然

(1) 동아시아미학의 중요한 범주인데, 천연(天然)이라고도 한다. 원래는 선진(先秦)시기 도가사상의 가장 핵심적인 개념이었다. 우선 자연은 천지(天地) 혹은 자연계를 가리키는데 이때는 조화(造化)의 의미이다. 창작과정 중 자연에 근본하고 천지를 본받는다는 것을 말한다.

- 예) 同自然之妙有, 非力運之能成.(孫過庭,『書譜』)
- 역) 〈이러한 신기한 오묘함은〉 대자연의 천변만화와 다를 바 없으니, 아무래도 사람의 힘으로 이룰 수 있는 것이 아닌가 보다.

(2) 자연스러움을 가리킨다. 창작과정 중에 내심과 외부 사물의 접촉으로 말미암아 영감이 생겨 자신도 모르게 창작이 이루어짐을 말한다.

- 예) 自然. 俯拾卽是, 不取諸鄰, 俱道適往, 着手成春.(司空圖,『詩品二十四則』)
- 역) 자연(自然): 힘들지 않고 얻을 수 있으니 굳이 다른 데 가서 구할 필요가 없다. 자연에 순응하여 자유자재로 써내려가니, 손을 대면 곧 봄날의 풍광이 그려진다.

(3) 예술의 경지가 다다르는 아주 순도 높은 경지를 가리킨다. 소위 손과 마음이 하나가 된다는 경지가 바로 그것이다.

- 예) 故琴瑟報彈其宮, 他宮自鳴而應之, 此物之以類動者也. 其動以聲而無形, 人不見其動之形, 則謂之自鳴也. 又相動無形, 則謂之自然, 其實非自然也. 有使之然者.(董仲舒,『春秋繁露』「同類相動」)
- 역) 따라서 거문고와 비파를 연주함에 하나의 궁음(宮音)을 타면 다른 궁음이 저절로 울려 그에 호응한다. 이것이 사물이 동류(同類)에 따라 움직인다는 것이다. 이 움직임은 소리로만 나타날 뿐 형체가 없는 것이라 사람은 그 호응의 형체를 볼 수 없으니, 이를 일러 "스스로 울린다."[自鳴]고 한다. 또 서로를 움직이지만 형체가 없기에 "저절로 그러하다."[自

然]라고 말하는데, 사실은 저절로 그러한 것이 아니다. 그것을 그러하게 만드는 것이 있다.

(4) 작품을 품평하는 심미평가의 한 항목을 가리키는데, 대개 공교(工巧: 인위적 노력으로 터득한 기교)와 대비되어 쓰인다. 수식(修飾)과 상대되는 개념으로, 진순(眞淳)·질박(質朴)·천연(天然)의 아름다움을 가리키는 미학범주이다.

- ㉠ 夫失於自然, 而後神. 失於神而後妙. 失於妙而後精. 精之爲病也, 而成謹細. 自然者爲上品之上, 神者爲上品之中, 妙者爲上品之下, 精者爲中品之上, 謹而細者爲中品之中.(張彦遠,『歷代名畵記』)
- ㉡ 자연(自然)에 이르지 못한 것이 신(神)이요, 신(神)에 이르지 못한 것이 묘(妙)이며, 묘(妙)에 이르지 못한 것이 정(精)이다. 정(精)을 이루지 못하면 근세(謹細)에 머무른다. 자연(自然)은 상품(上品) 가운데 상(上)이고, 신(神)은 상품 가운데 중(中)이며, 묘(妙)는 상품 가운데 하(下)이다. 정(精)은 중품(中品) 가운데 상(上)이며 근세(謹細)는 중품 가운데 중(中)이다.

• **자연묘유** 自然妙有

자연의 오묘한 이치를 말한다.

- ㉠ 夫古今人民, 狀貌各異, 此皆自然妙有, 萬物莫比.(『法書要錄』卷7「張懷瓘書斷上」)
- ㉡ 고금(古今)의 사람은 생김새가 각양각색인데 이는 자연의 오묘한 이치이며, 만물은 서로 비교할 수 없는 것이다.

• **자외지기** 字外之奇, **문소불서** 文所不書

글자가 그 직접적인 의미 너머로 함축하고 있는 기묘함은 문자로 나타낼 수 없다.

- 예 字外之奇, 文所不書. 世之學者, 宗二王, 元常逸跡, 曾不睥睨.(『法書要錄』卷2)
- 역 글자 밖의 기묘함은 문자가 쓸 수 없다. 세상의 학자는 이왕(二王)을 추숭하지만, 종요(鍾繇)의 고매한 글씨는 본 적도 없다.

• **자운욕절** 姿韻欲絶

신운(神韻)의 경지가 세속에 물들지 않는다.

- 예 吾友金介山之詩, 淸泠竟體, 姿韻欲絶, 如毛嬙·西施淨洗腳面, 與天下婦人鬪好.(黃宗羲,『南雷文約』卷4「金介山詩序」)
- 역 내 친구 금개산(金介山)의 시는 풍치(風致)가 맑고 상쾌하며 신운(神韻)이 세속에 물들지 않으니, 마치 모장(毛嬙)과 서시(西施)가 깨끗하게 씻은 얼굴로 화장을 하지 않아도 세상의 여자들과 아름다움을 겨루며 거동이 자연스러운 것과 같다.

• **자유아재** 自有我在

전통적인 규범이나 세속적인 기준에 부합하지 않더라도 저절로 나의 정신풍격이 존재한다.

- 예 縱使筆不筆, 墨不墨, 畵不畵, 自有我在. 蓋以運夫墨, 非墨運也.(石濤,『畵語錄』「氤氳章 第7」)
- 역 설령 필묵과 화풍(畵風)이 전통적인 규범과 부합하지 않더라도 저절로 나의 정신풍격이 존재한다. 이는 내가 묵을 운용하기 때문이지 묵이 나를 움직이는 까닭이 아니다.

• **자자고유** 字字古有, **언언고무** 言言古無

글자마다 출처가 있어야 하지만, 그와 동시에 구절마다 옛사람을 표절만 해선 안 된다.

- 예 字字古有, 言言古無, 吐故吸新, 其庶幾乎?(袁枚,『小倉山房詩集』卷20)

㉭ 글자마다 출처가 있어야 하지만, 그와 동시에 구절마다 옛사람을 표절만 해선 안 된다. 진부한 것을 버리고 새로운 것을 배우면 거의 문제가 없을 것이다.

- **자적기궁** 自適其窮

  가난하고 어렵게 살고 있더라도 여전히 자유롭고 넉넉하다.

  ㉠ 自漢以後, 以道隱而自適其窮者, 一邵子耳.(袁中道,『珂雪齋文集』卷1「贈東粵李封公序」)
  ㉭ 한(漢)나라 때부터 지금까지, 도의(道義)가 없는 사회 환경 속에서 가난하고 어렵게 살고 있더라도 여전히 아무렇지도 않은 듯 태연자약(泰然自若)한 사람은 소옹(邵雍)밖에 없다.

- **자적기적** 自適其適

  자신만의 편안한 쾌적함을 넉넉하게 누린다.『장자(莊子)』「대종사(大宗師)」에 나오는 말이다.

  ㉠ 我鬧這種玩意兒, 雖不過自適其適, 但像野人獻曝似的公諸同好, 諒來還不十分討厭.(梁啓超,『飮冰室文集』卷45『詩話』附「苦痛中的小玩意兒」)
  ㉭ 내가 이것을 하는 것은 다만 내가 좋아하는 바를 즐기는 것일 뿐이다. 좋아하는 사람과 함께 소박하게 즐기는 것이니 그리 미워할 것은 아니리라.

- **자출기저** 自出機杼

  예술작품의 내용이나 풍격이 자기 가슴속으로부터 나온다.

  ㉠ 北魏祖瑩云: "文章當自出機杼, 成一家風骨, 不可寄人籬下."(袁枚,『隨園詩話』卷7)
  ㉭ 북위(北魏)의 조영(祖瑩)은 말했다. "문장은 마땅히 자기의 가슴속에서 나와야 일가(一家)의 풍격을 이루게 된다. 다른 사람의 울타리에 갇혀

서는 안 된다."

- **자출신의** 自出新意, **불천고인** 不踐古人

  스스로 새로운 뜻을 드러내고 옛사람을 답습하지 않는다.

  - 예) 吾書雖不甚佳, 然自出新意, 不踐古人, 是一快也.(蘇軾,『東坡題跋』上卷「評草書」)
  - 역) 나의 글씨는 비록 아름답지 않으나, 스스로 새로운 뜻을 드러내지 옛사람을 답습하지는 않았다. 이 또한 즐겁지 아니한가.

- **자회자불구지** 自會者不求知, **자득자불용력** 自得者不用力

  예술의 경지가 스스로 터득한 것이지 학습을 통해 얻은 것이 아니며, 자연스럽게 터득한 것이지 노력하여 얻은 것이 아니다.

  - 예) 昌黎備四時之氣, 以文章大體言, 天地同流, 萬物皆備. …… 自會者不求知, 自得者不用力也.(方回,『桐江集』卷3「跋吳古梅詩」)
  - 역) 한유(韓愈)는 춘하추동의 다른 계절처럼 각기 다른 여러 풍격을 동시에 지녔는데, 그의 시문(詩文)은 대체적으로 천지(天地)와 시종(始終)을 함께 하며 만상(萬象)을 다 드러냈다. …… 그의 시는 스스로 터득한 것이지 학습을 통해 얻은 것이 아니며, 자연스럽게 터득한 것이지 노력하여 얻은 것이 아니다.

- **작문해도** 作文害道

  〈글을 쓰기 위해서는 정신을 집중해야 하고 정신을 집중하면 천지자연의 도(道)와 자유롭게 하나가 되지 못할 수 있기 때문에〉 글을 쓰는 것이 도를 체득하는 데 방해가 된다.

  - 예) 問: 作文害道否? 曰: 害也. 凡爲文不專意則不工, 若專意則志局於此, 又安能與天地同其大也?(『二程全書』『遺書』卷18 伊川

語四)

> 역 묻다. "글을 쓰는 것이 도(道)를 체득하는데 방해가 되는가?" 답하다. "방해가 된다. 왜냐하면 글을 쓸 때 정신을 집중하지 않으면 좋은 문장을 써낼 수 없는데, 이 때 정신을 집중하게 되면 생각이 구속을 받게 되니 어찌 천지(天地)의 큰 도(道)와 하나가 될 수 있겠는가?

- **작자요숙 作字要熟**

 글씨를 쓰는 데는 숙련이 필요하다.

> 예 作字要熟, 熟則神氣完實而有餘, 於靜坐中自是一樂事.(歐陽修, 『歐陽文忠公文集』 卷130 「作字要熟」)
> 역 글씨를 쓰는 것은 숙련되어야 한다. 숙련되면 정신이 왕성해지면서 여유가 있게 되니, 조용히 앉아 있는 가운데 저절로 즐거운 일이다.

- **잠거예악 簪裾禮樂**

 고아(古雅)하고 화평(和平)한 것을 말한다.

> 예 若簪裾禮樂, 則獻不繼羲.(『法書要錄』 卷7 「張懷瓘書斷上」)
> 역 고아(古雅)하고 화평(和平)함을 따지면 왕헌지(王獻之)는 왕희지(王羲之)를 계승하지 못했다 할 것이다.

- **잠인기간 潛刃其間**

 사물의 본질에 마음을 집중한다.

> 예 夫良工理材, 斤斧無迹; 才子敍事, 潛刃其間.(『書法鉤玄』 卷2 「張懷瓘評書」)
> 역 무릇 훌륭한 목공(木工)은 나무를 다룸에 있어 도끼날의 흔적을 남기지 않고, 재능이 뛰어난 사람은 사물의 진상을 서술함에 있어 그 사물의 본질에 마음을 집중한다.

- **장 壯**

    필력이 의도한 것보다 과대함을 말한다.

    - 예) 壯. 力在意先曰壯.(竇蒙,『語例字格』)
    - 역) 장(壯): 필력이 의도한 것보다 과대함을 일러 장(壯)이라 한다.

- **장 章**

    장초(章草)를 말한다.

    - 예) 章. 草中楷古, 蹴踏擺打.(竇蒙,『語例字格』)
    - 역) 장(章): 초서 가운데 가장 오래된 것으로, 차듯이 흔들리며 나아간다.

- **장단상교 長短相較**

    길고 짧음이 서로를 비교해 준다.

    - 예) 有無相生, 難易相成, 長短相較, 高下相傾, 音聲相和, 前後相隨.(『老子』「二章」)
    - 역) 유(有)와 무(無)는 서로를 낳고, 어려움과 쉬움이 서로를 이루어주며, 길고 짧음은 서로를 비교해주고, 높고 낮음이 서로에게 기대며, 음(音)과 성(聲)은 서로를 어울리게 해주고, 앞과 뒤가 서로를 따른다.

- **장려 壯麗**

    작품의 주제가 숭고하고 체재가 웅장하며 다양한 문채로 효과를 살린 창작 풍격이다.

    - 예) 壯麗者, 高論宏裁, 卓爍異采者也.(劉勰,『文心雕龍』「體性」)
    - 역) 장엄하고 수려함은, 작품의 주제가 숭고하고 체재가 웅장하며 다양한 문채로 효과를 살린 것을 말한다.

- **장려생색 壯麗生色**

웅장하고 아름다운 동시에 생동감이 있는 것을 말한다.

- 예 壯麗生色, 壯麗不生色, 則官舍門神, 聊堪駭鬼耳.(王夫之,『唐詩評選』卷3 杜甫「重經昭陵」)
- 역 이 시는 장려(壯麗)함과 동시에 생동하고 살아있는 듯 해, 아무리 봐도 의기양양하다. 만약 장려할 뿐이고 생동하지 않으면, 마치 관아 앞에 붙이는 문신(門神)의 그림처럼 귀신을 겁줄 수 있을 뿐 사람의 마음을 울릴 수 없다.

• **장미** 壯美

지식으로 말미암아 이념을 명상하는 감정이 일어나게 하는 것이다. 이 때 인식하는 힘이 그 사물을 깊이 살피게 한다.

- 예 而美之中, 又有優美與壯美之別. 今有一物, 令人忘利害之關係, 而玩之而不厭者, 謂之曰優美之感情. 若其物直接不利於吾人之意志, 而意志爲之破裂, 唯由知識冥想其理念者, 謂之曰壯美之感情.(王國維,『靜庵文集』「叔本華之哲學及其教育學說」)
- 역 그런데 이 미(美) 안에는 또 우미(優美)와 장미(壯美)의 구별이 있다. 지금 어떤 하나의 사물이 있을 때, 그것이 사람으로 하여금 이해관계를 잊게 만들고 가지고 놀아도 질리지 않으면, 그것을 일러 우미(優美)의 감정이라 한다. 만약 그 사물이 직접적으로 우리의 의지에 이롭지 않고 의지는 그것 때문에 파열되며 오직 지식으로 말미암아 이념(理念)을 명상하게 되면, 그것을 일러 장미(壯美)의 감정이라 한다.

• **장법** 章法

(1) 원래 시문(詩文)에서의 전체 구성 및 장과 장 사이의 호응관계를 가리키는 말이다.

- 예 詞眼二字, 見陸輔之『詞旨』. 其實輔之所謂眼者, 仍不過某字工, 某句警耳. 余謂眼乃神光所聚, 故有通體之眼, 有數句之眼, 前前後後無不待眼光照映. 若舍章法而專求字句, 縱爭奇競巧, 豈能開闔變化, 一動萬隨耶?(劉熙載,『藝槪』「詞曲槪」)

㉘ "사안(詞眼)" 두 글자는 육행직(陸行直: 자는 輔之)의 『사지(詞旨)』에 보인다. 사실 육행직이 말하는 "사안(詞眼)"은 어떤 글자의 쓰임이 매우 좋다거나 혹은 어떤 구(句)가 매우 훌륭하게 쓰였다고 말하는 것에 불과하다. 나는 "안(眼)"은 빛이 한데 모이는 지점인데, 전체 문장의 "안(眼)"이 있고 또 몇 개 구(句)의 "안(眼)"이 있으니, 사(詞)의 앞뒤가 모두 "안(眼)"을 가지고 맥락을 조응해야 한다고 생각한다. 만약 편장(篇章)의 구조를 고려하지 않고 겨우 자구(字句)의 기발함만 추구하면, 신기(新奇)하게 썼더라도 어떻게 이러한 "안(眼)"이 전체 문장을 연결시켜 전체 구조가 그 "안(眼)"을 중심으로 변화할 수 있을 것이며, 또 그 "안(眼)"이 조금이라도 바뀌면 전체의 사(詞)가 모두 그에 따라 변화할 수 있겠는가?

(2) 서예의 경우 그것은 글자와 글자 및 행과 행 사이가 잘 어울리는 연계를 뜻하고, 회화에 있어서는 유화(有畵)부분[묵적(墨迹)]과 무화(無畵)부분[여백(餘白)]의 조화로운 상응관계를 말한다.

㉠ 書畵之理亦然. 名流墨跡, 懸在中堂, 隔尋丈而觀之, 不知何者爲山, 何者爲水, 何處是亭臺樹木, 卽字之筆畵, 杳不能辨, 而只覽全幅規模, 便足令人稱許. 何也? 氣魄勝人, 而全體章法之不謬也.(李漁, 『閑情偶寄』「居室部」)

㉘ 서화(書畵)의 이치 또한 마찬가지이다. 명인(名人)의 작품을 대청에 걸어놓고 멀리서 바라보았을 때는, 어디가 산이고 어디가 물이며 어디가 정자고 나무인지 확실히 알 수 없다. 심지어 글자조차도 무슨 글자인지 잘 보이지 않는다. 그러나 전체의 기세(氣勢)를 보면 십분 찬탄할 만하다. 왜 그런가? 기백이 대단하기 때문에 전체의 장법(章法)에 문제가 없는 것이다.

- **장부기** 丈夫氣

대장부의 기개와 기상을 말한다. 양강미의 표현에 쓰인다.

㉠ 子雲近出, 擅名江表. 然僅得成書, 無丈夫之氣.(『書法鉤玄』 卷4 「唐太宗書王右軍傳授」)

㉭ 근래 소자운(蕭子雲)이 강표(江表: 南朝의 宋·齊·梁·陳 일대)에서 명성을 얻었는데, 그냥 조금 쓸 줄 알 뿐 대장부의 기개가 없다.

- **장심 匠心**

  공교(工巧)로운 마음을 뜻하며, 문예창작에서의 구상을 말한다.

  ㉠ 此亦小小匠心, 尚不肯刻苦, 安望其窮微索渺乎!(『鄭板橋集』「題畫」)
  ㉭ 이는 또한 조그맣게만 마음을 쓰고 깊이 생각을 하려 들지 않는 탓이다. 그러니 그가 어떻게 정미(精微)하고 현묘(玄妙)한 도리를 바랄 수 있겠는가?

- **장아 壯雅**

  장엄하고 전아한 것을 말한다.

  ㉠ 至於氣韻精靈, 未窮生動之致, 筆路纖弱, 不副壯雅之懷.(姚最, 『續畫品』)
  ㉭ 기운(氣韻)을 표현하는 것은 생동(生動)하는 운치를 다하지 못하였다. 그래서 필법이 섬약하여, 장엄하고 전아한 의태(意態)를 드러내지 못했다.

- **장어 壯語**

  호방하고 장대한 언어를 말한다.

  ㉠ 詞澹語要有味, 壯語要有韻, 秀語要有骨.(劉熙載, 『藝概』「詞曲概」)
  ㉭ 사(詞)는 평담(平淡)의 언어로 맛깔나게 써야 하고, 호방하고 장대한 언어로 운치 있게 써야 하며, 뛰어나고 아름다운 언어로 골기(骨氣)가 있게 써야 한다.

- **장욕피지 將欲避之, 필선범지 必先犯之**

피(避)하고자 한다면 반드시 먼저 범(犯)해야 한다. "범(犯)"은 인물이나 줄거리 및 언어의 묘사에 새로움 없이 반복적으로 중복하는것이고, "피(避)"는 같은 인물·같은 말·같은 줄거리가 출현하는 것을 회피하는 것을 말한다. 서로 중복해선 안 되는 곳을 일부러 중복한 다음 다시 중복을 피해야만 글이 더욱 교묘해진다는 의미이다.

- 예) 夫才子之文, 則豈惟不避而已, 又必於本不相犯之處, 特特故自犯之, 而後從而避之. 此無他, 亦以文章家之有避之一訣, 非以教人避也, 正以教人犯也. 犯之而後避之, 故避有所避也. 若不能犯之, 而但欲避之, 然則避何所避乎哉! 是故行文非能避之難, 實能犯之難也. 譬諸弈棋者, 非救劫之難, 實留劫之難也. 將欲避之, 必先犯之.(金聖嘆, 『水滸傳』 第11回 首評)

- 역) 재능이 있는 사람들의 글은 중복을 피하지 않을 뿐만 아니라, 본래는 "범(犯)", 즉 서로 중복해선 안 되는 곳을 일부러 중복한 다음 다시 중복을 피한다. 글을 쓸 때 "피(避)"의 비결은 결코 시작하면서 바로 "피"하라는 것이 아니라, 우선 "범"하고 난 후 다시 "피"하여야만 "피"할 곳이 나타난다는 것이다. 만약 "범"하지 않는다면 어찌 "피"할 수 있겠는가? 이때는 아예 "피"할만한 곳이 없게 된다. 그렇기 때문에 글을 쓸 때 정작 어려운 점은 "피"에 있는 것이 아니라 "범"에 있다. 마치 바둑을 둘 때 서로 대치하고 있는 국면을 벗어나는 것이 어려운 것이 아니라, 서로 대치하는 상황을 만드는 것이 어려운 것과 같다. "피"하고자 한다면 우선 반드시 "범"해야 한다.

- **장인유물** 將人喩物

경물에 사람의 정감을 부여하는 것, 혹은 경물을 의인화(擬人化)하는 것을 말한다.

- 예) 說景卽是說情, 非借物遣懷, 卽將人喩物.(李漁, 『笠翁餘集』 「窺詞管見」)

- 역) 풍경을 쓸 때도 정감 묘사를 중심으로 해야 한다. 풍경을 쓰는 것은 정감을 표현하고자 하기 때문이다. 어떤 경우에는 풍경과 사물을 빌려

마음속 정감을 풀어내기도 하고, 어떤 경우에는 사람의 정감을 가져다가 풍경과 사물에 부여하기도 한다.

- **장장** 鏘鏘

  음조가 낭랑한 것을 말한다.

  - 예) 二律雖不同, 合奏乃鏘鏘.(歐陽修,『歐陽文忠公文集』卷2「讀蟠桃詩寄子美」)
  - 역) 궁(宮)과 상(商)은 비록 같지 않으나 두 음을 합주해야 비로소 음조가 낭랑하여 들음직하게 된다.

- **장점** 妝點

  문사(文辭)의 수식을 말한다.

  - 예) 詩有神采, 不倚妝點.(王夫之,『明詩評選』卷6 陳沂「憶昔」)
  - 역) 시(詩)가 신채(神采)를 갖는 것은 문사(文辭)를 수식한다고 되는 것이 아니다.

- **장정어경** 藏情於景

  정감(情感)을 경물(景物) 중에 내재시키는 것을 말한다.

  - 예) 龍湖高妙處, 只在藏情於景, 間一點入情, 但就本色上露出, 不分涯際, 眞五言之聖境也.(王夫之,『明詩評選』卷5 張治「秋郭小寺」)
  - 역) 장치(張治: 호는 龍湖)의 시의 고묘(高妙)한 점은, 정감을 경물 중에 내재시키는 것이다. 간혹 정감을 드러내 보지만 아주 진실하고 적절하며, 정감과 경치가 갈라지는 흔적이 없으니 참으로 오언율시(五言律詩)의 높은 경지에 이르렀다.

- **장졸** 藏拙

〈시를 지을 때〉 단점을 감추는 것을 말한다.

- 예 藏拙. …… 善藏其拙, 巧乃益露.(袁枚,『小倉山房詩集』卷20)
- 역 단점을 감춤. …… 자기의 단점을 숨기길 잘 하는 사람이 장점도 뚜렷하게 드러낼 수 있을 것이다.

- **장활** 壯闊

물상(物象)이 크고 넓은 것을 말한다.

- 예 近世畫手, 生吳·越者寫東南之聳瘦, 居咸·秦者貌關·隴之壯闊.(郭熙,『林泉高致』「山川訓」)
- 역 근래의 화가를 보면 오(吳)·월(越) 지방에서 태어난 사람은 동남(東南)지방의 뾰족하게 치솟은 경관만을 그리고, 함(咸)·진(秦) 지방 사람은 관(關)·농(隴) 지방의 크고 넓은 경관만을 그린다.

- **재** 才

예술창작론의 한 범주로서, 심미 혹은 창작의 재능을 말한다. 재(才)의 본래 의미는 막 돋아나는 초목(草木)이었는데, 나중에 뜻이 넓어져 타고난 재능을 가리키게 되었다. 재는 또한 품질이나 품덕을 뜻하기도 한다. 예술창작에서 재는 보통 법(法: 法式)과 대비되는 개념으로, 작가의 천부적이고 자유로운 창조와 연관된다.

- 예 且右軍位重才高, 調淸詞雅, 聲塵未泯, 翰牘仍存.(孫過庭,『書譜』)
- 역 동진(東晉) 시기에 왕희지(王羲之)는 처했던 지위가 높고 재기(才氣)가 뛰어났으며, 문장의 격조가 맑고 글이 우아했다. 하물며 지금도 그의 명성이 여전하고, 남긴 작품도 전연 소실되지 않고 여전히 남아 있다.
- 예 才生思, 思生調, 調生格.(王世貞,『弇州山人四部稿』卷144『藝苑卮言』1)
- 역 작가의 재성(才性)은 구성을 낳고, 구성에서 성조(聲調)가 결정되며,

성조는 격식(格式)을 만든다.

- 예 事與才爭, 事繁而才損. 放逸者流宕而忘歸, 穿鑿者補綴而不足.(顔之推, 『顔氏家訓』「文章」)
- 역 소재와 글재주가 붙으면 줄거리는 번잡해지고 문재(文才)는 손상된다. 수사에 치중하면 문장이 멋대로 늘어지게 되니 흐름을 잃어버리고, 논지를 지나치게 따지면 문맥이 통하도록 보충해도 부족하게 된다.
- 예 至其遒不如杜, 逸不如李, 此自氣運使然, 非才之過也.(袁宏道, 『袁中郎全集』卷1「答梅客生開府」)
- 역 〈소식(蘇軾)의 시는〉 굳셈으로 보면 두보(杜甫)만 못하고 초일(超逸)의 경지는 이백(李白)보다 못하나, 이는 기운(氣運) 때문이지 재기의 잘못이 아니다.
- 예 作史三長, 才・學・識缺一不可.(袁枚, 『隨園詩話』卷3)
- 역 사서(史書)를 쓰려면 세 가지를 해내야 한다. 재(才)・학(學)・식(識)이 바로 그것인데, 이 가운데 하나라도 없어선 안 된다.

- **재불체의** 才不逮意

재주가 뜻을 다 드러내지 못했다는 말로, 남긴 작품이 그 정신을 다 담아내지 못했음을 뜻한다.

- 예 李・杜之後, 詩人繼作, 雖間有遠韻, 而才不逮意.(蘇軾, 『蘇東坡集』後集 卷9「書黃子思詩集後」)
- 역 이백과 두보 이후 시인들은 계속 작품을 내었지만, 설령 그 가운데 유원(悠遠)한 운치가 있다 해도 그 재주는 뜻을 다 드러내지 못했다.

- **재장성장** 在章成章, **재구성구** 在句成句

한 편을 쓸 수 있으면 한 편만 쓰고, 한 마디만 쓸 수 있으면 한 마디만 쓴다. 억지로 경물을 끌어안아 허구적인 것을 만들어 쓰지 말라는 뜻이다.

- 예 在章成章, 在句成句, 文章之道, 音樂之理, 盡於斯矣.(王夫之,

『唐詩評選』卷3 張子容 「泛永嘉江日暮回舟」)
- 옘 한 편을 쓸 수 있으면 한 편만 쓰고, 한 마디만 쓸 수 있으면 한 마디만 쓴다. 문장을 창작하는 것은 음악을 연주하는 이치와 같다는 말이 바로 이것이다.

• **재조** 才藻

언어표현의 재능을 말한다.

- 예 初唐七言古以才藻勝, 盛唐以風神勝.(胡應麟, 『詩藪』 「內編」 卷3)
- 옘 초당(初唐)의 칠언고시(七言古詩)는 언어표현에 뛰어났고, 성당(盛唐)의 그것은 풍신(風神)이 뛰어났다.

• **재협즉호** 在頰則好, **재상즉추** 在顙則醜

보조개가 뺨에 있으면 예쁘지만 이마에 있으면 추하다는 말이다. 미추(美醜)의 상대성(相對性) 혹의 적의성(適宜性)을 말한 것이다.

- 예 靨輔在頰則好, 在顙則醜. 繡以爲裳則宜, 以爲冠則譏.(『淮南子』 「說林訓」)
- 옘 보조개가 뺨에 있으면 예쁘지만 이마에 있으면 추하다. 수(繡)를 놓은 것이 치마에 있으면 어울리지만, 관모(冠帽)에 있으면 나무람을 당한다.

• **재횡필호** 才橫筆豪

재기(才氣)가 탈속적이고 필세(筆勢)는 호방함을 말한다.

- 예 文長·且園才橫而筆豪, 而燮亦有倔強不馴之氣, 所以不謀而合.(『鄭板橋集』 「題畵」)
- 옘 서위(徐渭)와 고기패(高其佩)는 재기(才氣)가 탈속적이고 필세는 호방한데, 나〈정섭(鄭燮)〉도 굽히지 않는 기질이 있기에 서로 은연중에 맞는 것이 있었던 것이다.

- **저아 著我**

  〈시를 지을 때〉 자기를 드러내는 것을 말한다.

  > 著我. 不學古人, 法無一可; 竟似古人, 何處著我.(袁枚, 『小倉山房詩集』 卷20)

  > 자기를 드러냄. 옛날 사람을 배우지 않으면 쉽게 방법을 찾을 수가 없다. 그러나 완전히 옛사람을 모방만 하면 자기는 어디에 드러낼 것인가?

- **적 適**

  (1) 넉넉하고 홀가분하며 편안함을 의미하는 자유로운 느낌을 말하는 심미범주이다. 일찍이 이러한 느낌을 창안해 낸 이는 장자(莊子)이다. 따라서 일단 적(適)은 도가적 심미범주이다. 그런데 이 자유로운 느낌엔 세 가지 색깔 혹은 단계가 있다. 하나는 "적(適)"이요, 둘은 "자적(自適)"이며, 셋은 "망적(忘適)"이다. 장자의 표현을 따라 이 셋을 말해 보자면, 첫째는 "적인지적(適人之適)"이요 둘째는 "자적기적(自適其適)"이며 셋째는 "망적지적(忘適之適)"이다. 장자는 세상에 규정된 가치개념과 명분 및 공리적 도덕규범의 제약 때문에 사람들이 갈수록 천연의 본성을 잃게 된다고 단정한다. 그래서 사회와 세계를 위해 분투코자 뜻을 두거나 세상의 기준과 규범에 맞는 인격체가 되려고 애쓰는 것을 경멸하는 것이다. 장자는 이러한 유가적 인간형, 즉 군자(君子)가 되려고 하면 할수록 자신의 자연본성이 더욱 훼손된다고 생각한다. 그렇기에 세속적 욕망에 이끌려 오관(五官)이 막힌 혼돈은 물론이거니와 군자적인 즐거움까지도 "남의 즐거움에 즐거워 함[適人之適]"으로 간주한다. 이러한 즐거움이 한 차례 승화된 형태는 "자신만의 편안한 쾌적함을 넉넉하게 누린다는 것[自適其適]"이다. 이는 세속사회의 이기적 욕

망이 자신을 속박하는 데로부터 벗어나고, 더 나아가 세속적 가치와 상식을 끊어버림을 뜻한다. 그러면 은폐된 진실한 모습[眞常]이 드러나고 옥죄인 본래의 자아가 회복되며, 이로써 자신만의 독립된 인격을 보존할 수 있다는 것이다. 그러나 "자신의 쾌적함을 누리는 것[自適其適]"이 비록 "남의 즐거움에 즐거워 함[適人之適]"보다는 한층 높은 경지라 하더라도 여전히 오도(悟道)의 경지에까지는 다다르지 못한다. 왜냐하면 자적기적(自適其適)의 경지에는 여전히 자기란 존재가 의식되고 있기 때문이다. 결코 자아를 잊지 못한다면, 그 쾌적함이란 것도 천생 그것에 연루된 것이기에 결국은 온전치 못한 유쾌함에 그치고 마는 꼴이다. 그렇다면, 장자가 궁극적으로 추구한 만족이 어떠한 종류의 것인지는 자명하다. 바로 물화(物化: 장자의 나비꿈에서처럼 나와 사물의 구분이 없어지는 경지)에서 나오는 망적지적(忘適之適)의 경지이다. 이는 넉넉하고 편안하다는 느낌조차 자각지 못하는 경지의 쾌적함["忘適"之適]이라 풀이할 수도 있겠고, 아니면 넉넉하고 편안함이 쾌적함인지도 느끼지 못할 정도의 홀가분한 경지[忘"適之適"]라 이해할 수도 있다.(2008, pp. 175-176 참조)

- 始乎適而未嘗不適者, 忘適之適也.(『莊子』「達生」)
- 이렇듯 내면의 심성이 또한 가지런하고 홀가분한 쾌적함을 이미 누리고 있으니, 그 어떤 불쾌에 연루될 수 있겠는가. 내가 누리고 있는 이 쾌적함이 쾌적인지 뭔지도 느끼지 못할 따름이다.

- 暢無不適, 蒙無所從.(孫過庭, 『書譜』)
- 거침없이 자유로우면 더없이 넉넉하고 편안하며, 마음과 손이 답답하면 어떻게 붓을 놀려야 하는지를 모르는 것이다.

- 蘇子瞻酷嗜陶令詩, 貴其淡而適也.(袁宏道, 『袁中郞全集』卷3「敘咼氏家繩集」)
- 소식(蘇軾)이 도잠(陶潛)의 시를 아주 좋아한 것은 그 담박(淡泊)하고

도 편안함을 중요하게 여겼기 때문이다.

(2) 소리의 크기와 중량의 무게가 기준에 맞는 것을 말한다.

- 何謂適? 衷音之適也. 何謂衷? 大不出鈞, 重不過石, 小·大·輕·重之衷也.(『呂氏春秋』「仲夏紀」)
- 무엇이 적절함인가? 소리의 크고 작음과 무게의 묵직하고 가벼움이 그 기준에 맞는 것을 말한다. 그러면 무엇이 대(大)·소(小)·경(輕)·중(重)의 기준인가? 종소리가 아무리 커도 균(鈞)의 범위를 넘지 않고, 무게가 아무리 무거워도 한 석(石: 120근)을 넘지 않으면 크기와 무게가 기준에 맞는 것이다.

- **적간의담** 迹簡意澹

필치가 간략하고 그 뜻이 담박한 것을 말한다.

- 上古之畵, 迹簡意澹而雅正, 顧陸之流是也.(張彦遠, 『歷代名畵記』)
- 상고(上古)시대의 그림은 필치가 간략하고 그 뜻이 담박하면서 전아(典雅)한데, 고개지(顧愷之)나 육탐미(陸探微)의 그림이 이러한 부류이다.

- **적여심합** 跡與心合

형상과 마음이 합해진 것을 말한다.

- 且如世之相押字之術, 謂之心印. 本自心源, 想成形跡, 跡與心合, 是之謂印.(郭若虛, 『圖畫見聞志』「叙論」)
- 이것은 또 세상에서 이름의 서명(署名)을 판독하는 기술과 같아서 심인(心印)이라고 한다. 심인은 본래 마음의 근원으로부터 나온 생각이 일정한 형상을 이룬 것인데, 형상과 마음이 합해진 것을 인(印)이라고 한다.

- 전典

 약속을 준수하여 법도와 준칙으로 삼는 것을 말한다.

  - 典. 從師約法曰典.(竇蒙,『語例字格』)
  - 전(典): 약속을 준수하여 법도와 준칙으로 삼는 것을 일러 전(典)이라 한다.

- 전轉

 문장의 내용 전환을 말하는 것으로, 여기에는 단락의 전환, 구절의 전환, 글자의 전환이 있을 수 있다.

  - 此篇純用迷離閃爍, 夭矯變幻之筆, 不惟筆筆轉, 直句句轉, 且字字轉矣.(但明倫,『聊齋志異新評』卷10「葛巾」後評)
  - 이 문장의 문필은 분명하지 않고 변화무쌍하다. 단지 단락마다 전환이 있는 것이 아니라, 구절마다도 있고, 심지어 글자마다도 전환이 있다.

- 전공소열 專工小劣

 한 분야에 정통함에는 약간 떨어진다.

  - 擬草則餘眞, 比眞則長草, 雖專工小劣, 而博涉多優.(孫過庭,『書譜』)
  - 왕희지(王羲之)를 장지(張芝)와 비교했을 때 둘 다 초서(草書)에 뛰어났지만 왕희지는 장지보다 해서(楷書) 하나를 더 잘했고, 종요(鍾繇)와 비교했을 때 둘은 모두 해서에 정통했지만 왕희지는 또한 그보다 초서 하나가 더 뛰어났다. 따라서 어떤 한 서체에 뛰어남을 말할 때 비록 왕희지가 다소 부족한 점이 있더라도, 그는 여러 서체에 정통하다는 분명한 장점이 있다.

- 전광 顚狂

 정태(靜態)와 동태(動態) 외에 광태(狂態)라는 광분의 정감상태가 있다. 이러한 광태(狂態)는 분(憤)·전(顚)·광(狂)의 세 요소의 총합이라 할 수 있다. 전광(顚狂)이라는 것은 격정이 극도로 팽배해서 절제할 수 없는 정감의 상태이다. 전광(顚狂)은 그 감정이 극에 달해서 토해내는 것이니, 무의식의 상태에 있는 것이며 이성의 간여가 일체 없는 것이다. 분기(憤氣)는, 공명정대하고 충직한 신념을 가진 작가가 추악하고 잔혹한 사회와 정치현실의 압박을 마주했을 때 격앙되어 나오는 내면의 의기(毅氣)이다. 미학적 광분(狂憤)은 단순한 기괴(奇怪)와는 다르다. 그것은 철학이 있는 외침이자 자기파괴이다. 다시 말해서 역설적 혼돈이다.(2007, pp. 202-216 참조)

- 예 子美氣尤雄, 萬竅號一噫, 有時肆顚狂, 醉墨灑霧霈.(歐陽修, 『歐陽文忠公文集』 卷2 「水谷夜行寄子美聖兪」)
- 역 소순흠(蘇舜欽: 字는 子美)의 문기(文氣)는 훨씬 웅혼하니, 대지의 기운이 만 개의 구멍으로 포효하는 듯하다. 어떤 때는 술기운으로 날뛰는 듯 필세(筆勢)가 기묘하다.

- **전려** 典麗

  전아(典雅)한 아름다움을 나타내는 형식미이다.

  - 예 雖欲廢言尙意, 而典麗不得遺.(皎然, 『詩式』)
  - 역 언어를 버리고 의미를 받들고자 해도 전아(典雅)한 아름다움을 버릴 수는 없다.

- **전면처창** 纏綿悽愴

  염원을 나타내므로 반드시 구슬퍼야 한다는 말이다. 뇌(誄)의 창작 원칙을 말하고 있다.

  - 예 誄纏綿而悽愴. 銘博約而溫潤. 箴頓挫而淸壯.(陸機,「文賦」)
  - 역 뇌(誄)는 염원이 있으므로 반드시 구슬퍼야 한다. 명(銘)은 뜻이 깊으

면서도 글은 간략하고 부드럽게 한다. 잠(箴)은 득실(得失)을 날카롭게 비판하는 것이므로 문리(文理)를 명확하고 장중하게 한다.

- **전모이사** 傳模移寫

  대상을 있는 그대로 재현해 내는 것을 말한다.

  - 예) 畫有六法, 一曰氣韻生動, 二曰骨法用筆, 三曰應物象形, 四曰隨類賦彩, 五曰經營位置, 六曰傳模移寫.(張彦遠, 『歷代名畫記』)
  - 역) 그림 그리는 데는 여섯 가지 법이 있다. 첫째는 기운생동(氣韻生動)이고, 둘째는 골법용필(骨法用筆)이며, 셋째는 응물상형(應物象形)이고, 넷째는 수류부채(隨類賦彩)이며, 다섯째는 경영위치(經營位置)이고, 여섯째는 전모이사(傳模移寫)이다.

- **전석** 典碩

  숭고함을 말한다.

  - 예) 壯而典碩者: "紫氣關臨天地闊, 黃金臺貯俊賢多."(胡應麟, 『詩藪』「內編」卷5)
  - 역) 〈두보(杜甫)의 칠언율시(七言律詩) 가운데〉 장(壯)하면서 숭고한 것은 이렇다. "성인(聖人)이 임하니 천지(天地)가 넓어지고, 황금대(黃金臺)에 현달(賢達)들이 몰려드네."

- **전성** 專成

  오로지 하나의 법도(法道)만을 이루는 것을 말한다.

  - 예) 專成. 直師一家, 今古不雜.(竇蒙, 『語例字格』)
  - 역) 전성(專成): 줄곧 하나의 사법(師法)만 따르니 고금(古今)의 다른 서예가 섞이지 않는다.

- **전신** 傳神

(1) 정신을 드러내는 것을 말한다.

- 畫家以古人爲師, 已自上乘, 進此當以天地爲師. 每朝起看雲氣變幻, 絶近畫中山. 山行時見奇樹, 須四面取之. 樹有左看不入畫, 而右看入畫者, 前後亦爾. 看得熟, 自然傳神. 傳神者必以形.(董其昌,『畫禪室隨筆』卷2「畫訣」)
- 화가는 고인(古人)을 스승 삼아야 한다. 이미 상등(上等)에 이르렀으면 다시 더 나아가 천지조화(天地造化)를 스승 삼아야 한다. 매일 아침 일어나 운기(雲氣)의 변화막측함을 보고 그림 속의 산을 가깝게 묘사한다. 산 속에서 걸으며 신기한 나무를 보면, 그 형상을 반드시 사면(四面)에서 취한다. 나무는 왼쪽에서 보면 그림에 적합하지 않지만 오른쪽에서 보면 그림에 적합한 형상이 있을 수 있다. 앞뒤 또한 마찬가지이다. 보기에 익숙해지면 자연스럽게 그 정신을 드러낼 수 있다. 그 정신을 드러내는 것은 반드시 형상을 통해서이다.

(2) 핵심을 드러내는 것을 말한다.

- 其中照應謹密, 曲盡苦心, 亦覺瑣碎, 反爲可厭. 至於披掛戰鬪, 陣法兵機, 都剩技耳, 傳神處不在此也.(葉畫,『水滸傳』100回 文字優劣)
- 《수호전(水滸傳)》 속의 어떤 곳은 구성이 아주 세밀하고 앞뒤의 조응이 교묘하니, 이로써 작가가 얼마나 심혈을 기울였는지 알 수 있다. 하지만 지나치게 세세한 점은 도리어 부자연스럽게 느껴진다. 책 속에 묘사된 전투나 병법(兵法) 및 진법(陳法)의 장면은 모두 그저 기교를 부린 곳일 뿐, 핵심을 보여주는 곳은 아니다.

(3) 생동감 있게 잘 표현한 것을 말한다.

- 論畫以形似, 見與兒童鄰; 賦詩必此詩, 定非知詩人. 詩畫本一律, 天工與淸新; 邊鸞雀寫生, 趙昌花傳神. 何如此兩幅, 疏澹含精勻; 誰言一點紅, 解寄無邊春.(『蘇東坡集』前集 卷16「書鄢陵王主簿所畫折枝二首」之一)
- 사람들이 그림을 평가하면서 형사(形似)만을 따지는데, 이러한 식견은 너무 유치하다. 시(詩) 짓는 것을 논하면서 이러이러한 시를 지어야 한

다고 말한다면 이는 시를 아는 사람이 아니다. 시(詩)와 화(畵)는 본래 하나이다. 둘 다 천연으로부터 나왔으며 탈속(脫俗)의 청아(淸雅)함을 담고 있다. 〈당대(唐代) 화가인〉 변란(邊鸞)은 새를 사실적으로 잘 그렸고, 〈북송대(北宋代) 화가인〉 조창(趙昌)은 화훼(花卉)를 생동감 있게 잘 그렸다. 그러나 내가 보기에, 그것들은 오히려 청담(淸淡)한 색이 고르게 입혀진 〈왕주부(王主簿)의〉 이 두 그림만 못하다. 단지 빨간색 하나만으로 채색된 그림이 바로 무한한 춘광(春光)을 드러내는 것이다.

(4) 초상화를 말한다.

- 예) 傳神之難在目. 顧虎頭云: "傳形寫影, 都在阿堵中." 其次在顴頰.(『蘇東坡集』 續集 卷12 「傳神記」)
- 역) 초상화의 어려움은 눈을 그리는데 있다. 고개지(顧愷之)가 말했다. "초상화를 그려 정신을 드러내는 관건은 눈에 대한 묘사에 있다." 그다음 관건은 광대뼈와 뺨에 대한 묘사이다.

● **전신사조** 傳神寫照

간단히 "전신(傳神)"이라고도 하는데, 작품을 통해 묘사하고자 하는 인물이나 사물의 내재적 정신본질을 표현함을 가리킨다. 인물화에서 산수화, 그리고 다시 문인화로의 발전은 형신(形神)범주의 발전과 밀접한 관계가 있다. 인물에서 산수, 더 나아가 여타 사물로의 작화(作畵) 제재의 변화는 곧 신(神)개념의 외연이 확대됨을 의미한다. 즉 인간에만 신(神)이 있는 것이 아니라 산수와 매란국죽 같은 비인체(非人體)에도 신(神)이 있으며, 전신(傳神)은 "인(人)의 신(神)" 뿐만이 아니라 "물(物)의 신(神)"까지도 표현하여야 하는 것으로 발전하였다.(2006, pp. 15-17 참조)

- 예) 顧長康畵人, 或數年不點目精. 人問其故. 顧曰: 四體姸蚩本無關於妙處, 傳神寫照正在阿堵中.(顧愷之,「論畵」;『世說新語』「

巧藝」所收)

- 🔵 고개지(顧愷之)가 인물을 그리는데 있어 쉬이 눈동자를 그리지 않았기에 누군가 그 까닭을 물었다. 답하기가 이렇다. "형체에 대한 절절한 묘사가 아무리 뛰어나도 그것만으로는 대상을 진정으로 밝혔다 할 수 없으니, 그 진실한 속을 드러내는 것은 결국 이것[눈]의 묘사에 달린 것입니다."

- **전신자필이형** 傳神者必以形

  정신을 드러내는 것은 반드시 형상을 통해서라는 말이다.

  - 🔵 傳神者必以形. 形與心手相湊而相忘, 神之所托也.(董其昌,『畵禪室隨筆』卷2「畵訣」)
  - 🔵 그 정신을 드러내는 것은 반드시 형상을 통해서이다. 형상과 마음과 손이 하나가 되하면 서로를 잊게 되니, 이는 정신이 기탁하는 바이다.

- **전아** 典雅

  고아(高雅)하고 속되지 않은 풍격을 나타내는 미학범주이다. "전(典)"은 질박과 장중(莊重)을 나타내며 화려하고 농염한 것과 상대적인 의미이다. "아(雅)"는 풍아(風雅)와 소아(素雅)를 가리키는 것으로, 조야(粗野)나 비속(卑俗)과 상대적인 의미이다.

  - 🔵 典雅者, 熔式經誥, 方軌儒門者也.(劉勰,『文心雕龍』「體性」)
  - 🔵 고전적인 우아함은, 경서(經書)의 내용을 기반으로 하며 유가에서 말하는 강령(綱領)의 성격과 궤를 같이 하는 것이다.
  - 🔵 典雅. 玉壺買春, 賞雨茅屋, 坐中佳士, 左右修竹.(司空圖,『詩品二十四則』)
  - 🔵 전아(典雅): 진귀한 그릇으로 술을 사고, 초가집에서 비를 감상한다. 좌중(座中)에는 훌륭한 선비가 있고, 좌우에는 아름다운 대나무 숲이 둘러 서 있다.

- **전예 專詣**

    자신만의 독특한 터득이나 체험, 즉 체득을 말한다.

    - 예 大抵詩以專詣爲境, 以饒美爲材.(王世貞, 『弇州山人四部稿』 卷 144 『藝苑卮言』 1)
    - 역 대체로 작시(作詩)란 자신의 독특한 체득(體得)을 바탕으로 의경(意境)을 구성해야 하며, 미감(美感) 풍부한 사물을 제재로 삼아야 한다.

- **전이모사 傳移模寫**

    대상을 있는 그대로 재현해 내는 것을 말한다.

    - 예 五經營位置是也, 六傳移模寫是也.(謝赫, 『古畵品錄』)
    - 역 다섯째, 경영위치(經營位置)이다. 적절하게 배치하는 화면의 운용이다. 여섯째, 전이모사(傳移模寫)이다. 대상을 있는 그대로 재현해 내는 것을 말한다.

- **전칙 典則**

    전장(典章)과 법칙을 말한다.

    - 예 觀唐人書蹤, 可見唐人之典則.(劉熙載, 『藝槪』 「書槪」)
    - 역 당인(唐人)의 서적(書跡)을 보면 당인의 전장(典章)과 법칙을 알 수 있다.

- **전후상수 前後相隨**

    앞과 뒤가 서로를 따른다.

    - 예 有無相生, 難易相成, 長短相較, 高下相傾, 音聲相和, 前後相隨.(『老子』 「二章」)
    - 역 유(有)와 무(無)는 서로를 낳고, 어려움과 쉬움이 서로를 이루어주며, 길고 짧음은 서로를 비교해주고, 높고 낮음이 서로에게 기대며, 음(音)과 성(聲)은 서로를 어울리게 해주고, 앞과 뒤가 서로를 따른다.

- 절 節

  지조를 바꾸지 않는 것을 말한다.

  > 節. 持操不改曰節.(皎然,『詩式』)
  > 절(節): 지조를 바꾸지 않는 것을 절(節)이라 한다.

- 절려응신 絶慮凝神

  일체의 사려(思慮)를 끊고 정신을 집중하는 것을 말한다.

  > 欲書之時, 當收視反聽, 絶慮凝神.(『書法鉤玄』卷1「唐太宗論筆法」)
  > 글씨를 쓰고 싶을 때는, 무엇을 보거나 듣는 것을 멈추고 마음을 평안하게 추스르며 정신을 집중해야 한다.

- 절예입신 絶藝入神

  절륜(絶倫)의 기예가 입신(入神)의 경지에 올랐음을 말한다.

  > 唐人畵「桃源圖」, 舒元輿爲之記云:"煙嵐草木, 如帶香氣. 熟視詳玩, 自覺骨戛靑玉, 身入鏡中." 此畫中詩也, 絶藝入神矣.(李贄,『焚書』卷5「讀史·詩畵」)
  > 당나라 사람 중에 「도원도(桃源圖)」를 그린 이가 있는데, 서원여(舒元輿)는 이 그림을 위해 다음과 같은 기(記)를 지었다. "초목들 사이로 피어오르는 안개는 마치 향기를 머금은 듯하다. 보고 또 보는 사이로 뼈가 푸른 옥을 때리는 듯하고 몸이 거울 속으로 들어가는 것을 느낀다." 이는 그림 속의 시이니, 그 절륜(絶倫)의 기예는 입신(入神)의 경지에 올랐다.

- 점로점숙 漸老漸熟

  오래도록 정진하여 어느 순간 절정에 다다라 완숙에 경지에 이른 것을 말한다.

㉑ 漸老漸熟, 乃造平淡.(何文煥, 『歷代詩畵』「竹坡詩畵」)
㉓ 오래도록 정진하여 어느 순간 절정에 이르면, 외려 밋밋하고 풋풋해 보인다.

- **점철성금** 點鐵成金

원래는 신선이 살짝 무쇠에 손을 대어 방술(方術)로 금을 만든 것을 말하는데, 이로부터 남의 글을 조금 손질해서 훌륭한 글이 되게 하는 것을 가리킨다.

㉑ 雖取古人之陳言入於翰墨, 如靈丹一粒, 點鐵成金也.(黃庭堅, 『豫章黃先生文集』卷19「答洪駒父書」)
㉓ 비록 옛사람의 오래 된 언어를 운용하여 창작하더라도, 마치 영약(靈藥)을 한 방울 써서 바꾸듯 남의 글을 조금 손질해서 훌륭한 글이 되게 한다.

㉑ 須點鐵成金, 勿令畫虎類狗; 又須擇其可增者增, 當改者改.(李漁, 『閑情偶寄』「演習部·變舊成新」)
㉓ 바꾸는 것은 반드시 잘 다듬어 훌륭한 것으로 만들어야 한다. 호랑이를 그리려 했으나 강아지를 그리는 꼴이 되어서는 안 된다. 또한 그 가운데 잘 선택하여, 덧붙일 수 있는 곳은 덧붙이고 꼭 바꾸어야 하면 비로소 바꾸도록 한다.

- **점철영미** 點綴映媚

시의 구절과 구절이 서로 돋보이도록 받쳐주어 아름다움이 함께 빛난다.

㉑ 邱詩點綴映媚, 似落花依草.(鍾嶸, 『詩品』)
㉓ 구지(邱遲)의 시는 구절마다 서로 돋보이도록 받쳐주어 아름다움이 함께 빛난다. 마치 푸른 초원 위에 꽃이 내려앉은 듯하다.

- **정正**

(1) 〈시(詩)에서〉 언어가 평이하고 법도를 준수하는 것을 말한다.

- 예 發言平易而循乎繩墨, 法之正也.(謝榛, 『四溟詩話』 卷2)
- 역 언어가 평이하고 법도를 준수하는 것은 정(正)이라 부를 수 있다.

(2) 사상 내용 면에서의 순정(純正)을 말한다.

- 예 夫謂之奇, 則非正矣, 然亦無傷於正也.(皇甫湜, 『皇甫持正集』 卷4 「答李生第二書」)
- 역 "기(奇)"라는 것이 "정(正)"은 아니지만 그렇다고 "정(正)"을 해치는 것은 아니다.

(3) 정서(正書)·진서(眞書)·해서(楷書)를 말한다.

- 예 正. 衣冠踏地, 若止若行.(寶蒙, 『語例字格』)
- 역 정(正): 의관(衣冠)이 단정한 것과 같으니 가는 듯 머무는 듯 위의(威儀)가 있다.

• **정貞**

(1) 탈속(脫俗)의 형태와 고결(高潔)한 신운(神韻)을 말한다.

- 예 貞. 骨淸神正曰貞.(寶蒙, 『語例字格』)
- 역 정(貞): 탈속(脫俗)의 형태와 고결(高潔)한 신운(神韻)을 일러 정(貞)이라 한다.

(2) 시어(詩語)를 쓰는 것이 정직한 것을 말한다.

- 예 貞. 放詞正直曰貞.(皎然, 『詩式』)
- 역 정(貞): 시어(詩語)를 쓰는 것이 정직한 것을 정(貞)이라 한다.

• **정情**

(1) 만사만물의 표현 양상을 말한다.

- 예) 曰理·曰事·曰情三語, 大而乾坤以之定位, 日月以之運行, 以至一草木一飛一走, 三者缺一, 則不成物.(葉燮, 『原詩』內篇)
- 역) 이른바 이(理)·사(事)·정(情)의 세 글자가 있는데, 크게는 천지(天地)가 그것들에 의해 위치가 정해지고, 일월(日月)이 그것에 의해 운행한다. 풀 하나 나무 하나 및 날고 걷는 모든 것에 이 셋 가운데 하나라도 빠지면 곧 사물이 될 수 없다.

(2) 외경(外景)에 몰입됨이 지극한 것을 말한다.

- 예) 情. 緣景不盡曰情.(皎然, 『詩式』)
- 역) 정(情): 외경(外景)에 몰입됨이 지극한 것을 정(情)이라 한다.

(3) 자연과 인생, 즉 경(景)에 대한 정신적인 태도를 말한다.

- 예) 文學中有二原質焉: 曰景, 曰情. 前者以描寫自然及人生之事實爲主, 後者則吾人對此種事實之精神的態度也.(王國維, 『靜庵文集續編』「文學小言」)
- 역) 문학에는 두 가지 요소가 있다. 바로 경(景)과 정(情)이 그것이다. 전자는 자연과 인생의 사실을 묘사하는데 중점을 둔 것이고, 후자는 이런 사실에 대한 사람들의 정신적인 태도를 말한다.

(4) 정리(情理)를 말한다.

- 예) 披圖按牒, 效異山海. 綠林揚風, 白水激澗. 嗚呼! 豈獨運諸指掌, 亦以神明降之. 此畫之情也.(王微, 「敍畫」)
- 역) 그림을 펼쳐보고 서적을 살펴보는 것의 효과는 『산해경(山海經)』〈지도책〉을 읽는 것과 전혀 다르다. 푸른 숲은 바람을 일으키고 맑은 물은 계곡을 씻어 내린다. 아! 이것이 어찌 다만 손끝에서 나온 결과일 뿐이겠는가? 또한 신명(神明)이 내린 것이리라. 이것이 그림의 정리(情理)이다.

- **정精**

공력과 학업이 모두 지극한 것을 말한다.

- 예 精. 巧業雙極曰精.(竇蒙, 『語例字格』)
- 역 정(精): 공력과 학업이 모두 지극한 것을 일러 정(精)이라 한다.

• **정** 整

공정(工整)을 뜻하며, 반듯하고 깔끔하며 짜임새가 있는 것을 말한다.

- 예 曰雄·曰渾·曰整·曰麗, 四者具矣, 詩家所推奉爲大家者此耳. (王夫之, 『古詩評選』 卷6 張文恭 「七夕」)
- 역 웅장함·질박함·깔끔함·수려함 등 네 가지 풍격(風格)을 동시에 구비해야 비로소 여러 사람들한테 찬양받는 거장이 될 수 있다.

• **정** 靜

조급하고 치열하며 혼란한 상태로부터 벗어나 담백하고 평정하며 평화롭고 고요한 마음의 상태를 말한다.

- 예 靜. 非如松風不動, 林狖未鳴, 乃謂意中之靜.(皎然, 『詩式』)
- 역 정(靜): 송풍(松風)이 일지 않거나 숲속에 원숭이 소리조차 없는 것 같은 것이 아니라 마음속의 고요함을 말한다.
- 예 撫琴卜靜處亦何難, 獨難於運指之靜. 然指動而求聲, 惡乎得靜. 余則曰: 政<正>在聲中求靜耳.(徐上瀛, 『溪山琴況』)
- 역 거문고를 연주할 때 조용한 장소를 찾는데 무슨 어려움이 있겠는가? 진정한 어려움은 손가락의 움직임이 조용해야 한다는 데 있다. 그러나 손가락이 현을 당겼다 놓는 것은 음악 소리를 내기 위한 것인데, 소리가 나면서 어찌 고요할 수 있는가? 내 말은 곧, 소리란 고요함 속에서 구해야 한다는 것이다.

• **정격** 定格

고정된 격식(格式)을 말한다.

- 예 古人文成法立, 未嘗有定格也.(章學誠, 『文史通義』 內篇2 「古文十弊」)
- 역 옛사람이 글을 짓는데 법도를 세운 데에는 고정된 격식(格式)이 있지 않았다.

• **정겸아원** 情兼雅怨

정감에 아정(雅正)과 원망이 함께 어우러져 있음을 말한다.

- 예 情兼雅怨, 體被文質.(鍾嶸, 『詩品』)
- 역 〈조식(曹植)의 시는〉 정감에 아정(雅正)과 원망이 함께 어우러져 있으나 또한 과격하지 않으며, 내용과 형식이 조화롭다.

• **정경상촉** 情景相觸

눈앞의 경(景)과 마음속의 정(情)이 서로 만나 융합하는 것을 말한다.

- 예 夫情景相觸而成詩, 此作家之常也.(謝榛, 『四溟詩話』 卷4)
- 역 눈앞의 경(景)과 마음속의 정(情)이 서로 만나 시(詩)가 된다. 시는 대개 이렇게 써지는 것이다.

• **정공** 精工

정세(精細)하고 정치(精緻)하며 공교(工巧)함을 말한다.

- 예 大抵五代以前畫山水者少. 二李輩雖極精工, 微傷板細.(王世貞, 『弇州山人四部稿』 卷155 『藝苑卮言』 附錄4)
- 역 대개 오대(五代) 이전에는 산수를 그린 자가 적었다. 이 두 이씨(李氏)〈이사훈(李思訓)과 이소도(李昭道)〉가 비록 공을 들였으나, 너무 판에 박히고 지나치게 세밀한 병폐가 있다.
- 예 建安諸子, 雄贍高華; 六朝俳偶, 靡曼精工.(胡應麟, 『詩藪』 「內編」 卷1)
- 역 공융(孔融)·진림(陳琳)·왕찬(王粲)·서간(徐幹)·완우(阮瑀)·응창(應瑒)·유정(劉楨) 등 건안제자(建安諸子)의 시는 웅혼(雄渾)·화려(華

麗)하며, 육조(六朝)의 대구(對句)는 유약(柔弱)·정치(精緻)하다.

- **정관** 靜觀

  느긋하고 편안한 마음으로 만물을 대하는 것을 말한다.

  - 萬物靜觀皆自得, 四時佳興與人同.(『二程全書』『文集』卷3 明道文三「秋日偶成二首」)
  - 편안하게 만물을 대하면 모두 터득하는 바가 있으니, 사계절의 변화에 따라 일어나는 흥(興)을 사람들과 함께 한다.

- **정근** 精謹

  정밀하고 자세한 숙련을 말한다.

  - 精謹. …… 謹則有餘, 精則未至. 了然於胸, 殫神竭智.(黃鉞, 『二十四畵品』)
  - 정근(精謹): …… 삼가 하면 여유가 있지만, 정밀하면 이루지 못한다. 마음속으로 깨달은 바가 있으려면 정신과 통찰력을 다 해야 한다.

- **정동형언** 情動形言

  언어는 감정의 표현이요 감정은 언어를 드러나게 함을 가리킨다. 『시(詩)·서(序)』에 "감정이 중도(中道)에 맞게 일어나 말로 드러난다."["情動於中而形於言"]고 하였다.

  - 豈知情動形言, 取會風騷之意; 陽舒陰慘, 本乎天地之心.(孫過庭, 『書譜』)
  - 그들이 어찌 서예란 바로 감정의 표현이요 그 정감의 토로란 「국풍(國風)」과 「이소(離騷)」처럼 모두 자기 내심을 드러낸 것임을 알 것이며, 서예에서의 용필(用筆)의 펼침과 거둠은 사람 심정의 느긋함과 답답함에 상응하니 모두는 천지(天地) 사이 음양이기(陰陽二氣)의 상호작용에서 근원 하는 것임을 알겠는가?

- **정만물지정** 定萬物之情, **일천하지의** 一天下之意

    만물의 정(情)을 일정하게 하고 천하의 뜻을 통일한다. 악(樂)의 궁극적인 목적은 감정 혹은 감각의 통일에 있음을 말해준다.

    - 예 先王之爲樂也, 將以定萬物之情, 一天下之意也. 故使其聲平, 其容和.(阮籍,「樂論」)
    - 역 선왕(先王)이 악(樂)을 만든 뜻은 만물의 정(情)을 일정하게 하고 천하의 뜻을 통일하는데 있다. 그러므로 그 소리를 고르게 하고 그 풍모를 조화롭게 한 것이다.

- **정문** 情文

    내면으로 문채를 드러내는 것을 말한다.

    - 예 立文之道, 其理有三: 一曰形文, 五色是也; 二曰聲文, 五音是也; 三曰情文, 五性是也.(劉勰,『文心雕龍』「情采」)
    - 역 문채를 드러내는 데는 세 가지 방법이 있다. 첫째, 형색(形色)으로 문채를 드러내는 것인데, 청(靑)·황(黃)·적(赤)·흑(黑)·백(白)의 다섯 가지 색깔이 그것이다. 둘째, 소리로 문채를 드러내는 것인데, 궁(宮)·상(商)·각(角)·치(徵)·우(羽)의 다섯 가지 음률이 그것이다. 셋째, 내면으로 문채를 드러내는 것인데, 인(仁)·의(義)·예(禮)·지(智)·신(信)의 다섯 가지 성정(性情)이 그것이다.

- **정문겸지** 情文兼至

    정감(情感)과 문채(文彩)가 동시에 구비되어 있다.

    - 예 情文兼至, 格調雙諧, 雖有作者, 不能易此也.(『尺牘新鈔』2集 徐芳「與高自山」)
    - 역 〈시(詩)는〉 정감(情感)과 문채(文彩)가 동시에 구비되어 있고, 기격(氣格)과 성조(聲調)가 조화로워야 한다. 그러면 다른 사람이 똑 같은 제목으로 시를 짓더라도 대체할 수 없을 것이다.

- **정미** 情味

    정의(情意), 정취(情趣)의 뜻이다.

    > 詩人之工, 特在一時情味, 固不可預設法式也.(張戒, 『歲寒堂詩話』)
    >
    > 시인의 기교는 오직 한 때의 정취(情趣)에 달려 있으니, 미리 어떤 법식(法式)을 정해선 안 된다.

- **정미랑창** 精微朗暢

    사리(事理)를 따지는 것이 정미해야 한다. 논(論)의 창작 원칙을 말하고 있다.

    > 頌優游以彬蔚. 論精微而朗暢. 奏平徹以閑雅. 說煒曄而譎誑.(陸機, 「文賦」)
    >
    > 송(頌)은 공덕(功德)을 찬양하는 것이니, 반드시 언사(言辭)가 화려하고 뚜렷해야 한다. 논(論)은 사리(事理)를 따지는 것이 정미해야 한다. 주(奏)는 공평하고 전아(典雅)해야 한다. 설(說)은 허황된 말로 사람의 마음을 움직여야 한다.

- **정사** 精思

    〈시를 지을 때〉 생각의 정밀함을 말한다.

    > 精思. …… 惟思之精, 屈曲超邁.(袁枚, 『小倉山房詩集』 卷20)
    >
    > 생각의 정밀함. …… 오직 깊이 생각해야만 비로소 사물의 상황을 통찰할 수가 있고, 표현 기교가 능숙하고 뛰어나게 될 것이며, 탁월하고 독특한 견문을 얻을 것이다.

- **정성** 正聲

    (1) 전통에 부합하는 정통의 작품을 말한다.

    > 不從糟粕, 安得精英? 曰不關學, 終非正聲.(袁枚, 『小倉山房詩

集』卷20)

- 역 조박(糟粕)한 것으로부터 세심하게 선택하지 않으면 어찌 정화(精華)를 얻을 수 있겠는가? 시(詩)를 짓는 것은 학습과 무관하며 완전히 영감(靈感)에 의지하는 것이라고 생각하여 써내는 시문(詩文)은 결코 정통이 아니다.

(2) 올바른 시(詩)를 말하며, 『시경(詩經)』의 시를 가리킨다.

- 예 正聲何微茫, 哀怨起騷人.(『分類補注李太白詩』「古風」)
- 역 올바른 시(詩)가 얼마나 쇠미해졌는가? 슬픔과 원망에 의해 초사(楚辭)가 생겨났다.

(3) 온화하고 전아(典雅)한 동시에 음률과 맞는 음악 소리를 말한다.

- 예 『樂志』曰: "琴有正聲, 有間聲. 其聲正直和雅, 合於律呂, 謂之正聲."(徐上瀛, 『溪山琴況』)
- 역 『악지(樂志)』에 이런 말이 있다. "거문고에는 정성(正聲)과 간성(間聲)의 구분이 있는데, 대체로 음악 소리가 지나치지 않고 평평하며 온화하고 전아(典雅)한 동시에 음률과 맞으면 정성이라 부른다."

- **정성 情性**

성정(性情)이라고도 한다. 외재 사물에 감응하는 바 없어 희로애락의 감정이 아직 생기지 않은 본연 상태의 심경을 성(性)이라 하고, 이미 물(物)에 동하여 희로애락의 감정이 생겼을 때의 심경을 정(情)이라 한다. 이 둘을 함께 말하여 널리 사람의 감성과 심리세계를 가리킨다. 성정은 창작과 감상 등 심미영역의 내재적 기초가 되며, 나아가 창작과 감상 등 심미활동에서 만들어지는 미(美)의 가장 핵심적인 의미이다. 성정은 때로 산수와 같은 사물의 성질이나 정상(情狀)을 가리키기도 한다. 성정은 주로 교화(敎化)·도리·의론(議論)·학문 등 인식이나 이성과 대비되는, 사람의 내적이고 감성적인 심리를 가리킨다.(2008, p.

157 참조)

- 예) 是故先王本之情性, 稽之度數, 制之禮義.(『樂記』「樂言」)
- 역) 그러므로 선왕(先王)은 음악을 만들 때 사람의 성정(性情)에 근거하여 악률(樂律)의 횟수를 헤아리고 정해진 원칙에 의거하여 제정하는 것이다.

- 예) 眞以點畵爲形質, 使轉爲情性.(孫過庭, 『書譜』)
- 역) 해서는 일점일획(一點一畵)으로 형체의 본질을 삼고, 운필(運筆)의 전절(轉折)로 내재정신을 표현한다.

- **정수경변** 情隨境變, **자축정생** 字逐情生

감정이란 상황에 따라 변하고, 또한 글자를 좇는 과정에서 정(情)이 생겨나기도 한다.

- 예) 或者猶以太露病之, 曾不知情隨境變, 字逐情生, 但恐不達, 何露之有?(袁宏道, 『袁中郞全集』卷3「叙小修詩」)
- 역) 어떤 이는 〈시(詩)에서〉 너무 다 드러내는 것을 병통으로 여기는데, 감정이란 상황에 따라 변하고 또한 글자를 좇는 과정에서 정(情)이 생겨나기도 한다는 것을 그는 미처 알지 못한다. 다만 다 표현해내지 못할까 염려될 뿐이지 무슨 드러냄의 병통이 있겠는가?

- **정숙** 精熟

정미(精微)한 숙련의 경지를 말한다.

- 예) 時人云: 精熟至極, 索不及張.(『法書要錄』卷8「張懷瓘書斷中」)
- 역) 당시 사람들은 말하기를, 정미(精微)한 숙련의 지극함으로는 색정(索靖)이 장지(張芝)에 미치지 못한다고 했다.

- **정승어리** 情勝於理

〈시(詩)는〉 이치를 밝히는 것보다 정감을 표현하는 것이 더 중요하다.

- 예) 作詩之法, 情勝於理; 作文之法, 理勝於情.(『尺牘新鈔』2集 鄒祗謨「與陸藎思」)
- 역) 시를 창작할 때는 이치를 밝히는 것보다 정감을 표현하는 것이 더 중요하다. 고문(古文)을 창작할 때는 정감을 표현하는 것보다 이치를 밝히는 것이 더 중요하다.

• **정신** 精神

작품이 담고 있는 생기(生氣)를 말하는 미학범주이다. 사람에게 정신이 없으면 고목(枯木)과 같고, 문장에 정신이 없으면 사그라진 재와 같다.

- 예) 精神. 欲返不盡, 相期與來, 明漪絶底, 奇花初胎.(司空圖,『詩品二十四則』)
- 역) 정신(精神): 정신은 단속하려 해도 할 수 없으니, 결국은 드러나기 마련이다. 마치 샘물의 바다처럼 정신이 청명하고, 막 터트리려고 하는 꽃망울처럼 정신은 충만하다.

• **정심** 靖深

고요하고 차분한 것을 말한다.

- 예) 退之豪放奇險則過之, 而溫麗靖深不及.(蘇軾,『東坡題跋』上卷「評韓柳詩」)
- 역) 한유(韓愈)의 시는 호방하고 개성이 뚜렷한 점에서 〈유종원(柳宗元)보다〉 낫지만 온화하고 고요한 점에서는 그에 미치지 못한다.

• **정심조합** 情深調合

개인의 생각과 감정을 〈서예의〉 격조와 서로 조화시킨다.

- 예) 豈惟會古通今, 亦乃情深調合.(孫過庭,『書譜』)
- 역) 〈왕희지(王羲之)의 서예는〉 고대의 좋은 전통을 계승했을 뿐 아니라

당시의 심미적 취향과도 맞았으며, 동시에 정취(情趣)를 서예와 결합하여 사람을 감동시키는 고아(高雅)한 격조(格調) 또한 보여주었다.

- **정약** 精約

    자구(字句)를 간략히 하면서도 깊이 분석하는 창작 풍격이다.

    - 예 精約者, 核字省句, 剖析毫釐者也.(劉勰, 『文心雕龍』 「體性」)
    - 역 정미하고 간결함은, 자구(字句)를 간략히 하면서도 깊이 분석하는 것이다.

- **정어** 情語

    감정을 묘사한 언어를 말한다.

    - 예 昔人論詩詞, 有景語·情語之別. 不知一切景語, 皆情語也.(王國維, 『人間詞話刪稿』 10)
    - 역 옛 사람은 시(詩)와 사(詞)를 논하면서 경물(景物)을 묘사한 언어와 감정을 묘사한 언어를 구별하였다. 그러나 경물을 묘사한 언어가 모두 감정을 묘사한 언어인 것은 몰랐다.

- **정여경회** 情與境會

    나와 경물(景物)이 함께 어우러지는 정경합일(情景合一) 내지 심물합일(心物合一)의 경지를 말한다. 일찍이 사공도(司空圖)가 "사여경해(思與境偕)"란 말로 이러한 경지를 표현하였다.

    - 예 有時情與境會, 頃刻千言, 如水東注, 令人奪魂.(袁宏道, 『袁中郎全集』 卷3 「叙小修詩」)
    - 역 때로 정(情)과 경(境)이 합하면 잠깐 사이에 천 마디의 말을 마치 물이 동쪽으로 쏟아지듯 써내려 가니, 사람의 혼을 빼놓을 정도였다.

- **정연수출** 挺然秀出

굳세고 힘이 뛰어남을 말한다.

- 挺然秀出, 務於簡易.(『法書要錄』卷4「張懷瓘議書」)
- 굳세고 힘이 뛰어나며 간이(簡易)에 힘썼다.

• **정왕사증** 情往似贈, **흥래여답** 興來如答

정감은 자연에 다가가 무언가를 전해주고, 이에 경물 또한 마음에 시상(詩想)을 건네준다.

- 目旣往還, 心亦吐納. 春日遲遲, 秋風颯颯. 情往似贈, 興來如答.(劉勰,『文心雕龍』「物色」)
- 눈을 두어 경물을 바라보니, 마음속이 동하여 내뱉고 싶은 말이 있다. 봄날의 햇볕은 따사하고, 가을날의 바람은 소슬하다. 정감은 자연에 다가가 무언가를 전해주고, 이에 경물 또한 마음에 시상(詩想)을 건네준다.

• **정운** 情韻

깊은 정감(情感)에서 나오는 그윽한 여운(餘韻)을 말한다.

- 作史三長, 才·學·識而已. 詩則三者宜兼, 而尤貴以情韻將之, 所謂弦外之音·味外之味也.(袁枚,『小倉山房文集』卷28「錢竹初詩序」)
- 역사를 쓰는 데는 재(才)·학(學)·식(識)의 세 가지 장점만 있으면 된다. 그러나 시는 이 세 가지를 겸비해야 할 뿐 아니라 나아가 정운(情韻), 즉 현외지음(弦外之音) 혹은 미외지미(味外之味)가 더해져야 한다.

• **정음** 正淫

정(正)은 크기와 무게의 적절함에서 나오는 표준의 음조를 말하고, 음(淫)은 표준을 넘어선 음조를 말한다.

㉠ 樂所由來者尙也, 必不可廢. 有節·有侈, 有正·有淫矣. 賢者以昌, 不肖者以亡.(『呂氏春秋』「仲夏紀」)

㉡ 음악의 유래는 아주 오래 되었으니 결코 없앨 수 없다. 정상적인 악기(樂器) 편성에서 나오는 음악이 있고, 정상을 범위를 넘어서는 악기 편성에서 나오는 음악도 있다. 음조의 범위가 기준에 적절한 음악이 있고, 음조의 범위가 적절한 기준을 넘어서는 음악도 있다. 현명한 자는 이 때문에 번성하고 어리석은 자는 이 때문에 망한다.

- **정의현감** 精意玄鑒

마음을 하나로 모아 심미대상을 통찰하는 것을 말한다.

㉠ 若精意玄鑒, 則物無遺照.(『法書要錄』 卷4 「唐張懷瓘文字論」)

㉡ 마음을 하나로 모아 통찰하게 되면 사물은 드러나지 않음이 없다.

- **정이물천** 情以物遷, **사이정발** 辭以情發

사람의 정감은 경물에 따라 변하고, 그러한 감정에 따라 또 문장이 생겨난다.

㉠ 歲有其物, 物有其容; 情以物遷, 辭以情發.(劉勰, 『文心雕龍』「物色」)

㉡ 한 해에 계절 마다 서로 다른 물색(物色)이 펼쳐지는데, 그러한 경물(景物)들은 각기 다른 자태를 가지고 있다. 우리의 정감은 경물에 따라 변하고, 그러한 감정에 따라 또 문장이 생겨난다.

- **정자능간** 精者能簡

정통한 사람은 글을 능히 간략하게 쓸 수 있다.

㉠ 精者能簡, 名之曰要約, 『公羊』·『穀梁』是也.(楊愼, 『總纂升庵合集』 卷124 「論文」)

㉡ 정통한 사람은 능히 간략하게 쓸 수 있기에 "간단명료"라고 부른다. 『공양전(公羊傳)』이나 『곡량전(穀梁傳)』이 바로 그런 경우이다.

- **정자중생** 情自中生, **경유외득** 景由外得

  감정은 자기 마음속에서 나오고, 경물은 누구나 공유하는 바깥세계에서 받아들인다.

  - 景書所睹, 情發欲言. 情自中生, 景由外得.(李漁, 『閑情偶寄』「詞曲部·戒浮泛」)
  - 자기가 본 경물(景物)을 쓰고 자기가 말하고 싶은 감정을 드러내는데, 감정은 〈자기〉 마음속에서 나오고 경물은 〈누구나 공유하는〉 바깥세계에서 받아들이는 것이다.

- **정절** 情節

  줄거리 전개를 말한다.

  - 唱曲宜有曲情. 曲情者, 曲中之情節也. 解明情節, 知其意之所在.(李漁, 『閑情偶寄』「演習部·解明曲意」)
  - 곡(曲)을 부를 때는 곡정(曲情)을 담아야 한다. 곡정이란 희곡에서의 줄거리 전개를 말한다. 줄거리를 파악했으면 대강의 의미가 무엇인지 알게 된다.

- **정조** 靜躁

  조용함과 시끄러움을 말한다.

  - 俗稱歐·蘇等爲"大家", 試取歐陽公文與蘇明允幷觀, 其靜躁·雅俗·貞淫, 昭然可見.(王夫之, 『薑齋詩話』卷2)
  - 세상에서는 구양수(歐陽脩)와 소순(蘇洵)을 대가(大家)라고 하는데, 그 둘의 작품을 한 번 보면 조용함과 시끄러움·우아함과 비속함·정숙함과 음란함을 명확히 알 수 있다.

- **정준영오** 精雋靈奧

  훌륭하고 심오하다.

- ㉑ 居鍾毫之美, 邁古流今, 是以征南還有所得. 辱告, 並五紙, 擧體精雋靈奧, 執玩反覆, 不能釋手.(『法書要錄』卷1「南齊王僧虔論書」)
- ㉭ 종요(鍾繇) 글씨의 아름다움을 갖췄으며, 고대(古代)를 뛰어넘어 현대(現代)에 이르렀다. 이 때문에 남쪽을 정벌하고 돌아와 그의 글씨를 얻었다. 연속해서 다섯 장을 보았는데 모두 훌륭하고 심오하여 감상하기를 여러 번, 차마 손을 뗄 수가 없다.

• **정중경 情中景, 경중정 景中情**

정(情) 안에 경(景)이 있고 경 안에 정이 있다.

- ㉑ 神於詩者, 妙合無垠. 巧者則有情中景, 景中情.(王夫之, 『薑齋詩話』卷2)
- ㉭ 시(詩)가 신기(神奇)한 것은 오묘함과 결합하여 경계가 없어진 것이요, 교묘한 것은 정(情) 안에 경(景)이 있고 경 안에 정이 있어 그런 것이다.

• **정중유동 靜中有動, 동중유정 動中有靜**

고요함 속에 움직임이 있고, 움직임 가운데 고요함이 있다.

- ㉑ 風定花猶落, 鳥鳴山更幽, 則上句乃靜中有動, 下句動中有靜.(沈括, 『夢溪筆談』卷14「藝文一」)
- ㉭ 바람이 멎어도 꽃은 떨어지네, 새가 울지만 산은 더욱 고요하구나.의 대구에서는, 앞의 구가 고요함 속의 움직임이라면 뒤의 구는 움직임 가운데 고요함이 있다.

• **정지 情志**

사상에 의해 제고된 감정이자 감정에 의해 심화된 사상을 말한다.

- ㉑ 佇中區以玄覽, 頤情志於典墳.(陸機, 「文賦」)
- ㉭ 조용히 집안에 거처하여 만물을 관조하고, 삼황오제(三皇五帝)가 남긴 고전을 읽으면서 심정을 도야한다.

- **정채** 精彩

  신채(神采)를 말한다.

  - "九衢寒霧斂, 萬井曙鍾多." 右丞壯語也. 杜"星臨萬戶動, 月傍九霄多." 精彩過之.(胡應麟, 『詩藪』「內編」卷4)
  - "구구(九衢)에 차가운 안개 걷히고, 만정(萬井)에 새벽 종소리 가득하네." 이 구절은 왕유(王維)의 장어이다. "별빛은 만 호(戶)를 비추고, 달은 구천(九天)에 가득하네." 두보(杜甫)의 이 구절은 신채(神采)에서 왕유를 넘어선다.

- **정체** 正體

  정통적인 〈시(詩)의〉 형식을 말한다.

  - 若夫四言正體, 則雅潤爲本; 五言流調, 則淸麗居宗.(劉勰, 『文心雕龍』「明詩」)
  - 사언시(四言詩)는 정통적인 시의 형식으로 우아함과 풍부함을 근본으로 한다. 오언시(五言詩)는 통속적인 시의 형식으로 청신(淸新)함과 아름다움을 근본으로 한다.

- **정축** 渟蓄

  함축(含蓄)과 같은 말이다.

  - 詩貫六義, 則諷諭·抑揚·渟蓄·淵雅, 皆在其間矣.(司空圖, 『司空表聖文集』「與李生論詩書」)
  - 시는 풍(風)·아(雅)·송(頌)·부(賦)·비(比)·흥(興)의 육의(六義)를 포괄하고 있는데, 풍유(諷諭)·미자(美刺)·함축(含蓄)·온아(溫雅) 같은 풍격이 모두 그 안에 있다.

- **정치곡진** 情致曲盡

  〈시(詩)가〉 정감(情感)과 의취(意趣)를 표현함이 아주 섬세하고 구성진 것을 말한다.

- 樂天之詩, 情致曲盡, 入人肝脾.(王若虛, 『滹南遺老集』 卷38 『滹南詩話』)
- 백거이(白居易)의 시(詩)는 정감(情感)과 의취(意趣)를 표현함이 아주 섬세하고 구성져서 사람의 마음을 감동케 한다.

• 정치신종 情馳神縱

느낌이 생각보다 앞서 내달리는 형국으로, 즉흥(卽興)과 발흥(發興)의 경지를 말한다.

- 情馳神縱, 超逸優游.(『法書要錄』 卷4 「張懷瓘議書」)
- 심사(心思)가 내달리니 범속(凡俗)과는 다른 시원함이 있다.

• 정친 正襯

〈글의 묘사에서〉 좋은 것과의 비교를 통해 그 보다 더 좋은 진면목을 부각시키는 방법을 말한다. 안 좋은 것과의 비교를 통해 더 나은 진면목을 부각시키는 것보다 한 수 위의 기법이다.

- 文有正襯反襯. 寫魯肅老實, 以襯孔明之乖巧, 是反襯也; 寫周瑜乖巧以襯孔明之加倍乖巧, 是正襯也.(毛宗崗, 『第一才子書』 第45回 首評)
- 글은 정면(正面)으로 부각시키는 방법과 반면(反面)으로 부각시키는 방법의 두 가지가 있다. 노숙(魯肅)의 고지식함을 묘사함으로써 제갈량의 예지를 부각시키는 것은 반면 부각이고, 주유(周瑜)의 예지를 묘사함으로써 제갈량의 예지를 더 부각시키는 것은 정면 부각이다.

• 제 提

소설이 사람을 지배하는 네 가지 영향력 가운데 하나로, 끌어내는 힘을 말한다. 스며드는 힘[熏]·젖어드는 힘[浸]·찌르는 힘[刺]의 세 가지는 밖으로부터 끌어와 안으로 들어가게 하는 것이고, 여기 끌어내는 것은 안에서 빼내 밖으로 드러나게 하는 것이다.

- 예 四曰提. 前三者之力, 自外而灌之使入; 提之力, 自內而脫之使出, 實佛法之最上乘也.(梁啓超, 『飮冰室文集』 卷10 「論小說與群治之關係」)
- 역 넷째, 끌어내는 것, 즉 제(提)이다. 앞의 세 가지는 밖으로부터 끌어와 안으로 들어가게 하는 것이고, 여기 끌어내는 것은 안에서 빼내 밖으로 드러나게 하는 것이다. 이는 사실 불법(佛法)에서도 최상승(最上乘)에 속하는 경지이다.

- **제제상상** 濟濟翔翔

    위의(威儀)가 있고 공경하는 것을 말한다.

    - 예 言語之美, 穆穆皇皇; 朝廷之美, 濟濟翔翔; 祭祀之美, 齊齊皇皇.(『禮記』 「少儀」)
    - 역 언어의 아름다움은 온화하고 장중한 것이요, 조정(朝廷)의 아름다움은 위의(威儀)가 있고 공경하는 것이고, 제사의 아름다움은 공손하고 삼가는 것이다.

- **제제황황** 齊齊皇皇

    공손하고 삼가는 것을 말한다.

    - 예 言語之美, 穆穆皇皇; 朝廷之美, 濟濟翔翔; 祭祀之美, 齊齊皇皇.(『禮記』 「少儀」)
    - 역 언어의 아름다움은 온화하고 장중한 것이요, 조정(朝廷)의 아름다움은 위의(威儀)가 있고 공경하는 것이고, 제사의 아름다움은 공손하고 삼가는 것이다.

- **제호의** 濟乎義

    문장의 창작 등에서 전달하고자 하는 주제 혹은 내용은 인의(仁義)

를 담아내야 한다.

- 예 文者苟作云乎哉, 必也濟乎義.(王通,『文中子』「天地」)
- 역 문장이라는 것이 어찌 단순히 글짓기만을 말하겠는가? 반드시 그 안에 인의(仁義)를 담아내야 한다.

- **조 藻**

원래는 화려한 색채와 수식이 뒤섞여 있는 것을 말한다. 다섯 빛깔 찬란한 무늬의 실로 끈을 엮어 옥(玉)을 묶은 것을 조(藻)라 하는 등, 고래로 옥과 연관된 묘사가 많다. 나중에 뜻이 넓어져, 한대(漢代)엔 수식이 풍부한 문장을 가리킬 때 주로 조(藻)로 표현하였다. 한대 이후로 조(藻)는 다른 여러 어휘와 결합하여 더욱 풍부하게 문예창작의 심미적 화려함을 가리키게 되었다. 문조(文藻)·사조(辭藻)·화조(華藻)·일조(逸藻)·청조(淸藻) 등의 표현이 그것이다. 이들은 모두 다채로운 어휘나 화려한 수식의 문장 혹은 문예창작에서의 재능 등을 가리키는 평어(評語)들이다.(2008, p. 215 참조)

- 예 豈惟駐想流波, 將貽嘽嗳之奏; 馳神睢渙, 方思藻繪之文.(孫過庭,『書譜』)
- 역 〈백아(伯牙)가〉 흐르는 물에 마음을 쏟았기에 편안하고 아름다운 곡을 연주했던 것이 아니며, 〈조자건(曹子建)이〉 수(睢)와 환(渙) 두 물길의 찬연한 빛깔을 생각했었기에 그리 유려한 문장을 지어낸 것이 아니다.
- 예 古之爲「風」者, 多出於勞人思婦, 夫非勞人思婦爲藻於學士大夫.(袁宏道,『袁中郞全集』卷3「陶孝若枕中囈引」)
- 역 옛날에 「풍(風)」을 지은 이는 대체로 노역(勞役)을 하는 사람과 사모하는 마음을 지닌 아녀자에게서 많이 나왔다. 그런데 노역을 하는 사람과 사모하는 마음의 아녀자가 학사(學士)나 대부(大夫)보다 문장이 뛰어난 것은 아니었다.

- **조감** 藻鑒

    품조(品藻)와 감별(鑑別) 및 품감(品鑑)을 말한다. 고대중국에서는 사람됨의 자질과 인격을 품평하는 논의["分品論人"]를 즐겼는데, 그들은 이러한 전통을 그대로 예술에도 적용["分品論藝"]하였다. 기예의 출중함 여부로부터 출중하다면 그 정도는 어떤지, 더 나아가 기예를 넘어선 천연(天然)의 경지에 이르렀는지 등등의 품등을 서화(書畵)영역에 시도한 것이다. 전통적인 예술감상비평이론으로서의 품론(品論)에서 볼 때, 품(品)은 심미주체가 심미대상에 대한 문질(文質)을 평가하여 품등을 규정하거나 또는 이로부터 그 우열을 변별해내는 심미활동이다. 이러한 평가에 의해 심미대상의 차등과 우열이 드러나는데, 여기서 일종의 심미범식과 심미표준인 품감(品鑑)이 만들어진다. 육조(六朝)시기 종영(鍾嶸)의 『시품(詩品)』·사혁(謝赫)의 『고화품록(古畵品錄)』·유견오(庾肩吾)의 『서품(書品)』·당대(唐代) 장회관(張懷瓘)의 『화단(畵斷)』과 『서단(書斷)』·주경현(朱景玄)의 『당조명화록(唐朝名畵錄)』·장언원(張彦遠)의 『역대명화기(歷代名畵記)』·송대(宋代) 황휴복(黃休復)의 『익주명화록(益州名畵錄)』·명대(明代) 고병(高棅)의 『당시품휘(唐詩品彙)』·여천성(呂天成)의 『곡품(曲品)』 등은 모두 이러한 품감(品鑑)에 의해 시서화(詩書畵)를 품평한 것이다.(2008, p. 146 참조)

    예 著述者假其糟粕, 藻鑒者挹其菁華.(孫過庭, 『書譜』)
    역 글을 쓰고 논설을 세우는 사람도 종종 글씨를 잘 못 쓸 때가 있으나, 품평과 감상을 잘하는 사람은 진정한 서예의 정화(精華)를 체득할 수 있다.

- **조경** 造境

    자연과 합치하는 경계를 창조하는 것을 말한다.

- 예 有造境, 有寫境, 此理想與寫實二派之所由分.(王國維,『人間詞話』2)
- 역 만드는 경계[造境]가 있고, 그리는 경계[寫境]가 있다. 이것이 이상파(理想派)와 사실파(寫實派)라는 두 부류로 나뉘는 이유이다.

- **조궤** 藻繢

  글을 쓸 때 문사(文辭)로 화려하게 수식함을 말한다.

  - 예 夫曲以模寫物情, 體貼人情, 所取委曲宛轉, 以代說詞, 一涉藻繢, 便蔽本來.(王驥德,『曲律』「論家數」)
  - 역 희곡은 원래 예술형상을 통해서 사물의 상황과 자태, 그리고 사람의 감정과 심리를 완곡하게 표현해내려고 시도하는 것인데, 지나치게 화려하게 수식을 하게 되면 곧 원래의 모습을 잃어버리게 된다.
  - 예 其間屢變而爲鮑照之逸俊, 謝靈運之警秀, 陶潛之澹遠; 又如顔延之之藻繢, 謝眺之高華, 江淹之韶嫵, 庾信之淸新.(葉燮,『原詩』內篇)
  - 역 그 후 시는 포조(鮑照)의 준일(俊逸), 사영운(謝靈運)의 경수(警秀), 도잠(陶潛)의 담원(淡遠), 안연지(顔延之)의 조식(藻飾), 사조(謝眺)의 고화(高華), 강엄(江淹)의 무려(嫵麗), 유신(庾信)의 청신(淸新)으로 여러 번 변했다.

- **조물** 造物

  천지자연 혹은 우주자연과 같은 말이다.

  - 예 畫家初以古人爲師, 後以造物爲師.(董其昌,『畫禪室隨筆』卷2「評舊畫·題天池石壁圖」)
  - 역 화가는 처음 그림을 시작할 땐 옛사람의 그림을 임모(臨摹)하여 그를 법 삼는다.

- **조밀** 稠密

섬세하고 주밀(綢密)하다.

- 예) 筆迹磊落, 遂恣意於牆壁. 其細畫又甚稠密. 此神異也.(張彦遠, 『歷代名畫記』)
- 역) 〈오도현(吳道玄)의〉 필력은 대담하였기에 담벼락에조차 마음껏 그렸던 것이다. 그렇게 그린 그림이지만 또한 매우 섬세하고 주밀(綢密)하니, 신비할 정도로 기이하다.

- **조소** 彫疎

시들고 쇠잔해지는 것을 말한다. 조(彫)는 조(凋)와 통한다.

- 예) 又一時而書有乖有合, 合則流媚, 乖則雕疎.(孫過庭, 『書譜』)
- 역) 서예를 할 때 글씨를 쓰는 이의 마음이 적합할 때가 있고 부적합할 때가 있다. 서예를 하는 이의 마음이 적합하면 글씨가 부드러우면서 아름답고, 뜻에 맞지 않으면 글씨가 시들고 위축되어 버린다.

- **조소** 粗疎

건성이 됨을 말한다.

- 예) 凡蒼而涉於老禿, 雄而失於粗疎, 秀而入於輕靡者, 不深故也.(劉熙載, 『藝槪』「書槪」)
- 역) 대개 무성하다가도 모지라지거나, 웅대하다가도 건성이 되거나, 빼어나다가도 천박해지는 것은 모두 깊지 않은 까닭이다.

- **조식** 藻飾

문사(文辭)를 아름답게 꾸미는 것을 말한다. 언어의 문식(文飾), 수식(修飾), 문채(文彩) 등과 같은 말이다.

- 예) 莊周云: 辯雕萬物, 謂藻飾也.(劉勰, 『文心雕龍』「情采」)
- 역) 장자(莊子)는 언어로써 만물을 지극히 묘사한다고 하였는데, 이는 말의 수식을 말한 것이다.

> 考之果木, 則生非其壤; 校之神物, 則出非其所. 於辭則易爲藻飾, 於義則虛而無徵.(左思,「三都賦」)

> 과목(果木)을 조사해보니 그 지역에서 나는 것이 없고, 신물(神物) 역시 해당 지역에서 보이는 것은 없다. 문사(文辭)로 보면 수식이 쉽게 되는 것이지만, 그 실제 의미로 보면 공허하여 실증적이지 않다.

- **조어자연 肇於自然**

천지자연의 조화(造化)를 법 받는 것을 말한다.

> 書當造乎自然. 蔡中郎但謂書肇於自然, 此立天定人, 尚未及乎由人復天也.(劉熙載,『藝槪』「書槪」)

> 서예는 마땅히 천지만물의 자연보다 한층 더 우월한 새로운 또 하나의 자연을 창출해내야 한다. 채옹(蔡邕)은 다만 자연으로부터 법 받을 것만을 말했을 뿐이다. 이는 천성(天性)이 사람의 성정(性情)을 규정하는 것으로, 사람이 다시 천(天)을 재창조해 나가는 도리에까지는 미치지 못하는 것이다.

- **조요고상 藻耀高翔**

화려한 문사(文辭)를 구사할 수 있고 더불어 높은 기상을 갖추고 있어야함을 말한다. 화려한 문사(文辭)의 구사와 높은 정신적 기상의 겸비를 뜻한다. 문장의 진정한 요건이라 할 수 있다.

> 唯藻耀而高翔, 固文筆之鳴鳳也.(劉勰,『文心雕龍』「風骨」)

> 오직 화려한 문사(文辭)를 구사할 수 있고 더불어 높은 기상을 갖추고 있어야만 그 문장은 진정 문학에서의 봉황이 될 수 있는 것이다.

- **조용 躁勇**

거칠고 급함을 나타낸다. 주로 시사(詩詞)의 풍격을 가리키는데 폄의(貶義)가 담겨있다. 이러한 풍격의 작품에는 내용이 직접적으로 서술되며 여운이 없기에 경박한 경지를 보여준다. 이러한 풍격은 유가의 온유돈후(溫柔敦厚)한 시교(詩敎)의 방침을 위배하는 것이기에 대체로 거부되었다.

- 예) 溫柔者傷於軟緩; 躁勇者過於剽迫.(孫過庭, 『書譜』)
- 역) 성격이 온화한 사람은 용필이 가냘프고 힘이 없다. 거칠고 급한 사람은 붓놀림이 항상 다급한 면이 있다.

• **조이려** 粗以厲

〈소리가〉 격렬하면서 사나움을 말한다.

- 예) 其喜心感者, 其聲發以散; 其怒心感者, 其聲粗以厲.(『樂記』「樂本」)
- 역) 마음이 기쁜 자는 그 소리가 높으면서 흩어지고, 마음이 노여운 자는 그 소리가 격렬하면서 사납다.

• **조자연지성** 肇自然之性, **성조화지공** 成造化之功

수묵화(水墨畵)는 자연의 본성으로부터 비롯되어 조화(造化)의 공(功)을 이룬다.

- 예) 夫畵道之中, 水墨最爲上. 肇自然之性, 成造化之功.(王維,「山水訣」)
- 역) 화도(畵道) 가운데 수묵(水墨)이 최고이다. 그것은 자연의 본성으로부터 비롯되어 조화(造化)의 공(功)을 이룬다.

• **조자지교위지풍** 造子之敎謂之風, **습이행지위지속** 習而行之謂之俗

교의(敎義)가 이루어진 것을 풍(風)이라 하고, 그것을 익혀 행하는 것을 속(俗)이라 한다. 풍(風)과 속(俗)에 대한 해설이다. 이에 따르면 이풍역속(移風易俗)은 곧 성인(聖人)의 교화가 행해지는 곳의 가르침을 옮겨와 습속을 바꾸는 것을 의미한다.

- ㉠ 造子之教謂之風, 習而行之謂之俗. 楚越之風好勇, 故其俗輕死.(阮籍,「樂論」)
- ㉡ 교의(敎義)가 이루어진 것을 풍(風)이라 하고, 그것을 익혀 행하는 것을 속(俗)이라 한다. 초(楚)나라와 월(越)나라의 풍(風)은 용맹한 것을 좋아하였기에, 그 속(俗)은 죽음을 가볍게 여겼다.

- **조작 雕斲**

  인위적으로 수식을 가하고 꾸미는 것을 말한다. "자연(自然)"과 반대의 의미이다.

  - ㉠ 總其大綱, 則有二語: 宜簡不宜繁, 宜自然不宜雕斲. 凡事物之理, 簡斯可繼, 繁則難久.(李漁,『閑情偶寄』「居室部」)
  - ㉡ 〈집을 지을 때〉 그 대강(大綱)을 말하자면 두 가지를 들 수 있다. 간결하게 하고 번잡하게 하지 말며, 자연스럽게 하고 꾸미지 말아야 한다. 사물의 이치는 간단한 것이 더 오랜 시간 지속될 수 있고, 번잡한 것은 오래 가지 못한다.

- **조재 粗才**

  엉성한 재주를 말한다.

  - ㉠ 詩雖奇偉, 而不能揉磨入細, 未免粗才.(袁枚,『隨園詩話』卷3)
  - ㉡ 어떤 사람의 시가 비록 아주 특이하다 해도 정세(精細)한 데까지 이르지 못하면, 그 사람은 그저 엉성한 재주만 가졌을 뿐이다.

- **조조청편 洮洮淸便**

  사람됨이 물에 씻은 듯 맑음을 말한다.

  - ㉠ "袁羊何如?" 曰: "洮洮淸便." "殷洪遠何如?" 曰: "遠有致思."(劉義慶,『世說新語』「品藻」)

- 예 "원양(袁羊: 袁喬)은 어떻소?" 대답하였다. "물에 씻은 듯 맑습니다."
"은홍원(殷洪遠: 殷融)은 어떻소?" 대답하였다. "생각이 고매합니다."

- **조창** 調暢

  조화롭고 막힘이 없는 경지를 말한다.

  - 예 點畫之間, 莫不調暢.(『法書要錄』卷8「張懷瓘書斷中」)
  - 역 점획의 사이가 모두 조화롭고 막힘이 없다.
  - 예 畫衣紋有重大而調暢者, 有纎細而勁健者.(郭若虛, 『圖畫見聞志』「叙論」)
  - 역 옷 주름을 그린 것엔 아래로 고르게 펼쳐진 것도 있고, 촘촘하고 뻣센 것이 있다.

- **조호자연** 造乎自然

  천지만물의 자연보다 한층 더 우월한 새로운 또 하나의 자연을 창출해내는 것을 말한다.

  - 예 書當造乎自然. 蔡中郎但謂書肇於自然, 此立天定人, 尚未及乎由人復天也.(劉熙載, 『藝槪』「書槪」)
  - 역 서예는 마땅히 천지만물의 자연보다 한층 더 우월한 새로운 또 하나의 자연을 창출해내야 한다. 채옹(蔡邕)은 다만 자연으로부터 법 받을 것만을 말했을 뿐이다. 이는 천성(天性)이 사람의 성정(性情)을 규정하는 것으로, 사람이 다시 천(天)을 재창조해 나가는 도리에까지는 미치지 못하는 것이다.

- **조화** 造化

  천공(天工)·천조(天造)·천구(天矩)·천재(天材)·영화(靈和)·신묘(神妙)·자연(自然)·천연(天然) 등과 같은 범주로 천지자연의 오묘한 섭리를 말하며, 인간의 작위적이고 후천적인 노력에 의한 공교로움과 상대적인 개념이다.

- 예 若淸澗長源, 流而無限, 縈迴峛谷, 任於造化.(『法書要錄』卷8「張懷瓘書斷中」)
- 역 맑은 물이 깊은 듯하고, 흐름에 거칠 것이 없고, 돌고 나는 것이 모두 자연스럽다.
- 예 詩之爲巧, 猶畫工小筆爾, 以此知文章與造化爭巧可也.(歐陽修, 『歐陽文忠公文集』卷130「溫庭筠嚴維詩」)
- 역 시라는 것의 정교함이 마치 화가가 그린 그림 속 형상에 사람이 있게 만드는 것과 같으니, 문장의 교묘함이 천지자연의 조화에 견줘도 손색이 없음을 알 수 있다.

- **조화무공 造化無工**

하늘의 조화는 일부러 꾸밈이 없음을 말한다.

- 예 要知造化無工, 雖有神聖, 亦不能識知化工之所在, 而其誰能得之?(李贄,『焚書』卷3「雜述‧雜說」)
- 역 하늘의 조화는 일부러 꾸밈이 없음을 알아야 한다. 비록 신성한 영민함이 있더라도 화공(化工)이 어디서 생겨나는지 알 수가 없는데, 도대체 누가 그것을 터득할 수 있단 말인가?

- **조화발령 造化發靈**

자연의 조화(造化)가 그 영험함을 드러낸 경지를 말한다.

- 예 千變萬化, 得之神功, 自非造化發靈, 豈能登峰造極?(『法書要錄』卷8「張懷瓘書斷中」)
- 역 서예의 형상이 천변만화하니, 이는 입신(入神)의 공력(功力)을 터득한 것이다. 자연의 조화가 그 영험함을 드러낸 것이 아니라면 어찌 이와 같은 정점에 도달할 수 있었겠는가?

- **조화재아 造化在我**

하늘의 조화는 내 마음속에 있다.

- 예 造化在我, 心耶手耶?(黃鉞, 『二十四畵品』)
- 역 하늘의 조화는 내 마음속에 있으니, 마음과 손 가운데 어느 것이 아름다움을 만들어 내는 것일까?

- **조회** 藻繪

글씨와 그림을 말한다.

- 예 欲其竝辯藻繪, 覈其攸同.(王微, 「敍畵」)
- 역 나는 이제 글씨와 그림을 함께 고찰하여 이 둘의 공통점을 살펴보기로 한다.

- **조휴각루** 雕鐫刻鏤

사물에 대해 기교를 입히는 것을 말하며, 여기서는 언어의 조탁을 의미한다.

- 예 潘·陸以後, 專意詠物, 雕鐫刻鏤之工日以增, 而詩人之本旨掃地盡矣.(張戒, 『歲寒堂詩話』)
- 역 반악(潘岳)과 육기(陸機) 이후 오로지 영물(詠物)에만 힘써 언어의 조탁이 하루가 다르게 정교해지니, 삼백 편 작자가 시를 지었던 근본 종지(宗旨)는 완전히 사라져 버렸다.

- **존정우상** 存精寓賞

정확한 견해나 훌륭한 작품을 남겨 후세의 식별할 줄 아는 이에게 보여준다. 정신을 집중하여 감상한다는 의미로 해석하기도 한다.

- 예 存精寓賞, 豈徒然與!(孫過庭, 『書譜』)
- 역 훌륭한 작품을 남겨 후세의 뛰어난 사람에게 감상케 하는 것이 어찌 헛된 일이겠는가.

- **졸 拙**

    (1) 교묘한 기예에 의하지 않는 자연스러운 질박함을 말한다.

    - 예) 拙. 不依緻巧曰拙.(賓蒙, 『語例字格』)
    - 역) 졸(拙): 교묘한 기예에 의하지 않는 자연스러운 질박함을 일러 졸(拙)이라 한다.

    (2) 교(巧)보다 하위의 개념이다.

    - 예) 有度難而無度易也. 有常儀的, 則羿·逢蒙以五寸爲巧; 無常儀的, 則以妄發而中秋毫爲拙.(『韓非子』「外儲說左上」)
    - 역) 어떤 일이든 법도가 있으면 하기 어렵고, 법도가 없으면 하기 쉽다. 정해진 표적이 있으면 예(羿)나 봉몽(逢蒙)이 다섯 치나 되는 표적을 맞추어도 활의 명수라 할 수 있지만, 정해진 표적이 없으면 대충 쏴서 터럭같이 작은 물건을 맞추었다 할지라도 서툴다고 말하게 된다.
    - 예) 墨子大巧, 巧爲輗, 拙爲鳶.(『韓非子』「外儲說左上」)
    - 역) 묵자(墨子)는 큰 재주가 있다. 수레 끌채의 쐐기 만드는 일은 교(巧)이고, 연(鳶)을 만드는 일은 졸(拙)이다.

- **졸규구어방원 拙規矩於方圓**

    방원(方圓)을 그리는데 규구(規矩)를 사용하지 않은 듯 졸렬하게 하는 것으로 일격(逸格)을 형용하는 말이다.

    - 예) 畵之逸格, 最難其儔. 拙規矩於方圓, 鄙精硏於彩繪, 筆簡形具, 得之自然.(黃休復, 『益州名畵錄』)
    - 역) 그림의 일격(逸格)은 다른 무엇과 견주기 어렵다. 방원(方圓)을 그리는데 규구(規矩)를 사용하지 않은 듯 졸렬하게 하고, 채색은 정교하거나 화려하게 하지 않으니, 필치는 간략해도 형세가 온전히 갖추어져 자연스러움을 얻는다.

- **종용 從容**

마음의 상태가 느긋하고 넉넉하며 차분함을 말한다.

- 예 閑來無事不從容, 睡覺東窓日已紅.(『二程全書』『文集』卷3 明道文三「秋日偶成二首」)
- 역 한가로울 때는 어떤 일을 맞이해도 느긋하고, 잠이 깨면 빨간 해가 이미 동창(東窓)에 들어와 있다.
- 예 他若匡廬, 若羅浮, 若靑田之石門, 瀑未嘗不奇, 而遊者皆暴日中, 踞危厓, 不得從容以觀.(袁枚, 『小倉山房文集』卷29「峽江寺飛泉亭記」)
- 역 그밖에 여산(廬山)이나 나부산(羅浮山)이나 혹은 청전(靑田)의 석문산(石門山)의 폭포는 기묘하지 않은 바는 아니지만, 유람하는 사람이 모두 뜨거운 햇볕 아래와 위험한 절벽 위에 서 있어서 차분하게 감상할 수가 없다.

- **종의적편 從意適便**

자신의 뜻을 좇으니 흡족하고 넉넉하다.

- 예 臨事制宜, 從意適便.(『法書要錄』卷4「張懷瓘議書」)
- 역 일에 마주해선 적합한 방법을 취했고, 자신의 뜻을 좇아 흡족하고 넉넉했다.

- **종임무방 縱任無方**

자유자재로 이르지 못하는 것이 없는 것을 말한다. 일격(逸格)에 대한 묘사로 쓰인다.

- 예 逸. 縱任無方曰逸.(竇蒙,『語例字格』)
- 역 일(逸): 자유자재로 이르지 못하는 것이 없는 것을 일러 일(逸)이라 한다.

- **종횡 縱橫**

(1) 거리낄 것 없는 자유자재의 경지를 말한다.

- 예 縱橫. 積法成弊, 舍法大好. 非夷所思, 勢不可了.(黃鉞,『二十四畫品』)
- 역 종횡(縱橫): 법이 많으면 폐단을 일으키니 법을 버리는 것이 좋다. 평소의 얽매인 생각을 초월하면 필세가 거칠 것이 없다.

(2) 자유분방하다.

- 예 元常不草, 而使轉縱橫.(孫過庭,『書譜』)
- 역 종요(鍾繇)가 만약 초서에 능통하지 않았다면, 해서의 사전(使轉)도 필시 산란하여 정연함이 없었을 것이다.

• **좌망** 坐忘

시비와 가치 및 도덕적 공리(功利)를 떨쳐 버림으로써 도(道)와 하나가 되는 경지에 이르는 것을 말한다.

- 예 顔回曰, 回益矣. 仲尼曰, 何謂也. 曰, 回忘仁義矣. 曰, 可矣. 猶未也. 它日復見曰, 回益矣. 曰, 何謂也. 曰, 回忘禮樂矣. 曰, 可矣. 猶未也. 它日復見曰, 回益矣. 曰, 何謂也. 曰, 回坐忘矣. 仲尼蹴然曰, 何謂坐忘. 顔回曰, 墮枝體, 黜聰明, 離形去知, 同於大通. 此謂坐忘.(『莊子』「大宗師」)
- 역 안회(顔回)가 말했다. "제가 뭔가 이룬 것 같습니다." 공자(孔子)가 물었다. "무슨 말이냐?" 안회가 말했다. "저는 인의(仁義)를 잊었습니다." 공자가 말했다. "좋다. 허나 아직 충분치 않다." 얼마 후 안회가 다시 공자를 만나 말했다. "제가 더 나아진 것 같습니다." 공자가 물었다. "무슨 말이냐?" 안회가 말했다. "저는 예악(禮樂)을 잊었습니다." 공자가 말했다. "괜찮다. 허나 아직 멀었다." 다른 날 안회가 다시 공자를 만나서 말했다. "제가 더 나아진 것 같습니다." 공자가 물었다. "무슨 말이냐?" 안회가 말했다. "저는 좌망(坐忘)의 경지에 이르렀습니다." 공자가 놀라 물었다. "무엇을 좌망이라 하는가?" 안회가 말했다. "손발과 몸에 대한 생각을 버리고, 귀와 눈의 작용을 물리치며, 육신을 떠나고 일상

적인 지식에서도 벗어나 큰 통달과 하나가 되는 것입니다. 이것이 좌망입니다"

- ### 주遒

  강건한 예술풍격을 가리킨다. 흔히 주경(遒勁)으로 표현되는데, 양강(陽剛)의 미(美)에 속한다. 위진(魏晉) 시기에 풍골(風骨)을 숭상하는 미학사조가 일어나면서 이러한 강건한 형식미가 생겨났다.

  - 예 假令衆妙攸歸, 務存骨氣; 骨旣存矣, 而遒潤加之.(孫過庭,『書譜』)
  - 역 만약 여러 서예가의 정미한 장점들을 모두 취하고자 한다면 역시 골기(骨氣)를 가장 먼저 갖추어야 할 것이다. 골기가 있은 다음 여기에 힘과 윤택으로써 그 아름다움을 더한다.
  - 예 體韻遒擧, 風彩飄然.(謝赫,『古畵品錄』)
  - 역 사람의 자태가 강건하고 풍채가 휘감아 돈다.
  - 예 至其遒不如杜, 逸不如李, 此自氣運使然, 非才之過也.(袁宏道,『袁中郞全集』卷1「答梅客生開府」)
  - 역 〈소식(蘇軾)의 시는〉 굳셈으로 보면 두보(杜甫)만 못하고 초일(超逸)의 경지는 이백(李白)보다 못하나, 이는 기운(氣運) 때문이지 재기의 잘못이 아니다.

- ### 주건 遒健

  주경(遒勁)과 같은 뜻으로, 강건함을 말한다.

  - 예 南帖爲圓筆之宗, 北碑爲方筆之祖. 遒健雄渾, 峻峭方整, 北派之所長也.(梁啓超,『飮冰室文集』卷10「中國地理大勢論」)
  - 역 남첩(南帖)은 원필(圓筆)을 주로 하였고, 북비(北碑)는 방필(方筆)을 주로 하였다. 강건하고 웅장하며 방정한 것은 북파(北派)의 특징이다.

- ### 주경 遒勁

유약(柔弱)·연약(軟弱)·미약(微弱)과 상대되는 범주로서 웅건하고 힘 있는 심미풍격을 말한다. 구체적인 예술형식으로 보자면 단순히 개별 하나하나가 힘 있는 것이 아니라 전체가 기세로 충만하여 막힘이 없는 것을 일컬으며, 양강미(陽剛美)에 속한다. 주경은 당송(唐宋) 이래 대개 서화에서의 용필을 가리키는 데 쓰였다. 강건과 주경은 모두 힘을 말하지만, 둘 사이엔 또한 약간의 차이가 있다. 주경은 힘이 있되 그 힘을 적나라하게 노출하는 것이 아니라 거기에 깊은 운미(韻味)를 함축하여 드러내는 것이다.(2008, p. 169 참조)

- 예 遒勁不及惠遠, 委曲有過於稜.(姚最,『續畫品』)
- 역 〈모혜수(毛惠秀)의 그림은〉 강건함은 모혜원(毛惠遠)에 미치지 못하였으나, 세밀하게 그리는 것은 모릉(毛稜)보다 뛰어났다.
- 예 有力量的飛動·遒勁·活躍, 沒有力量的呆板·委靡·遲鈍.(梁啓超,『飮冰室專集』卷102「書法指導」)
- 역 힘이 있게 되면 약동적이고 굳세며 활기가 있고, 힘이 없으면 트릿하고 맥이 빠지며 우둔하다.

• **주긴** 遒緊

힘이 있음을 나타낸 말이다.

- 예 以文論山, 武夷無直筆, 故曲; 無平筆, 故峭; 無複筆, 故新; 無散筆, 故遒緊.(袁枚,『小倉山房文集』卷29「游武夷山記」)
- 역 문리(文理)를 가지고 산세(山勢)를 형용해 본다면, 무이산(武夷山)은 직필(直筆)이 없기에 구불구불하고, 평필(平筆)이 없기에 험준하며, 중복해서 쓰는 것이 없기에 신기(新奇)하고, 한필(閑筆)이 없기에 힘이 있다.

• **주밀** 遒密

강건하고 주밀(綢密)한 것을 말한다.

- 예 今世因貴辭而矜書, 粉澤以爲工, 遒密以爲能, 不亦外乎?(『柳宗元集』卷34「報崔黯秀才論爲文書」)
- 역 지금 세상은 문사를 중요하게 여기고 글을 자랑하여, 수식하고 가꾸는 것을 기교라고 여기고 또 강하고 주밀(綢密)한 것을 잘한다고 여기는데, 이것은 또한 외적인 것 아니겠는가?

• **주발** 遒拔

강건함을 말하며, 주경(遒勁)과 같은 뜻이다.

- 예 雖諸家之法悉殊, 而子敬最爲遒拔.(『法書要錄』卷7「張懷瓘書斷上」)
- 역 비록 각자의 법도가 모두 탁월하다 해도 웅건하고 초월적인 면에서는 왕헌지(王獻之)가 낫다.

• **주일** 遒逸

웅건(雄建)과 표일(飄逸)의 경지를 말한다.

- 예 及其暮齒, 加以遒逸, 臭味羊薄, 不亦宜乎?(『法書要錄』卷8「張懷瓘書斷中」)
- 역 만년(晚年)에 이르러서는 웅건(雄建)과 표일(飄逸)까지 더해졌으니, 그 지취(志趣)가 양흔(羊欣)과 박소지(薄紹之)에 가깝다 하는 것도 당연하지 않겠는가?

• **주적불편** 主適不偏

정신이 전일(專一)하여 수사(修辭)에만 치우치지 않음을 말한다.

- 예 其至焉者, 則述事而理以昭焉, 言理而事以範焉, 則主適不偏, 而文乃衷於道矣.(章學誠, 『文史通義』內篇2「原道下」)
- 역 도가 지극하면 일을 기록해도 이치를 밝힐 수 있고, 이치를 말해도 사실을 벗어나지 않을 수 있다. 이렇게 되면 정신이 전일(專一)하여 수사(修辭)에만 치우치지 않게 되니, 문학도 곧 도(道)에 충실하게 된다.

- **주정상물** 鑄鼎象物

  〈천자(天子)의 덕에 감복한 먼 나라들이 각각 그 나라의 기이한〉 물상의 형상을 그려 올리고, 〈구주(九州)의 군주들로 하여금 동(銅)을 바치게 하여〉 정(鼎)을 만들고 그 형상들을 새겨 넣음을 말한다. 정에 새겨진 그 모든 기이한 형상들을 통해 백성으로 하여금 사악한 것을 알게 한 것이다.

  예 昔夏之方有德也, 遠方圖物, 貢金九牧, 鑄鼎象物, 百物而爲之備, 使民知神姦.(『左傳』宣公三年)
  역 옛날, 하(夏)나라의 왕이 천자(天子)로서 덕이 있었기에 먼 나라들이 각각 그 나라의 기이한 물상의 형상을 그려 올리고, 구주(九州)의 군주들로 하여금 동(銅)을 바치게 하여 정(鼎)을 만들고 그 형상들을 새겨 넣었다. 정에 새겨진 그 모든 기이한 형상들을 통해 백성으로 하여금 사악한 것을 알게 했다.

- **주준** 遒俊

  굳세고 빼어남을 말한다.

  예 氣韻標擧, 風格遒俊.(李嗣眞,『續畵品錄』)
  역 기운(氣韻)이 드러났고 풍격이 굳세며 빼어났다.

- **준** 峻

  기울기와 기복이 심하고 돌고 꺾음이 많은 수일(秀逸)한 필세(筆勢)를 말한다.

  예 峻. 頓挫穎達曰峻.(竇蒙,『語例字格』)
  역 준(峻): 기울기와 기복이 심하고 돌고 꺾음이 많은 수일(秀逸)한 필세(筆勢)를 일러 준(峻)이라 한다.

- **준묘** 俊妙

재능이 뛰어나고 정묘(精妙)함을 말한다.

- 예 見孔明之弟, 則極其曠逸, 見孔明之丈人, 則極其淸韻, 見孔明之題詠, 則極其俊妙.(毛宗崗,『第一才子書』第37回 首評)
- 역 제갈량의 동생을 만나보니 도량이 넓고 고상하였다. 제갈량의 장인을 만나보니 청렴하고 운치가 있었다. 제갈량이 쓴 시(詩)를 보니 재능이 뛰어나고 정묘(精妙)하였다.

• **준발강단** 儁拔剛斷

맑고 빼어나며 강건한 경지를 말한다.

- 예 工於用筆, 儁拔剛斷, 尙異好奇.(『法書要錄』卷9「張懷瓘書斷下」)
- 역 용필에 뛰어났으며, 맑고 빼어나며 강건하였고, 기이한 것을 좋아하였다.

• **준상** 俊上

굳세고 뛰어난 것을 말한다.

- 예 太白詩以『莊』、『騷』爲大源, 而於嗣宗之淵放, 景純之俊上, 明遠之驅邁, 玄暉之奇秀, 亦各有所取, 無遺美焉.(劉熙載,『藝槪』「詩槪」)
- 역 이백(李白)의 시는 『장자(莊子)』와 「이소(離騷)」가 주요한 원천이다. 또한 완적(阮籍: 자는 嗣宗)의 깊으면서 거리낌이 없는 것, 곽박(郭璞: 자는 景純)의 굳세고 뛰어난 것, 포조(鮑照: 자는 明遠)의 옛 전고(典故)와 옛 시문(詩文)의 시구를 떨쳐낸 것, 사조(謝朓: 자는 玄暉)의 빼어나고 비범한 것 등에 대해 모두 학습하여 빠뜨림이 없다.

• **준상** 俊爽

호탕하고 활발한 기상을 말한다.

- 예 俊爽. 如逢眞人, 雲中依稀. 如相駿馬, 毛骨權奇.(黃鉞,『二十四

畵品』)
- 🕮 준상(俊爽): 진인(眞人)을 만난 듯 구름 속에 싸여 아련하다. 잘 생긴 말을 보듯 갈기털과 골격이 범상치 않다.

- **준영 雋永**

언어나 시문 등에서 의미가 심오함을 말한다.

- 🕮 體貴正大, 志貴高遠, 氣貴雄渾, 韻貴雋永.(謝榛, 『四溟詩話』卷1)
- 🕮 체(體)는 정대(正大)해야 하고, 지(志)는 고원(高遠)해야 하며, 기(氣)는 웅혼(雄渾)해야 하고, 운(韻)은 심오(深奧)해야 한다.
- 🕮 婉者, 深厚雋永之謂, 非一於軟媚纖靡之謂也.(胡應麟, 『詩藪』「外編」卷4)
- 🕮 완(婉)이란 심후(深厚)·심오(深奧)를 말하는데, 온순·섬세함만 오롯이 하는 것을 이르는 것은 아니다.

- **준원 俊遠**

재능이 뛰어나고 멋스럽다.

- 🕮 能刺我瞳者, 其人魁傑, 能移我情者, 其人俊遠.(『尺牘新鈔』3集 李陳玉「與孫武遷」)
- 🕮 나의 시선을 끌 수 있는 사람은 모두 장대한 영웅호걸이다. 나의 정감을 불러일으킬 수 있는 사람은 모두 재능이 뛰어나고 멋스러운 인물이다.

- **준일 俊逸**

기상(氣象)이 출중하게 커서 범상함을 뛰어넘는 경지를 말한다. 작품에서는 재기(才氣)와 필력(筆力)이 충만할 때 이 준일이 드러난다.

- 🕮 才力之使然者爲俊逸, 意味之自然者爲淸新.(方回, 『桐江集』卷1「馮伯田詩集序」)

- 역 작품을 쓸 때 재기(才氣)와 필력(筆力)이 충만하면 그 작품은 곧 준일한 것이다. 작품을 쓸 때 자연스러운 의취(意趣)와 흥미(興味)가 있게 되면 그 작품은 곧 청신한 것이다.
- 예 太白以氣爲主, 以自然爲宗, 以俊逸高暢爲貴.(王世貞,『弇州山人四部稿』卷147『藝苑卮言』4)
- 역 이백(李白)은 내면의 기세(氣勢)를 위주로 하고 자연스런 초일(超逸)을 종지(宗旨)로 삼아서 풍격이 뛰어나고 막힘이 없다.

• **준중경리** 峻中勁利

우뚝 솟은 출중함 속의 웅건하고 막힘없는 미끈함을 말한다.

- 예 峭. 峻中勁利曰峭.(鷟蒙,『語例字格』)
- 역 초(峭): 우뚝 솟은 출중함 속의 웅건하고 막힘없는 미끈함을 일러 초(峭)라 한다.

• **준초** 峻峭

혹은 초준(峭峻)이라고도 한다. 가파른 기세를 말한다.

- 예 南帖爲圓筆之宗, 北碑爲方筆之祖. 遒健雄渾, 峻峭方整, 北派之所長也.(梁啓超,『飮冰室文集』卷10「中國地理大勢論」)
- 역 남첩(南帖)은 원필(圓筆)을 주로 하였고, 북비(北碑)는 방필(方筆)을 주로 하였다. 강건하고 웅장하며 방정한 것은 북파(北派)의 특징이다.

• **준쾌** 俊快

재지(才智)가 출중함을 말한다.

- 예 自曹·劉死, 至今一千年, 惟子美一人能之, 中間鮑照雖有此作, 然僅稱俊快, 未至高古.(張戒,『歲寒堂詩話』)
- 역 조식(曹植)과 유정(劉楨)이 죽은 이후 지금까지 천 년 동안 오직 두보(杜甫) 한 사람만이 이러한 지극한 경지에 이르렀다. 그 사이에 포조(鮑照)가 비록 이러한 작품을 썼지만, 그것은 그저 재지(才智)가 출중

하다고 할 뿐 청고하고 질박한 경지에 이르렀다고는 할 수 없다.

- **중** 重

질(質)이 문(文)보다 두드러진 장중(莊重)함과 전아(典雅)함을 말한다.

- 예) 重. 質勝於文曰重.(竇蒙, 『語例字格』)
- 역) 중(重): 질(質)이 문(文)보다 두드러진 장중(莊重)함과 전아(典雅)함을 일러 중(重)이라 한다.

- **중류** 中流

중(中)은 중정(中正), 즉 "바로잡음"의 뜻이다. 류(流)는 "잘못됨"을 말한다. 따라서 중류(中流)는 잘못을 바로잡아 적절하고 마땅하게 됨을 말한다.

- 예) 文理情用, 相爲內外表裏, 並行而雜, 是禮之中流也.(『荀子』「禮論」)
- 역) 형식적인 문식과 감정의 쓰임이 서로 안팎을 이루어 나란히 행해지며 섞이는 것이 예(禮)의 적절함이다.

- **중여신회** 中與神會

마음속의 구상이 신묘함의 경지와 합하게 됨을 말한다. 정경합일(情景合一) 혹은 심물합일(心物合一)의 과정에서 영감(靈感)의 신묘함이 생겨남을 말한다.

- 예) 故其措一意, 狀一物, 往往運思, 中與神會, 髣髴焉若驅和役靈於其間者.(白居易, 『白香山集』 卷26 「記畫」)
- 역) 그렇기에 하나의 뜻을 설정하여 하나의 물상을 그림으로 나타내는데, 종종 구상을 하여 그 경지가 신묘함과 합하게 되는 것이 곧 그 그림 사이에 신령함을 휘몰아 이루는 것과 같다.

- **중행** 中行

  중용지도(中庸之道)에 맞게 하는 것을 말한다.

  예 不爲中行, 則爲狂狷, 效顰學步, 是爲鄕愿耳.(袁中道, 『珂雪齋文集』卷2「淡成集序」)

  역 시를 지을 때 중용(中庸)의 도(道)에 맞게 할 수 없으면 감정과 뜻을 내놓고 토로하게 된다. 남이 하는 대로 따라하는 것은 마치 시골의 견식 없는 사람 같다.

- **중화** 中和

  ⑴ 유가는 중화(中和)를 말하고 또 중(中)을 중시하는데, 이는 곧 사물에 대한 불편부당(不偏不黨: 한쪽에만 치우치지 않음)한 태도를 말한다. 여기서 나오는 중정(中正)의 표준이란 다시 말하자면 예의 규범에 부합함을 가리킨다. 또한, 두 대립물이 조화통일에 이르게 되는 이러한 사상에서 더 나아가 유가는 문질상부(文質相扶: 외형과 내면이 서로 받쳐 줌)와 진선진미(盡善盡美: 외적으로 아름다우면서 또한 내적 자질도 모자람이 없음)의 사상을 제기하게 되니, 이들은 곧 한쪽에만 집착하거나 극단에 치우치게 됨을 반대하는 것이다. 유가의 중화관은 대립하는 양단(兩端) 중 일방이 다른 일방을 제압하는 것이 아닌 평형감각을 지닌 채 상호의 차이를 존중하며 자신의 영역을 타인에게 이바지할 수 있도록 노력하는 한편 자신도 다른 일방의 장점을 흡수할 수 있도록 노력하는 이른바 공존공영을 지향한다. 미학영역에서 발휘된 유가의 중화관은 한편으로는 예의로써 정감을 절도 있도록 하는 소위 "즐겁거나 슬프거나 일정한 도를 넘어서는 지나침이 없다.[樂而不淫, 哀而不傷, 『論語』「八佾」]"라는 중화적 미학표준을 설정하며, 다른 한편으로 예술요소의 상반상성(相反相成)을 중시함으로써 대립하는 양

단의 조화를 통해 변증법적 통일에 이르는 예술효과를 강조한다.(2008, p. 170 참조)

- 예) 『禮』之敬文也, 『樂』之中和也, 『詩』『書』之博也, 『春秋』之微也, 在天地之間者畢矣.(『荀子』「勸學」)
- 역) 『예기(禮記)』에서 문식(文飾)을 중요하게 여기는 것과, 『악기(樂記)』에서 조화를 알맞게 하는 것과, 『시경(詩經)』과 『서경(書經)』의 광범함과, 『춘추(春秋)』의 미세함은 하늘과 땅 사이에 있는 모든 것을 포괄한다.

(2) 중정(中正)과 화평(和平)을 말한다.

- 예) 凡弦上之取音, 惟貴中和. 而中和之妙用, 全於溫潤呈之.(徐上瀛, 『溪山琴況』)
- 역) 거문고 소리는 중화(中和)의 특징을 갖추는 게 제일 좋다. 이러한 중화의 오묘함은 대개 연주할 때 지법이 온윤(溫潤)하기 때문에 생긴 것이다.

- **즉경생정 卽景生情**

경물을 접하여 그로부터 감정을 만들어낸다. 영물(詠物)을 잘하는 것을 형용한 말이다.

- 예) 善詠物者, 妙在卽景生情.(李漁, 『閑情偶寄』「詞曲部·戒浮泛」)
- 역) 영물(詠物)을 잘하는 사람의 장점은 경물을 접하고선 그로부터 감정을 만들어내는 데 있다.

- **즉경성취 卽景成趣**

경물(景物)을 직접 마주하여 정취를 느낀다.

- 예) 詩如化工, 卽景成趣.(袁枚, 『小倉山房詩集』卷20)
- 역) 시를 지을 때는 마땅히 천지조화처럼 교묘한 솜씨로 지어야 하고, 경물(景物)은 직접 마주하여 정취를 느끼도록 한다.

- **지志**

    (1) 심리구조에서 이성적인 요소에 속하는 사상(思想)이나 의지를 말한다. 춘추전국시기의 소위 "시언지(詩言志)"는 시를 빌려 이성적인 의지나 사상을 표현한다는 뜻이다. 여기에서 지(志)는 이미 도(道)나 교(敎) 등 정치·도덕적 개념과 상통하는 것이다. 유가미학의 체계 내에서 지(志)는 감성적인 요소로서의 정(情)과 명확히 구별되며, 군자의 지(志)이자 충효인의의 지(志)로 규정된다. 이때 지(志)는 정(情)의 위에 있어 정을 통괄하는 것이 된다.(2008, pp. 211-212 참조)

    - 예) 暨乎蘭亭興集, 思逸神超; 私門誡誓, 情拘志慘.(孫過庭, 『書譜』)
    - 역) 왕희지가 난정(蘭亭)에서의 아집(雅集)에 참여했을 때는 〈즉 「난정집서(蘭亭集序)」를 쓸 때에는〉 마음이 편안하여 초연한 정신이었을 것이고, 부모의 묘 앞에서 서약문을 쓸 때는 〈즉 「고서문(告誓文)」을 쓸 때에는〉 마음이 무거워 심경이 처연했을 것이다.

    (2) 성품을 바꾸지 않는 것을 말한다.

    - 예) 志. 立性不改曰志.(皎然, 『詩式』)
    - 역) 지(志): 성품을 바꾸지 않는 것을 지(志)라 한다.

- **지遲**

    완만하고 서서히 진행되는 느림을 말한다.

    - 예) 複探其遲之趣, 乃若山靜秋鳴, 月高林表, 松風遠拂, 石澗流寒, 而日不知晡, 夕不覺曙光, 此希聲之寓境也.(徐上瀛, 『溪山琴況』)
    - 역) 〈거문고에서〉 이제 지(遲)를 얘기해 볼 것 같으면, 느림의 정취는 마치 고요한 산 속의 가을바람 소리와 같고, 높은 산림 위에 떠 있는 밝은

달과 같으며, 솔바람이 멀리 스쳐가는 것과 같고, 한천(寒泉)이 흘러가는 것과 같아 사람으로 하여금 밤낮을 잊어버리게 한다. 이는 곧 희성(希聲)의 의경(意境)이다.

- **지락무락** 至樂無樂

지극한 즐거움이란 즐거움이 즐거움인지조차 모르는, 즉 즐거움을 초월하는 데 있다.

  - 예 吾以無爲誠樂矣, 又俗之所大苦也. 故曰:"至樂無樂, 至譽無譽."(『莊子』「至樂」)
  - 역 나는 무위(無爲)야말로 진실한 즐거움이라 여기고 있다. 그러나 세속에서는 그것이 크게 괴로운 것으로 여겨지고 있다. 그러므로 지극한 즐거움이란 즐거움을 초월하는 데 있고, 지극한 명예란 명예를 초월하는 데 있다고 하는 것이다.

- **지량** 知量

『능엄경(楞嚴經)』에 나오는 말로, 어떤 문제에 대한 이해의 정도를 말한다.

  - 예 既有康樂, 更無五言. 或曰不然, 將無知量之難乎?(王夫之, 『古詩評選』卷5 謝靈運「登山戍鼓山詩」)
  - 역 사령운(謝靈運)이 있어서 오언시는 쇠퇴하고 없어졌다. 이러한 견해를 인정하지 않는 사람이 있는데, 아마 그는 이해력이 부족한 것 같다.

- **지미불겸** 至味不慊, **지언불문** 至言不文, **지락불소** 至樂不笑, **지음불규** 至音不叫

지극한 맛은 흡족하지 않고, 지극한 말은 어눌하며, 지극한 즐거움은 웃음을 내지 않고, 지극한 소리는 크게 울리지 않는다. 본령은 형상에 기탁되어 드러나는 것이 아니라는 말이다.

- 예) 視於無形, 則得其所見矣. 聽於無聲, 則得其所聞矣. 至味不慊, 至言不文, 至樂不笑, 至音不叫, 大匠不斲, 大豆不具, 大勇不鬪.(『淮南子』「說林訓」)
- 역) 무형(無形)인 것을 봐야 그 보고자 한 바가 보이고, 무성(無聲)인 것을 들어야 그 듣고자 한 바가 들린다. 지극한 맛은 흡족하지 않고, 지극한 말은 어눌하며, 지극한 즐거움은 웃음을 내지 않고, 지극한 소리는 크게 울리지 않으며, 위대한 장인(匠人)은 깎지 않고, 최고의 제물(祭物)은 부족함이 있으며, 진정한 용사(勇士)는 다투지 않는다.

- **지미지악** 知美之惡, **지악지미** 知惡之美

  아름다움의 추악함을 알고 또 추악함의 아름다움을 안다. 그래야 진정으로 아름다움과 추악함을 알 수 있다는 것이다. 편견이나 집착, 그리고 고정관념에 의해 미적 판단을 해선 안됨을 말한다.

  - 예) 彼以至美不如至惡, 尤乎愛也! 故知美之惡, 知惡之美, 然後能知美惡矣.(『呂氏春秋』「有始覽·去尤」)
  - 역) 지극히 잘 생긴 사람을 지독히 못난 사람만 못하다고 한 것은, 그 자식을 사랑하는 마음에 얽매인 탓이다. 그러므로 아름다움의 추악함을 알고 또 추악함의 아름다움을 알아야, 능히 아름다움과 추악함을 알 수 있게 된다.

- **지미지현** 知微之顯

  미약(微弱)함이 현저함으로 변할 것임을 안다.

  - 예) 君子之道, 淡而不厭, 簡而文, 溫而理. 知遠之近, 知風之自, 知微之顯, 可與入德矣.(『禮記』「中庸」)
  - 역) 군자의 도는 평담(平淡)하지만 물리게 하지 않고, 간략하지만 문채가 있으며, 온화하지만 조리가 있다. 먼 것이 가까운 것으로부터 비롯됨을 알며, 교화(敎化)가 어디에서부터 오는 것인지를 알고, 미약(微弱)함이 현저함으로 변할 것임을 아니, 가히 성인(聖人)의 덕성에 들어설 수 있다.

- **지속 遲速**

  음악에서의 빠르고 느림은 나중에 용필(用筆)에서의 빠름과 느림으로 확장되었다. 빠른 운필(運筆)은 배우기 쉬우나 느린 운필은 배우기 어렵다. 빠른 운필은 기세(氣勢)를 좇는 것이고 느린 운필은 멋을 구하는 것이다. "질서(疾徐)"와 같은 범주이다.

  - 예) <醫和>對曰: "節之. 先王之樂, 所以節百事也. 故有五節, 遲速本末以相及, 中聲以降, 五降之後, 不容彈矣."(『左傳』昭公元年)
  - 역) 〈의원(醫員) 화(和)가〉 대답하여 말하였다. "적당하게 하십시오. 옛날의 어진 성군(聖君)의 음악은 모든 것을 적절하게 하였기에 다섯 가락이 있게 되었습니다. 지(遲)·속(速)·본(本)·말(末)로 서로 어울리게 하고, 중(中)의 소리로 내리기를 다섯 음계를 내리고 나면 더 이상은 내리지 못합니다."
  - 예) 雖心法古, 而制在當時, 遲速之態, 資於合宜.(『佩文齋書畫譜』卷3「唐張懷瓘玉堂禁經」)
  - 역) 비록 마음으로는 고인(古人)을 본받지만 현 시점에서 창작할 때는 빠름과 느림의 자태를 시의(時宜)에 적합하도록 해야 한다.

- **지숙필피 知熟必避, 지생필피 知生必避**

  〈문장을 창작할 때〉 익숙하여 진부한 단어를 피하고, 낯설고 생경한 단어도 피해야 한다.

  - 예) 知熟必避, 知生必避, 入人意中, 出人頭地.(袁枚, 『小倉山房詩集』卷20)
  - 역) 창작할 때 익숙하여 진부한 단어를 피해야 하고, 낯설고 생경한 단어도 피해야 한다. 이렇게 해야 비로소 문장을 만들 때 적당하고 분명하게 마음속에 생각하는 뜻을 표현해낼 수 있을 것이고, 동시에 평범하지도 않을 것이다.

- **지식** 志識

    지향(志向)과 식견(識見)을 말한다.

    - 예 文辭, 猶三軍也; 志識, 其將帥也.(章學誠,『文史通義』內篇4「說林」)
    - 역 문장의 수사(修辭)는 삼군(三軍)의 군대와 같은데, 지향과 식견은 그 군대의 장수이다.

- **지여물화** 指與物化

    〈목수의〉 손가락이 그리려는 대상과 하나가 되는 경지를 말한다.

    - 예 工倕旋而蓋規矩, 指與物化而不以心稽, 故其靈臺一而不桎.(『莊子』「達生」)
    - 역 큰 목수로 유명했던 공수(工倕)는 자 없이 그냥 선을 그어도 그림쇠나 곡척 같은 자를 대고 그은 것보다 더 정확한 모양을 내었다. 그의 손가락은 그리려는 대상과 하나가 되고 마음은 무심의 경지에 있었다. 그러기에 그의 정신은 잔뜩 응집되어서 어떤 것에도 구애받음이 없었다.

- **지원지근** 知遠之近

    먼 것이 가까운 것으로부터 비롯됨을 안다.

    - 예 君子之道, 淡而不厭, 簡而文, 溫而理. 知遠之近, 知風之自, 知微之顯, 可與入德矣.(『禮記』「中庸」)
    - 역 군자의 도는 평담(平淡)하지만 물리게 하지 않고, 간략하지만 문채가 있으며, 온화하지만 조리가 있다. 먼 것이 가까운 것으로부터 비롯됨을 알며, 교화(敎化)가 어디에서부터 오는 것인지를 알고, 미약(微弱)함이 현저함으로 변할 것임을 아니, 가히 성인(聖人)의 덕성에 들어설 수 있다.

- **지이호자** 知而好者, **호이부지자** 好而不知者, **불호이부지자** 不好而不知者, **불호이능지자** 不好而能知者

〈세상 사람들의 사물에 대한 태도로〉 알고서 또 좋아하는 사람이 있고, 좋아하나 알지 못하는 사람이 있으며, 좋아하지도 않고 알지도 못하는 사람이 있고, 좋아하지 않으나 알아보는 사람이 있다는 말이다.

- 예) 凡世人於事, 不可一槪, 有知而好者, 有好而不知者, 有不好而不知者, 有不好而能知者.(歐陽修, 『歐陽文忠公文集』 卷138, 「唐薛稷書」)
- 역) 세상 사람들의 사물에 대한 태도는 왕왕 같지 않다. 알고서 또 좋아하는 사람이 있고, 좋아하나 알지 못하는 사람이 있으며, 좋아하지도 않고 알지도 못하는 사람이 있고, 좋아하지 않으나 알아보는 사람이 있다.

- **지인무법** 至人無法

초월의 경지에 이른 사람은 고정된 법이 없다.

- 예) 又曰: "至人無法", 非無法也, 無法而法, 乃爲至法.(石濤, 『畵語錄』 「變化章 第3」)
- 역) "초월의 경지에 이른 사람은 일정한 법이 없다."고 말할 수 있다. 이것은 아무런 법칙이 없음을 말한 것이 아니다. 고정된 법칙이 없는 법이야말로 진정한 법칙임을 말한 것이다.

- **지자동** 知者動, **인자정** 仁者靜

지혜로운 이는 동적이고, 어진 이는 정적이다. 지자(知者)는 사태파악과 일 처리에 능하니 그 자신이 동적(動的)이다. 지자(知者)가 물을 좋아하는 것은 물이 쉼 없이 흐르는 동(動)의 특징, 즉 자기와의 유사성을 지녔기 때문이다. 너그럽고 침착한 인자(仁者)는 정적(靜的)이다. 인자(仁者)가 산을 좋아하는 것은 만물을 떠안고 기르는 산의 장엄함과 넉넉함이 자신의 취향과 흡사한 정(靜)의 이미지를 지녔기 때문이다.

⑩ 子曰: "知者樂水, 仁者樂山. 知者動, 仁者靜. 知者樂, 仁者壽."(『論語』「雍也」)
⑳ 공자가 말하였다. "지혜로운 자는 물을 좋아하고 어진 자는 산을 좋아하는데, 지혜로운 자는 동적(動的)이고 어진 자는 정적(靜的)이기 때문이다. 지혜로운 자는 즐기고 어진 자는 오래 산다."

- **지자요수** 知者樂水, **인자요산** 仁者樂山

지혜로운 자는 물을 좋아하고 어진 자는 산을 좋아한다. 사람의 정신적 품격이 다른 만큼 자연산수에 대한 애호도 다른 법이다. 자연에 대한 감상은 정신 속에 내재된 도덕과의 감응에 의해 이루어짐을 암시하는 대목이다.

⑩ 子曰: "知者樂水, 仁者樂山. 知者動, 仁者靜. 知者樂, 仁者壽."(『論語』「雍也」)
⑳ 공자가 말하였다. "지혜로운 자는 물을 좋아하고 어진 자는 산을 좋아하는데, 지혜로운 자는 동적(動的)이고 어진 자는 정적(靜的)이기 때문이다. 지혜로운 자는 즐기고 어진 자는 오래 산다."

- **지자창물** 知者創物, **능자술언** 能者述焉

깨달은 자가 사물을 창조하고 뛰어난 자는 그것을 모방한다.

⑩ 知者創物, 能者述焉, 非一人而成也.(蘇軾, 『蘇東坡集』 前集 卷23 「書吳道子畫後」)
⑳ 깨달은 자가 사물을 창조하고 뛰어난 자는 그것을 모방하는데, 이것이 한 사람에 의해 이루어지는 것은 아니다.

- **지출운소** 志出雲霄

뜻이 세속을 초월하였음을 말한다.

⑩ 雖跡在塵壤, 而志出雲霄. 靈變無常, 務於飛動.(『法書要錄』 卷

4 「唐張懷瓘文字論」)

- ❹ 비록 작품은 세상에 있지만 그 뜻만은 세속을 초월하였고, 감각은 변화무쌍하고 움직임은 비상(飛翔)을 드러내고자 하였다.

- **지취조창** 旨趣調暢

  의취(意趣)가 조화롭고 막힘이 없어 흐름이 매끈하게 통하는 것을 말한다.

  - ❹ 潤. 旨趣調暢曰潤.(竇蒙,『語例字格』)
  - ❹ 윤(潤): 의취(意趣)가 조화롭고 막힘이 없는 것을 일러 윤(潤)이라 한다.

- **지풍지자** 知風之自

  교화(敎化)가 어디에서부터 오는 것인지를 안다.

  - ❹ 君子之道, 淡而不厭, 簡而文, 溫而理. 知遠之近, 知風之自, 知微之顯, 可與入德矣.(『禮記』「中庸」)
  - ❹ 군자의 도는 평담(平淡)하지만 물리게 하지 않고, 간략하지만 문채가 있으며, 온화하지만 조리가 있다. 먼 것이 가까운 것으로부터 비롯됨을 알며, 교화(敎化)가 어디에서부터 오는 것인지를 알고, 미약(微弱)함이 현저함으로 변할 것임을 아니, 가히 성인(聖人)의 덕성에 들어설 수 있다.

- **직** 直

  (1) 예술적 표현을 직설적으로 드러냄을 말한다. 곡(曲), 즉 완곡(婉曲)의 상대적 개념이다.

  - ❹ "亂烏棲定夜三更, 樓上銀燈一點明. 記得到門還不扣, 花陰悄聽讀書聲." 此曲也. 若到門便扣, 則直矣.(袁枚,『隨園詩話』卷4)

- 역 "삼경(三更)의 밤에 뭇 새는 나무 위에 머물러 있고, 누각에는 아직 은등(銀燈) 하나가 빛나고 있네. 내 기억하기에 문 앞에 이르렀어도 문을 두드리지 않고, 꽃그늘 아래 앉아 책 읽는 소리를 듣고 있었네." 이것이 바로 완곡이다. 만약 문에 당도해 바로 문을 두드렸다면 그것은 너무 직접이라 딱딱해진다.

(2) 〈서예에서〉 종획(縱劃)을 말한다.

- 예 平, 謂橫也. 直, 謂縱也. 均, 謂間也. 密, 謂際也.(『法書要錄』 卷2)
- 역 〈서예에서〉 평(平)은 횡획(橫劃)이고 직(直)은 종획(縱劃)이다. 균(均)은 필획의 구조를 말하고, 밀(密)은 글자의 구조를 말한다.

• **직이렴 直以廉**

〈소리가〉 곧으면서 장중함을 말한다.

- 예 其敬心感者, 其聲直以廉; 其愛心感者, 其聲和以柔.(『樂記』「樂本」)
- 역 마음에 공경함이 있는 자는 그 소리가 곧으면서 장중하고, 사랑하는 마음이 있는 자는 그 소리가 온화하고 부드럽다.

• **직이절 直而切**

〈글의 내용이〉 솔직담백하고 진지함을 말한다.

- 예 其言直而切, 欲聞之者深誠也.(白居易,『白香山集』卷3「新樂府序」)
- 역 〈『신악부(新樂府)』 안의 각각의 시에 쓰인〉 언어 또한 솔직담백하고 진지한데, 이는 듣는 사람으로 하여금 스스로 경계하게 하려 함이다.

• **진 眞**

주로 심미주체의 정감이 보여주는 진실성을 말하며, 때로는 객관 사물의 진실성까지도 포괄하여 가리키는 미학범주이다. 유가미학에서는 진(眞)이 선(善)에 부속되는 것이지만, 도가미학에서는 사물의 본성을 나타내는 중요한 개념이다. 도가에서 중요하게 생각한 목표는 무불위(無不爲)의 경지이다. 이 경지가 진(眞)이요, 그렇기에 이 진(眞)은 대미(大美)이다. 그리고 이에 도달하기 위한 가장 적합한 경로는 무위(無爲)이다. 진과 가까운 개념으로는 성(誠)·신(信)·실(實) 등이 있고, 상대되는 개념으로는 위(僞)·망(妄)·탄(誕)·허구라는 의미로서의 허(虛) 등이 있다.(2008, p. 270 참조)

- 예) 猶惠侯之好僞, 似葉公之懼眞.(孫過庭,『書譜』)
- 역) 마치 혜후(惠侯)가 작품의 진위(眞僞)를 구별하지 못해 결국 위작(僞作)을 좋아한 꼴과 흡사하며, 섭공(葉公)이 진짜 용을 보고 무서워하였기에 실상 용을 좋아한 것이 아니었던 점과 유사하다.
- 예) 大抵物眞則貴, 眞則我面不能同君面, 而況古人之面貌乎?(袁宏道,『袁中郎全集』卷1「與丘長孺」)
- 역) 대개 사물은 참되면 귀한 법이다. 참된 것으로 말하면 곧 내 얼굴이 그대 얼굴과 같을 수 없는 것인데, 하물며 옛사람들의 얼굴과는 더욱 다르지 않겠는가?

- **진골릉상 眞骨凌霜**

진지한 정신의 품격으로 세상의 혼탁에 맞서 싸우는 것을 말한다.

- 예) 仗氣愛奇, 動多振絶. 眞骨凌霜, 高風跨俗.(鍾嶸,『詩品』)
- 역) 〈유정(劉楨)의 시는〉 무사적 기질과 비범한 시구로 세상을 놀라게 했으며, 진지한 정신의 품격은 세상의 혼탁에 맞서 싸웠고, 고결한 시풍(詩風)은 범속을 초월하였다.

- **진공진선 盡工盡善**

"진선진미(盡善盡美)"와 같은 뜻으로, 기교와 의미 모두 뛰어남을 말한다.

- 예) 杜詩最多, 可傳者千餘首. 至於貫穿古今, 覼縷格律, 盡工盡善, 又過於李.(白居易,『白香山集』卷28「與元九書」)
- 역) 두보(杜甫)의 시가 가장 많으나, 지금 전하는 것은 천여 수 정도이다. 고금(古今)을 꿰뚫고 격조와 운율이 구성지고 감미로우며 진선진미(盡善盡美)하니, 또한 이백(李白)을 뛰어넘는다.

• **진려** 臻麗

화려하다.

- 예) 中古之畫, 細密精緻而臻麗, 展鄭之流是也.(張彦遠,『歷代名畫記』)
- 역) 중고(中古)시대의 그림은 세밀하고 정치(精緻)하면서 화려한데, 전자건(展子虔)과 정법사(鄭法士)의 그림이 이러한 유형이다.

• **진밀** 縝密

섬세하고 세밀한 묘사를 나타내는 미학범주이다. 생동적이고 명확한 형상을 창조하는데 유용한 기법이다.

- 예) 縝密. 是有眞跡, 如不可知, 意象欲生, 造化已奇.(司空圖,『詩品二十四則』)
- 역) 진밀(縝密): 자연변화의 도는 확실히 존재하며, 다만 파악하기 어려울 뿐이다. 형상이 드러내는 의경은 살아있는 듯 생생하고, 자연계의 교묘한 변화는 그지없이 신기하다.

• **진산수** 眞山水

실경(實景) 산수를 말한다.

- 예) 眞山水之川谷, 遠望之以取其勢, 看之以取其質.(郭熙,『林泉高致』「山川訓」)

🔵 실경(實景) 산수의 시내와 골짜기는 멀리서 바라봄으로써 기세(氣勢)를 취하고 가까운 곳에서 바라봄으로써 형상을 취한다.

- **진선진미** 盡善盡美

   덕성의 아름다움이 뛰어날 뿐 아니라 예술적 아름다움도 뛰어나다. 소(韶)는 순(舜) 시대의 악무(樂舞)이고, 무(武)는 무왕(武王) 시대의 악무(樂舞)이다. 순(舜)은 요(堯)의 뒤를 이어서 정치를 잘 한 제왕이자 성인(聖人)이다. 무왕(武王)은 상(商)의 폭군 주(紂)를 무력으로 제압하여 주(周)의 건국에 공이 큰 인물이다. 순(舜)은 요(堯)의 선양에 의해 제왕이 되었으나, 무왕(武王)은 피를 부르는 정벌을 통해 왕자(王者)의 위치에 올랐으니 양자의 차이가 분명하다. 따라서 이러한 차이가 악무(樂舞)에도 반영되어 있으니, 순(舜) 시대의 악무(樂舞)는 예술적 아름다움에 덕성(德性)의 아름다움까지 더했다[盡善盡美]고 하는 것이다.

   🔶 子謂「韶」: "盡美矣, 又盡善也." 謂「武」: "盡美矣, 未盡善也."(『論語』「八佾」)
   🔵 공자가 순(舜)의 음악인 소(韶)에 대해 비평하기를, "아름다우면서도 또한 선하다."라고 하였다. 또 주(周) 무왕(武王)의 음악인 무(武)를 비평하여 말하기를, "아름답기는 하나 선(善)하지는 못하다."라고 하였다.

- **진세** 縝細

   촘촘한 것을 말한다.

   🔶 畵衣紋有重大而調暢者, 有縝細而勁健者.(郭若虛, 『圖畵見聞志』「敍論」)
   🔵 옷 주름을 그린 것엔 아래로 고르게 펼쳐진 것도 있고, 촘촘하고 뻣센 것이 있다.

- **진속 眞俗**

  "아속(雅俗)"과 같은 말이다.

  - 嵇寶鈞·聶松: 二人無的師範, 而意兼眞俗.(姚最, 『續畵品』)
  - 혜보균(嵇寶鈞)과 섭송(聶松). 두 사람은 딱히 스승이 없었으나 그림의 의취(意趣)가 아속(雅俗)의 경지를 겸하였다.

- **진속기 塵俗氣**

  서권기(書卷氣)와 상반되는 말로 세속의 느낌을 말한다.

  - 非胸中有萬卷書, 筆下無一點塵俗氣, 孰能至此? (黃庭堅, 『豫章黃先生文集』卷26「跋東坡樂府」)
  - 흉중에 만권서(萬卷書)가 충만하고 붓 끝에 한 점 속진(俗塵)의 오염도 없으니 이러한 경지에 이른 것 아니겠는가?

- **진승화거 眞勝華去**

  한 치의 오차도 없이 진실을 드러내게 되면 문채가 없게 된다.

  - 眞勝則華去, 非如目紛紛.(邵雍, 『伊川擊壤集』卷18「詩史吟」)
  - 한 치의 오차도 없이 진실을 드러내게 되면 문채가 없기 쉬운데, 사람들은 대개 그러한 문채 없는 시는 읽기 귀찮아한다.

- **진여불탈 眞予不奪, 강득이빈 强得易貧**

  진정으로 얻은 것은 아무도 빼앗아갈 수 없고, 억지로 얻은 것은 쉽게 잃고 만다.

  - 如逢花開, 如瞻歲新, 眞予不奪, 强得易貧.(司空圖, 『詩品二十四則』)
  - 생생한 꽃은 때가 되면 벌어지고, 세월은 계절에 따라 스스로 새로워진다. 진정으로 얻은 것은 아무도 빼앗아갈 수 없고, 억지로 얻은 것은 쉽게 잃고 만다.

- **진재 眞宰**

    자연의 이치를 말한다.

    - 遊戲拾得, 終不可保. 是有眞宰, 而敢草草.(黃鉞, 『二十四畵品』)
    - 가벼운 마음으로 얻게 되면 결국 간직할 수 없게 된다. 자연의 이치를 터득하는 것이 감히 쉽게 되겠는가.

- **진채 振采**

    〈시를 지을 때〉 수식의 중요성을 말한다.

    - 振采. …… 西施蓬發, 終竟不臧. 若非華羽, 曷別鳳皇.(袁枚, 『小倉山房詩集』 卷20)
    - 수식의 중요성. …… 서시(西施)와 같은 미인이라도 만약 머리카락이 마구 헝클어지고 얼굴에 땟물이 흐르면 결국 사람들이 좋다고 칭찬하지 않을 것이다. 화려한 깃털이 없으면 어찌 봉황새를 다른 새와 구별할 수 있겠는가?

- **질 質**

    (1) 공(工)·교(巧) 등 기교의 화려함과 반대되는 내면의 질박함을 말한다. 문질(文質)에서의 질(質)이자 교졸(巧拙)에서의 졸(拙)을 의미한다.

    - 質. 自少妖姸曰質.(竇蒙, 『語例字格』)
    - 질(質): 원래 화려하고 요염함이 없는 질박(質朴) 혹은 간박(簡朴)을 일러 질(質)이라 한다.
    - 物之傳者必以質, 文之不傳, 非曰不工, 質不至也.(袁宏道, 『袁中郎全集』 卷3 「行素園存稿引」)
    - 세상의 물(物)이 전해지는 것은 필시 질(質) 때문이다. 그러니 문장이 전해지지 않는 것은 기교가 뛰어나지 않아서가 아니라 질이 다다르지

못했기 때문이다.

(2) 내재 규율을 말한다.

- 예) 字雖有質, 迹本無爲.(虞世南,『筆髓論』)
- 역) 비록 글자 자체에 기본구조와 내재적 규율이 있다 하더라도, 구체적으로 창작할 때에는 〈결자(結字)나 운필 혹은 용묵(用墨)의 풍격에〉 아무런 제한이 없다.

(3) 형질(形質)의 뜻이다. 형질은 형상과 성질 혹은 형체의 본질로 이해할 수 있다.

- 예) 眞山水之川谷, 遠望之以取其勢, 看之以取其質.(郭熙,『林泉高致』「山川訓」)
- 역) 실경(實景) 산수의 시내와 골짜기는 멀리서 바라봄으로써 기세(氣勢)를 취하고 가까운 곳에서 바라봄으로써 형상을 취한다.

- **질로** 質露

눈앞에 드러나는 형체를 말한다. 여기서의 "질(質)"은 형질(形質)을 말하므로, "질로(質露)"는 "형로(形露)"와 같은 의미이다.

- 예) 由今人之畵鬼魅者易爲巧, 摹犬馬者難爲工, 何者? 鬼魅質虛而犬馬質露也.(劉晝,『劉子』「正賞」)
- 역) 지금 사람이 기괴한 것을 그릴 때 교묘하게 그리기 쉽지만, 개나 말을 그릴 때는 정교하게 그리기 어렵다. 이는 무슨 까닭인가? 기괴한 것은 형체가 없는 허환(虛幻)의 것이고 개나 말의 형체는 사람 눈앞에 드러나는 것이기 때문이다.

- **질문교가** 質文交加

질박함과 문채가 함께 섞여 있음을 말한다.

- 예) 夫篇章雜沓, 質文交加, 知多偏好, 人莫圓該.(劉勰,『文心雕龍』

「知音」)

🔵 문학작품의 유형은 워낙 복잡해 대개 질박함과 문채가 함께 섞여 있다. 사람의 인식도 편향되어 있어 핵심에 대한 전반적인 이해는 기대하기 힘들다.

- **질박** 質朴

  순박(淳朴)한 고아(古雅)를 말한다. 질박(質樸)과 같은 말이다.

  🔵 質朴. 天仙玉女, 粉黛何施.(竇蒙, 『語例字格』)

  🔵 질박(質朴): 선녀와 미녀가 분가루와 눈썹먹을 쓸 일이 무엇이냐.

- **질박** 質樸

  질박(質朴)과 같은 말이다. 미학범주의 의미와는 별도로, 형편없다는 뜻도 있다.

  🔵 是以古書雖質樸, 而俗儒謂之墮於天也; 今文雖金玉, 而常人同之於瓦礫也.(葛洪, 『抱朴子』 「鈞世」)

  🔵 고서(古書)도 사실 뛰어난 것이 없지만, 속유(俗儒)들은 하늘에서 내려온 것이라 말한다. 지금 사람들의 글이 설사 금옥(金玉)처럼 아름답다 해도, 세상 사람들은 그것을 다만 하찮은 돌처럼 여길 뿐이다.

- **질서** 疾徐

  "지속(遲速)"과 같은 범주이다.

  🔵 聲亦如味, …… 淸濁, 小大, 長短, 疾徐, 哀樂, 剛柔, 遲速, 高下, 出入, 周疏, 以相濟也.(『左傳』 昭公二十年)

  🔵 음악의 소리는 맛과 같다. …… 맑음·탁함·작음·큼·짧음·길음·조임·풀어줌·슬픔·즐거움·굳셈·부드러움·늦음·빠름·높음·낮음·날숨·들숨·빼곡함·성김 등등이 서로를 조화시켜 준다.

- **질소** 質素

    질박함을 말한다.

    ㉠ 至若高深之意, 質素之風, 俱不及其師也, 然各爲今古之獨步.(『法書要錄』 卷8 「張懷瓘書斷中」)
    ㉡ 심원한 뜻이나 질박한 풍신(風神)에 있어서는 모두 그들의 스승에 미치지 못하지만, 각각은 고금(古今)의 독보적인 존재인 것이다.

- **질승문즉야** 質勝文則野

    내면의 도덕적 바탕이 적절함을 넘어서서 너무 숭고해지면 현실감이나 상규(常規)로부터 멀어지게 되니 오히려 거칠고 촌스럽게 된다.

    ㉠ 子曰: "質勝文則野, 文勝質則史. 文質彬彬, 然後君子."(『論語』 「雍也」)
    ㉡ 공자가 말하였다. "내면의 자질이 외면의 문채보다 지나치면 촌스럽고, 외면이 내면보다 지나치면 성실함이 부족해진다. 문(文)과 질(質)이 서로 적절하게 어우러져야 비로소 군자라 할 수 있다."

- **질연** 質姸

    한 쌍의 미학범주이다. 일반적으로 문예작품의 내용과 형식을 가리킨다. 질(質)은 원래 사물의 내재본질을 가리키는데, 공자는 이것으로써 군자(君子)의 도덕수양을 나타냈다. 연(姸)은 사물의 외재형식을 가리키는데, 문(文)과 같은 뜻이다. 여기서 질(質)은 소박한 자질을 말하고, 연(姸)은 곱고 아름다움을 말한다.(2008, p. 110 참조)

    ㉠ 而今不逮古, 古質而今姸.(孫過庭, 『書譜』)
    ㉡ 그런데 오늘날의 서예는 옛날만 못하다. 예전의 서예는 내용의 질박함을 귀히 여겼지만, 오늘날의 서예는 형식의 매끄러움만 좇는다.

- **질연고의** 質沿古意, **문변금정** 文變今情

본질은 옛 뜻을 따르되, 문채는 지금의 정서에 맞게 바꾼다.

- 예 夫丹靑妙極, 未易言盡, 雖質沿古意, 而文變今情.(姚最, 『續畫品』)
- 역 그림은 지극히 오묘하여 쉽사리 말로 다할 수 없다. 비록 본질은 옛 뜻을 따르되, 문채는 지금의 정서에 맞게 변했다.

- **질유취령** 質有趣靈

자연산수는 형이하학적인 것[質]이면서도 또한 형이상적인 도(道)로서의 신령함[靈]도 지닌다.

- 예 聖人含道暎物, 賢者澄懷味像. 至於山水質有而趣靈.(宗炳,「畫山水序」)
- 역 성인(聖人)은 도(道)로써 사물을 응대하고, 현자(賢者)는 고결한 마음으로 물상을 완미(玩味)한다. 자연산수로 말하자면, 그 존재는 형이하학적인 것[質]이면서도 또한 형이상적인 도(道)로서의 신령함[靈]도 지닌다.

- **질이경** 質而徑

〈글의 표현이〉 질박하면서도 직설적인 것을 말한다.

- 예 其辭質而徑, 欲見之者易諭也.(白居易, 『白香山集』 卷3 「新樂府序」)
- 역 〈『신악부(新樂府)』 안의 각각의 시에 쓰인〉 글자는 모두 질박하면서도 직설적인데, 이는 보는 사람으로 하여금 그 안의 의미를 명료하게 알 수 있도록 함이다.

- **질이대흥** 質以代興, **연인속역** 姸因俗易

내용의 질박함은 시대의 발전에 따라 생기고, 형식의 아름다운 꾸밈은 풍속의 변화 때문에 바뀐다.

- ㉑ 夫質以代興, 姸因俗易. 雖書契之作, 適以記言; 而淳醨一遷, 質文三變.(孫過庭,『書譜』)
- ㉭ 내용의 질박함은 시대의 발전에 따라 생기고, 형식의 아름다운 꾸밈은 풍속의 변화 때문에 바뀐다. 〈문자를 예로 들어 말하자면〉 비록 최초의 문자가 말을 기록하고자 생겨났지만 시대의 풍조가 바뀜에 따라 나중에 글자도 자연스레 순박하고 인정이 두터운 데로부터 가볍고 천박한 데로 흐르고 서풍(書風)도 질박함에서 아름다운 꾸밈으로의 변화를 여러 차례 거듭했던 것이다.

- **질이변 質而辨**

  소박하면서 분석적이다.

  - ㉑ 黃唐淳而質, 虞夏質而辨.(劉勰,『文心雕龍』「通變」)
  - ㉭ 황제(黃帝) 때와 요(堯)임금 때의 문학은 순수하면서 소박하다. 순(舜)임금 때와 하(夏)나라 때의 문학은 소박하면서 분석적이다.

- **질중유문 質中有文, 문중유질 文中有質**

  질(質) 속에 문(文)이 있고, 문 속에 질이 있다.

  - ㉑ 漢人詩, 質中有文, 文中有質, 渾然天成, 絶無痕迹, 所以冠絶古今.(胡應麟,『詩藪』「內編」卷2)
  - ㉭ 한인(漢人)의 시는 질(質) 속에 문(文)이 있고, 문 속에 질이 있다. 아주 자연스럽고 교묘하게 이루어져 흔적이 전혀 없기에 고금에 우뚝하다.

- **질탕 跌宕**

  얽매임이 없음을 말한다.

  - ㉑ 原之爲書, 其辭旨雖或流於跌宕怪神怨懟激發, 而不可以爲訓, 然皆生於繾綣惻怛, 不能自已之至意.(朱熹,『朱文公集』卷76「楚辭集注序」)

- 역 굴원(屈原)의 작품 내용은 비록 얽매임 없이 기이하고 원망으로 가득 차 있으며 격분하는 경향이 있어 준칙으로 삼을 만하지는 않지만, 그 것들은 모두 마음속으로 슬프고 괴로워하는 데서 나와 제어할 수 없는 깊은 정의(情意)에 의한 산물이다.
- 예 所謂無道學氣者, 非但風流跌宕之曲·花前月下之情當以板腐爲 戒, 卽談忠孝節義與說悲苦哀之情, 亦當抑聖爲狂, 寓哭於 笑.(李漁, 『閑情偶寄』「詞曲部·重機趣」)
- 역 이른바 고루한 도학기(道學氣)가 있어선 안 된다는 것은, 고상하고 멋이 있는 일을 묘사하는 데는 반드시 활기 없고 낡아빠진 모습을 제거해야 함을 말할 뿐 아니라, 설령 충효(忠孝)·절의(節義)나 슬프고 원망스런 일을 말한다 할지라도 또한 반드시 성현(聖賢)의 도(道)는 거리낌 없는 호방(豪放)을 통해 드러내고 슬픔은 웃음 속에 감추어 나타내야 함을 말하는 것이다.

- **질탕류통** 迭蕩流通

  멀리 내달리듯 유창(流暢)하다.

  - 예 其草書迭蕩流通, 視之二王, 可爲動色.(『法書要錄』卷8「張懷 瓘書斷中」)
  - 역 그의 초서는 멀리 내달리듯 유창(流暢)하니, 이왕(二王)이 봤다면 낯빛이 바뀌었을 것이다.

- **질허** 質虛

  형체가 없는 허환(虛幻)의 것을 말한다. 여기서의 "질(質)"은 형질(形質)의 의미이다.

  - 예 質虛者可托怪以示奇, 形露者不可誣罔以是非.(劉晝, 『劉子』「正 賞」)
  - 역 실체가 없는 것은 괴이함으로써 이상한 모습으로 드러낼 수 있지만, 형체가 있어 존재하는 것은 마음대로 구상하여 사람들의 이목을 속이고 시비를 혼동시킬 수 없다.

- **짐작기간** 斟酌其間, **심득기묘** 甚得其妙

    둘을 잘 절충하여 그 사이의 묘처를 터득한다.

    - ㉠ 然陳恨瘦, 張恨峻, 休明斟酌其間, 甚得其妙.(『法書要錄』卷8「張懷瓘書斷中」)
    - ㉡ 그러나 진량보(陳良甫)의 글씨는 너무 파리한 것이 문제고, 장자병(張子幷)의 글씨는 너무 험한 것이 아쉽다. 오황상(吳皇象: 字는 休明)은 그 둘을 잘 절충하여 그 사이의 묘처를 터득하였다.

- **짐작호질문지간** 斟酌乎質文之間

    질박함과 문채(文彩)의 사이를 잘 절충한다.

    - ㉠ 斯斟酌乎質文之間, 而櫽括乎雅俗之際, 可與言通變矣.(劉勰, 『文心雕龍』「通變」)
    - ㉡ 질박함과 문채(文彩)의 사이를 잘 절충하고 우아함과 속됨의 사이에서 올바름을 잃지 않아야, 비로소 더불어 전통의 계승과 융통성 있는 변화를 말할 수 있다.

- **집사전용** 執使轉用

    각각 집필(執筆)[執]·운필(運筆)[使]·전필(轉筆)[轉]·점획구조의 안배[用]를 가리킨다.

    - ㉠ 今撰執·使·轉·用之由, 以祛未悟.(孫過庭, 『書譜』)
    - ㉡ 이제 먼저 집(執)·사(使)·용(用)·전(轉)의 원리를 서술하여, 아직 이를 깨닫지 못하는 이들의 의혹을 없애고자 한다.

- **징담** 澄澹

    청담(淸淡)하고 심원(深遠)함을 말한다.

    - ㉠ 王右丞·韋蘇州澄澹精致; 格在其中, 豈妨於遒舉哉?(司空圖, 『司空表聖文集』「與李生論詩書」)

역 왕유(王維)와 위응물(韋應物)의 시는 청담(淸淡)·심원(深遠)하고 정교(精巧)·세미(細微)하여 스스로 하나의 풍격을 이루었는데, 이것이 그래 강건한 풍격의 작품과 필적하지 않다 할 수 있단 말인가?

- **징재** 澄滓

〈시를 지을 때〉 찌꺼기의 제거를 말한다.

- 예 澄滓. 描詩者多, 作詩者少, 其故云何, 渣滓不掃.(袁枚, 『小倉山房詩集』 卷20)
- 역 찌꺼기의 제거. 세상 사람들이 시를 지을 때 답습하는 것은 많고 독립적으로 창작하는 것이 적다. 왜 이럴까? 이것은 시(詩)에서의 찌꺼기를 제거하지 않기 때문이다.

- **징회미상** 澄懷味像

고결한 마음으로 물상을 완미(玩味)함을 말한다.

- 예 聖人含道暎物, 賢者澄懷味像. 至於山水質有而趣靈.(宗炳, 「畵山水序」)
- 역 성인(聖人)은 도(道)로써 사물을 응대하고, 현자(賢者)는 고결한 마음으로 물상을 완미(玩味)한다. 자연산수로 말하자면, 그 존재는 형이하학적인 것[質]이면서도 또한 형이상적인 도(道)로서의 신령함[靈]도 지닌다.

ㅊ

- **차 借**

  차경(借景)을 말하는 것으로, 원림(園林) 바깥의 아름다운 경치를 시선 안으로 들여와 원림의 한 부분으로 만드는 것을 이른다.

  - 예) 借者, 園雖別內外, 得景則無拘遠近, 晴巒聳秀, 紺宇凌空, 極目所至, 俗則屛之, 嘉則收之.(計成,『園冶』卷1)
  - 역) 이른바 "차(借)"라는 것은 이렇다. 원림이 비록 내외(內外)의 구별이 있지만, 경색(景色)은 내외의 구분이 없다. 원림 밖에 창공은 만 리에 걸쳐있고 산등성이와 산봉우리는 빼어나게 솟아있는데, 높은 누각에 올라 조망하면 이 아름다운 경색을 감상할 수 있다. 만약 하수(下手)가 설계한다면 높은 벽을 쌓아 그 바깥경치를 가릴 것이나, 고수(高手)가 설계한다면 저 아름다운 경색을 원림의 한 부분으로 만들 것이다.

- **차경 借景**

  밖의 경물(景物)을 취하여 안의 경치와 어울리도록 조성하는 것을 말한다. 원림 바깥의 아름다운 경치를 시선 안으로 들여와 원림의 한 부분으로 만드는 것을 이른다. 원림이라는 경계의 공간 안에 무한한 자연 경색을 끌어들임을 말한다.

- 예 開窓莫妙於借景, 而借景之法, 予能得其三昧.(李漁, 『閒情偶寄』「居室部」)
- 역 창을 내는 데는 차경(借景), 즉 정원 밖의 경물(景物)을 취하여 정원 내의 경치와 어울리도록 조성하는 것이 최선이다. 차경의 방법에 대해 나는 그 요령을 파악하고 있다.
- 예 構園無格, 借景有因. 切要四時, 何關八宅?(計成, 『園冶』卷3)
- 역 원림(園林) 조성에 구체적인 격식은 없으나, 차경(借景)을 할 때는 주위 환경을 고려해야 한다. 오직 계절의 변화에 부합하면 그만이니 풍수(風水)와 무슨 상관이 있겠는가?

- **차고개금** 借古開今

훌륭한 옛 법칙과 법규를 참고하고, 그것들에 기반을 두어 오늘날의 새로운 법도를 창출해낸다. "구고이화(具古以化)"와 같은 맥락의 말이다.

- 예 識拘於似則不廣, 故君子惟借古以開今也.(石濤, 『畵語錄』「變化章 第3」)
- 역 법칙에 대한 얽매임 때문에 미혹해진 사람은 시야가 탁 트이지 못하다. 이 때문에 식견이 탁월한 사람은 훌륭한 옛 법칙과 법규를 참고하고, 그것들에 기반을 두어 오늘날의 새로운 법도를 창출한다.

- **차물견회** 借物遣懷

경물에 대한 묘사를 통해 내면의 정감을 풀어낸다.

- 예 說景卽是說情, 非借物遣懷, 卽將人喩物.(李漁, 『笠翁餘集』「窺詞管見」)
- 역 〈풍경을 쓸 때도 정감 묘사를 중심으로 해야 한다.〉 풍경을 쓰는 것은 정감을 표현하고자 하기 때문이다. 어떤 경우에는 풍경과 사물을 빌려 마음속 정감을 풀어내기도 하고, 어떤 경우에는 사람의 정감을 가져다

가 풍경과 사물에 부여하기도 한다.

- **착공이도** 鑿空而道

  직역하면 근거 없이 말한 것을 뜻하는데, 〈이백(李白)처럼〉 상상력이 풍부하고 필법(筆法)이 자유로운 것을 말한다.

  ㉠ 李詩鑿空而道, 歸趣難窮, 由風多於雅, 興多於賦也.(劉熙載, 『藝槪』「詩槪」)
  ㉡ 이백(李伯)의 시는 상상력이 풍부하고 필법이 자유로우며 시의 요지 또한 헤아리기 어려운데, 이것은 이백의 시가 국풍(國風)을 학습한 요소가 소아(小雅)를 학습한 것보다 많고, 흥(興)을 운용한 수법이 부(賦)를 운용한 수법보다 많기 때문이다.

- **착마** 斲磨

  깎고 다듬어서 문채(文彩)의 수식(修飾)을 낸다.

  ㉠ 斲磨. 錯綜雕文, 方申巧妙.(竇蒙,『語例字格』)
  ㉡ 착마(斲磨): 깎고 다듬는 수식을 가해야 비로소 교묘함이 지극해진다.

- **착수성춘** 着手成春

  붓이 닿는 곳마다 생기(生氣)가 돈다.

  ㉠ 自古文章所以流傳至今者, 皆卽情卽景, 如化工肖物, 着手成春, 故能取不盡而用不竭.(袁枚,『隨園詩話』卷1)
  ㉡ 고대의 문장이 지금까지 전해질 수 있었던 것은 모두 고인(古人)이 눈앞의 경물과 마음속의 일을 두고 느껴서 썼기 때문이다. 마치 화가가 사물을 묘사할 때 붓이 닿는 곳마다 생기가 도는 것과 같아, 취함에 다함이 없고 씀에 마름이 없는 것이다.

- **착종** 錯綜

형식이 가지런하지 않고 뒤섞인 격식을 말한다.

- 예 浩瀚·汪洋·錯綜·變幻·渾雄·豪宕·閎廓·沈深, 大家所長, 名家之所短也.(胡應麟, 『詩藪』「外編」卷4)
- 역 광대함·웅장함·뒤섞음·변환(變幻)·웅혼(雄渾)·호탕(豪宕)·광활함·침심(沈深) 등은 대가는 잘하지만, 명가는 해내지 못하는 것이다.

- **참담여수** 慘淡如睡

처량하고 스산하여 자고 있는 듯함을 말한다. 동산(冬山)에 대한 묘사이다.

- 예 眞山水之烟嵐, 四時不同; 春山澹冶而如笑, 夏山蒼翠而如滴, 秋山明淨而如糚, 冬山慘淡而如睡.(郭熙, 『林泉高致』「山川訓」)
- 역 실경(實景) 산수의 안개와 이내도 계절마다 같지 않다. 봄산에서는 담박하고 온화하여 웃는 듯하고, 여름산에서는 싱싱하고 푸르러 물에 젖은 듯하고, 가을산에서는 밝고 깨끗하여 단장한 듯하고, 겨울산에서는 처량하고 스산하여 자고 있는 듯하다.

- **참령작묘** 參靈酌妙

입신(入神)의 경지에 다다른 오묘함을 드러내고 있음을 말한다.

- 예 陸公參靈酌妙, 動與神會, 筆迹勁利, 如錐刀焉.(張彦遠, 『歷代名畫記』)
- 역 육탐미(陸探微)는 신령(神靈)과 통하여 미묘함을 얻어냈고, 수시로 마음을 집중하여 신묘함을 터득했다. 필치는 웅건하면서도 유려하니, 마치 송곳과 같았다.
- 예 孫則魑魅魍魎, 參靈酌之妙.(李嗣眞, 『續畫品錄』)
- 역 손상자(孫尙子)는 곧 도깨비 그림에서 신의 경지에 다다른 오묘함을 드러냈다.

- **창** 暢

심미적 유열을 말하는데, 대개 창신(暢神)이나 창적(暢適) 등의 표현으로 쓰인다. 예컨대 심원한 산수화가 사람의 가슴을 통쾌하게 만들어주는 데서 볼 수 있는, 예술작품이 사람의 심신을 유쾌하게 만들어주는 심미작용을 창(暢)이라 일컫기도 한다. 그래서 송원(宋元)시기 문인들의 이른바 마음속의 산수[胸中丘壑]를 조성해 탈속의 자유를 즐겼던[自娛·寄興] 풍조도 궁극적으로 창신의 계승이자 발전이라 할 수 있다. 이러한 창신 혹은 창적은 낙(樂)과는 조금 다른 면모를 갖기도 한다. 낙(樂)이 화(和)를 기반으로 한 유가미학적 정치교화기능과 연관된 개념이라 한다면, 창(暢)은 다분히 도가미학적 초탈의 유쾌함을 가리키는 것으로 이해할 수 있다.(2008, p. 175 참조)

- 예) 暢無不適, 蒙無所從.(孫過庭, 『書譜』)
- 역) 거침없이 자유로우면 더없이 넉넉하고 편안하며, 마음과 손이 답답하면 어떻게 붓을 놀려야 하는지를 모르는 것이다.

• **창 蒼**

무성함을 말한다.

- 예) 論書者曰"蒼"·曰"雄"·曰"秀", 余謂更當益一"深"字.(劉熙載, 『藝槪』「書槪」)
- 역) 서예를 논하는 사람들은 "창(蒼)"·"웅(雄)"·"수(秀)"를 말하는데, 나는 여기에 "심(深)"자를 하나 더해야 한다고 생각한다.

• **창경 蒼勁**

고풍스러우면서도 힘이 있는 것을 말한다.

- 예) 今見青藤諸畵, 離奇超脫, 蒼勁中姿媚躍出, 與其書法奇崛略同.(張岱, 『琅嬛文集』「跋徐青藤小品畵」)
- 역) 지금 서위(徐渭: 호는 青藤道人)의 그림을 보면, 기이함이 출중하고 굳

샘 속에 곱고 부드러운 자태가 드러나는데, 이는 그의 서예와 마찬가지로 아주 독특하다.

• 창고 蒼古

고풍스럽고 고아함을 말한다.

- 예) 務宏大者, 鮮幽邃; 人力勝者, 少蒼古.(袁中道, 『珂雪齋文集』 卷12「書靈寶許金吾先園圖後」)
- 역) 〈원림(園林)을 조성할 때〉 광대함을 추구한다면 그윽하거나 오묘할 수 없다. 인위적인 공교(工巧)를 추구한다면 고풍스럽거나 고아하지 못하다.

• 창고성문 蒼古成文

고색창연(古色蒼然)의 뜻이다.

- 예) 從來疊山名手, 俱非能詩善繪之人. 見其隨擧一石, 顚倒置之, 無不蒼古成文, 紆回入畫, 此正造物之巧於示奇也.(李漁, 『閑情偶寄』「居室部」)
- 역) 역대로 가산(假山)을 쌓는데 명수(名手)는 모두 시를 잘 쓰거나 그림을 잘 그리는 사람이 결코 아니었다. 그들은 쉽게 돌을 들어 아무렇게나 놓아도 고색창연(古色蒼然)한 그림 같은 모양을 연출해 내니, 이는 바로 조물주가 신기한 것을 보여주는 것과 같다.

• 창광자휴 猖狂恣睢

어디에도 얽매이지 않는 호방함을 말한다. 이 말은 유종원(柳宗元)의 「답위형서(答韋珩書)」에 처음 나온다.

- 예) 少陵稱太白詩云"飛揚跋扈", 老泉稱退之文云"猖狂恣睢", 若以此八字評今人詩文, 必艴然而怒.(賀貽孫, 『詩筏』)
- 역) 두보(杜甫)는 이백(李白)의 시를 "제멋대로"라고 칭찬했고, 소순(蘇洵: 호는 老泉)도 한유(韓愈: 자는 退之)의 문장을 역시 "아무렇게나"라고

칭찬했다. 오늘날 누가 이러한 말로 남의 시를 평가한다면 그 사람은 필시 화를 낼 것이다.

- **창로** 蒼老

    고아하면서도 굳세며 노련한 것을 말한다.

    - 예) 以言乎蒼老, 凡物必由稚而壯, 漸至於蒼且老, 各有其候, 非一於蒼老也.(葉燮,『原詩』外篇)
    - 역) 또한 "창로(蒼老)"를 말하면, 모든 사물은 유소(幼少)함으로부터 건장(健壯)해지고 그 다음에 굳세고 노련한 경지에 이르게 된다. 각자 때가 있으니, 처음부터 굳세고 노련한 것이 아니다.

- **창무부적** 暢無不適

    거침없이 자유로워 더없이 넉넉하고 편안하다.

    - 예) 暢無不適, 蒙無所從.(孫過庭,『書譜』)
    - 역) 거침없이 자유로우면 더없이 넉넉하고 편안하며, 마음과 손이 답답하면 어떻게 붓을 놀려야 하는지를 모르는 것이다.

- **창성** 唱聲

    〈노래를 부를 때〉 자신의 감정 표현을 염두에 두는 것 아니라 성조가 맞는지 틀리는지만 생각하는 것을 말한다.

    - 예) 古人唱歌兼唱情, 今人唱歌惟唱聲.(白居易,『白香山集』卷51「問楊瓊」)
    - 역) 옛사람들은 노래를 부를 때 감정을 드러냈는데, 요새 사람들은 노래를 부를 때 오직 성조(聲調)만을 생각한다.

- **창신** 暢神

    창(暢)은 심미적 유열을 말하는데, 대개 창신(暢神)이나 창적(暢適)

등과 같은 표현으로 쓰인다. 예컨대 심원한 산수화가 사람의 가슴을 통쾌하게 만들어주는 데서 볼 수 있는, 예술작품이 사람의 심신을 유쾌하게 만들어주는 심미작용을 창(暢)이라 일컫기도 한다. 그래서 송원(宋元)시기 문인들의 이른바 마음속의 산수[胸中丘壑]를 조성해 탈속의 자유를 즐겼던[自娛·寄興] 풍조도 궁극적으로 창신의 계승이자 발전이라 할 수 있다.

- 例 聖賢暎於絶代, 萬趣融其神思, 余復何爲哉? 暢神而已. 神之所暢, 孰有先焉!(宗炳,「畵山水序」)
- 역 성현(聖賢)의 신묘한 이치는 저 먼 시대를 비추었고, 그들의 신명은 여기 만물 속에 투영되어 있다. 내가 더 무엇을 할 것인가? 정신을 통쾌하게 열어젖혀 산수에 내재된 성현의 신명과 잘 통할 뿐이다. 정신의 쾌청함에 어디 선후(先後)가 있겠는가?

• **창윤 蒼潤**

창연하고 윤택한 원숙미를 말한다.

- 例 蒼潤. 妙化旣臻, 菁華日振. 氣厚則蒼, 神和乃潤.(黃鉞,『二十四畵品』)
- 역 창윤(蒼潤): 신묘한 조화(造化)가 무르익어 아름다운 꽃망울이 날로 커져 간다. 정신이 완전히 살아 있으니 평화롭고 원숙하다.
- 例 和光熙融, 物華娟妍. 欲造蒼潤, 斯途其先.(黃鉞,『二十四畵品』)
- 역 부드러운 빛이 서로 어우러지면 아름다운 사물은 더욱 예뻐 보인다. 윤택하게 하고자 한다면 원만하고 넉넉한 경지를 먼저 드러내야 한다.

• **창정 唱情**

〈노래를 부를 때〉 자신의 감정을 표현함을 말한다.

- 例 古人唱歌兼唱情, 今人唱歌惟唱聲.(白居易,『白香山集』卷51「

問楊瓊」)
- 역 옛사람들은 노래를 부를 때 감정을 드러냈는데, 요새 사람들은 노래를 부를 때 오직 성조(聲調)만을 생각한다.

• **창취여적** 蒼翠如滴

싱싱하고 푸르러 물에 젖은 듯하다.

- 예 眞山水之烟嵐, 四時不同; 春山澹冶而如笑, 夏山蒼翠而如滴, 秋山明淨而如糚, 冬山慘淡而如睡.(郭熙, 『林泉高致』「山川訓」)
- 역 실경(實景) 산수의 안개와 이내도 계절마다 같지 않다. 봄산에서는 담박하고 온화하여 웃는 듯하고, 여름산에서는 싱싱하고 푸르러 물에 젖은 듯하고, 가을산에서는 밝고 깨끗하여 단장한 듯하고, 겨울산에서는 처량하고 스산하여 자고 있는 듯하다.

• **창측** 愴惻

비통(悲痛)의 뜻이다.

- 예 「離騷」九章, 愴惻濃至; 東西「二京」, 神奇渾璞.(胡應麟, 『詩藪』「內編」卷1)
- 역 「이소(離騷)」구장(九章)은 비통(悲痛)·농염(濃艶)하며, 동한(東漢)·서한(西漢)의 「이경(二京)」은 신기(神奇)·소박하다.

• **창황** 惝恍

황홀하고 몽환적인 것을 말한다.

- 예 惟不可名言之理, 不可施見之事, 不可徑達之情, 則幽渺以爲理, 想象以爲事, 惝恍以爲情, 方爲理至·事至·情至之語.(葉燮, 『原詩』內篇)
- 역 어떤 시는 말로 설명할 수 없는 이(理)와 실행하기 어렵거나 눈으로 볼 수 없는 사(事), 그리고 직접적이고 명백하게 전달할 수 없는 정(情)을 가지고 있다. 그리하여 그윽하고 아득하여 찾기 힘든 것을 이(理)로 삼

고, 상상적이며 변화무쌍한 것을 사(事)로 삼으며, 황홀하고 몽환적인 것을 정(情)으로 삼는다. 이렇게 해야 지극한 도리와 지극한 사실 및 지극한 정감을 갖춘 좋은 시라고 할 수 있다.

• 채 采

(1) 문채(文彩)나 문식(文飾)을 말한다.

- 例 文王患憂, 繇辭炳曜, 符采複隱, 精義堅深.(劉勰, 『文心雕龍』「原道」)
- 역 주(周)나라 문왕(文王)이 문식(文飾)의 지나침을 걱정하여 괘사(卦辭)와 효사(爻辭)를 지었는데, 그 글들이 발하는 광채가 마치 보석처럼 빛나고, 내용은 다채로우면서도 은미하니 그 정미한 뜻은 아주 확고하면서도 오묘하다.

(2) 시각적이고 외형적인 채(彩)와는 다른, 정신적인 풍채를 말한다.

- 例 音得淸與亮, 旣云妙矣, 而未發其采, 猶不足表其豐神也.(徐上瀛, 『溪山琴況』)
- 역 거문고를 연주하는 것이 청(淸)과 양(亮)의 경지까지 이르렀으면 이미 대단하다고 할 수 있다. 그러나 채(采), 즉 정신적인 풍채가 아직 발산하지 못하였으면 풍격과 기개를 충분히 드러낼 수 없다.

• 처완 淒婉

쓸쓸하면서도 완곡한 은근함을 말한다.

- 例 詩之品有九: 曰高, 曰古, 曰深, 曰遠, 曰長, 曰雄渾, 曰飄逸, 曰悲壯, 曰凄婉.(嚴羽, 『滄浪詩話』「詩辨」)
- 역 시의 품격(品格)에는 아홉 가지가 있다. 고(高)·고(古)·심(深)·원(遠)·장(長)·웅혼(雄渾)·표일(飄逸)·비장(悲壯)·처완(凄婉)이 그것이다.

• 처창 悽愴

슬프고 처량함을 나타내며, 음유미(陰柔美)의 일종이다.

- 漢都尉李陵. 其源出於『楚辭』. 文多悽愴, 怨者之流.(鍾嶸, 『詩品』)
- 한(漢) 기도위(騎都尉) 이릉(李陵). 그의 시가(詩歌)의 원류는 『초사(楚辭)』이다. 문장은 대부분 슬프고 처량하니, 세상을 원망하는 풍격이다.

• **척 瘠**

파리하게 여위었으면서도 힘이 있는 것을 말한다.

- 瘠. 瘦而有力曰瘠.(賓蒙, 『語例字格』)
- 척(瘠): 파리하게 여위었으면서도 힘이 있는 것을 일러 척(瘠)이라 한다.

• **척제현람 滌除玄覽**

마음에 있는 모든 세속적인 앙금을 지워버리고서 우주자연과 만물세계를 마주하는 것을 말한다.

- 滌除玄覽, 能無疵乎?(『老子』「十章」)
- 모든 허식을 씻어 버리고 지극한 정신의 경지에 이르러 그 정신을 병들게 하지 않을 수 있겠는가?

• **천 天**

천부적 자질을 말한다.

- 詩不成於人而成於其人之天, 其人之天有詩, 脫口能吟.(袁枚, 『小倉山房文集』 卷28「何南園詩序」)
- 시는 그저 사람이 짓는 것이 아니라 그 사람의 천부적 자질에 의해 만들어진다. 그 사람의 천부적 자질에 시의 재능이 더해지면, 아무렇게나 입에서 내뱉는 말도 그대로 시가 되어 읊을 수 있다.

- **천 淺**

  세상에 유행하는 습속에 젖는 것을 말한다.

  > 淺. 涉於俗流曰淺.(寶蒙, 『語例字格』)

  > 천(淺): 세상에 유행하는 습속에 젖는 것을 일러 천(淺)이라 한다.

- **천공 天工**

  천연(天然)과 같은 말이다.

  > 詩畵本一律, 天工與淸新.(蘇軾, 『蘇東坡集』 前集 卷16 「書鄢陵王主簿所畵折枝二首」之一)

  > 시(詩)와 화(畵)는 본래 하나이다. 둘 다 천연으로부터 나왔으며 탈속(脫俗)의 청아(淸雅)함을 담고 있다.

- **천균 天鈞**

  하늘의 자연스러운 이치에 따라 행한다는 뜻이다. 『장자(莊子)』 「제물론(齊物論)」에 나온다.

  > 幽人空山, 過水采蘋, 薄言情晤, 悠悠天鈞.(司空圖, 『詩品二十四則』)

  > 은자(隱者)는 텅 빈 산에 거처하며, 느릿느릿 개울가에서 풀을 딴다. 자연의 오묘함을 깨닫는데, 천도(天道)는 쉬지 않고 운행한다는 것이다.

- **천기 天機**

  (1) 원래 하늘의 뜻 혹은 우주의 이치를 의미하며, 미학적으로는 자연의 이치를 뜻한다.

  > 元本學畵於徐熙而微覺用意求似者, 旣遁天機, 不若熙之進乎技.(董逌, 『廣川畵跋』 卷5 「書李元本花木圖」)

㉭ 이원본(李元本)은 서희(徐熙)에게 그림그리기를 배웠으나 대체로 모양을 비슷하게 그리려고 노력했을 뿐, 서희처럼 오로지 자연의 이치에 따라 그린 것이 아니므로 서희만 못하다.

(2) 천지자연의 본색 혹은 의기(意氣)를 말한다.

㉮ 畵到天機流露處, 無今無古寸心知.(『鄭板橋集』「補遺」)
㉭ 내가 자연의 의기(意氣)를 그려내는 데는 고인(古人)을 법 삼은 것도 아니고 금인(今人)을 법 삼은 것도 아니다. 이는 오직 나만이 안다.
㉮ 不在快人, 而在動人. 此所謂"風神", 所謂"標韻", 所謂"動吾天機".(王驥德,『曲律』「論套數」)
㉭ 감각적인 즐거움을 만족시키는 것이 아니라 사람의 마음을 이끌고 건드린다. 이것이 바로 작품의 풍신(風神) 혹은 운치라 하는 것이고, 내 가슴속에 내재된 천지자연의 본색을 감동시킨다는 것이다.

• **천기자로 天機自露**

자연스럽게 이루어지는 것을 말한다.

㉮ 妙在水到渠成, 天機自露. 我本無心說笑話, 誰知笑話逼人來, 斯爲科諢之妙境耳.(李漁,『閑情偶寄』「詞曲部·貴自然」)
㉭ 〈우스갯소리와 익살스런 몸짓의〉 요점은, 물이 흐르면 도랑이 생기듯 자연스럽게 이루어져야 한다는 것이다. 나는 그냥 무심결에 우스갯소리를 했는데 그것이 어떻게 나에게 득이 되었다면, 이것이 바로 익살의 묘경(妙境)이다.

• **천기형고 天機迴高**

타고난 재기(才氣)가 월등하게 높음을 말한다.

㉮ 大凡畵藝, 應物象形, 其天機迴高, 思與神合. 創意立體, 妙合化權.(黃休復,『益州名畵錄』)
㉭ 대체로 그림의 기예(技藝)는 사물에 따라 그 모습을 본뜨는 것이다. 타고난 재기(才氣)가 월등하게 높아 구상이 정신과 합치된다. 창의적으

로 새로운 화체(畫體)를 세우면, 자연의 조화와 묘하게 합치될 것이다.

- **천락** 天樂

  하늘과 땅을 위아래 있게 하고, 만물의 형상을 조각하여 놓고서도 교묘하다고 하지 않으며, 텅 비고 고요함을 가지고서 하늘과 땅을 미루어 이해하고 만물의 이치에 통달함을 뜻하는 것이자 성인(聖人)의 마음으로 천하를 양육하는 것을 말한다.

  - 예) 覆載天地刻雕衆形而不爲巧, 此之謂天樂. 故曰: 知天樂者, 其生也天行, 其死也物化.(『莊子』「天道」)
  - 역) 하늘과 땅을 위아래 있게 하고, 만물의 형상을 조각하여 놓고서도 교묘하다고 하지 않는다. 이것이 천락(天樂)이다. 그러므로 "천락(天樂)을 아는 사람은 그의 삶이 천체(天體)의 운행과 같고, 그의 죽음은 물화(物化)의 상태와 같다."고 말하는 것이다.

- **천뢰** 天籟

  바람 소리·빗소리·새 소리 등 대자연의 소리를 가리킨다. 인뢰(人籟)·지뢰(地籟)·천뢰(天籟)에 대한 내용은 『장자(莊子)』「제물론(齊物論)」에 나온다.

  - 예) 子綦曰: "…… 女聞人籟而未聞地籟, 女聞地籟而未聞天籟夫!" 子游曰: "敢問其方." 子綦曰: "夫大塊噫氣, 其名爲風. 是唯無作, 作則萬竅怒呺. 而獨不聞之翏翏乎?"(『莊子』「齊物論」)
  - 역) 자기(子綦)가 말하였다. "…… 너는 사람들의 울림소리는 들었지만 땅의 울림소리는 듣지 못했을 것이다. 네가 땅의 울림소리를 들었다 하더라도 하늘의 울림소리는 듣지 못했을 것이다." 자유(子游)가 말하였다. "감히 그 도리를 묻고자 합니다." 자기(子綦)가 말하였다. "대지(大地)가 기운을 내뿜는 것을 바람이라 한다. 이것이 일어나지 않으면 그뿐이지만, 일어나기만 하면 모든 구멍이 성난 듯 울부짖는다. 자네만 그 씽씽 부는 소리를 듣지 못하겠는가?"

- 鳥聲之可聽者, 以其異於人聲也. 鳥聲異於人聲之可聽者, 以出於人者爲人籟, 出於鳥者爲天籟也.(李漁,『閑情偶寄』「頤養部」)
- 새의 소리가 듣기 좋은 것은 그것이 사람의 소리와 다르기 때문이다. 새의 소리와 사람의 소리는 달라야 듣기 좋다. 왜냐하면 사람이 내는 소리는 세상의 소리이지만 새가 내는 소리는 자연의 소리이기 때문이다.
- 今之絲竹, 豈古之絲竹乎? 然而不得謂今無絲竹也. 天籟一日不斷, 則人籟一日不絶.(袁枚,『小倉山房文集』卷17「答沈大宗伯論詩書」)
- 오늘날의 현악기(絃樂器)와 죽악기(竹樂器)가 어찌 옛날의 그 현악기와 죽악기이겠습니까? 그러나 오늘날에 현악기와 죽악기가 없다고 말할 수는 없는 것입니다. 자연의 소리가 하루라도 그침이 없다면 사람의 소리 역시 하루라도 그치지 않을 것입니다.

• **천뢰인뢰합동이화** 天籟人籟合同而化

대자연과 사람이 완전히 하나가 되는 경지를 말한다.

- 於是吟詠之聲又復大作, 天籟人籟合同而化.(袁枚,『小倉山房文集』卷29「峽江寺飛泉亭記」)
- 그리하여 시문(詩文)을 읊는 소리가 또 다시 울려 퍼졌는데, 대자연의 소리와 사람의 소리가 완전히 하나가 되는 것이었다.

• **천상묘득** 遷想妙得

화가 자신의 예술적 상상력을 통해 묘사 대상의 전형적인 특징과 내재정신을 파악함을 말한다.

- 臺榭一定器耳, 難成而易好, 不待遷想妙得也. 此以巧歷不能差其品也.(顧愷之,「魏晉勝流畵贊」;『歷代名畵記』卷5 所收)
- 누각이나 정자는 정해진 자리에 있는 기물(器物)일 뿐이므로 완성하기 어려울 것 같지만 실은 그리기 쉽다. 왜냐하면 그것의 정신을 애써 생각하지 않아도 되기 때문이다. 이런 종류의 그림은 기교의 우열에 의해

품등을 나눌 수 없다.

- **천선옥녀** 天仙玉女, **분대하시** 粉黛何施

  선녀와 미녀는 분가루와 눈썹먹을 쓸 일이 없다. 본바탕이 아름다움을 비유한 말이다.

  예 質朴. 天仙玉女, 粉黛何施.(竇蒙,『語例字格』)
  역 질박(質朴): 선녀와 미녀가 분가루와 눈썹먹을 쓸 일이 무엇이냐.

- **천성** 天成

  천부적 자질을 말한다.

  예 蘇·李之天成, 曹·劉之自得, 陶·謝之超然, 盖亦至矣.(蘇軾,『蘇東坡集』後集 卷9「書黃子思詩集後」)
  역 소미도(蘇味道)와 이교(李嶠)의 천부적 자질, 조식(曹植)과 유정(劉楨)의 자득(自得), 도잠(陶潛)과 사영운(謝靈運)의 초일(超逸)은 모두 지극한 경지이다.

- **천연** 天然

  인위적인 것과 다른 자연청신(自然淸新)을 말한다.

  예 天然. 鴛鴻出水, 更好儀容.(竇蒙,『語例字格』)
  역 천연(天然): 원앙과 기러기가 물 위로 나오니 훨씬 더 아름답다.

- **천연** 天然·**공부** 工夫

  천연(天然)과 공부(工夫)는 서예의 우열을 평가하는 두 기준으로서 정신미와 기교미로 이해할 수 있다. 천연은 천부적인 재능에서 드러나는 자연스러움으로 신운(神韻)을 중시한다. 한편, 공부는 각고의 공을 들인 끝에 체득한 솜씨로 법도(法度)를 중히 여긴다.

- 예) 時論以爲天然勝羊欣, 工夫恨少.(『法書要錄』卷8「張懷瓘書斷中」)
- 역) 당시 사람들은, 천연(天然)은 양흔(羊欣)보다 낫지만 공부(工夫)는 형편없다고 보았다.

• **천연절일** 天然絶逸

천부적인 재능이 절묘(絶妙)하고 초일(超逸)하다.

- 예) 孔琳之書, 天然絶逸, 極有筆力規矩.(『法書要錄』卷1「南齊王僧虔論書」)
- 역) 공림(孔琳)의 글씨는 천부적인 재능이 절묘(絶妙)하고 초일(超逸)하다. 필력(筆力)의 기세가 법도에 아주 들어맞는다.

• **천이기** 淺而綺

천박하면서 수식이 많다.

- 예) 魏晉淺而綺, 宋初訛而新.(劉勰, 『文心雕龍』「通變」)
- 역) 위(魏)나라와 진(晉)나라의 문학은 천박하면서 수식이 많다. 송(宋)나라 초기의 문학은 작위적이면서 기이함이 많다.

• **천이정** 淺而淨

〈글이〉 천근(淺近)하지만 깔끔하다.

- 예) 孫興公云: "潘文淺而淨, 陸文深而蕪."(劉義慶, 『世說新語』「文學」)
- 역) 손흥공(孫興公: 孫綽)이 말했다. "반악(潘岳)의 글은 천근(淺近)하지만 깔끔하고, 육기(陸機)의 글은 심오하지만 거칠다."

• **천재** 天材

자연스럽고 천부적인 자질을 말한다.

- 예) 然所謂少功用, 有天材.(『法書要錄』卷9「張懷瓘書斷下」)
- 역) 그러나 효용은 적었고 천연의 자질이 있었다.

- **천조** 天造

  자연의 조화를 말한다.

  - 예) 未始相襲, 而各當其處, 合於天造, 厭於人意.(蘇軾, 『蘇東坡集』前集 卷31「淨因院畫記」)
  - 역) 처음부터 작정하여 그린 것은 아니지만 각각 그 처함이 자연의 조화에 합치되고 사람들의 뜻을 만족시킨다.

- **천종** 天縱

  천연(天然)·자연(自然)과 같은 말이다.

  - 예) 若章則勁骨天縱, 草則變化無方, 則伯英第一.(『法書要錄』卷9「張懷瓘書斷下」)
  - 역) 장초(章草)의 웅건함과 천연 및 초서의 무궁한 변화로는, 장지(張芝)가 제일이다.

- **천종우이** 天縱尤異

  천부적 자질로 이룬 거리낄 것 없는 독특함을 말한다.

  - 예) 又創爲今草, 天縱尤異, 率意超曠, 無惜是非.(『法書要錄』卷8「張懷瓘書斷中」)
  - 역) 또한 금초(今草)를 창제하였는데, 천부적 자질로 거리낄 것 없는 독특함을 이루었다. 뜻이 높고 까마득하니, 좋고 나쁨을 가릴 수조차 없는 지경이다.

- **천착** 穿鑿

  여기서는 문장을 지을 때 논지를 지나치게 따지는 것을 말한다.

- 예 事與才爭, 事繁而才損. 放逸者流宕而忘歸, 穿鑿者補綴而不足.(顔之推,『顔氏家訓』「文章」)
- 역 소재와 글재주가 붙으면 줄거리는 번잡해지고 문재(文才)는 손상된다. 수사에 치중하면 문장이 멋대로 늘어지게 되니 흐름을 잃어버리고, 논지를 지나치게 따지면 문맥이 통하도록 보충해도 부족하게 된다.

• 천취 天趣

타고난 본연의 자연스러운 의취(意趣) 혹은 정취(情趣)를 말한다.

- 예 唐詩之妙不可及處, 皆極妥極眞, 而淸微變化, 天趣溢出, 所以獨擅千古.(『尺牘新鈔』2集 盧世㴶「又與程正夫」)
- 역 당시(唐詩)가 남이 이르지 못할 정도의 높은 수준을 가지고 있는 이유는, 지극히 온당한 동시에 진지하게 써졌기 때문이다. 깨끗하고 담박한 동시에 민첩하고 환상적이며, 자연스러운 지취(志趣)를 드러나게 했다. 그래서 당시(唐詩)는 고금(古今) 시의 최고봉이라 한다.
- 예 大都自然勝者, 窮於點綴, 人工極者, 損其天趣.(袁中道,『珂雪齋文集』卷7「遊太和記」)
- 역 일반적으로 자연스러움이 뛰어난 경치는 교묘하게 수식하지 못한다. 인위적으로 공교하게 만든 것에는 자연스러운 정취가 부족하다.
- 예 臨緩則將舒緩而多韻, 處急則猶運急而不乖, 有一種安閑自如之景象, 盡是瀟灑不群之天趣. 所爲得之心, 而應之手.(徐上瀛,『溪山琴況』)
- 역 느리게 연주해야 할 데서 서서히 하면 온화하고 우아한 맛이 날 것이고, 빠르게 연주해야 할 데서 서두르면 급하더라도 난잡하지는 않을 것이다. 그 안에 저절로 편안하며 한가롭고 태연자약한 기세와 말쑥하고 수려하며 자연스러운 정취가 드러날 것이다. 이것이 바로 마음속에 갖고 있는 경지가 자연스럽게 연주하는 손으로 드러난다는 것이다.

• 천풍해도 天風海濤

하늘의 바람이 바다 물결을 일으키는 것과 같음을 가리키는 말로, 매우 웅장하고 막힘이 없음을 뜻한다.

- 예 詩質要如銅牆鐵壁, 氣要如天風海濤.(劉熙載, 『藝槪』「詩槪」)
- 역 시의 내면은 매우 충실하여 틈이 없는 철옹성과 같아야 한다. 시의 기운(氣韻)은 매우 웅장하고 막힘이 없어 마치 하늘의 바람이 바다 물결을 일으키는 것과 같아야 한다.

- **천화** 天和

하늘의 자연스러운 중화(中和)를 말한다.

- 예 重志輕律, 謂聲無哀樂, 勿以人爲滑天和.(王夫之, 『尙書引義』卷1「舜典三」)
- 역 뜻을 중시하고 음률을 경시하여, 소리엔 슬픔이나 기쁨이 없으며 인위적으로 하늘의 자연스럽고 중화(中和)한 소리를 혼란시켜선 안 된다고 생각한다.

- **첨속** 甛俗

달콤하고 어여쁨만 따지는 용속(庸俗)함을 말한다.

- 예 士人作畵, 當以草隸奇字之法爲之. 樹如屈鐵, 山似畵抄, 絶去甛俗蹊徑, 乃爲士氣. 不爾, 縱儼然及格, 已落畵師魔界, 不復可救藥矣.(董其昌, 『畵禪室隨筆』卷2「畵訣」)
- 역 문인(文人)이 그림을 그릴 때는 마땅히 초예(草隸)의 고문자(古文字) 법으로 그려야 한다. 나무는 구부러진 쇠처럼, 산은 모래 위에 선을 긋듯 그려야 한다. 세속적인 방법을 버려야만 비로소 문인화의 풍격이 된다. 그렇지 않으면 비록 장중함을 보이더라도 이미 그림쟁이의 수준으로 떨어진 것이 되어 구제할 도리가 없다.

- **첨신** 尖新

새롭고 기이하다는 말로, 신기(新奇)와 같은 뜻이다.

- 예 言之似不中聽, 易以"尖新"二字, 則似變瑕成瑜. 其實"尖新"卽

是"纖巧".(李漁,『閑情偶寄』「詞曲部·意取尖新」)
- 예 〈섬교(纖巧)라고〉 말하면 마치 귀에 거슬리는 듯하지만, "첨신(尖新)"이란 두 글자로 바꾸면 곧 옥의 티가 옥의 광채로 바뀌는 것 같다. 사실 "첨신"이 곧 "섬교"이다.

• 청 淸

(1) "탁(濁)"과 대립하는 개념으로, 맑고 상쾌하며 세속의 때를 벗은 풍격과 의경(意境)을 말한다. 처음에는 청(淸)이 선(善)이고 탁(濁)은 악(惡)과 통하는 의미였는데, 위진(魏晉)시기 이후로 청(淸)은 미(美)와도 통하는 개념이 되었다. 즉 인물의 기질이나 개성 혹은 재능을 찬미하고 긍정적으로 평가하는데 이 청의 개념이 사용된 것이다. 청허(淸虛)·청원(淸遠)·청언(淸言)·청념(淸恬)·청진(淸眞)·청중(淸中)·청화(淸和) 등 인물을 품평하는 이러한 많은 심미범주는 모두 청의 개념으로부터 파생된 것이다.(2008, p. 195 참조)

- 예 王武子·孫子荊各言其土地人物之美. 王云: "其地坦而平, 其水淡而淸, 其人廉且貞."(劉義慶,『世說新語』「言語」)
- 역 왕무자(王武子: 王濟)와 손자형(孫子荊: 孫楚)이 각각 풍토의 특성과 사람의 장점 사이의 관계에 대해 이야기를 하였다. 왕제(王濟)가 말했다. "땅이 고르고 평평하며 물이 맑고 깨끗한 데서 사는 사람은 청렴하고 올바릅니다."

- 예 今之人慕趣之名, 求趣之似, 於是有辨說書畵·涉獵古董以爲淸, 寄意玄虛·脫跡塵紛以爲遠.(袁宏道,『袁中郞全集』卷3「敍陳正甫會心集」)
- 역 지금 사람들은 풍취의 이름만을 흠모하여 풍취와 비슷한 것만을 추구한다. 그리하여 서화(書畵)에 대해 논하고 골동품을 모으는 것을 청아(淸雅)하다고 여긴다. 또 현묘함에 뜻을 기탁하고 현실세계로부터 벗어나는 것을 현원(玄遠)이라 생각한다.

(2) 문예작품의 우수함과 탁월함을 가리킨다. 작품에 나타난 세속을 초월한 맑은 기운과 기상을 말한다. 작품이 유창(流暢)하고 아름다우며 또한 어색하거나 혼탁함이 없음을 말한다. 청전(淸典)·청요(淸要)·청창(淸暢)·청윤(淸潤)·청아(淸雅) 등의 범주는 모두 작품을 좋게 평가하는 말들이다. 또 서화론(書畵論)에서도 쓰였는데, 이때의 청은 범속을 넘어선 천공(天工: 天然)을 뜻한다.(2008, p. 195 참조)

- 且右軍位重才高, 調淸詞雅, 聲塵未泯, 翰牘仍存.(孫過庭, 『書譜』)
- 동진 시기에 왕희지는 처했던 지위가 높고 재기(才氣)가 뛰어났으며, 문장의 격조가 맑고 글이 우아했다. 하물며 지금도 그의 명성이 여전하고, 남긴 작품도 전연 소실되지 않고 여전히 남아 있다.
- 杜工部稱庾開府曰淸新, 淸者, 流麗而不濁滯; 新者, 創見而不陳腐也.(楊愼, 『總纂升庵合集』卷144 「淸新庾開府」)
- 두보(杜甫)가 유신(庾信)의 시의 풍격을 청신(淸新)하다고 했다. 청(淸)이라 함은 유창(流暢)하고 아름다우며 또한 어색하거나 혼탁함이 없음을 말한다. 신(新)이라 함은 창의적이고 진부하지 않음을 말한다.
- 故淸者, 大雅之原本, 而爲聲音之主宰.(徐上瀛, 『溪山琴況』)
- 따라서 청(淸)은 아정(雅正)의 본원이고 소리의 주재(主宰)이다.

• **청감** 淸鑒

맑고 식견이 밝음을 말한다.

- 殷中軍道右軍, 淸鑒貴要.(劉義慶, 『世說新語』「賞譽」)
- 은중군(殷中軍: 殷浩)이 왕우군(王右軍: 王羲之)에 대해 말하길, 식견이 밝고 도의를 중시하는 사람이라고 하였다.

• **청경** 淸勁

맑고 깔끔하며 힘이 있는 것을 말한다.

- 然左指用堅, 右指亦必欲淸勁, 乃能得金石之聲.(徐上瀛,『溪山 琴況』)
- 〈거문고에서〉 왼 손을 건실하게 연습할 뿐만 아니라 오른 손도 깔끔하고 힘이 있게 해야 낭랑한 금석의 소리를 연주해 낼 수 있다.

• **청고** 淸古

맑고 고아(古雅)함을 말한다.

- 貌雖端嚴, 神必淸古, 自有威重儼然之色.(郭若虛,『圖畵見聞志』「叙論」)
- 외관은 비록 단정하고 엄숙하더라도 정신은 반드시 맑고 고아(古雅)하니, 저절로 위엄이 있고 중후하며 근엄한 안색을 지녔다.

• **청고** 淸苦

맑으면서 쓸쓸한 것을 말한다.

- 近世趙紫芝·翁靈舒輩, 獨喜賈島·姚合之詩, 稍稍復就淸苦之風.(嚴羽,『滄浪詩話』「詩辨」)
- 근래 조사수(趙師秀)와 옹권(翁卷) 등의 무리는 유독 가도(賈島)와 요합(姚合)의 시를 좋아하여 점점 청고(淸苦)한 풍격으로 나아갔다.

• **청공** 淸空

(1) 청아(淸雅)하고 허령(虛靈)한 신운(神韻) 혹은 경지를 말한다. 외형과는 상관없는 사물의 허령한 신리(神理)를 가리킨다. "전실(典實)" 혹은 "질실(質實)"과 상대되는 개념이다.

- 詩與文體迥不類. 文尙典實, 詩貴淸空; 詩主風神, 文先理道.(胡應麟,『詩藪』「外編」卷1)
- 시(詩)와 문(文)은 그 체재가 아주 다르다. 문(文)은 사실적 전고(典故)

를 중요하게 여기고, 시(詩)는 허령한 신운(神韻)을 귀하게 생각한다. 또 시(詩)는 풍신(風神)을 주로 하고, 문(文)은 이치를 우선한다.

- 예 詞尙淸空妥溜, 昔人已言之矣.(劉熙載,『藝槪』「詞曲槪」)
- 역 사(詞)는 마땅히 청아하고 적절하며 자연스러워야 하는데, 이것은 앞선 사람들이 이미 논하였다.

(2) 고적(枯寂)과 유사한 표현으로, 고담하고 소박한 것을 말한다.

- 예 「玉玦」句句用事, 如盛書櫃子, 翻使人厭惡, 故不如「拜月」一味淸空, 自成一家之爲愈也.(王驥德,『曲律』「論用事」)
- 역 「옥결기(玉玦記)」는 구절마다 전고(典故)를 운용하여 보기에 마치 서적을 나열하는 책장과 같아 사람으로 하여금 싫은 느낌을 주게 된다. 오히려 「배월정(拜月亭)」보다 못하다. 비록 「배월정」은 전고를 별로 쓰지 않아 약간 고담(枯淡)하고 맛이 없지만, 순수하고 소박한 풍격으로 하나의 일가(一家)를 이루었다.

• **청광** 淸曠

맑고 넓은 경지를 말한다.

- 예 淸曠. 皓月高臺, 淸光大來. 眠琴在膝, 飛香滿懷.(黃鉞,『二十四畵品』)
- 역 청광(淸曠): 밝은 달 높은 정자 위에 걸리니 맑은 달빛이 홍수처럼 밀려온다. 거문고를 무릎 위에 놓고 깜박 잠이 드니, 어디서 온 향기인지 마음속을 가득 채운다.

• **청귀** 淸貴

깨끗하고 산뜻한 동시에 기품이 높음을 말한다.

- 예 通首淸貴, 三四逼眞樂府, 詠物詩, 唯此爲至.(王夫之,『唐詩評選』卷3 杜甫「廢畦」)
- 역 시(詩) 전체가 아주 깨끗하고 산뜻한 동시에 기품이 높다. 그 중에 서너 구절은 악부(樂府)의 기질을 갖고 있다. 영물시(詠物詩) 중에 이 시

가 제일 좋다.

- **청기** 淸奇

  "청(淸)"은 "속(俗)"과 상대되고, "기(奇)"는 "평범"과 대비된다. 청원(淸遠)·한담(閑淡)·유정(幽靜)의 미를 나타내는 미학범주이다. 청신(淸新)한 의경(意境)과 담박한 정취를 나타낸다.

  - ㉠ 淸奇. 娟娟群松, 下有漪流, 晴雪滿汀, 隔溪漁舟.(司空圖, 『詩品二十四則』)
  - ㉡ 청기(淸奇): 수려한 소나무 숲, 그 사이로 잔물결 살랑이며 흐르는 맑은 시내. 쾌청한 하늘 아래 눈 덮인 모래섬과 강 건너 정박해 있는 어선 한 척.

- **청기** 淸氣

  세속을 멀리 벗어난 기운과 기상을 말한다.

  - ㉠ 絶磵孤峰, 長松怪石, 竹籬茅舍, 老鶴疏梅, 一種淸氣, 固自迥絶塵囂.(胡應麟, 『詩藪』「外編」卷4)
  - ㉡ 산 속 깊은 개울과 외로운 봉우리, 낙락장송(落落長松)과 괴석(怪石), 대울타리로 둘러친 초가집, 늙은 학(鶴)과 성긴 매화(梅花)는 모두 청기(淸氣)이니, 실로 세속을 저 멀리 벗어난 것들이다.

- **청려** 淸麗

  청신(淸新)함과 아름다움을 말한다.

  - ㉠ 若夫四言正體, 則雅潤爲本; 五言流調, 則淸麗居宗.(劉勰, 『文心雕龍』「明詩」)
  - ㉡ 사언시(四言詩)는 정통적인 시의 형식으로 우아함과 풍부함을 근본으로 한다. 오언시(五言詩)는 통속적인 시의 형식으로 청신(淸新)함과 아름다움을 근본으로 한다.

- **청렬** 清冽

    얼음처럼 투명하게 맑음을 말한다.

    예 乃於從容閑雅中, 剛健其指. 而右則發淸冽之響, 左則練活潑之音, 斯爲善也.(徐上瀛,『溪山琴況』)

    역 〈거문고는〉 강건한 운지법을 사용하여 여유롭고 단아한 악곡을 연주해야 한다. 이렇게 하면 오른손은 맑은 음향을 낼 수 있으며 왼손은 활발한 소리를 낼 수 있다. 이때서야 비로소 기준에 부합한다고 할 수 있다.

- **청령** 淸泠

    (1) 맑고 상쾌한 것을 말한다.

    예 吾友金介山之詩, 淸泠竟體, 姿韻欲絶, 如毛嬙·西施淨洗脚面, 與天下婦人鬪好.(黃宗羲,『南雷文約』卷4「金介山詩序」)

    역 내 친구 금개산(金介山)의 시는 풍치(風致)가 맑고 상쾌하며 신운(神韻)이 세속에 물들지 않으니, 마치 모장(毛嬙)과 서시(西施)가 깨끗하게 씻은 얼굴로 화장을 하지 않아도 세상의 여자들과 아름다움을 겨루며 거동이 자연스러운 것과 같다.

    (2) 스산한 기운이 감돌 듯 맑고 한적한 것을 말한다.

    예 淸泠由木性, 恬淡隨人心.(白居易,『白香山集』卷5「淸夜琴興」)

    역 맑고 고요한 가락은 거문고의 나무 재질 때문인가, 평안하고 담담한 소리는 내 심경 탓인가.

- **청류** 淸流

    맑고 탐욕이 없음을 말한다.

    예 瞻弟孚, 爽朗多所遺; 秀子純·悌, 竝令淑有淸流.(劉義慶,『世說新語』「賞譽」)

    역 완첨(阮瞻)의 동생 완부(阮孚)는 쾌활하고 대범하였고, 상수(向秀)의 아들인 상순(向純)과 상제(向悌)는 모두 맑고 탐욕이 없었다.

- **청미** 清微

    청담(淸淡)과 같은 말로, 깨끗하고 담박한 것을 말한다.

    - 예) 唐詩之妙不可及處, 皆極妥極眞, 而淸微變化, 天趣溢出, 所以獨擅千古.(『尺牘新鈔』2集 盧世潅「又與程正夫」)
    - 역) 당시(唐詩)가 남이 이르지 못할 정도의 높은 수준을 가지고 있는 이유는, 지극히 온당한 동시에 진지하게 써졌기 때문이다. 깨끗하고 담박한 동시에 민첩하고 환상적이며, 자연스러운 지취(志趣)를 드러나게 했다. 그래서 당시(唐詩)는 고금(古今) 시의 최고봉이라 한다.

- **청불고** 淸不枯, **여불속** 麗不俗

    맑더라도 마르지 않고 아름다워도 용속(庸俗)하지 않다.

    - 예) 惟此山骨色相和, 神彩互發, 淸不枯, 麗不俗.(袁中道,『珂雪齋文集』卷7「遊太和記」)
    - 역) 내재적인 신운(神韻)과 외재적인 풍채(風采)가 서로 호응하여, 맑더라도 시들어 마르지 않고 아름다워도 용속(庸俗)하지 않다.

- **청생어람** 靑生於藍

    푸른색은 남초(藍草)에서 나온다. 나중 것이 먼저 것보다 낫다는 말이다.

    - 예) 夫靑生於藍, 絳生於蒨, 雖逾本色, 不能復化.(劉勰,『文心雕龍』「通變」)
    - 역) 무릇 푸른색은 남초(藍草)에서 나오고 붉은색은 꼭두서니풀에서 나온다. 그러나 설사 푸른색과 붉은색이 그 원래 풀빛보다 진하다 해도 그것들은 다시 변화를 일으킬 수 없다.

- **청소** 淸疎

    탁 트이게 퍼져 있음을 말한다.

    - 司馬太傅爲二王目曰: "孝伯亭亭直上, 阿大羅羅淸疎."(劉義慶, 『世說新語』「賞譽」)
    - 사마태부(司馬太傅: 司馬道子)가 이왕(二王: 王恭과 王忱)을 평하여 말하였다. "왕효백(王孝伯: 王恭)은 위로 곧게 오르고, 아대(阿大: 王忱)는 크고 넓게 퍼져 있다."

- **청수불약** 淸瘦不弱

    글씨가 강마르긴 하나 나약하진 않음을 말한다.

    - 宋宣獻富有古人法度, 淸瘦而不弱, 此亦古人所難.(黃庭堅, 『豫章黃先生文集』卷29「跋湘帖群公書」)
    - 송수(宋綬: 시호는 宣獻)의 서예 또한 옛 사람의 풍모가 있다. 강마르긴 하나 나약하진 않는데, 이 점은 옛 사람도 이루어내지 못한 경지이다.

- **청숙** 淸肅

    청정(淸淨)하고 엄숙하다.

    - 雖甚淸肅, 而寡於風味.(『法書要錄』卷8「張懷瓘書斷中」)
    - 비록 청정(淸淨)하고 엄숙하나 풍미(風味)가 적다.

- **청신** 淸新

    탈속(脫俗)의 청아(淸雅)함을 말한다. 새로움 혹은 신선함에 의해 맑음의 상태나 지향이 돋보이는 경지를 뜻한다. 의취(意趣)와 흥미(興味)가 자연스러울 때 이러한 경지가 드러난다.

    - 才力之使然者爲俊逸, 意味之自然者爲淸新.(方回, 『桐江集』卷1「馮伯田詩集序」)

- 역 작품을 쓸 때 재기(才氣)와 필력(筆力)이 충만하면 그 작품은 곧 준일한 것이다. 작품을 쓸 때 자연스러운 의취(意趣)와 흥미(興味)가 있게 되면 그 작품은 곧 청신한 것이다.
- 예 詩畵本一律, 天工與淸新.(蘇軾,『蘇東坡集』前集 卷16「書鄢陵王主簿所畵折枝二首」之一)
- 역 시(詩)와 화(畵)는 본래 하나이다. 둘 다 천연으로부터 나왔으며 탈속(脫俗)의 청아(淸雅)함을 담고 있다.

- **청실 淸實**

  맑고 알찬 것을 말한다.

  - 예 乃有一節一句之輕, 有間雜高下之輕, 種種意趣, 皆貴淸實中得之耳.(徐上瀛,『溪山琴況』)
  - 역 〈거문고에서〉 한 마디 혹은 한 절의 가벼움이든 복잡한 고음(高音)의 가벼움이든, 갖가지 의취(意趣)는 모두 음색이 맑고 알찬 데로부터 드러날 따름이다.

- **청어무성 聽於無聲, 득기소문 得其所聞**

  무성(無聲)인 것을 들어야 그 듣고자 한 바가 들린다. 형상에 집착하면 본령을 터득할 수 없다는 말이다.

  - 예 視於無形, 則得其所見矣. 聽於無聲, 則得其所聞矣.(『淮南子』「說林訓」)
  - 역 무형(無形)인 것을 봐야 그 보고자 한 바가 보이고, 무성(無聲)인 것을 들어야 그 듣고자 한 바가 들린다.

- **청운 淸韻**

  맑고 운치가 있음을 말한다.

  - 예 見孔明之弟, 則極其曠逸, 見孔明之丈人, 則極其淸韻, 見孔明之題詠, 則極其俊妙.(毛宗崗,『第一才子書』第37回 首評)

🕮 제갈량의 동생을 만나보니 도량이 넓고 고상하였다. 제갈량의 장인을 만나보니 청렴하고 운치가 있었다. 제갈량이 쓴 시(詩)를 보니 재능이 뛰어나고 정묘(精妙)하였다.

- **청울간령** 淸蔚簡令

  사람됨이 탐욕이 없고 간약(簡約)함을 말한다.

  📖 撫軍問孫興公: "劉眞長何如?" 曰: "淸蔚簡令."(劉義慶, 『世說新語』 「品藻」)
  🕮 무군(撫軍: 司馬昱)이 손흥공(孫興公: 孫綽)에게 물었다. "유진장(劉眞長: 劉惔)은 어떤 사람이오?" 손흥공이 답하였다. "탐욕이 없고 간약(簡約)합니다."

- **청웅** 淸雄

  맑은 기상을 말한다.

  📖 而山水以淸雄奇富·變態無窮爲難.(蘇軾, 『東坡題跋』 下卷 「跋蒲傳正燕公山水」)
  🕮 산수의 맑은 기상과 풍부한 변화의 무궁무진함을 그려내는 것은 아주 어렵다.

- **청원** 淸遠

  (1) 맑고 아득한 것을 말한다.

  📖 褚河南書淸遠蕭散, 微雜隷體.(蘇軾, 『蘇東坡集』 前集 卷23 「書唐氏六家書後」)
  🕮 저수량(褚遂良)의 글씨는 맑고 심원(深遠)하며 소산(疏散)한데, 약간 예서체(隷書體)가 섞여 있다.

  (2) 사람됨이 세속과 멀리 떨어진 맑음을 말한다. 청통(淸通), 청일(淸逸) 등의 개념이다.

- 예) 籍子渾, 器量弘曠; 康子紹, 淸遠雅正.(劉義慶,『世說新語』「賞譽」)
- 역) 완적(阮籍)의 아들 완혼(阮渾)은 인물됨의 그릇이 컸고, 혜강(嵇康)의 아들 혜소(嵇紹)는 맑고 반듯했다.

• **청유** 淸幽

맑고 그윽한 경지를 말한다.

- 예) 山水不厭高深, 而此公稍乏淸幽, 傷於淺露.(『法書要錄』卷9「張懷瓘書斷下」)
- 역) 산수는 높고 깊음을 따지지 않으나, 이 사람은 청유(淸幽)의 경지가 아주 부족하니 천박하고 깊이가 없다.

• **청유음지음자롱** 聽有音之音者聾, **청무음지음자총** 聽無音之音者聰

소리가 나는 음(音)을 듣는 것은 무지(無知)한 것이요, 소리가 없는 음(音)을 듣는 것은 총명한 일이다.

- 예) 聽有音之音者聾, 聽無音之音者聰, 不聾不聰, 與神明通.(『淮南子』「說林訓」)
- 역) 소리가 나는 음(音)을 듣는 것은 무지(無知)한 것이요, 소리가 없는 음(音)을 듣는 것은 총명한 일이다. 귀머거리도 아니고 총명함도 없는 것이 신명(神明)과 통한다.

• **청은** 淸隱

고고(孤高)한 은미(隱微)를 말한다.

- 예) 爲其外界之現象所風動所熏染, 其規模常絢麗, 其局勢常淸隱, 其氣魄常文弱, 有月明畫舫緩歌慢舞之觀.(梁啓超,『飮冰室文集』卷10「中國地理大勢論」)
- 역) 외계의 현상이 영향을 준 것의 규모가 대개 화려하고, 형세는 대개 은미했으며, 기백은 대개 문약(文弱)했고, 달빛 아래 아름답게 치장한 놀

잇배의 느긋한 춤과 노래의 낭만이 있었다.

- **청이근박** 清易近薄

  맑음이 많으면 천박해지기 쉽다.

  - 余嘗合而衍之曰: 綺多傷質, 豔多無骨, 淸易近薄, 新易近尖.(楊愼,『總纂升庵合集』卷144「庾信詩」)
  - 나〈양신(楊愼)〉는 일찍이 이 평가들을 합쳐 말하길, 아름다움이 많으면 질박해지기 어렵고 고움이 많으면 기골이 있기 어려우며 맑음이 많으면 천박해지기 쉽고 새로움이 많으면 날카로워지기 쉽다고 했다.

- **청이불박** 淸而不薄

  맑으면서도 천박하지 않음을 말한다.

  - 子山之詩, 綺而有質, 豔而有骨, 淸而不薄, 新而不尖, 所以爲老成也.(楊愼,『總纂升庵合集』卷144「庾信詩」)
  - 유신(庾信)의 시는 아름다우면서도 질박하고, 고우면서도 기골이 있으며, 맑으면서도 천박하지 않고, 새로우면서도 날카롭지 않다. 그래서 그의 시가 노숙하다고 하는 것이다.

- **청이생량** 淸以生亮, **양이생채** 亮以生采

  〈거문고 소리를 연습할 때〉 맑은 소리를 먼저 낼 수 있은 다음 밝은 소리를 추구해야, 밝은 소리로부터 풍채를 드러낼 수 있다.

  - 故淸以生亮, 亮以生采, 若越淸亮而卽欲求采, 先後之功舛矣.(徐上瀛,『溪山琴況』)
  - 그러므로 〈거문고에서〉 맑은 소리를 먼저 낼 수 있게 하고 다음에 밝은 소리를 추구해야 밝은 소리로부터 풍채를 드러낼 수 있다. 만약 청(淸)과 양(亮)을 넘어서 직접 채(采)를 추구한다면, 거문고를 배우는 선후가 뒤바뀔 것이다.

- **청이영달** 清易令達

  사람됨이 맑고 활달함을 말한다.

  - 예 "謝仁祖何如?" 曰: "淸易令達." "阮思曠何如?" 曰: "弘潤通長."(劉義慶, 『世說新語』 「品藻」)
  - 역 "사인조(謝仁祖: 謝尙)는 어떻소?" 답하였다. "맑고 활달합니다." "완사광(阮思曠: 阮裕)은 어떻소?" 대답하였다. "온화하고 도량이 넓습니다."

- **청재** 淸才

  맑은 성정(性情)을 말한다.

  - 예 源之不淸, 流將焉附, 迷途乘驥, 愈速愈遠. 此古人所以有淸才之重也.(袁枚, 『小倉山房文集』 卷31 「陶怡雲詩序」)
  - 역 근원이 맑지 않으면 그 흐름도 그에 따라 혼탁해지니, 빠르면 빠를수록 더 맑음으로부터 멀어지게 된다. 이것이 바로 옛사람들이 맑은 성정(性情)을 중요하게 여긴 까닭이다.

- **청진** 淸眞

  맑고 진실한 기상 혹은 품격을 말한다.

  - 예 聖代復元古, 垂衣貴淸眞.(『分類補注李太白詩』 「古風」)
  - 역 지금 당대(唐代)에 이르러 옛 것을 회복하고, 또한 정치가 바르게 펼쳐져 맑고 진실함을 중요하게 여기게 되었다.

- **청창** 淸暢

  맑고 탁 트인 것을 말한다.

  - 예 世目謝尙爲令達. 阮遙集云: "淸暢似達."(劉義慶, 『世說新語』 「賞譽」)
  - 역 세상 사람들이 사상(謝尙)을 평하여 통달하였다고 했다. 완요집(阮遙集: 阮孚)도 그를 두고, 탁 트여 통달했다고 했다.

- **청철** 清徹

  〈성정(性情)이〉 맑음을 나타낸 말이다.

  > 性格清徹者音調自然宣暢, 性格舒徐者音調自然疏緩.(李贄, 『焚書』卷3「雜述·讀律膚說」)
  >
  > 성정(性情)이 맑은 사람은 그 음조(音調)도 당연히 시원스럽고, 성정이 느긋한 사람은 그 음조도 완만하다.

- **청통** 清通

  구애됨이 없이 소탈하다. 청일(清逸)과 같은 개념이다.

  > 謝幼輿曰:"友人王眉子清通簡暢, 嵇延祖弘雅劭長, 董仲道卓犖有致度."(劉義慶, 『世說新語』「賞譽」)
  >
  > 사유여(謝幼輿: 謝鯤)가 말했다. "친구인 왕미자(王眉子: 王玄)는 구애됨이 없이 소탈하고 탁 트였다. 혜연조(嵇延祖: 嵇紹)는 고아(高雅)하고 덕이 높다. 동중도(董仲道: 董養)는 탁월하고 법도가 있다."

  > 武元夏目裴王曰:"戎尚約, 楷清通."(劉義慶, 『世說新語』「賞譽」)
  >
  > 무원하(武元夏: 武陵)가 배해(裴楷)와 왕융(王戎)을 평하여 말하였다. "왕융은 간약(簡約)을 숭상하고 배해는 청일(清逸)하다."

- **청한** 清閑

  맑고 그윽함을 말한다.

  > 山水林泉, 清閑幽曠, 屋廬深邃, 橋渡往來.(董其昌, 『畫禪室隨筆』卷2「畫訣」)
  >
  > 산수(山水)와 임천(林泉)을 그릴 때는 청정(清淨)하고 심원(深遠)하게 하고, 집을 그릴 때는 안으로 깊숙이 그려야 하며, 다리의 입구에는 사람의 왕래가 있어야 한다.

- **청화** 清和

사람됨이 맑고 온화함을 말한다.

- 예) 世稱苟子秀出, 阿興淸和.(劉義慶, 『世說新語』「賞譽」)
- 역) 세상 사람들이 칭찬하여 말하길, 구자(苟子: 王脩)는 빼어나게 출중하고 아흥(阿興: 王蘊)은 맑고 온화하다고 하였다.

- **청화** 菁華

정화(精華). 여기서는 서예의 내재정신을 말한다.

- 예) 著述者假其糟粕, 藻鑒者挹其菁華.(孫過庭, 『書譜』)
- 역) 글을 쓰고 논설을 세우는 사람도 종종 글씨를 잘 못 쓸 때가 있으나, 품평과 감상을 잘하는 사람은 진정한 서예의 정화(精華)를 체득할 수 있다.

- **청후취량** 淸後取亮

〈거문고 소리를 내는 데 있어〉 맑고 낭랑한 소리를 연주할 수 있어야 비로소 밝은 소리를 낼 수 있다.

- 예) 淸後取亮, 亮發淸中, 猶夫水之至淸者, 得日而益明也.(徐上瀛, 『溪山琴況』)
- 역) 〈거문고에서〉 맑은 소리인 청(淸)까지 연습한 후에야 비로소 밝은 소리인 양(亮)을 얻을 수 있다. 밝은 소리는 맑은 소리로부터 나오는 것이다. 마치 맑고 깨끗한 물이 햇빛에 비친 후 더욱 밝아지는 것과 같다.

- **체** 體

느끼고 음미함을 말한다. 물상에 직접 관여하여 체험하는 것, 혹은 더 나아가 그러한 체험을 통해 그 물상을 형용하거나 묘사하는 것을 말한다. 흔히 체물(體物)이라는 표현으로 쓰이는데, 원래는 부(賦)에서 사물의 형상을 묘사하는 뜻으로 쓰였다. 나중에는 이 체물이 단순히 부(賦)만이 아니라 기타 여러 예술 장르의 형식을 거론하는 데도 쓰였

다.(2008, p. 142 참조)

- 예) 夫潛神對奕, 猶標坐隱之名; 樂志垂綸, 尙體行藏之趣.(孫過庭, 『書譜』)
- 역) 바둑에 마음을 쏟는 이도 좌은(坐隱)이라는 미명(美名)을 표방할 수 있고, 낚시에 유유자적하는 이 또한 행장(行藏)의 즐거움을 체험할 수 있다.
- 예) 於是乎章句以綱之, 訓詁以紀之, 諷詠以昌之, 涵濡以體之.(朱熹, 『朱文公集』卷76「詩集傳序」)
- 역) 그런 다음 한 장 한 구절을 끊어 요지(要旨)를 총괄하고, 문자를 해석하여 그 뜻을 분석하며, 외우고 읊어 그 의미를 밝히고, 그 안에 침잠함으로써 그 맛을 깊이 음미하도록 한다.

• 체격 體格

격식(格式)을 말한다.

- 예) 作詩大要不過二端: 體格聲調, 興象風神而已. 體格聲調有則可循, 興象風神無方可執.(胡應麟, 『詩藪』「內編」卷5)
- 역) 시를 짓는 큰 요점은 다만 두 가지이다. 하나는 격식(格式)·음률(音律)이요, 다른 하나는 흥상(興象)·풍신(風神)이다. 격식(格式)과 음률(音律)은 따를 법칙이 있으나, 흥상(興象)과 풍신(風神)은 파악할 방도가 없다.

• 체기 體氣

〈문장에서의〉 경계(境界)나 풍격 같은 내재적 함의를 말한다.

- 예) 爲文亦然, 患體氣·神韻·筋骨·脈絡不大備耳.(賀貽孫, 『水田居詩文集』卷5「與友人論文第二書」)
- 역) 문장을 창작하는 것도 마찬가지다. 진정 걱정하는 것은 형태나 기운, 그리고 골격과 맥락이 표준에 도달할 수 있느냐다.

- **체면** 體面

  시(詩)의 형상(形象)을 말한다. 체면은 굉대(宏大)해야 한다.

  - 大凡詩自有氣象·體面·血脈·韻度.(姜夔, 『白石道人詩說』)
  - 시(詩)에는 일정한 기상(氣象)과 체면(體面)과 혈맥(血脈)과 운도(韻度)가 있다.

- **체무상궤** 體無常軌, **언무상종** 言無常宗, **물무상용** 物無常用, **경무상취** 景無常取

  문장을 쓸 때 고정된 격식만을 사용해선 안 되고, 특정한 언어만을 골라 사용해서도 안 되며, 정해진 물상(物象)만을 골라 써도 안 되고, 일정한 경물(景物)만을 묘사해서도 안 된다는 요점을 말한다.

  - 體無常軌, 言無常宗, 物無常用, 景無常取.(皇甫湜, 『皇甫持正集』 卷1 「諭業」)
  - 〈문장을 쓸 때〉 고정된 격식만을 사용해선 안 되고, 특정한 언어만을 골라 사용해서도 안 되며, 정해진 물상(物象)만을 골라 써도 안 되고, 일정한 경물(景物)만을 묘사해서도 안 된다.

- **체물** 體物

  경물(景物)의 묘사를 말한다.

  - 蘇子瞻謂"桑之未落, 其葉沃若", 體物之工, 非"沃若"不足以言桑, 非桑不足以當"沃若", 固也.(王夫之, 『薑齋詩話』 卷2)
  - 소식(蘇軾)이 말하기를, "뽕잎이 시들지 않으면 그 잎에 윤기가 흐르네."라는 시는 경물을 묘사함이 뛰어난데, "윤기가 흐른다."라는 표현이 아니고선 뽕잎을 말하기가 부족하고 뽕잎이 아니고선 "윤기가 흐른다."라는 묘사를 감당할 수 없다고 했다. 정말 그러하다.

- **체물득신** 體物得神

경물(景物)을 체험하여 신채(神采)를 터득한다.

- 含情而能達, 會景而生心, 體物而得神, 則自有靈通之句, 參化工之妙.(王夫之, 『薑齋詩話』卷2)
- 정(情)을 머금어 능숙하게 표현하고, 경물(景物)을 마주하여 감흥을 일으키며, 경물을 체험하여 신채(神采)를 터득하면, 곧 저절로 훌륭한 시구가 나오게 되고 공교로운 오묘함에 들게 된다.

• **체물류량** 體物瀏亮

물상에 대한 관찰을 드러내야 하니 단어의 사용이 무궁무진하고 명확해야 한다. 부(賦)의 창작 원칙을 말하고 있다.

- 詩緣情而綺靡. 賦體物而瀏亮. 碑披文以相質.(陸機, 「文賦」)
- 시(詩)는 내면의 정(情)을 드러내되 아름다운 글로 나타내야 한다. 부(賦)는 물상에 대한 관찰을 드러내야 하니 단어의 사용이 무궁무진하고 명확해야 한다. 비(碑)는 글의 형식이 내용과 서로 어울려야 한다.

• **체세** 體勢

원래는 형체가 있는 사물의 자태와 형세를 말한다. 예술론에서는 작품 형식의 기본적인 형세와 그것의 운동방식을 가리킨다. 서예에서 특히 체세라는 개념이 품평에 많이 쓰였다. 서론(書論)에서 체(體)는 용필의 규범과 전체적인 구조 및 풍격 등과 연관된 의미가 있으며, 세(勢)는 힘과 민첩성을 함께 갖춘 운필의 궤적을 말한다.(2008, p. 146 참조)

- 好異尚奇之士, 翫體勢之多方; 窮微測妙之夫, 得推移之奧賾.(孫過庭, 『書譜』)
- 호기심 많은 사람만이 서체(書體)와 자체(字體) 구조의 다양한 형식 변화를 음미할 수 있으며, 세밀함과 오묘함을 깊이 탐구하는 사람만이 운필 변화의 심오한 의미를 깨달을 수 있다.

◉ 氣象氤氳, 由深於體勢.(皎然, 『詩式』)
◉ 기운이 왕성한 것은 체세(體勢)가 깊은데서 나온다.

- **체재** 體裁

  점획의 맥락과 어울림 및 실획(實畫)과 허백(虛白)의 포치(布置)가 유기적인 전체를 이루어야 한다는, 자체(字體)의 결구(結構)를 말한다.

  ◉ 體裁. 一擧一措, 盡有憑據.(竇蒙, 『語例字格』)
  ◉ 체재(體裁): 일점(一點) 일획(一畫)이 고립되어서는 안 되고 서로 어울려야 한다.

- **체피문질** 體被文質

  문장의 체재에 내용과 형식이 조화로움을 말한다.

  ◉ 情兼雅怨, 體被文質.(鍾嶸, 『詩品』)
  ◉ 〈조식(曹植)의 시는〉 정감에 아정(雅正)과 원망이 함께 어우러져 있으나 또한 과격하지 않으며, 내용과 형식이 조화롭다.

- **초** 峭

  우뚝 솟은 출중함 속의 웅건하고 막힘없는 미끈함을 말한다.

  ◉ 峭. 峻中勁利曰峭.(竇蒙, 『語例字格』)
  ◉ 초(峭): 우뚝 솟은 출중함 속의 웅건하고 막힘없는 미끈함을 일러 초(峭)라 한다.

- **초** 草

  초서(草書)를 말한다.

  ◉ 草. 電掣雷奔, 龍蛇出沒.(竇蒙, 『語例字格』)
  ◉ 초(草): 섬광처럼 번뜩이고 우렛소리처럼 내달리며, 용과 뱀이 들고 나

는 듯하다.

- **초관막측** 初觀莫測, **구시미진** 久視彌珍

  〈서예의 묘처(妙處)를 알고자 할 때〉 처음에는 변화막측한 깊이를 보지만 오래 보면 진귀함을 보게 됨을 말한다.

  - 예 欲知其妙, 初觀莫測, 久視彌珍.(『法書要錄』卷4「唐張懷瓘文字論」)
  - 역 서예의 묘처(妙處)를 알고자 할 때, 처음에는 변화막측한 깊이를 보지만 오래 보면 진귀함을 보게 된다.

- **초발** 峭拔

  물상(物象)이 우뚝 솟아오른 것을 말한다.

  - 예 如嵩山·少室非不峭拔也, 如嵩·少類者鮮爾.(郭熙,『林泉高致』「山川訓」)
  - 역 숭산(嵩山)이나 소실산(少室山) 같은 산도 우뚝 솟아오르지 않은 것은 아니나, 여기엔 이런 숭산이나 소실산 같은 산은 드물다.

- **초수불건** 峭秀不蹇

  산뜻하나 차갑지는 않다.

  - 예 樹豈有不入畫者, 特當收之生絹中, 茂密而不繁, 峭秀而不蹇, 卽是一家眷屬耳.(董其昌,『畫禪室隨筆』卷2「畫訣」)
  - 역 나무에 어디 그림에 적합하지 않은 것이 있던가? 다만 화가가 비단에 그려낼 때 우거지고 빽빽하나 아무렇게나 뒤섞이지 않고 산뜻하나 차갑지 않으니, 나무와 그림은 같은 꼴인 것이다.

- **초연** 超然

  이해관계에 구애받지 않음을 말한다.

- 예 使吾人超然於利害之外, 而忘物與我之關係, 此時也, 吾人之心 無希望, 無恐怖, 非復欲之我, 而但知之我也.(王國維,『靜庵文 集』「紅樓夢評論」)
- 역 인간이 이해관계에 구애받지 않고 초연해짐으로써 사물과 자신의 관계를 망각할 때 비로소 희망, 공포 및 욕구를 극복 할 수 있으며, 오직 자아만 남아 있을 것이다.

- **초예** 超詣

세속을 초탈하고 자연을 숭상하는 은일의 정취를 나타낸다.

- 예 超詣. 匪神之靈, 匪機之微, 如將白雲, 淸風與歸.(司空圖,『詩品二十四則』)
- 역 초예(超詣): 심신(心神)의 영민함도 아니고 천기(天機)의 미묘함도 아니다. 어쩌면 흰 구름의 짝이 된 듯 청풍(淸風)을 타고 하늘을 향해 돌아간다.

- **초이쇄** 噍以殺

〈소리가〉 급하면서도 미약해짐을 말한다.

- 예 樂者, 音之所由生也; 其本在人心之感於物也. 是故其哀心感者, 其聲噍以殺; 其樂心感者, 其聲嘽以緩.(『樂記』「樂本」)
- 역 악(樂)이란 노랫가락으로 말미암아 생기는 것이다. 그 근본은 인심(人心)이 물(物)에 감응하는 데에 있다. 그래서 마음이 슬픈 자는 그 소리가 급하면서도 미약하고, 마음이 즐거운 자는 그 소리가 밝으면서도 완만하다.

- **초일** 超逸

범상을 넘어선 탈속적인 예술정신을 가리킨다. 그것은 세속적인 허위와 가식을 벗어나 순수의 세계로 넘어가고자 한다. 따라서 여기서 나타내는 것은 바로 인간세계의 의표(意表)를 떠난 대미(大美)가 된다.

- 예 夫勁速者, 超逸之機; 遲留者, 賞會之致.(孫過庭,『書譜』)
- 역 모름지기 서예가 빠르다는 것은 초일(超逸)에 다다르게 되는 계기요, 느리다는 것은 서예의 맛을 즐기고 그 이치를 터득하게 되는 극치의 지경이다.

- **초일우유** 超逸優游

  범속(凡俗)과 다른 시원함이 있음을 말한다.
  - 예 情馳神縱, 超逸優游.(『法書要錄』卷4「張懷瓘議書」)
  - 역 심사(心思)가 내달리니 범속(凡俗)과는 다른 시원함이 있다.

- **초쾌** 峭快

  준수하고 명쾌함을 말한다.
  - 예 陶隱居書如吳興小兒, 形狀雖未成長, 而骨體甚峭快.(『書法鉤玄』卷4「梁武帝評書」)
  - 역 도은거(陶隱居)의 글씨는 마치 오흥(吳興)의 어린아이 같다. 겉모양은 아직 장성하지 않았으나 골격과 형체는 아주 준수하다.

- **초탈** 超脫

  일상의 법규를 초월한 것을 말한다.
  - 예 超脫. 腕有古人, 機無留停. 意趣高妙, 縱其性靈.(黃鉞,『二十四畫品』)
  - 역 초탈(超脫): 가슴속에 옛사람의 전범(典範)이 있으면 조금도 머뭇거림이 없다. 의취(意趣)가 높고 오묘하니 영감이 자연스레 떠오른다.

- **촉우성형** 觸遇成形

  〈마치 구름과 노을 같은 것이 모였다 흩어지듯〉 자연 경물을 우연히 마주치면 곧 예술 형상으로 이루어낸다.

- 예) 有類雲霞聚散, 觸遇成形.(『法書要錄』 卷4 「張懷瓘議書」)
- 역) 구름과 노을 같은 것이 모였다 흩어지는 듯 우연히 마주치면 곧 형상이 이루어진다.

• **촉우조필** 觸遇造筆

우연히 흥취가 살아나니 때를 놓치지 않기 위해 급히 붓을 휘두른다.

- 예) 偶其興會, 則觸遇造筆, 皆發於衷, 不從于外.(『法書要錄』 卷8 「張懷瓘書斷中」)
- 역) 우연히 흥취가 살아나면 급히 때를 살려 붓을 휘두르니, 이는 그 내심(內心)에서 비롯된 것이지 외부의 힘에 이끌린 것이 아니다.

• **총천** 蔥蒨

〈문장이나 시(詩)에서〉 언어의 문채(文彩)가 다채롭고 풍성함을 말한다.

- 예) 詞采蔥蒨, 音韻鏗鏘, 使人味之, 亹亹不倦.(鍾嶸, 『詩品』)
- 역) 〈장협(張協)의 시는〉 문채(文彩)가 풍성하고 음조(音調)는 낭랑하니, 그의 시를 읽으면 맛이 있고 정신이 상쾌해진다.

• **추도극처** 醜到極處, **미도극처** 美到極處

추하면 추할수록 더 아름답다.

- 예) 怪石以醜爲美, 醜到極處, 便是美到極處. 一醜字中丘壑未易盡言.(劉熙載, 『藝槪』 「書槪」)
- 역) 괴석(怪石)은 추함을 아름다움으로 삼는다. 추하면 추할수록 그 아름다움은 더 커진다. "추(醜)"자 하나에 심원한 의경(意境)이 다 드러난다.

• **추박** 醜樸

내면의 박실함을 말한다.

- 詩不假修飾, 任其醜樸. 但風韻正, 天眞全.(皎然, 『詩式』)
- 시는 수식에 의거해선 안 되며, 박실한 성정(性情)을 따르고, 다만 풍운(風韻)을 바르게 하고 천진함을 온전히 해야 한다.

• **추변적시** 趨變適時

시대의 수요에 부합한다.

- 加以趨變適時, 行書爲要.(孫過庭, 『書譜』)
- 나아가 세태의 변화와 시대의 요구에 들어맞는다는 면에서는 행서(行書)가 가장 중요해졌다.

• **추속** 麤俗

거칠고 투박하며 세속적인 형식미를 말한다. 그러나 이 형상의 추함은 내면의 질박함을 역설적으로 상징한다.

- 世徒見子美詩多麤俗, 不知麤俗語在詩句中最難, 非麤俗, 乃高古之極也.(張戒, 『歲寒堂詩話』)
- 세상 사람들은 단지 두보(杜甫)의 시가 거칠고 저속한 곳이 많다고만 생각하지, 거칠고 저속한 말을 시구에 쓰는 것이 가장 어려운 것임을 알지 못한다. 그러한 시구는 거칠고 저속한 것이 아니라 지극한 청고(淸高)하고 질박(質朴)한 것이다.

• **추차치유** 醜魋馳趡

추악하게 날뛰는 것을 말한다.

- 鬼神乃作醜魋馳趡之狀, 士女宜富秀色婑媠之態, 田家自有醇甿朴野之眞.(郭若虛, 『圖畫見聞志』「叙論」)
- 귀신은 추악하게 날뛰는 모습을 그려야 한다. 사녀(士女)는 응당 빼어난 자색과 유연하고 아리따운 자태가 풍부하도록 그려야 한다. 농부는

순수하고 순박하며 꾸밈없는 진실함을 표현해야 한다.

- **추창** 惆悵

  서사적이자 형이상적인 울적함을 말한다. 음유미(陰柔美)에 속하는 이 범주는 역사의 명운과 인생을 연결 지어 슬픔의 경지를 이룸과 동시에, 우주자연의 섭리까지가 개인의 슬픔과 연결 지어져 있다. 예컨대 인간의 유한한 생명을, 달의 차고 기우는 그 끝없이 반복되는 자연 규율의 영원성에 빗대 울적해 하는 따위이다.(2007, pp. 253, 256-257 참고)

  예 至尊含笑催賜金, 圉人太僕皆惆悵.(杜甫,「丹靑引」)
  역 임금은 미소를 머금으며 금을 하사하라 재촉하고 마부와 하인은 모두 실망하는 낯빛이다.

- **추화사** 錐畫沙

  송곳으로 모래에 획을 긋는 듯한 용법을 말한다. 글씨 획의 단단하면서도 험준한 형상은 날카로움과 아름다움의 조화를 보여준다. 붓끝을 감추어 쓰는 장봉(藏鋒)을 형상화한 말이다.

  예 其勁險之狀, 明淨媚好. 自茲乃悟如錐畫沙.(顔眞卿,「述張長史筆法十二意」)
  역 그 글씨 획의 단단하면서도 험준한 형상은 날카로움과 아름다움이 함께 좋은 조화를 이루고 있었다. 이로부터 드디어 송곳으로 모래에 획을 긋는 용법을 깨닫게 되었다.
  예 須有用筆如太阿剸截之意, 蓋以勁利取勢, 以虛和取韻; 顔魯公所謂如印印泥·如錐畫沙是也.(董其昌,『畫禪室隨筆』卷1「評法書」)
  역 용필(用筆)에는 반드시 날카로운 보검(寶劍)으로 잘라내는 듯한 뜻이 있어야 한다. 거침없는 웅건함으로 세(勢)를 취하고, 부드러운 화평함으로 운(韻)을 취한다. 안진경(顔眞卿)이 말한 바, 인장(印章)을 인주(印朱)에 힘껏 누르듯 하고 못으로 모래 위에 획을 가르듯 한다는 것이 바로 그것이다.

- **축 蓄**

  결말을 바로 드러내지 않고 문장 전체의 풍부한 변화를 통해 감정이나 줄거리의 기복(起伏)을 최후까지 끌고 가는 전개를 말한다. 글의 전개과정에 고비가 많을수록 줄거리는 더욱 치밀하고 드라마틱해질 수 있다.

  - 예 愈蓄則文勢愈緊, 愈伸, 愈矯, 愈陡, 愈縱, 愈捷; 蓋轉以句法言之, 蓄則統篇法言也.(但明倫, 『聊齋志異新評』卷12「王桂庵」後評)
  - 역 문장의 기세를 축적하면 할수록 문장이 더욱 치밀하고, 더욱 널리 발전하게 되며, 더욱 굳세고 강직하고, 더욱 험준하고 방종하며, 더욱 민첩해질 수 있다. 전(轉)이란 것은 구절의 전환이며, 축(蓄)이란 것은 문장 전체의 풍부한 변화이다.

- **춘란추국 春蘭秋菊**

  봄의 난초와 가을의 국화를 말하는 것으로, 각기 한 계절의 아름다움이 있는 것이라 인위적으로 그 아름다움의 품등을 나눌 수 없다는 의미이다.

  - 예 詩如天生花卉, 春蘭秋菊各有一時之秀, 不容人爲軒輊. 音律風趣能動人心目者, 卽爲佳詩, 無所爲第一第二也.(袁枚, 『隨園詩話』卷3)
  - 역 시(詩)란 자연스럽게 피어나는 꽃과 같다. 봄의 난초와 가을의 국화는 각기 한 계절의 아름다움이 있는 것이니, 인위적으로 품등을 나눌 수 없다. 다만 음률(音律)이 조화롭고 풍취(風趣)가 사람의 마음을 감동시키는 것이 좋은 시이다. 여기에 제일(第一), 제이(第二)는 의미가 없다.

- **출색본색** 出色本色

    가장 훌륭한 언어는 본래 가장 자연스러운 언어라는 말이다.

    - 詞得此意, 則極煉如不煉, 出色而本色.(劉熙載,『藝槪』「詞曲槪」)
    - 사(詞)를 쓸 때 만약 이 점을 깨달으면, 가장 세밀하고 정제된 언어가 마치 조탁이 없는 것과 같이 된다. 가장 훌륭한 언어는 본래 가장 자연스러운 언어이다.

- **출속귀아** 黜俗歸雅

    용속(庸俗)을 버리고 아정(雅正)으로 돌아가는 것을 말한다.

    - 澹固未易言也, 祛邪而存正, 黜俗而歸雅, 舍媚而還淳, 不著意於澹, 而澹之妙自臻.(徐上瀛,『溪山琴況』)
    - 물론 담(澹)을 뚜렷하게 표현하기는 어렵지만, 거문고를 연주할 때 바르지 않은 마음을 제거하여 바른 기풍을 지닐 수 있고 용속(庸俗)을 버리고 아정(雅正)을 앞세우며 세속적인 것을 버리고 소박함과 순진함을 앞에 내세우면, 일부러 담(澹)을 추구하지 않더라도 그 묘한 부분이 자연스럽게 드러나게 될 것이다.

- **출신의어법도지중** 出新意於法度之中, **기묘리어호방지외** 寄妙理於豪放之外

    법도(法度)를 보이는 가운데 새로운 창의(創意)를 드러내고 호방함 속에 오묘함을 나타낸다.

    - 出新意於法度之中, 寄妙理於豪放之外, 所謂遊刃餘地, 運斤成風.(蘇軾,『蘇東坡集』前集 卷23「書吳道子畵後」)
    - 법도(法度)를 보이는 가운데 새로운 창의(創意)를 드러내고 호방함 속에 오묘함을 나타내니, 이른바 칼날을 놀림에 여유가 있고 도끼를 휘둘러 바람을 일으킨다고 할 정도의 능수능란함을 보였다.

- **출중즉기** 出衆則奇

  보통, 일반과 다른 것을 기이하다고 한다.

  - 예) 詞高則出於衆, 出於衆則奇矣.(皇甫湜, 『皇甫持正集』卷4 「答李生第一書」)
  - 역) 문채가 뛰어나면 평상을 넘어서며, 평상을 넘어서면 사람들이 기이하다 여긴다.

- **출유입무** 出有入無

  제한적인 "유(有)"로부터 벗어나 만물의 본원(本原)인 "무(無)"의 경지에 들어가는 것을 말한다.

  - 예) 所謂希者, 至靜之極, 通乎杳渺, 出有入無2, 而遊神於羲皇之上者也.(徐上瀛, 『溪山琴況』)
  - 역) 여기서 말하는 "희(希)"는 바로 지극히 조용하다는 뜻으로서 멀고 오묘한 경지와 서로 통하는 것인데, 제한적인 "유(有)"로부터 벗어나서 만물의 본원(本原)인 "무(無)"의 경지에 들어가 상고시대의 이상(理想)세계에서 자유로이 떠도는 것이다.

- **충** 忠

  위기에 임하여 변함이 없는 것을 말한다.

  - 예) 忠. 臨危不變曰忠.(皎然, 『詩式』)
  - 역) 충(忠): 위기에 임하여 변함이 없는 것을 충(忠)이라 한다.

- **충담** 沖澹

  혹은 충담(沖淡)으로, 담담하고 조용한 상태를 말한다. 고상하고 원대하며 마음에 집착이 없는 상태를 나타내는 미학범주이다. 우미(優美)에 속한다. 소박하고 평이한 언어, 청허(淸虛)하고 담박(淡泊)한 흥금, 느긋하고 조용한 정취 등으로써 평온(平穩)·고아(高雅)·화목(和睦)·한담(閑淡)·청원(淸遠) 등의 미감을 일으킨다.

- 예) 沖淡. 素處以默, 妙機其微, 飮之太和, 獨鶴與飛.(司空圖,『詩品二十四則』)
- 역) 충담(沖澹): 담박한 곳에 조용히 처하여 마음으로 은은하게 천기(天機)와 묘합(妙合)한다. 음양(陰陽)이 회합(會合)한 태화(太和)의 원기(元氣)를 마시며, 한 마리 학을 타고 하늘 밖으로 날아다닌다.
- 예) 以緩縵而爲沖澹.(皎然,『詩式』)
- 역) 완만한 것을 충담(沖澹)으로 보기도 한다.
- 예) 然粗率疑於古樸, 疏慵疑於沖澹, 似超於時, 而實病於古.(徐上瀛,『溪山琴況』)
- 역) 그러나 거친 음악인 조율(粗率)은 소박해 보이고 느린 음악인 소용(疏慵)은 담담해 보이지만, 혹은 이 두 가지 음악이 시조(時調)보다 더 고명(高明)한 것 같지만, 사실 둘은 모두 고조(古調)를 습득하지 못한 과정 중에 나타난 문제점이다.

- **충소지학** 沖霄之鶴, **영수지매** 映水之梅

두루미 한 마리는 하늘 높이 날고, 매화꽃은 물속에 아른거린다. 맑고 넓은 청광(淸曠)의 경지를 표현한 것이다.

- 예) 沖霄之鶴, 映水之梅. 意所未設, 筆爲之開.(黃鉞,『二十四畵品』)
- 역) 두루미 한 마리는 하늘 높이 날고, 매화꽃은 물속에 아른거린다. 뜻을 아직 정하지 못했는데 붓이 벌써 나가는구나.

- **충원** 沖遠

고상하고 원대함을 말한다.

- 예) 淸新·秀逸·沖遠·和平·流麗·精工·莊嚴·奇峭, 名家所擅, 大家之所兼也.(胡應麟,『詩藪』「外編」卷4)

㊂ 청신(清新)·수일(秀逸)·충원(沖遠)·화평(和平)·유려(流麗)·정공(精工)·장엄(莊嚴)·기초(奇峭) 등은 명가(名家)가 잘하는 바이며, 대가(大家)도 겸비하는 바이다.

- **충이념** 沖以恬

    소박하고 평이한 언어, 청허(清虛)하고 담박(淡泊)한 흉금, 느긋하고 조용한 정취 등을 말한다.

    ㊂ 粹勝靈者, 其文沖以恬.(白居易,『白香山集』卷59「故京兆元少尹文集序」)

    ㊂ 〈만약 어떤 한 사람이〉 수기(粹氣)를 영기(靈氣)보다 더 많이 가지게 되면 그 사람의 문장은 비교적 온화하고 부드럽다.

- **충화** 沖和

    마음이 탁 트이고 기운이 온화한 것을 말한다.

    ㊂ 所資心副相參用, 神氣沖和爲妙.(『佩文齋書畫譜』卷5「唐太宗指意」)

    ㊂ 정호(正毫)와 부호(副毫)가 서로 잘 어울려야 신기(神氣)의 담박함과 화평함이 훌륭해진다.

    ㊂ 其始作也, 當拓其沖和閑雅之度, 而猱綽之用, 必極其宏大.(徐上瀛,『溪山琴況』)

    ㊂ 〈거문고에서〉 연주하기 시작할 땐 마음이 탁 트이고 기운이 온화하며 한아(閑雅)해야 된다. 노(猱)와 작(綽) 등의 지법을 훈련할 때는 반드시 속박되지 않아야 한다.

    ㊂ 沖和: 暮春晚霽, 頹霞日消. 風語虛鐸, 籟過洞簫.(黃鉞,『二十四畫品』)

    ㊂ 충화(沖和): 늦은 봄 저녁노을이 황홀하다. 정자에 걸려 있는 종을 비바람은 부질없이 때려대고, 피리 소리는 고요함 속에서 울려나온다.

- **취** 趣

    (1) 낙취(樂趣)나 취미(趣味)에서의 취(趣)로서 심미적 유쾌함을 가리킨다. 고래로 작품이나 사람의 품격을 평가하는데 주로 많이 쓰였다. 옛사람들은 취의 자연스러움과 진실함을 중요하게 생각했다. 작품을 통해 취를 표현하고자 하면 심미주체는 먼저 자연의 취를 체득해야 한다. 그렇기에 대자연으로 나아가 어른으로서의 견문지식의 속박을 떨쳐 버리고, 고산유수(高山流水)의 풍류를 맛보면서 자신의 참된 성정(性情)을 되돌아보는 것이다.(2008, p. 143 참조)

    ⓔ 夫潛神對奕, 猶標坐隱之名; 樂志垂綸, 尚體行藏之趣.(孫過庭, 『書譜』)

    ⓨ 바둑에 마음을 쏟는 이도 좌은(坐隱)이라는 미명(美名)을 표방할 수 있고, 낚시에 유유자적하는 이 또한 행장(行藏)의 즐거움을 체험할 수 있다.

    (2) 풍취(風趣)를 가리키는 말로, 정신적인 풍모(風貌)에서 나오는 아취(雅趣)를 말한다.

    ⓔ 世人所難得者唯趣. 趣如山上之色, 水中之味, 花中之光, 女中之態, 雖善說者不能下一語, 唯會心者知之.(袁宏道, 『袁中郎全集』 卷3 「敘陳正甫會心集」)

    ⓨ 세상 사람들이 얻기 어려운 것이 풍취(風趣)이다. 풍취란 산색(山色)이나 물맛, 혹은 꽃이나 여인의 자태와 같은 것인데, 설령 아무리 말을 잘하더라도 그것을 표현하기 어려우니, 오직 마음으로 이해한 사람만이 알 수 있다.

- **취경** 取徑

    〈시를 지을 때〉 표현의 창조를 말한다.

    ⓔ 取徑. 揉直使曲, 疊單使複.(袁枚, 『小倉山房詩集』 卷20)

㉣ 표현의 창조. 평이하고 질박한 것을 완곡하게 표현하고, 단일한 것을 번잡하게 표현하는 것은 시 창작의 한 방법이다.

- **취경 取境**

문예창작을 할 때 경계(境界)를 구상하는 것을 말한다.

- ㉠ 取境之時, 須至難至險, 始見奇句. 成篇之後, 觀其氣貌, 有似等閑不思而得, 此高手也.(皎然, 『詩式』)
- ㉡ 시경(詩境)을 취할 때 고심을 많이 해서 쓰면, 처음엔 기이한 구절로 보인다. 하지만 완성된 후 그 풍모를 보면 마치 등한히 한 것 같지만 생각하지 않아도 저절로 얻는 것이다. 이렇게 해야 고수(高手)이다.

- **취경견운 取景遣韻**

〈시(詩)는 억지로 만드는 것이 아니라〉마음을 따라 경물(景物)을 선택하여 창작한다.

- ㉠ 詩歌之妙, 原在取景遣韻, 不在刻意也.(王夫之, 『古詩評選』卷1 斛律金「敕勒歌」)
- ㉡ 시의 오묘한 점은 원래 마음을 따라 경물을 선택하여 창작하는 데에 있으니, 일부러 하는 것이 아니다.

- **취미 趣味**

낙취(樂趣)와 같은 말이다. 취(趣)는 심미적 유쾌함을 가리킨다. 고래로 작품이나 사람의 품격을 평가하는데 주로 많이 쓰였다. 옛사람들은 취의 자연스러움과 진실함을 중요하게 생각했다. 작품을 통해 취를 표현하고자 하면 심미주체는 먼저 자연의 취를 체득해야 한다. 그렇기에 대자연으로 나아가 어른으로서의 견문지식의 속박을 떨쳐 버리고, 고산유수(高山流水)의 풍류를 맛보면서 자신의 참된 성정(性情)을 되돌아보는 것이다. 양계초(梁啓超)는 「미술여생활(美術與生活)」(『飮

冰室文集』 卷39)이란 글에서 이러한 취미의 원천을 다음 세 가지로 제시했다. 첫째, 자연의 아름다움에 대한 감상과 회상이다. 둘째, 심태(心態)의 추출(抽出)과 인증(印證)이다. 셋째, 다른 세상에 대한 모색과 갈구이다.

- 예) 有人問我, 你的人生觀拿什麽做根柢? 我便答道, 拿趣味做根柢.(梁啓超,『飮冰室文集』卷38「趣味敎育與敎育趣味」)
- 역) 누군가가 나에게 당신의 인생관은 어떤 주의를 근거로 하고 있느냐고 묻는다면, 나는 취미를 근거로 하고 있다고 답하겠다.

• **취세** 取勢

기세(氣勢)를 만들어내는 것을 말한다. 가장 적당하고 가장 개성 있는 심미적 가치를 나타내는 방식 및 그 예술형상의 짜임새를 찾아내는 작업을 이른다. 여기에는 작가의 주체성과 의경(意境)이 잘 전개되어야 한다. 취세에서 특히 중요한 것은 "왼쪽으로 가고자 하면 먼저 마음을 오른쪽으로 둔다.[欲俯先仰, 欲重先輕, 欲放先收]"는 이른바 축세법(蓄勢法)의 묘미이다.

- 예) 唯謝康樂爲能取勢, 宛轉屈伸, 以求盡其意, 意已盡則止, 殆無剩語.(王夫之,『薑齋詩話』卷2)
- 역) 오직 사령운(謝靈運)만이 이 세(勢)를 잘 취하여 마음껏 운용하였다. 그 의(意)를 끝까지 다 드러내고자 하면, 의(意)가 다하고 나서 남는 것이 없게 된다.
- 예) 且山形曲折, 取勢爲難, 手筆稍庸, 便貽大方之誚.(李漁,『閑情偶寄』「居室部」)
- 역) 또한 가산(假山)의 조형은 굴곡이 있어 기세(氣勢)를 만들어내기가 어렵다. 그러니 손기술이 조금이라도 서툴면 책망 받기 쉽다.

• **취원지심** 趣遠之心

아득한 경지를 추구하는 심경(心境)을 말한다.

- 예) 故飛走遲速, 意淺之物易見, 而閑和嚴靜, 趣遠之心難形.(歐陽修,『歐陽文忠公文集』卷130「鑒畫」)
- 역) 그래서 날고 달리고 늦고 빠른 따위의 의취(意趣)가 얕은 사물은 아주 쉽게 알 수 있지만, 평안하고 고요하며 아득한 경지를 추구하는 심경(心境)은 느끼기 어려운 것이다.

• **취재법외** 趣在法外

흥취는 법규나 준칙 너머에 있다는 말로, "의재필선(意在筆先)"을 넘어선 경지이다.

- 예) 總之, 意在筆先者, 定則也; 趣在法外者, 化機也. 獨畫云乎哉!(『鄭板橋集』「題畫」)
- 역) 요컨대, 마음이 붓보다 먼저라는 것은 준칙이고, 그 법규 밖의 흥취는 자연스럽게 이루어진 공교로움이다. 어찌 회화(繪畫)만 이렇겠는가?

• **취청비백** 取靑媲白

청(靑)에서 떼 내 백(白)에 갖다 붙인다는 말로, 남의 것을 모방·표절함으로써 겉만 부풀리고 속은 텅 빈 글을 짓는 것을 말한다.

- 예) 世之模擬竄竊, 取靑媲白, 肥皮厚肉, 柔筋脆骨, 而以爲辭者人之讀之也, 其大笑固宜.(『柳宗元集』卷21「讀韓愈所著毛穎傳後題」)
- 역) 세상에서 모방하고 표절하여 청(靑)에서 떼 내 백(白)에 갖다 붙이는 식으로 겉만 부풀리고 속은 텅 비는 글을 짓는 이들은, 한유의 그런 글을 보고 크게 비웃는 것도 실로 당연하다.

• **취형용세** 取形用勢, **사생췌의** 寫生揣意

형세로써 형상을 그리고, 뜻을 헤아려 생동함을 드러낸다.

- 예 信手一揮, 山川·人物·鳥獸·草木·池榭·樓臺, 取形用勢, 寫生揣意, 運情摹景.(石濤,『畫語錄』「一畫章 第1」)
- 역 마음과 손이 하나가 된 상태 아래 손 가는 대로 그리니, 산천(山川)·인물·조수(鳥獸)·초목·정자·누대(樓臺) 등은 형세로써 형상을 그리고, 뜻을 헤아려 생동함을 그리며, 심정을 움직여 경상(景象)을 묘사한다.

• **측창** 惻愴

슬픔을 말한다.

- 예 漢祖大風雅麗閎遠, 黃鵠惻愴悲哀.(胡應麟,『詩藪』「內編」卷2)
- 역 한고조(漢高祖)의 「대풍(大風)」은 아름답고 아득하며, 「홍곡(鴻鵠)」은 슬프고 애통하다.

• **치** 致

정취(情趣)를 말한다.

- 예 眉額頰輔, 若晏笑兮; 孤巖鬱秀, 若吐雲兮. 橫變縱化, 故動生焉; 前矩後方出焉. 然後宮觀舟車, 器以類聚; 犬馬禽魚, 物以狀分. 此畫之致也.(王微,「敍畫」)
- 역 눈썹과 이마와 뺨은 온화하게 미소 짓는 듯하고, 홀로 서 있는 바위들의 빽빽한 모습은 마치 운무(雲霧)를 토해내는 듯하다. 이렇게 화면이 종횡으로 변화하니 생동감이 가득하다. 마음속 요량으로 형세를 구상하니 화면 속 형상이 바로 나온다. 그런 다음에 궁전·묘당(廟堂)·배·수레 등의 기물(器物)을 부류별로 모으고, 개·말·날짐승·물고기 등 동물 또한 형상별로 분류한다. 이것이 바로 그림의 정취이다.

• **치사** 置辭

문학작품에서의 언어의 구사를 말한다.

- 예 將閱文情, 先標六觀: 一觀位體, 二觀置辭, 三觀通變, 四觀奇正, 五觀事義, 六觀宮商.(劉勰,『文心雕龍』「知音」)

㉡ 문장의 사상이나 정감을 고찰하기 위해서는 다음 여섯 가지 관점을 고려해야 한다. 첫째, 작품의 체재. 둘째, 언어의 구사. 셋째, 전통의 계승과 새로운 변화. 넷째, 표현 수법의 전아(典雅)함과 기이함. 다섯째, 내용과 주장. 여섯째, 운율이다.

- **치이염** 侈而豔

화려하면서 요염하다.

㉠ 商周麗而雅, 楚漢侈而豔.(劉勰,『文心雕龍』「通變」)
㉡ 상(商)나라와 주(周)나라 때의 문학은 아름다우면서 우아하다. 초(楚)나라와 한(漢)나라의 문학은 화려하면서 요염하다.

- **치중장로** 稚中藏老

천진함 속에 노숙함을 담고 있음을 말한다.

㉠ 沈徵君啟南畵, 大約如伯陽初生便堪几杖, 是謂稚中藏老.(徐渭,『徐文長集』卷21「跋書卷尾」)
㉡ 심주(沈周: 자는 啓南)의 그림은 마치 노자(老子)가 출생하자마자 탁자에 앉고 지팡이를 짚은 것처럼 천진함 속에 노숙함을 담고 있다.

- **칙** 則

전수(傳授)해 줄 수 있는 법도를 말한다.

㉠ 則. 可以傳授曰則.(竇蒙,『語例字格』)
㉡ 칙(則): 전수(傳授)해 줄 수 있는 법도를 일러 칙(則)이라 한다.

- **침** 沉

운필(運筆)이 중후하고 견실하여 심원한 뜻이 있는 것을 말한다.

㉠ 沉. 深而意遠曰沉.(竇蒙,『語例字格』)
㉡ 침(沉): 운필(運筆)이 중후하고 견실하여 심원한 뜻이 있는 것을 일러

침(沉)이라 한다.

- **침浸**

  소설이 사람을 지배하는 네 가지 영향력 가운데 하나로, 젖어드는 힘을 말한다. 스며드는 것[熏]은 공간을 가지고 말하는 것이므로 그 힘의 크기에 따라 그 범위가 넓거나 좁아지는 것이지만, 젖어드는 것은 시간을 가지고 말하는 것이므로 그 힘의 크기에 따라 그 범위가 길어지거나 짧아진다. 젖어든다는 것은 들어가 그와 함께 변화하는 것이다.

  - 예) 二曰浸. 熏以空間言, 故其力之大小, 存其界之廣狹; 浸以時間言, 故其力之大小, 存其界之長短.(梁啓超, 『飮冰室文集』 卷10 「論小說與群治之關係」)
  - 역) 둘째, 젖어드는 힘, 즉 침(浸)이다. 스며드는 것[熏]은 공간을 가지고 말하는 것이므로 그 힘의 크기에 따라 그 범위가 넓거나 좁아지는 것이지만, 젖어드는 것은 시간을 가지고 말하는 것이므로 그 힘의 크기에 따라 그 범위가 길어지거나 짧아진다.

- **침실 沈實**

  차분하게 가라앉은 상태를 말한다.

  - 예) 揚之則高華, 抑之則沈實, 有色有聲, 有氣有骨, 有味有態.(王世貞, 『弇州山人四部稿』 卷147 『藝苑卮言』 4)
  - 역) 〈두보(杜甫)의 시는〉 드날려야 할 때 높이고 눌러야 할 때 가라앉을 수 있어, 색채와 성가(聲價)가 드러나고 기세(氣勢)와 풍골(風骨)이 있으며 맛과 자태를 모두 갖췄다.

- **침심 沉深**

  깊음을 말한다.

- 魏武沉深古樸, 骨力難侔.(胡應麟, 『詩藪』 「內編」 卷2)
- 역 위무제(魏武帝)의 시문(詩文)은 깊고 질박하니, 그 골력(骨力)을 모방하기 어렵다.

- **침완** 沈婉

은근함을 말한다.

- 壯而沈婉者: "三年笛裏關山月, 萬國兵前草木風."(胡應麟, 『詩藪』 「內編」 卷5)
- 역 〈두보(杜甫)의 칠언율시(七言律詩) 가운데〉 장(壯)하면서 은근한 것은 이렇다. "삼 년의 피리소리에 관산월(關山月) 가락이 있고, 만국(萬國)의 군대 앞에 초목이 바람에 흩날리네."

- **침울** 沈鬱

감정상의 우울과 탄식을 말하는 것이지만, 거기에는 또한 웅건한 힘의 느낌이 낮게 배어 있다. 침울은 침착(沈著)과 구별된다. 둘은 모두 웅장의 미를 함축하고 있지만, 침착은 힘차고 통쾌한 호방함에 더 치우치는 반면 침울은 감정의 기복이 낮게 깔린 완곡한 처량함을 담고 있다.

- 子美不能爲太白之飄逸, 太白不能爲子美之沈鬱.(嚴羽, 『滄浪詩話』 「詩評」)
- 역 두보(杜甫)는 이백(李白)의 표일(飄逸)을 나타낼 수 없고, 이백은 두보의 침울(沈鬱)을 드러낼 수 없다.

- **침웅** 沈雄

차분하게 가라앉은 엄숙하고 웅장한 위엄을 말한다. 침웅(沉雄)과 같은 말이다.

- 子美以意爲主, 以獨造爲宗, 以奇拔沈雄爲貴.(王世貞, 『弇州山

人四部稿』卷147『藝苑卮言』4)
- 역 두보(杜甫)는 내면의 의미를 위주로 하고 일반과 다른 창작 효과를 종지로 삼아서 풍격이 기이하고 웅장하다.
- 예 沉雄. 目極萬里, 心遊大荒. 魄力破地, 天爲之昻.(黃鉞, 『二十四畵品』)
- 역 침웅(沈雄): 눈은 만 리를 훑어보고, 마음은 온 천하를 뛰어논다. 기백(氣魄)은 대지를 쪼개어 하늘을 더 높이 치켜 올린다.

• **침웅 沉雄**

묵직하고 웅장함을 말한다. 침웅(沈雄)과 같은 말이다.

- 예 南·北二調, 天若限之. 北之沉雄, 南之柔婉.(王驥德, 『曲律』「雜論」)
- 역 남방과 북방의 곡조(曲調)는 그 분계(分界)가 뚜렷하다. 북방은 묵직하고 웅장한 반면, 남방은 단아하고 부드럽다.

• **침착 沈着**

침착(沈著), 침착(沉著)과 같은 말이다. 깊고 두터운 심사(心思)와 호방한 언어의 표현으로 깊이 가라앉은 울적함과 이별의 번민을 느끼게 하는 미학범주이다.

- 예 沈着. 綠杉野屋, 落日氣淸, 脫巾獨步, 時聞鳥聲.(司空圖, 『詩品二十四則』)
- 역 침착(沈着): 울창한 삼나무 숲 속의 초가집, 공활하고 아득한 저녁녘의 고요함, 두건 벗어던지고 홀로 걷는 한가로운 산보, 사방에서 울리는 지지배배 새소리.
- 예 莊嚴, 則淸廟明堂; 沈着, 則萬鈞九鼎.(胡應麟, 『詩藪』「內編」卷5)
- 역 〈시(詩)가〉 장엄하기로는 청묘(淸廟)와 명당(明堂) 같아야 하고, 침착함은 만 균(鈞)의 무게인 구정(九鼎)과 같아야 한다.

- 예 其所書『書譜』, 用筆破而愈完, 紛而愈治, 飄逸愈沈着, 婀娜愈剛健.(劉熙載, 『藝槪』 「書槪」)
- 역 〈손과정(孫過庭)이 쓴〉『서보(書譜)』는 용필(用筆)이 빈 듯하면서도 완정(完整)하고, 어지러운 듯하면서도 엄정하다. 맑게 흩날리는 듯하면서도 침착하고, 가볍고 아리따운 듯하면서도 강건하다.

- **침착 沈著**

  침착(沈着), 침착(沉著)과 같은 말이다. 깊고 중후함을 말한다.

  - 예 意欲沈著, 格欲高古.(劉熙載, 『藝槪』 「詩槪」)
  - 역 시(詩)의 함의는 깊고 중후해야 하며, 격조는 고고(高古)해야 한다.

- **침착 沉著**

  침착(沈着), 침착(沈著)과 같은 말이다. 깊고 중후함을 말한다.

  - 예 沉著痛快, 天也. 自然與學到, 其爲天一也.(姜夔, 『白石道人詩說』)
  - 역 시(詩)가 깊고 중후하면서도 통쾌한 풍격을 지녔다면 굉장히 뛰어난 것이다. 선천적으로 이러한 시를 쓸 수 있는 것이든 후천적으로 배워서 그러한 경지에 이른 것이든, 모두 매우 훌륭하다.

- **침착가사 沈着可思, 신상역약 神傷易弱**

  너무 깊이 생각에 골몰하면 정신이 힘들어져 쉬이 유약해진다.

  - 예 淡則無味, 直則無情. 宛轉有態, 則容冶而不雅; 沈着可思, 則神傷而易弱.(李贄, 『焚書』 卷3 「雜述·讀律膚說」)
  - 역 평담하면 맛이 없고, 너무 직설적으로 드러내면 정감이 없다. 지나치게 변화만 추구하면 화려하기만 할 뿐 아취(雅趣)는 없다. 너무 깊이 생각에 골몰하면 정신이 힘들어져 쉬이 유약해진다.

- **침착통쾌 沈着痛快**

절절한 통쾌함을 말한다. 침착통쾌(沉著痛快)와 같은 말이다.

- 其大槪有二: 曰優遊不迫, 曰沈着痛快.(嚴羽, 『滄浪詩話』「詩辨」)
- 시의 대강(大綱)에는 두 가지가 있다. 우아한 여유와 절절한 호쾌가 그것이다.

• 침착통쾌 沉著痛快

차분하고 중후하면서도 통쾌한 것을 말한다. 침착통쾌(沈着痛快)와 같은 말이다.

- 疏豁高朗, 條理井如, 以其得於極深硏幾, 故又沉著痛快, 天下之至文也.(『尺牘新鈔』3集 孫承譯「與人」)
- 〈주희(朱熹)의 문장은〉 광활한 동시에 고결하고, 조리(條理)가 정연하다. 또한 주희의 도리에 대한 연구에는 지극한 깊이가 있다. 따라서 그의 문장은 필력이 힘차고 풍격이 유창한 특징을 갖고 있고, 천하에 가장 좋은 문장 중의 하나라고 말할 수 있다.

• 칭 稱

〈서예에서〉 전체의 크기가 조화로운 것을 말한다.

- 補, 謂不足也. 損, 謂有餘也. 巧, 謂佈置也. 稱, 謂大小也.(『法書要錄』卷2)
- 〈서예에서〉 보(補)는 부족한 필획을 보충하는 것이고, 손(損)은 남는 필획을 생략하는 것이다. 교(巧)는 장법(章法)에서의 포국(布局)을 말하고, 칭(稱)은 전체의 크기가 조화로운 것을 말한다.

ㅋ

- **쾌** 快

    (1) 문장으로 즐거움을 삼는 심태(心態)를 말한다.

    예 其論文曰"快"·曰"達"·曰"了", 正爲非此不足以發微闡妙也.(劉熙載,『藝槪』「文槪」)

    역 〈소식(蘇軾)〉은 "쾌(快)"·"달(達)"·"료(了)"를 가지고 문장의 창작을 논하는데, 만약 이 세 가지에 이르지 못하면 문장의 미묘한 바를 드러낼 방법이 없기 때문이다.

    (2) 창작의 격정(激情)이 멈추지 않는 것을 말한다.

    예 快. 興趣不停曰快.(竇蒙,『語例字格』)

    역 쾌(快): 창작의 격정(激情)이 멈추지 않는 것을 일러 쾌(快)라 한다.

- **쾌락** 快樂

    고통과 권태를 모두 극복했을 때 찾아오는 즐거움을 말한다.

    예 故人生者, 如鍾表之擺, 實往復於苦痛與倦厭之間者也. 夫倦厭固可視爲苦痛之一種. 有能除去此二者, 吾人謂之曰快樂.(王國

維, 『靜庵文集』「紅樓夢評論」)

❹ 인생은 시계추와 같이 고통과 권태 사이를 오간다. 권태도 고통의 일종이다. 양자를 모두 극복했을 때 비로소 즐거움이 찾아온다.

• **타니대수** 拖泥帶水

진흙탕을 걷듯 질퍽거리는 것을 말한다. 언어표현이 말끔하지 못함을 뜻한다.

> 예 語貴脫灑, 不可拖泥帶水.(嚴羽, 『滄浪詩話』 「詩法」)
> 역 시어(詩語)는 말쑥함을 중요하게 여기므로, 진흙탕을 걷듯 질퍽거려서는 안 된다.

• **타류** 妥溜

적절하게 알맞으면서 동시에 자연스럽고 순조로운 것을 말한다.

> 예 詞尙淸空妥溜, 昔人已言之矣.(劉熙載, 『藝槪』 「詞曲槪」)
> 역 사(詞)는 마땅히 청아하고 적절하며 자연스러워야 하는데, 이것은 앞선 사람들이 이미 논하였다.

• **타신** 他神

입신(入神)의 경지에 이른 고인(古人)의 출중한 기법을 말한다. 아신

(我神)을 금(今)으로 본다면 타신(他神)은 고(古)이다.

- 書貴入神, 而神有我神他神之別. 入他神者, 我化爲古也; 入我神者, 古化爲我也.(劉熙載,『藝槪』「書槪」)
- 서예는 입신(入神)을 중히 여기는데, 신(神)에는 아신(我神)과 타신(他神)의 구별이 있다. 고인(古人)의 출중한 기법과 교융하는 것은 내가 그것을 법 받는 것이고, 나의 서의(書意)를 세우는 것은 이를 고인의 기법에 실어 드러내는 것이다.

- **탁유** 托諭

사물에 빗대 정감(情感)을 비유하는 것, 혹은 사물을 통해 의도를 드러내는 것을 말한다.

- 觀夫興之托諭, 婉而成章, 稱名也小, 取類也大.「關雎」有別, 故后妃方德;「尸鳩」貞一, 故夫人象義. 義取其貞, 無從於夷禽.(劉勰,『文心雕龍』「比興」)
- 사물을 통해서 정감이나 의도를 비유적으로 풀어내는 흥(興)이라는 기법은 완곡한 표현이지만 의미를 명확히 드러내는 것으로, 비유의 대상은 작지만 그 함의는 크다. 예컨대 저구(雎鳩)새는 암수의 분별이 명확하기에 후비(后妃)의 높은 덕에 비유되었고, 시구(尸鳩)새는 한결같은 정조가 있기에 군주(君主) 부인의 정절에 비유되었다. 여기서 그 의도는 시구새가 보여주는 한결같음이란 속성을 차용하고자 한 데 있지, 평범한 하나의 날짐승을 논하고자 한 데 있는 것이 아니다.

- **탁족부상** 濯足扶桑

태양이 가장 먼저 뜨는 곳에서 발을 씻는다는 뜻으로, 막힘없이 우주의 조화를 통찰하고 광막(廣漠)한 세상을 삼킬 듯한 기개를 나타내는 말이다.

- 前招三辰, 後引鳳凰, 曉策六鼇, 濯足扶桑.(司空圖,『詩品二十四則』)

- 앞에서는 일(日)·월(月)·성(星)을 부르고, 뒤에서는 봉황(鳳凰)을 인도한다. 새벽녘에 대구(大龜)를 채찍질하고, 태양이 가장 먼저 뜨는 곳에서 발을 씻는다.

- **탄수재지성재의 彈雖在指聲在意, 청불이이이이이심 聽不以耳而以心**

  거문고 연주가 비록 손으로 줄을 뜯어 소리를 내지만, 기실 그 소리는 마음속에서 솟아난 것이다. 그러니 연주를 들을 때엔 귀가 아닌 마음으로 들어야 함을 말한다.

  - 彈雖在指聲在意, 聽不以耳而以心. 心意既得形骸忘, 不覺天地白日愁雲陰.(歐陽修,『歐陽文忠公文集』卷4,「贈無爲軍李道士二首」)
  - 〈이도사(李道士: 李景仙)가 연주할 때〉 비록 손으로 줄을 뜯어 소리를 내지만, 기실 그 소리는 마음속에서 솟아난 것이다. 그러니 연주를 들을 때엔 귀가 아닌 마음으로 들어야 한다. 마음속으로 이미 그 거문고 소리 속의 마음을 터득한다면 곧 스스로를 잊어버릴 것이며, 한낮의 어두운 구름 따위의 근심도 느끼지 않을 것이다.

- **탄이완 嘽以緩**

  〈소리가〉 밝으면서도 완만함을 말한다.

  - 樂者, 音之所由生也; 其本在人心之感於物也. 是故其哀心感者, 其聲噍以殺; 其樂心感者, 其聲嘽以緩.(『樂記』「樂本」)
  - 악(樂)이란 노랫가락으로 말미암아 생기는 것이다. 그 근본은 인심(人心)이 물(物)에 감응하는 데에 있다. 그래서 마음이 슬픈 자는 그 소리가 급하면서도 미약하고, 마음이 즐거운 자는 그 소리가 밝으면서도 완만하다.

- **탄탕 坦蕩**

  거리낌없이 내달리는 것을 말한다.

- ㉰ 樂天詩坦蕩眞率, 譬如平原曠野, 便於馳騁.(『尺牘新鈔』1集 徐增「又與申勖庵」)
- ㉯ 백거이(白居易)의 시는 거리낌 없는 풍격을 가지고 있고 정감이 진솔하여 마치 평원과 광야인 듯 거침없이 달릴 수 있다.

• **탈구능음** 脫口能吟

〈천부적 자질이 있어〉 아무렇게나 입에서 내뱉는 말도 그대로 시가 되어 읊을 수 있다.

- ㉰ 詩不成於人而成於其人之天, 其人之天有詩, 脫口能吟.(袁枚, 『小倉山房文集』卷28「何南園詩序」)
- ㉯ 시는 그저 사람이 짓는 것이 아니라 그 사람의 천부적 자질에 의해 만들어진다. 그 사람의 천부적 자질에 시의 재능이 더해지면, 아무렇게나 입에서 내뱉는 말도 그대로 시가 되어 읊을 수 있다.

• **탈기조화** 奪其造化

천연의 조화(造化)를 표현한다는 말이다.

- ㉰ 欲奪其造化, 則莫神于好, 莫精於勤, 莫大於飽游飫看.(郭熙, 『林泉高致』「山川訓」)
- ㉯ 만일 그 천연의 조화(造化)를 표현하고자 한다면, 좋아함보다 더 신묘한 것이 없고 부지런히 다니는 것보다 더 자세한 것이 없으며, 실컷 노닐고 마음껏 구경하는 것보다 더 중요한 것은 없다.

• **탈부견골** 脫膚見骨

외형에 매달려 피상적인 감식에 그치는 것이 아니라 내면의 본질적인 내용을 파악함을 말한다. "유적득신(遺跡得神)"과 같은 표현이다.

- ㉰ 上下千古, 不作逐塊觀場之見, 脫膚見骨, 遺跡得神, 此其識別也.(袁中道, 『珂雪齋文集』卷9「妙高山法寺碑」)

@ 〈원굉도(袁宏道)와 도망령(陶望齡)은〉 고대의 시문을 단지 가볍게 읽는 데 그친 것이 아니라 시문의 외재적인 문자를 통해 그 안에 함축된 본질적인 내용까지 살펴볼 수 있다. 시문의 구성과 글자를 버리고 신운(神韵)을 터득하는 것이다. 이것이 그들의 견식이 남과 다른 점이다.

- **탈쇄** 脫灑

군더더기나 속기(俗氣)가 없는 말쑥함을 말한다.

@ 語貴脫灑, 不可拖泥帶水.(嚴羽, 『滄浪詩話』「詩法」)
@ 시어(詩語)는 말쑥함을 중요하게 여기므로, 진흙탕을 걷듯 질퍽거려서는 안 된다.

- **탈천지지화공** 奪天地之化工

교탈천공(巧奪天工)을 말한다.

@ 夫所謂畫工者, 以其能奪天地之化工, 而其孰知天地之無工乎?(李贄, 『焚書』 卷3「雜述·雜說」)
@ 이른바 화공(畫工)이란 것은 하늘의 자연스러운 화공(化工)의 경지를 따랐다고 할 수 있을지 모르나, 하늘의 조화에는 본래 기교가 없음을 어찌 알겠는가?

- **탈태** 脫胎

어떤 한 사물이 다른 한 사물의 생육(生育)과 변화에 의해 생겨나는 것을 말한다.

@ 我有是一畫, 能貫山川之形神. 此予五十年前, 未脫胎於山川也.(石濤, 『畫語錄』「山川章 第8」)
@ 나에겐 이 일화(一畫)의 법이 있어 산천의 형모(形貌)와 신운(神韻)을 관통할 수 있다. 내가 오십 년 전에는 산천의 형상을 묘사하는 데서 벗어나지 못했다.

- **탑언상우** 嗒焉喪偶

　도가(道家)에서 말하는 이른바 지도(至道)에 들어선 이후의 이형거지(離形去智), 즉 형상과 관념의 속박으로부터 벗어난 경지를 말한다. 『장자(莊子)』「제물론(齊物論)」에 나온다. "南郭子綦隱机而坐, 仰天而噓, 嗒焉似喪其耦."

- 及暝而息焉, 收吾視, 返吾聽, 萬緣俱卻, 嗒焉喪偶, 而後泉之變態百出.(袁中道, 『珂雪齋文集』卷6「爽籟亭記」)
- 그 후 날이 저물어가면서 마음이 점차 평정해졌는데, 나는 시선을 다른 곳으로부터 되돌리고 청각을 집중하여 모든 세속적인 번잡한 생각을 없애고 형태나 관념에서 벗어나는 경지에 들어갔다. 그 다음에 샘물의 흐름을 들어보니 비로소 그 소리의 다양한 모습이 나타나게 되었다.

- **탕** 蕩

　〈시(詩)를 통하여〉 마음속의 번민을 지움을 말한다.

- 子謂續詩, 可以諷, 可以達, 可以蕩, 可以獨處.(王通, 『文中子』「天地」)
- 문중자(文中子)가 생각하기에 『속시(續詩)』는, 당시의 정치 상황을 풍자할 수 있고, 백성의 성정(性情)을 드러낼 수 있으며, 마음속의 번민을 지울 수 있고, 홀로 있을 때라도 사악한 생각을 갖지 않을 수 있다.

- **탕일** 宕逸

　거리낌 없이 단박에 타고 넘어 초일(超逸)하는 것을 말한다.

- 神采之至, 幾於玄微, 則宕逸無方矣.(『佩文齋書畵譜』卷3「唐張懷瓘玉堂禁經」)
- 신운(神韻)과 풍채(風采)의 최고 경지에 이르러야만 현묘하고 정묘한 서도(書道)에 가깝게 된다. 그것은 곧 변화무쌍함이 힘차게 솟구치듯 시원한 것이다.

- **탕일** 蕩逸

 방탕하게 일탈하는 것을 말한다.

 예 飛卿歎老嗟卑, 又好爲豔冶蕩逸之調.(『鄭板橋集』「補遺 · 與江賓穀 · 江禹九書」)

 역 온정균(溫庭筠)은 시사(詩詞)에서 자신의 처지를 읊으며 스스로의 빈궁(貧窮)과 쇠로(衰老)를 탄식하였을 뿐만 아니라 일부 방탕한 작품을 즐겨 쓰기도 했다.

- **탕일무방** 宕逸無方

 변화무쌍함이 힘차게 솟구치듯 시원한 것을 말한다.

 예 神采之至, 幾於玄微, 則宕逸無方矣.(『佩文齋書畫譜』 卷3 「唐張懷瓘玉堂禁經」)

 역 신운(神韻)과 풍채(風采)의 최고 경지에 이르러야만 현묘하고 정묘한 서도(書道)에 가깝게 된다. 그것은 곧 변화무쌍함이 힘차게 솟구치듯 시원한 것이다.

- **태박** 太樸

 문명 이전 원시의 질박한 대도(大道)를 말한다.

 예 太古無法, 太樸不散, 太樸一散而法立矣.(石濤, 『畫語錄』「一畫章 第1」)

 역 우주가 아직 형성되기 전 혼돈 상태였던 태고(太古)시절에는 법칙이 없어 원시의 질박한 대도(大道)가 흩어지지 않았다. 그런데 원시의 질박한 대도가 한 번 깨지게 되자 곧 법칙이 있게 되었다.

- **토고흡신** 吐故吸新

 진부한 것을 버리고 새로운 것을 배운다.

 예 字字古有, 言言古無, 吐故吸新, 其庶幾乎?(袁枚, 『小倉山房詩

集』卷20)
- 역 글자마다 출처가 있어야 하지만, 그와 동시에 구절마다 옛사람을 표절만 해선 안 된다. 진부한 것을 버리고 새로운 것을 배우면 거의 문제가 없을 것이다.

• 통달 洞達

가운데가 통하는 것을 통(洞)이라 하고 주변이 통하는 것을 달(達)이라 한다. 안팎으로 유창하고 창달(暢達)함을 말한다.

- 예 蔡邕書骨氣洞達, 爽爽如有神力.(『書法鉤玄』卷4「梁武帝評書」)
- 역 채옹(蔡邕)의 글씨는 기세(氣勢)가 창달(暢達)하고, 준수함은 마치 신력(神力)이 있는 듯하다.
- 예 蔡邕洞達, 鍾繇茂密. 余謂兩家之書同道, 洞達正不容針, 茂密正能走馬.(劉熙載,『藝槪』「書槪」)
- 역 채옹(蔡邕)은 유창하고 종요(鍾繇)는 빽빽하다. 나는 이 둘의 서예가 한 가지라고 생각한다. 유창함도 바늘 끝만큼의 틈도 허용하지 않으며, 빽빽함에도 또한 말이 달릴 수 있다.

• 통변 通變

전통의 계승과 새로운 변화를 말한다. "통(通)"은 전통의 계승이고, "변(變)"은 개성 있는 창작에 의한 변혁을 말한다.

- 예 文辭氣力, 通變則久, 此無方之數也.(劉勰,『文心雕龍』「通變」)
- 역 문사(文辭)에 드러나는 기세나 힘은 시대의 추이와 상황에 맞게 오랫동안 변화하여 왔다. 그래서 창작의 방식에는 일정한 규범이 없다고 하는 것이다.
- 예 將閱文情, 先標六觀: 一觀位體, 二觀置辭, 三觀通變, 四觀奇正, 五觀事義, 六觀宮商.(劉勰,『文心雕龍』「知音」)
- 역 문장의 사상이나 정감을 고찰하기 위해서는 다음 여섯 가지 관점을 고려해야 한다. 첫째, 작품의 체재. 둘째, 언어의 구사. 셋째, 전통의 계승

과 새로운 변화. 넷째, 표현 수법의 전아(典雅)함과 기이함. 다섯째, 내용과 주장. 여섯째, 운율이다.

- **통원** 通圓

 모든 것을 다 능통하게 잘 하는 것을 말한다.

 - 詩有恒裁, 思無定位, 隨性適分, 鮮能通圓.(劉勰, 『文心雕龍』「明詩」)
 - 시는 고정된 격식을 가지고 있지만, 사람의 생각은 일정한 틀에만 국한되지 않는다. 사람마다 고유한 천성을 따르고 주어진 재능에 적합하게 창작을 하기 때문에, 모든 것을 다 능통하게 잘 할 수는 없는 것이다.

- **통원득의** 通遠得意

 〈시(詩)의〉 경지가 심원한 동시에 깊은 뜻을 함축하고 있음을 말한다.

 - 合化無跡者謂之靈, 通遠得意者謂之靈.(王夫之, 『唐詩評選』 卷3 孫逖「江行有懷」)
 - 전편(全篇)의 시가 완전히 하나로 어우러져 흔적을 찾을 수 없으면 영(靈)이고, 경지가 심원한 동시에 깊은 뜻을 함축하고 있으면 이것도 영이다.

- **통회** 通會

 예술의 과정이 체화(體化)되어 마침내 그 도리를 통달하게 됨을 말한다.

 - 初謂未及, 中則過之, 後乃通會. 通會之際, 人書俱老.(孫過庭, 『書譜』)
 - 시작할 땐 이러한 것을 이루기가 몹시 어렵다. 중간 정도 진행단계에선 종종 지나침도 겪게 된다. 그리고 마침내 이 과정이 체화(體化)되어 그 도리를 통달하게 된다. 이러한 이치를 통달하게 된 때에 다다르면, 사람과 서예가 모두 노숙한 경지에 이르게 된다.

- **퇴연천방** 頹然天放

거침없이 자연스럽게 내달리는 것을 말한다.

㉠ 張長史草書頹然天放, 略有點畫處而意態自足, 號稱神逸.(蘇軾,『蘇東坡集』前集 卷23「書唐氏六家書後」)

㉡ 장욱(張旭)의 글씨는 자연스럽게 내달린다. 약간씩 점과 획이 드러나나 의태(意態)가 자유롭기에 신일(神逸)이라 불린다.

ㅍ

- **파공** 破空

  허구적이고 허황된 것으로부터 벗어나는 것을 말한다.

  > 又嘗謂其 "句高而情更款", 破空也.(劉熙載, 『藝槪』「詞曲槪」)
  > 또한 "문구가 고묘(高妙)하고, 정감은 더욱 진지하다."라고 했는데, 이것은 공(空)을 깬 것이다.

- **파란** 波瀾

  변화가 풍부하고 자태가 다양함을 말한다.

  > 必水之質, 空虛明淨, 坎止流行, 而後波瀾生焉, 方美觀耳.(葉燮, 『原詩』外篇)
  > 맑고 깨끗하여 지세(地勢)의 기복(起伏)에 따라 위와 아래로 흐르는 유동적인 물만 파란을 드러낼 수가 있다. 이렇게 해야 파란이 아름다울 것이다.

- **파유** 破有

  현실적이고 사실적인 것으로부터 벗어나는 것을 말한다.

- 예) 中麓謂小山詞 "瘦至骨立, 血肉銷化俱盡, 乃煉成萬轉金鐵軀", 破有也.(劉熙載, 『藝槪』 「詞曲槪」)
- 역) 이개선(李開先: 호는 中麓)은 안기도(晏幾道: 호는 小山)의 사(詞)를 일러 "마르고 여위어 뼈가 드러나고 혈육은 모두 소진되니, 마침내 굳센 금강(金剛)의 몸으로 단련되었다."고 했는데, 이것은 유(有)를 깬 것이다.

- **파이유완 破而愈完**

  빈 듯하면서 완정(完整)함을 말한다.

  - 예) 其所書 『書譜』, 用筆破而愈完, 紛而愈治, 飄逸愈沈着, 婀娜愈剛健.(劉熙載, 『藝槪』 「書槪」)
  - 역) 〈손과정(孫過庭)이 쓴〉 『서보(書譜)』는 용필(用筆)이 빈 듯하면서도 완정(完整)하고, 어지러운 듯하면서도 엄정하다. 맑게 흩날리는 듯하면서도 침착하고, 가볍고 아리따운 듯하면서도 강건하다.

- **판실 板實**

  나무판처럼 딱딱하고 뻣뻣한 것을 말한다.

  - 예) 可一師最喜宋畵, 每以板實見長, 而間作米家, 又復空靈荒率.(張岱, 『琅嬛文集』 「跋可上人大米畵」)
  - 역) 가일대사(可一大師)는 송대(宋代)의 회화를 좋아해서 화풍(畵風)이 아주 딱딱하고 근엄하였으나, 우연히 미불(米芾)의 화풍을 모방하고서 몽환적이고 변화막측하게 되었다.

- **편 偏**

  오직 한 가지 법도에만 편중하는 것을 말한다.

  - 예) 偏. 唯守一門曰偏.(竇蒙, 『語例字格』)
  - 역) 편(偏): 오직 한 가지 법도에만 편중하는 것을 일러 편(偏)이라 한다.

- **편 褊**

    마음이 협소함을 말한다.

    - 破荊和以繼築 — 褊也.(方回, 『桐江續集』卷30 「離騷胡澹庵一說」)
    - 화씨벽(和氏璧)을 쪼개 절굿공이 삼아 절구질을 한다. — 편(褊)이다.

- **편고 偏高**

    지나치게 고상한 것을 말한다.

    - 夫詩人之思初發, 取境偏高, 則一首擧體便高.(皎然, 『詩式』)
    - 시인의 구상이 처음 시작될 때, 시경(詩境)을 취하는 것이 너무 고상하면 시 한 수의 체재(體裁) 또한 너무 고상해진다.

- **편렬중공 編列衆工**

    여러 가지 기법을 두루 살핀다.

    - 編列衆工, 錯綜群妙.(孫過庭, 『書譜』)
    - 여러 대가(大家)들의 특별한 장점을 두루 살펴 종합하여야 할 것이다.

- **편일 偏逸**

    지나치게 초일(超逸)한 것을 말한다.

    - 取境偏逸, 則一首擧體便逸.(皎然, 『詩式』)
    - 〈시인이 구상을 할 때〉 시경(詩境)을 취하는 것이 너무 초일(超逸)하면 시 한 수의 체재 또한 너무 초일해진다.

- **평 平**

    (1) 평담(平淡)이라는 범주로 많이 활용된다. 농(濃)과 상대되는 범주

로서의 담(淡)은 간략한 묘사로 별 수식이 없어 소박하고 자연스러운 것을 뜻한다. 노장(老莊)을 대표로 하는 도가미학은 자연을 중시하고 소박한 본래의 아름다움을 숭상했으니, 심미적 취향과 예술추구의 면에 있어 담(淡)에 편향된 바 있다. 평담(平淡)이란 범주의 뿌리는 간고(簡古)이다. 수수하고 담백하며, 평온하고 고요한 맑은 마음의 인생경계(人生境界)를 가리킨다. 이러한 풍격은 자연스러운 박실(朴實)함을 중시하니, 채색을 씀에 농염한 수식(修飾)을 추구하지 않는다.(2008, p. 262 참조)

- 예) 夫政象樂, 樂從和, 和從平.(『國語』「周語下」)
- 역) 정치는 음악을 본받고, 음악은 조화를 따르며, 조화는 고르게 함을 따른다.

(2) 〈서예에서〉 횡획(橫劃)을 말한다.

- 예) 平, 謂橫也. 直, 謂縱也. 均, 謂間也. 密, 謂際也.(『法書要錄』 卷2)
- 역) 〈서예에서〉 평(平)은 횡획(橫劃)이고 직(直)은 종획(縱劃)이다. 균(均)은 필획의 구조를 말하고, 밀(密)은 글자의 구조를 말한다.

• **평담** 平淡

평담(平澹)·념담(恬澹)·념담(恬淡)·담박(淡泊)과 같은 뜻이다. 애초 평담(平淡)을 중요하게 여기는 관념은 선진도가(先秦道家)의 주요 화두였다. "편안하고 담담함으로 으뜸을 삼는다.[恬淡爲上,『老子』「三十一章」]" "소박하고 수수한 세계에서 마음이 노닌다.[游心於淡,『莊子』「應帝王」]" 노자나 장자가 지극히 중시하고 강조했던 것은 바로 "무(無)"와 "자연(自然)"으로 돌아가자는 것, 즉 "담(淡)"으로의 회귀였다.(2008, p.235 참조)

- 예 乾坤易簡, 故雅樂不煩; 道德平淡, 故無聲無味.(阮籍,「樂論」)
- 역 천지와 음양의 이치는 간이(簡易)하기에 아악(雅樂)이 번잡하지 않고, 도덕은 평이(平易)하기에 소리도 맛도 없다.
- 예 漸老漸熟, 乃造平淡.(何文煥,『歷代詩畫』「竹坡詩畫」)
- 역 오래도록 정진하여 어느 순간 절정에 이르면, 외려 밋밋하고 풋풋해 보인다.

- **평담 平澹**

  염담(恬澹)·염담(恬淡)·담박(淡泊)·평담(平淡) 등과 같은 말이다. 간략한 묘사로 별 수식이 없어 소박하고 자연스러운 것을 뜻한다. 평담(平淡)의 뿌리는 간고(簡古)이다. 수수하고 담백하며, 평온하고 고요한 맑은 마음의 인생경계(人生境界)를 가리킨다. 이러한 풍격은 자연스러운 박실(朴實)함을 중시하니, 채색을 씀에 농염한 수식(修飾)을 추구하지 않는다.

  - 예 梅聖兪學唐人平澹處.(嚴羽,『滄浪詩話』「詩辨」)
  - 역 매요신(梅堯臣)은 당대(唐代) 시인의 평담(平澹)을 본받았다.

- **평원 平遠**

  (1) "원(遠)"의 파생범주로, 높은 곳에서 내려다보이는 툭 트인 창망(滄茫)함을 말하며 풍도(風度)의 한적함을 나타낸다. "유원(幽遠)"과 상대적인 개념이다.

  - 예 長尋高眺, 惟水與空, 人煙斷續, 歸鴻滅沒, 若是者平遠也.(賀貽孫,『水田居詩文集』卷5「與友人論文書四」)
  - 역 높은 곳에 올라 조망하면 단지 물과 하늘이 서로 맞붙어 온통 창망(滄茫)한 경치만 보인다. 우연히 배가 왕래하고 기러기가 나풀나풀 날아가는 모습을 보게 된다. 이것은 평원(平遠)이다.

(2) 곽희(郭熙)가 말한 산의 삼원(三遠) 가운데 하나로, 가까이 있는 산으로부터 먼 산을 길게 바라보는 것을 말한다.

㉠ 無深遠則淺, 無平遠則近, 無高遠則下.(郭熙,『林泉高致』「山川訓」)
㉡ 〈산을 그리는데〉 심원(深遠)이 없으면 얕게 되고 평원(平遠)이 없으면 가깝게 되고 고원(高遠)이 없으면 낮게 된다.

- **평정** 平正

〈서예에서〉 처음 배우는 기본규범으로서 필획이 평온, 단정함을 말한다.

㉠ 至如初學分布, 但求平正; 旣知平正, 務追險絶; 旣能險絶, 復歸平正.(孫過庭,『書譜』)
㉡ 처음에 글자의 점획 안배를 배울 때엔 다만 평정(平正)[기본규범]만을 추구하고, 평정을 잘하게 된 경지에 이르면 이제 험절(險絶)[變法]을 추구하고자 하며, 험절의 경지에 완숙하면 다시 평정(平正)[圓熟]으로 되돌아오게 된다.

- **평정지기** 平正之奇

〈문장에〉 문채(文彩)가 있되 평정함을 잃지 않는 기이함을 말한다.

㉠ 第奇自有平正之奇, 有邪崇之奇. 今之嚴於正文體者, 正欲去邪崇之奇, 歸之平正之奇.(『尺牘新鈔』1集 葉秉敬 「寄吳賓□("目"+"犀")」)
㉡ 기이함은 대체로 두 가지로 나눌 수 있다. 하나는 평정(平正)한 기(奇)이고, 다른 하나는 요사스러운 기(奇)이다. 오늘날 문풍(文風)을 바르게 하려는 사람들은 요사스런 기이함을 제거하고 평정한 기이함을 제창하려 한다.

- **평철이한아** 平徹以閑雅

공평하고 전아(典雅)해야 한다. 주(奏)의 창작 원칙을 말하고 있다.

- 頌優游以彬蔚. 論精微而朗暢. 奏平徹以閑雅. 說煒曄而譎誑.(陸機,「文賦」)
- 송(頌)은 공덕(功德)을 찬양하는 것이니, 반드시 언사(言辭)가 화려하고 뚜렷해야 한다. 논(論)은 사리(事理)를 따지는 것이 정미해야 한다. 주(奏)는 공평하고 전아(典雅)해야 한다. 설(說)은 허황된 말로 사람의 마음을 움직여야 한다.

- **평평무이** 平平無異

소박하고 자연스러운 느낌이 든다는 말이다.

- 今讀其詩, 平平無異. 意深詞淺, 思苦言甘.(袁枚,『小倉山房詩集』卷20)
- 백거이(白居易)의 시를 읽을 때 소박하고 자연스러운 느낌이 들지만, 말은 알아듣기 쉬우면서 뜻이 깊다. 이는 작가가 깊이 생각한 다음에야 그렇게 쓸 수 있는 것이다.

- **폐교상직** 廢巧尙直

기교를 버리고 진솔함을 받드는 것을 말한다.

- 雖欲廢巧尙直, 而思致不得置.(皎然,『詩式』)
- 설령 기교를 버리고 진솔함을 받들고자 해도 의취(意趣)를 놔둘 수는 없다.

- **폐언상의** 廢言尙意

언어의 표현이 아닌 의미를 중요하게 여기는 것을 말한다.

- 雖欲廢言尙意, 而典麗不得遺.(皎然,『詩式』)
- 언어를 버리고 의미를 받들고자 해도 전아(典雅)한 아름다움을 버릴 수는 없다.

- **포격** 布格

  〈시를 지을 때〉 격식의 확정을 말한다.

  - 예 布格. …… 消息機關, 按之甚細, 一律未調, 八風掃地.(袁枚, 『小倉山房詩集』卷20)
  - 역 격식의 확정. …… 격식을 준수하는 동시에 융통성이 있고 다양한 방법을 사용해야 한다. 시의 격식에 관하여 중요한 점이 많으니 하나씩 자세하게 분별할 필요가 있다. 만약 배치가 조금이라도 타당하지 않으면 전체가 큰 영향을 받을 것이다.

- **포려** 鋪麗

  과시적으로 화려한 것을 말한다.

  - 예 陸機之纏綿鋪麗, 左思之卓犖磅礡, 各不同也.(葉燮, 『原詩』內篇)
  - 역 육기(陸機)의 시는 과장되고 화려하면서 능숙하며, 좌사(左思)의 시는 출중하고 기개가 드높으니, 두 사람이 서로 다르다.

- **포세** 布勢

  포치(布置), 분포(分布), 분간포백(分間佈白), 포백(佈白) 등과 같은 개념이다. 한 글자 내의 점획의 안배 및 자간(字間)·행간(行間)의 위치에 대한 처리를 말한다. 점획에는 번간(繁簡: 두터움과 간략함)·방원(方圓: 각진 것과 둥근 것)·경중(輕重: 가벼움과 묵직함)이 있어야 하고, 글자는 대소(大小: 크고 작음)·소밀(疏密: 성김과 빼곡함)·사정(斜正: 기움과 바름)이 있어야 하며, 배치에는 관엄(寬嚴: 넓음과 좁음)·취산(聚散: 모임과 흩어짐)·허실(虛實: 빎과 참)의 묘를 중시한다. 상하좌우가 서로 기대듯 마주 보듯 연계되어 전체적으로 조화를 이루어야 한다. 포백은 또한 장법(章法) 및 소밀(疏密)과 밀접한 연관

이 있다.(2008, pp. 153-154 참조)

- 예 若以臨見妙裁, 尋其置陳布勢, 是達畵之變也.(顧愷之,「魏晉勝流畵贊」;『歷代名畵記』卷5 所收)
- 역 만약 이 교묘하게 짜인 제재와 구도가 어떻게 나왔는지를 직접 체험해 볼 수 있다면, 혹은 손무(孫武)가 당시 진지(陣地)를 구축했던 형세를 직접 찾아본다면, 이 그림의 기묘함을 훨씬 더 잘 이해할 수 있을 것이다.

- **포유어간** 飽游飫看

자연경물에 나아가 실컷 노닐고 마음껏 구경한다. 이로써 대자연의 자태(姿態)와 기상(氣象)을 흉중(胸中)에 담아냄을 뜻한다.

- 예 欲奪其造化, 則莫神于好, 莫精於勤, 莫大於飽游飫看.(郭熙,『林泉高致』「山川訓」)
- 역 만일 그 천연의 조화(造化)를 표현하고자 한다면, 좋아함보다 신묘한 것이 없고 부지런히 다니는 것보다 자세한 것이 없으며, 실컷 노닐고 마음껏 구경하는 것보다 더 중요한 것은 없다.

- **포전잉후** 包前孕後

앞사람을 계승하고 뒷사람을 길러냈다.

- 예 窮理盡性, 事絶言象. 包前孕後, 古今獨立.(謝赫,『古畵品錄』)
- 역 대상(對象)의 정리(情理)와 특성을 속속들이 잘 파악하였으며, 그림을 그리는 것이 말이나 표상으로 드러내는 것보다 더 뛰어났다. 앞사람을 계승하고 뒷사람을 길러내었으니, 고금에 오직 홀로 우뚝 섰다.

- **포정해우** 庖丁解牛

기술적 측면을 넘어서서 득도의 경지에 이른다는 소위 기기득도(棄技得道)의 과정을 말한다. 19년간 몇 천 두의 소를 잡아오면서 포정이 거둔 이 기기득도의 경지는, 바로 "인공(人工)으로부터 나오기는 하나 그 기(技)의 극(極)이 자연스러운 천연성(天然性)과 오묘하게 일치하는 지경[巧奪天工]"을 말하는 것이다. 이 풍격을 달리 표현하자면 곧 능(能)·묘(妙)·신(神)·일(逸)의 사품격(四品格) 중 신격(神格)에 해당한다 하겠다.(2008, pp. 219-220 참조)

- 예 庖丁爲文惠君解牛, 手之所觸, 肩之所倚, 足之所覆, 膝之所踦, 砉然嚮然, 奏刀騞然, 莫不中音. 合於桑林之舞, 乃中經首之會. 文惠君曰: "譆, 善哉! 技蓋至此乎?" 庖丁釋刀對曰: "臣之所好者道也, 進乎技矣."(『莊子』「養生主」)
- 역 한 번은 포정(庖丁)이 문혜군(文惠君)을 위하여 소를 잡은 적이 있었다. 손이 닿는 곳마다, 어깨가 움직일 때마다, 발과 무릎이 옮겨지고 굽혀지는 데마다, 살과 뼈가 떨어졌다. 싹싹 쓱쓱 칼 대는 소리가 가락에 맞았다. 그의 동작은 상림(桑林)의 춤과 같았으며, 그 절도는 경수(經首)의 절주와 들어맞았다. 문혜군이 말하였다. "아, 훌륭하도다! 재주라는 것이 이런 경지에까지 이를 수 있는 것이던가?" 포정이 칼을 놓으며 대답하였다. "재주라니요? 도(道)를 기(技)에 의탁했을 뿐, 제가 즐기는 것은 바로 도랍니다."
- 예 精察之者, 必如庖丁解牛, 目無全形, 析枝分理.(『書法鉤玄』 卷2 「張懷瓘評書」)
- 역 이 점을 잘 살피는 것은 마치 기예(技藝)가 신묘한 포정(庖丁)이 해우(解牛)하는 것처럼 해야 한다. 전체의 모양을 보는 것이 아니라 다만 지체(肢體)를 분해하고 무늬를 분별해야 한다.

- **포지신** 布之新, **불여저** 不如紵. **저지폐** 紵之弊, **불여포** 不如布.

새로 지은 베가 낡은 모시만 못하고, 찢어진 모시는 베만 못하다는 말이다. 때로는 새로운 것이 좋고, 때로는 낡은 것이 좋음을 말한다.

- 예 布之新, 不如紵. 紵之弊, 不如布. 或善爲新, 或惡爲故.(『淮南子』「說林訓」)
- 역 새로 지은 베가 낡은 모시만 못하고, 찢어진 모시는 베만 못하다. 때로

는 새로운 것이 좋고, 때로는 낡은 것이 좋다.

- **포치** 布置

    포세(布勢), 분포(分布), 분간포백(分間佈白), 포백(佈白) 등과 같은 개념이다. 한 글자 내의 점획의 안배 및 자간(字間)·행간(行間)의 위치에 대한 처리를 말한다. 점획에는 번간(繁簡: 두터움과 간략함)·방원(方圓: 각진 것과 둥근 것)·경중(輕重: 가벼움과 묵직함)이 있어야 하고, 글자는 대소(大小: 크고 작음)·소밀(疏密: 성김과 빼곡함)·사정(斜正: 기움과 바름)이 있어야 하며, 배치에는 관엄(寬嚴: 넓음과 좁음)·취산(聚散: 모임과 흩어짐)·허실(虛實: 빎과 참)의 묘를 중시한다. 상하좌우가 서로 기대듯 마주 보듯 연계되어 전체적으로 조화를 이루어야 한다. 포치(布置)는 또한 장법(章法) 및 소밀(疏密)과 밀접한 연관이 있다. 넓게는 물상의 배치와 구성의 안배를 말한다..(2008, pp. 153-154 참조)

    - 예) 毛稜: 惠遠之子. …… 善於布置, 略不煩草. 若比方諸父, 則牀上安牀.(姚最,『續畫品』)
    - 역) 모릉(毛稜)은 모혜원(毛惠遠)의 아들이다. …… 배치를 잘하여 조금도 번잡하고 거칠게 그리지 않았다. 아버지에 비교하면 새롭지 않다.
    - 예) 故水得山而媚, 得亭榭而明快, 得漁釣而曠落. 此山水之布置也.(郭熙,『林泉高致』「山川訓」)
    - 역) 그러므로 물은 산으로 인해 아름다워지고, 정자로 인해 밝고 시원해지며, 고기잡이와 낚시하는 경치로 인해 넓게 트여 낙락(落落)해진다. 이것이 산수를 배치하는 법이다.
    - 예) 多不過二種三種, 高低疏密, 如畫苑布置方妙.(袁宏道,『袁中郎全集』卷3「瓶史·宜稱」)
    - 역) 〈꽃을 병에 꽂을 때〉 종류는 많아도 두 셋을 넘어서는 안 되며, 높낮이와 빽빽함은 마치 그림에서의 구도상 배치처럼 해야만 비로소 오묘해진다.

- **표선** 標鮮

  사람됨이 깨끗함을 말한다.

  - 世目杜弘治標鮮, 季野穆少.(劉義慶,『世說新語』「賞譽」)
  - 세상 사람들이 두홍치(杜弘治: 杜乂)를 평해서는 아주 깨끗하다고 하고, 계야(季野: 褚裒)를 평해서는 삼가고 겸양한다고 했다.

- **표선청령** 標鮮淸令

  사람됨이 깨끗하고 맑음을 말한다.

  - 有人目杜弘治, 標鮮淸令, 盛德可風, 可樂詠也.(劉義慶,『世說新語』「賞譽」)
  - 어떤 사람이 두홍치(杜弘治: 杜乂)를 평하여 말하기를, 아주 깨끗하고 맑으니 그 큰 덕의 풍모는 즐겁게 노래 부를만 하다고 하였다.

- **표양** 飄揚

  자유롭게 풀어지는 것을 말한다.

  - 眞書難於飄揚, 草書難於嚴重.(蘇軾,『東坡題跋』下卷「跋晉柳所藏蓮華經」)
  - 해서는 자유롭게 풀어지기 어렵고, 초서는 엄중하기 어렵다.

- **표운** 標韻

  운치(韻致)와 같은 말이다.

  - 不在快人, 而在動人. 此所謂"風神", 所謂"標韻", 所謂"動吾天機".(王驥德,『曲律』「論套數」)
  - 감각적인 즐거움을 만족시키는 것이 아니라 사람의 마음을 이끌고 건드린다. 이것이 바로 작품의 풍신(風神) 혹은 운치라 하는 것이고, 내 가슴속에 내재된 천지자연의 본색을 감동시킨다는 것이다.

- **표일** 飄逸

    소탈하고 자연스러운 한일(閑逸)의 의경(意境)과 정취(情趣)를 나타내는 미학범주이다. 얽매임이 없고, 황홀하여 포착할 수 없는 경지를 말한다. 초예(超詣)가 세속초탈의 정신을 표현하는데 치중하는 반면, 표일은 일반인 내지 일반세계와는 다른 선인(仙人)과 선계(仙界)의 정치(情致)를 더 강조하여 나타낸다.

    - 예 飄逸. 落落欲往, 矯矯不群, 猴山之鶴, 華頂之雲.(司空圖, 『詩品二十四則』)
    - 역 표일(飄逸): 소탈하고 자연스러우며 얽매임이 없는 행동거지, 보통 사람과 다른 풍채(風采). 마치 구산(緱山) 봉우리에서 학을 타는 듯하고, 화산(華山) 정상에 운채(雲彩)가 깔린 듯하다.
    - 예 詩之品有九: 曰高, 曰古, 曰深, 曰遠, 曰長, 曰雄渾, 曰飄逸, 曰悲壯, 曰淒婉.(嚴羽, 『滄浪詩話』 「詩辨」)
    - 역 시의 품격(品格)에는 아홉 가지가 있다. 고(高)·고(古)·심(深)·원(遠)·장(長)·웅혼(雄渾)·표일(飄逸)·비장(悲壯)·처완(淒婉)이 그것이다.
    - 예 其所書『書譜』, 用筆破而愈完, 紛而愈治, 飄逸愈沈着, 婀娜愈剛健.(劉熙載, 『藝槪』 「書槪」)
    - 역 〈손과정(孫過庭)이 쓴〉 『서보(書譜)』는 용필(用筆)이 빈 듯하면서도 완정(完整)하고, 어지러운 듯하면서도 엄정하다. 맑게 흩날리는 듯하면서도 침착하고, 가볍고 아리따운 듯하면서도 강건하다.

- **표치** 標致

    아무 결함 없이 완미(完美)함을 말한다.

    - 예 昔人之評山林宮闕者, 曰壯麗, 曰奇峭, 曰幽邃, 而李勉於靈隱, 獨歎爲標致.(『尺牘新鈔』 2集 安致遠 「謝惠<尺牘新鈔>」)
    - 역 예전 사람들이 산림이나 궁궐을 평했을 때 왕왕 장려(壯麗)·기초(奇峭)·유수(幽邃) 등의 형용사를 사용하는데, 이면(李勉)은 영은산(靈隱山)을 평할 때 "표치(標致)"라는 말을 사용하여 찬탄했다.

- **표풍홀거** 飄風忽擧, **지조사비** 鷙鳥乍飛

  〈서예에서〉 회오리바람처럼 홀연히 일어나고, 사나운 새처럼 별안간 날아오르는 듯한 표현양상을 말한다.

  ⓔ 索靖書如飄風忽擧, 鷙鳥乍飛.(『書法鉤玄』卷4「梁武帝評書」)
  ⓨ 색정(索靖)의 글씨는 회오리바람처럼 홀연히 일어나고, 사나운 새처럼 별안간 날아오르는 듯하다.

- **품품** 品品

  (1) 주체의 객체에 대한 감별(鑑別), 관찰, 판별, 평정(評定) 등을 말한다.

  ⓔ 衆人取平, 品類以正, 萬物得之則生, 失之則死, 其似有德者.(劉向, 『說苑』「雜言」)
  ⓨ 많은 사람들이 그를 통해 공평을 깨닫고 온갖 사물이 그로 인해 바르게 되며, 만물이 그것을 얻으면 살고 그것을 잃으면 죽게 되니, 이는 마치 덕이 있는 자와 같다.

  ⓔ 衣服以品賢, 賢以文爲差. 愚傑不別, 須文以立折.(王充, 『論衡』「書解」)
  ⓨ 의복(衣服)이란 것은 현인(賢人)을 구별시키는 것이고, 현인은 문채가 어느 정도이냐에 따라 그 수준의 높낮이가 구분된다. 우둔하고 뛰어난 것은 본디 구별이 되지 않으니, 반드시 문채를 보고 판단을 내려야 한다.

  (2) 품류(品類), 품위(品位), 품질(品質), 품격(品格) 등을 말한다.

  ⓔ 凡畵, 人最難, 次山水, 次狗馬; 臺榭一定器耳, 難成而易好, 不待遷想妙得也. 此以巧歷不能差其品也.(顧愷之, 「魏晉勝流畵贊」; 『歷代名畵記』卷5 所收)
  ⓨ 무릇 회화는 인물이 제일 그리기 어렵다. 다음이 산수이고, 그 다음은 동물이다. 누각이나 정자는 정해진 자리에 있는 기물(器物)일 뿐이므

로 완성하기 어려울 것 가지만 실은 그리기 쉽다. 왜냐하면 그것의 정신을 애써 생각하지 않아도 되기 때문이다. 이런 종류의 그림은 기교의 우열에 의해 품등을 나눌 수 없다.

- **품어천연** 稟於天然, **자어공용** 資於功用

  우선 천부적인 자질을 갖고, 그런 다음 인공적인 것으로부터 재능을 얻음을 말한다.

  예 故得之者先稟於天然, 次資於功用.(『法書要錄』 卷7 「張懷瓘書斷上」)

  역 그래서 서예에 공을 이룬 사람은 우선 천부적인 것을 갖고 그런 다음 인공적인 것으로부터 재능을 얻는다.

- **품조** 品藻

  조감(藻鑒)·감별(鑑別)·품감(品鑑) 등과 통하는 범주이다. 고대 중국에서는 사람됨의 자질과 인격을 품평하는 논의["分品論人"]를 즐겼는데, 그들은 이러한 전통을 그대로 예술에도 적용["分品論藝"]하였다. 기예의 출중함 여부로부터 출중하다면 그 정도는 어떤지, 더 나아가 기예를 넘어선 천연(天然)의 경지에 이르렀는지 등등의 품등을 서화(書畵)영역에 시도한 것이다. 전통적인 예술 감상 비평이론으로서의 품론(品論)에서 볼 때, 품(品)은 심미주체가 심미대상에 대한 문질(文質)을 평가하여 품등을 규정하거나 또는 이로부터 그 우열을 변별해내는 심미활동이다. 이러한 평가에 의해 심미대상의 차등과 우열이 드러나는데, 여기서 일종의 심미범식과 심미표준인 품감(品鑑)이 만들어진다. 육조(六朝)시기 종영(鍾嶸)의 『시품(詩品)』·사혁(謝赫)의 『고화품록(古畵品錄)』·유견오(庾肩吾)의 『서품(書品)』·당대(唐代) 장회관(張懷瓘)의 『화단(畵斷)』과 『서단(書斷)』·주경현(朱景

玄)의 『당조명화록(唐朝名畵錄)』· 장언원(張彦遠)의 『역대명화기(歷代名畵記)』· 송대(宋代) 황휴복(黃休復)의 『익주명화록(益州名畵錄)』· 명대(明代) 고병(高棅)의 『당시품휘(唐詩品彙)』· 여천성(呂天成)의 『곡품(曲品)』 등은 모두 이러한 품감(品鑑)에 의해 시서화(詩書畵)를 품평한 것이다.(2008, p. 146 참조)

- 예 德行爲有事, 優劣易見; 文章微妙, 其體難識. 夫易見者粗也, 難識者精也. 夫唯粗也, 故銓衡有定焉; 夫唯精也, 故品藻難一焉.(葛洪,『抱朴子』「尙博」)
- 역 덕행은 구체적인 일에 드러나니 그 우열을 쉽게 관찰할 수 있다. 하지만 문장은 미묘한 것이어서 그 체재와 격조는 식별하기 어렵다. 쉽게 관찰할 수 있는 것은 심오하지 못하고, 인식하기 어려운 것은 정묘(精妙)하다. 바로 전자가 심오하지 못하기 때문에 평가의 고하(高下)에 일정한 규범이 있으며, 후자가 정묘하기 때문에 품평과 감상이 획일적일 수 없다.

- **품조현황** 品藻玄黃

문채를 다듬는 것을 말한다.

- 예 品藻玄黃, 摘振金玉, 獻可替否, 以裁厥中.(劉勰,『文心雕龍』「附會」)
- 역 문채를 다듬고, 운율을 살피며, 뺄 건 빼고 더할 건 더함으로써 균형 잡힌 체재를 만든다.

- **풍** 風

(1) 풍(風)은 원래 사람의 내재정신, 도덕, 인격의 외재적 표현 및 그것이 낳는 이른바 사람을 감화시키는 힘 등을 가리킨다. 예컨대 "군자의 덕은 바람과 같고, 소인의 덕은 풀과 같다."["君子之德風, 小人之德草."(『論語』「顔淵」)]와 같은 경우이다. 본래 의미는 기(氣)

의 움직임이다. 기(氣)는 끊임없이 운동, 변화하는 특징을 지니고 있는데, 그러한 운동변화의 과정은 곧 우주 만물의 생생불식(生生不息)하는 활력을 나타낸다. 위진남북조 시기에 이르러 이러한 풍(風)은 인물을 품평하는 데 사용되었다. 풍이 기와 밀접한 연관이 있기에 풍기(風氣)라는 말로 합쳐져 성정(性情)이 초탈적이고 지기(志氣)가 충만한 인물을 묘사한 것이다. 또한 풍(風)은 신(神)·운(韻)·아(雅)·미(味) 등과 함께 쓰이면서 성정이나 재기 또는 학문 등이 뛰어난 소양과 경지를 나타내기도 한다.(2008, p. 149, 180 참조)

㉠ 風, 風也, 敎也; 風以動之, 敎以化之.(「毛詩序」)
㉡ 풍(風)이라는 것은 감화하고 가르치는 것이다. 감화하여 일깨우고, 가르침으로써 변화시킨다.

㉠ 一曰化, 天子所以風天下也.(王通, 『文中子』「事君」)
㉡ 첫째는 화(化)이다. 천자(天子)는 『속시(續詩)』를 통해 천하를 교화(敎化)할 수 있다.

㉠ 企學者希風叙妙, 雖述猶疎. 徒立其工, 未敷厥旨.(孫過庭, 『書譜』)
㉡ 자기 실력 이상으로 자신을 내세우는 이들은 선인(先人)들의 고매한 풍격을 좇아 그 가운데의 오묘한 이치를 드러내고자 한다. 하지만, 비록 서술했다 해도 본령과는 먼 내용이라 그저 공교(工巧)함만 말할 뿐, 그 깊은 요령은 밝히지 못하고 만다.

(2) 사람에게 감동을 주어 교화시키는 근본이며, 작가의 뜻과 기세(氣勢)를 보여주는 표현방식을 말한다.

㉠ 辭之待骨, 如體之樹骸; 情之含風, 猶形之包氣.(劉勰, 『文心雕龍』「風骨」)
㉡ 글을 나타내는 데 있어 골이 있어야 하는 것은 곧 모든 형체에 뼈대가 있어야 하는 것과 같고, 감정 표현에 풍이 있어야 하는 것은 모든 형체

에 생기(生氣)가 있어야 하는 것과 같다.

(3) 풍격(風格)을 말한다.

- 例) 文能宗經, 體有六義: 一則情深而不詭, 二則風淸而不雜, 三則事信而不誕, 四則義直而不回, 五則體約而不蕪, 六則文麗而不淫.(劉勰,『文心雕龍』「宗經」)
- 譯) 문장을 지을 때 경서(經書)를 본받게 된다면 그 글의 체재는 다음 여섯 가지의 미덕을 갖추게 될 것이다. 첫째, 감정이 심오해져 거짓에 빠지지 않는다. 둘째, 풍격이 맑아 혼탁함과 섞이지 않는다. 셋째, 사실에 입각하여 진실 되고 현혹함이 없다. 넷째, 의미가 진실하여 왜곡이 없다. 다섯째, 체재가 간략하여 번거롭지 않다. 여섯째, 문장이 화려하면서도 과도함이 없다.

(4) 풍간(諷諫) 혹은 풍자(諷刺)의 뜻이다.

- 例) 國史明乎得失之迹, 傷人倫之廢, 哀刑政之苛, 吟詠情性, 以風其上, 達於事變而懷其舊俗者也.(「毛詩序」)
- 譯) 나라의 사관(史官)이 정치의 득실에 대한 면면을 잘 이해하여, 인륜의 폐해를 마음 아파하고 형벌의 가혹함을 슬퍼하게 되었다. 이에 그러한 정감을 시로 읊어 윗사람을 풍자함으로써, 그들로 하여금 사태의 추이를 잘 파악하게 하고 옛날의 좋은 습속을 다시금 상기하도록 하였다.

• 풍豊

(1) 필의(筆意)와 묵적(墨迹)이 서로 어울리는 것을 말한다.

- 例) 豊. 筆墨相副曰豊.(竇蒙,『語例字格』)
- 譯) 풍(豊): 필의(筆意)와 묵적(墨迹)이 서로 어울리는 것을 일러 풍(豊)이라 한다.

(2) 많고 크고 융성함을 말한다.

- 例) 思九州之博大兮 — 豊也.(方回,『桐江續集』卷30「離騷胡澹庵

一說」)
- 역 천하의 광활함을 생각한다. — 풍(豊)이다.

• **풍 諷**

〈시(詩)를 통하여〉 세간의 정치 상황을 풍자함을 말한다.

- 예 子謂續詩, 可以諷, 可以達, 可以蕩, 可以獨處.(王通, 『文中子』 「天地」)
- 역 문중자(文中子)가 생각하기에 『속시(續詩)』는, 당시의 정치 상황을 풍자할 수 있고, 백성의 성정(性情)을 드러낼 수 있으며, 마음속의 번민을 지울 수 있고, 홀로 있을 때라도 사악한 생각을 갖지 않을 수 있다.

• **풍고향작 風高響作, 월동영수 月動影隨**

바람이 높이 일면 소리가 나고 달이 움직이면 그림자가 따른다는 말로, 세상의 자연스러운 이치를 형용한 말이다.

- 예 風高響作, 月動影隨, 天下翕然而文之而古之, 人不自以爲文也, 曰是質之至焉者矣.(袁宏道, 『袁中郞全集』 卷3 「行素園存稿引」)
- 역 바람이 높이 일면 소리가 나고 달이 움직이면 그림자가 따른다. 이처럼 천하는 조화롭게 문장이 되고 고법(古法)이 되었다. 그래서 사람들은 스스로 문장을 짓는다고 하지 않고 질이 다다른 것이라고 한 것이다.

• **풍골 風骨**

(1) 문자나 예술작품 속에 드러난, 창작자의 지기(志氣)로부터 만들어진 웅건한 풍모를 가리킨다. 골력(骨力)과 같은 개념이다.

- 예 夫象人風骨, 張亞於顧陸也.(張彦遠, 『歷代名畵記』)
- 역 인물을 그리는 품격은 장승요(張僧繇)가 고개지(顧愷之)·육탐미(陸探微)만 못하다.
- 예 漢·魏風骨, 晉·宋莫傳, 然而文獻有可徵者.(陳子昻, 『陳伯玉

集』卷1「與東方左史虬修竹篇序」)
- 역 한(漢)·위(魏) 문장의 풍골(風骨)은 진(晉)·송(宋) 시기에 아무도 계승할 수 없었으나, 문헌 속에서 그것을 확인할 수 있다.

(2) 풍격을 말한다.
- 예 北魏祖瑩云: "文章當自出機杼, 成一家風骨, 不可寄人籬下."(袁枚, 『隨園詩話』卷7)
- 역 북위(北魏)의 조영(祖瑩)은 말했다. "문장은 마땅히 자기의 가슴속에서 나와야 일가(一家)의 풍격을 이루게 된다. 다른 사람의 울타리에 갇혀서는 안 된다."

- **풍규** 風規

  풍모와 품격을 말한다. 또한, 문예작품의 풍격을 가리키기도 한다.
  - 예 庶欲弘旣往之風規, 導將來之器識, 除繁去濫, 覩迹明心者焉.(孫過庭, 『書譜』)
  - 역 앞선 이들의 풍격과 법도를 드높이고 후학들의 도량과 식견을 북돋아 일깨움으로써, 쓸데없이 번잡할 뿐인 공담(空談)을 깨끗이 청산하여 배우는 자들로 하여금 학습을 통해 이해하고 터득하는 바가 있도록 할 것이다.

- **풍기** 風氣

  (1) 풍류(風流)의 기개 혹은 풍취(風趣)를 말한다.
  - 예 王僧虔書猶如揚州王謝家子弟, 縱復不端正, 奕奕皆有一種風氣.(『書法鉤玄』卷4「梁武帝評書」)
  - 역 왕승건(王僧虔)의 글씨는 왕씨(王氏)나 사씨(謝氏) 같은 대가문의 자제처럼, 비록 단정하지는 않으나 광채가 있어 풍류(風流)의 기개(氣槪)가 있다.

  (2) 풍아(風雅)의 기운(氣韻), 즉 풍격(風格)을 말한다.

㉠ 若母群物而腹衆才者, 風氣固不足以限之.(劉熙載,『藝槪』「書槪」)

㉡ 만약 만물(萬物)과 만인(萬人)을 받아들여 함께 논한다면, 풍격(風格)이란 본디 제한을 둘 수 없는 것이다.

㉠ 納蘭容若以自然之眼觀物, 以自然之舌言情. 此由初入中原, 未染漢人風氣.(王國維,『人間詞話』52)

㉡ 납란성덕(納蘭性德)은 자연의 눈으로 사물을 관찰하고, 자연의 혀로 감정을 말하였다. 이것은 그가 처음 중원(中原)에 들어와 아직 한족(漢族)의 기풍에 물들지 않았기 때문이다.

(3) 거칠고 경박한 기풍 혹은 기세를 말한다.

㉠ 書家筆勢亦窮於此, 然似仲由未見孔子時風氣耳.(黃庭堅,『豫章黃先生文集』卷29「跋米元章書」)

㉡ 서예가의 필세가 이 정도면 또한 최고의 경지라 할만도 하지만, 마치 중유(仲由: 자는 子路)가 공자(孔子)를 만나기 전처럼 거칠고 경박한 듯싶은 점이 있다.

- **풍도** 風度

풍미(風味)·풍취(風趣)·풍채(風采)와 같은 뜻이다.

㉠ 昔人謂書法至顔魯公而壞, 以其著力太急, 失晉人風度也.(王夫之,『薑齋詩話』卷2)

㉡ 옛사람들은 서예가 안진경(顔眞卿)에 이르러 무너졌다고 말한다. 그 이유는 힘을 주는 것이 너무 세차고 진(晉)나라 사람의 풍도(風度)를 잃었기 때문이다.

- **풍력** 風力

풍격과 같은 말이다.

㉠ 大率圖畵, 風力氣韻, 固在當人, 其如種種之要, 不可不察矣.(郭若虛,『圖畵見聞志』「叙論」)

ⓔ 대개 그림 그리는 데 있어 풍격(風格)이나 기운(氣韻)은 본디 화가(畫家)에게 달려 있으므로, 화가는 여러 가지 요소를 살피지 않으면 안 된다.

- **풍류** 風流

    (1) 말쑥하고 얽매임이 없는 것을 말한다.

    ⓔ 所謂蘊藉風流者, 惟風流乃見蘊藉耳.(賀貽孫, 『詩筏』)
    ⓔ 함축함과 동시에 소쇄(瀟灑)하고 유창하다는 것은, 먼저 소쇄하고 유창한 특질을 갖고 있어야 함축할 수 있다는 것이다.

    (2) 미묘(美妙)한 초일(超逸)을 말한다.

    ⓔ 蕭思話, 全法羊欣, 風流趣好, 殆當不減, 而筆力恨弱.(『法書要錄』卷1「南齊王僧虔論書」)
    ⓔ 소사화(蕭思話)는 완전히 양흔(羊欣)을 법 삼았다. 초일(超逸)의 풍취가 아름다우니, 전혀 손색이 없다. 다만 필력이 유약(柔弱)한 게 아쉽다.

    (3) 풍도(風度), 풍치(風致), 풍운(風韻)을 말한다.

    ⓔ 氣高而不怒, 怒則失於風流.(皎然, 『詩式』)
    ⓔ 기세가 높아도 노해서는 안 된다. 노하면 풍도(風度)를 잃기 때문이다.
    ⓔ 能. 千種風流曰能.(寶蒙, 『語例字格』)
    ⓔ 능(能): 천변만화하는 풍치(風致)와 자태(姿態)를 일러 능(能)이라 한다.
    ⓔ 所謂無道學氣者, 非但風流跌宕之曲·花前月下之情當以板腐爲戒, 卽談忠孝節義與說悲苦哀怨之情, 亦當抑聖爲狂, 寓哭於笑.(李漁, 『閑情偶寄』「詞曲部·重機趣」)
    ⓔ 이른바 고루한 도학기(道學氣)가 있어선 안 된다는 것은, 고상하고 멋이 있는 일을 묘사하는 데는 반드시 활기 없고 낡아빠진 모습을 제거해야 함을 말할 뿐 아니라, 설령 충효(忠孝)·절의(節義)나 슬프고 원망스런 일을 말한다 할지라도 또한 반드시 성현(聖賢)의 도(道)는 거리낌

없는 호방(豪放)을 통해 드러내고 슬픔은 웃음 속에 감추어 나타내야 함을 말하는 것이다.

- **풍류조달** 風流調達

  풍격이 시원하고 유창하다.

  - 예 雄於潘岳, 靡於太仲, 風流調達, 實曠代之高手.(鍾嶸, 『詩品』)
  - 역 〈장협(張協)의 시는〉 시풍(詩風)은 반악(潘岳)에 비하면 기골(氣骨)이 강하고, 언어의 아름다움은 좌사(左思)를 넘어섰다. 풍격은 시원하고 유창하니, 실로 절세의 대가이다.

- **풍률외창** 風律外彰, **체덕내온** 體德內蘊

  풍률(風律)은 밖으로 드러나고 체덕(體德)은 안에 함축됨을 말한다.

  - 예 一字之下, 風律外彰, 體德內蘊, 如車之有轂, 衆輻歸焉.(皎然, 『詩式』)
  - 역 한 글자 아래 풍률(風律)은 밖으로 드러나고 체덕(體德)은 안에 함축되니, 이는 마치 수레의 바퀴축이 많은 바퀴살을 연결시킬 수 있는 것과 같다.

- **풍미** 風味

  풍(風)은 원래 사람의 내재정신, 도덕, 인격의 외재적 표현 및 그것이 낳는 이른바 사람을 감화시키는 힘 등을 가리킨다. 예컨대 "군자의 덕은 바람과 같고, 소인의 덕은 풀과 같다."["君子之德風, 小人之德草."(『論語』「顔淵」)]와 같은 경우이다. 이 때문에 풍(風)과 미(味)가 조합된 풍미(風味)는 처음엔 정신세계의 외재적 표현을 가리키는 말로 쓰였다. 이럴 때 풍도(風度)나 풍채(風采)와 같은 의미이다. 그런데 풍(風)의 원래 뜻 가운데 사람을 감화시킨다는 의미가 있고 여기에 그 감화를 받는 자의 체험이 더해지게 되면서, 풍미는 예술작품의 미감이 드러내는 심미적 역량을 가리키는 개념이 되었다. 풍미를 풍과 미로 나누어 보자면, 풍은 심미대상의 본질과 많이 연관되고 미는 주관적인 심미체험과 더 연관되는 것이라 할 수 있다.(2008, p. 149 참조)

- 예) 東晉士人, 互相陶淬. 至於王謝之族, 郗庾之倫, 縱不盡其神奇, 咸亦挹其風味.(孫過庭,『書譜』)
- 역) 동진(東晋) 시기의 사대부들은 서로 감화와 영향을 주고받았다. 왕(王)·사(謝)·치(郗)·유(庾) 등 네 가문의 이름난 서예가들은 설령 신기(神奇)의 경지에 까진 이르지 못했다 할지라도 각각은 모두 훌륭한 풍격을 지니고 있다.
- 예) 其一十九字, 括文章德體, 風味盡矣, 如『易』之有象辭焉.(皎然,『詩式』)
- 역) 이 열아홉 글자는 문장의 체덕을 포괄하여 풍미(風味)를 지극하게 한다. 이는 마치 『역경(易經)』에 단사(象辭)가 있는 것과 같다.
- 예) 李獻吉詩: "浩浩長江水, 黃州若個邊? 岸回山一轉, 船到堞樓前." 固自不失此風味.(王夫之,『薑齋詩話』卷2)
- 역) 이몽양(李夢陽)의 시 "크고 넓은 장강(長江)의 물결, 황주(黃州)는 대체 어디인가? 강기슭이 산허리를 감아 도는데, 어느덧 배는 황주의 성루(城樓)에 이르렀네."는 실로 이 풍미(風味)를 잃지 않았다.
- 예) 對於自然美加上些人工, 又是別一種風味的美.(梁啓超,『飮冰室專集』卷74「中國之美文及其歷史」)
- 역) 자연미에 어느 정도의 인공이 더해진 것은 또한 색다른 풍미(風味)의 아름다움을 낳는다.

- **풍상** 風尙

유행이나 흐름을 말한다.

- 예) 知此義者, 可以斟酌風尙而立言矣.(章學誠,『文史通義』內篇4「說林」)
- 역) 이 의미를 아는 이는 흐름을 잘 파악하여 언설(言說)을 세울 수 있다.

- **풍신 風神**

원래는 사람의 풍채(風采)와 신운(神韻)을 가리키는 말이었으나 나중에 문예작품 중의 기운(氣韻)을 가리키게 되었다. 풍신이란 말이 처음 보이는 때는 위진(魏晉) 시기의 인물품평에서이다. 한대(漢代)에서는 골격을 보고 사람을 판단하는 관상을 중시하였으나 위진 시기에서는 내면의 신명(神明)을 사람 보는 잣대로 중시하였다. 그래서 신기(神氣)·풍운(風韻)·풍신(風神) 등의 표현으로 사람됨을 논한 경우가 많았다. "풍(風)"은 기(氣)의 흐름을 말하는 것이고 신(神)은 곧 기(氣)의 주재(主宰)이다. 따라서 풍신은 사람의 정신적 기질의 외적 표현이라 하겠다. 본래 위진 시기의 사람에 대한 품평은 심미적 품평이었으므로 사람품평에 관한 용어들은 자연 문학예술로 옮겨져 사용되었다. 그리하여 당대(唐代)에 이르러선 본격적으로 풍신으로써 예술작품의 성격을 말하게 된 것이다. 시문(詩文)과 회화를 논할 때는 물론이거니와, 서예를 논할 때도 풍신은 중요한 개념이었다. 풍신과 연관된 범주로 운(韻)과 신운(神韻)을 들 수 있다. 먼저 운(韻)을 보면, 운(韻)은 두 가지 의미를 담고 있다. 하나는 조화롭고 청아한 소리로서의 운율(韻律)을 의미한다. 다른 하나는 형상이자 초형상(超形象)으로서의 의미, 특히 그윽하고 담박한 의미로서의 운미(韻味)를 가리킨다. 대개 미학범주로서 운(韻)을 말할 때는 후자의 의미이다. 보통 기(氣)와 운(韻)을 함께 엮어 기운(氣韻)이라 하는데, 기운은 서화에서의 형식과 내용이 서로 연계된 일정한 리듬감 및 이러한 리듬감이 낳은 운미(韻味)를 가리킨다. 다음으로 신운(神韻)은 용필(用筆)의 리듬감을 가리키는 운(韻)의 하나이다. 신운은 신비롭고 고상한 운치를 이르는 말인데, 여기에는 반드시 작자의 본디 독특한 기품과 정신적 풍모가 드러나야 한다. 본디 신(神)은 외부형체와 대비되는 내재정신을 가리키고,

운(韻)은 외재의 운율미를 가리킨다. 그런데 이 둘이 연계되어 하나의 고유어가 되어서는 곧 사람의 정신적 풍격을 가리키게 되고, 혹은 더 나아가서 사람이나 사물 또는 작품의 정기나 생명력을 나타내는 표현이 된 것이다. 이런 연유로 신운은 그 자체가 형이상적이고 청담(淸淡)한 내재미를 가리키는 말로 의미가 확장되었다. 붙지도 떨어지지도 않은, 판단에 집착하지 않는, 그리고 형체를 잊어버린 초월적이고 담박한 경지로부터, 흥이 쌓여 넘치면 저도 모르게 글을 짓고 글씨를 써 내리는 것이 바로 신운의 경지이다.(2008, pp. 167-168 참조)

- 예 然後凜之以風神, 溫之以姸潤, 鼓之以枯勁, 和之以閑雅.(孫過庭,『書譜』)
- 역 이러한 것들을 다 이룬 후에 여기에 다시 기운(氣韻)을 드러내고, 아름다운 내면의 품덕(稟德)을 담으며, 견실한 기교로써 강인한 정신을 북돋고, 또한 우아한 풍모를 조화시킨다.
- 예 風神者, 一須人品高, 二須師法古, 三須筆紙佳, 四須險勁, 五須高明, 六須潤澤, 七須向背得宜, 八須時出新意.(『佩文齋書畵譜』卷7『續書譜』「風神」)
- 역 서예에 풍치(風致)와 신운(神韻)이 있으려면, 첫째로 품덕이 높아야 하고, 둘째로 옛 법식을 잘 익혀야 하며, 셋째로 붓과 종이가 좋아야 하고, 넷째로 운필(運筆)이 가파르고 힘이 있어야 하며, 다섯째로 필법(筆法)이 출중해야 하고, 여섯째로 묵기(墨氣)가 윤택해야 하며, 일곱째로 향배(向背)가 적절해야 하고, 여덟째로 때때로 새로운 생각이 일어나야 한다.
- 예 合冥契, 吸至精, 資運動於風神, 頤浩然於潤色.(『法書要錄』卷7「張懷瓘書斷上」)
- 역 자연스러운 정취에 부합하여 그 신묘(神妙)하나 형적(形迹)이 보이지 않는 정미한 물질의 변화무쌍한 정신을 습취한 다음, 바야흐로 필묵(筆墨)의 운행(運行)을 빌려 풍격(風格)의 신운(神韻)을 드러내고 또 정대(正大)하고 호매(豪邁)한 기풍을 길러 이에 수식을 더하였다.
- 예 作詩大要不過二端: 體格聲調, 興象風神而已. 體格聲調有則可

循, 興象風神無方可執.(胡應麟, 『詩藪』「內編」卷5)
- 역 시를 짓는 큰 요점은 다만 두 가지이다. 하나는 격식(格式)·음률(音律)이요, 다른 하나는 흥상(興象)·풍신(風神)이다. 격식(格式)과 음률(音律)은 따를 법칙이 있으나, 흥상(興象)과 풍신(風神)은 파악할 방도가 없다.

• **풍신** 豐神

풍격과 기개를 말한다.

- 예 音得淸與亮, 既云妙矣, 而未發其采, 猶不足表其豐神也.(徐上瀛, 『溪山琴況』)
- 역 거문고를 연주하는 것이 청(淸)과 양(亮)의 경지까지 이르렀으면 이미 대단하다고 할 수 있다. 그러나 채(采), 즉 정신적인 풍채가 아직 발산하지 못하였으면 풍격과 기개를 충분히 드러낼 수 없다.

• **풍아** 風雅

(1) 아(雅)·아풍(雅風)·소아(素雅) 등과 같은 개념으로, 조야(粗野)나 비속(卑俗)과 상대적인 의미이다.

- 예 別裁僞體親風雅, 轉益多師是汝師.(杜甫,「戲爲六絶句」)
- 역 모방만 한 제(齊)·양(梁)의 유풍(遺風)을 비판하고, 아풍(雅風)의 전통을 배우고 계승해야 한다. 모든 것이 다 배울 만한 스승이니, 여러 방면에서 이로운 점을 얻어야 한다.

(2) 시문(詩文)을 말한다.

- 예 國朝有功於風雅者, 莫如歷下.(袁中道, 『珂雪齋文集』 卷2「阮集之詩序」)
- 역 명대(明代)에 시문(詩文)으로 공헌이 있는 사람을 뽑으라 한다면 당연히 이반룡(李攀龍: 고향이 山東省 歷城)을 먼저 꼽아야 한다.

- **풍영** 諷詠

시(詩)를 감상하는 방법 중의 하나로, 외워서 가락에 맞춰 읊는 것을 말한다.

- 例 於是乎章句以綱之, 訓詁以紀之, 諷詠以昌之, 涵濡以體之.(朱熹, 『晦庵先生朱文公文集』 卷76 「詩集傳序」)
- 역 그런 다음 한 장 한 구절을 끊어 요지(要旨)를 총괄하고, 문자를 해석하여 그 뜻을 분석하며, 외우고 읊어 그 의미를 밝히고, 그 안에 침잠함으로써 그 맛을 깊이 음미하도록 한다.

- **풍우언지** 風雩言志

증점(曾點)이 무우(舞雩)에서 바람 쐬는 것으로 자신의 포부를 드러낸 것을 말한다. 이 일은 『논어(論語)』 「선진(先進)」에 나온다.

- 例 風雩言志, 則帝王致治, 賢聖功修.(章學誠, 『文史通義』 內篇2 「原道下」)
- 역 무우(舞雩)에서 바람 쐬는 것으로 자신의 포부를 드러낸 증점(曾點) 등은 제왕(帝王)의 지극한 정치와 성현(聖賢)의 수양을 보여준다.

- **풍운** 風韻

"풍신(風神)"이라는 개념과도 통한다. 원래는 사람의 풍채(風采)와 신운(神韻)을 가리키는 말이었으나 나중에 문예작품 중의 기운(氣韻)·운치(韻致)·정취(情趣)·풍취(風趣)을 가리키게 되었다. 풍신이란 말이 처음 보이는 때는 위진(魏晉) 시기의 인물품평에서이다. 한대(漢代)에서는 골격을 보고 사람을 판단하는 관상을 중시하였으나 위진 시기에서는 내면의 신명(神明)을 사람 보는 잣대로 중시하였다. 그래서 신기(神氣)·풍운(風韻)·풍신(風神) 등의 표현으로 사람됨을 논한 경우가 많았다. 풍(風)은 기(氣)의 흐름을 말하는 것이고 신(神)은 곧

기(氣)의 주재(主宰)이다. 따라서 풍신은 사람의 정신적 기질의 외적 표현이라 하겠다. 본래 위진 시기의 사람에 대한 품평은 심미적 품평이었으므로 사람품평에 관한 용어들은 자연 문학예술로 옮겨져 사용되었다. 그리하여 당대(唐代)에 이르러선 본격적으로 풍신으로써 예술작품의 성격을 말하게 된 것이다. 시문(詩文)과 회화를 논할 때는 물론이거니와, 서예를 논할 때도 풍신은 중요한 개념이었다.(2008, pp. 167-168 참조)

- 예 孫曰:"此子神情都不關山水而能作文." 庾公曰:"衛風韻雖不及卿, 諸人傾倒處亦不近."(劉義慶, 『世說新語』「賞譽」)
- 역 손흥공(孫興公: 孫綽)이 말하였다. "이 사람〈위군장(衛君長: 衛永)〉이 산수(山水)엔 도대체 관심이 없지만 그래도 글을 꽤나 짓습니다." 이에 유공(庾公: 庾亮)이 말하였다. "위군장의 풍운(風韻)이 비록 그대에 미치진 못 해도 마음을 기울여 쓴 글이 천근(淺近)하진 않소."
- 예 詩不假修飾, 任其醜樸. 但風韻正, 天眞全.(皎然, 『詩式』)
- 역 시는 수식에 의거해선 안 되며, 박실한 성정(性情)을 따르고, 다만 풍운(風韻)을 바르게 하고 천진함을 온전히 해야 한다.
- 예 有詳處必要有略處, 實虛互用, 疏則不深邃, 密則不風韻.(董其昌, 『畫禪室隨筆』卷2「畫訣」)
- 역 〈그림을 그릴 때〉 상세한 곳에는 반드시 간략함이 있어야 하니, 허실을 서로 쓰는 것이다. 소략(疏略)하면 정미(精微)하지 못하고, 주밀(周密)하면 운치(韻致)가 없다.

• 풍운기 | 風雲氣

바람이 불고 구름이 일어나는 듯 얽매임 없이 종횡하는 기개를 말한다.

- 예 雖名高曩代, 而疏亮之士, 猶恨其兒女情多, 風雲氣少.(鍾嶸, 『詩品』)
- 역 〈장화(張華)의 시는〉 비록 전대(前代)에 명성이 아주 높았으나, 활달하

고 대범한 이는 그래도 그의 시에 서정이 너무 지나치고 기개는 부족하다고 아쉬워한다.

- **풍울** 豊蔚

  풍성함을 말한다.

  - 例 王·揚之流麗, 沈·宋之豊蔚, 高·岑之悲壯, 李·杜之雄大, 其才不可槪以淸言, 其格與調與思, 則無不淸者.(胡應麟,『詩藪』「外編」卷4)
  - 역 왕발(王勃)·양형(楊炯)의 유려함, 심전기(沈佺期)·송지문(宋之問)의 풍성함, 고적(高適)·잠삼(岑參)의 비장함, 이백(李白)·두보(杜甫)의 웅대함을 두고 볼 때, 그 재(才)는 청(淸)만으로 개괄할 순 없지만, 그러나 그 격(格)과 조(調)와 사(思)는 청(淸)하지 않음이 없다.

- **풍유** 風猷

  풍채(風采)와 품격을 말한다.

  - 例 觀晉人字畫, 可見晉人之風猷.(劉熙載,『藝槪』「書槪」)
  - 역 진인(晉人)의 자획(字劃)을 보면 진인의 풍채(風采)와 품격을 알 수 있다.

- **풍의** 風義

  풍격(風格)과 같은 말이다.

  - 例 此種風義, 可以興, 可以觀矣.(袁枚,『隨園詩話』卷14)
  - 역 이러한 풍격의 정감은 공자(孔子)가 말한 바의 "감흥을 불러일으킬 수 있고 관찰할 수 있다."는 것이다.

- **풍자지화** 諷刺之禍, **속호풍진** 速乎風塵

  풍자(諷刺)가 초래하는 화(禍)는 먼지바람보다 빠르다.

  - 例 加以砂礫所傷, 慘於矛戟; 諷刺之禍, 速乎風塵. 深宜防慮, 以

保元吉.(顔之推,『顔氏家訓』「文章」)
- ㊟ 모래를 뒤집어쓰고 돌팔매를 당하게 되면, 그 받은 상처는 굳고 예리한 무기에 당한 상처보다 더 참혹하다. 풍자(諷刺)가 초래하는 화(禍)는 먼지바람보다 빠른 법이다. 깊이 경계하여 대길(大吉)을 보전해야 할 것이다.

- **풍진외물** 風塵外物

  세속을 벗어난 사람을 말한다.

  - ㊖ 王戎云:"太尉神姿高徹, 如瑤林瓊樹, 自然是風塵外物."(劉義慶,『世說新語』「賞譽」)
  - ㊟ 왕융(王戎)이 말했다. "태위(太尉: 王衍을 가리킴)는 그 정신적 풍모가 뛰어나서 마치 옥으로 만든 수목과 같다. 본래 세속을 벗어난 사람이다."

- **풍청골준** 風淸骨峻

  〈문장이〉 풍(風)은 맑고 골(骨)은 빼어나다.

  - ㊖ 若能確乎正式, 使文明以健, 則風淸骨峻, 篇體光華.(劉勰,『文心雕龍』「風骨」)
  - ㊟ 만약 정상적인 법식을 확실히 익히고 글을 강건하게 표현할 수 있다면, 풍(風)은 맑아지고 골(骨)은 빼어나게 되어 문장은 빛이 나게 될 것이다.

- **풍화** 風化

  풍속(風俗)의 교화(敎化)를 말한다.

  - ㊖ 若後世作樂, 只是做些詞調, 於民俗風化絶無關涉, 何以化民善俗?(王守仁,『王文成公全書』卷3『語錄』「傳習錄下」)
  - ㊟ 만약 후세에 음악을 짓는 일이 다만 가사와 가락만을 만드는 것이라면 민속의 교화(敎化)와는 아무런 관계가 없게 되는 것이니, 어떻게 백성

을 교화하고 풍속을 바꿀 수 있겠는가?

- **풍화보조** 風華黼藻

  시(詩)의 아름다운 어휘를 말한다.

  - 예) 風華黼藻, 當時獨步.(『法書要錄』 卷9 「張懷瓘書斷下」)
  - 역) 아름다운 시가(詩歌)의 문자는 당시에 독보적이었다.

- **피문상질** 披文相質

  글의 형식이 내용과 서로 어울려야 한다. 비(碑)의 창작 원칙을 말하고 있다.

  - 예) 詩緣情而綺靡. 賦體物而瀏亮. 碑披文以相質.(陸機, 「文賦」)
  - 역) 시(詩)는 내면의 정(情)을 드러내되 아름다운 글로 나타내야 한다. 부(賦)는 물상에 대한 관찰을 드러내야 하니 단어의 사용이 무궁무진하고 명확해야 한다. 비(碑)는 글의 형식이 내용과 서로 어울려야 한다.

- **필** 筆

  비록 법칙에 의거하지만 그 운용은 임기응변할 수 있어, 본질에 치우치지도 않고 형사(形似)에 치우치지도 않아 나는 듯 움직이는 듯한 운필을 말한다.

  - 예) 筆者, 雖依法則, 運轉變通, 不質不形, 如飛如動. 墨者, 高低暈淡, 品物淺深, 文采自然, 似非因筆.(荊浩, 『筆法記』)
  - 역) 필(筆)은 비록 법칙에 의거하지만 그 운용은 임기응변할 수 있어, 본질에 치우치지도 않고 형사(形似)에 치우치지도 않아 나는 듯 움직이는 듯한 운필을 말한다. 묵(墨)은 그 농담(濃淡)에 따라 물상을 자유자재로 표현하여 문채의 자연스럽기가 마치 붓으로 그린 것 같지 않도록 하는 것이다.

- **필간의족** 筆簡意足

    외형적으로 표현된 선은 간략하지만 그것이 드러내는 의미는 무궁하다.

    - 예) 筆簡而意足, 是不亦爲難哉!(歐陽修,『歐陽文忠公文集』卷73「題薛公期畫」)
    - 역) 선은 간략하게 표현하지만 드러내는 의미는 무궁하니, 〈귀신을 그리는 것은〉 또한 어렵지 아니한가!

- **필간형구** 筆簡形具, **득지자연** 得之自然

    필치는 간략해도 형세가 온전히 갖추어져 자연스러움을 얻는다.

    - 예) 畫之逸格, 最難其儔. 拙規矩於方圓, 鄙精研於彩繪, 筆簡形具, 得之自然.(黃休復,『益州名畫錄』)
    - 역) 그림의 일격(逸格)은 다른 무엇과 견주기 어렵다. 방원(方圓)을 그리는 데 규구(規矩)를 사용하지 않은 듯 졸렬하게 하고, 채색은 정교하거나 화려하게 하지 않으니, 필치는 간략해도 형세가 온전히 갖추어져 자연스러움을 얻는다.

- **필묵상부** 筆墨相副

    필의(筆意)와 묵적(墨迹)이 서로 잘 어울린다.

    - 예) 豊. 筆墨相副曰豊.(寶蒙,『語例字格』)
    - 역) 풍(豊): 필의(筆意)와 묵적(墨迹)이 서로 어울리는 것을 일러 풍(豊)이라 한다.

- **필유기질** 必有其質, **내위지문** 乃爲之文

    반드시 근본적인 실질이 있기에 그것을 수식하게 된다. 질(質)이 문(文)보다 앞선다는 것을 뜻한다.

@ 鍾鼓管簫, 干鍼羽旄, 所以飾喜也; 衰絰苴杖, 哭踊有節, 所以飾哀也; 兵革羽旄, 金鼓斧鉞, 所以飾怒也. 必有其質, 乃爲之文.(『淮南子』「本經訓」)

@ 종(鍾)·고(鼓)·관(管)·소(簫)를 연주하고, 간척(干鍼)을 들고 무무(武舞)를 추거나 우모(羽旄)를 들고 문무(文舞)를 추는 것은 바로 그 즐거움을 나타내는 것이다. 상복(喪服)을 입고 저장(苴杖)을 짚은 채 발을 구르며 통곡을 하는 것은 그 슬픔을 나타내는 것이다. 무기·갑옷·깃발·종·북·도끼 등을 가지고 전쟁을 하는 것은 분노를 나타내는 것이다. 이처럼 반드시 근본적인 실질이 있기에 그것을 수식하는 것이다.

- **필의 筆意**

서예에 있어 형식적인 부분이 아니라 서예가의 의취(意趣), 즉 정신적 경지와 태도 및 지향을 말한다.

@ 後世不謂昭不及繇者, 觀其筆意, 它可以不論也.(董逌, 『廣川書跋』卷7「薛稷雜碑」)

@ 후세 사람들은 호소(胡昭)의 글씨가 종요(鍾繇)만 못하다고 생각지 않는데, 그것은 후대 사람들이 다만 필의(筆意)를 볼 뿐 형식이나 풍격 등 다른 것은 따지지 않기 때문이다.

- **핍진 逼眞**

(1) 사물을 있는 그대로 명확하게 묘사하는 것을 말한다. "함호(含糊)"와 상대되는 개념이다.

@ 凡作詩不宜逼眞, 如朝行遠望, 青山佳色, 隱然可愛, 其煙霞變幻, 難於名狀.(謝榛, 『四溟詩話』卷3)

@ 시를 지을 때 너무 명확하게 묘사해선 안 된다. 예컨대, 아침에 길을 떠나 먼 곳을 바라보면 청산(靑山)이 아득히 아름다운데 구름이나 안개가 수시로 바뀌는 것이 너무 아름다워 언어로 표현하기가 어렵다.

@ 王摩詰之破墨水石, 意象逼眞, 南派之代表也.(梁啓超, 『飮冰室文集』卷10「中國地理大勢論」)

❸ 왕유(王維)의 파묵(破墨)산수는 의상(意象)을 명확히 드러내었으니 남파(南派)의 대표라 하겠다.

(2) 아주 똑 같은 것을 말한다.

❹ 通首淸貴, 三四逼眞樂府, 詠物詩, 唯此爲至.(王夫之, 『唐詩評選』 卷3 杜甫 「廢畦」)

❸ 시 전체가 아주 깨끗하고 산뜻한 동시에 기품이 높다. 그 중에 서너 구절은 악부(樂府)의 기질을 갖고 있다. 영물시(詠物詩) 중에 이 시가 제일 좋다.

ㅎ

- **하승소도** 下乘小道

    하품(下品)의 작품이자 잡기(雜技)라는 말이다.

    - 예) 今於登臨則必名其泉石, 燕集則必紀其園林, 寄贈則必傳其姓氏, 眞所謂田莊牙人·點鬼簿·粘皮骨者, 漢·唐人何嘗如此? 最詩家下乘小道.(胡應麟,『詩藪』「內編」卷5)
    - 역) 지금 사람들이 시를 쓰는데, 산에 오르고 강을 찾는 시를 쓸 때는 꼭 그 천석(泉石)을 밝히고, 문사들의 모임에 대해 쓰면서는 반드시 그 원림(園林)을 서술하며, 기증하는 시를 쓸 때는 필시 그 성씨(姓氏)를 드러내는데, 이는 실로 고인(古人)의 이름이나 고사(故事)를 장황하게 늘어놓고 주제나 소재에 지나치게 집착하는 것이다. 한(漢)·당(唐)의 사람들이 어디 이와 같이 하였단 말인가? 그러한 것들은 가장 하품(下品)의 작품이요 잡기(雜技)일 따름이다.

- **하운다기봉** 夏雲多奇峯

    여름날 구름의 기괴한 봉우리 같은 자태를 말한다. 자연의 오묘한 변화를 나타낸 말이며, 이것이 예술적 영감의 원천임을 가리킨다.

- 예 懷素自述草書所得, 謂觀夏雲多奇峯, 嘗師之.(劉熙載, 『藝槪』 「書槪」)
- 역 회소(懷素)가 자신의 초서에 대해 말하기를, 여름날 구름의 기괴한 봉우리 같은 자태를 보며 항상 그것으로부터 영감을 얻는다고 하였다.

- **하청 遐淸**

  고원(高遠)하면서 청아(淸雅)한 것, 즉 아득하면서도 맑은 것을 말한다.

  - 예 澤望之爲詩文, 高厲遐淸, 其在於山, 則鐵壁鬼谷也.(黃宗羲, 『南雷文約』 卷4 「縮齋文集序」)
  - 역 황종회(黃宗會: 자는 澤望)의 시문(詩文)은 고고(孤高)하면서 맹렬하고 고원(高遠)하면서 청아(淸雅)하다. 산으로 비유하자면 마치 철처럼 까맣고 단단한 절벽이나 이상야릇한 골짜기 같다.

- **학 學**

  학문 혹은 지식을 말한다.

  - 예 作史三長, 才·學·識缺一不可.(袁枚, 『隨園詩話』 卷3)
  - 역 사서(史書)를 쓰려면 세 가지를 해내야 한다. 재(才)·학(學)·식(識)이 바로 그것인데, 이 가운데 하나라도 없어선 안 된다.

- **학무상사 學無常師, 이진위사 以眞爲師**

  배우는 데 정해진 스승이 있는 것이 아니고, 다만 진실함을 스승으로 삼아야 한다.

  - 예 畵無常工, 以似爲工. 學無常師, 以眞爲師.(白居易, 『白香山集』 卷26 「記畵」)
  - 역 그림은 미리 정해진 공부는 없으나 묘사하는 것을 잘 배워야 한다. 배우는 데 정해진 스승은 없으나 진실함을 스승으로 삼아야 한다.

- **한** 閑

  얽매임이 없고 한가로우며 편안한 것을 말한다.

  - 예) 閑. 孤雲生遠曰閑.(竇蒙,『語例字格』)
  - 역) 한(閑): 구름 한 조각 멀리서 일어나는 듯 유한(悠閑)한 의상(意象)을 일러 한(閑)이라 한다.
  - 예) 是時心境閑, 可以彈素琴.(白居易,『白香山集』卷5「清夜琴興」)
  - 역) 이 순간 심정은 더없이 한가하니, 바로 거문고 청담(清淡)한 한 곡조 타내려야 할 때인가.
  - 예) 閑. 情性疏野曰閑.(皎然,『詩式』)
  - 역) 한(閑): 정성(情性)이 트이고 얽매임이 없는 것을 한(閑)이라 한다.
  - 예) 聊逍遙以相羊 — 閑也.(方回,『桐江續集』卷30「離騷胡澹庵一說」)
  - 역) 여기서 나는 잠시 한가로이 거닌다. — 한(閑)이다.

- **한거리기** 閑居理氣

  홀로 거처하며 정기(精氣)를 다스린다.

  - 예) 於是閑居理氣, 拂觴鳴琴, 披圖幽對, 坐究四荒, 不違天勵之叢, 獨應無人之野.(宗炳,「畫山水序」)
  - 역) 이에 나는 홀로 거처하며 정기(精氣)를 다스리는데, 술잔을 기울이고 거문고를 타며 화폭을 펼쳐놓고 조용히 마주하여 저 멀고 먼 사방의 세계를 가늠한다. 이렇게 하는 것이 결코 천지의 신명이 만물에 응집하는 정형(情形)을 위배하는 것은 아닐 것이다. 게다가 인적 없는 산야(山野)의 적막한 맛까지 누릴 수 있으니 더 할 나위가 없다.

- **한담** 閑淡

  느긋하고 담박한 흉금이나 정취를 말한다.

  - 예) 清者, 超凡絶俗之謂, 非專於枯寂閑淡之謂也.(胡應麟,『詩藪』

「外編」 卷4)
- 🔵 청(淸)이라 함은 세속을 초월하는 것을 이르는데, 전적으로 고적(枯寂)·한담(閒澹)만을 하는 것이 아니다.

- **한만 汗漫**

 허황된 것을 말한다.

 - 🔴 蓋詩惟咏物, 不可汗漫.(胡應麟, 『詩藪』 「內編」 卷5)
 - 🔵 대체로 시를 짓는데 있어 물상(物象)을 읊을 때는 허황되게 해서는 안 된다.

- **한방 閑放**

 여유 있고 자유로운 풍격을 말한다.

 - 🔴 逸. 體格閑放曰逸.(皎然, 『詩式』)
 - 🔵 일(逸): 체재(體裁)의 풍격이 여유 있고 자유로운 것을 일(逸)이라 한다.

- **한아 閑雅**

 세속에 얽매이지 않는 그윽하고 우아함을 가리키는 미학범주이다. 험난함 혹은 예민함과 대비되는 뜻으로 평안하고 넉넉함을 나타낸다.

 - 🔴 然後凜之以風神, 溫之以姸潤, 鼓之以枯勁, 和之以閑雅.(孫過庭, 『書譜』)
 - 🔵 이러한 것들을 다 이룬 후에 여기에 다시 기운(氣韻)을 드러내고, 아름다운 내면의 품덕(稟德)을 담으며, 견실한 기교로써 강인한 정신을 북돋고, 또한 우아한 풍모를 조화시킨다.
 - 🔴 其始作也, 當拓其沖和閑雅之度, 而猱綽之用, 必極其宏大.(徐上瀛, 『溪山琴況』)
 - 🔵 〈거문고에서〉 연주하기 시작할 땐 마음이 탁 트이고 기운이 온화하며 한아(閑雅)해야 된다. 노(猱)와 작(綽) 등의 지법을 훈련할 때는 반드

시 속박되지 않아야 한다.

- **한정** 閑靖

  돈후하면서도 편안하게 유유자적하는 것을 말한다.

  - 예) 其人之豈弟風流, 閑靖曠遠, 千哉而上, 如在目前. 人卽是詩, 詩卽是人, 古今眞詩, 一人而已.(『尺牘新鈔』1集 杜濬「與範仲暗」)
  - 역) 〈도잠(陶潛)의〉 사람됨은 돈독하고 멋스러우며 유유자적하고 너그럽다. 이로써 천년이 지나더라도 시를 통하여 여전히 도잠의 이러한 인품을 사람들의 눈앞에 생생하고 진실하게 드러낼 수 있다. 사람은 짓는 시에 따라 드러나고, 시도 쓰는 사람에 따라 간다. 고대와 현대를 막론하고 참된 시는 오직 도잠의 시밖에 없다.

- **한중저색** 閑中著色

  완만하고 한적한 가운데 수식을 가해 색을 입히는 것을 말한다.

  - 예) 武松到店沽酒, 店內無人, 驀地一吼, 店中空缸空甏皆甕甕有聲. 閑中著色, 細微至此.(張岱,『陶庵夢憶』「柳敬亭說書」)
  - 역) 〈류경정(柳敬亭)이 말했다.〉 "무송이 주점에 술을 마시러 갔는데 아무도 응대하지 않았다. 이에 무송이 갑자기 크게 소리를 지르자 주점 안의 빈 항아리나 그릇들이 모두 흔들리는 소리를 냈다." 총망한 가운데 여유를 내고 다시 여기에 수식을 가하니 훨씬 더 자미(滋味)가 있다. 〈류경정의 책 읽기의〉 섬세함이 이런 지경이다.

- **한화** 閑和

  평안함을 말한다.

  - 예) 故飛走遲速, 意淺之物易見, 而閑和嚴靜, 趣遠之心難形.(歐陽修,『歐陽文忠公文集』卷130「鑒畫」)
  - 역) 그래서 날고 달리고 늦고 빠른 따위의 의취(意趣) 얕은 사물은 아주 쉽게 알 수 있지만, 평안하고 고요하며 아득한 경지를 추구하는 심경

(心境)은 느끼기 어려운 것이다.

- **할인** 割忍

    〈시를 지을 때〉 불필요한 언사(言辭)를 제거하는 것을 말한다.

    - ㉖ 割忍. …… 割之爲佳, 非忍不濟.(袁枚,『小倉山房詩集』卷20)
    - ㉺ 불필요한 언사(言辭)를 제거함. …… 〈쓸데없는 언사(言辭)를〉 제거해야 비로소 문장이 좋아질 것이다. 하지만 왕왕 고통을 참아야 비로소 포기할 수가 있다.

- **함도영물** 含道暎物

    도(道)로써 사물을 응대한다.

    - ㉖ 聖人含道暎物, 賢者澄懷味像. 至於山水質有而趣靈.(宗炳,「畵山水序」)
    - ㉺ 성인(聖人)은 도(道)로써 사물을 응대하고, 현자(賢者)는 고결한 마음으로 물상을 완미(玩味)한다. 자연산수로 말하자면, 그 존재는 형이하학적인 것[質]이면서도 또한 형이상적인 도(道)로서의 신령함[靈]도 지닌다.

- **함영** 涵泳

    (1) 미학범주로서의 함영(涵泳)은 예술을 감상하는 태도와 방법을 말한다. 함영(涵泳)의 본뜻은 물속에서의 잠행(潛行)이다. 송대(宋代)에 이르러 정이(程頤)와 주희(朱熹)가 학문할 때에 함영할 것을 주장한 바 있는데, 이때의 함영은 곧 도(道)를 배울 시에는 심리상태가 마치 물속에서 잠영하듯 침착하고 몰입해야 한다는 것이다. 주희는 여기서 더 나아가 함영을 시가(詩歌)의 감상에도 적용하였다. 즉 시(詩)를 읽는 이는 반드시 반복된 함영을 통해 그 생생한 의상(意象)과 내적인 흐름을 파악해야 한다는 것이다. 나중에 이

함영은 시문(詩文)의 이론과 감상에 광범위하게 적용되었는데, 말하자면 예술작품을 감상할 때에는 그 안에 깊이 빠져 들어가 반복해서 맛을 느껴야만 마침내 그 속의 참뜻을 얻을 수 있다는 것이다.(2008, p. 162 참조)

- 예 故亦傍通二篆, 俯貫八分, 包括篇章, 涵泳飛白.(孫過庭, 『書譜』)
- 역 그래서 서예를 배우는 이들은 또한 대전(大篆)과 소전(小篆)을 두루 이해해야 하고, 팔분서(八分書)를 알아야 하며, 장초(章草)를 참작해야 하고, 비백(飛白)을 깊이 터득해야 한다.

(2) 함축의 의미이다.

- 예 方圓曲直, 不可顯露, 直須涵泳, 一出於自然.(『佩文齋書畫譜』 卷7 『續書譜』 「方圓」)
- 역 방원과 곡직(曲直)은 애써서 드러내려 해선 안 되고 반드시 함축하여 자연스럽게 드러나도록 해야 한다.

• **함온 含韞**

감정을 함축하고 있는 것을 말한다.

- 예 不善歌者, 聲無抑揚, 謂之"念曲"; 聲無含韞, 謂之"叫曲."(沈括, 『夢溪筆談』 卷5 「樂律一」)
- 역 노래를 잘 못하는 사람은 소리에 억양이 없는데, 이를 일러 "곡을 읽는다."고 한다. 소리에 감정이 함축되어 있지 않은 것은 "곡을 외친다."고 한다.

• **함유 涵濡**

그 안에 침잠하는 것을 말한다.

- 예 於是乎章句以綱之, 訓詁以紀之, 諷詠以昌之, 涵濡以體之.(朱熹, 『朱文公集』 卷76 「詩集傳序」)

㈑ 그런 다음 한 장 한 구절을 끊어 요지(要旨)를 총괄하고, 문자를 해석하여 그 뜻을 분석하며, 외우고 읊어 그 의미를 밝히고, 그 안에 침잠함으로써 그 맛을 깊이 음미하도록 한다.

- **함장사계** 含章司契

좋은 표현이 나오도록 음미하는 것을 말한다.

㈐ 是以秉心養術, 無務苦慮; 含章司契, 不必勞情也.(劉勰, 『文心雕龍』「神思」)

㈑ 그러므로 마음을 다잡고 글 쓰는 기술을 함양할 것이지 헛되이 머리를 쥐어짜는 일이 없도록 해야 할 것이다. 또한 좋은 표현이 나오도록 음미할 것이지 쓸데없이 마음 쓰는 일이 없도록 해야 할 것이다.

- **함정능달** 含情能達

정(情)을 머금어 능숙하게 표현함을 말한다.

㈐ 含情而能達, 會景而生心, 體物而得神, 則自有靈通之句, 參化工之妙.(王夫之, 『薑齋詩話』卷2)

㈑ 정(情)을 머금어 능숙하게 표현하고, 경물(景物)을 마주하여 감흥을 일으키며, 경물을 체험하여 신채(神采)를 터득하면, 곧 저절로 훌륭한 시구가 나오게 되고 공교로운 오묘함에 들게 된다.

- **함축** 含蓄

"운외지치(韻外之致: 형상 너머의 風致)" 혹은 "미외지지(味外之旨: 감각 너머의 意趣)"의 경지를 말하는 미학범주이다.

㈐ 含蓄. 不着一字, 盡得風流, 語不涉難, 已不堪憂.(司空圖, 『詩品二十四則』)

㈑ 함축(含蓄): 글자 하나 쓰지 않더라도 지극한 풍운(風韻)을 드러낸다. 인생사의 고난을 단 한 마디 꺼내지 않아도 사람들로 하여금 아픔을 느끼게 한다.

- 예) 語貴含蓄. 東坡云: "言有盡而意無窮者, 天下之至言也."(姜夔, 『白石道人詩說』)
- 역) 시(詩)의 요점은 함축(含蓄)에 있다. 소식(蘇軾)이 이렇게 말한 바 있다. "말이 끝나고서도 함축된 의미가 오래 가면, 그것은 천하의 가장 아름다운 말이다."
- 예) 秀逸搖曳, 含蓄瀟灑, 南派之所長也,「蘭亭」·「洛神」·「淳化閣帖」等爲其代表.(梁啓超, 『飮冰室文集』 卷10「中國地理大勢論」)
- 역) 수일(秀逸)하고 함축적이며 말쑥한 것은 남파(南派)의 특징인데,「난정(蘭亭)」·「낙신(洛神)」·「순화각첩(淳化閣帖)」 등이 대표작이다.

함축적중 涵蓄適中

가해(可解)와 불가해(不可解)의 사이에서 적절하게 함축적이고 몽롱한 것을 말한다.

- 예) 近者淸晣, 纖毫可辨; 遠者隱約, 涵蓄適中, 理之必然也.(曹雪芹,『廢藝齋集稿』「岫裏湖中瑣藝」)
- 역) 근경(近景)은 반드시 털끝도 볼 수 있도록 또렷하게 그려야 하고, 원경(遠景)은 어렴풋하게 그려서 함축적이고 몽롱하게 표현해야 한다. 회화의 도(道)는 바로 이런 것이다.

함호 含糊

묘미가 우러나도록 묘사를 모호하게 함을 말한다. "핍진(逼眞)"과 상대되는 개념이다.

- 예) 遠近所見不同, 妙在含糊, 方見作手.(謝榛,『四溟詩話』 卷3)
- 역) 가까이서 보는 것과 멀리서 보는 데서 느끼는 풍경은 같지 않기 때문에 묘사가 모호해야 묘미가 있다. 그래야만 좋은 시인이다.

합정식모 合情飾貌

사람들의 정감을 화합하게 하고 예모(禮貌)를 꾸미게 하는 것을 말한다.

- 樂勝則流, 禮勝則離. 合情飾貌者, 禮樂之事也.(『樂記』「樂論」)
- 악이 지나치면 방종으로 흐르고 예가 지나치면 민심이 떠난다. 사람들의 정감을 화합하게 하고 예모(禮貌)를 꾸미게 하는 것이 예악(禮樂)의 일이다.

• **합화무적** 合化無跡

〈전편(全篇)의 시가〉 완전히 하나로 어우러져 너무 자연스럽기에 인위적인 흔적을 찾을 수 없음을 말한다.

- 合化無跡者謂之靈, 通遠得意者謂之靈.(王夫之,『唐詩評選』卷3 孫逖「江行有懷」)
- 전편(全篇)의 시가 완전히 하나로 어우러져 흔적을 찾을 수 없으면 영(靈)이고, 경지가 심원한 동시에 깊은 뜻을 함축하고 있으면 이것도 영이다.

• **해미** 諧靡

조화롭게 잘 어울림을 나타내는 말이다.

- 今世音律諧靡, 章句偶對, 諱避精詳, 賢於往昔多矣.(顔之推,『顔氏家訓』「文章」)
- 요즘에는 음률이 조화롭고, 장구(章句)에 대구(對句)가 사용되며, 문장구성도 정밀하고 상세한 것을 피하는데, 이러한 점은 옛날보다 나은 면이 많다.

• **해섬** 該贍

작자의 박학다식으로부터 나온 글의 번다함과 풍부함을 말한다.

- 博者能繁, 命之曰該贍, 左氏, 相如是也.(楊愼,『總纂升庵合集』卷124「論文」)

㉥ 박학다식한 사람은 능히 번다하게 쓸 수 있기에 "완벽한 풍부함"이라고 부른다. 좌구명(左丘明)이나 사마상여(司馬相如) 같은 이들이 바로 그렇다.

• **해의반박** 解衣般礴

옷을 모두 벗은 채 다리를 편안히 뻗고 구애되는 바 없이 있는 상태를 말한다. 이는 곧 일격(逸格)과 동의어이다. 이러한 해의반박(解衣般礴)의 심태는 곧 야일(野逸)의 심태이며, 그러한 해의반박 형(型)의 화가상은 두고두고 예술가들의 마음속 이상형으로 자리 잡았다. 이러한 내용을 지닌 야일의 품격은 대자연의 무한한 생명을 능히 표현해 낼 수 있기에 역대로 예술을 말하는 자들에 의해 더없는 중시를 받았다.(2007, p. 90 참조)

㉠ 宋元君將畵圖, 衆史皆至, 受揖而立; 舐筆和墨, 在外者半. 有一史後至者, 儃儃然不趨, 受揖不立, 因之舍. 公使人視之, 則解衣般礴臝. 君曰: "可矣, 是眞畵者也."(『莊子』「田子方」)

㉥ 송(宋)의 원군(元君)이 나라의 지도를 그리게 하려 하니, 많은 화가들이 허발지발 몰려들었다. 그들은 분부를 받자 읍을 하곤 정해진 자리에 나아가 붓을 손질하고 먹을 갈며 대기하였다. 방에도 못 들어오고 밖에 밀려나 있는 이가 반이 넘었다. 이런 참에 한 화가가 뒤늦게 나타났다. 헌데 분위기를 보더니 심드렁한 표정에 느즈러진 몸짓으로 겨우 읍이나 하곤 그만 돌아가 버렸다. 이상타 여긴 원군이 가서 보라 한즉, 벌거숭이인 채로 다리를 쭉 뻗고 앉아 있더라는 것이다. 원군이 탄복했다. "옳거니! 이 사람이 진짜 화가로구나."

• **핵실** 核實

〈글의 내용이〉 검토와 확인을 거쳐 진실한 것을 말한다.

㉠ 其事核而實, 使采之者傳信也.(白居易, 『白香山集』 卷3 「新樂府序」)

🟢 《『신악부(新樂府)』안의 각각의 시에〉 기술(記述)한 매 사건은 모두 검토와 확인을 거친 진실한 것인데, 이는 시가(詩歌)를 채록한 사람이 본 것이 모두 사실이며 믿을만한 것임을 보증하기 위함이다.

- **행** 行

  행서(行書)를 말한다.

  🟠 行. 劍履趨鏘, 如步如驟.(竇蒙, 『語例字格』)
  🟢 행(行): 임금 앞에서 칼을 차고 신을 신은 채 걸을 때 절도에 맞는 것처럼 서서히 가는 듯 빨리 가는 듯하다.

- **향배** 向背

  (1) 점획의 배합법인 향(向)과 배(背)를 말한다. 마주하여 수직 하는 두 줄은 반드시 서로 다른 세(勢)를 취해야 한다는 것인데, 여기엔 " ( ) ", ") (" 의 두 가지 세(勢)가 있다. 앞의 것이 향세(向勢)이고 뒤의 것이 배세(背勢)이다.

  🟠 用, 謂點畫向背之類是也.(孫過庭, 『書譜』)
  🟢 용(用)은 점획의 배치와 상호 조합을 말하는 것이다.
  🟠 向背者, 如人之顧盼指畫, 相揖相背.(『佩文齋書畫譜』 卷7 『續書譜』「向背」)
  🟢 글자에는 향배(向背)가 있다. 마치 사람이 좌우로 보며 손짓 몸짓으로 말하는 것 같기도 하고, 혹은 손을 모으고 읍(揖)을 하거나 혹은 서로 등지고 있는 것 같기도 하는 모양이다.
  🟠 畫畜獸者, 全要停分向背, 筋力精神.(郭若虛, 『圖畫見聞志』「叙論」)
  🟢 가축과 짐승을 그릴 때는 앞뒤의 입체감과 근력과 생동감을 적당히 조절하는 것이 중요하다.
  🟠 水雲聚散, 山川之聯屬也. 蹲跳向背, 山川之行藏也.(石濤, 『畫語錄』「山川章 第8」)

- 역 수운(水雲)의 뭉치고 흩어짐은 산천의 끊어졌다 이어졌다 하는 연결이며, 웅크리고 나아가며 드러내고 등 돌리고 하는 것은 산천의 행위와 은장(隱藏)이다.

(2) 정반(正反) 혹은 순역(順逆)의 의미이다.

- 예 情從事生: 事有向背, 而心有愛憎, 鯀是欣戚形焉.(祝允明, 『枝山文集』卷2「薑公尙自別餘樂說」)
- 역 정감은 일에 부닥쳐 생기는 것이다. 일 자체는 순조로운 경우도 있고 거스르는 경우도 있으며, 마음 또한 일에 대해 애증이 있기에 기쁘거나 슬픈 정감이 생긴다.

• **향배** 鄕背

긍정과 부정 혹은 정면(正面)과 반면(反面)을 말한다. 향(鄕)은 향(向)과 통한다.

- 예 然恐亦須先識得古今體制, 雅俗鄕背, 仍更洗滌得盡腸胃間夙生葷血脂膏, 然後此語方有所措.(朱熹, 『朱文公集』卷64「答鞏仲至」)
- 역 하지만 먼저 고금(古今)의 체제(體制)와 아속(雅俗)의 정반(正反)을 알고, 나아가 흉중의 속기(俗氣)를 깨끗하게 씻어낸 다음에야 비로소 그대가 말한 방법으로 시를 쓸 수 있을 것이다.

• **향상도하** 香象渡河

코끼리가 물을 건너는 듯하다는 말로, 신운(神韻)은 느낄 수 있지만 그 자취는 찾을 길이 없다는 의미이다. 원래는 불법(佛法)을 깊이 깨달음을 뜻하는데, 여기서는 시문(詩文)이 심오하고 치밀함을 가리킨다.

- 예 李杜數公, 如金翅擘海, 香象渡河.(嚴羽, 『滄浪詩話』「詩評」)
- 역 이백(李白)과 두보(杜甫) 같은 몇몇 시인들은 금시조(金翅鳥)가 바다

를 가르며 나는 듯하고, 푸른 코끼리가 강을 건너는 듯하다.

- 嚴滄浪借禪喩詩, 所謂 "羚羊掛角, 香象渡河, 有神韻可味, 無迹象可尋." 此說甚是.(袁枚, 『隨園詩話』 卷8)
- 엄우(嚴羽)는 선(禪)을 빌려 시(詩)를 비유했는데, 그가 보기에 시란 마치 "영양(羚羊)이 뿔을 걸어놓은 듯, 코끼리가 물을 건너듯, 신운(神韻)은 느낄 수 있지만 그 자취는 찾을 길이 없다."는 것이다. 이러한 견해는 아주 훌륭하다.

- **허령** 虛靈

맑고 그윽한 영기(靈氣)를 말한다.

- 腕若虛靈則畫能折變, 筆如截揭則形不癡蒙.(石濤, 『畫語錄』 「運腕章 第6」)
- 손목이 그윽한 영감을 따르면 화필(畫筆)이 변화무쌍해질 수 있다. 용필의 끊고 여는 것이 단호하면 형세가 우둔하거나 모호하지 않다.

- **허불사허** 虛不似虛, **실불성실** 實不成實

허구이면서도 허구인 것 같지 않게 하는 것이자 말하고 있는 사실이 결코 사실이 아닌 것을 말한다.

- 若用一二古人作主, 因無陪客, 幻設姓名以代之, 則虛不似虛, 實不成實, 詞家之醜態也, 切忌犯之.(李漁, 『閑情偶寄』 「詞曲部・審虛實」)
- 만약 한 두 옛사람을 주인공으로 할 때 상대역이 없어서 허구적인 이름을 만들어 충당한다면, 이는 허구이면서도 허구인 것 같지 않게 하는 것이자 말하고 있는 사실이 결코 사실이 아닌 것이다. 이는 극작가의 추태이니, 이러한 잘못을 저질러선 안 된다.

- **허신** 虛神

상상의 공간 혹은 그 영역을 말한다.

⑩ 文有虛神, 然當從實處入, 不當從虛處入.(『尺牘新鈔』 1集 韓廷錫 「與友人論文」)
❸ 문장은 마땅히 상상적인 공간을 충족해야 하나, 현실적인 부분으로부터 쓰기 시작해야지 상상적인 부분으로부터 시작하면 안 된다.

- **허실** 虛實

(1) 미학범주로서의 허실은 유형과 무형, 또는 진실과 허구를 배합하는 데 그치진 않는다. 그것은 객관과 주관, 유한과 무한, 혹은 더 나아가 형상과 사상 등의 문제까지도 포괄한다. 허실문제는 유형과 무형의 각종 표현 및 작가정신의 실질과도 상관한다. 즉 허실관계는 정신[神]과 형체[形], 내면[情]과 외면[景], 마음[心]과 사물[物], 드러남[顯·露]과 감춤[隱·藏], 짙음[濃]과 엷음[淡], 원숙[熟]과 생경[生], 거짓[假]과 진실[眞], 홀[一]과 겹[多] 등의 대비를 조율하는 것이다. 허실의 미학적 특징을 말한다면 "실을 변모시켜 허로 만듦[化實爲虛]"과 "실로써 허를 그려냄[以實寫虛]"을 꼽을 수 있다. 고래로 동아시아미학에서는 허실결합이 강조되면서도 허에 편중되는 경향이 사뭇 두드러졌다. 이 때문에 예술창작에 있어 예술감각과 상상력은 반드시 눈앞의 실경실상(實境實象)을 초월해야 한다는 것은 보편적인 원칙이자 지향이 되었다. 이로부터 얻게 되는 예술의 참 맛은, 예컨대 시(詩)에서라면 "자구(字句) 밖의 묘미[韻外之致]"요, 서화(書畵)에서라면 "리듬감 넘치는 내면의 기(氣)[氣韻生動]"이자, 악(樂)에서라면 "소리 너머의 울림[絃外之意·虛響之音]"이라 할 것이다. 예술창작에서 허실이 논의될 때, 그것은 숙(熟)과 생(生), 공령(空靈)과 결실(結實), 체(體)와 용(用), 가(假)와 진(眞), 장(藏)과 노(露), 음(陰)과 양(陽) 등 예술미학에서의 많은 상대적 개념들과 연계된다.(2004a, pp. 212-216 참조)

- 예) 青蓮能虛, 工部能實. 青蓮唯一於虛, 故目前每有遺景.(袁宏道, 『袁中郞全集』 卷1 「答梅客生開府」)
- 역) 이백(李白: 靑蓮)은 허(虛)를 드러낼 수 있고, 두보(杜甫: 工部)는 실(實)을 드러낼 수 있다. 이백은 오직 허(虛)만을 추구하므로 눈앞에서 매번 경상(景象)을 잃곤 한다.

(2) 용필(用筆)의 상세함과 간략함의 뜻이다.

- 예) 其次須明虛實, 虛實者, 各段中用筆之詳略也.(董其昌, 『畫禪室隨筆』 卷2 「畫訣」)
- 역) 〈그림을 그릴 때〉 그 다음으로 허실(虛實)을 이해해야 한다. 허실이란 각 단락에서 용필(用筆)의 상세함과 간략함이다.

• **허실상반 虛實相半**

허실의 조화를 말한다.

- 예) 柱不宜長, 長爲招雨之媒; 窗不宜多, 多爲匿風之藪. 務使虛實相半, 長短得宜.(李漁, 『閑情偶寄』 「居室部」)
- 역) 〈집을 지을 때〉 기둥은 너무 높지 않아야 한다. 너무 높으면 빗물이 들기 마련이다. 또 창이 너무 많지 않아야 한다. 너무 많으면 바람이 많이 들기 마련이다. 반드시 허실(虛實)의 조화와 장단(長短)의 적절함을 잘 따져야 한다.

• **허실상생 虛實相生**

(1) 허와 실이 조화롭게 융화하여 서로를 북돋아줌을 말한다.

- 예) 若夫結構之密, 偶對之切; 依於理道, 合乎法度; 首尾相應, 虛實相生: 種種禪病皆所以語文, 而皆不可以語於天下之至文也.(李贄, 『焚書』 卷3 「雜述・雜說」)
- 역) 엄밀한 구성과 적절한 대우(對偶), 이치나 법도에 합당한가의 여부, 수미(首尾)의 상응과 허실(虛實)의 조화 등은 모두 글 짓는 방법으로는 말할 수 있지만, 천하의 뛰어난 문장에는 말할 수 없는 것이다.

(2) 허실(虛實)을 교차시키는 문장 작법(作法)의 하나로, 허망하거나 헛된 일을 먼저 기술(記述)함으로써 뒤에 기술되는 진실한 일을 극적으로 돋보이게 하는 것을 말한다.

- 예) 文字有虛實相生之法, 不意天然有此等妙事以助成此等妙文.(毛宗崗, 『第一才子書』第63回 首評)
- 역) 글을 쓸 때 허실을 교차시키는 방법이 있는데, 뜻밖에도 천지간에도 이와 같이 실제 허실이 교차하는 일이 있었기에 이런 허실이 교차하는 훌륭한 문장을 지을 수 있었다.

• **허이** 虛夷

욕심이 없고 온화하다.

- 예) 濤子簡, 疎通高素; 咸子瞻, 虛夷有遠志.(劉義慶, 『世說新語』「賞譽」)
- 역) 산도(山濤)의 아들 산간(山簡)은 소탈하며 고상했고, 완함(阮咸)의 아들 완첨(阮瞻)은 욕심이 없고 원대한 뜻이 있었다.

• **허탄** 虛誕

허황됨, 허망함, 진실하지 못함을 말한다.

- 예) 以虛誕而爲高古.(皎然, 『詩式』)
- 역) 허황된 것을 고고(高古)로 보기도 한다.

• **허필** 虛筆

글을 정확하고 사실적으로 모두 묘사하지 않고 어렴풋이 추측하게 일부만 묘사하는 허허실실의 작법을 말한다.

- 예) 至於諸葛亮三字, 通篇更不一露, 又如隔牆聞環佩聲, 並半面亦不得見, 純用虛筆, 眞絶世妙文.(毛宗崗, 『第一才子書』第35回 首評)

㊉ 복룡선생(伏龍先生) 제갈량에 이르러서는 이번 회(回)에서 이름조차 거론되지 않는데, 마치 담장을 사이에 두고 여자 옷에 달린 옥패(玉佩)가 내는 달그랑거리는 소리를 듣는 것 같아 어렴풋할 뿐이다. 모두 허허실실로 썼다. 참으로 절묘하고 훌륭한 문장이다.

- **헌거** 軒擧

늠름함을 말한다.

㉠ 盛唐氣象渾成, 神韻軒擧, 時有太實太繁處.(胡應麟, 『詩藪』「內編」卷5)

㊉ 성당(盛唐)〈의 시(詩)〉은 기상(氣象)이 자연스러운 바가 있고 신운(神韻)은 늠름한데, 때로 너무 사실적이고 번다한 면이 있다.

- **헌지** 軒輊

오르내림 혹은 높낮이의 뜻으로, 여기서는 우열(優劣)·품등(品等)의 의미로 쓰였다.

㉠ 詩如天生花卉, 春蘭秋菊各有一時之秀, 不容人爲軒輊. 音律風趣能動人心目者, 卽爲佳詩, 無所爲第一第二也.(袁枚, 『隨園詩話』卷3)

㊉ 시(詩)란 자연스럽게 피어나는 꽃과 같다. 봄의 난초와 가을의 국화는 각기 한 계절의 아름다움이 있는 것이니, 인위적으로 품등을 나눌 수 없다. 다만 음률(音律)이 조화롭고 풍취(風趣)가 사람의 마음을 감동시키는 것이 좋은 시이다. 여기에 제일(第一), 제이(第二)는 의미가 없다.

- **헌활** 軒豁

사방이 확 트인 것을 말한다.

㉠ 山, 大物也. 其形欲聳拔, 欲偃蹇, 欲軒豁, 欲箕踞, 欲磅礴, 欲渾厚, 欲雄豪.(郭熙, 『林泉高致』「山川訓」)

◉ 산은 큰 물상이다. 그 모양은 높이 치솟아야 하며, 굽이굽이 뻗어나가야 하고, 사방이 확 트여야 하며, 잔뜩 웅크린 듯해야 하고, 두 다리를 쭉 벌린 채 편안히 앉은 듯해야 하며, 크고 두터워야 하고, 호방해야 한다.

- **험 險**

  (1) 험절(險絶)의 범주를 말한다. 기세가 험준하거나, 작가의 개성이 독특하고 신기(新奇)함을 말한다.

  ◉ 爲之歌「魏」, 曰: "美哉, 渢渢乎! 大而婉, 險而易行, 以德輔此, 則明主也."(『左傳』 襄公二十九年)
  ◉ 노(魯)나라 군주가 오(吳)나라 공자(公子)인 찰(札)에게 위(魏)나라의 노래를 들려주었다. 이에 그가 말했다. "아름답습니다. 커다란 물소리처럼 웅장하면서도 은근하며, 험한 듯 드높으면서도 부드럽게 흐르는 맛이 있습니다. 여기에 덕을 더한다면 현명한 군주가 될 것입니다."

  (2) 의도치 않은 위험함을 말한다.

  ◉ 險. 不期而然曰險.(竇蒙, 『語例字格』)
  ◉ 험(險): 그렇게 하고자 하지 않았는데 그렇게 되어, 자연스럽거나 유려하지 않은 위험함을 일러 험(險)이라 한다.

- **험절 險絶**

  평정(平正)과 상대되는 말로, 변화가 많고 특이함을 말한다.

  ◉ 至如初學分布, 但求平正; 既知平正, 務追險絶; 既能險絶, 復歸平正.(孫過庭, 『書譜』)
  ◉ 처음에 글자의 점획 안배를 배울 때엔 다만 평정(平正)[기본규범]만을 추구하고, 평정을 잘하게 된 경지에 이르면 이제 험절(險絶)[變法]을 추구하고자 하며, 험절의 경지에 완숙하면 반드시 평정(平正)[圓熟]으로 되돌아오게 된다.

- **현 顯**

    형상이나 의미가 명확하게 드러나는 것을 말한다. "은(隱)"과 대비되는 미학범주이다. 은과 현은 또한 "장(藏)"과 "노(露)"라는 대립적 미학범주와 같은 부류이다. 이들은 동아시아예술의 창작에서 내용으로든 형식으로든 큰 영향을 끼쳐왔다. 동아시아미학에서 작가의 정감 혹은 의경(意境)은 마땅히 작품이 만들어내는 형상 속에 감추어야 한다. 감상자로 하여금 연상을 불러일으켜야 하고 뒷맛을 느끼도록 해야 하기 때문이다. 여운이란 장치를 만들어내는 관건은 은(隱)과 장(藏)에 있다. 정작 하고픈 말은 직설이 아닌 여운을 통해 드러내야 한다는 이 "장이불로(藏而不露)"의 기법은 동아시아미학의 중요한 원칙이다.(2008, p. 257 참조)

    - 예) 乍顯乍晦, 若行若藏.(孫過庭, 『書譜』)
    - 역) 필봉(筆鋒)을 어떤 때는 명확하게 드러내고 어떨 때는 보일 듯 말 듯 감춘다.
    - 예) 然章句之言, 有顯有晦. 顯也者, 繁詞縟說, 理盡於篇中; 晦也者, 省字約文, 事溢於句外.(劉知幾, 『史通』)
    - 역) 장구(章句)의 글에는 의미가 명확한 것이 있고 은미(隱微)한 것이 있다. 의미가 명확한 것은 글귀가 많아 문장 속에 그 뜻이 이미 잘 서술되어 있다. 반면 은미한 것은 자구(字句)가 간약(簡約)하여 의미가 글 밖에 있다.

- **현교 炫巧**

    기교를 뽐내는 것을 말한다.

    - 예) 前有齊·梁, 後有晚唐及宋人, 皆欺心以炫巧.(王夫之, 『薑齋詩話』 卷2)
    - 역) 예전에는 제(齊)·양(梁)나라 사람들이, 그리고 나중에는 만당(晚唐) 및 송대(宋代) 사람들이 모두 기교만 뽐내는 것으로 마음을 속였다.

* **현동** 玄同

아름다움을 구하지도 않고 추함도 구하지 않으면 곧 아름다움이니 추함이니 하는 것이 없게 되는 경지를 말한다.

- 例 不求美又不求醜, 則無美無醜矣, 是謂玄同.(『淮南子』「說山訓」)
- 역 아름다움을 구하지도 않고 추함도 구하지 않으면 곧 아름다움이니 추함이니 하는 것은 없는 것이다. 이를 일러 현동(玄同)이라 한다.

* **현람** 玄覽

"현감(玄鑑)"이란 말과 같은 의미이다. 노자(老子)의 말로 대개 "척제현람(滌除玄覽)"으로 쓰인다. 마음의 때를 씻어낸 깊고 그윽한 심경으로 우주와 세계와 만물의 본질을 관조(觀照)함을 이른다. 이는 문명과 제도의 속박으로부터 벗어나 도(道)의 경지에서 유유자적함으로써 자기의 본성을 회복할 것을 추구한다.

- 例 佇中區以玄覽, 頤情志於典墳.(陸機,「文賦」)
- 역 조용히 집안에 거처하여 만물을 관조하고, 삼황오제(三皇五帝)가 남긴 고전을 읽으면서 심정을 도야한다.

* **현량** 現量

비판이나 분별함 없이 감관(感官)으로 외계(外界)를 있는 그대로 받아들이는 직각(直覺)을 말한다. 고대 인도(印度)의 논리학설인 정리론(正理論)과 인명학(因明學)에서 말하는 "양(量)"은 지식의 근원과 인식의 방법을 가리키는 것인데, 그것은 현량(現量)·비량(比量)·유량(喻量)·언량(言量)의 네 가지로 분류된다. 비량(比量)은 실재의 지각을 근거로 하여 추리함을 말한다. 유량(喻量)은 공인(公認)된 사물의 공통성을 빌려 알고자 하는 사물을 추단하는 것이다. 언량(言量)은 성량(聲量)이라고도 하는데, 성자(聖者)나 지자(智者) 혹은 경전

(經典)의 권위 있는 언설을 주로 가리키며 이러한 언설은 추리의 근거가 된다.(2004b, 주 558 참조)

- 예 隔水問樵夫, 初非想得. 則禪家所謂現量也.(王夫之, 『薑齋詩話』 卷2)
- 역 "물을 사이에 두고 나무꾼에게 묻는다."라는 내용도 처음부터 생각해서 얻은 것은 아니니, 이는 곧 선가(禪家)에서 말하는 이른바 현량(現量)이다.

- **현려** 絢麗

  현란하고 화려함을 말한다.

  - 예 爲其外界之現象所風動所熏染, 其規模常絢麗, 其局勢常淸隱, 其氣魄常文弱, 有月明畵舫緩歌慢舞之觀.(梁啓超, 『飮冰室文集』 卷10 「中國地理大勢論」)
  - 역 외계의 현상이 영향을 준 것의 규모가 대개 화려하고, 형세는 대개 은미했으며, 기백은 대개 문약(文弱)했고, 달빛 아래 아름답게 치장한 놀잇배의 느긋한 춤과 노래의 낭만이 있었다.

- **현문** 玄門

  심오(深奧)·오비(奧秘)의 뜻이다.

  - 예 用墨獨得玄門, 用筆全無其骨.(荊浩, 『筆法記』)
  - 역 묵의 용법만은 심오하지만 필법에 전혀 골기(骨氣)가 없다.

- **현미무간** 顯微無間

  드러남과 은미함에는 사이가 없음을 말한다. 예컨대, 문(文)은 예(禮)가 밖으로 드러난 것이고 예(禮)는 문(文)이 그 안에 있는 것인데, 문(文)이 드러나야 그 예(禮)를 볼 수 있고 예(禮)가 은미하면 그 문(文)을 보기가 어렵다는 것이다.

㉠ 文顯而可見之禮也, 禮微而難見之文也. 是所謂體用一源, 而顯微無間者也.(王守仁,『王文成公全書』卷7『文錄』「博約說」)
　㉡ 문(文)이 드러나면 그 예(禮)를 볼 수 있고, 예(禮)가 은미하면 그 문(文)을 보기가 어렵다. 이것이 이른바 체용(體用)은 같은 근원이고 드러남과 은미함에는 사이가 없다고 하는 것이다.

- **현부** 顯附

밝게 도러낸다는 말로, 글의 뜻을 명확하게 하여 사람들의 마음을 잘 이해시키는 창작 풍격이다.

　㉠ 顯附者, 辭直義暢, 切理厭心者也.(劉勰,『文心雕龍』「體性」)
　㉡ 밝게 드러냄은, 글의 뜻을 명확하게 하여 사람들의 마음을 잘 이해시키는 것이다.

- **현외지음** 弦外之音

"현외지향(絃外之響)"과 같은 말로, 예술표현에서의 여미(餘味)를 가리킨다. "말 너머의 뜻"[言外之意]이나 "맛 뒤의 또 다른 맛"[味外之味]과 같은 뒷맛 혹은 여운을 뜻한다.

　㉠ 如作近體短章, 不是半吞半吐, 超超玄箸, 斷不能得弦外之音, 甘餘之味; 滄浪之言, 如何可詆?(袁枚,『隨園詩話』卷8)
　㉡ 예컨대, 근체(近體) 단장(短章)을 짓는데 우물거리거나 혹은 아주 뛰어나거나가 아니라 여운(餘韻)과 여미(餘味)를 얻을 수 없는 상황이라면 엄우(嚴羽)의 말을 어떻게 질책할 수 있겠는가?

- **현혹** 眩惑

인간을 순수한 지식으로부터 이탈시켜 생활의 욕망 속으로 복귀시키는 것을 말한다. 반면 우미(優美)와 장미(壯美)는 모두 인간을 생활의 욕망에서 해탈시켜 순수한 지식 속에 몰입시킨다.

- 예 至美術中之與二者相反者, 名之曰眩惑. 夫優美與壯美, 皆使吾人離生活之欲, 而入於純粹之知識者.(王國維, 『靜庵文集』「紅樓夢評論」)
- 역 미술 중에 이 두 가지와 상반되는 것이 있는데, 바로 현혹(眩惑)이다. 우미(優美)와 장미(壯美)는 모두 우리를 생활의 욕망에서 해탈시켜 순수한 지식 속에 몰입시킨다.

- **현화망언 玄化亡言, 신공독운 神工獨運**

  만물을 화육하는 신묘한 조화의 작용은 말이 없고, 신묘한 공교함만 홀로 움직인다.

  - 예 夫陰陽陶蒸, 萬象錯布. 玄化亡言, 神工獨運.(張彦遠, 「論畫體工用搨寫」)
  - 역 음(陰)과 양(陽)의 기운이 천지를 창조하니 만물이 뒤섞여 이 세상에 생겨났다. 만물을 화육하는 신묘한 조화의 작용은 말이 없고, 신묘한 공교함만 홀로 움직인다.

- **혈맥 血脈**

  시(詩)에서 정리(情理)의 맥락을 말한다.

  - 예 大凡詩自有氣象·體面·血脈·韻度.(姜夔, 『白石道人詩說』)
  - 역 시(詩)에는 일정한 기상(氣象)과 체면(體面)과 혈맥(血脈)과 운도(韻度)가 있다.

- **형 形**

  보통 신(神)과 함께 형신(形神)이란 범주로 거론된다. 형(形)은 형체 혹은 형상을 의미하며 신(神)은 정신을 가리키니, 형은 몸이요 신은 마음에 해당된다 하겠다. 대체로 신(神)의 개념은 위진남북조(魏晉南北朝)시대에 문예영역으로 진입되며 점차 미학범주가 되는데, 고대 문예이론 중에 사용되는 신의 의미는 내재적 정신본질 이외에도 문예창작 중 영감을 일으키는 초자연적인 힘으로서의 신명(神明), 신령(神靈)이나 작가정신 혹은 예술창작이 도달하는 최고 경지 등의 의미를 갖는다. 이러한 신(神)은 동아시아의 미학과 예술에서 줄곧 중요시되어 왔다.(2008, pp. 157-158 참조)

- 吾又奏之以無怠之聲, 調之以自然之命, 故若混逐叢生, 林樂而無形.(『莊子』「天運」)
- 나는 또 음악을 연주함에 있어서 권태로움이 없는 소리를 사용하였고, 그것을 조화시킴에 있어서 자연의 생명으로써 하였다. 그러므로 뒤섞이며 한꺼번에 생겨나는 듯하였고, 음악이 고조되자 아무런 형체도 없는 듯이 되었다.

• 형形·상象

형(形)은 사물의 객관적인 외형을 말하고, 상(象)은 객관 물상이 사람의 감관 중에 드러나는 지각표상을 말한다. 상(象)은 주관적인 것이며, 사물에 대한 간결한 상징과도 같다. 그림은 형태를 그리는 것이니 형(形) 즉 사물의 모양을 묘사하는 것이고, 글씨는 사물을 추상적인 방법을 통해 드러내는 것이니 상(象) 즉 의미를 내재한 상징으로서의 표상을 중시한다.

- 序曰: 書與畵同出. 畵取形, 書取象.(鄭樵, 『通志』 卷31 『六書略』 「象形第一」)
- 「서(序)」에서 말하였다. 글씨와 그림의 본원은 같으니, 모두 사물로부터 생겨난 것이다. 그림은 사물의 〈객관존재로서의 형태인〉 외형(外形)으로부터 제재(題材)를 취한 것이고, 글씨는 사물의 〈감각기관에 포착된 주관적 지각(知覺) 상징으로서의〉 표상(表象)으로부터 제재를 취한 것이다.

- **형득천의 迥得天意**

  천리(天理)를 터득했음을 말한다.

  - 此乃得心應手, 意到便成, 故造理入神, 迥得天意.(沈括, 『夢溪筆談』 卷17 「書畫」)
  - 이 그림은 마음으로 터득한 바를 그려낸 것으로, 의취(意趣)가 있어 완성시킨 터라 입신(入神)의 경지에 이르고 천리(天理)를 터득한 작품이다.

- **형로 形露**

  눈앞에 드러나는 형체를 말한다. 여기서의 "형(形)"은 형질(形質)을 말하므로, "형로(形露)"는 "질로(質露)"와 같은 의미이다.

  - 質虛者可托怪以示奇, 形露者不可誣罔以是非.(劉晝, 『劉子』 「正賞」)
  - 실체가 없는 것은 괴이함으로써 이상한 모습으로 드러낼 수 있지만, 형체가 있어 존재하는 것은 마음대로 구상하여 사람들의 이목을 속이고 시비를 혼동시킬 수 없다.

- **형문 形文**

  형색(形色)으로 문채를 드러내는 것을 말한다.

  - 立文之道, 其理有三: 一曰形文, 五色是也; 二曰聲文, 五音是也; 三曰情文, 五性是也.(劉勰, 『文心雕龍』 「情采」)
  - 문채를 드러내는 데는 세 가지 방법이 있다. 첫째, 형색(形色)으로 문채를 드러내는 것인데, 청(靑)·황(黃)·적(赤)·흑(黑)·백(白)의 다섯 가지 색깔이 그것이다. 둘째, 소리로 문채를 드러내는 것인데, 궁(宮)·상(商)·각(角)·치(徵)·우(羽)의 다섯 가지 음률이 그것이다. 셋째, 내면으로 문채를 드러내는 것인데, 인(仁)·의(義)·예(禮)·지(智)·신(信)의 다섯 가지 성정(性情)이 그것이다.

• **형사** 形似

외재적인 형모(形貌)를 있는 그대로 묘사하는 것을 말한다. "신사(神似)"의 상대적인 개념이다. 한편, 전인(前人)이 제작한 범본(範本)의 외모(外貌)를 모사(摹寫)하는 것을 말하기도 한다.

 自近代以來, 文貴形似, 窺情風景之上, 鑽貌草木之中. 吟詠所發, 志惟深遠; 體物爲妙, 功在密附.(劉勰, 『文心雕龍』「物色」)
 근래 들어 사람들이 글을 쓸 때 사실적 묘사를 중요시한다. 작가는 풍경에서 그 정상(情狀)을 관찰하며, 초목 같은 물상에서 형상을 깊이 살핀다. 노래와 시를 읊는 것은 오직 마음의 심원함에서 나오는 것이지만, 물상에 대한 절절한 묘사는 직접 자세히 관찰하는 것이 필요하다.
 董與展皆天王縱任, 亡所祖述. 動筆形似, 化外有情, 足使先輩名流, 動容變色.(李嗣眞, 『續畵品錄』)
 동백인(董伯仁)과 전자건(展子虔)은 모두 천성이 자유로운 성품을 타고나서 누구에게 배운 바가 없었다. 붓을 움직이기만 해도 형상을 그대로 드러냈으며 조화 너머의 정을 표현하였기에, 선배 대가들을 감동시키고 놀라게 할 만 하다.

• **형신** 形神

(1) 형(形)은 형체 혹은 형상을 의미하며 신(神)은 정신을 가리킨다. 대체로 신(神)의 개념은 위진남북조(魏晉南北朝)시대에 문예영역으로 진입되며 점차 미학범주가 되는데, 고대 문예이론 중에 사용되는 신의 의미는 내재적 정신본질 이외에도 문예창작 중 영감을 일으키는 초자연적인 힘으로서의 신명(神明), 신령(神靈)이나 작가 정신 혹은 예술창작이 도달하는 최고 경지 등의 의미를 갖는다. 이러한 신(神)은 동아시아의 미학과 예술에서 줄곧 중요시되어 왔다.(2008, pp. 157-158 참조)

 我有是一畵, 能貫山川之形神. 此予五十年前, 未脫胎於山川

也.(石濤, 『畵語錄』 「山川章 第8」)

㊗ 나에겐 이 일화(一畵)의 법이 있어 산천의 형모(形貌)와 신운(神韻)을 관통할 수 있다. 내가 오십 년 전에는 산천의 형상을 묘사하는 데서 벗어나지 못했다.

(2) 몸과 마음을 말한다.

㉠ 衛洗馬初欲渡江, 形神慘悴.(劉義慶, 『世說新語』 「言語」)
㊗ 위세마(衛洗馬: 衛玠)가 처음 장강(長江)을 건너려고 할 때 몸과 마음이 모두 초췌했다.

- **형용** 形容

  형모(形貌)·형상(形相)·형상(形象) 등을 가리키는 미학범주이다. 형용(形容)은 형사(形似)보다는 신사(神似)를 중시하는데, 이 신사는 마음을 오로지 하여 집중함으로써 얻을 수 있다.

  ㉠ 形容. 絕佇靈素, 少回淸眞, 如覓水影, 如寫陽春.(司空圖, 『詩品二十四則』)
  ㊗ 형용(形容): 잡념을 물리치고 정신을 모으니 분명하고 진실한 형상이 눈앞에 떠오른다. 물 위에 비친 그림자도 찾아볼 수 있고, 화창한 봄날의 아름다운 풍광도 그려낼 수 있다.

- **형이실동** 形異實同

  형체는 다르나 실질은 같게 한다. 예컨대, 필획이 적은 곳은 힘을 충분히 주어 필획이 많음에 맞먹게 해주고, 마른 곳은 힘을 충분히 주어 살진 것에 맞먹게 해주어야 한다는 것이다.

  ㉠ 信得"多少""肥瘦"形異而實同, 則書進矣.(劉熙載, 『藝槪』 「書槪」)
  ㊗ 형체는 다르나 실질은 같게 하는 이러한 "다소(多少)"와 "비수(肥瘦)"의 요령을 확실히 터득하면, 서예는 발전이 있게 된다.

- **형질** 形質

    형(形)과 질(質)로 나누어서 이해해선 안 된다. 화론(畫論)에서처럼 형(形)과 신(神)을 형신(形神)이라 합칭한 것과 같은 성격의 표현이 아니다. 여기서는 형체의 본질 혹은 외재적 형태를 뜻한다. 서론(書論)에서는 형질(形質)과 신채(神采)가 한 쌍의 범주로 같이 쓰이는데, 이는 화론(畫論)에서의 형(形)과 신(神)의 관계와 같다. 형질은 또한 정성(情性) 혹은 성정(性情)과도 대비된다. 대체로 형질은 정태적이며 정성은 동태적이다. 또 형질은 바깥으로 드러나고 정성은 안으로 함축되어 있다.(2008, pp. 155-157 참조)

    예) 眞以點畫爲形質, 使轉爲情性.(孫過庭,『書譜』)
    역) 해서는 일점일획(一點一畫)으로 형체의 본질을 삼고, 운필(運筆)의 전절(轉折)로 내재정신을 표현한다.

- **호묘** 浩渺

    한없이 넓고 아득한 것을 말한다.

    예) 空夷浩渺, 更可見濟叔胸次.(『尺牘新鈔』1集 周坼「又與濟叔論印章」)
    역) 제숙(濟叔)의 인장은 광활하고 까마득한 의경(意境)을 갖고 있으며, 그의 커다란 마음과 기백과 도량을 드러낸다.

- **호방** 豪放

    감정의 격앙과 기백의 웅대함을 나타내는 미학범주로, 양강미(陽剛美)에 속한다.

    예) 豪放. 觀花匪禁, 呑吐大荒, 由道返氣, 處得以狂.(司空圖,『詩品二十四則』)
    역) 호방(豪放): 막힘없이 우주의 조화를 통찰하고, 기개는 광막(廣漠)한

751

세상을 삼킬 듯하다. 도(道)로부터 기(氣)가 생겨나니 곳곳 마다 득의(得意)하여 거리낌이 없다.

- **호사 豪肆**

    "사(肆)"의 파생범주로, 갑자기 뛰어오르고 날아올라 저지할 수 없는 기세를 말한다. "순사(醇肆)"와 상대적인 개념이다.

    - 예 神龍出淵, 搖鬚直上, 掣電奔雷, 莫可夭閼, 若是者豪肆也.(賀貽孫,『水田居詩文集』卷5「與友人論文書四」)
    - 역 신룡(神龍)이 깊은 물에서 뛰어올라 수염을 흔들면서 위로 솟아 날아오르는데, 마치 천둥과 번개처럼 갑작스러워 저지할 수가 없다. 이것은 호사(豪肆)다.

- **호이상기 好異尙奇**

    창신(創新)을 좋아한다는 말이다.

    - 예 好異尙奇之士, 翫體勢之多方; 窮微測妙之夫, 得推移之奧賾.(孫過庭,『書譜』)
    - 역 호기심 많은 사람만이 서체(書體)와 자체(字體) 구조의 다양한 형식 변화를 음미할 수 있으며, 세밀함과 오묘함을 깊이 탐구하는 사람만이 운필 변화의 심오한 의미를 깨달을 수 있다.

- **호일 豪逸**

    방일(放逸)과 유사한 말이다. 얽매임이 없는 초일(超逸)을 뜻한다.

    - 예 太白天才豪逸, 語多卒然而成者.(嚴羽,『滄浪詩話』「詩評」)
    - 역 이백(李白)의 타고난 재능은 호일(豪逸)하였기에, 시어(詩語)는 대부분 순식간에 이루어졌다.

- **호질오식 好質惡飾**

본질을 좋아하고 문식은 싫어한다. 겉모양을 통해 속마음을 드러내려 하는 것은 그 속마음이 좋지 않기 때문이며, 수식에 덧대어 본질을 나타내려는 것은 그 본질이 형편없기 때문이다. 여기서의 문질관(文質觀)은 공자가 말하는 문질빈빈(文質彬彬)의 관점과는 다르다.

- 예 禮爲情貌者也, 文爲質飾者也. 夫君子取情而去貌, 好質而惡飾.(『韓非子』「解老」)
- 역 예(禮)는 내면을 바깥으로 드러내는 것이며, 문(文)은 본질의 겉에 수식을 가하는 것이다. 무릇 군자는 속마음을 취하고 겉모습을 버리며, 본질을 좋아하고 문식은 싫어한다.

• **호탕** 豪宕

호방함을 말한다.

- 예 每愛唐僧懷素草書. 興趣豪宕. 有椎碎黃鶴樓·踢翻鸚鵡洲之槪.(賀貽孫, 『詩筏』)
- 역 나는 당대(唐代) 회소(懷素) 스님의 초서(草書)를 좋아한다. 흥취가 호방하며, 황학루(黃鶴樓)를 깨뜨리고 앵무주(鸚鵡洲)를 넘어뜨리는 기개가 있다.

• **호한** 浩瀚

넓고 광대함을 말한다.

- 예 浩瀚·汪洋·錯綜·變幻·渾雄·豪宕·閎廓·沈深, 大家所長, 名家之所短也.(胡應麟, 『詩藪』「外編」卷4)
- 역 광대함·웅장함·뒤섞음·변환(變幻)·웅혼(雄渾)·호탕(豪宕)·광활함·침심(沈深) 등은 대가는 잘하지만, 명가는 해내지 못하는 것이다.

• **혼** 渾

혼후(渾厚)를 뜻하며, 질박하고 자연스러워 꾸밈이 없는 것을 말한다.

- 예) 曰雄·曰渾·曰整·曰麗, 四者具矣, 詩家所推奉爲大家者此耳. (王夫之,『古詩評選』卷6 張文恭「七夕」)
- 역) 웅장함·질박함·깔끔함·수려함 등 네 가지 풍격(風格)을 동시에 구비해야 비로소 여러 사람들한테 찬양받는 거장이 될 수 있다.

• **혼박** 渾樸

중후하고 질박한 것을 말한다. 혼박(渾璞)과 같은 말이다.

- 예) 建安·黃初之詩, 大約敦厚而渾樸, 中正而達情.(葉燮,『原詩』內篇)
- 역) 건안(建安: 漢獻帝의 年號)·황초(黃初: 魏文帝 曹丕의 年號)의 시는 돈후하고 질박하며 치우침 없이 올바른 동시에 정감을 잘 표현하였다.

• **혼박** 渾璞

소박한 것을 말한다. 혼박(渾樸)과 같은 말이다.

- 예) 「離騷」九章, 愴惻濃至; 東西「二京」, 神奇渾璞.(胡應麟,『詩藪』「內編」卷1)
- 역) 「이소(離騷)」 구장(九章)은 비통(悲痛)·농염(濃艶)하며, 동한(東漢)·서한(西漢)의 「이경(二京)」은 신기(神奇)·소박하다.

• **혼성** 渾成

자연스러움을 말한다.

- 예) 盛唐氣象渾成, 神韻軒擧, 時有太實太繁處.(胡應麟,『詩藪』「內編」卷5)
- 역) 성당(盛唐)〈의 시(詩)〉은 기상(氣象)이 자연스러운 바가 있고 신운(神韻)은 늠름한데, 때로 너무 사실적이고 번다한 면이 있다.

• **혼쇄** 渾灑

〈글을 쓰거나 그림을 그릴 때〉 거리낌 없이 붓을 놀리는 것, 혹은 마음 내키는 대로 글을 쓰거나 그림을 그리는 것을 말한다.

- 예 因其盤礴凝注, 渾灑疾徐, 而悠然覺此道之通於詩文也.(『尺牘新鈔』2集 方拱乾「與田雪龕」)
- 역 〈대창(戴蒼)은〉 그림을 창작할 때, 운필이 자유분방하고 정신을 그림에 전념한다. 때로는 빠르고 때로는 느리며, 능수능란하게 그림을 그린다. 이로 인해 나는 깨우침을 얻었다. 사실상 회화의 도리는 시문(詩文)과 서로 통할 수 있다고 생각한다.

• **혼연천성** 渾然天成

아주 자연스럽고 교묘하게 이루어진 것을 말한다.

- 예 漢人詩, 質中有文, 文中有質, 渾然天成, 絶無痕迹, 所以冠絶古今.(胡應麟, 『詩藪』「內編」卷2)
- 역 한인(漢人)의 시는 질(質) 속에 문(文)이 있고, 문 속에 질이 있다. 아주 자연스럽고 교묘하게 이루어져 흔적이 전혀 없기에 고금에 우뚝하다.
- 예 燕公之筆, 渾然天成, 燦然日新.(蘇軾, 『東坡題跋』下卷「跋蒲傳正燕公山水」)
- 역 연공(燕公: 蒲宗孟, 字는 傳正)의 그림은 자연스럽게 저절로 이루어진 것이라, 그 찬연함이 날로 새롭다.

• **혼후** 渾厚

(1) 중후(重厚)하다.

- 예 以和平·渾厚·悲愴·婉麗爲宗者, 卽前所列諸家.(胡應麟, 『詩藪』「內編」卷2)
- 역 화평(和平)·중후(重厚)·비창(悲愴)·미려(美麗)를 근본으로 하는 이는 앞에서 열거한 여러 사람들이다.

(2) 질박하고 온후하며 꾸밈이 없고 자연스러운 것을 말한다.

- 如顏子便渾厚不同.(『二程全書』『遺書』卷18 伊川語四)
- 예컨대, 안회(顏回)는 이와 다르게 아주 질박하고 자연스럽다.

(3) 물상(物象)이 크고 두터운 것을 말한다.

- 縱有渾厚者, 亦多出地上, 而非地中也.(郭熙,『林泉高致』「山川訓」)
- 비록 크고 두터운 곳이 있기는 하지만, 이 역시 대부분 땅 위에서 솟아 나온 것이지 땅 속에서 솟아나온 것은 아니다.

- **홍록상간** 紅綠相間

  회화에서 색을 잘 조절하여 각기 적당해야 함을 말한다.

  - 二. 光的美. 繪畵要調顔色, 紅綠相間, 才能算美.(梁啓超,『飮冰室專集』卷102「書法指導」)
  - 둘째, 빛의 아름다움이다. 회화는 색을 조절하여 각기 적당해야 비로소 아름답다고 할 수 있다.

- **홍아** 弘雅

  고아(高雅)하다.

  - 謝幼輿曰: "友人王眉子淸通簡暢, 嵇延祖弘雅劭長, 董仲道卓犖有致度."(劉義慶,『世說新語』「賞譽」)
  - 사유여(謝幼輿: 謝鯤)가 말했다. "친구인 왕미자(王眉子: 王玄)는 구애됨이 없이 소탈하고 탁 트였다. 혜연조(嵇延祖: 嵇紹)는 고아(高雅)하고 덕이 높다. 동중도(董仲道: 董養)는 탁월하고 법도가 있다."

- **홍운탁월** 烘雲托月

  달을 그리고자 하면 먼저 구름을 그린다. 여기서 구름을 그리는 것은 구름 자체를 그리려는 것이 아니라 그것에 기대어 달을 표현하고자 하는 것이다.

- 예) 亦嘗觀於烘雲托月之法乎? 欲畵月也, 月不可畵, 因而畵雲. 畵雲者, 意不在於雲也, 意不在於雲者, 意固在於月也.(金聖嘆, 『第六才子書』卷4 「驚豔」首評)
- 역) 여러분은 일찍이 홍운탁월(烘雲托月)이라는 회화의 기법을 본 적이 있는가? 달을 그리고자 하면 먼저 구름을 그린다. 구름을 그리는 것은 구름을 표현하기 위함이 아니다. 구름을 표현하려는 것이 아니라 달을 그리고자 하는 것이다.

- **홍윤통장 弘潤通長**

사람됨이 온화하고 도량이 넓음을 말한다.

- 예) "謝仁祖何如?" 曰: "淸易令達." "阮思曠何如?" 曰: "弘潤通長."(劉義慶, 『世說新語』 「品藻」)
- 역) "사인조(謝仁祖: 謝尙)는 어떻소?" 답하였다. "맑고 활달합니다." "완사광(阮思曠: 阮裕)은 어떻소?" 대답하였다. "온화하고 도량이 넓습니다."

- **화 化**

(1) 기존의 구분법이나 법규로는 정의내릴 수 없는 상태로의 초월적 변환을 말한다. 새로운 패러다임으로의 전화(轉化)를 뜻하는 경지로, 심미범주 가운데 대(大)·묘(妙)·신(神)을 뛰어넘는 최고의 경지이다. 조화(造化)와 같은 뜻이다. 상대성을 넘어서서 절대적 궁극과 혼연일체가 되는 경지를 말한다.

- 예) 腕受化則渾合自然, 腕受變則陸離譎怪.(石濤, 『畵語錄』 「運腕章 第6」)
- 역) 손목의 움직임이 초월적인 경지에 이르면 자연과 하나가 된다. 손목의 움직임이 변화막측하게 되면 색채가 아롱지고 경상(景象)이 기이해진다.

(2) "고(古)"에 기반을 둔 변통(變通)으로서의 창신(創新)의 뜻이다. "차고개금(借古開今)"의 의미를 함축하고 있다. 하지만 "조화(造化)"나 "물화(物化)"에서 말하는 "화(化)", 즉 기성의 것과 전혀 다른 혹은 제삼(第三)의 새로운 패러다임으로의 승화까지는 미치지 못한다.

- 例 古者識之具也. 化者識其具而弗爲也.(石濤, 『畵語錄』「變化章 第3」)
- 역 옛사람들의 지식과 법칙은 상세하고도 구체적이다. 변화와 창신(創新)을 잘하는 사람은 앞사람들의 법칙을 알면서도 그것에 속박되거나 의존하지 않는다.

(3) 변화(變化)의 의미이다.

- 例 工部唯一於實, 故其詩能人而不能天, 能大能化而不能神.(袁宏道, 『袁中郞全集』 卷1「答梅客生開府」)
- 역 두보(杜甫: 工部)는 오직 실(實)만을 추구하므로 그의 시(詩)는 인간세상을 드러낼 수는 있어도 천상(天上)의 세계를 나타낼 수 없다. 그래서 두보의 시는 위대할 수 있고 변화무쌍할 수 있지만, 신묘한 경지를 보여줄 수는 없다.

(4) 천하 혹은 민심의 교화(敎化)를 말한다.

- 例 素與吾言終日, 言政而不及化.(王通, 『文中子』「王道」)
- 역 양소(楊素)와 내〈문중자(文中子)〉가 온종일 얘기했는데, 모두 정치수단에 대한 말만 들었을 뿐 민심을 교화(敎化)하는 것에 대해 담론하지 못했다.
- 例 一曰化, 天子所以風天下也.(王通, 『文中子』「事君」)
- 역 첫째는 화(化)이다. 천자(天子)는 『속시(續詩)』를 통해 천하를 교화(敎化)할 수 있다.

• **화** 和

(1) 동아시아미학에서 화(和)는 중요한 범주 가운데 하나이다. 화(和)는 대립하는 두 극단의 우호적인 융합을 의미한다. 화(和)는 서로 다른 둘의 단순한 더하기가 아니라, 온갖 만사만물이 각자의 고유성을 지닌 채 공존할 수 있게 하는 자연의 이치이자 사회와 인사(人事)를 이끌어 가는 법칙이다. 그런데 이러한 화(和)의 원리는 미학에서도 중요한 심미범주가 된다. 미(美)란 본디 많은 다양한 미적 요소의 조화로부터 생산되는 것이다. 이런 까닭에 미의 조화란 곧 대립하는 양극(兩極)의 조화에 있는 것이다. 유가는 중화(中和)를 말하고 또 중(中)을 중시하는데, 이는 곧 사물에 대한 불편부당(不偏不黨: 한쪽에만 치우치지 않음)한 태도를 말한다. 여기서 나오는 중정(中正)의 표준이란 다시 말하자면 예의규범에 부합함을 가리킨다. 또한, 두 대립물이 조화통일에 이르게 되는 이러한 사상에서 더 나아가 유가는 문질상부(文質相扶: 외형과 내면이 서로 받쳐 줌)와 진선진미(盡善盡美: 외적으로 아름다우면서 또한 내적 자질도 모자람이 없음)의 사상을 제기하게 되니, 이들은 곧 한쪽에만 집착하거나 극단에 치우치게 됨을 반대하는 것이다. 유가의 중화관은 대립하는 양단(兩端) 중 일방이 다른 일방을 제압하는 것이 아닌 평형감각을 지닌 채 상호의 차이를 존중하며 자신의 영역을 타인에게 이바지할 수 있도록 노력하는 한편 자신도 다른 일방의 장점을 흡수할 수 있도록 노력하는 이른바 공존공영을 지향한다. 미학영역에서 발휘된 유가의 중화관은 한편으로는 예의로써 정감을 절도 있도록 하는 소위 "즐겁거나 슬프거나 일정한 도를 넘어서는 지나침이 없다."["樂而不淫, 哀而不傷."(『論語』「八佾」)]라는 중화적 미학표준을 설정하며, 다른 한편으로 예술요소의 상반상성(相反相成)을 중시함으로써 대립하는 양단의 조화를 통해 변

증법적 통일에 이르는 예술효과를 강조한다.(2008, pp. 169-170 참조)

- 예 然後凜之以風神, 溫之以姸潤, 鼓之以枯勁, 和之以閑雅.(孫過庭, 『書譜』)
- 역 이러한 것들을 다 이룬 후에 여기에 다시 기운(氣韻)을 드러내고, 아름다운 내면의 품덕(稟德)을 담으며, 견실한 기교로써 강인한 정신을 북돋고, 또한 우아한 풍모를 조화시킨다.
- 예 和也者, 其衆音之籔會, 而優柔平中之橐籥乎?(徐上瀛, 『溪山琴況』)
- 역 이른바 화(和)라는 것은 여러 많은 소리가 함께 어우러지는 것이며, 또한 우아함과 부드러움 및 온화함과 올바름을 이루어낼 수 있는 관건이라 할까?

(2) 인위적인 조절이나 가미의 뜻으로 문(文)과 동의어이다.

- 예 大羹不和, 貴其質也; 大圭不琢, 美其質也.(『禮記』「郊特牲」)
- 역 대갱(大羹)에 조미(調味)를 하지 않는 것은 그 질박함을 귀하게 여기기 때문이다. 대규(大圭)를 다듬지 않는 것은 그 질박함을 아름답다고 여기기 때문이다.

• **화경** 化境

최고로 오묘한 경지를 말한다. 대체로 묘경(妙境) 혹은 선경(仙境)을 나타내는 말인데, 유사한 부류의 표현으로는 성경(聖境), 신경(神境) 등이 있다. 경지의 빼어남으로 보면, 화경(化境)이 최고이고, 신경(神境)이 그 다음이며, 성경(聖境)이 다시 그 아래이다.

- 예 此詞中化境, 卽詩賦古文之化境也.(李漁, 『笠翁餘集』「窺詞管見」)
- 역 이것이 사곡(詞曲)을 쓰는 정교하고 아름다운 경지이며, 또한 시부(詩賦)와 고문을 창작하는 정교하고 아름다운 경지이다.

- **화공 化工**

    (1) 인위(人爲)나 작위(作爲)와 상대적인 개념으로, 자연의 조화(造化)를 말한다. 천공(天工)·조화(造化) 등과 같은 말이다. 인간의 기교[工]를 인간 이상으로 "화(化)"한 것을 말한다.

    - 예 『拜月』·『西廂』, 化工也; 『琵琶』, 畫工也.(李贄, 『焚書』卷3「雜述·雜說」)
    - 역 『배월정(拜月亭)』과 『서상기(西廂記)』는 하늘의 조화(造化)처럼 자연스런 작품이요, 『비파기(琵琶記)』는 인간의 기교로 만든 작품이다.
    - 예 文章家所以少沿襲者, 各序其事, 各値其景, 如煙雲草木, 隨化工爲運轉, 故日出而不窮.(袁枚, 『小倉山房文集』卷18「答定宇第二書」)
    - 역 문장가들이 답습을 적게 하는 것은, 각기 자신의 일을 서술하는 것이 자신의 상황에 맞기 때문이다. 이는 마치 안개와 구름 혹은 초목이 자연의 조화에 따라 변하는 것이 매일 끊임없이 나타나는 것과 같다.

    (2) 천지조화같은 교묘함 혹은 인위적이지 않고 자연스럽게 이루어진 공교로움을 말한다. 화기(化機)와 같은 개념의 미학범주이다.

    - 예 含情而能達, 會景而生心, 體物而得神, 則自有靈通之句, 參化工之妙.(王夫之, 『薑齋詩話』卷2)
    - 역 정(情)을 머금어 능숙하게 표현하고, 경물(景物)을 마주하여 감흥을 일으키며, 경물을 체험하여 신채(神采)를 터득하면, 곧 저절로 훌륭한 시구가 나오게 되고 공교로운 오묘함에 들게 된다.
    - 예 詩如化工, 卽景成趣.(袁枚, 『小倉山房詩集』卷20)
    - 역 시를 지을 때는 마땅히 천지조화처럼 교묘한 솜씨로 지어야 하고, 경물(景物)은 직접 마주하여 정취를 느끼도록 한다.

- **화공 畫工**

    인간을 기교를 표현한 것을 말한다.

- 예 『拜月』、『西廂』, 化工也; 『琵琶』, 畵工也.(李贄, 『焚書』 卷3 「雜述・雜說」)
- 역 『배월정(拜月亭)』과 『서상기(西廂記)』는 하늘의 조화(造化)처럼 자연스런 작품이요, 『비파기(琵琶記)』는 인간의 기교로 만든 작품이다.

- **화공초물** 化工肖物

  묘사하는 기법이 아주 자연스러워 실물을 생동감 있게 표현한 것을 말한다.

  - 예 卓吾曰: 此回文字逼眞, 化工肖物. 摩寫宋江・閻婆惜並閻婆處, 不惟能畵眼前, 且畵心上.(葉畵, 『明容與堂刻水滸傳』 第21回 回末總評)
  - 역 이지(李贄)가 말했다. "이 회(回)에서는 어휘가 아주 사실적이고 기법이 자연스러우며 묘사가 아주 생동하다. 송강(宋江)・염파석(閻婆惜)・염파(閻婆)를 그릴 때, 외형을 묘사할 뿐 아니라 속마음까지도 표현하였다."

- **화기** 化機

  화공(化工)과 같은 개념의 미학범주이다. 인위적이지 않고 자연스럽게 이루어진 공교로움을 말한다.

  - 예 總之, 意在筆先者, 定則也; 趣在法外者, 化機也. 獨畵云乎哉!(『鄭板橋集』「題畵」)
  - 역 요컨대, 마음이 붓보다 먼저라는 것은 준칙이고, 그 법규 밖의 흥취는 자연스럽게 이루어진 공교로움이다. 어찌 회화(繪畵)만 이렇겠는가?

- **화기** 和氣

  글에 나타난 순박하고 온화한 정취를 말한다.

  - 예 至歐公文字, 好底便十分好, 然猶有甚拙底, 未散得他和氣.(朱熹, 『朱子語類』 卷139)

ⓔ 구양수(歐陽脩)의 문장을 보면, 어떤 글은 아주 섬세하게 잘 써졌지만 어떤 것은 아주 질박하다. 그래서 그의 글에는 여전히 순박하고 온화한 정취가 있는 것이다.

• **화무** 華茂

어휘가 화려하고 글의 표현이 풍부함을 말한다.

ⓔ 骨氣奇高, 詞采華茂.(鍾嶸,『詩品』)
ⓔ 〈조식(曹植)의 시는〉 문의(文意)와 문사(文詞)는 신기하면서도 고매하며, 어휘는 화려하고 풍부하다.

• **화문무과** 華文無寡

화려한 문장은 적어도 나쁠 것이 없다.

ⓔ 蓋寡言無多, 而華文無寡. 爲世用者, 百篇無害, 不爲用者, 一章無補.(王充,『論衡』「自紀」)
ⓔ 대개 수식이 적은 말은 많아도 나쁠 것이 없고, 화려한 문장은 적어도 나쁠 것이 없다. 세상에 쓸모가 있다면 백 편(篇)이라도 해롭지 않으며, 세상에 쓸모가 없다면 한 장(章)이래도 도움이 되지 않는다.

• **화순적중** 和順積中, **영화발외** 英華發外

한 사람의 마음속에 온화함과 부드러움이 있으면 외면으로 자연스레 광채가 드러난다는 말이다.

ⓔ 和順積於中, 英華發於外也. 故言則成文, 動則成章.(『二程全書』『遺書』卷25「伊川語十一」)
ⓔ 한 사람의 마음속에 온화함과 부드러움이 있으면 외면으로 자연스레 광채가 드러나기 마련이다. 그래서 말마다 모두 문채가 있고 움직임마다 모두 우아함이 있는 것이다.

- **화실겸미** 華實兼美

  화려함과 실질의 아름다움을 모두 갖추었다.

  - 若華實兼美, 可以繼之.(『法書要錄』卷8「張懷瓘書斷中」)
  - 만약 〈장창(張昶)의 글씨가〉 화려함과 실질의 아름다움을 모두 갖췄다면 장지(張芝)를 계승할 수 있었을 것이다.

- **화실연후성조** 和失然後聲調

  조화를 잃게 되자 조율이 필요해졌다. 인간의 자연 본성을 잃게 되자 성율(聲律)이 나왔다는 뜻이다. 음악은 원래 자연스러운 인간감정의 발로가 최고이다. 여기에 절주가 가해지는 것은 인위적인 것이다.

  - 德衰然後仁生, 行沮然後義立, 和失然後聲調, 禮淫然後容飾.(『淮南子』「本經訓」)
  - 덕(德)이 쇠해지자 인(仁)이 생겼고, 자연스런 행동이 저지되면서 의(義)가 나왔으며, 조화를 잃게 되자 조율이 필요해졌고, 예(禮)가 적절함을 잃자 용모를 꾸미게 되었다.

- **화여서통** 畵與書通

  그림과 글씨는 서로 통한다.

  - 郭熙唐棣之樹, 文與可之竹, 溫日觀之葡萄, 皆自草法中得來. 此畵與書通者也.(王世貞, 『弇州山人四部稿』卷155『藝苑卮言』附錄4)
  - 곽희(郭熙)·당체(唐棣)의 나무 그림과 문동(文同)의 대나무 그림 및 온일관(溫日觀)의 포도 그림은 모두 초서를 쓰듯이 그렸다. 이것이 바로 그림과 글씨는 서로 통한다고 하는 것이다.

- **화염** 華艶

  〈시(詩)의 체재가〉 화려하고 풍부함을 말한다.

- 예) 其體華艶, 興託不奇. 巧用文字, 務爲姸冶.(鍾嶸,『詩品』)
- 역) 〈장화(張華)의 시는〉 체재가 화려하고 풍부하나, 비흥(比興)의 우의(寓意)는 깊지 않다. 자구(字句)는 조탁에 힘썼고, 새로운 맛을 내기 위해 애썼다.

• **화염표탕** 華艶飄蕩

화려하면서도 시원스러운 맛을 말한다.

- 예) 蔡邕飛白, 得華艶飄蕩之極.(『法書要錄』卷7「張懷瓘書斷上」)
- 역) 채옹(蔡邕)의 비백은 화려하면서도 시원스러운 맛이 지극한 경지에 다다랐다.

• **화외유정** 化外有情

조화(造化) 너머의 정(情)을 표현하는 경지를 말한다.

- 예) 動筆形似, 化外有情.(李嗣眞,『續畫品錄』)
- 역) 붓을 움직이기만 해도 형상을 그대로 드러냈으며 조화 너머의 정을 표현하였다.

• **화육불화골** 畫肉不畫骨

〈시를 쓸 때〉 다만 외재적인 글자와 구성만을 중요하게 생각하지 내재의 정감은 고려하지 않음을 말한다.

- 예) 畫肉不畫骨, 乃以帝閑故.(方回,『桐江續集』卷2「秋晚雜書三十首」)
- 역) 〈그들의 시는 다만〉 외재적인 글자와 구성만을 중요하게 생각했으며 내재의 정감은 고려하지 않았다. 이는 대개 궁중에서 봉직했던 연고이다.

• **화의불화형** 畫意不畫形

그림을 그리는데 신운(神韻)을 드러내지 형사(形似)를 추구하지 않음을 말한다.

- 예 古畫畫意不畫形, 梅詩詠物無隱情, 忘形得意知者寡, 不若見詩如見畫.(歐陽修, 『歐陽文忠公文集』 卷6, 「盤車圖」)
- 역 옛 그림은 신운(神韻)을 드러내려고 했지 형사(形似)를 추구하지 않았다. 매요신(梅堯臣)의 시는 이 그림〈양포(楊褒)의 「반차도(盤車圖)」〉을 잘 묘사하였는데, 화가의 운치(韻致)를 온전히 드러냈다. 그림 감상의 요체는 신운을 느끼고 형상은 무시하는 데 있는데, 이를 이해할 수 있는 이가 아주 적다. 〈사람들이 이 그림을 이해하는 것이 모두 매요신만 못한데〉 매요신의 시를 읽으면 마치 시를 보는 것이 아니라 그림을 보는 듯하다.

- **화이불류** 和而不流

부드러우면서도 드러내지 않는다. 평정을 유지하여 잘못된 방향으로 흐르지 않음을 말한다.

- 예 樂中平則民和而不流, 樂肅莊則民齊而不亂.(『荀子』 「樂論」)
- 역 음악이 중정(中正)하고 화평하면 백성들은 화합하여 잘못되지 않고, 음악이 엄숙하고 장중하면 백성들은 질서가 있어 어지럽지 않게 된다.
- 예 善學虞者和而不流, 善學歐者威而不猛.(劉熙載, 『藝槪』 「書槪」)
- 역 우세남의 서예를 잘 배운 이는 부드러우면서 드러내지 않고, 구양순의 서예를 잘 배운 사람은 위엄을 갖추면서도 흉포하지 않다.

- **화이유** 和以柔

〈소리가〉 온화하고 부드러움을 말한다.

- 예 其敬心感者, 其聲直以廉; 其愛心感者, 其聲和以柔.(『樂記』 「樂本」)
- 역 마음에 공경함이 있는 자는 그 소리가 곧으면서 장중하고, 사랑하는 마음이 있는 자는 그 소리가 온화하고 부드럽다.

- **화정** 華淨

    〈문체(文體)가〉 화려하고 깔끔한 것을 말한다.

    - 예 文體華淨, 少病累, 又巧構形似之言.(鍾嶸, 『詩品』)
    - 역 〈장협(張協)의 시는〉 문체(文體)는 화려하고 깔끔하나, 다소 규율을 벗어난 시구가 있다. 또한 경물(景物)을 정확히 묘사하는데 뛰어난 기교를 지녔다.

- **화종심장자원** 畵從心障自遠

    그림이 자기의 생각을 능히 표현해낼 수 있게 되면 작화(作畵)의 장애는 자연스럽게 멀어진다.

    - 예 一畫明, 則障不在目而畫可從心. 畫從心而障自遠矣.(石濤, 『畫語錄』「了法章 第2」)
    - 역 일화(一畫)에 대해 마음속으로 분명히 깨닫게 되면 일체의 장애(障碍)는 눈앞에 있지 않게 된다. 그리하여 작화(作畵)는 마음이 뜻하는 바를 따를 수 있고, 그림이 자기의 생각을 능히 표현해낼 수 있게 되면 작화의 장애는 자연스럽게 멀어질 것이다.

- **화중유서** 畵中有書

    그림 속에 서예의 필의(筆意)가 있다.

    - 예 故昔人謂摩詰之詩, 詩中有畫; 摩詰之畫, 畫中有詩. 余亦謂青藤之書, 書中有畫; 青藤之畫, 畫中有書.(張岱, 『琅嬛文集』「跋徐青藤小品畫」)
    - 역 옛사람이 일찍이 왕유(王維)의 시에 그림의 묘미가 있고 그림 안에는 시의(詩意)가 있다고 형용한 바 있다. 나는 서위(徐渭)의 서예에 화의(畫意)가 있고 그의 그림에는 서예의 필의(筆意)가 있다고 생각한다.

- **화중유시** 畵中有詩

그림 속에 시의(詩意)가 있다.

- 예 故昔人謂摩詰之詩, 詩中有畫; 摩詰之畫, 畫中有詩. 余亦謂靑藤之書, 書中有畫; 靑藤之畫, 畫中有書.(張岱, 『琅嬛文集』「跋徐靑藤小品畫」)
- 역 옛사람이 일찍이 왕유(王維)의 시에 그림의 묘미가 있고 그림 안에는 시의(詩意)가 있다고 형용한 바 있다. 나는 서위(徐渭)의 서예에 화의(畫意)가 있고 그의 그림에는 서예의 필의(筆意)가 있다고 생각한다.
- 예 勿但作詩中畫觀也, 此正是畫中有詩.(王夫之, 『唐詩評選』 卷3 王維「終南山」)
- 역 단지 시 안에 그림이 있다고 생각하지 말라. 이것은 사실상 그림 속에 시가 있는 것이다.

- **화중지화** 畫中之畫, **화외지화** 畫外之畫

  그림 속의 그림이자 그림 밖의 그림이란 말로, 그림 속의 여백을 표현한 것이다.

  - 예 禪家云: "色不異空, 空不異色, 色卽是空, 空卽是色." 眞道出畫中之白, 卽畫中之畫, 亦卽畫外之畫也.(華琳, 『南宗抉秘』)
  - 역 선종(禪宗)에서 말하기를, "색(色)은 공(空)과 같고, 공은 색과 같다. 색이 곧 공이요, 공이 곧 색이다."라고 하였다. 진정으로 그림 속의 여백을 드러낸다면 이는 곧 그림 속의 그림이자 그림 밖의 그림이다.

- **화출어적** 和出於適

  조화는 적절함에서 만들어진다.

  - 예 聲出於和, 和出於適. 和·適, 先王定樂由此而生.(『呂氏春秋』「仲夏紀」)
  - 역 소리는 조화에서 나오고 조화는 적절함에서 만들어진다. 선왕(先王)이 만든 음악은 바로 이 조화와 적절함으로부터 나온 것이다.

- **화취형** 畵取形, **서취상** 書取象

    그림은 사물의 〈객관존재로서의 형태인〉 외형(外形)으로부터 제재(題材)를 취한 것이고, 글씨는 사물의 〈감각기관에 포착된 주관적 지각(知覺) 상징으로서의〉 표상(表象)으로부터 제재를 취한 것이다.

    例 序曰: 書與畵同出. 畵取形, 書取象.(鄭樵, 『通志』 卷31 『六書略』「象形第一」)
    역 「서(序)」에서 말하였다. 글씨와 그림의 본원은 같으니, 모두 사물로부터 생겨난 것이다. 그림은 사물의 〈객관존재로서의 형태인〉 외형(外形)으로부터 제재(題材)를 취한 것이고, 글씨는 사물의 〈감각기관에 포착된 주관적 지각(知覺) 상징으로서의〉 표상(表象)으로부터 제재를 취한 것이다.

- **환불능생** 患不能生

    질박한 경지에 이르지 못함을 두려워하는 것으로, 기법이 숙련된 이후의 걱정이다.

    例 彈琴者, 初學入手, 患不能熟, 及至一熟, 患不能生.(張岱, 『琅嬛文集』「與何紫翔」)
    역 거문고를 막 배우기 시작했을 때는 가장 두려운 것이 숙련되지 못함이지만, 수법이 숙련된 이후에는 가장 두려운 것이 질박〈生〉해지지 못하는 것이다.

- **환불능숙** 患不能熟

    숙련의 경지에 이르지 못함을 두려워하는 것으로, 초짜의 걱정이다.

    例 彈琴者, 初學入手, 患不能熟, 及至一熟, 患不能生.(張岱, 『琅嬛文集』「與何紫翔」)
    역 거문고를 막 배우기 시작했을 때는 가장 두려운 것이 숙련되지 못함이지만, 수법이 숙련된 이후에는 가장 두려운 것이 질박〈生〉해지지 못하는 것이다.

- **활 滑**

    풍채(風采)가 부족하여 자태(姿態)와 신채(神采)가 없는 것을 말한다.

    - 滑. 遂乏風彩曰滑.(竇蒙, 『語例字格』)
    - 활(滑): 풍채(風采)가 부족하여 자태(姿態)와 신채(神采)가 없는 것을 일러 활(滑)이라 한다.

- **황한 荒寒**

    거칠고 차가운 속에 진지한 멋을 담고 있음을 말한다.

    - 荒寒. 邊幅不修, 精采無旣. 粗服亂頭, 有名士氣.(黃鉞, 『二十四畫品』)
    - 황한(荒寒): 겉모습을 꾸미지 않아도 밝은 빛이 저절로 나온다. 거친 옷을 입고 머리가 흐트러져도 그에게는 문사(文士)의 아름다움이 있다.

- **회 晦**

    여운을 담고 있는 은미함을 말하는 것으로, 함축과 같은 뜻이다. 하지만 알 수 없는 말을 늘어놓는 회삽(晦澁)에 떨어져서는 안 된다. 은장(隱藏)이 지나치면 이해하기 어려워지니, 하고픈 말을 전달하지 못하면 결국 아무 소용이 없는 것이다.

    - 『春秋』之稱, 微而顯, 志而晦, 婉而成章, 盡而不汙, 懲惡而勸善. 非聖人誰能修之?(『左傳』 成公十四年)
    - 『춘추(春秋)』에서 말하는 것은, 뜻을 감춘 것 같으면서도 명백히 드러나고, 제대로 기록한 듯 하나 본뜻이 바로 드러나지 않으며, 에둘러 말한 것 같지만 글의 조리가 있고, 자세하면서도 욕되게 하지 않았으며, 악을 징계하고 선을 권장했다. 성인(聖人)이 아니고서 그 누가 이처럼 할 수 있었겠는가?

- 예 乍顯乍晦, 若行若藏.(孫過庭,『書譜』)
- 역 필봉(筆鋒)을 어떤 때는 명확하게 드러내고 어떨 때는 보일 듯 말 듯 감춘다.
- 예 然章句之言, 有顯有晦. 顯也者, 繁詞縟說, 理盡於篇中; 晦也者, 省字約文, 事溢於句外.(劉知幾,『史通』)
- 역 장구(章句)의 글에는 의미가 명확한 것이 있고 은미(隱微)한 것이 있다. 의미가 명확한 것은 글귀가 많아 문장 속에 그 뜻이 이미 잘 서술되어 있다. 반면 은미한 것은 자구(字句)가 간약(簡約)하여 의미가 글 밖에 있다.

- **회경생심** 會景生心

경물(景物)을 마주하여 감흥을 일으킨다.

- 예 含情而能達, 會景而生心, 體物而得神, 則自有靈通之句, 參化工之妙.(王夫之,『薑齋詩話』卷2)
- 역 정(情)을 머금어 능숙하게 표현하고, 경물(景物)을 마주하여 감흥을 일으키며, 경물을 체험하여 신채(神采)를 터득하면, 곧 저절로 훌륭한 시구가 나오게 되고 공교로운 오묘함에 들게 된다.

- **회고통금** 會古通今

고금(古今)을 회통(會通)하다. 고법(古法)을 배우고 이으면서도 또한 창신(創新) 하는 바가 있다는 뜻이다.

- 예 豈惟會古通今, 亦乃情深調合.(孫過庭,『書譜』)
- 역 〈왕희지(王羲之)의 서예는〉 고대의 좋은 전통을 계승했을 뿐 아니라 당시의 심미적 취향과도 맞았으며, 동시에 정취(情趣)를 서예와 결합하여 사람을 감동시키는 고아(高雅)한 격조(格調) 또한 보여주었다.

- **회문포질** 懷文抱質

문재(文才)와 품덕(品德)이 모두 뛰어나다.

- 예 偉長獨懷文抱質, 恬淡寡欲, 有箕山之志, 可謂彬彬君子者 矣.(曹丕,「與吳質書」)
- 역 유독 위장(偉長: 徐幹의 字)만은 문재(文才)와 품덕(品德)이 모두 뛰어나고, 청정무욕(淸淨無慾)하며, 〈요(堯)가 천하를 선양(禪讓)하려 하자 기산(箕山)으로 숨어버린 허유(許由)처럼〉 맑고 높은 뜻을 지녔으니, 가히 문질(文質)을 겸비한 군자라 할 것이다.

- **회미** 回味

여미(餘味)와 같은 말로, 뒷맛을 뜻한다.

- 예 洗其鉛華, 卓爾名貴. 佳茗留甘, 諫果回味.(黃鉞,『二十四畫品』)
- 역 채색을 하지 않아도 더할 나위 없이 귀하고 아름답다. 마치 좋은 차(茶) 맛처럼 향이 혀끝을 떠나지 않으며, 감람(橄欖)의 맛과 같이 뒷맛이 있다.

- **회사후소** 繪事後素

다음의 두 가지 해석이 있다.

(1) 수(繡)를 놓거나 그림 그리는 일은 흰 색을 나중에 더 하는 것이란 말이다. 예(禮)는 내면의 덕성을 먼저 갖춘 다음 그 뒤에 더해지는 것이란 의미를 빗대어 표현한 것이다.

- 예 子夏問曰:"'巧笑倩兮, 美目盼兮, 素以爲絢兮.'何謂也?"子曰: "繪事後素." 曰: "禮後乎?" 子曰: "起予者, 商也, 始可與言『詩』 已矣!"(『論語』「八佾」)
- 역 자하(子夏)가 물었다. "예쁜 웃음에 보조개며 아름다운 눈에 눈동자여! 흰 색으로써 채색을 완성한다.'고 하니 무엇을 말하는 것입니까?" 공자가 말하였다. "수를 놓고 그림 그리는 일은 흰 색을 뒤에 더 하는 것이다." 〈자하가 말하길〉 "예(禮)를 〈내면의 덕성을 먼저 갖춘 다음〉 그 뒤에 더하는가 봅니다."라고 하였다. 이에 공자가 말하였다. "나를

일으킨 자는 상(商:子夏)이다. 비로소 가히 더불어 시를 말할 수 있겠다."

(2) 먼저 바탕이 하얗게 된 후에 그림을 그린다는 말로, 좋은 바탕이 있어야 그 위에 금상첨화(錦上添花)의 가공(加工)을 할 수 있다는 뜻이다.

- 예 夫繪事後素, 既謂之文, 豈苟簡而已哉?(皇甫湜,『皇甫持正集』卷4「答李生第二書」)
- 역 "먼저 바탕을 하얗게 한 다음 그림을 그린다."라는 말이 있다. 〈먼저 바탕을 바르게 한 후 쓴 글을 글이라 할 수 있으니〉 마음 가는대로만 쉽게 쓴 글은 어찌 글이라 할 수 있겠는가?

- **회환** 迴環

둥그렇게 감아 도는 것을 말한다.

- 예 水, 活物也. 其形欲深靜, 欲柔滑, 欲汪洋, 欲迴環, 欲肥膩, 欲噴薄, 欲激射.(郭熙,『林泉高致』「山川訓」)
- 역 물은 살아 움직이는 물상이다. 그 모양은 깊고 고요해야 하며, 부드럽고 미끄러워야 하고, 넓게 넘실거려야 하며, 둥그렇게 감아 돌아야 하고, 기름지고 윤택해야 하며, 거세게 내뿜어 솟구쳐야 하고, 부딪혀 치올라야 한다.

- **횡일** 橫逸

거리낌 없이 자유분방함을 말한다.

- 예 又須煙波渺漫, 姿態橫逸, 攬之不得, 挹之不盡.(王驥德,『曲律』「論套數」)
- 역 마치 수면 위로 안개가 아스라이 펼쳐지는 것처럼 자태가 자유자적하니, 사람이 가까이 접근하지 못하더라도 지루하지 않게 감상할 수 있다.

- **후불인다 厚不因多, 박불인소 薄不因少**

  두터운 것은 많은 것에 기인하지 않고, 얇은 것은 적은 것에 기인하지 않는다.

  > 예) 厚不因多, 薄不因少. 旨哉斯言, 朗若天曉.(黃鉞, 『二十四畫品』)
  > 역) 두터운 것은 많은 것에 기인하지 않고, 얇은 것은 적은 것에 기인하지 않는다. 진리 같은 이 말은 아름다우니, 동이 터서 날이 밝는 듯하다.

- **훈 熏**

  소설이 사람을 지배하는 네 가지 영향력 가운데 하나로, 예컨대 자욱한 연기 속에 들어가 그을거나 혹은 검정이나 붉은 색 가까이 있어서 물드는 것과 같은 스며드는 힘이다. 소설을 읽게 되면 자기도 모르는 사이에 마침내 온 정신이 감화(感化)·교화(敎化)되는 것을 말한다.

  > 예) 熏也者, 如入雲煙中而爲其所烘, 如近墨朱處而爲其所染.(梁啓超, 『飮冰室文集』 卷10 「論小說與群治之關係」)
  > 역) 스며든다는 것은 예컨대 자욱한 연기 속에 들어가 그을거나 혹은 검정이나 붉은 색 가까이 있어서 물드는 것과 같다.

- **흉무성죽 胸無成竹**

  대나무를 그리기 전에 마음속에 미리 고정된 법식이 없어 자연스럽게 그려낸다는 말로, "흉유성죽(胸有成竹)" 및 "의재필선(意在筆先)"보다 한 걸음 더 나아간 경지이다.

  > 예) 文與可畫竹, 胸有成竹; 鄭板橋畫竹, 胸無成竹.(『鄭板橋集』「題畫」)
  > 역) 문동(文同)이 대나무를 그릴 때는 이미 마음속에 대나무가 구상되어 있었다. 하지만 나 정섭(鄭燮)이 대나무를 그릴 때는 마음속에 미리 정해진 대나무의 법식(法式)이 없었다.

- **흉유성죽** 胸有成竹

    대나무를 그리기 전에 이미 마음속에 대나무의 구상이 있다는 말로, "의재필선(意在筆先)"의 경지를 가리킨다.

    - 예) 文與可畵竹, 胸有成竹; 鄭板橋畵竹, 胸無成竹.(『鄭板橋集』「題畵」)
    - 역) 문동(文同)이 대나무를 그릴 때는 이미 마음속에 대나무가 구상되어 있었다. 하지만 나 정섭(鄭燮)이 대나무를 그릴 때는 마음속에 미리 정해진 대나무의 법식(法式)이 없었다.

- **흉중구학** 胸中丘壑

    의경(意境)이 심원(深遠)하여 마음속에 상상으로 조성한 산수자연을 말한다.

    - 예) 有詩之畵, 未免板實, 而胸中丘壑, 反不若匠心訓手之爲不可及也.(張岱, 『琅嬛文集』「與包嚴介」)
    - 역) 시로 써낼 수 있는 그림은 너무 딱딱하다. 만약 이런 그림을 훌륭하다고 한다면, 〈원인(元人)의〉 의경(意境) 심원한 그림이 도리어 화공(畵工)이 그린 판에 박은 듯한 그림보다 못하다는 얘기가 된다.

- **흉중무물** 胸中無物

    가슴속에 응어리나 연루되는 바가 없는 탁 트인 도량과 솔직 담백한 마음의 상태를 말한다.

    - 예) 古今能文章之士, 皆胸中無物, 眼底無人.(『尺牘新鈔』1集 黃虞龍「與客」)
    - 역) 예부터 지금까지 문장을 잘 지은 사람들은 대부분 가슴 속에 구체적인 사물이 없고 안하무인(眼下無人: 여기서는 다른 사람을 맹종하지 않는다는 뜻)인 사람이다.

- **흉중성죽** 胸中成竹

대나무를 그리기 전에 반드시 마음속에 먼저 대나무의 형태가 그려져 있어야 한다.

- 今畵者乃節節而爲之, 葉葉而累之, 豈復有竹乎! 故畵竹必先得成竹於胸中, 執筆熟視, 乃見其所欲畵者, 急起從之.(蘇軾, 『蘇東坡集』 前集 卷32 「文與可畵篔簹谷偃竹記」)
- 지금 대나무를 그리는 사람은 마디 하나하나를 따라 그리고, 그런 다음에 하나씩 잎사귀를 덧붙여 그린다. 이것이 어디 대나무의 본모습이더냐? 그래서 대나무를 그리기 전에 반드시 마음속에 먼저 대나무의 형태가 그려져 있어야 한다. 그런 다음 붓을 들어야 대나무의 모습을 자세히 볼 수 있고, 그렇게 잘 관찰한 다음에야 한 걸음에 대나무를 그릴 수 있다.

- **흉중지죽** 胸中之竹

경물(景物)["안중지죽(眼中之竹)"]을 보고 마음속에 감흥이 일어나 만들어진 형상을 말하며, "의재필선(意在筆先)"의 경지를 가리킨다.

- 因而磨墨展紙, 落筆倏作變相, 手中之竹又不是胸中之竹也.(『鄭板橋集』「題畵」)
- 서둘러 먹을 갈고 종이를 펼쳐 죽절(竹節)을 쳐 올리고 죽간(竹竿)이야 죽엽(竹葉)이야 마음에 잡힌 대를 풀어놓는데, 이 그림 속 대나무는 또한 마음속의 그 대나무가 이미 아니다.

- **흉회담광** 胸懷淡曠

마음이 넓고 담박한 것을 말한다.

- 樂天胸懷淡曠, 意致悠然, 詩如水流雲逝.(『尺牘新鈔』1集 徐增「又與申勖庵」)
- 백거이는 마음이 넓고 담박하며, 정지(情志)가 유유자적하고 태연하다. 그래서 그의 시가 자연스럽게 물 흐르는 듯 완만할 수 있고, 구름처럼

멋스러울 수 있다.

- **흑백상칭** 黑白相稱

  서예에서 말하는 흑백, 즉 글자 부분과 여백 부분의 어울림을 말한다.

  예) 黑白相稱, 如電燈照出來一樣.(梁啓超, 『飮冰室專集』 卷102 「書法指導」)
  역) 흑백의 어울림은 마치 전등이 빛을 내는 것과 같다.

- **흔창** 欣暢

  속박됨이 없어 여유로워 내면의 흉금과 정취가 유창하게 드러남을 말한다.

  예) 至使指下寬裕純樸, 鼓蕩弦中, 縱指自如, 而音意欣暢疏越, 皆自宏大中流出.(徐上瀛, 『溪山琴況』)
  역) 〈거문고에서〉 손가락이 현 위에서 움직일 때 긴장하거나 속박되지 않아 아주 여유롭고 자약(自若)해지면, 이때 거문고의 의경(意境)은 유창하고 담담해질 것이고 굉대한 운치를 갖추게 될 것이다.

- **흥** 興

  (1) 은미한 의미를 내포하고 있는 사물을 통해 정감을 불러일으키는 기법을 말한다. 고대 시(詩)의 여섯 가지 작법(作法) 가운데 하나이다. 정작 말하고자 하는 내용의 앞에 그 본론 내용의 느낌을 살려주거나 받쳐줄 수 있는 선행 구절을 미리 전제 혹은 배치함으로써 글의 맛을 점진적으로 고조시키는 것, 그리고 그럼으로써 두 구절이 내재적 맥락관계를 갖게 하는 표현수법을 말한다.

  예) 比者, 附也; 興者, 起也. 附理者切類以指事, 起情者依微以擬議.(劉勰, 『文心雕龍』 「比興」)
  역) 비는 가깝게 드러내는 것이요, 흥은 일으킨다는 뜻이다. 사물의 이치를 가깝게 드러낸다는 것은, 같은 부류로써 비유를 통해 사물을 설명하는 것이다. 정감을 불러일으킨다는 것은, 아주 은미한 의미를 내포하고 있는 사물을 통해 생각을 헤아리는 것이다.

- 例 周王既是壽考, 豈不作成人材, 此事已自分明, 更著個倬彼雲漢爲章於天喚起來, 便愈見活潑潑地, 此六義所謂 "興" 也.(朱熹,『朱文公集』 卷40 「答何叔京」)
- 역 주왕(周王)이 장수했던 만큼 어찌 많은 현재(賢才)들을 기르지 못할 바가 있었겠는가? 여기서 의미는 이미 분명하다. 그런데도 작자는 앞에 은하수가 하늘에 문채를 수놓는 형상의 묘사를 통해 이 구절을 이끌어내니, 느낌이 훨씬 더 생동감이 있게 된 것이다. 이것이 바로 『시경(詩經)』의 육의(六義) 가운데 하나인 "흥(興)"이다.

(2) 옛 일의 교훈이나 인식 혹은 느낌이 지금 일의 속성과 유사함이 있어, 옛 것으로 말미암아 지금에 대해 감정이나 인식을 일어나게 하는 흥(興)의 기법으로부터 나아가 예술표현에서의 여미(餘味)를 가리키게 되었다. 말하자면 "말 너머의 뜻"[言外之意]이거나 "맛 뒤의 또 다른 맛"[味外之味], 아니면 "줄 너머 나오는 소리의 울림"[絃外之響] 같은 뒷맛 혹은 여운이 여미(餘味)이다.

- 例 文已盡而意有餘, 興也; 因物喩志, 比也.(鍾嶸, 「詩品序」)
- 역 글이 이미 끝났는데도 뜻이 남은 것을 흥(興)이라 한다. 다른 사물을 빌려 말하고자 한 뜻을 드러내는 것을 비(比)라 한다.

- **흥상 興象**

  예술형상은 마땅히 흥(興)의 탁물언지(托物言志: 사물에 기탁하여 뜻을 말함)의 기능을 갖추어야 함을 강조한 말이다. 시인의 정감과 정신은 물상과 하나로 융합되어 생명력과 활력이 있게 됨을 가리킨다. 형상을 만들어내는 측면에서는, 형상은 형상 그 자체를 넘어서는 훨씬 더 심오한 의미를 내포해야 함을 말한다.

- 예 作詩大要不過二端: 體格聲調, 興象風神而已. 體格聲調有則可循, 興象風神無方可執.(胡應麟,『詩藪』「內編」卷5)
- 역 시를 짓는 큰 요점은 다만 두 가지이다. 하나는 격식(格式)·음률(音律)이요, 다른 하나는 흥상(興象)·풍신(風神)이다. 격식(格式)과 음률(音律)은 따를 법칙이 있으나, 흥상(興象)과 풍신(風神)은 파악할 방도가 없다.

• **흥어시** 興於詩

시(詩)에 대한 공부를 통해 세계에 대한 서사(敍事)적 이해를 도모한다는 말이다.

- 예 興於『詩』, 立於禮, 成於樂.(『論語』「泰伯」)
- 역 시(詩)에 대한 공부를 통해 세계에 대한 서사(敍事)적 이해를 도모하고, 나아가 예(禮)를 익힘으로써 나를 사회에 적응시키며, 궁극적으로 악(樂)을 통해 나의 완성을 예술적으로 발현한다.

• **흥여경예** 興與境詣

감흥과 경지가 서로 만남을 말한다.

- 예 有俱屬象而妙者, 有俱屬意而妙者, 有俱作高調而妙者, 有直下不偶對而妙者, 皆興與境詣, 神合氣完使之.(王世貞,『弇州山人四部稿』卷144『藝苑巵言』1)
- 역 어떤 시는 전부 상징을 사용했으나 오묘하고, 어떤 시는 전부 정의(情意)를 풀어냈지만 또한 오묘하다. 어떤 시는 성조(聲調)가 아주 높지만 오묘하고, 어떤 시는 직설법을 쓰고 대우(對偶)를 사용하지 않았지만 오묘하다. 이러한 시들은 모두 감흥과 경지가 서로 만나고 신사(神思)가 상합(相合)하며 기세가 충만하기에 비로소 쓸 수 있는 것들이다.

• **흥취** 興趣

우연히 접한 심미대상으로부터 생겨난 심미적 정취를 말한다.

- 例 僧詩淸者, 每露淸痕, 慧者卽有慧跡. 詩以興趣爲主, 興到故能豪, 趣到故能宕.(賀貽孫,『詩筏』)
- 역 스님의 시는 청(淸)과 혜(慧)의 특징을 갖고 있지만 왕왕 청과 혜를 수식하고 꾸미는 흔적이 드러나기도 한다. 시는 흥취(興趣)를 위주로 짓는 것이다. 흥이 일어날 때 자연히 호방하게 쓸 수 있고, 취(趣)가 충족될 때 자유분방하게 쓸 수 있다.

- **흥치 興致**

  흥취(興趣)와 가까운 말로, 흥이 일었을 때의 의취(意趣) 내지 정취(情趣)를 말한다.

  - 例 蓋於一唱三歎之音, 有所歉焉. 且其作多務使事, 不問興致.(嚴羽,『滄浪詩話』「詩辨」)
  - 역 대체로 일창삼탄(一唱三嘆)의 음이 부족하다. 또한 그 작품들은 대부분 고사(故事)를 사용하는데 힘쓰고, 흥취는 따지지 않는다.

- **흥회표거 興會標擧**

  정치(情致)가 높고 뛰어나다는 말이다. 심약(沈約)이 『송서(宋書)』「사령운전론(謝靈運傳論)」에서 한 말("靈運之興會標擧.")이다.

  - 例 落筆之先, 匠意之始, 有不可知者存焉. 豈徒興會標擧, 如沈約之所云者哉!(王夫之,『古詩評選』卷5 謝靈運「登山戍鼓山詩」)
  - 역 〈사령운(謝靈運)은〉 쓰기 시작하기 전에 혹은 처음 구상할 때, 종종 사람들이 확실히 간파할 수 없게 한다. 이러한 시를 어찌 심약(沈約)의 "정치(情致)가 높고 뛰어나다."라는 말로 개괄할 수 있겠는가?

- **희 希**

  지극히 조용하다는 뜻으로서 멀고 오묘한 경지와 서로 통하는 것인데, 제한적인 "유(有)"로부터 벗어나서 만물의 본원(本原)인 "무(無)"

의 경지에 들어가 상고시대의 이상(理想)세계에서 자유로이 떠도는 상태를 말한다. 노자가 말한 "희성(希聲)"의 "희(希)"가 바로 이러한 상태이다.

- 예) 惟涵養之士, 淡泊寧靜, 心無塵翳, 指有餘閑, 與論希聲之理, 悠然可得矣. 所謂希者, 至靜之極, 通乎杳渺.(徐上瀛, 『溪山琴況』)
- 역) 오직 수양을 갖추고 동시에 담백하고 고요하며, 마음속에 세속적인 생각 없이 태연자약한 사람만이 비로소 이러한 희성(希聲)의 이치를 논할 수 있다. 또 이러한 사람이라야 비로소 소리 가운데 조용함을 파악할 수 있다. 여기서 말하는 "희(希)"는 바로 지극히 조용하다는 뜻으로서 멀고 오묘한 경지와 서로 통하는 것이다.

- **희법무진가 戲法無眞假, 희문무공졸 戲文無工拙**

  마술에는 진짜와 가짜가 없고, 극본에는 좋고 나쁨이 없다는 말이다. 사람들로 하여금 생각하지 못하게 하고 추측하지 못하게 하는 것이 좋은 마술이요 좋은 극본이라는 말이다.

  - 예) 戲法無眞假, 戲文無工拙, 只是使人想不到·猜不着, 便是好戲法·好戲文.(李漁, 『閑情偶寄』「詞曲部·小收煞」)
  - 역) 마술에는 진짜와 가짜가 없고, 극본에는 좋고 나쁨이 없다. 다만 사람들로 하여금 생각하지 못하게 하고 추측하지 못하게 하는 것이 좋은 마술이요 좋은 극본이다.

- **희성 希聲**

  혼돈의 세태로부터 벗어난 다음 무(無)의 경지에 들어서서 연주해내는 담백하고 고요하며 평화롭고 순수한 소리를 말한다.

  - 예) 惟涵養之士, 淡泊寧靜, 心無塵翳, 指有餘閑, 與論希聲之理, 悠然可得矣.(徐上瀛, 『溪山琴況』)
  - 역) 오직 수양을 갖추고 동시에 담박하고 평온하며, 마음속에 세속적인 생

각 없이 태연자약한 사람만이 비로소 이러한 희성(希聲)의 이치를 논할 수 있다.

- **희풍서묘** 希風叙妙

〈서예의〉 요령을 깨쳐 큰 성취를 이룬 선인(先人)의 풍격을 좇고, 또 거기에 담긴 현묘한 이치를 서술한다.

- 예 企學者希風叙妙, 雖述猶疎. 徒立其工, 未敷厥旨.(孫過庭,『書譜』)
- 역 자기 실력 이상으로 자신을 내세우는 이들은 선인(先人)들의 고매한 풍격을 좇아 그 가운데의 오묘한 이치를 드러내고자 한다. 하지만, 비록 서술했다 해도 본령과는 먼 내용이라 그저 공교(工巧)함만 말할 뿐, 그 깊은 요령은 밝히지 못하고 만다.

참고문헌

2004a, 임태승, 『소나무와 나비: 동아시아미학의 두 흐름』, 서울, 심산문화

2004b, ＿＿＿, 『유가사유의 기원』, 서울, 學古房

2006, ＿＿＿, 『아이콘과 코드: 그림으로 읽는 동아시아미학범주』, 서울, 미술문화

2007, ＿＿＿, 『상징과 인상: 동아시아미학으로 그림읽기』, 서울, 學古房

2008, ＿＿＿, 『孫過庭 書譜 譯解』, 서울, 미술문화

성균관대학교 유가예술문화콘텐츠연구소 동양미학총서 1

동양미학개념사전

초판인쇄　　2020년 01월 20일
초판발행　　2020년 01월 30일

지은이　　임태승
펴낸이　　안위정
디자인　　여우
펴낸곳　　B2(도서출판 비투)
주소　　경기도 하남시 덕풍남로 11, 104-202
전화　　070-7534-4525
팩스　　070-7614-3586
이메일　　b2publishing@naver.com
등록번호　　126-92-30155
등록일　　2014년 6월1일
ⓒ 임태승　2020

ISBN　　979-11-953006-3-1　　91600
값 48,000원